中国大学出版社第三届优秀教材奖
二等奖

中国大学出版社第二届优秀教材奖
二等奖

华东地区大学出版社第八届优秀教材学术专著
二等奖

编委会

主任：邵瑞庆

委员：曹惠民　张维宾　曹　中
　　　陈力生　郭大伟　陈　云

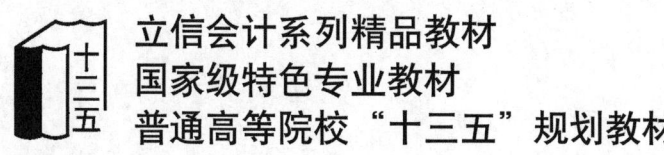

立信会计系列精品教材
国家级特色专业教材
普通高等院校"十三五"规划教材

中级财务会计学

ZHONGJI CAIWU KUAIJIXUE

（第七版）

主　编　张维宾
副主编　叶　敏　胡启鸿　徐　兵
参　编　张奇峰　杜　莉　吴　涛　白　莉　李江萍
　　　　应淑仪　姚　津　柳　青　刘睿洁　章丽娟

立信会计出版社
LIXIN ACCOUNTING PUBLISHING HOUSE

图书在版编目(CIP)数据

中级财务会计学 / 张维宾主编. —7版. —上海：立信会计出版社，2023.3
国家级特色专业教材. 立信会计系列精品教材
ISBN 978-7-5429-7331-3

Ⅰ.①中… Ⅱ.①张… Ⅲ.①财务会计—高等学校—教材 Ⅳ.①F234.4

中国国家版本馆 CIP 数据核字(2023)第 059533 号

责任编辑　陈　旻
美术编辑　吴博闻

中级财务会计学(第七版)
ZHONGJI CAIWU KUAIJIXUE

出版发行	立信会计出版社
地　　址	上海市中山西路 2230 号　邮政编码　200235
电　　话	(021)64411389　传　真　(021)64411325
网　　址	www.lixinaph.com　电子邮箱　lixinaph2019@126.com
网上书店	http://lixin.jd.com　http://lxkjcbs.tmall.com
经　　销	各地新华书店
印　　刷	浙江临安曙光印务有限公司
开　　本	787 毫米×1092 毫米　1/16
印　　张	31.75　插　页　1
字　　数	813 千字
版　　次	2023 年 3 月第 7 版
印　　次	2023 年 3 月第 1 次
书　　号	ISBN 978-7-5429-7331-3/F
定　　价	59.00 元

如有印订差错，请与本社联系调换

第七版前言

党的二十大报告中提出要办好人民满意的教育。深化教育领域综合改革,加强教材建设和管理,是其中一个重要方面。为实现以人民为中心发展教育、悉心育才、培养全面发展的社会主义建设者和接班人的目标,我们在教材的编写和修订过程中,力求体现产教融合,鼓励自由探索,激发创新活力,将教材建设融入高质量教育体系的建设。

上海立信会计金融学院会计学专业是国家级特色专业,属于上海市会计学教育高地重点建设项目。本教材系"立信会计系列精品教材"之一,自2007年7月由立信会计出版社出版以来,得到众多高校教师的认可。本教材经过前五次修订,印数已达76 200册。2008年7月第一次修订(第二版),主要是对教材结构和部分内容作了适当调整。2010年3月第二次修订(第三版),主要是根据企业会计准则在实施中的要求,以及增值税转型改革的原则,对教材内容进行了相应调整与修改,并对各章所附案例作了较大比例的增补和更换。2012年2月第三次修订(第四版),主要对教材体例编排作了较大调整,各章增加了"学习目的与要求"、带有趣味性或引导性的"预习思考题""本章要点概览";根据会计与国际持续趋同的要求和会计规范的进一步发展,对教材内容作了相应调整,并对教材案例再次作了部分更新。2016年7月第四次修订(第五版),主要根据长期股权投资、职工薪酬、财务报表列报和金融工具列报等部分企业会计准则的修订和公允价值计量、在其他主体中权益的披露等若干新的企业会计准则的发布,对有关章节的内容进行了更新;还根据2016年我国全面实施营改增的税制改革要求和规定,对有关章节涉及流转税会计处理的内容进行了相应修订。2018年5月第五次修订(第六版),主要根据收入、政府补助、金融工具确认和计量等部分企业会计准则的修订和关于修订一般企业财务报表格式的规范,以及相关会计实务的发展,对有关章节的内容进行了更新,包括金融资产的分类从四分类变为三分类及后续计量更新,金融资产的减值计量基础从"已发生损失"改为"预期信用损失"所引发的减值确认与计量的更新,引入"控制权转移"等所带来的对收入确认在判断方面的更新,政府补助会计处理方法的更新,以及教材部分案例的更换等。

2018年12月以来,财政部会计司相继发布了新修订的《企业会计准则第21号——租赁》《企业会计准则第7号——非货币性资产交换》《企业会计准则第12号——债务重组》等,2019年4月财政部会计司发布了《关于修订印发2019年度一般企业财务报表格式的通知》。此外,2019年3月财政部、税务总局、海关总署发布了《关于深化增值税改革有关政策的公告》。根据部分企业会计准则的修订、增值税改革有关政策的出台,以及相关会计实务的发展,本次教材修订(第七版)对第三章货币资金和应收款项、第十章应付和应交款项、第十四章收入和费用、第十五章利润、第十六章财务报表列报的内容作了相对较多的更新修改,主要涉及应收账款和合同资产的初始计量;收入的确认与计量;承租人对租赁的会计处理不再区分经营租赁与融资租赁而采用单一的会计处理模型;债务重组相关损益的会计处理适当简化及受让非金融资产的初始计量更加贴近实务;财务报表的格式及列报内容随之相应调整。同时,其他章节内容也作了适当修改,并对相关章节的复习题进行修改,对少数章节的案例进行更新。

  本次修订基本由原作者修订相关章节,章丽娟参与修订第四、第十六章。张维宾、章丽娟复核全书修订稿。本书的作者有张维宾、叶敏、胡启鸿、徐兵、张奇峰、杜莉、吴涛、白莉、李江萍、应淑仪、姚津、柳青、刘睿洁和章丽娟。由于我们的水平有限,教材中难免存在一些不足之处,请广大读者和各位同仁批评指正,以便下次修订时改进。

张维宾
2023 年 3 月

目 录

第一章 财务会计基本理论 1
  第一节 财务会计概念框架及其目标 1
  第二节 会计基本假设与会计基础 3
  第三节 会计信息质量要求 5
  第四节 会计要素 8
  第五节 会计要素的确认与计量 13
  案例分析 15
  本章要点概览 17
  主要术语 18
  复习题 18

第二章 财务会计规范 21
  第一节 会计核算规范体系 21
  第二节 上市公司会计信息披露规范体系 26
  第三节 会计规范的国际化进程 29
  案例分析 36
  本章要点概览 37
  主要术语 38
  复习题 38

第三章 货币资金和应收款项 40
  第一节 货币资金 40
  第二节 应收款项 45
  案例分析 52
  本章要点概览 53
  主要术语 54
  复习题 54

第四章 存货 58
  第一节 存货概述 58
  第二节 存货的初始计量 60
  第三节 存货的后续计量 65

案例分析 …… 77
本章要点概览 …… 78
主要术语 …… 78
复习题 …… 79

第五章 固定资产和投资性房地产 …… 83
第一节 固定资产概述 …… 83
第二节 固定资产的初始计量 …… 86
第三节 固定资产折旧 …… 92
第四节 固定资产后续支出 …… 98
第五节 固定资产清查和终止确认 …… 100
第六节 投资性房地产 …… 104
案例分析 …… 110
本章要点概览 …… 112
主要术语 …… 112
复习题 …… 113

第六章 无形资产和商誉 …… 118
第一节 无形资产概述 …… 118
第二节 无形资产的初始计量 …… 123
第三节 无形资产的后续计量 …… 127
第四节 无形资产的出售、出租和报废 …… 128
第五节 商誉 …… 130
案例分析 …… 133
本章要点概览 …… 134
主要术语 …… 135
复习题 …… 135

第七章 金融资产 …… 139
第一节 金融资产概述 …… 139
第二节 以摊余成本计量的金融资产 …… 142
第三节 以公允价值计量且其变动计入其他综合收益的金融资产 …… 148
第四节 以公允价值计量且其变动计入当期损益的金融资产 …… 152
案例分析 …… 154
本章要点概览 …… 155
主要术语 …… 156
复习题 …… 156

第八章 长期股权投资 ... 160
第一节 长期股权投资概述 ... 160
第二节 长期股权投资的初始计量 ... 162
第三节 长期股权投资的后续计量 ... 165
第四节 长期股权投资的核算方法转换及处置 ... 172
案例分析 ... 177
本章要点概览 ... 178
主要术语 ... 179
复习题 ... 179

第九章 资产减值 ... 183
第一节 资产减值概述 ... 183
第二节 金融资产减值 ... 187
第三节 存货减值 ... 196
第四节 长期资产减值 ... 199
第五节 资产组的认定及其减值 ... 202
第六节 商誉减值 ... 206
案例分析 ... 209
本章要点概览 ... 213
主要术语 ... 214
复习题 ... 214

第十章 应付和应交款项 ... 219
第一节 负债概述 ... 219
第二节 应付款项 ... 221
第三节 应交税费 ... 226
第四节 职工薪酬 ... 234
案例分析 ... 244
本章要点概览 ... 247
主要术语 ... 248
复习题 ... 248

第十一章 银行借款和应付债券 ... 253
第一节 借款费用 ... 253
第二节 银行借款 ... 260
第三节 应付债券 ... 264
第四节 可转换公司债券 ... 272
第五节 短期融资券 ... 276
案例分析 ... 277

本章要点概览 …… 278
　主要术语 …… 279
　复习题 …… 279

第十二章　预计负债 …… 284
　第一节　或有事项概述 …… 284
　第二节　预计负债的确认与计量 …… 288
　案例分析 …… 295
　本章要点概览 …… 296
　主要术语 …… 296
　复习题 …… 296

第十三章　所有者权益 …… 301
　第一节　投入资本及其变动 …… 301
　第二节　资本公积和其他综合收益 …… 311
　第三节　留存收益 …… 315
　案例分析 …… 319
　本章要点概览 …… 320
　主要术语 …… 321
　复习题 …… 321

第十四章　收入和费用 …… 325
　第一节　收入概述 …… 325
　第二节　收入的确认与计量 …… 327
　第三节　费用与成本 …… 350
　案例分析 …… 355
　本章要点概览 …… 358
　主要术语 …… 358
　复习题 …… 358

第十五章　利润 …… 363
　第一节　利润计算 …… 363
　第二节　所得税 …… 374
　第三节　每股收益 …… 386
　第四节　利润分配 …… 391
　案例分析 …… 394
　本章要点概览 …… 396
　主要术语 …… 397
　复习题 …… 397

第十六章 财务报表列报 ······ 403
- 第一节 财务报表概述 ······ 403
- 第二节 资产负债表 ······ 407
- 第三节 利润表 ······ 415
- 第四节 现金流量表 ······ 419
- 第五节 所有者权益变动表 ······ 432
- 第六节 财务报表附注 ······ 433
- 案例分析 ······ 437
- 本章要点概览 ······ 439
- 主要术语 ······ 439
- 复习题 ······ 440

第十七章 会计调整 ······ 448
- 第一节 会计调整概述 ······ 448
- 第二节 会计政策变更 ······ 451
- 第三节 会计估计变更 ······ 460
- 第四节 前期差错更正 ······ 462
- 案例分析 ······ 466
- 本章要点概览 ······ 467
- 主要术语 ······ 468
- 复习题 ······ 468

附录一 现值计算与应用 ······ 474

附录二 部分复习题参考答案 ······ 485

参考文献 ······ 495

第一章　财务会计基本理论

学习目的与要求

本章旨在阐明财务会计概念框架及其所体现的财务会计基本理论。读者通过本章的学习,应该了解财务会计概念框架;明确财务会计的目标;掌握会计信息质量的基本要求;掌握财务报表要素的分类;掌握会计基本假设与会计基础;掌握会计确认与计量的基本原则、计量属性及其应用。

预习思考题

1. 小明开了一家便利店,爸爸为他租了一间临街的房屋,并进行了装修,还向他提供了 60 000 元借款。开业满月后,小明爸爸想了解经营情况,小明说:"店里剩余商品进价与已收营业款之和已经超过 60 000 元,赚了 1 500 元。"妈妈说:"还有好多开支未与你结算。"奶奶说:"都是一家人,别算得那么清楚,我还从小明店里拿了许多东西作家用。"请指出小明结算盈亏时忽视了哪一项会计基本假设?该便利店结算盈亏还应考虑哪些事项?
2. 王先生打算购买有潜力的上市公司股票进行长期投资。你认为,他应当收集上市公司哪些信息,为其投资决策提供支持?这些信息在质量上应具备哪些特征?为什么?
3. 企业的财务报表要素有哪些?这些要素之间有何联系?
4. 如果不采用持续经营与会计分期假设,企业固定资产应如何计量?
5. 对于企业拥有的一幢房屋,可以采用哪些计量属性?你认为在企业自用和已经出租准备增值后转让的不同情况下,应分别采用哪种计量属性才能提供较相关的会计信息?

第一节　财务会计概念框架及其目标

会计是识别、计量和传递经济信息的程序,以使信息的使用者能够作出合理判断和决策[①]。会计是随着人类社会生产的发展和经济管理的需要而产生、发展并不断完善起来的。在生产活动中,为了获得一定的劳动成果,必然要耗费一定的人力、物力和财力。会计就是人类对物质资料生产过程中的劳动成果与劳动耗费进行计量与记录而产生的。人们通常将结绳记事、刻石计数作为会计的萌芽。生产活动的发展产生了对生产活动进行专门计量与记录的会计。随着社会经济的进步,生产力的不断提高,对经济管理要求的日益提高,会计的内涵与外延也得到了不断丰富与发展。时至今日,会计的理论、内容不断丰富,会计服务领域不断扩展,会计方法逐步完善,现代会计已成为经济管理的一个重要组成部分,会计在

---

① 美国会计学会(AAA),Statement of Basic Accounting Theory,1966。

微观和宏观经济管理中发挥着越来越重要的作用。

一、财务会计概念框架

财务会计概念框架是一些相互紧密联系的目标与基本原则所构成的内在一致的体系，它为建立一个前后一致的会计准则体系打下基础，并指明了财务会计和财务报表的性质、职能与局限性。

为什么财务会计概念框架非常重要？首先，财务会计概念框架统驭了具体会计准则的制定。一个完备的财务会计概念框架确立了为外部使用者编报财务报表所依据的概念，使会计准则制定者能够在未来制定出更多有用的、前后一致的具体会计准则，有助于增进财务报表使用者对财务报告的理解和信任，提高财务报表的可比性。其次，财务会计概念框架为解决新出现的实务问题提供了指南。由于新业务层出不穷，会计准则制定者很难事先规定许多新兴业务的合理会计处理方法，而会计实务工作者又必须及时处理日常业务。这时，基于财务会计概念框架以及良好的职业判断，实务工作者能够迅速找出合适的处理方法，会计准则制定者也能够随后制定出逻辑一致、可接受的会计处理方法。

我国财务会计概念框架主要体现在《企业会计准则——基本准则》中。基本准则规范了财务报告的目标、会计基本假设、会计信息质量要求、会计要素的定义及其确认与计量原则、财务报告等在内的基本问题。

二、财务会计的目标

财务会计的目标是财务会计概念框架的出发点，也是财务会计工作的落脚点。财务报告的目标是向财务报告使用者提供与企业财务状况、经营成果和现金流量等有关的会计信息。这些会计信息的主要作用表现在以下两方面。

1. 反映企业管理层受托责任履行情况

现代企业的一个基本特征是所有权与经营权相分离。两权分离后，所有者与经营者不是同一个主体，所有者为了控制经营者，要求经营者提供财务报表，反映企业的财务状况，即受托人（经营者）要向委托人（所有者）报告受托资源的保值、增值或损失情况。这样，财务会计信息就反映了企业管理层的受托责任履行情况，为现实的企业资产所有者评价受托资源的使用效率，并为是否继续维持现有的委托代理关系提供决策依据。

2. 有助于财务报告使用者作出经济决策

除了现实的企业资产所有者，财务报告使用者还包括潜在投资者、债权人、政府及其有关部门和社会公众等，他们利用财务报告来满足对信息的某些不同需求。

潜在投资者关注投资的内在风险和投资回报，需要会计信息来帮助他们决定是否应当买进、持有和卖出资产；债权人关心那些与贷款及其利息能否按时支付等相关的信息；政府及其有关部门为了掌握资源的分配情况，监管企业的活动，确定税收政策和计算国民收入等统计资料，也需要有关信息。当然，企业会以各种方式影响到社会公众。例如，企业可能以多种方式对当地经济作出贡献，包括创造就业机会和对当地供应商给予惠顾。财务报告通过提供企业发展趋势、近期状况和活动范围等信息，可以对社会公众有所助益。

虽然上述使用者对信息的需求不可能完全由财务报告来满足，但是其中有些需求是所有报告使用者共同的。投资者是企业风险资本的提供者，提供满足它们需要的财务报告，也可以满足财务报告的其他使用者的大部分需求。因此,这些与企业财务状况、经营成果和现金流量等有关的会计信息有助于财务报告使用者作出经济决策。

企业管理层对于编制财务报告负有主要责任。与财务报告的其他使用者不同,企业管理层可从财务报告中获取信息,以帮助其进行计划、决策、控制和实施。管理层计划、决策与控制所需的信息更多地属于管理会计的研究范畴,它们超出了财务会计的目标。

尽管财务报告能够满足大多数使用者的共同需求,但财务报告用户众多,而且不同用户的需求并不一致。财务会计并不能提供使用者经济决策所需的全部信息,因为财务报告主要是描述过去事件的财务影响,而且不一定提供非财务信息。

第二节 会计基本假设与会计基础

会计基本假设与会计基础又称会计核算的前提条件。它是对会计核算所处的时间和空间环境所作的合理设定。会计核算对象的确定、财务报表要素的确认与计量都要以这一系列的基本前提为依据。会计基本假设包括会计主体、持续经营、会计分期和货币计量四个方面。同时,目前各国会计准则都采用权责发生制作为会计基础。

一、会计主体

会计主体又称会计实体,是指会计信息所反映的特定单位或者组织,它规定了会计工作的空间范围。会计主体可以是一个特定的企业,也可以是一个企业的某一特定部分,如分厂、分公司或门市部等,还可以是若干家企业通过控股关系组织起来的集团公司,甚至可以是一个具有经济业务的特定非营利组织。

会计工作的目的是反映一个单位的财务状况、经营成果和现金流量,为报表使用者提供决策所需信息。会计所要反映的总是特定的对象,只有明确规定会计核算的对象,将会计所要反映的对象与包括所有者在内的其他经济实体区别开来,才能保证会计核算工作的正常开展。

会计主体假设认为,会计服务的对象是一个独立的特定经济实体。这一假设包含三层意思。

1. 与其他主体相对独立

对于会计主体来说,核算的只能是企业本身的经营活动,只能从企业自身的角度来核算经济活动。确定会计主体,就是要明确为谁核算,核算谁的业务。为此,《企业会计准则——基本准则》明确指出,"企业应当对其本身发生的交易或者事项进行会计确认、计量和报告"。会计核算必须以服务对象的权利和义务为界限,相对独立于其他主体。

2. 主体的经济活动独立于企业的投资者

企业会计记录和会计报表涉及的只是企业主体的活动。例如,当企业所有者与经营者是同一个人时,由于会计为之服务的对象是企业,这就需要把业主的个人消费与企业开支分开,及时结算企业与业主之间的往来,否则无法计量企业的费用和利润,也无法进行经济利益的比较与分析。

3. 区别于法律主体

会计主体可以是法人,如企事业单位;也可以是非法人,如分公司、生产车间等分支机构。分公司、生产车间等分支机构在法律形式上不一定拥有所使用财产的产权,并不具备独立偿还外部债务的能力,通常不具有法人资格,但出于内部管理的需要,在会计核算中可以把它们作为独立核算的会计主体来处理。例如,集团公司是由若干具有法人地位的企业所组成的,但在编制集团公司合并财务报表时,只能把集团公司看作一个独立的会计主体,需要采用特定的方法把集团公司所属企业之间的债权债务相互抵销,并扣除由于所属企业之间的销售活动而产生的利润等。

二、持续经营

持续经营是指企业或会计主体的生产经营活动将无限期地延续下去,也就是说,在可预见的将来,不会进行清算。从企业经营存续的时间来看,存在两种可能:一种是企业在近期可能面临破产清算;另一种是在可预见的将来,企业会持续经营下去。不同的可能性决定了企业采用不同的方法进行核算。为了保持会计核算中会计处理方法的稳定,保证企业记录和财务报表真实可靠,《企业会计准则——基本准则》规定,"企业会计确认、计量和报告应当以持续经营为前提"。企业在可持续经营的基础上,使用它所拥有的资源和依照原来的偿还条件来偿还所负担的各种债务。会计核算所使用的一系列会计处理方法都是建立在持续经营的前提上的,从而解决了很多常见的财产计价和收益确认问题。例如,由于假定企业将持续经营下去,企业的资产将以历史成本原则计价,而不是采用现行市价或清算价格;由于企业以持续经营为前提,企业才可以采用权责发生制作为确认收入或费用的标志,而不是以收付实现制为依据;由于企业持续经营前提的存在,才产生企业资本保全的问题,从而产生了会计核算中正确区分资本性支出与收益性支出的必要。一般来说,凡支出的效益仅与一个会计年度(或一个营业周期)相关的,该支出应当作为收益性支出,计入该会计年度(或该营业周期)损益;凡支出的效益与几个会计年度(或几个营业周期)相关的,该支出应当作为资本性支出,分期计入相关年度(或相关营业周期)损益。

三、会计分期

会计分期是指将企业持续不断的生产经营活动分割为一定的期间,据以结算账目和编制会计报表,从而及时地提供有关财务状况和经营成果的会计信息。

持续经营的假定,意味着企业经营活动在时间的长河中无休止地运行。但在会计实践中,会计人员不可能等到企业经营活动全部结束,再进行盈亏核算和编制报表,从而提供会计信息。因此,会计核算应当划分会计期间,即人为地将持续不断的生产经营活动划分为一个个首尾相接、等间距的会计期间,通常为1年,可以是日历年,也可以是营业年。

会计分期的划分对于确定会计核算程序和方法具有重要作用。由于会计分期的存在,才产生本期与非本期的区别,才产生权责发生制和收付实现制,才使不同类型的会计主体有了记账的基准。我国的《企业会计准则——基本准则》规定:"企业应当划分会计期间,分期结算账目和编制财务报告。会计期间分为年度和中期。中期是指短于一个完整的会计年度的报告期间。"

四、货币计量

货币计量是指企业在会计核算过程中采用货币为计量单位,记录、反映企业的经营情况。

企业在日常经营活动中涉及的业务表现为各种各样的实物形态,如厂房、机器设备、现金和各种存货等。由于它们的实物形态各异,采用的计量方式也多种多样。为了全面反映企业的生产经营活动,会计核算客观上需要一种统一的计量单位作为会计核算的计量尺度。而货币是经济活动最普遍的计量单位,提供了会计计量和分析的评价基础。该假设意味着货币单位是相关性较强的、简单的、可理解的、有用的和普遍适用的计量单位。我国的《企业会计准则——基本准则》规定,"企业会计应当以货币计量"。

五、会计基础:权责发生制

权责发生制是指凡是当期已经实现的收入和已经发生或应负担的费用,不论款项是否收付,都应作为当期收入和费用处理;凡是不属于当期的收入和费用,即使款项已经在当期收付,也不应当作为当期的收入和费用。

按照权责发生制,要在交易或者事项发生时,而不是在收到或支付相关款项时,确认其影响,而且要将它们记入与其相联系期间的会计记录并在该期间的财务报表中予以报告。根据权责发生制编制的财务报表,不仅要告诉使用者过去发生的、关系到现金收付的交易,而且要告诉他们未来支付现金的义务和未来收取现金的权利。因此,这些财务报表提供在经济决策中对使用者较为有用的关于过去发生的交易或者事项的信息。

与权责发生制相对应的是收付实现制。在收付实现制下,收入和费用以款项实际收到或支付的日期为基础来确定它们的归属期。我国的《企业会计准则——基本准则》规定,"企业应当以权责发生制为基础进行会计确认、计量和报告"。

总的来说,四个会计假设与一个会计基础相互联系,共同构成了企业会计核算的前提条件。会计主体界定了会计核算对象的空间范围,会计分期界定了会计核算的时间范围,货币计量确定了会计核算的计量单位,持续经营与权责发生制构成了会计确认与计量的基础。目前,大多数会计程序与方法正是在这些前提假设下,根据一定的原则得以形成与发展的。

第三节 会计信息质量要求

财务报告的目标是为报告使用者提供经济决策所需要的信息。如同商品的有用性建立在商品的品质之上,会计信息只有满足一定的质量标准,才具有用性。会计信息质量包括可靠性、相关性、可理解性、可比性、实质重于形式、重要性、谨慎性和及时性等方面。

一、可靠性

可靠性是指企业应当以实际发生的交易或者事项为依据进行会计确认、计量和报告,如实反映符合确认和计量要求的各项会计要素及其他相关信息,保证会计信息真实可靠、内容完整。这也是我国《企业会计准则——基本准则》第12条的基本要求。

信息如果不可靠,不仅无助于决策,而且还可能造成错误的决策。因此,可靠性是会计信息质量最重要的要求。一项信息的可靠性包括可验证性、反映真实性和中立性三个方面。

(一) 可验证性

可验证性是指具有相近背景的不同个人，分别采用同一计量方法，对同一事项加以计量，就能得出相同的结果。例如，如果企业外部的不同个人用相同的计量方法得到不同的结果，那么这份报表就不是可验证的。

(二) 反映真实性

反映真实性是指一项计量或叙述，与其所要表达的现象或状况应一致。这意味着会计核算应以实际发生的业务为依据，内容真实、资料可靠，会计的记录和报告不加任何掩饰。例如，如果一个企业当年的销售收入为138.2亿元，而它的利润表中却报告150亿元，那么报表就没有达到反映真实性的要求。

(三) 中立性

中立性是指会计信息应不偏不倚，不带主观成分，将真相如实和盘托出，结论让用户自己去判断。会计人员不能为了某些特定利益者的意愿而对会计信息作出特殊安排，故意选用不适当的计量和计算方法，隐瞒或歪曲部分事实，来诱使特定的行为发生。

会计信息的可靠性取决于会计人员的工作质量，又不完全为会计人员所左右，会计人员对信息的获取和处理有时受到环境影响和会计方法本身的限制。

二、相关性

相关性是指与决策有关、具有改变决策的能力。会计信息的相关性意味着企业提供的会计信息应当与财务报告使用者的经济决策需要相关，有助于财务报告使用者对企业过去、现在或者未来的情况作出评价或者预测，即会计信息与信息使用者所要解决的问题相关联。相关性的核心是对决策有用。我国《企业会计准则——基本准则》明确规定，企业提供的会计信息应当与财务报告使用者的经济决策需要相关，有助于财务报告使用者对企业过去、现在或者未来的情况作出评价或者预测。

一项信息是否具有相关性取决于三个因素，即预测价值、反馈价值和及时性。及时性将在后面单独介绍。

(一) 预测价值

如果一项信息能帮助决策者预测未来事项的可能结果，则此项信息具有预测价值。决策者可根据预测的可能结果，作出其认为最佳的选择。因此，预测价值是相关性的重要因素，具有改变决策的能力。

(二) 反馈价值

一项信息如能使决策者证实或更正过去决策时的预期结果，即具有反馈价值。把过去决策所产生的实际结果反馈给决策者，使之与当初决策时所预期的结果相比较，即知过去的预期是否有误，将来再作同样决策时可将其作为参考。因此，反馈价值也有助于未来决策。

信息反馈价值与预测价值同时并存，相互影响。验证过去才有助于预测未来。不明白过去，预测就缺乏基础。

可靠性与相关性是财务会计信息应具备的两项主要质量特征。如果能同时增进最为理想，但有时提高可靠性会降低相关性；反之，亦然。两者如何权衡，取决于决策者对两者重要性的评价。但如果其中之一完全缺失，则该信息无用处。

三、可理解性

可理解性是指企业提供的会计信息应当清晰明了，便于财务报告使用者理解和使用。

信息若不能被使用者所理解，质量再好也没有任何用处。信息是否被使用者所理解，取决于信息本身是否易懂，也取决于使用者理解信息的能力。可理解性是决策者与决策有用性的连接点。因此，可理解性不仅是信息的一种质量标准，也是一个与使用者有关的质量标准。会计人员应尽可能传递、表达易被人理解的会计信息，而使用者也应设法提高理解信息的能力。

四、可比性

企业提供的会计信息应当具有可比性。同一企业不同时期发生的相同或者相似的交易或者事项，应当采用一致的会计政策，不得随意变更。确需变更会计方法的，应当在附注中说明。不同企业发生的相同或相似的交易或者事项，应当采用规定的会计政策，确保会计信息口径一致、相互可比。

不同企业的会计信息或同一企业不同时期的会计信息如能相互可比，就会大大增强信息的有用性。因此，对整个企业不同时点以及对不同企业而言，同类交易或者事项的计量和列报，一般应采用一致的方法。

可比性并不要求各企业均采用完全相同的会计方法，企业应该按各自的实际情况选用适当的会计方法，以反映其真实性。可比性也不意味着企业绝对不能变更会计方法或原则。当原有会计方法所赖以存在的客观环境变化之后，或者新的方法能够提供更为精确、更为有用的信息时，应适时地变更会计方法，可比性不应成为阻止会计变更的借口。

可比性要求企业应当把编制财务报表所采用的会计政策的变动情况和变动影响告诉使用者。使用者要能够辨别同一企业在不同期间以及不同企业对相同交易或者事项所采用的会计政策的差别。

会计变更包括会计方法变更和会计估计变更。除非新方法被认为更合理，否则会计方法就应保持不变。如果发生了变更，应在报表中将变更的性质和理由，连同此项变更对损益的影响一并加以披露，并且在特定的条件下，还应追溯重编以前年度的会计报表，以使财务报表使用者在其决策模型中考虑这一变更的影响。

五、实质重于形式

信息如果要真实反映其拟反映的交易或者事项，那就必须根据它们的实质和经济现实，而不仅仅是根据它们的法律形式进行核算和反映。交易或者事项的实质，与它们的法律形式并不总是一致的。例如，企业将一项资产处置给另一方，可以在文件中声称将法律所有权转移给该方；然而，可能还存在确保企业继续享受该项资产中所包含的未来经济利益的协议。在这种情况下，将其作为一项销售来报告就不是真实反映所达成的交易。因此，企业坚持实质重于形式的原则，也是保持会计信息可靠性的必然要求。我国《企业会计准则——基本准则》规定，按照交易或者事项的经济实质进行会计确认、计量和报告，不应仅以交易或者事项的法律形式为依据。

六、重要性

重要性是指当一项会计信息被遗漏或被错误表达时,可能影响依赖该信息的人所作出的判断,即该项信息的重要性大到足以影响决策。重要性与相关性都会影响到决策,前者侧重于数量,后者侧重于质量。

企业在确认和计量财务会计要素的过程中应区别其重要程度。对资产、负债和损益有较大影响的,会影响到财务报表使用者的决策时,必须按照规定的会计方法和程序进行处理,并在财务报告中予以充分披露;对于次要的会计事项,在不影响报告使用者决策的前提下,可适当简化。

在评价某些项目的重要性时,很大程度上取决于会计人员的职业判断。一般来说,可从质与量两个方面综合分析。从性质上说,当某一事项有可能影响到决策时,就属于重要项目;从数量上说,当某一项目的数量达到一定规模时,就会对决策产生影响。

七、谨慎性

谨慎性是指在资产计价及损益确定时,如果存在两种以上的方法或金额可供选择时,会计人员应选择对本期净资产及利润较为不利的方法或金额。例如,在存货核算中,根据谨慎性要求,采用成本与可变现净值孰低法确定存货期末价值。可以看出,谨慎性要求是对历史成本计量原则的修正。

我国《企业会计准则——基本准则》规定,企业对交易或者事项进行会计确认、计量和报告应当保持应有的谨慎,不应高估资产或者收益、低估负债或者费用。

需要注意的是,谨慎性要求并不意味着企业可以任意设置各种秘密准备。否则就属于滥用谨慎性要求,视为重大会计差错。

八、及时性

及时性要求企业对于已经发生的交易或者事项,应当及时进行会计确认、计量和报告,不得提前或者延后。

会计信息的价值在于帮助信息使用者作出经济决策,具有时效性。任何信息如果要影响决策,就必须在决策之前提供,相关信息如果不能及时提供,该信息也就变成不相关或无用的了。当然,及时提供的信息如果不相关,也是无用的信息。

第四节 会计要素

财务会计的目标是向财务报告使用者提供与企业财务状况、经营成果和现金流量等有关的会计信息。从某种意义上说,经营成果与现金流量意味着一定时期财务状况的变动。因此,财务会计的最终成果表现为反映企业财务状况及其变化的财务报告。由资产负债表、利润表、现金流量表、所有者权益变动表及其附注构成的财务报表是财务报告的核心。而会计要素是会计核算对象的基本分类,是设定财务报表结构和内容的依据,也是进行确认和计量的依据。对会计要素加以严格的定义,就能为会计核算奠定坚实的基础。

财务报表要素分为反映财务状况的要素和反映经营成果的要素。其中,反映财务状况的要素包括资产、负债与所有者权益;反映经营成果的要素包括收入、费用与利润。

一、资产

资产是指企业过去的交易或者事项形成的、由企业拥有或者控制的、预期会给企业带来经济利益的资源。它具有以下特征。

1. 预期会给企业带来经济利益

预期会给企业带来经济利益,是指直接或者间接导致现金和现金等价物流入企业的潜力。资产导致经济利益流入企业的方式多种多样,如单独或与其他资产组合为企业带来经济利益,以资产交换其他资产,以资产偿还债务等。资产的本质在于其能够为企业带来经济利益。例如,厂房场地、机器设备、原材料等可以用于生产经营过程制造商品或提供劳务,出售后收回货款,货款即企业所获得的经济利益。如果某项目不能给企业带来经济利益,那么就不能确认为企业的资产。

2. 为企业所拥有或者控制

为企业所拥有或者控制,是指企业享有某项资源的所有权,或者虽然不享有某项资源的所有权,但该资源能被企业所控制。

企业拥有资产,就能够排他性地从资产中获取经济利益。有些资产虽然不为企业所拥有,但是企业能够支配这些资产,因此,同样能够排他性地从资产中获取经济利益。如果企业不能拥有或控制一项资产所能带来的经济利益,那么该项资产就不能作为企业的资产。例如,对于一项期限较长、价值较高的资产租赁业务,经评估认定合同中的承租人有权获得在一定期间内因使用租入资产所产生的几乎全部经济利益,并有权在该期间主导该项资产的使用,则可确定出租人将一定期间内控制该项资产使用的权利让渡给了承租人。因此,对该项租赁业务,承租人应将该项资产的使用权确认为资产。

3. 由过去的交易或者事项所形成

企业过去的交易或者事项包括已发生的购买、生产、建造行为或其他交易或者事项。预期在未来发生的交易或者事项不形成资产。只有过去发生的交易或者事项才能增加或减少企业的资产,而不能根据谈判中的交易或计划中的经济业务来确认资产。例如,已经发生的固定资产购买交易会形成企业的资产,而计划中的固定资产购买交易则不会形成企业当前的资产。

按照流动性划分,资产可分为流动资产与非流动资产。

资产满足下列条件之一的,应当归类为流动资产:①预计在一个正常营业周期中变现、出售或耗用。②主要为交易目的而持有。③预计在资产负债表日起1年内(含1年)变现。④在资产负债表日起1年内,交换其他资产或清偿负债的能力不受限制的现金或现金等价物。流动资产主要包括现金及各种存款、应收及预付款项、存货等。有些企业经营活动较特殊,经营周期可能长于1年,如造船企业、大型机械制造企业等,其从购买原材料至建造完工,从销售实现到收回货款,周期比较长,往往超过1年,此时,就不能以1年内变现作为流动资产的划分标准,而是将经营周期作为流动资产的划分标准。

流动资产以外的其他资产都属于非流动资产,如长期股权投资、固定资产和无形资产等。

二、负债

负债是指企业过去的交易或者事项形成的,预期会导致经济利益流出企业的现时义务。它具有以下特征。

1. 由过去的交易或者事项形成的现时义务

现时义务是指企业在现行条件下已承担的义务。未来发生的交易或者事项形成的义务,不属于现时义务,不应当确认为负债。只有过去发生的交易或者事项才能增加或减少企业的负债,而不能根据谈判中的交易事项或计划中的经济业务来确认负债。例如,银行借款是因为企业接受了银行贷款而形成的,如果企业没有接受贷款,则不会发生银行借款的负债;应付账款是因为企业采用信用方式购买商品或接受劳务而形成的,在购买商品或接受劳务之前,相应的应付账款就不存在。

2. 其清偿预期会导致经济利益流出企业

负债的清偿预期会导致经济利益的流出。这些流出形式各种各样,如用现金偿还、以实物资产偿还和以提供劳务偿还。对此,企业不能或很少可以回避。如果企业能够回避,则不能确认为企业的负债。

按照流动性分类,负债可以分为流动负债和非流动负债。

负债满足下列条件之一的,应当归类为流动负债:①预计在一个正常营业周期中清偿。②主要为交易目的而持有。③在资产负债表日起1年内到期应予以清偿。④企业无权自主地将清偿推迟至资产负债表日后1年以上。流动负债包括短期借款、应付票据、应付账款、预收款项、应付职工薪酬、应付股利和应交税费等。

流动负债以外的负债为非流动负债,包括长期借款、应付债券和长期应付款等。

三、所有者权益

所有者权益是指企业资产扣除负债后由所有者享有的剩余权益。公司的所有者权益又称为股东权益。它具有以下特征。

1. 除发生减资或清算,企业不需要偿还所有者投入资本

这是所有者权益区别于负债的重要特征之一。一般来说,负债总是需要偿还,其偿还将会导致经济利益的流出。所有者权益则不需要偿还,是企业经营的基础,也是借债的基础。

2. 所有者的财产清偿顺序位于债权人之后

企业清算时,只有偿还所有的负债后,所有者权益才返还给所有者。从法律清偿的角度来看,所有者的财产清偿顺序位于债权人之后,能为债权人的权益保护提供基础,也使得其成为企业的最终风险承担者。因此,所有者权益是所有者对企业资产的剩余索取权,是企业资产中扣除债权人权益后的净额。

3. 所有者凭借投入资本能够参与利润的分配

所有者具有企业决策权,能够凭借其权益份额参与利润的分配,这也是其区别于债权人的一个重要特征。

所有者权益在性质上体现为所有者对资产的剩余权益,在数量上也就体现为资产减去负债后的余额。所有者权益的来源包括所有者投入的资本、直接计入所有者权益的利得和损失、留存收益等。

四、收入

收入是指企业在日常活动中形成的、会导致所有者权益增加的、与所有者投入资本无关的经济利益的总流入。收入不包括为第三方或客户代收的款项。它具有以下特征。

1. 属于企业日常经营活动中产生的经济利益流入

所谓日常活动，是指企业为完成经营目标而从事的所有活动以及与之相关的其他活动，如商业企业从事商品销售活动、金融企业从事贷款活动、工业企业制造和销售产品等。企业的有些活动并不经常发生，如工业企业出售作为原材料的存货，这种活动虽不是经常发生，但因与日常活动有关，也属于收入。这一特征把收入与利得区分开来。有些交易或者事项虽然也能为企业带来经济利益，由于不属于企业的日常经营活动，而是偶然发生的交易，其流入的经济利益不属于收入，属于利得，如工业企业出售固定资产净收益。

2. 会导致所有者权益的增加

收入为企业带来经济利益的形式多种多样，既可能表现为资产的增加，如增加银行存款、形成应收账款；也可能表现为负债的减少，如减少预收账款；还可能表现为两者的组合，如销售实现时，部分冲减预收的货款，部分增加银行存款。资产的净增加与负债的净减少都会导致所有者权益的增加。但并非所有者权益增加都由企业的收入产生，如所有者投入资本。此外，还有一些非日常活动中形成的利得也会导致企业所有者权益的增加。

3. 是经济利益的总流入

经济利益的总流入意味着收入的计量不需要扣除相应的成本或费用，收入扣除成本或费用后的净流入称为利润，或收益。

收入只有在经济利益很可能流入从而导致企业资产增加或者负债减少，且经济利益的流入额能够可靠地计量时才能予以确认。

按照企业所从事日常活动的性质，收入有三种来源：一是销售商品，取得现金或形成应收款项；二是提供劳务；三是让渡资产使用权，主要表现为对外贷款、对外投资或者对外出租等。

按照日常活动在企业所处的地位，收入可分为主营业务收入和其他业务收入。其中，主营业务收入是企业为完成其经营目标而从事的日常活动主要项目所实现的收入，如工商企业的商品销售收入、建筑施工企业的建造收入等；其他业务收入是企业在主营业务以外的其他业务活动中所实现的收入，如工业企业销售材料、提供非工业性劳务等。

五、费用

费用是指企业在日常活动中发生的、会导致所有者权益减少的、与向所有者分配利润无关的经济利益的总流出。它具有以下特征。

1. 属于企业日常活动中发生的经济利益流出

经济利益的流出是否在日常经营活动中产生是区分费用与损失的一大特征。例如，商业企业从事商品推介活动、金融企业从事存款业务、工业企业生产产品等所发生的经济利益的流出，属于费用。有些交易或者事项虽然也能使企业发生经济利益的流出，但由于不属于企业的日常经营活动，其经济利益的流出不属于费用，而是损失，如工业企业出售固定资产净损失。

2. 会引起所有者权益的减少

费用的发生形式多种多样，既可能表现为资产的减少，如用现金支付管理人员工资、用现金支付广告费;也可能表现为负债的增加,如负担长期借款利息;还可能是两者的组合,如接受外单位加工本企业产品的劳务,支付部分现金,同时承担债务。负债的净增加或资产的净减少都会导致所有者权益的减少,但是并非导致所有者权益减少的都由费用产生,如向所有者分配利润,非正常经营活动中的损失,如火灾、水灾导致的净损失等。

3. 属于经济利益的总流出

费用意味着经济利益的流出,但此种流出的目标是再产生经济利益,是实现这一目标而付出的代价。企业发生的支出不产生经济利益的,或者即使能够产生经济利益但不符合或者不再符合资产确认条件的,应当在发生时确认为费用,计入当期损益。

费用只有在经济利益很可能流出从而导致企业资产减少或者负债增加,且经济利益的流出额能够可靠地计量时才能予以确认。

按照费用与收入的关系,费用可分为营业成本与期间费用。其中,营业成本是指销售商品或提供劳务的成本。营业成本按其所销售商品或提供劳务在企业日常经营活动中所处地位可分为主营业务成本和其他业务成本。期间费用包括管理费用、销售费用和财务费用。管理费用是企业行政管理部门为组织和管理生产经营活动而发生的各种费用;销售费用是企业在销售商品、提供劳务等日常经营活动中发生的营业成本以外的各种费用以及专设销售机构的各项经费;财务费用是企业筹集生产经营所需资金而发生的费用。

六、利润

利润又称收益,是指企业在一定会计期间的经营成果。利润包括收入减去费用后的净额、直接计入当期利润的利得和损失等。其中,直接计入当期利润的利得和损失,是指应当计入当期损益、会导致所有者权益发生增减变动的、与所有者投入资本或者向所有者分配利润无关的利得或者损失。

利润金额可通过收入和费用、直接计入当期利润的利得和损失金额的配比而确定,即采用利润表法来确定。

由于每一项收入或费用、利得或损失的确认必然同时引起资产或负债的相应变动,利润金额也可以通过对比期初与期末所有者权益的变化来确定,即通过资产负债表法来确定。资产负债表法的理论基础是资本保全观,即只有在原资本已得到保全或成本已经弥补之后,才能确认损益。资本保全观又分为财务资本保全观与实物资本保全观。前者认为,资本应视为一种财务现象,即收益就是企业资产超过原投入资本的部分;后者认为,资本代表一种实际"生产能力",企业资产超过原"生产能力"的部分即收益。两种观点的重要区别在于一定期间价格变动对持有资产和负债的影响。按照财务资本保全观,价格对资产与负债的影响应确认为收益,属于资本报酬之列;而实物资本保全观则不把价格的影响确认为收益,而反映为股东权益的变动。

当存在直接计入所有者权益的利得或损失时,如其他债权投资的期末公允价值的变动以及国外经营子公司的外币报表折算差额,采用利润表法与根据资产负债法确定的利润金额就会出现不一致。

值得强调的是,上述六个要素是紧密联系在一起的。由于复式记账的固有特性,存在着会计恒等式,即资产＝负债＋所有者权益。同时,每一期间的经营成果,如收入、费用结转至利润,而利润最终结转至所有者权益。

第五节　会计要素的确认与计量

一、会计要素的确认

确认是指将某一项目,作为一项资产、负债、所有者权益、收入、费用或其他要素正式列入财务报告的过程。一个项目的确认,要同时以文字和数字加以描述,其金额包括在报表总计之中。例如,确认对于一项资产或负债而言,不仅涉及初始入账的确认,而且涉及资产负债表日在财务报表中的确认。计量是指为了在资产负债表和利润表中确认和列报有关财务报表的要素而确定其货币金额的过程。实际上,确认与计量是一个问题的两个方面,用会计结构来说,当记录一项经济业务时,借记或贷记的科目及其后编制的报表项目就是确认,确定借贷的金额就是计量。

总的来说,一个项目是否应确认为财务报表的要素,取决于它是否同时符合三个标准。

1. 符合会计要素的定义

一项资源只有符合资产的定义、一项义务只有符合负债的定义、一项所有者权益的变动只有满足资产、负债、收入、费用、利得与损失的概念才能正式列入财务报表。

2. 与该项目有关的未来经济利益将很可能流入或流出企业

这里的"很可能"与体现企业经营所处环境特点的不确定性联系在一起。评估未来经济利益流量带有的不确定性程度,依据的是编制财务报表时能够得到的证据。例如,如果企业的应收账款很可能得到支付,则在没有相反证据时,就有理由将应收账款确认为资产。然而,对于大量应收账款,在正常情况下很可能有一些得不到支付,因此,确认一笔反映经济利益将会减少的损失——坏账准备,也是理所当然的。

3. 该项目的成本或价值能够可靠地计量

在许多情况下,使用不降低财务报表可靠性的、合理的估计是财务报表编制过程中必不可少的部分。但是,如果无法作出合理的估计,就不能在资产负债表或利润表内确认这一项目。例如,某一诉讼案件将会带来的赔偿款,既符合资产等要素的定义,又符合确认的可能性标准,但是如果不能可靠地计量赔偿款的金额,就不能将其确认为资产等要素。

简单地说,会计就是把企业的经济交易或者事项进行确认、计量、记录和报告的过程。其中,确认与计量是会计程序的核心。以下我们进一步阐述会计计量的属性与应用原则。

二、会计要素的计量属性及其应用原则

(一)会计要素计量属性

会计计量是为了将符合确认条件的会计要素登记入账并列报于财务报表而确定其金额的过程。会计计量包括确定计量单位和选择计量属性两个方面。根据货币计量的会计假设,会计的计量单位都是货币。企业应当根据交易的性质与重要性原则来选取适当的计量属性,确定相关金额。计量属性是指对某一要素所予以计量的特性,如桌子的长度、物体的重量、房屋的高度等。从会计角度,计量属性反映的是会计要素金额确定基础,主要包括历史成本、重置成本、可变现净值、现值和公允价值等。

1. 历史成本

历史成本是会计计量的基本属性之一。在历史成本计量下,资产按照购置时支付的现金或者现金等价物的金额,或者按照购置资产时所付出的对价计量。负债按照因承担现时义务而实际收到的款项或者资产的金额,或者承担现时义务的合同金额,或者按照日常活动中为偿还负债预期需要支付的现金或者现金等价物的金额计量。大多数的固定资产、无形资产都按照历史成本计量。

2. 重置成本

重置成本又称现行成本,是指按照当前市场条件,重新取得同样一项资产所需支付的现金或现金等价物金额。在重置成本计量下,资产按照现在购买相同或者相似资产所需支付的现金或者现金等价物的金额计量。负债按照现在偿付该项债务所需支付的现金或者现金等价物的金额计量。

3. 可变现净值

可变现净值是指在正常生产经营过程中,以预计售价减去进一步加工成本和销售所必需的预计税金、费用后的净值。在可变现净值计量下,资产按照其正常对外销售所能收到现金或者现金等价物的金额扣减该资产至完工时估计将要发生的成本、估计的销售费用以及相关税费后的金额计量。在存货的期末计价中,采用成本与可变现净值孰低法,实际上就是历史成本与可变现净值的复合计量属性。

4. 现值

现值是指对未来现金流量以恰当的折现率进行折现后的价值,是考虑货币时间价值因素等的一种计量属性。在现值计量下,资产按照预计从其持续使用和最终处置中所产生的未来净现金流入量的折现金额计量。负债按照预计期限内需要偿还的未来净现金流出量的折现金额计量。对于长期债券的计量通常采用这一计量属性。

5. 公允价值

公允价值是指市场参与者在计量日发生的有序交易中,出售一项资产所能收到或者转移一项负债所需支付的价格。其中的有序交易,是指在计量日前一段时期内相关资产或负债具有惯常市场活动的交易。清算等被迫交易不属于有序交易。大多数金融资产或负债通常采用公允价值计量。

实际上,公允价值与上述四种计量属性并非平行的或非此即彼的关系,而是一种复合型计量属性,上述四种计量属性在某些特定情况下都是公允价值的表现形式。例如,在初始计量中,历史成本、重置成本就是公允价值的表现形式。一项资产(或负债)的公允价值,是在目前的一笔交易中各方自愿的买卖价格,而不是一笔强迫或清算过程中的交易价格。有效市场中的报价是公允价值的最佳证据。如果能收集到市场报价,则公允价值就是交易数量与市场价格的乘积。

(二)计量属性的应用原则

与其他计量属性相比,历史成本的最大优势在于其可靠性。设想一下,大多数企业在期末编制财务报表时,面对种类众多的资产与负债,如果要一一确定其重置成本、可变现净值与现值将是多么繁重的工作,其可验证性也将荡然无存。

但是历史成本在计量的相关性方面可能不如其他计量属性。例如,一项准备近期出售的股票投资,报表使用者可能并不关注其历史成本,而在意其公允价值,即目前市价,那么对该项股票投资最相关的计量应该是其公允价值。因此,现代会计计量实际上常将多种计量属性结合使用。

我国《企业会计准则——基本准则》规定,企业在对会计要素进行计量时,一般应当采用历史成本,采用重置成本、可变现净值、现值和公允价值计量的,应当保证所确定的会计要素金额能够取得并能够可靠地计量。

在企业会计计量中适度、谨慎地引入公允价值这一计量属性,是因为随着我国资本市场的发展,股权分置改革的基本完成,越来越多的股票、债券和基金等金融产品在交易所挂牌上市,使得这类金融资产的交易已经形成了较为活跃的市场,我国已经具备了引入公允价值的条件。

企业应当将公允价值计量所使用的输入值划分为三个层次,并首先使用第一层次输入值,其次使用第二层次输入值,最后使用第三层次输入值。其中,第一层次输入值是在计量日能够取得的相同资产或负债在活跃市场上未经调整的报价。第二层次输入值是第一层次输入值以外相关资产或负债直接或间接可观察的输入值。第三层次输入值是相关资产或负债的不可观察输入值。其中的输入值,是指市场参与者在给相关资产或负债定价时所使用的假设。

由于我国尚属新兴的市场经济国家,如果不加限制地引入公允价值,有可能出现公允价值计量不可靠,甚至借此人为操纵利润的现象,我国引入公允价值是适度、谨慎和有条件的。在投资性房地产和生物资产等计量中,只有在公允价值能够取得并能够可靠地计量的情况下,才能采用公允价值。

案例分析

一、大海公司的会计政策合理吗

案例介绍:

大海公司在20×8年年报报表附注中披露以下信息。

(1) 大海公司于20×3年年末以100万元成本建成一个仓库。大海公司对该仓库一直以10年为期采用平均年限法计提折旧。20×8年,公司总会计师计提了2倍的折旧费用,因为仓库的重置成本大幅提高。

(2) 大海公司于20×8年10月支付某传媒公司为期1年的网络广告费800万元。大海公司在20×8年年末将800万元全部费用化。大海公司总经理声称:"一旦钱已支付,就不可能从网络中收回。"

(3) 大海公司在6月30日以3 200万元买入一栋大楼,随后花费800万元装修成办公楼。该大楼在20×8年年末的市场评估价值为5 000万元。大海公司在20×8年对该大楼确认了收入1 800万元,扣除费用800万元,实现净利润1 000万元(假定不考虑所得税影响)。

(4) 大海公司以往对存货计价采用加权平均法。虽然同行业其他公司都已转为采用先进先出法,但大海公司董事长决定本公司20×8年仍然采用加权平均法对存货计价,因为如果采用先进先出法将使公司本年度净利润下降300万元。

(5) 20×8年以前,大海公司对价值较低且容易损耗的物品一直实行买入时计入当期费用的处理方法,因为它们的总金额不到净利润的1%。该公司在20×8年改变了低值易耗品的会计处理方法,将当年购入的低值易耗品价值分5年平均摊销。公司预期每年低值易耗品的购买量将不会发生大幅波动。

依据及相关法规:

财政部:《企业会计准则——基本准则》(2006年2月)。

案例思考题:

1. 你是否同意大海公司高层管理人员的做法？尽可能运用财务会计概念框架中的会计假设以及原则来支持你的观点。
2. 这些做法对财务报表有何影响？
3. 如果你认为这些做法不对,那么正确的做法是什么？
4. 这些做法对公司管理层、股东、投资者以及政府这些利益相关者有何影响？

二、以人抵债破天荒　会计核算显空白

(本案例由刘艳君、毛瑞玲、仇雯静、马伟炜、谈檬提供)

案例介绍:

山东航空股份有限公司(以下简称山航B)是在深圳证券交易所上市的B股公司,为民用航空运输企业,主营山东省内和经批准的山东省始发至国内部分城市的航空客、货运输业务,兼营与航空有关的服务和经营性项目。山东航空彩虹公务机公司(以下简称公务机公司)是一家中外合资的航空公司,其中,中富航空集团持股49%,山航B持股45%,山航集团持股6%。

公务机公司欠山航B的债务高达14 779.75万元(表1-1),而公务机公司本身已不具备产生足够现金流偿还欠款的能力,所以它不得不将其拥有的16位飞行员转让用于抵债。

表1-1　　　　　山航B应收公务机公司债权情况　　　　　金额单位:万元

其他应收款——公务机公司	计提比率	坏账准备	其他应收款账面价值
14 779.75	83.30%	12 311.46	2 468.29

2006年5月27日,山航B发布公告称,决定受让关联方公务机公司16名飞行员,转让价格根据国家相关文件确定为1 568.42万元(表1-2)。

表1-2　　　　　公务机公司以飞行员抵债情况　　　　　金额单位:万元

其他应收款中飞行员所抵债务	计提比率	所对应的坏账准备	该部分应收债权账面价值
1 568.42	86.27%	1 353.03	215.39

资料来源:

1. 深圳证券交易所网站(http://news.carnac.com/list/69/69343.html),"山东航空公司购买飞行员关联交易公告",2006年5月27日。
2. 岳敬飞:"山航B以人抵债,凸显会计核算空白",《上海证券报》2006年5月30日,http://bg.stock.cnfol.com/060530/126,1335,1857521,00.shtml)。

依据及相关法规:

1. 财政部:《企业会计准则——基本准则》《企业会计准则第4号——固定资产》《企业会计准则第6号——无形资产》《企业会计准则第12号——债务重组》(2006年2月)。
2. 中国民用航空总局:《关于规范通用航空飞行人员流动管理有关问题的通知》(民航

人发〔2005〕199号）。

案例思考题：

1. 山航B受让16名飞行员抵债能否作为资产入账？请发表你的意见，并说明理由。

2. 下载山航B的2006年年报，了解其会计处理，讨论这些会计处理对股东、投资者、政府和管理层等利益相关者的可能影响。

讨论与分析：

财务经理A认为，飞行员本质上是一种资源，属于人力资源。对山航B而言，飞行员是其重要资源，主要是能给企业带来未来经济利益。但是人力资源在计量上有很大难度，飞行员与IT企业中核心技术人员、高级经理等一样，他们的成本与价值难以可靠地计量，因此会计上一般不予确认为资产，而在发生招募支出时予以费用化，计入当期损益。如果把这次受让的飞行员计入资产，那么正在企业服役的飞行员又该如何确认与计量？因此受让的飞行员不应确认为资产。

财务经理B认为，飞行员这种人力资源应该确认为资产。理由如下：其一，飞行员的培养成本能可靠地计量。山航B与公务机公司达成的协议中，16名飞行员的受让价格为1 568.42万元，根据中国民用航空总局文件《关于规范通用航空飞行人员流动管理有关问题的通知》中"以初始培养费50万元为基数，按平均15%递增计算补偿费用，最高计算为8年，最高补偿费用为110万元"，合同中的金额符合文件中的规定，所以能确认飞行员的培养成本。其二，飞行员作为资源的风险、报酬归属问题。在风险方面，山航B放弃了一笔债权而受让16名飞行员，那么飞行员运作所要承担的风险都转给了山航B，山航B对飞行员拥有控制权；在报酬归属方面，根据山航B与公务机公司的抵债合同，在公认的年限里的报酬归山航B所有。从这两方面得出，飞行员这一资源能可靠地计量，由此则判断飞行员可以作为资产入账。

对于财务经理A与财务经理B有关"山航B受让16名飞行员抵债能否作为资产入账"的争论，考虑飞行员劳务转让合同、球员转会合同以及核心技术人员劳务转让合同的差异，发表你的意见，并说明理由。

本章要点概览

1. 财务会计基本理论通过财务会计概念框架表现出来，在我国体现在《企业会计准则——基本准则》中。我国《企业会计准则——基本准则》规范了财务报告的目标、会计基本假设、会计信息质量要求、会计要素的定义及其确认与计量原则、财务报告等在内的基本问题。

2. 财务报告的目标，即向财务报告使用者提供与企业财务状况、经营成果和现金流量等有关的会计信息，反映企业管理层受托责任履行情况，有助于财务报告使用者作出经济决策。财务报告使用者包括投资者、债权人、政府及其有关部门和社会公众等。

3. 会计基本假设与会计基础是会计核算的前提条件，是对会计核算所处的时间、空间环境所作的合理设定。会计核算对象的确定、财务报表要素的确认与计量都要以这一系列的基本前提为依据。会计假设包括会计主体、持续经营、会计分期和货币计量。目前，各国会计准则都采用权责发生制作为会计基础。

4. 会计信息质量要求包括可靠性、相关性、可理解性、可比性、实质重于形式、重要性、谨慎性和及时性等。

5. 会计要素包括资产、负债、所有者权益、收入、费用和利润。一个项目是否应确认为会计要素，取决于它是否同时符合下列三个标准：①符合会计要素的定义；②与该项目相关的未来经济利益很可能流入或流出企业；③该项目的成本或价值能够可靠地计量。

6. 会计计量属性主要包括历史成本、重置成本、可变现净值、现值和公允价值等。企业在对会计要素进行计量时，一般应采用历史成本，采用重置成本、可变现净值、现值和公允价值计量的，应保证所确定的会计要素金额能够取得并可靠计量。

主 要 术 语

1. 资产　　　　2. 负债　　　　3. 所有者权益　　　4. 利润
5. 费用　　　　6. 收入　　　　7. 损失　　　　　　8. 利得
9. 相关性　　　10. 可靠性　　　11. 财务报告　　　　12. 资本性支出
13. 权责发生制　14. 谨慎性　　　15. 重要性　　　　　16. 历史成本
17. 重置成本　　18. 可变现净值　19. 现值　　　　　　20. 公允价值

复 习 题

一、思考题

1. 简述财务会计的目标。
2. 简述会计信息质量要求。
3. 试举例说明会计要素之间的关系及其对企业的财务影响。
4. 简述财务报表要素确认的一般标准。
5. 试分析持续经营、会计分期和权责发生制之间的关系。
6. 会计计量属性有哪些？它们的适用条件有何不同？

二、判断题

1. 某项财产物资要确认为企业的资产，其所有权必须属于企业。　　　　　　　　（　　）
2. 负债一般有确切的偿还期限，而所有者权益在企业持续经营期间无须偿还，除非终止经营，不得减少所有者权益。　　　　　　　　　　　　　　　　　　　　　　　　（　　）
3. 企业一定期间发生亏损，则该企业在这一会计期间的所有者权益一定减少。　　（　　）
4. 企业的所有者对企业的全部资产都具有所有权。　　　　　　　　　　　　　　（　　）
5. 在历史成本原则下，即使同类资产市场价格发生变动，企业也不得自行变动其账面价值。　　　　　　　　　　　　　　　　　　　　　　　　　　　　　　　　　　　（　　）
6. 相关性要求是指企业之间的会计信息相关一致。　　　　　　　　　　　　　　（　　）
7. 在负债金额既定的情况下，企业本期净资产的增加额就是企业当期实现的利润数额；净减少额则是企业本期的亏损额。　　　　　　　　　　　　　　　　　　　　　　　（　　）
8. 某一会计事项是否具有重要性，并非对所有企业一概而论，需要会计人员进行职业判断。同一会计事项，在某一企业具有重要性，而在另一企业则不一定具有重要性。　　（　　）

9. 明确会计主体,有利于划分会计所要处理的各项交易或事项的范围,有利于把握会计处理的立场。   （ ）
10. 可比性要求是相对的,它必须是以客观性原则的要求为基础。在特定的情况下,企业改变现行的会计处理方法并不一定违背可比性原则。   （ ）

三、单项选择题

1. 对所有的会计事项不分轻重主次,采取完全相同的处理方法,不符合(   )。
   A. 一致性要求   B. 谨慎性要求
   C. 重要性要求   D. 可靠性要求
2. 会计信息应满足其使用者的需要,这体现了(   )质量要求。
   A. 可靠性   B. 相关性
   C. 明晰性   D. 重要性
3. 下列各项中,体现谨慎性要求的是(   )。
   A. 存货采用历史成本计价   B. 无形资产摊销
   C. 销售收入与成本费用配比   D. 应收账款提取坏账准备
4. 下列内容中,符合负债定义的是(   )。
   A. 负债必须以资产清偿   B. 负债是企业当前的债务
   C. 负债必须以货币资金清偿   D. 负债是企业将来的债务
5. 对固定资产以计提折旧的方式转移其价值,所依据的是(   )。
   A. 持续经营假设   B. 货币计量假设
   C. 可靠性要求   D. 谨慎性要求

四、多项选择题

1. 在企业会计核算中,(   )是企业确认与计量的前提条件。
   A. 会计主体   B. 会计分期
   C. 权责发生制   D. 重要性要求
   E. 谨慎性要求
2. 下列条件中,属于确认资产必须满足的有(   )。
   A. 必须为企业所拥有
   B. 预期给企业带来经济利益的流入
   C. 过去的交易或者事项引起的
   D. 该资源的成本或者价值能够可靠地计量
   E. 与该资源有关的经济利益很可能流入企业
3. 会计计量属性主要包括(   )。
   A. 重置成本   B. 公允价值
   C. 历史成本   D. 现值
   E. 可变现净值
4. 下列关于收入的说法中,正确的有(   )。
   A. 收入会导致所有者权益的增加   B. 收入必然会导致资产的增加
   C. 所有者权益增加都由收入产生   D. 收入来源于企业的日常活动
   E. 其他业务收入来源于企业偶然发生的活动

5. 谨慎性要求体现了对会计信息质量的要求,它意味着(　　)。
   A. 企业可以有较大选择余地提取各种准备
   B. 对历史成本计价原则有一定程度的背离
   C. 对于可能发生的收益或费用尽可能低估
   D. 不应当低估费用或者负债
   E. 在可供选择的会计方法中选择对企业净资产或当期利润较为不利的方法

第二章 财务会计规范

学习目的与要求

本章重点介绍了会计核算规范体系的特点及构成、我国会计核算规范的模式和构架、上市公司会计信息披露规范体系、会计规范的国际化。读者通过本章的学习,应该了解我国会计核算规范体系的特点和主要构成;认识我国企业会计准则体系;掌握我国《企业会计准则——基本准则》的作用;了解我国会计规范国际化的进程。

预习思考题

1. 小金对于企业会计准则体系存在疑问:我国已经颁布了《企业会计准则——基本准则》和具体准则,为什么还要不定期地发布解释公告?你能解答他的疑问吗?

2. 如果企业发生了新颖、复杂的经济业务,而我国《企业会计准则》又未对此进行规范,你认为应当如何处理?

3. 会计标准与国际趋同,是否意味着我国无须再制定会计准则而直接采用国际财务报告准则?为什么?

4. 一个投资者购买了一家上市公司的 10 000 股股票,成为其股东。他了解上市公司经营状况和财务状况的主要途径是什么?投资者最关心哪些信息?

5. 一家中国公司如果到美国、欧洲等证券市场上市,而各证券市场对会计信息的要求不同,会产生什么影响?

第一节 会计核算规范体系

一、会计规范概述

(一)会计规范的含义

会计规范是一系列约定俗成或明文规定的用于规范并约束会计信息系统的数据加工、处理与信息生成等行为的法律、制度、标准和惯例的总称,也是从事业务活动的会计主体或外部会计信息的使用者,为了对经济活动进行核算和监督所采用的用于分析和评价会计工作的运行及其结果的标准。会计规范体系是一个具有一定功能和结构完整的系统,主要包括会计核算工作规范、会计信息披露规范、会计管理工作规范、会计职业道德规范以及对会计系统有效运行产生重要影响的内部控制规范等内容。这些具体的会计规范相互联系、相互作用,构成一个有机整体。其中,会计核算工作规范是基础,是针对会计信息的准备、生成和报告等与提供会计信息全过程相关的各种规范的集合。

（二）会计规范的作用

会计规范是一定历史时期的产物，它随着会计发展的历程而产生、改进、完善和发展。会计规范在实践中发挥着积极的作用，其对总结会计经验，规范会计行为，防止会计舞弊，评价会计工作业绩，保障会计职能发挥，完成会计任务，推动社会经济发展等都具有重要意义。

1. 会计规范是对会计经验的总结

会计规范是在会计实践的基础上产生和发展起来的。在漫长的会计发展历程中，很多宝贵的会计工作经验，以习惯、惯例、规则和准则的形式被纳入会计规范，约束和指导着会计行为，并随着经济发展被继承和发展。

2. 会计规范是衡量会计行为的准绳

会计规范是会计工作的标准，起到规范会计行为的作用。它要求不同行业、不同地区、不同时期的会计操作按照统一的程序、内容、方式、手段进行。会计规范是会计人员会计行为的基准，使会计信息的提供有章可循、有据可依，保证了会计信息的质量。

3. 会计规范有助于保护信息使用者的利益

会计规范中的会计法规强制会计信息的提供者以规范的会计处理程序与方法提供会计信息。这使会计信息得到社会和公众的认可，对保证会计信息质量，维护整个国家正常的经济秩序，保护投资者、债权人以及其他相关利益集团的利益都起到了积极的作用。

（三）会计规范的特点

1. 权威性

会计规范的权威性是指会计规范具有法律效力，表现为会计规范的制定机关是国家立法机关和行政机关，并通过强制力保障执行；会计规范的权威性贯穿于其制定、执行和执行结果评价等各个环节。

2. 公认性

公认性是指会计规范得到广泛的社会支持。会计信息是社会经济运行的基础，这就要求会计核算必须得到社会和公众的认可，具有社会公信力。只有依据会计规范进行会计工作，社会公众才会认同会计信息的正确和公允，才会接受会计信息。

3. 历史继承性

会计规范的历史继承性包括两个方面的含义：一方面，任何时代的会计规范都既对上一时代会计规范中有益的部分进行了继承，也对上一时代会计规范中不适应该时代的部分进行了扬弃。另一方面，会计规范的建立是一个动态的演进过程，要随着社会政治经济环境和会计理论与实践的发展而变化。

4. 统一性和稳定性

会计规范体系在一定时间和一定范围内是统一的，应适用于全国范围内的所有会计行为。同时，会计规范体系在一定时期、一定客观环境下又保持相对稳定。只有当一些会计规范不再适用或变得过时时才予以修正甚至放弃，并制定一些新的会计规范。

5. 多样性

会计规范涉及的范围很广，内容丰富，层次较多。从范围和内容来看，会计规范既包括会计核算工作规范、会计信息披露规范、内部控制规范，也包括会计管理工作和会计职业道德规范；从层次来看，既有国家制定颁布的强制性会计规范，也有在长期的会计实践中形成的非强制性会计规范，即约定俗成的部分。

(四) 会计规范的模式

会计规范模式是对一定地域或范围内会计行为的主要特征进行的总结和描述，体现了特定国家或地区的会计环境对会计在社会经济中所发挥作用的基本要求。目前，国际上会计规范模式主要分为两大类：一类是以英美法系为代表的"协会"模式，另一类是以大陆法系为代表的"政府"模式。

1. 英美法系会计规范模式

英美法系会计规范模式被称为"协会"模式，以英国和美国为主要代表。这种模式适应了英美法系国家庞大而发达的股票和债券市场的需要，以及极具影响力的跨国公司的发展，其主要特点有：①英美是世界上最早对注册会计师行业进行立法管理的国家，会计行业以民间自律为主。②会计准则由独立的民间机构制定。③会计准则与税法等法规相对分离，强调要真实公允地反映企业的财务状况和经营成果。④会计准则层次分明、数量庞大，以准则为主，以解释和技术公告为辅，非常详尽，同时又为财务会计准则建立了概念框架，有助于管理人员和注册会计师作出合理的职业判断。⑤注册会计师行业较发达，民间审计的社会地位较高。当前全球兴起的会计国际化的浪潮主要是以这种会计模式为基础。

协会模式的优点在于：能够充分发挥会计职业团体的专业知识优势，迅速发现和解决会计实务中存在的问题，并及时针对经济环境变化和随之出现的新问题作出反应，具有较大的灵活性与适应性。这一模式的缺点在于：会计准则体系相当具体，公司管理者在众多的会计条款中能够找到漏洞，可以通过"交易设计"和"组织创新"轻易逃避准则的约束；由于会计准则是民间机构制定的，会计准则实施的权威性不强；同时，会计准则制定时有时难免倾向于有关的利益相关者，且会计准则制定时间过长，实施效率也有待提高。

2. 大陆法系会计规范模式

大陆法系会计规范模式被称为"政府"模式，以德国、法国和日本等国为代表。由于这些国家中企业与银行联系紧密，银行提供了企业所需的大部分资本，大陆法系会计模式的主要特点有：①会计规范由政府制定。②会计规范服务于国家管理，并受税法、商法等制度制约，真实公允地反映企业财务状况和经营成果被置于次要的地位。③会计核算较为统一，企业管理人员和注册会计师在会计处理上的自由度低。④注册会计师行业在社会治理中发挥的作用有限，民间审计的社会地位较低。在会计国际化的浪潮中，大陆法系会计规范模式正朝英美法系会计规范模式转变。

政府模式的优点在于：具有较大的强制性，有利于提高对部分会计争议的处理效率，也有利于保障会计准则的实施。但在政府模式下，政府是会计准则的主要制定者，会计准则的制定往往从国家利益出发；由于缺乏民间组织的积极参与，会计准则的灵活性、会计准则研究中的创造力都受到限制。

二、会计核算规范与财务会计目标

会计核算规范与财务会计目标相辅相成，财务会计目标是会计核算规范的方向，会计核算规范是财务会计目标的具体化。

1. 会计核算规范服务于财务会计目标

我国《企业会计准则——基本准则》指出："财务报告的目标是向财务报告使用者提供与企业财务状况、经营成果和现金流量等有关的会计信息，反映企业管理层受托责任履行情况,有助于财务报告使用者作出经济决策。"而会计核算规范通过对提供财务信息的会计核算活动进行规范和约束,使之忠实反映企业经济活动全过程。它既是企业整个财会工作的基础,也是财务会计目标实现的保障。

2. 会计核算规范是财务会计目标的具体化

财务会计目标对有效会计行为最终产生的结果进行了描述,是指导会计核算规范的准绳;会计核算规范则规定了实现财务会计目标的具体路径,只有遵循会计核算规范的会计行为才能实现既定的财务会计目标。会计核算规范通过对具体会计行为进行有效的约束,可以保障财务会计目标的实现,保证财务信息的质量。

3. 会计核算规范依存于财务会计目标

一方面,财务会计目标指导会计核算规范发展的方向,当财务会计目标随着历史的发展而发生变化,会计核算规范也必须进行适应性的调整,即进行重新修订或建立新的规范。另一方面,财务会计目标也是评价会计核算规范是否合理的标准,符合财务会计目标的会计核算规范才能被接受和认可,不符合财务会计目标的会计核算规范应该被舍弃。

三、我国会计核算规范的模式和构架

(一) 我国会计核算规范的模式

目前,我国会计规范模式的主要特征是"以政府为主导,民间组织为补充",体现了政府与民间组织的结合。我国负责草拟会计法律、法规和国家统一的会计制度的机构是财政部会计司。1998年10月,中国会计准则委员会(China Accounting Standards Committee,简称CASC)成立,负责研究起草中国企业会计准则,跟踪并参与国际会计问题研究,参与会计对外交流与合作。CASC的职能包括三个方面:一是紧密结合我国经济发展的实际情况,研究国内外会计准则,为制定我国会计准则和全球统一的高质量会计准则服务;二是跟踪并研究国际会计问题,分析国际会计走向,撰写相关研究报告并提出对策建议;三是联络国际会计准则理事会,加强对外会计交流与合作。

为更好地发挥各相关单位在我国会计标准建设和实施中的作用,充分发挥专业人士在企业会计准则体系建设中的技术支持作用,科学、公开、民主地制定企业会计准则,经财政部批准,中国会计准则委员会成立了企业会计准则咨询委员会。咨询委员会是企业会计准则研究、制定与完善的咨询机构,负责对企业会计准则的建设、实施和国际趋同提供咨询意见;负责对国际财务报告准则的制定、修订及其发展战略提供咨询意见;负责对经济发展中出现的新业务及其会计问题进行前瞻性研究。

(二) 我国会计核算规范的构架

会计信息来自会计核算过程,会计核算过程的确认、计量、记录和报告中的任何一个环节出现差错,都会直接或间接地影响所提供的会计信息的真实性。所以,规范会计信息的提供就要对会计核算的全过程进行规范,建立一个完善的会计规范体系。在中共十五届四中全会提出要建立健全全国统一的会计制度以后,2000年,财政部提出了建立符合我国国情的国家统一的企业会计核算制度体系的思路。此后,会计制度和准则的制定就围绕该思路展开。目前,我国的会计核算规范体系(图2-1)包括会计核算、会计监督、会计人员和会计工作管理等方面的规范,并由四个部分构成:一是法律;二是行政法规;三是部门规章;四是规范性文件。其中,法律由全国人民代表大会常务委员会通过,由国家主席签发;行政法规

由国务院常务委员会通过,由国务院总理签发;部门规章由国务院主管部门部长以部长令形式签发;规范性文件由主管部门以文件的形式印发。根据上述划分标准,与企业会计核算相关的规范中,《中华人民共和国会计法》(下称《会计法》)属于法律;《企业财务报告条例》属于行政法规;《企业会计准则——基本准则》《政府会计准则——基本准则》属于部门规章;具体会计准则及其应用指南、解释公告属于规范性文件。此外,会计准则和会计制度构成了国家统一的核算体系,是与会计核算工作最直接、最相关的规范(图2-2)。

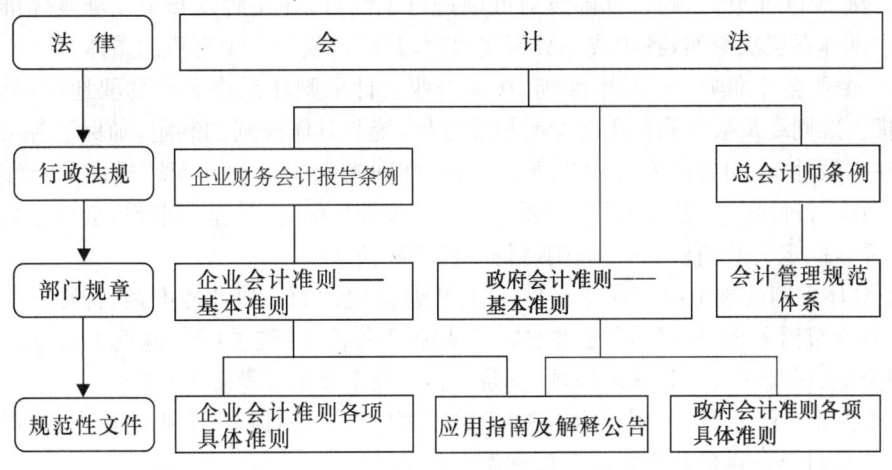

图2-1 我国会计核算规范体系主要构成

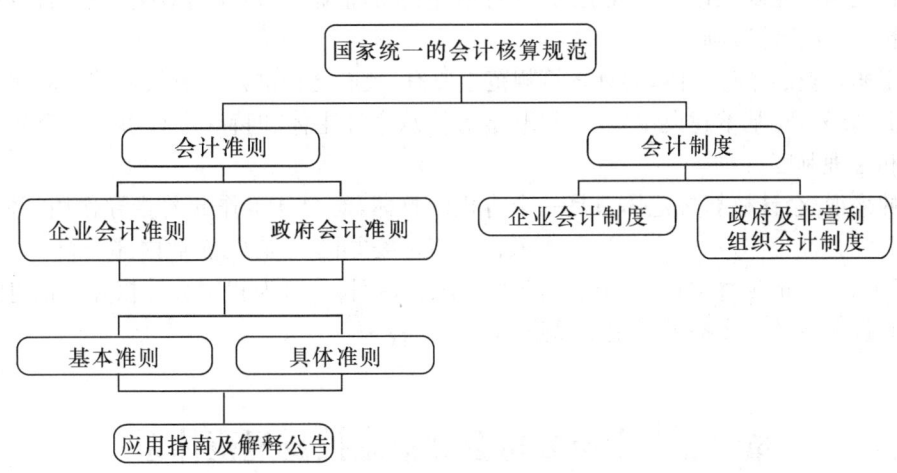

图2-2 我国统一会计核算规范的组成

《会计法》是规范我国会计工作的根本大法,也是制定其他一切会计法规制度的"母法"。它体现了国家在会计管理方面的方针政策,确立了会计工作最基本的行为规范,是我国最高层次的会计工作规范。《会计法》于1985年制定,为了适应形势的发展要求,历经1993年、1999年和2017年的多次修正或修订,我国《会计法》集中体现了以下特点:①健全和完善了会计核算的内容,为会计基础工作的规范性和会计信息的真实性提供了保障。②突出了内部控制的要求,体现了单位负责人对法律负责、单位其他人员对单位负责人负责的基本精神,并把实施会计监督建立在健全单位内部监督、社会监督和国家监督这个全方位的会计监督体系基础上。③对各种违法会计行为作出了禁止性的规定,增加了打击会计犯罪的条款,强化了对违法会计行为的惩治力度,为会计工作依法有序进行提供了重要的保证。

2006年2月,财政部发布了1项基本准则和38项具体准则,此后又发布了《企业会计准则——应用指南》和解释公告,这标志着我国已经较为科学、规范、完整地构建了企业会计准则体系。从2014年开始,财政部陆续对准则进行了修订,并先后发布了4项具体准则。企业会计准则体系层次分明,各组成部分衔接紧密,共同构成了一个有机的整体。

(1)《企业会计准则——基本准则》在新企业会计准则体系中居于驾驭地位,类似于国际财务报告准则委员会发布的财务会计概念框架,统驭具体准则的制定,确保了各项具体准则的内在一致性;也为会计实务中出现的、具体准则尚未规范的新问题提供了会计处理依据。《企业会计准则——基本准则》主要包括财务报告目标、会计基本假设、会计信息质量要求、会计要素的定义及确认、计量原则、财务报告等内容。

(2)具体准则的规范内容广泛,包括具有普遍适用性的一般业务准则、特殊行业或业务准则,以及规范财务报告问题的报告准则。从项目来看,突破了原有偏重工商业企业的局限,涉及金融、保险和农业等众多领域,覆盖了各行业企业的经济业务。

(3)《企业会计准则——应用指南》由两部分构成:一是对具体准则的重点、难点提供操作指引;二是对会计科目及主要账务处理作出规定。

(4)解释公告针对《企业会计准则》实施中的特定问题及时作出解释和相应规范。

符合我国企业划型标准所规定的小型企业标准的企业,可以执行《小企业会计准则》,也可以执行《企业会计准则》。

对于非企业的会计主体,会计核算规范主要有《政府会计准则》和《民间非营利组织会计制度》等。此外,对基本建设单位、社保基金等特殊会计主体和特殊会计事项也有相应的会计核算和管理制度。

总的来说,会计核算规范体系是一个有机的整体,对会计工作起着指导作用,并约束着方方面面的会计工作。2008年6月,财政部等五部委共同发布了《企业内部控制基本规范》;此后,又于2010年4月发布了《企业内部控制配套指引》。这为我国会计核算和信息披露等方面的有效运行进一步提供了制度保障。

第二节 上市公司会计信息披露规范体系

上市公司在国民经济中的地位和作用日益重要,正在成为推动国民经济发展的"助推器"和中坚力量。而规范上市公司会计信息的披露已成为证券市场有效运行的基础,并对整个社会资源的优化配置起着不可低估的作用。

一、上市公司会计信息披露概述

上市公司按照相关的信息披露规范,通过招股说明书、上市公告书、定期报告、临时报告及其他披露文件,向广大投资者、债权人及其他信息使用者披露公司财务状况、经营成果和现金流量等能够影响他们对公司目前和将来的经营状况作出理性的判断,进而影响他们决策行为的信息,这就是上市公司的信息披露。对上市公司信息披露的规范,特别是会计信息披露的规范,是证券市场监管中最重要的一环。

规范上市公司会计信息披露有助于提高资本市场有效性,发挥资源配置功能。信息是资本市场的核心,信息披露是上市公司的法定义务,也是上市公司区别于非公众公司的主要特征。依法公开披露的信息,是投资者理性决策的重要依据。政府强制性地要求上市公司必须按照一定的规则、规范来提供可靠、相关、可比的会计信息,并坚决打击证券市场中的欺诈和内幕交易等行为,以构建"公平、公正、公开"的证券市场,切实保护投资者利益。

二、上市公司会计信息披露规范体系的构架

(一) 上市公司会计信息披露规范的主要监管机构

我国证券市场从1990年开始起步,为了适应证券市场管理的需要,国务院授权中国证监会,依照法律、法规统一监督管理全国证券期货市场,维护证券期货市场秩序,保障其合法运行。

中国证监会的职责包括:①研究和拟订证券期货市场的方针政策、发展规划;②起草证券期货市场的有关法律、法规,提出制定和修改的建议;③制定有关证券期货市场监管的规章、规则和办法;④负责对公司的发行、上市、交易、托管和结算进行监管;⑤对会计师事务所、资产评估机构及其成员从事证券期货中介业务的资格及开展的相关业务活动进行监管等。会计监管是证券市场监管的重要组成部分。中国证监会是上市公司会计信息披露规范的主要监管机构,不仅负责拟订有关证券期货财务会计的规章及财务信息披露规范,对监管中遇到的相关问题提供咨询意见,还积极开展会计监管跨境交流与合作等。

除了证监会,证券交易所、地方政府和证券行业协会等也在一定程度上担负着对证券市场的监管职能。目前,我国已建立了由专门的证券管理机构和全国统一的、跨部门的、自律性的证券行业组织相结合的证券市场管理体制。

(二) 上市公司会计信息披露的规范体系

自证券市场建立以来,我国上市公司的会计信息披露监管体系得到了逐步完善,现已初步形成了以《中华人民共和国公司法》(下称《公司法》)和《中华人民共和国证券法》(下称《证券法》)为主体,相关的行政法规、部门规章及规范性文件、自律性文件为补充的、全方位的、多层次的上市公司信息披露制度体系(图2-3)。该体系对证券发行过程中信息披露的内容、形式和手段,以及上市公司在交易市场上的持续信息披露所应承担的义务和责任等各方面,都作出了科学合理的规定。

《公司法》和《证券法》是规范证券市场运行的基本法律。我国先后于1993年颁布《公司法》、1998年颁布《证券法》。此后,为适应我国经济和证券市场发展的需要,《公司法》和《证券法》持续完善,分别在2018年和2019年修订后发布。这对我国证券市场的法治建设具有重要的里程碑意义。两部法律对公司的信息披露作出了强制性的规定,为提高上市公司信息披露的透明度和质量提供了法律依据,也为完善资本市场的制度建设、促进资本市场的持续健康发展奠定了法律基础。

上市公司信息披露的具体规范由证监会制定并颁布,主要包括《公开发行证券的公司信

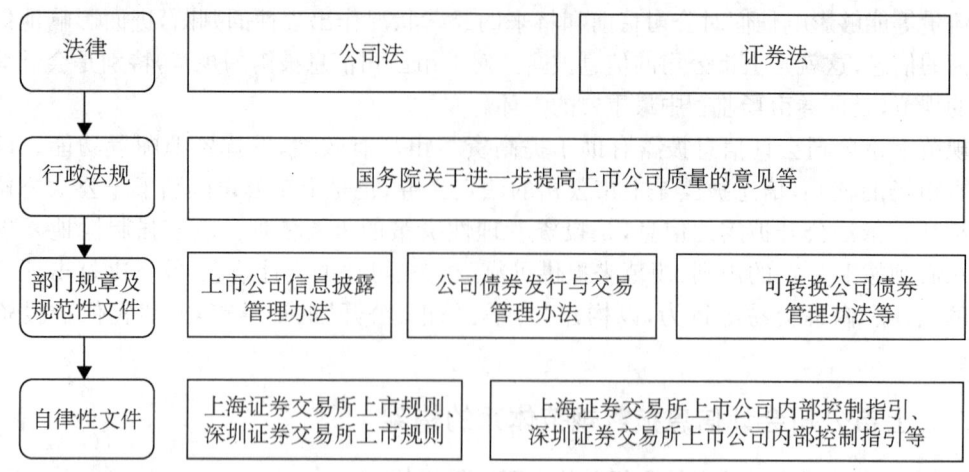

图 2-3 我国上市公司会计信息披露规范体系

息披露的内容与格式准则》《公开发行证券的公司信息披露编报规则》和《公开发行证券的公司信息披露规范问答》。

三、上市公司会计信息披露规范的内容

按照我国有关法规规定,上市公司会计信息披露分为首次披露和持续披露两类。首次披露又分为首次公开发行披露和上市后的新股发行披露两种情况。公众对首次进入资本市场的上市公司不了解,因此,法律规定首次公开发行应承担更多的披露义务,上市公司需按规定发布招股说明书和上市公告书;上市公司上市后如果发行新股,只需要发布招股说明书;如果上市公司上市后发行债券,则要发布募集说明书。在股票发行结束、上市交易后,上市公司的持续信息披露义务主要就是定期报告和临时报告两项(图2-4)。

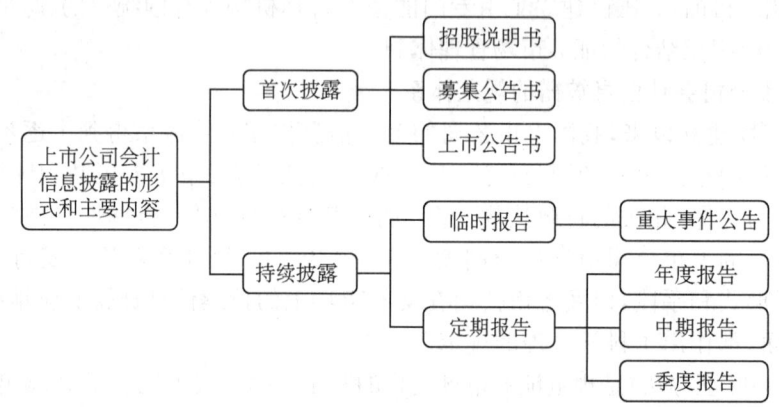

图 2-4 我国上市公司会计信息披露的形式和主要内容

(一) 定期报告

上市公司应当披露的定期报告包括年度报告、半年度报告和季度报告。定期报告编制和披露的内容及格式应当符合中国证监会的相关规定,而且不论相关规定是否有明确要求,凡是对投资者作出投资决策有重大影响的信息,均应当披露。

年度报告应当在每个会计年度结束后的4个月内编制完成,需经会计师事务所审计。年度报告应披露的信息一般包括:①公司基本情况;②主要会计数据和财务指标;③公司股票、债券发行情况,报告期末股票、债券总额、人数,公司前十大股东名称和持股数量;④持股5%以上股东、控股股东及实际控制人情况;⑤董事、监事、高级管理人员的任职情况、持股变动情况、年度报酬情况;⑥董事会报告;⑦管理层对报告期内公司经营情况的回顾和业绩分析,对公司未来发展的展望;⑧董事会对非标准审计报告涉及事项的相关说明;⑨报告期发生的所有重大事件;⑩财务报告和审计报告全文;⑪证监会规定的其他事项。

与年度报告相比,半年度报告和季度报告有不同程度的简化。

(二)临时报告

上市公司除了有定期公开信息的义务,还应根据证券市场管理的要求,将公司生产经营过程中发生的重大特殊事项及其对公司会计信息所产生的重大影响,编制临时报告及时向社会公开。例如,公司经营方针和经营范围的重大变化;公司重大投资行为和重大的购置财产的决定;公司订立的重要合同,可能对公司的资产、负债、权益和经营成果产生的重要影响;公司发生重大债务和未能清偿到期重大债务的违约情况;公司发生重大亏损或者重大损失;公司生产经营的外部条件发生重大变化等事项都需要及时披露。

第三节 会计规范的国际化进程

一、会计国际化的意义

会计国际化是指会计实务从一国的范围跨越国界走向国际。在会计国际化进程中,各国政府或一些国际组织积极通过制定或认可并采纳一些统一的会计准则或其他标准化文件,促进一定地区或世界范围内会计实务和财务信息的统一和可比,为限制、缩小和减少会计差异而进行会计协调。会计协调的实质就是一个求同存异的过程。目前,会计国际化的主要方向就是以国际财务报告准则作为统一标准,衡量并消除各国会计准则与国际财务报告准则的差异,并向国际财务报告准则靠拢。

会计作为一种通用的"语言",在经济全球化的过程中扮演着越来越重要的角色。由于国际经济、贸易、金融及投资的发展,人类已经从区域经济向全球一体化迈出了步伐,资本运动及经济合作从较小范围扩展到全球范围,而经济体之间的依存性也越来越强。但当资本要在全球范围内自由流动时,作为资本计量工具的会计也必须全球化和国际化,那么会计协调就成为必然。具体来讲,会计国际化的意义有以下四点。

1. 有利于降低财务报表的编报和转换成本

在全球范围内统一会计标准,以此提高财务信息的透明度和可比性,更好地发挥财务信息"国际通用商业语言"的交流媒介作用,大大减少"调整和翻译"的成本与误差,降低交易成本,提高财务信息的可信度。

2. 有利于促进国际经济合作和国际贸易的发展

在国际经济交往中,交易双方都通过对方提供的财务报表来分析和评价其经济实力、资信状况和风险水平,会计信息就成为达成交易的重要媒介。如果交易双方都依据协调一致

的会计准则来编制财务报表、披露财务信息,不但能减少编报财务报表的成本,而且也有利于双方的了解、沟通,从而达到加强合作的目的。

3. 有利于促进资源在国际范围内的有效配置

国际范围内可比、可信的财务信息,无疑能使投资者详细了解被投资企业的财务状况和经营状况,从而迅速作出投资决策和信贷决策,继而促进国际投资范围的扩展和领域的拓宽,促进资源的有效配置。

4. 有利于加强跨国公司的管理,促进跨国公司的发展

由于跨国的母子公司在不同国家进行生产、经营,母公司按本国的准则编制财务报表,而子公司的财务报表则通常根据东道国的准则编制,这会给母公司编制合并财务报表带来一定困难。那么,会计的国际协调可以简化财务工作、提高工作效率,有利于跨国公司对内部经营情况进行对比、分析考核及评价,加强跨国公司的内部管理,并促进其发展。

二、国际会计准则理事会与国际财务报告准则

实现会计国际化的关键是要制定在全球范围内普遍承认和接受的国际会计准则。国际会计准则(International Accounting Standards,简称 IAS)是由国际会计准则委员会(International Accounting Standards Committee,简称 IASC)制定和颁布的会计准则。IASC 是一个非官方会计准则制定机构,由来自澳大利亚、加拿大、法国、德国、日本、墨西哥、荷兰、英国和爱尔兰以及美国的会计职业团体于 1973 年 6 月发起成立。自 1983 年起,凡是国际会计师联合会(International Federation of Accountants,简称 IFAC)成员的所有会计职业团体都成为 IASC 的成员。中国于 1998 年 5 月正式加入 IASC 和 IFAC。2001 年 1 月,IASC 改组为国际会计准则理事会(International Accounting Standards Board,简称 IASB)。

(一) IASB 推进会计国际化的过程

经过 IASC 和 IASB 的努力,国际会计准则体系日益完善并得到各国会计界的支持与认可,其间,大体经历了以下三个阶段:

第一阶段。1982 年,IASC 修订了章程,建立了两项基本目标:一是为了公众利益,制定和发布编制财务报表应遵守的会计准则,并推动这些准则在世界范围内被接受和得到遵守;二是为改进和协调与编制财务报表有关的规定、会计准则和程序开展广泛的工作。在该目标的指导下,1987 年以前,IASC 就把"在借鉴各国会计准则和会计惯例的基础上,制定并发布一批国际会计准则,并努力使这些准则在世界范围内被接受和使用"作为工作重心。这体现在,自创立之初到 1987 年,IASC 主要通过选择一些被国际上关注的重要会计项目,以允许多种会计方法和程序并存的方式协调各国的准则,形成易于被广泛接受的国际会计准则。但是,由于过于强调折中和协调,结果导致据此编制的财务报告严重缺乏可比性,受到各界的批评。

第二阶段。1987 年以后,IASC 开始实施"可比性与改进计划"。证券委员会国际组织(International Organization of Securities Commissions,简称 IOSCO)加入了 IASC 的"顾问组",并宣布对该计划的支持。1993 年,IASC 根据 IOSCO 的建议着手制定包括 5 个大项 40 个小项的核心准则的工作,并于 1995 年 7 月双方就制定核心准则工作达成了一份正式协议。1998 年,IASC 完成了核心准则的制定工作。随后,IOSCO 就 IASC 在提高国际财务报

告质量等方面所作的贡献给予了高度评价,并将核心准则推荐给其各个成员,要求各成员允许跨国发行证券者使用 IASC 的核心准则作为证券跨国发行和上市的依据。这标志着 IASC 及其核心准则得到了 IOSCO 的实质性支持。

第三阶段。改组后的 IASB 以研制和实施一套高质量、可理解的和可实施的全球会计准则(Global Accounting Standards)为战略目标,促进会计的国际化。IASB 的工作重心转向:第一,强调制定具有高质量的国际财务报告准则;第二,更加重视国际财务报告准则的使用与严格应用;第三,竭力提倡各国会计准则与国际财务报告准则的国际趋同。这个阶段实现了 IASC 原先作为各国会计准则"协调者"的身份向 IASB 作为"全球会计准则的制定者"的身份转变,并将致力于各国会计准则与国际财务报告准则的趋同。

(二) 国际财务报告准则体系的构成及效力

IASC 改组前制定的国际会计准则(简称 IAS)共 41 项,由其下设"常设解释委员会"(Standing Interpretations Committee,简称 SIC)发布的解释公告 33 项(解释公告以 SIC 为标志)。IASB 在正式运作后不久,通过了关于制定国际财务报告准则(International Financial Reporting Standards,简称 IFRS)的决议,该决议规定:"根据以前的章程发布的所有准则和解释公告将继续适用,除非它们被修改或撤销。IASB 可以修改或撤销根据 IASC 以前的章程发布的国际会计准则和常设解释委员会的解释公告,还可以发布新准则和解释公告。"此后,IASB 对发布准则的名称使用了具有更广泛含义的"国际财务报告准则",而 IASB 下设的"国际财务报告解释委员会"(International Financial Reporting Interpretations Committee,简称 IFRIC)发布的解释公告以 IFRIC 为标志。截至 2022 年,由 IASB 颁布的 IFRS 有 17 项,IFRIC 已达 23 项,且多项 IAS 和 SIC 被取代或修订。新的国际财务报告准则体系由现行有效的 IAS、SIC 和新发布的 IFRS、IFRIC 共同组成。

经过多年的努力,IASB 在促进 IFRS 得到世界范围的认可和实施方面取得了令人瞩目的成就。IFRS 得到很多重要国际组织的支持和认可,如 IOSCO、IFAC、世界银行(World Bank,简称 WB)、国际货币基金组织(International Monetary Fund,简称 IMF)、经济合作与发展组织(Organization for Economic Co-operation and Development,简称 OECD)、八国集团①(G8)、巴塞尔银行监管委员会(Basle Committee on Banking Supervision,简称 BCBS)、国际审计和鉴证准则理事会(International Auditing and Assurance Standards Board,简称 IAASB)等都相继发表声明,认可和支持全球会计准则的建设,支持 IASB 作为全球会计准则的制定主体所作的努力。大多数国家的准则制定机构也对 IFRS 表示了密切的关注,并在其会计准则中得到体现。目前,一些国家和地区,如澳大利亚、新加坡和中国香港等,只对 IFRS 稍作改动,即作为本国或地区的会计准则;一些新兴市场国家或转型经济国家,兼顾国际财务报告准则和本国国情,制定了本国的会计准则。此外,国际财务报告准则已得到了全世界大多数证券交易所的承认,如法国、德国、澳大利亚和中国香港等的证券交易所及监管机构已允许外国和本地公司按国际财务报告准则报送财务报表。而且,越来越多的跨国公司主动采用 IFRS 编制财务报表,并在会计选择方面逐步向国际财务报告准则靠拢。从全球

---

① 世界主要工业国家的领导人每年召开一次会议,商讨国际社会的重要经济政治问题。1975 年的第一次会议有法国、美国、英国、德国、日本、意大利 6 国参加;第二年,加拿大加入,七国集团就此诞生;1998 年,俄罗斯成为正式成员,八国集团形成,简称 G8。2014 年起因俄罗斯会籍被冻结而复称七国集团。

范围来看,接受国际财务报告准则的国家和地区越来越多。

三、我国会计准则的国际化

(一) 我国是会计准则国际化的参与者和受益者

自20世纪80年代开始,我国实行了对外开放政策,这就要求我国的会计准则必须与之相适应。而随着经济全球化和会计国际化趋势的深入发展,会计和审计标准问题,早已突破了原有的技术范畴,越来越与贸易、金融、经济甚至政治问题密切联系在一起,越来越成为各国政府、各国际组织、经济活动中的每一个参与者、社会各利益阶层广泛关注的重大问题。人们也深刻地认识到,高质量的会计、审计标准,既是加强企业内部管理的重要元素,又是促进生产要素流动、资源配置和资本市场健康发展的重要保证。为了不断巩固、提高我国经济在国际经济中的地位和作用,我国的会计准则必须与国际接轨,并尽可能地符合国际会计惯例的要求。

境外上市的公司日益增多,不仅吸引了大量投资,而且对企业的壮大和竞争能力的增强、促进我国经济快速和持续增长起到了十分重要的作用。按照国际财务报告标准编制的财务报告已成为与境外投资者沟通的重要纽带,而且显著降低了资本在国际流动中的交易成本,也为我国吸引外资、促进企业发展提供了一个重要的基础。

(二) 我国会计准则的国际化进程

会计的国际化是一个动态的过程,无论是国际会计惯例还是我国的会计实践,都在不断演变、革新和发展。我国的会计准则和会计核算制度的国际化通过渐进式的发展与我国改革开放的过程相伴而行,包括借鉴国际惯例、国际协调、国际趋同和实现等效四个阶段。

1. 借鉴国际惯例

该阶段自改革开放后的20世纪80年代初到90年代初。改革开放后,外资的引入和中外合资企业的设立面临的主要障碍之一就是会计模式的冲突。1986年,财政部发布了《外商投资企业会计制度》,在许多方面吸收了国际会计的通行做法,为吸引外资、扩大开放奠定了基础。1992年,财政部发布了《企业会计准则——基本准则》和《企业财务通则》、13项行业会计制度和10项行业财务制度(简称两则、两制),将原来的资金平衡表体系转变为资产负债表体系,结束了我国40多年来以计划经济为基础的会计模式,确立了与市场经济相适应、与国际惯例初步接轨的新会计模式。1993年,在进行两则、两制改革的同时,财政部与国家体改委联合发布了《股份制试点企业会计制度》,适应了我国企业改组上市以及发行A股、B股、H股筹资的要求,对国有企业改革、推行现代企业制度、建立和发展我国的资本市场发挥了重要作用。

2. 国际协调

该阶段自20世纪90年代初到2000年年初。会计改革在20世纪90年代中期进入关键时期。1990年,资本市场开始建立,开始通过市场来配置资源,经济进入了一个新的腾飞时期,在这个背景下必须进行全面的会计改革。自1997年5月到2003年年底,财政部立足中国国情,借鉴国际会计准则的研究成果,适时地制定和发布了关联方关系及其交易的披露、固定资产、存货、投资、收入、债务重组、非货币性资产交易、建造合同、借款费用、无形资产、租赁、会计政策及会计估计变更和会计差错更正、资产负债表日后事项、现金流量表、或有事项、中期报告16项具体会计准则,另有14项具体会计准则(草案)广泛征求意见。这些颁布的会计准则,基本上与国际会计准则相协调。2000年,国务院发布了《企业财务报告条例》,财政部以此为依据又发布了《企业会计制度》。上述企业会计准则和《企业会计制度》是在总结我国资本市场改革情况的基础上制定的,将我国的会计国际化向前推进了一大步。

3. 国际趋同

该阶段进入深层次的会计改革,时间由2000年年初到现在,目前仍在进行中。在20世纪90年代末期,我国上市公司就已超过1 000家,资本市场得到了快速发展。这一时期资本市场开始发挥调整结构和配置资源的作用。2001年11月,我国加入世界贸易组织,进一步融入市场经济的国际大家庭。

加入世界贸易组织以后,公平和诚信等行为准则成为市场经济运行的必备法则,这使我国会计协调面临更深刻的挑战。例如,按照世界贸易组织协议,作为履行成员国义务的一部分,我国的市场将更加开放,企业不论规模大小、所有制类型、从事何种业务、境内境外等,都将享受国民待遇。来自不同国家,包括银行在内的跨国公司将更多地在我国设厂或者建立分、子公司。这使其他国家的会计准则与我国会计制度和会计准则的冲突凸显出来。此外,会计信息作为公共信息资源和国际通用商业语言,其相互可比、真实公允,对世界经济的融合发展,起着越来越重要的作用。随着全球经济的一体化,建立全球统一的高质量会计准则已是大势所趋。在这种背景下,会计准则的国际化趋同成为一种必然选择。

这一时期,随着形势的发展,法律、法规和准则、制度都面临着修订和制定的问题。2006年2月,财政部发布了1项基本会计准则、38项具体会计准则,这标志着适应我国市场经济发展要求、与国际惯例趋同的中国会计准则体系正式建立,也标志着一个新时代的开始。2014年开始,我国又陆续对部分企业会计准则进行了修订,同时新发布了《企业会计准则第39号——公允价值计量》《企业会计准则第40号——合营安排》《企业会计准则第41号——在其他主体中权益的披露》和《企业会计准则第42号——持有待售的非流动资产、处置组和终止经营》。我国企业会计准则与国际财务报告准则具体项目的比较,如表2-1所示。

表2-1　　　　**我国企业会计准则与国际财务报告准则具体项目的比较**

序号	我国企业会计准则	相对应的、规范相同或类似事项的国际财务报告准则
	企业会计准则——基本准则	编报财务报表的框架
1	存货	IAS2 存货
2	长期股权投资	IFRS10 合并财务报表 IFRS11 合营安排 IAS28 联营和合营企业中的投资
3	投资性房地产	IAS40 投资性房地产
4	固定资产	IAS16 不动产、厂房及设备 IFRS5 持有待售的非流动资产和终止经营
5	生物资产	IAS41 农业
6	无形资产	IAS38 无形资产

(续表)

序号	我国企业会计准则	相对应的、规范相同或类似事项的国际财务报告准则
7	非货币性资产交换	IAS16 不动产、厂房及设备 IAS38 无形资产 IAS40 投资性房地产
8	资产减值	IAS36 资产减值
9	职工薪酬	IAS19 雇员福利
10	企业年金基金	IAS26 退休福利计划的会计和报告
11	股份支付	IFRS2 以股份为基础的支付
12	债务重组	IFRS9 金融工具
13	或有事项	IAS37 准备、或有负债和或有资产
14	收入	IAS18 收入 IFRS15 客户合同收入
15	建造合同	IAS11 建造合同
16	政府补助	IAS20 政府补助的会计和政府援助的披露
17	借款费用	IAS23 借款费用
18	所得税	IAS12 所得税
19	外币折算	IAS21 汇率变动的影响 IAS29 恶性通货膨胀经济中的财务报告
20	企业合并	IFRS3 企业合并
21	租赁	IAS17 租赁 IFRS16 租赁
22	金融工具确认和计量	IFRS9 金融工具
23	金融资产转移	IFRS9 金融工具
24	套期保值	IFRS9 金融工具
25	原保险合同	IFRS17 保险合同
26	再保险合同	IFRS17 保险合同
27	石油天然气开采	IFRS6 矿产资源的勘探和评价
28	会计政策、会计估计变更和差错更正	IAS8 会计政策、会计估计变更及差错
29	资产负债表日后事项	IAS10 资产负债表日后事项
30	财务报表列报	IAS1 财务报表列报
31	现金流量表	IAS7 现金流量表
32	中期财务报告	IAS34 中期财务报告

(续表)

序号	我国企业会计准则	相对应的、规范相同或类似事项的国际财务报告准则
33	合并财务报表	IFRS10 合并报表
34	每股收益	IAS33 每股收益
35	分部报告	IFRS8 分部报告
36	关联方披露	IAS24 关联方披露
37	金融工具列报	IFRS7 金融工具：披露
38	首次执行企业会计准则	IFRS1 首次采用国际财务报告准则
39	公允价值计量	IFRS13 公允价值计量
40	合营安排	IFRS11 合营安排
41	在其他主体中权益的披露	IFRS12 在其他主体中权益的披露
42	持有待售的非流动资产、处置组和终止经营	IFRS5 持有待售的非流动资产和终止经营

4. 实现等效

等效就是具有同等效力。实现会计准则等效是指我国企业在那些实施国际财务报告准则的国家或地区上市，按照我国会计准则编制的财务报表不再进行调整，即使调整也只对个别项目作出说明或者编制极少项目的调节表，无须再按国际财务报告准则进行全面转换，这是我国会计准则与国际财务报告准则趋同后会计准则进一步发展的目标，与实施国际财务报告准则国家和地区的会计准则等效的相关工作也开始启动，并取得了阶段性成果。

(三) 我国会计准则国际化的思考

多年来，我国一贯高度重视国际财务报告准则的制定和发展，也一直把它作为我国会计准则制定的一个基础和参考蓝本。会计国际化已经从强调协调进入到制定全球公认会计准则、实现各国会计准则趋同的时代。实际上，尽管政府在这一过程中将扮演着重要角色，但各国的会计信息使用者才是推进趋同真正的主体力量。因此，会计准则的国际趋同必须真正反映会计信息使用者的需要。

会计趋同的目标是寻找恰当的方法，共同构建全球高质量会计准则体系，这个过程一定是双边甚至多边互动的过程。而在这个过程中，既要靠拢通行规则，又要承认特殊情况，不能脱离我国处于经济转型特殊时期的现实。因此，国际财务报告准则可以影响我国，我国也可以影响国际财务报告准则。例如，国际会计准则理事会确认了我国特殊情况和环境下的一些会计问题，包括关联方关系及其交易的披露和同一控制下的企业合并。在这些问题上，我国可以对国际会计准则理事会寻求高质量的国际财务报告准则解决方案提供非常有用的帮助。这表明，随着我国经济地位的提升和会计准则国际化程度的日益提高，我国的声音越来越受到国际组织的关注，我国在融入和参与全球性会计规则的制定方面有了突破性进展。

从长远来看，我国会计准则的未来发展方向将是努力实现与国际财务报告准则的等效，趋同只是第一步。我国企业会计准则体系实现了国际趋同，并得到了有效实施，为实现会计准则等效奠定了基础。我国会计准则实现与其他国家或地区会计准则等效，有利于提升我国企业的国际竞争力,有利于我国注册会计师行业做强做大,有利于贯彻"走出去"战略和我国资本市场的健康发展,将为完善社会主义市场经济体制和顺应经济全球化趋势作出应有的贡献。但也要承认,要完成我国会计准则与世界主要国家和地区会计准则的等效,还需要较长时间的不懈努力。面对新形势新要求,广大会计工作者要扎根国内实务,积极参与全球治理体系改革和建设,继续加强对国际国内新形势的研判,统筹协调各方面力量,靠前参与国际准则制定,在国际准则发展进程中,加强前瞻性研究,增强参与会计国际治理的主动性和系统性,切实提升我国在会计国际治理中的话语权和影响力。

中企应对美木地板反倾销案胜诉

案例介绍:

产品倾销是以低于成本的价格在目标国销售商品,严重违反了国际经济和贸易中的公平竞争原则。产品倾销认定中"成本"是核心。反倾销是 WTO 允许的世界各国均可采用的维护公平贸易秩序,是抵制不正当竞争的重要手段之一,但也被部分国家、政治团体作为打压竞争对手的手段。

2020 年 5 月 8 日,美国商务部就"对华木地板反倾销调查第二次年度复审终裁的裁决"进行第二次修正,即针对反倾销被抽样企业江苏森茂竹木业有限公司(下称江苏森茂)的终裁税率予以修改,从 13.74% 调减至 3.92%,同时将参与案件诉讼的其他 48 家中国企业的平均税率也调减至 3.92%。

该案件可以追溯至 2015 年 7 月,当时美国商务部发布了美国对华木地板第二次复审的反倾销终裁公告,江苏森茂作为反倾销调查强制答卷人之一,获得 13.74% 的反倾销终裁税率。2015 年 8 月,江苏森茂决定向美国国际贸易法院就美国商务部的终裁裁决提起诉讼,就该复审中的替代价格、不予抵扣的增值税退税差从企业的出口价格中直接减扣等问题,要求该法院纠正美国商务部的裁决。中国的增值税计税实行的是"免、抵、退"税管理制度,增值税属于国内税范畴,并非出口税范畴。经诉讼中多轮交锋,历时 5 年、开庭 6 次、发回美国商务部重审 2 次,美国商务部最终接受了法院指令,纠正了从江苏森茂出口价格中减扣增值税与出口退税之差这一错误,中方企业最终获胜。

据统计,中国每年对美国出口多层复合木地板 8 亿至 10 亿美元。税率从 13.74% 降低到 3.92%,将给美国进口商带来至少 8 000 万美元的退税或免税额。而美国进口商的利益和中国相关产业出口商的利益是一致的。这一案件也阻止了美国商务部继续对中国应诉企业的不公正做法。本案的胜诉不仅使一家企业在个案中获益,今后美方针对中方发起有关反倾销调查时,也可作为中方应诉企业的援引判例。

实质上,一旦发起反倾销调查,涉及的就是会计问题,一些细小的核算差异也会对结果造成很大的影响。而在反倾销诉讼中,对涉及的问题提供会计支持,进行会计举证、调查和鉴定的活动,并要求应诉企业应当遵循反倾销法律、法规和国际贸易规则的规定,针对诉讼中的会计问题同国际会计准则接轨,准备符合诉讼要求的会计资料等,不但已成为企业在开展进出口贸易中用来保护自己的一种会计手段,更是确保自由贸易条件下公平竞争的安全阀。

背景资料：

国际反倾销法律、法规主要包括1994年发布的《关税与贸易总协定》(General Agreement on Tariffs and Trade 1994,简称GATT)、1995年欧共体理事会通过的《欧共体理事会关于抵制非欧共体成员国倾销进口条例》(简称《欧盟反倾销条例》)、1997年美国商务部颁布的《反倾销条例》及其修正案等。反倾销过程中,对特定主体运用会计、反倾销法律和法规、国际贸易知识,就反倾销中的问题提供会计支持,进行举证、调查和鉴证等活动是具有实际意义的。

国际反倾销法律、法规体现的会计要求包括：

(1) 被调查的出口企业应具有完整的会计记录。例如,《WTO反倾销协议》指出,被调查出口企业的产品成本应以符合出口国的公认会计原则的会计记录为基础进行计算,并合理反映与被调查的产品有关的生产和销售成本。

(2) 被调查的出口企业在反倾销案件中产品成本的确定原则。欧美反倾销规定中,出口企业在三种情况下,应以相似产品的正常价值法来确定产品的成本：①如果在正常贸易过程中没有该产品销售。②没有充分的相似产品的销售。③因为特殊的市场条件,无法获得销售的可比性。该正常价值法是指,根据产品原产地国的生产成本加上合理的管理费用、销售费用和一般费用以及合理的利润确定产品的成本,或者根据在正常贸易过程中向一个适当的第三国出口的具有代表性的价格来确定成本。正常价值法表明,各类销售的价格不能低于成本。否则,是一种不正当竞争行为,现在不少反倾销案件是基于这种"亏本销售"而提起的。

资料来源：

张伟伦：《中企应对美木地板反倾销案胜诉》,《中国贸易报》2020年5月14日。

案例思考题：

1. 从我国企业应诉反倾销的经验来看,会计工作的好坏,往往是决定应诉成功与否的关键。当企业遭遇反倾销诉讼的时候,会计人员应做好哪些准备工作？

2. 请结合反倾销诉讼中的会计问题,试从会计规范的角度提出应对策略或建议。

本章要点概览

1. 会计规范包括制定会计信息的法律、制度、标准和惯例的总称,也包括对会计信息进行监督、评价的标准。

2. 会计规范模式对一定地区或范围的会计行为的主要特征进行了概括和总结。目前,国际上会计规范模式主要分为"协会"模式和"政府"模式两类。

3. 我国会计核算规范体系由"法律""行政法规""部门规章""规范性文件"四个层次构成。

4. 我国现行企业会计准则体系包括基本准则、具体准则、准则的应用指南和解释公告。其中,基本准则处于驾驭地位,统驭具体准则的制定,确保各项具体准则的内在一致性；也为会计实务中出现的、具体准则尚未规范的新问题提供会计处理依据。

5. 我国上市公司的信息披露分为首次披露和持续披露。首次披露包括首次公开发行披露的招股说明书和上市后新股发行披露的上市公告书。持续披露包括定期报告和临时报告。

6. 会计国际化是一个求同存异的过程,其主要方向是以国际财务报告准则作为基准,协调和消除各国会计准则与国际财务报告准则的差异,逐步向国际财务报告准则靠拢。

7. 目前,我国会计国际化的目标是实现会计准则的等效,即我国企业在那些实施国际财务报告准则的国家或地区上市,无须按照国际财务报告准则进行全面转换。

主要术语

1. 会计规范　　　　　2. 会计核算规范　　　　3. 会计规范模式
4. 基本准则　　　　　5. 具体准则　　　　　　6. 会计信息披露
7. 会计信息披露规范体系　8. 会计国际化　　　　　9. 会计协调
10. 国际会计准则理事会　11. 国际财务报告准则

复习题

一、思考题

1. 会计规范的实质是什么？它有哪些特点？
2. 我国的会计规范体系如何构成？会计规范体系中各层级的关系如何？
3. 什么是上市公司的会计信息披露？规范上市公司的会计信息披露有什么作用？
4. 我国负责对上市公司会计信息进行监管的主要机构有哪些？
5. 我国上市公司会计信息披露规范体系如何构成？
6. 对我国上市公司会计信息规范的内容包括哪些？
7. 什么是会计的国际化？你怎样理解？
8. 会计协调的标准是什么？它由什么机构负责制定？
9. 国际会计准则理事会在会计协调进程中扮演着什么角色？
10. 我国会计准则国际化进程经历了几个阶段？每个阶段有什么特点？
11. 我国会计准则国际化是在什么背景下进行的？怎样正确认识我国会计准则国际化进程？

二、判断题

1. 会计核算规范是一套用于规定并约束会计信息系统的数据加工、处理与信息生成等行为的法律的总称。　　　　　　　　　　　　　　　　　　　　　　　（　）
2. 我国《企业会计准则——基本准则》类似于编报财务报告的概念框架,为会计实务中出现的、具体准则尚未规范的新问题提供会计处理依据。　　　　　　　（　）
3. 我国现阶段会计规范主要以行业协会、学术团体为主制定。　　　　　　（　）
4. 会计协调是适应经济全球化的必然选择,我国会计标准要实现与国际趋同就意味着制定与国际财务报告准则等同的会计准则。　　　　　　　　　　　　　（　）
5. 招股说明书、上市公告书和募集说明书都是上市公司首次会计信息披露的法定文件。
　　　　　　　　　　　　　　　　　　　　　　　　　　　　　　　　　　（　）

三、单项选择题

1. 既是规范我国会计工作的根本大法,又是制定其他一切会计法规制度的"母法"是（　　）。

A.《企业会计准则——基本准则》　　B.《企业会计制度》
C.《企业财务报告条例》　　D.《会计法》

2. 在会计准则国际趋同进程中,下列说法中不符合我国基本立场的是(　　)。
A. 趋同是方向　　B. 趋同是等同
C. 趋同是一种互动　　D. 趋同是一个过程

3. (　　)既是我国证券管理的权力机关,也是依法对证券市场实施监督管理的机构。
A. 证券交易所　　B. 财政部
C. 证监会　　D. 证券行业组织

4. 上市公司作出将与其他公司合并的决定,该信息应立即通过(　　)进行披露。
A. 上市公告书　　B. 招股说明书
C. 年度报告　　D. 重大事件公告

5. 国际财务报告准则体系是由(　　)制定和发布的。
A. IASB　　B. IASC
C. IAFC　　D. IOSCO

四、多项选择题

1. 下列关于《企业会计准则——基本准则》的表述中,正确的有(　　)。
A. 基本准则在整个企业会计准则体系中起统驭作用,是制定具体准则的依据,也是处理会计实务中具体准则尚未规范的新业务的依据
B. 基本准则规范了财务报告目标、会计基本假设、会计信息质量要求、会计要素确认与计量原则、财务报告等基本问题
C. 基本准则类似于国际会计准则理事会的《编报财务报表的框架》
D. 基本准则属于部门规章
E. 基本准则属于行政法规

2. 会计规范是会计工作指导、控制和检查的标准,具备(　　)特点。
A. 权威性　　B. 公认性
C. 稳定性　　D. 多样性
E. 历史继承性

3. 大陆法系会计规范模式的主要特点包括(　　)。
A. 会计规范由政府制定　　B. 会计规范受税法、商法等法规制约
C. 具有强制性　　D. 会计行业以民间自律为主
E. 灵活性欠缺

4. 下列(　　),包括了上市公司定期披露的会计信息。
A. 年度报告　　B. 重大事件公告
C. 半年度报告　　D. 上市公告书
E. 季度报告

5. 我国的企业会计准则体系由(　　)构成。
A. 基本准则　　B. 具体准则
C. 应用指南　　D. 解释公告
E. 准则讲解

第三章 货币资金和应收款项

学习目的与要求

本章旨在阐述货币资金与应收款项的相关概念及具体会计处理。读者通过本章的学习,应该了解货币资金的三种形式;熟悉货币资金管理及控制的相关规定;掌握货币资金日常收付的会计处理;掌握应收票据的概念、计量及应收票据取得、贴现、到期的会计处理;掌握应收账款与合同资产的概念、确认及具体会计处理。

预习思考题

1. 你知道企业流动性最强的资产是什么吗?按流动性强弱来排序,你能列出哪些资产项目?
2. 某罐头加工公司采购员小王向果农赵某收购桃子,价值30 000元,直接给付其现金进行了结算;另向固亮加工厂购入价值同样为30 000元的玻璃包装瓶,却被公司财务告知不能采用现金支付,这是为什么?你还知道哪些其他相关规定?
3. 上海某重型机械设备公司的采购员大刘购买了安徽钢厂价值700万元的钢材,这笔款项该如何从上海的公司支付到安徽钢厂呢?请列举你所知道的方法。
4. 诚信公司销售员小李带回消息,说大兴公司因被3家贷款银行起诉,已宣告破产。诚信公司总经理知道后非常着急,说:"完了!这下完了!大兴公司欠我们的380多万元货款泡汤了。"财务主管说:"上个月知道他们公司财务状况不好,我们已经提了50%的坏账准备。唉,现在我们只能……"你知道诚信公司现在该如何处置这笔应收账款吗?该笔应收账款在报表上又该如何列示呢?
5. 你知道应收票据与应收账款的核算内容有什么不同吗?

第一节 货币资金

一、库存现金

(一) 库存现金的核算范围

现金是通用的交换媒介,具有普遍的可接受性,可以随时用于购买其他资产或清偿债务,并且不受任何限制。在会计上,现金有广义和狭义之分。广义的现金包括库存现金、银行存款以及其他可以普遍接受的流通手段;而狭义的现金仅指库存现金,包括纸币和硬币。在我国会计核算中,现金是指狭义的,包括库存的人民币和外币。

(二) 库存现金的核算

企业应设置"库存现金"账户核算现金的收付和结存情况。有多币种现金的企业,应当按照币种进行明细核算。

企业收到现金时,借记"库存现金"账户,按收入现金的途径(主要有从银行提取现金、收取转账起点以下的小额销售款、职工交回的差旅费剩余款等)分别贷记"银行存款""主营业务收入""其他应收款"等账户;支出现金时,按支付原因借记"银行存款""材料采购""其他应付款"等账户,贷记"库存现金"账户;库存现金发生溢余或短缺时,应通过"待处理财产损溢"账户,按批准前及批准后分别进行会计处理。

二、银行存款

(一)银行存款的核算范围

银行存款是指企业存放在银行或其他金融机构的货币资金。如前所述,企业日常生产经营活动所发生的各项经济往来,除了按照国家有关规定可以使用现金结算,都必须通过银行进行转账结算,主要包括银行汇票、银行本票、支票、商业汇票、汇兑、委托收款、托收承付、信用卡和信用证等支付结算办法。

1. 银行汇票

银行汇票是汇款人将款项交存当地出票银行,由出票银行签发的、由其在见票时按照实际结算金额无条件支付给收款人或持票人的票据。单位和个人各种款项的结算均可以使用银行汇票。银行汇票可以用于转账,填明"现金"字样的银行汇票也可以用于支取现金。银行汇票一律记名,可以背书转让。背书是支票、本票、汇票所共有的行为,是票据转让的法定程序。其提示付款期限自出票日起1个月。这种结算方式具有使用广泛、方便灵活、结算迅速、票随人到、兑现性强、剩余款项由银行负责退回等优点,适用于先收款后发货或钱货两清的商品交易。

2. 银行本票

银行本票是申请人将款项交存银行,由银行签发、承诺其见票时无条件支付确定金额给收款人或持票人的票据。单位和个人在同一票据交换区域需要支付各种款项,均可以使用银行本票。银行本票可以用于转账,注明"现金"字样的银行本票可以用于支取现金。银行本票一律记名,允许背书转让,其提示付款期限自出票日起最长不超过2个月,逾期的银行本票,兑付银行不予办理,但签发银行可办理退款手续。银行本票见票即付,不予挂失,应视同现金妥善保管。在西方,本票常常作为现金来流通,尤其是那些资本雄厚、信誉卓越的大银行或大公司所签发的本票可以视同现金,即通过背书或贴现将票据转让给他人以换取现金。

3. 支票

支票是出票人签发的、委托办理支票存款业务的银行在见票时无条件支付确定的金额给收款人或持票人的票据。支票的提示付款期限为自出票日起10天。支票分为现金支票、转账支票和普通支票。现金支票只能用于支取现金;转账支票只能用于转账;普通支票既可用于支取现金,也可用于转账。支票可背书转让和挂失止付。支票是同城范围内应用较广的一种结算方式,具有方便、灵活的特点。

4. 商业汇票

商业汇票是出票人签发的、委托付款人在指定日期无条件支付确定的金额给收款人或持票人的票据。与银行汇票、银行本票、支票等即期票据不同,商业汇票属远期票据,是企业融通资金的一种形式。商业汇票一律记名,付款期最长不超过6个月,可在同城和异地使用,并可背书转让或贴现。在银行开立存款账户的法人以及其他组织之间,具有真实的交易关系或债权债务关系的才能使用商业汇票。

5. 汇兑

汇兑是汇款人委托银行将其款项交付给收款人的结算方式。它适用于单位和个人之间各种款项的结算。汇兑是异地结算的一种,有电汇和信汇两种方式,由汇款人选择使用。

6. 委托收款

委托收款是收款人委托银行向付款人收取款项的结算方式。这种结算方式同城、异地均可使用,既适用于在银行开立账户的单位结算,也适用于水电、邮政、电信等劳务款项的结算。单位和个人凭已承兑的商业汇票、债券、存单等付款人债务凭证,可使用委托收款方式收取款项。委托收款按款项划回方式不同,分为邮寄和电报两种,由收款人选用。

7. 托收承付

托收承付是根据购销合同由收款人发货后委托银行向异地付款人收取款项,由付款人向银行承认付款的结算方式。这种方式适用于买卖双方订有购销合同的商品交易,并在合同上订明使用托收承付结算方式。使用托收承付结算方式的收款单位和付款单位必须是国有企业,供销合作社以及经营管理较好、并经开户银行审查同意的城乡集体所有制工业企业。办理托收承付结算的款项,必须是商品交易,以及因商品交易而产生的劳务供应的款项。代销、寄销、赊销商品的款项不得办理托收承付结算。托收承付结算每笔的金额起点为10 000元。

8. 信用卡

信用卡是指商业银行向个人和单位发行的、凭以向特约单位购物、消费和向银行存取现金,具有消费信用的特制载体卡片。信用卡按使用对象分为单位卡和个人卡;按信用等级分为金卡和普通卡。单位卡账户的资金一律从其基本存款账户转入,不得交存和支取现金,不得用于10万元以上的商品交易、劳务供应款项的结算。在规定的期限和范围内,信用卡允许善意透支,透支期限最长为60天,透支限额金卡为10 000元,普通卡为5 000元,持卡人必须向银行支付透支利息。

9. 信用证

信用证是国际结算的一种主要方式。它是进口方银行根据进口方要求,向出口方开立,凭出口方提交的符合信用证条款的单据,在一定期限内支付一定金额的付款承诺。我国从事进出口业务的企业和对外经济合作企业均可采用信用证结算方式。所有信用证都必须清楚地表明该证是否适用即期付款、延期付款、承兑汇票或议付。经中国人民银行批准经营结算业务的商业银行总行以及经商业银行总行批准开办信用证结算业务的分支机构,也可以办理国内企业之间商品交易的信用证结算业务。

(二) 银行存款的核算

"银行存款"账户核算企业存入银行或其他金融机构的各种款项。有多币种存款的企业,应当按照币种进行明细核算。企业将款项存入银行或其他金融机构,借记"银行存款"账户,贷记"库存现金"等有关账户;提取现金和支出款项,借记"库存现金"等有关账户,贷记"银行存款"账户。

三、其他货币资金

(一) 其他货币资金的核算范围

其他货币资金是企业除了库存现金和银行存款,因特定用途或结算需要而存放在银行或其他金融机构中的货币资金的总称。就性质而言,其他货币资金同库存现金和银行存款一样均属于货币资金,只是存放地点和用途不同而已,所以,在会计上单独核算。其他货币资金包括外埠存款、银行汇票存款、银行本票存款、信用卡存款、信用证保证金存款和存出投资款等。

(二) 其他货币资金的核算

"其他货币资金"账户核算企业的外埠存款、银行汇票存款、银行本票存款、信用卡存款、信用证保证金存款、存出投资款等各种其他货币资金,并按照不同种类的货币资金进行明细核算。企业到外地进行临时或零星采购而汇往采购地银行开立采购专户,或者为了取得银行汇票、银行本票、信用卡等按规定存入银行款项时,借记"其他货币资金"账户,贷记"银行存款"账户;支用其他货币资金时,借记有关账户,贷记"其他货币资金"账户。需要说明的是,银行汇票存款的多余款项可由银行自动退交汇款人,借记"银行存款"账户,贷记"其他货币资金"账户;而银行本票存款只办理全额结算,票面金额与实际交易金额之间的差额,由交易双方自行结算。

四、货币资金的管理与内部控制

货币资金的流动性强,在经营活动中是最活跃的交换媒体,又最容易发生意外和损失,因此,应加强对其的管理与内部控制。

(一) 货币资金的管理

货币资金管理的重点在于遵循国务院颁布的《现金管理暂行条例》,中国人民银行颁布的《现金管理暂行条例实施细则》《支付结算办法》以及《人民币银行结算账户管理办法》等制定的措施。

1. 规定现金的使用范围

按国务院颁布的《现金管理暂行条例》,企业可使用现金的情况包括职工工资与津贴、个人劳务报酬、抚恤金、学生奖学金、丧葬补助费、出差人员必须随身携带的差旅费、根据国家规定颁发给个人的科学和教育等各种奖金、对个人的其他支出,以及单位之间结算起点(1 000元人民币)以下的零星支出等。企业应当根据《现金管理暂行条例》规定,结合自身的实际情况,确定本企业的现金开支范围和现金支付限额。不属于现金开支范围或超过现金开支限额的业务应当通过银行办理转账结算。

2. 加强现金库存限额的管理

企业可以保留一定数额的库存现金以满足日常工作中零星开支的需要。但为了保护企业财产的安全、完整,应由开户银行给各单位核定一个保留现金的最高额度,超过库存限额的现金应当及时存入开户银行。

3. 实行收支交易分开处理

为了严格现金管理,加强银行监督,企业应实行"收支两条线"。企业现金收入应当及时存入银行,不得坐支现金。企业借出款项必须执行严格的审核批准程序,严禁擅自挪用、借出货币资金。

4. 抽查库存现金

企业应当定期和不定期地进行现金盘点,确保现金账面余额与实际库存相符。发现不符,及时查明原因,作出处理。不能用不符合财务制度的白条或单据抵充库存现金。

5. 加强银行账户的管理

企业应当严格按照《支付结算办法》等国家有关规定,加强对银行账户的管理,严格按照规定开立账户,办理存款、取款和结算。银行账户的开立应当符合企业经营管理实际需要,不得随意开立多个账户,禁止企业内设管理部门自行开立银行账户。企业应根据需要开立基本存款账户、一般存款账户、临时存款账户和专用存款账户。基本存款账户是企业办理日常结算和现金收付的账户。企业只能开立一个基本存款账户,不能在多家银行机构开立基本存款账户。企业的工资、奖金等现金的支取,只能通过基本存款账户办理,便于有关部门的宏观控制。

(二)货币资金的内部控制

根据财政部等五部委 2008 年 6 月印发的《企业内部控制基本规范》,内部控制是指由企业董事会、监事会、经理层和全体员工实施的,旨在实现控制目标的过程。内部控制的目标是合理保证企业经营管理合法合规、资产安全、财务报告及相关信息真实完整,提高经营效率和效果,促进企业实现发展战略。

企业在建立和实施货币资金内部控制制度中,应遵循相关规定,对以下几个方面或环节加强风险控制,并采取相应的控制措施。

1. 严格职责分工、确保不相容职务相分离

企业应当建立货币资金业务的岗位责任制,明确相关部门和岗位的职责权限,确保办理货币资金业务的不相容岗位相互分离、制约和监督。比如,不允许由一个人单独操纵和处理一笔业务的全过程,不允许一个人兼管现金的收入和支出等。

2. 明确货币资金的权限范围和审批程序

为了明确内部经济责任,加强对货币支出和成本费用的控制,企业应当建立货币资金授权制度和审核批准制度,并按照规定的权限和程序办理货币资金支付业务。企业应规定内部授权行为的具体内容,明确各审批人的权限、标准和责任,对重大货币资金支付,其业务决策记录必须作为档案保管。

3. 实施定期轮岗

对办理货币资金业务的人员定期进行岗位轮换,企业关键财会岗位,可以实行强制休假制度,并在最长不超过 5 年的时间内进行岗位轮换,以便及时发现或减少舞弊现象。

4. 加强与货币资金相关的票据管理

企业应当严格遵守银行结算纪律,不得签发没有资金保证的票据或远期支票,套取银行信用;不得签发、取得和转让没有真实交易和债权债务的票据。企业应当加强相关票据的管理,明确各种票据的购买、保管、领用、背书转让、注销等环节的职责权限和处理程序,并专设登记簿进行记录,防止空白票据的遗失和被盗用。不得跳号开具票据,不得随意开具印章齐全的空白支票。银行预留印鉴和有关印章的管理应当严格有效。严禁将办理资金支付业务的相关印章和票据集中一人保管。

5. 加强网上交易的管理

实行网上交易、电子支付等方式办理货币资金支付业务的企业,应当与承办银行签订网上银行操作协议,明确双方在资金安全方面的责任与义务、交易范围等。操作人员应当根据操作授权和密码进行规范操作。

第二节 应收款项

一、应收票据

应收票据是在赊销时由债权人或债务人签发的表明债务人在约定时日应偿付约定金额的书面权利凭证。应收票据作为商业信用的工具,受到法律保护,还可以在到期前向银行贴现或转让,比应收账款具有更大的流动性,因此在资产负债表上列于应收账款之前。我国会计实务中作为应收票据核算的仅限于商业汇票,因为支票、银行本票和银行汇票均为即期票据。应收票据是建立在真实交易关系或债权债务关系基础上的一种信用凭证,通过这种形式将商业信用票据化。

(一) 应收票据的分类

1. 按承兑人分类

商业汇票按承兑人的不同,分为银行承兑汇票和商业承兑汇票。银行承兑汇票由承兑银行承兑,商业承兑汇票由付款人承兑。商业承兑汇票到期时,若付款人银行存款账户余额不足支付票款,银行不承担付款责任,只负责将汇票退还收款人,由付款人和收款人自行处理。银行承兑汇票到期时,若承兑申请人银行存款账户余额不足支付票款,承兑银行应向收款人和贴现银行无条件支付票款,同时对承兑申请人执行扣款,并对未扣回的承兑金额按每天 5‰ 计收罚息。

2. 按是否载明利率分类

商业汇票按其是否载明利率,分为不带息商业汇票和带息商业汇票两种。不带息商业汇票到期时,承兑人只按票面金额(即面值)向收款人或票据受让人支付款项。但不带息票据不一定不含利息。有时不带息票据的面值中已隐含了利息,即票面价值为本金与利息之和。带息商业汇票到期时,承兑人必须按商业汇票的面值加上应计利息向收款人或票据受让人支付款项,同时带息商业汇票的票面上要注明利率及付息日期。

(二) 应收票据的计价

应收票据的计价包括取得时入账价值的确定和持有期间的期末计价。

理论上,应该对取得的票据按现值计量,但在我国的会计实务中,无论票据带息与否,企业在收到票据时,均按票据面值入账。这是因为,我国的商业汇票的期限较短(最长不超过6个月),利息金额相对较小,采用未来现金流量折算现值入账不但计算麻烦,而且其折价需要摊销,过于烦琐。根据重要性原则,一般予以简化处理。

在票据持有期间的会计期末,不带息应收票据按面值反映;带息应收票据的账面价值还可能包括利息。按照权责发生制要求,企业应于会计期末,特别是中期期末和年末,对带息应收票据计算利息,增加应收票据的账面价值。但根据重要性要求和谨慎性要求,也可以平时不计提利息收入,等票据到期时再计息。

(三) 应收票据取得及收回的核算

1. 不带息应收票据的核算

对于应收票据的取得和收回,企业应设置"应收票据"账户进行核算,不带息票据的到期值等于应收票据的面值。对于不带息票据,"应收票据"账户始终反映票据的票面价值,入账后不再变动。

企业收到应收票据时,按面值,借记"应收票据"账户,贷记"主营业务收入""应交税费——应交增值税(销项税额)"或者"应收账款"等账户。应收票据到期收回时,按票据面值借记"银行存款"账户,贷记"应收票据"账户。

2. 带息应收票据的核算

带息应收票据的到期值等于票面价值与票据利息之和。票据利息的计算公式如下:

$$应收票据利息 = 票据面值 \times 票面利率 \times 票据期限$$

票面利率一般以年利率表示。利率换算时全年按 360 天计算。商业汇票的期限一般有以下三种表示形式:定日付款的付款期限自出票日起计算,并在汇票上记载具体的到期日,一般按"算头不算尾"的方法确定票据计息天数;出票后定期付款的付款期限自出票日起按月计算;见票后定期付款的付款期限自承兑或拒绝承兑日起按月计算。

【例 3-1】 A 公司于 20×2 年 11 月 6 日销售一批产品给 B 公司,货已发出,增值税专用发票上注明的货款为 207 080 元,增值税额为 26 920 元。收到 B 公司同日签发的 70 天的商业承兑汇票一张,面值 234 000 元,票面利率为 6%。该票据的到期日为 20×3 年 1 月 15 日。

$$该票据到期时应计利息 = 234\,000 \times 6\% \times 70 \div 360 = 2\,730(元)$$
$$该票据到期值 = 234\,000 + 2\,730 = 236\,730(元)$$

根据[例 3-1]的资料,A 公司编制会计分录如下:

(1) 收到票据。

借:应收票据——B 公司　　　　　　　　　　　　　　234 000
　　贷:主营业务收入　　　　　　　　　　　　　　　　　　207 080
　　　　应交税费——应交增值税(销项税额)　　　　　　　26 920

(2) 年末计提票据利息(出票日至 20×2 年 12 月 31 日计息天数为 55 天)。

借:应收票据——B 公司　　　　　　　　　　　　　　2 145
　　贷:财务费用(234 000×6%×55÷360)　　　　　　　　2 145

(3) 票据到期兑现。

借:银行存款　　　　　　　　　　　　　　　　　　　236 730
　　贷:应收票据——B 公司(234 000+2 145)　　　　　　236 145
　　　　财务费用　　　　　　　　　　　　　　　　　　　　585

(四) 应收票据贴现的核算

票据贴现是转让票据、融通资金的一种形式。其实质是将应收票据未来收取现金的权利转移给银行,属于金融资产转移的一种形式。由于资金短缺等原因,企业可将未到期的商业汇票通过背书转让给银行,从银行取得相当于票据到期值扣除贴现利息后余额的款项。背书是票据转让的法定程序,是以转让票据权利为目的在票据背面或粘单上记载有关事项并签章的一种行为。

1. 票据贴现的计算

票据贴现的有关计算公式如下:

$$贴现利息 = 票据到期值 \times 贴现率 \times 贴现期$$
$$银行实付贴现金额 = 票据到期值 - 贴现利息$$

其中,贴现期是指自贴现日至票据到期日前一日的实际天数。

【例3-2】 甲公司本年8月11日将一张出票日为本年6月22日、到期日为9月10日、票面价值108 000元的不带息商业汇票向银行贴现,贴现率为6%。贴现天数为30天。该企业票据贴现的有关计算如下:

$$贴现利息 = 108\ 000 \times 6\% \times 30 \div 360 = 540(元)$$
$$银行实付贴现金额 = 108\ 000 - 540 = 107\ 460(元)$$

2. 票据贴现的会计处理

(1) 不带追索权的票据贴现。不带追索权的票据贴现(如银行承兑汇票贴现),贴现企业不仅将应收票据未来的现金流量转移给银行,而且将应收票据上的风险也全部转移给了银行,当债务人到期未能付款时,贴现企业不承担连带偿付责任。因此,贴现企业应终止确认该贴现应收票据,即注销其账面价值。以不带息票据为例,企业持有未到期的商业汇票向银行申请贴现时,按实际收到的金额,借记"银行存款"等账户;按贴现利息金额,借记"财务费用"等账户;按商业汇票的票面金额,贷记"应收票据"账户。

根据[例3-2]的资料,甲公司贴现时应编制会计分录如下:

借:银行存款　　　　　　　　　　　　　　　　　107 460
　　财务费用　　　　　　　　　　　　　　　　　　　540
　　贷:应收票据　　　　　　　　　　　　　　　　108 000

(2) 带追索权的票据贴现。带追索权的票据贴现(如商业承兑汇票贴现),贴现企业仅将应收票据未来收取现金的权利转移给银行,并未将该票据的风险(如承担无法收回款项的损失)转移给银行,如贴现银行未收到票款,在法律上负有连带偿付责任,当债务人到期未能付款时,贴现银行可以向贴现企业进行追索。此类票据贴现属于以应收债权为质押向银行取得短期贷款,贴现企业应如实反映为负债的增加,而不能注销应收票据的账面价值。以不带息票据为例,企业持有未到期的商业汇票向银行申请贴现时,按实际收到的金额,借记"银行存款"等账户;按贴息金额,借记"财务费用"等账户;按商业汇票的票面金额,贷记"短期借款"账户。

根据[例3-2]的资料,甲公司贴现时应编制会计分录如下:

借:银行存款　　　　　　　　　　　　　　　　　107 460
　　财务费用　　　　　　　　　　　　　　　　　　　540
　　贷:短期借款　　　　　　　　　　　　　　　　108 000

若为带息票据,企业向银行申请贴现时,按银行实付贴现金额,借记"银行存款"账户;按应收票据现有账面价值(包括面值和已计提利息),贷记"应收票据"账户(不带追索权);或者按应收票据到期值,贷记"短期借款"账户(带追索权);按其差额,借记或贷记"财务费用"账户。

【例3-3】 甲公司持有一张20×2年12月1日签发、为期4个月、面值30 000元、票面利率4%的商业汇票。由于资金紧张,甲公司于20×3年3月2日持票向银行贴现,贴现率为6%,贴现天数为30天。甲公司的有关计算及会计分录如下:

(1) 20×2年12月31日计息。

借:应收票据　　　　　　　　　　　　　　　　　　　　　　　100
　　贷:财务费用(30 000×4%×1÷12)　　　　　　　　　　　　　100

(2) 20×3年3月2日贴现。

$$到期值 = 30\ 000 \times (1 + 4\% \times 4 \div 12) = 30\ 400(元)$$
$$贴现利息 = 30\ 400 \times 6\% \times 30 \div 360 = 152(元)$$
$$银行实付贴现金额 = 30\ 400 - 152 = 30\ 248(元)$$

(3) 根据上述计算结果编制会计分录。

不带追索权:

借:银行存款　　　　　　　　　　　　　　　　　　　　　　　30 248
　　贷:应收票据(30 000+100)　　　　　　　　　　　　　　　　30 100
　　　　财务费用　　　　　　　　　　　　　　　　　　　　　　148

带追索权:

借:银行存款　　　　　　　　　　　　　　　　　　　　　　　30 248
　　财务费用　　　　　　　　　　　　　　　　　　　　　　　152
　　贷:短期借款(30 000+400)　　　　　　　　　　　　　　　　30 400

企业对其持有的商业汇票在进行明细核算的同时,还应设置"应收票据备查簿",逐笔登记每一张票据的种类、编号、签发日期、面值、票面利率、出票人、承兑人、背书人、到期日、贴现日、贴现率和贴现净额等详细情况。待票据到期或转销时,再从备查簿中逐笔注销。

(五)逾期应收票据的核算

商业承兑汇票到期,承兑人违约拒付或无力支付票款时,持票企业或贴现企业应根据不同情况作出相应的会计处理。

1. 持有应收票据到期

企业持有商业承兑汇票到期,若承兑人违约拒付或无力支付票款,持票企业收到银行退回的商业承兑汇票、委托收款凭证、拒绝付款证明或未付票款通知书等单据时,按应收票据面值(不带息票据)或面值与票据利息之和(带息票据),借记"应收账款"账户;按应收票据的账面余额,贷记"应收票据"账户;按带息票据尚未结算入账的利息金额,贷记"财务费用"账户。持票企业并未放弃对票款的索偿权利。

接前述[例3-1],A公司所持票据到期,B公司无力付款,则A公司应编制会计分录如下:

借:应收账款——B公司　　　　　　　　　　　　　　　　　236 730

贷：应收票据——B公司	236 145
财务费用	585

到期不能收回的带息应收票据，转入"应收账款"账户后期末不再计提利息，根据购销合同规定票据逾期后应计的利息，在有关备查簿中登记，待实际收到时再冲减收到当期的财务费用。

2. 贴现的应收票据到期

(1) 不带追索权。若贴现的商业汇票，到期后债务人无力付款，则贴现企业不承担任何连带偿付责任，不作任何会计处理。

(2) 带追索权。贴现的商业汇票到期，若承兑人的银行账户余额不足支付，银行将支款通知连同汇票、付款人未付票款通知书送交申请贴现企业，贴现企业按所付本息和，借记"短期借款"账户，贷记"银行存款"账户。贴现企业保留对付款人的追索权，按票据到期值，借记"应收账款"账户，贷记"应收票据"账户。

接前述[例3-3]，若甲公司所持票据为商业承兑汇票，且到期后付款人无力付款，则甲公司应进行支付并编制会计分录如下：

借：短期借款	30 400
贷：银行存款	30 400

同时，

借：应收账款	30 400
贷：应收票据	30 100
财务费用	300

二、应收账款与合同资产

应收账款和合同资产，都与企业履行销售商品或提供劳务等合同义务相关，都属于收取合同对价的一种权利，两者的初始计量和减值计量基本相似。所以，本节将合同资产与应收账款一并介绍。

(一) 应收账款与合同资产的确认

应收账款与合同资产，都是企业履行销售商品或提供劳务等合同义务而拥有的有权收取合同对价的权利。两者的区别在于：拥有收款权的条件不同，从而相关风险也不同。应收账款代表的是无条件（即仅取决于时间流逝）收取合同对价的权利。合同资产是指企业已向客户转让商品或提供劳务而有权收取合同对价的权利，但合同资产并不是一项无条件收款权，该权利除了时间流逝，还取决于其他因素，如履行合同中的其他义务。应收账款仅承担信用风险，而合同资产除了信用风险还可能承担其他履约风险。

应收账款与合同资产的确认一般与收入实现的确认同步进行。对于收入确认的原则将在第十四章详细阐述。

(二) 应收账款与合同资产的核算

1. 应收账款与合同资产的初始计量

应收账款与合同资产，通常应按从购货方或接受劳务方应收的交易价格及相关税费作为初始确认金额。交易价格是指企业因向客户转让商品或提供劳务而预期有权收取的对价金额。合同标价并不一定代表交易价格,企业应当根据合同条款,并结合以往的习惯做法确定交易价格。企业与客户的合同中约定的对价金额可能是固定的,也可能因折扣、价格折让、奖励积分、激励措施、返利、业绩奖金、索赔和退款等因素而变化,即可能存在可变对价。企业在判断合同中是否存在可变对价时,不仅应当考虑合同条款的约定,还应当考虑各种相关因素(如企业已公开宣布的政策、特定声明、以往的习惯做法、销售战略以及客户所处的环境等),以确定其是否会接受一个低于合同标价的金额,即企业向客户提供一定的价格折让等。所以,即使合同中没有明确约定,如存在上述因素,合同的对价金额也可能是可变的。

在对可变对价进行估计时,企业应当按照期望值或最可能发生金额确定可变对价的最佳估计数。期望值是按照各种可能发生的对价金额及相关概率计算确定的金额。最可能发生金额是一系列可能发生的对价金额中最可能发生的单一金额,即合同最可能产生的单一结果。

【例3-4】 20×2年5月,A公司向零售商B公司销售2 000台洗衣机,每台价格为2 000元,合同价款合计4 000 000元,该商品已经发出,B公司已取得商品控制权但尚未支付款项。合同约定B公司在商品发出后1个月向A公司支付合同款项,同时A公司向B公司提供价格保护,若同款洗衣机在未来1个月内售价下降,则B公司只需按照最低售价向A公司支付价款。A公司根据以往执行类似合同的经验,预计各种结果发生的概率,如表3-1所示。

表3-1　　　　　　　　　　降价金额及发生概率表

未来1个月内的降价金额(元/台)	概率
0	60%
200	30%
500	10%

上述价格均不包含增值税。假设税务机关确认的销售额与会计确认的收入金额相同,A公司增值税税率为13%。

A公司认为期望值能够更好地预测其有权获取的对价金额。因此,估计交易价格为每台1 890元(2 000×60%+1 800×30%+1 500×10%)。A公司将洗衣机交付给客户时取得了无条件收款权,应以可变对价为基础确认应收账款。假设税务机关确认的销售额与会计确认的收入金额相同,A公司编制会计分录如下:

借:应收账款——B公司　　　　　　　　　　　　　　　　　　　4 271 400
　　贷:主营业务收入(1 890×2 000)　　　　　　　　　　　　　3 780 000
　　　　应交税费——应交增值税(销项税额)　　　　　　　　　　 491 400

【例3-5】 C公司承接了为D公司建造一间仓库的业务。合同约定的价款为300万元,但是,如果C公司不能在合同签订之日起的90天内竣工,则须支付20万元罚款,该罚款从合同价款中扣除。D公司对合同结果的估计如下:工程按时完工的概率为90%,工程延期的概率为10%。上述金额均不含增值税。

该合同的对价金额实际由两部分组成,即280万元的固定价格以及20万元的可变对价。对合同涉及的两种可能结果,甲公司认为按照最可能发生金额能够更好地预测其有权获取的对价金额。因此,D公司估计的交易价格为300万元(未含增值税),即最可能发生的单一金额。

【例3-6】 20×2年8月,E公司向客户同时销售甲商品和乙商品,合同价款为2 800 000元。合同约定,甲商品于合同开始日交付,乙商品在合同开始日1个月后交付,只有当甲、乙两项商品全部交付后,E公司才有权收取2 800 000元的合同对价。假定交付甲商品和乙商品构成两项履约义务,其控制权在交付时转移给客户,分摊至甲商品和乙商品的交易价格分别为1 500 000元和1 300 000元。E公司销售商品的增值税税率为13%。

E公司将甲商品交付给客户后,与该商品相关的履约义务已经履行,但需要等到后续交付乙商品时,E公司才具有无条件收取合同对价的权利。因此,E公司应当将因交付甲商品而有权收取的对价1 500 000元及相关增值税确认为合同资产,而不是应收账款;当E公司交付乙商品履行了合同中的所有义务从而取得无条件收取合同对价权利时,应当将有权收取的全部合同对价计入应收账款,包括从合同资产转入的金额。相应的账务处理如下:

(1) 交付甲商品。

借:合同资产　　　　　　　　　　　　　　　　　　　1 695 000
　　贷:主营业务收入　　　　　　　　　　　　　　　　　1 500 000
　　　　应交税费——应交增值税(销项税额)　　　　　　　　195 000

(2) 交付乙商品。

借:应收账款　　　　　　　　　　　　　　　　　　　3 164 000
　　贷:合同资产　　　　　　　　　　　　　　　　　　　1 695 000
　　　　主营业务收入　　　　　　　　　　　　　　　　　1 300 000
　　　　应交税费——应交增值税(销项税额)　　　　　　　　169 000

2. 应收账款与合同资产的期末计量

企业应当在资产负债表日计量应收账款等应收款项和合同资产的预期减值损失,将应计减值损失计入信用减值损失或资产减值损失,并计提坏账准备或合同资产减值准备;按扣除减值准备后的账面价值在资产负债表上进行列示。具体核算参见第九章。

3. 应收账款出售

应收账款出售属于金融资产转移的一种形式。为了将债权转换为现金,企业可以通过向金融机构等出售应收账款等融资方式筹措短期经营资金。应收债权出售通常包括不附追索权的出售和附追索权的出售。对应收债权出售的核算应遵循风险报酬转移原则,即企业以出售应收债权方式向金融机构等融资时,应视与该债权有关的风险与报酬是否转移而区别处理。

不附追索权的应收债权出售,是指企业将其按照销售商品或提供劳务的销售合同所产生的应收债权出售给银行等金融机构,根据企业、债务人和银行等金融机构之间的协议,在所售应收债权到期无法收回时,银行等金融机构不能够向出售应收债权的企业进行追偿,即无条件出售该项金融资产,属于"企业转移了金融资产所有权上几乎所有风险和报酬"的情形。在这种情况下,企业应终止确认该项金融资产,将所售应收债权转销,结转已计提的相关坏账准备,并确认出售损益。

企业出售应收债权如附有追索权,即在有关应收债权到期无法从债务人处收回时,银行等金融机构有权向出售应收债权的企业追偿,应收债权的信用风险由售出应收债权的企业承担,属于"企业保留了金融资产所有权上几乎所有风险和报酬"的情形。在此种情况下,企业应当继续确认该项金融资产,按照以应收债权为质押取得借款的核算原则进行会计处理。

> **货币资金和应收款项在财务报表中的列示及披露**
>
> 企业所持有的货币资金与应收款项,应于期末在资产负债表的相关项目中列示。
>
> 货币类金融资产,按"库存现金""银行存款"和"其他货币资金"账户的期末余额之和在资产负债表的"货币资金"项目列示。
>
> "应收票据"项目应按"应收票据"账户的期末账面余额减去"坏账准备"账户中有关反映应收票据计提的坏账准备期末余额后的金额列示。
>
> "应收账款"项目应根据"应收账款"账户的期末账面余额减去"坏账准备"账户中反映应收账款计提的坏账准备期末余额后的金额列示。
>
> "合同资产"项目的列示见第十四章。

 案例分析

缘何"亡羊"　如何"补牢"

案例介绍:

资料1:2007年10月,叶某被派往海南某实业投资有限公司任出纳,她利用该公司对印章管理的疏漏,先后17次盗用公司的法人章和财务专用章加盖在空白的现金支票上,并自己填写取款数额到银行取款,纳入自己腰包。

直至2009年2月,该公司到海口市世贸光大银行核对账目时才发现公司原本约有63万元的账户上只剩下了12元,而公司银行存款账上的余额却有70多万元。很快叶某形迹败露,至案发,她已侵吞公款共计约63万余元。

资料2:2007年2月,戴某到某家超市做收银员。几个月后的一天,戴某在上交收银款时,出纳告诉他多交了200元。原来,前一天,戴某的收银机在扫描后突然死机,他用自己的工卡重启电脑后,电脑仅打印出了半截收银条,而且客户消费的资金数额也并未发送到前台电脑。发现这一漏洞后,戴某就开始在顾客购买商品时重启电脑,打出半截小票给顾客,将顾客给付的货款非法占为己有。

直到2008年2月,一位顾客到服务台退货时,工作人员才发现顾客手上的那张单据在前台电脑上根本无记录,且单据只显示了其购买的部分货品,无总计金额,上面还有戴某手写的"卡纸"二字。工作人员对账后发现,仅2月27日一天戴某就私自重启收银机电脑12次。几个月来,戴某利用上述手段侵吞该超市货款共计人民币101 440.7元。

资料3:甘肃长风电子电器有限公司的财务部成本会计室原副主任杨某、原会计刘某两人自2005年起合谋虚造工资表,套取公款。杨某为已经停发工资的十数名待岗职工编制工资表,并由银行将这些工资全部汇入两人掌握的数张存折上。直到2009年5月,该公司财务部部长接到匿名电话后,公司高层才开始对不在岗工人工资进行全盘核查。经查,4年间,两人联手以虚增工资的手段共侵吞126万余元进行瓜分,其中杨某分得70万余元,刘某分得56.7万余元。

资料来源:

1. 良子:《侵吞公款63万女出纳被提请逮捕》,《南国都市报》2009年4月6日。
2. 马翔:《收银重启电脑侵吞公款10万》,深圳新闻网(http://news.sznews.com/content/2008-08/22/content_3200227.htm)2008年8月22日。
3. 李洋:《长风公司两名财务人员为敛财虚造工资表4年侵吞公款126万》,《甘肃法制报》2010年1月20日。

依据及相关法规:

1. 财政部等五部委:《企业内部控制基本规范》(财会〔2008〕7号)、《企业内部控制应用指引第6号——资金活动》《企业内部控制应用指引第18号——信息系统》(财会〔2010〕11号)。
2. 全国人民代表大会常务委员会:《中华人民共和国会计法》(1985年中华人民共和国主席令第21号)。

案例思考题:

1. 根据上述案例,结合相关法规,逐一分析各企业货币资金的管理与内部控制方面存在的主要问题。
2. 本案例中当事人违规、违法的行为是如何暴露的?这说明了什么问题?
3. 针对本案例,请对企业如何加强货币资金的管理与内部控制提出一些具体、有效的建议。

本章要点概览

1. 货币资金与应收款项均为企业的金融资产。
2. 货币资金是指直接以货币形态存在的资产,包括库存现金、银行存款和其他货币资金三项内容。货币资金是流动性最强的一项资产,企业应加强对其控制管理。
3. 应收款项是指在活跃市场中没有报价、回收金额固定或可确定的非衍生金融资产,包括非金融企业持有的销售商品或提供劳务形成的应收款项、企业持有的其他企业的债权(不包括在活跃市场上有报价的债务工具)等。应收款项主要包括应收票据、应收账款和其他应收款等。
4. 应收票据是建立在真实交易关系或债权、债务关系基础上的一种信用凭证。在我国会计实务中,无论票据带息与否,企业收到票据时均按票据面值入账。票据贴现是将票据未来收取现金的权利转让给银行以进行融资的一种形式。不带追索权的票据贴现,贴现企业贴现时应终止确认该票据。带追索权的票据贴现,贴现企业并未将该票据的风险转移给银行,应视同取得银行短期贷款处理,而不能终止确认该票据。
5. 应收账款是企业拥有的、无条件(仅取决于时间的流逝)向客户收取合同对价的权利。应收账款仅承担信用风险。
6. 合同资产是指企业已向客户转让商品或提供劳务而有权收取合同对价的权利,且该权利除了时间流逝,还取决于其他因素。合同资产除了信用风险还可能承担其他履约风险。
7. 在资产负债表日,企业应计量其应收款项、合同资产的预期减值损失,计提坏账准备或合同资产减值准备,在资产负债表中按扣除减值准备后的账面价值列报应收款项等资产的净额,并将减值损失计入信用减值损失或资产减值损失。

主 要 术 语

1. 货币资金
2. 企业内部控制
3. 应收票据
4. 商业汇票
5. 带追索权
6. 票据贴现
7. 应收账款
8. 合同资产
9. 交易价格
10. 可变对价

复 习 题

一、思考题

1. 货币资金包括哪些内容？企业应该如何加强对货币资金的管理和控制？
2. 商业汇票有哪几种？它们在结算上各有何特点？
3. 带追索权和不带追索权的应收票据贴现在会计处理上有何不同之处？为什么？
4. 可变对价包括哪些内容？应收账款和合同资产初始计量时是否需要考虑可变对价？
5. 应收账款与合同资产有何区别？
6. 简述货币资金、应收票据和应收账款报表项目在资产负债表中的列报方法。

二、判断题

1. 财务专用章应当由专人保管，个人名章应当由本人或其授权人员保管，不得由一个人保管支付款项所需的全部印章。（ ）
2. 带息应收票据贴现时，应将其贴现息直接计入当期的财务费用。（ ）
3. 当企业与客户合同中约定的对价金额因价格折让而变化时，应当考虑从合同交易价格中扣除最大的折让确定应收账款的初始计量金额。（ ）
4. 带追索权的票据贴现后风险尚未转移，不应注销应收票据的账面价值；该事项应作为应收债权的融资业务进行处理。（ ）
5. 银行本票只办理全额结算，票面金额与实际交易金额之间的差额由交易双方自行结清。（ ）

三、单项选择题

1. 下列各项表述中，正确的是（   ）。
   A. 应收账款包括企业销售货物或提供劳务应收的交易价格及相关税费
   B. 应收账款包括应收职工欠款及应收财产索赔款等
   C. 合同资产是企业无条件收取合同对价的权利
   D. 应收账款的初始计量不用考虑可变对价等因素
2. 下列做法中，符合货币资金管理与内部控制要求的是（   ）。
   A. 签发收款凭证与办理收款业务均由同一人操作
   B. 将收到的现金销售款直接用于支付职工工资
   C. 对办理货币资金业务的人员定期进行岗位轮换
   D. 企业在多家银行开立多个基本存款账户
3. 一张应收票据的面值为20 000元，票面利率为10%，票据的出票日为2月1日，6个月到期，则该票据的到期值为（   ）元。

A. 20 000 B. 21 000 C. 19 000 D. 1 000

4. 一张票面为 10 000 元,利率为 4%,6 个月的带息应收票据企业已持有 4 个月,现按 6% 的贴现率进行贴现,则该企业可得贴现款(　　)元。

A. 10 098 B. 99 996 C. 10 132 D. 10 200

5. 下列有关应收账款初始计量的表述中,不正确的是(　　)。

A. 以合同标价及相关增值税额之和确定应收账款的初始计量

B. 企业与客户的合同中约定的对价金额并非都是固定的

C. 合同标价不一定代表交易价格

D. 即使合同中没有明确规定,合同的对价金额也可能是可变的

四、多项选择题

1. 下列各项中,可能通过"应收票据"账户核算的有(　　)。

A. 银行汇票　　　　　　　　B. 银行本票

C. 银行承兑汇票　　　　　　D. 商业承兑汇票

E. 支票

2. 其他货币资金核算的内容包括(　　)。

A. 银行汇票　　　　　　　　B. 商业汇票

C. 支票　　　　　　　　　　D. 存出投资款

E. 银行本票

3. 计算带息商业汇票的到期值时,应考虑的因素有(　　)。

A. 票面利率　　　　　　　　B. 票面金额

C. 票据期限　　　　　　　　D. 贴现率

E. 贴现期限

4. 可能使合同中约定的对价金额发生变化的因素有(　　)。

A. 价格折让　　　　　　　　B. 返利

C. 奖励积分　　　　　　　　D. 折扣

E. 业绩奖金

5. 企业货币资金的内部控制制度包括(　　)。

A. 办理货币资金业务的不相容岗位相互分离

B. 明确货币资金的审批权限

C. 对办理货币资金业务的人员定期进行岗位轮换

D. 明确票据的购买、保管、领用、背书转让和注销等环节的职责权限和处理程序

E. 银行预留印鉴和有关印章的管理应当严格有效

五、业务题

【业务题一】

目的　练习货币资金的核算及相关报表项目的列报。

资料　甲企业为一般纳税人企业,4 月份发生如下经济业务:

(1) 5 日,向银行申请签发票面金额为 240 000 元的银行本票,银行受理后,款项从结算户划出。

(2) 7 日,开户银行转来委托收款结算凭证,系支付上月行政管理部门水电费 5 400 元。

(3) 8日,采购员韩某持上述银行本票向乙企业购入材料,价款 207 080 元,增值税额 26 920 元,多余款乙企业暂欠。

(4) 15日,收到丙企业偿还的上月货款 80 000 元,存入银行。

(5) 22日,向银行申请签发银行汇票 48 000 元,银行同意办理。

(6) 23日,持上述银行汇票购料,收到的增值税专用发票上标明价款 41 416 元,增值税额 5 384 元。

(7) 28日,收到银行转来本月 22 日签发的银行汇票多余款 1 200 元。

要求 (1) 根据上述经济业务编制甲企业的会计分录。

(2) 假定甲企业资产负债表中"货币资金"项目 4 月初余额为 760 000 元,计算填列该项目期末金额。

【业务题二】

目的 练习应收票据的核算。

资料 甲企业本年发生以下经济业务:

(1) 5月31日,销售一批商品给乙企业,销售价款为 4 141 593 元,增值税额为 538 407 元,商品已经发出。乙企业交来一张票面金额为 4 680 000 元、2 个月期限、到期日为 7 月 31 日、票面利率为 5% 的商业汇票。

(2) 甲企业由于资金紧缺,于 7 月 7 日持该票据到银行贴现,贴现率为 6%,贴现期为 24 天。

(3) 7月31日,票据到期,乙企业无力支付票款。

要求 根据以上经济业务,分别按照不带追索权和带追索权两种情况,编制甲企业有关的会计分录。假定甲企业对应收票据于 6 月末及年末计息。

【业务题三】

目的 练习应收账款的初始计量和账务处理。

资料 20×2 年 1 月,甲公司向乙公司商场销售 1 000 台洗碗机,商品已经发出并经验收合格,每台价格为 3 000 元,合同价款合计 3 000 000 元,款项尚未收到。甲公司增值税税率为 13%,上述价格均不包含增值税。

(1) 根据上述资料,编制甲公司确认应收账款的相关会计分录。

(2) 若合同约定乙公司在商品验收合格后 2 个月付款,同时甲公司向乙公司提供价格保护,同意在未来 2 个月内,若同款洗碗机售价下降,则乙公司只需按照最低售价向甲公司支付价款。甲公司根据以往执行类似合同的经验,预计各种结果发生的概率(表 3-2)。假设税务机关确认的销售额与会计确认的收入金额相同,编制甲公司确认应收账款的相关会计分录。

表 3-2　　　　　　　　　　　降价金额及发生概率表

未来 2 个月内的降价金额(元/台)	概率
0	40%
100	30%
300	20%
800	10%

【业务题四】

目的　练习合同资产、应收账款的核算。

资料　20×2年1月,甲公司向乙公司同时销售A设备和B设备,合同价款为10 000 000元,合同约定A设备于合同开始日交付,B设备在1个月后交付,只有当A设备和B设备两项商品全部交付后,甲公司才有权向乙公司收取10 000 000元。假定A设备和B设备构成两项履约义务,其控制权在交付时转移给客户,分摊至A设备的交易价格为4 000 000元,分摊至B设备的交易价格为6 000 000元。甲公司销售商品适用的增值税税率为13%。

要求　(1)根据上述经济业务编制甲企业交付A设备时的会计分录。

(2)根据上述经济业务编制甲企业交付B设备时的会计分录。

第四章 存 货

学习目的与要求

本章主要阐述存货的确认条件和收入、发出存货的计量及相关的会计处理。读者通过本章的学习,应当明确存货的概念与特点;了解存货的种类;理解存货的确认条件;掌握存货入账价值的确定以及发出存货的计价方法;掌握存货收入、发出和清查的会计处理;了解存货在财务报表中的列报方式。

预习思考题

1. 企业拥有的各类物品中哪些属于存货?应该如何界定?

2. 某家具厂的材料仓库里存有一种规格相同的柳桉夹板,共3 000张。由于这些夹板是分批购入的,每批次的单位成本不同。如果要将夹板中的一部分发往车间加工,问:你能设计几种方法来计算确定发出夹板的实际成本?不同的计价方法对企业所产生的影响会有何不同?

3. 在不少企业中,由于存货的种类繁多且收发颇为频繁,发出存货的计价工作量较大,采用什么方法可以简化存货的核算,同时又不背离存货按实际成本计价这一基础?

4. 某公司所生产的电子产品因市场需求的变化,市场价格已呈下跌之势且预计很难回升。基于会计信息的质量要求,你认为该公司应如何列报库存的该电子产品的价值?

5. 请查阅一家制造业上市公司年报,了解该公司存货列报情况及有关存货的会计政策。

第一节 存货概述

一、存货的概念

企业为进行正常的生产经营活动,必需备置一定数量与质量的存货。存货是企业的一项重要的经济资源,通常都占资产总额的相当比重。所谓存货,是指企业在日常活动中持有以备出售的产成品或商品、处在生产过程中的在产品、在生产过程或提供劳务过程中耗用的材料和物料等。具体来说,存货包括各类原材料、在产品、半成品、产成品、商品、包装物和低值易耗品等。

辨认一个项目在经济性质上是否属于存货,应根据上述存货的定义进行判断。存货具有如下主要特征:

其一,作为存货,它通常具有一定的物质实体,是一项有形资产。

其二,作为存货,它具有较强的流动性。存货是企业流动资产中的一个重要组成部分。在企业生产经营过程中,存货经常处于不断销售和重置或者耗用和重置的循环之中,是一项流动性较强的资产。存货流动性的强弱,一般取决于企业生产经营周期的长短。

其三,作为存货,企业持有的最终目的是出售。这是存货区别于其他资产的本质特征。比如,企业为建造固定资产等工程项目而储备的各种材料物资,虽然也具有相似于产品生产所需耗用的原材料的物质形态,但企业持有工程物资的目的不是出售或制成产品出售,因此,工程物资不属于存货。又如,机器设备在用于进行生产经营活动的企业中,作为劳动手段是一项固定资产,而在生产销售这种机器设备的企业中,它则是一项存货。即使是通常被大多数企业列作固定资产的房屋建筑物,对于经营房地产的企业而言,其所开发的以出售为目的的房地产也同样属于存货。

二、存货的确认条件

前述存货的定义及其特征描述了存货的经济性质,但对于符合存货定义的项目,要确认为企业的存货在资产负债表中列示,还必须同时满足两个条件,即该存货包含的经济利益很可能流入企业和该存货的成本能够可靠地计量。

企业持有存货就是要获取其内在所具有的直接或间接导致现金和现金等价物流入企业的潜力,继而产生归属于企业的经济利益,所以,对存货的确认,必须判断其是否能给企业带来经济利益。一般来说,拥有存货的所有权是存货包含的经济利益很可能流入企业的一个重要标志。比如,在通常情况下,企业根据销售合同已经售出(已收取现金或取得收取现金的权利),所有权已经转移给买方的存货,由于其所包含的经济利益已不可能再流入本企业,那么即使该存货尚未运离本企业,也不能再作为本企业的存货予以确认。总之,对于某项存货所包含的经济利益是否能够流入企业,通常应当以是否拥有该项存货的所有权为判断标准。但需要指出的是,在某些特殊情况下,存货所有权形式上的转移与其报酬和风险的转移并不完全一致,在这种情况下,则应当依据交易的经济实质对存货的归属作出判断。

存货的确认,其成本应当能够可靠地计量,这是资产确认的一项基本条件。存货的成本能够可靠计量,也就是说要依据确凿、可靠的证据来证明为取得存货实际发生的支出,并具有可验证性;反之,成本则不能可靠地计量。

三、存货的种类

企业所处的行业性质不同,持有的存货也会有所不同。就工商企业而言,存货按不同的经济内容可以分为以下种类:

(1)原材料。它是指企业在生产过程中经加工改变其形态或性质,并构成产品主要实体的各种原料及主要材料、辅助材料、燃料、修理用备件(备品备件)、包装材料以及外购半成品(外购件)等。

(2)在产品。它是指企业正在制造、尚未完工的生产物,包括已加工完毕但尚未检验或已检验但尚未办理入库手续的产品等。

(3)半成品。它是指经过一定生产过程并已检验合格交付半成品仓库保管,但尚未制造完工成为产成品,仍需进一步加工的中间产品;但不包括从一个生产车间转给另一个生产车间继续加工的自制半成品以及不能单独计算成本的自制半成品。

(4) 产成品。它是指工业企业已经完成全部生产过程并已验收入库,可以按照合同规定的条件送交订货单位,或者可以作为商品对外销售的产品。企业接受外来原料加工制造的代制品和为外单位加工修理的代修品,制造和修理完成验收入库后,应视同企业的产成品。

(5) 商品。它是指商品流通企业外购或委托加工完成验收入库用于销售的各种商品。

(6) 包装物。它是指为了包装本企业商品而储备的各种包装容器,如桶、箱、瓶、坛和袋等。

(7) 低值易耗品。它是指不能作为固定资产的各种用具物品,如工具、管理用具、玻璃器皿、劳动保护用品,以及在经营过程中用于周转使用的容器等。

根据低值易耗品和某些包装物的特点,也可以将低值易耗品和包装物归类为周转材料。周转材料一般是指企业能够多次使用、价值逐渐转移但仍保持其原有形态,而不确认为固定资产的材料。

第二节 存货的初始计量

存货的初始计量即对各种来源取得的存货,确定其入账价值,以在此基础上进行有关取得存货业务的日常会计处理。

一、存货入账价值的确定

存货应当按照成本进行初始计量,企业在持续经营条件下,以历史成本作为存货初始计量的基础,这是存货计量的一般原则。从理论上说,存货的历史成本应当包括使存货达到目前场所和状态所发生的一切必要支出,也就是企业为取得存货而实际发生的成本。

企业的存货主要是通过购买和进一步加工而取得的,存货的来源和类别不同,其成本的构成内容也不尽相同。企业通过购买而取得的存货,其成本即采购成本;通过进一步加工而取得的存货,包括自制或委托其他单位加工等形成的存货,其成本由采购成本(指直接消耗的材料等存货的采购成本)、加工成本以及使存货达到目前场所和状态所发生的其他成本所构成。

(一) 存货采购成本

存货的采购成本,包括购买价款、相关税费以及其他可直接归属于存货采购成本的费用。

1. 购买价款

购买价款是指购入存货时取得的发票上所列明的购货价款。该价款已扣除交易中发生的商业折扣。

2. 相关税费

相关税费是指因购入存货发生的进口关税和其他应由存货成本负担的税费。

购入存货发生的增值税是否计入存货的采购成本,应区分不同的纳税人进行处理。小规模纳税人企业采购货物发生的增值税一律计入所购货物的成本。一般纳税人企业,其采购用于增值税应税项目的货物所发生的增值税,凡取得增值税专用发票或完税凭证的,采购货物发生的增值税不计入所购货物的成本;若未能取得增值税专用发票或完税凭证的,发生的增值税则应计入所购货物的成本(有关增值税的具体会计处理方法详见第十章)。

3. 其他可直接归属于存货采购成本的费用

其他可直接归属于存货采购成本的费用,是指采购成本中除上述各项以外的可直接归属于存货采购成本的费用,包括存货采购过程中发生的运杂费、装卸费、包装费、保险费、仓储费、运输途中的合理损耗和入库前的挑选整理费用等。

商品流通企业在采购商品过程中发生的运杂费、装卸费、保险费以及其他可归属于存货采购成本的进货费用,可以采用先予以归集,期末再根据所购商品的结存和销售情况进行分摊处理的方法。对于已售商品应分摊的进货费用,在主营业务成本中列支,计入当期损益;对于未售商品应分摊的进货费用,计入期末存货成本。如果采购商品的进货费用金额较小,也可在发生时直接确认为销售费用,计入当期损益。

企业采购的用于广告营销活动的特定商品,不应作为存货入账,向客户预付货款未取得商品时,作为预付账款进行会计处理,待取得商品时将相关支出计入当期损益(销售费用)。企业取得广告营销性质的服务比照该原则进行处理。

(二) 存货加工成本

在制造业等企业中,购进的存货大多都要作进一步的加工,才能形成可供销售的商品产品。存货的加工成本,是指企业为加工生产某产品而消耗的除直接材料以外应计入加工产品成本的支出,包括直接人工以及按照一定方法分配的制造费用。其中,直接人工是指企业在产品生产过程中,直接从事产品生产的生产工人的职工薪酬;制造费用是指企业在产品生产过程中发生的不能归属于直接材料和直接人工的其他应计入产品成本的费用。制造费用包括的费用项目较多,一般均系间接用于产品生产的费用,因此,企业应当根据费用的性质,合理地选择分配制造费用的方法。

对于提供劳务的企业,所发生的从事劳务提供人员的直接人工和其他直接费用以及可归属的间接费用,也应计入存货成本。而企业在加工存货过程中发生的非正常消耗的直接材料、直接人工、制造费用以及仓储费用(不包括在生产过程中为达到下一个生产阶段所必需的仓储费用),不能计入存货成本,而应当计入当期损益。

(三) 存货其他成本

存货的其他成本是指除采购成本、加工成本以外的使存货达到目前场所和状态所发生的其他支出,如为特定客户设计产品所发生的、可直接确定的设计费用等。对于某些企业需要经过相当长时间(通常在1年以上)建造或者生产活动,才能达到预定可使用状态或者可销售状态的存货,如房地产开发企业开发的用于出售的房地产开发产品、机械制造企业制造的用于出售的大型机械设备等,企业为取得这些存货所发生的符合资本化条件的借款费用,也应当计入相关存货的其他成本。

企业的存货除通过购买和加工生产取得外,还可能通过接受投资者投资、非货币性资产交换、债务重组以及企业合并等方式取得,这些存货的入账价值应当分别按照相关会计准则的规定确定。但确认为存货后,其后续计量应适用存货准则的规范,其他资产计量的原则与此相同。

二、取得存货按实际成本计价的核算

存货在资产中占有较大的比重,且种类多、收发频繁,企业应当加强对存货收发手续的管理,严格执行存货收发凭证的填制、传递和审核制度,落实经济责任,以确保企业财产物资的安全、完整。

存货的日常核算可以采用实际成本法,也可以采用计划成本法。采用实际成本法,存货的日常收、发和结存核算都按实际成本计价,从存货的收发凭证到明细分类账和总分类账全部都反映存货的实际成本。

(一)外购原材料的核算

在按实际成本计价下,原材料的核算应设置"原材料"和"在途物资"等账户。

"原材料"账户,用于核算企业库存原材料的实际成本,其借方登记入库原材料的实际成本,贷方登记出库原材料的实际成本,期末借方余额反映企业库存原材料的实际成本。该账户应当按照材料的保管地点(仓库)、材料的类别、品种和规格等进行明细核算。

"在途物资"账户,用于核算企业购入但尚未验收入库的各种材料、商品等物资(在途物资)的采购成本。其借方登记在途物资的采购成本;贷方登记在途物资到达时,验收入库物资的采购成本;期末借方余额反映企业在途材料、商品等物资的采购成本。该账户应当按照供应单位和物资品种进行明细核算。

企业外购材料时,由于受采购地点和采用的结算方式等因素的影响,材料货款的支付与材料验收入库在时间上不一定完全一致,在会计处理上也不尽相同,可分为下述几种情况。

1. 单到、料到、已支付货款(或已开出、承兑商业汇票)

对于这种情况,应在材料验收入库后,根据发票账单等结算凭证和收料凭证,借记"原材料""应交税费——应交增值税(进项税额)"账户,贷记"银行存款""其他货币资金"或"应付票据"账户。

【**例 4-1**】 本年 7 月 15 日,兴盛公司(增值税一般纳税人,下同)从某厂购入甲材料一批,取得的增值税专用发票上注明材料价款为 80 000 元,增值税额为 10 400 元,另外发生运杂费 1 400 元,全部款项用支票付讫,材料已验收入库。编制会计分录如下:

```
借:原材料——甲材料                                  81 400
    应交税费——应交增值税(进项税额)               10 400
    贷:银行存款                                      91 800
```

2. 单到、料到,未支付货款(或未开出、承兑商业汇票)

这种情况一般是指企业以赊购方式购买材料或由于资金不足等而暂未支付货款的业务。对于尚未支付的款项应在收到发票账单等凭证时,通过"应付账款"账户核算。

【**例 4-2**】 承[例 4-1],假设兴盛公司购入的甲材料已验收入库,购料发票账单等结算凭证也已收到,但款项尚未支付。编制会计分录如下:

```
借:原材料——甲材料                                  81 400
    应交税费——应交增值税(进项税额)               10 400
    贷:应付账款                                      91 800
```

3. 单到、料未到,已支付货款(或已开出、承兑商业汇票)

对于已支付货款或已开出、承兑商业汇票,但材料尚未验收入库的情况,应根据发票账单等结算凭证,借记"在途物资""应交税费——应交增值税(进项税额)"账户,贷记"银行存款""其他货币资金"或"应付票据"账户;材料运达企业,验收入库后,再根据收料单,借记"原材料"账户,贷记"在途物资"账户。

【**例 4-3**】 承[例 4-1],假设兴盛公司根据购货合同,签发并承兑为期 2 个月的商业承兑

汇票一张,面值91 800元,用以结算所购甲材料款项,但材料尚未到达。编制会计分录如下:

　　借:在途物资——甲材料　　　　　　　　　　　　　　　　　　81 400
　　　　应交税费——应交增值税(进项税额)　　　　　　　　　　10 400
　　　　贷:应付票据　　　　　　　　　　　　　　　　　　　　　　91 800

　　上述材料到达并验收入库后:

　　借:原材料——甲材料　　　　　　　　　　　　　　　　　　　81 400
　　　　贷:在途物资——甲材料　　　　　　　　　　　　　　　　81 400

4. 料到、单未到,未支付货款(或未开出、承兑商业汇票)

对于材料已验收入库,但因发票账单等结算凭证尚未收到,货款尚未支付的情况,平时可暂不做收入材料的会计分录,而只在材料明细账中登记收料的数量,在月份内收到发票账单等结算凭证并支付货款后,再按一般程序进行会计处理;如果时至月末仍未收到发票账单等凭证,则应按材料的暂估价款(合同价格等)登记入账,下月初再用红字编制同样的会计分录予以冲销。

【例4-4】 承[例4-1],假设兴盛公司购入的甲材料已经运达并验收入库,但月末发票账单等结算凭证尚未收到,材料暂估价为82 000元。编制会计分录如下:

(1) 月末,材料估价入账。

　　借:原材料——甲材料　　　　　　　　　　　　　　　　　　　82 000
　　　　贷:应付账款　　　　　　　　　　　　　　　　　　　　　　82 000

(2) 下月初用红字冲销暂估价。

　　借:原材料——甲材料　　　　　　　　　　　　　　　　　　　82 000
　　　　贷:应付账款　　　　　　　　　　　　　　　　　　　　　　82 000

(3) 收到有关结算凭证并支付货款。

　　借:原材料——甲材料　　　　　　　　　　　　　　　　　　　81 400
　　　　应交税费——应交增值税(进项税额)　　　　　　　　　　10 400
　　　　贷:银行存款　　　　　　　　　　　　　　　　　　　　　　91 800

5. 采用预付货款的方式采购材料

企业根据合同预付材料货款时,按预付的金额,借记"预付账款"账户,贷记"银行存款"等账户;已经预付货款的材料验收入库后,根据发票账单等凭证所列金额,借记"原材料""应交税费——应交增值税(进项税额)"账户,贷记"预付账款"账户;补付货款或收到退回的多余款时,结清"预付账款"账户。

6. 购入材料的短缺与毁损

购入材料发生短缺或毁损,应根据造成短缺毁损的原因,区别不同情况进行会计处理:

(1) 属于运输途中的合理损耗,如由于自然损耗等原因而造成的短缺,其金额应计入验收入库材料的采购成本之中,即由入库材料承担,这样相应地提高了入库材料的单位成本,不必另作会计处理。

(2) 属于供应单位或运输单位造成的短缺、毁损,应在办妥拒付款项等手续后,按实收材料数量所支付的金额确定材料成本,记入"原材料"账户;如果该项材料的货款先前已经支付,并已记入"在途物资"账户,则应将发生的损失额,从"在途物资"账户转入"其他应收款"账户,或冲抵"应付账款"账户中尚未结清的相关款项,同时按实收材料的成本记入"原材料"账户。

(3) 属于运输途中发生的非常损失和尚待查明其原因的途中损耗,应先记入"待处理财产损溢"账户,待核实情况或查明原因,并按企业管理权限报经批准后再作有关会计处理。

(二) 自制原材料的核算

自制原材料是指由企业的基本生产车间或辅助生产车间自行生产、完工入库的材料。自制原材料,应按其生产过程中发生的实际成本入账,包括直接材料、直接人工和分配的制造费用。上述成本通过"生产成本"账户核算确定,材料验收入库时,根据有关凭证,借记"原材料"账户,贷记"生产成本"账户。

(三) 接受投资者投入原材料的核算

投资者投入的原材料,其成本应按投资合同或协议约定的价值确定,如约定的价值不公允,则按照该项存货的公允价值作为其入账价值。原材料验收入库时,按确定的原材料成本,借记"原材料"账户;按增值税专用发票上注明的增值税额,借记"应交税费——应交增值税(进项税额)"账户;同时,贷记"实收资本"(或"股本")等账户。

(四) 委托加工形成存货的核算

企业由于受自身工艺设备条件或技术水平等的限制,或考虑经济上的合理性,有时需要将材料等存货委托给其他单位作进一步的加工,制成另一种性能或用途的存货,以满足生产经营的需要,如将某一种材料加工成另一种材料,或加工成包装物、低值易耗品,或将半成品加工成可直接出售的商品等。

通过委托加工形成的存货,其成本包括发外加工实际耗用的材料等物资的成本、支付的加工费,以及可归属的税金和往返运杂费等其他费用。

企业的委托加工业务应设置"委托加工物资"账户核算,该账户用于确定委托加工形成的存货的实际成本。

【例 4-5】 兴盛公司发出一批甲材料委托某厂加工成乙材料,发出甲材料共计 2 000 千克,单位成本 40 元,以银行存款支付加工费 12 000 元和增值税额 1 560 元(取得增值税专用发票)、往返运杂费 1 000 元。按照合同的约定,加工完成的乙材料及多余的 50 千克甲材料已运达企业,并验收入库。编制会计分录如下:

(1) 发出甲材料。

  借:委托加工物资   80 000
    贷:原材料——甲材料   80 000

(2) 支付加工费等款项。

  借:委托加工物资   13 000
    应交税费——应交增值税(进项税额)   1 560
    贷:银行存款   14 560

(3) 完工的乙材料及退回的甲材料验收入库。

借：原材料——乙材料　　　　　　　　　　　　　　　　　　　91 000
　　　　　——甲材料　　　　　　　　　　　　　　　　　　　 2 000
　　贷：委托加工物资　　　　　　　　　　　　　　　　　　　　93 000

企业委托加工的物资若属于应纳消费税的消费品，由受托方代收代缴消费税。企业因加工物资所负担的消费税，应根据物资收回后的不同用途作相应的会计处理。物资收回后直接用于销售的，应将消费税额计入委托加工物资的成本，借记"委托加工物资"账户，贷记"银行存款"等账户；物资收回后用于连续生产应税消费品的，应按消费税额，借记"应交税费——应交消费税"账户，贷记"银行存款"等账户，记入"应交税费——应交消费税"账户借方的消费税，按规定留待抵扣销售环节应缴纳的消费税。

（五）收入包装物及低值易耗品的核算

包装物是指为了包装本企业商品而储备的各种包装容器，如桶、瓶、坛和袋等。包装物一般随同商品而流转，会计上纳入包装物核算范围的包括：

(1) 生产过程中用于包装产品作为产品组成部分的包装物。
(2) 随同商品出售、不单独计价的包装物。
(3) 随同商品出售、单独计价的包装物。
(4) 出租或出借给购买单位使用的包装物。

对于一次性消耗的包装用材料（纸、绳、铁丝、铁皮等）以及单独列作企业商品产品的自制包装物不属于包装物核算范围，应分别在"原材料"和"库存商品"账户中核算。

低值易耗品是指单位价值较低、使用年限较短、不作为固定资产的各种用具物品，如工具、管理工具、玻璃器皿以及在经营过程中周转使用的包装容器等。低值易耗品在性质上属于劳动资料，但其特点是价值低或易损耗，而且品种多、数量大、收发较频繁，因而视同存货进行管理和核算。

对于包装物和低值易耗品，可以在"周转材料"账户下分别设置"包装物"和"低值易耗品"明细账户进行核算，或单独设置"包装物"和"低值易耗品"账户进行核算。企业通过购买、自制或委托外单位加工而取得的包装物或低值易耗品的核算，可比照取得原材料处理。

第三节　存货的后续计量

存货的后续计量主要解决发出存货价值的确定和期末存货价值的确定两个方面的问题，以在此基础上进行有关发出存货业务的日常会计处理和期末调整存货账面价值的会计处理。此外，存货核算的计划成本法是一种简化存货发出计价手续的会计处理方法，为此特将这部分内容也安排于本节，并单独予以介绍。

一、发出存货价值的确定

在以历史成本为计量基础的条件下，确定发出存货的成本，首先要确定存货的单位实际成本。然而，即使是相同的存货也往往会以不同的单位成本购进或产出，存货单位实际成本的确定，有赖于对存货成本的流转作出某种合理的假设。

（一）存货成本流转假设

存货流转包括实物流转和成本流转两个方面。存货的实物流转方式是由企业生产经营的特点与管理的要求决定的。而会计主要是提供以货币计量的财务信息,关注的是存货实物流转中所蕴含的成本流转。在理论上,存货的成本流转与其实物流转应当一致,也就是说,取得存货时确定的成本应当随着该项存货的销售或耗用而结转。但实际上,这种一致的情形非常少见。企业的存货进出量大,而且由于采购地点或生产批次等条件的不同,存货的单位成本多变,难以保证各种存货的成本流转与实物流转相一致,因此,就需要对存货的成本流转作出某种合理的假设,采用一定的方法将存货成本总额(期初结存存货的成本与本期收入存货的成本之和)在本期发出存货与期末结存存货之间进行分配。成本流转假设不同,成本的分配方法就不同,即产生了发出存货的不同计价方法。

（二）发出存货的计价方法

发出存货的计价方法有多种,《企业会计准则第1号——存货》规定,企业应当采用先进先出法、加权平均法或者个别计价法确定发出存货的实际成本。对于性质和用途相似的存货,应当采用相同的计价方法。

发出存货计价方法的不同选择,对企业当期损益、期末资产价值以及当期应纳税额等会产生不同的影响。发出存货的计价方法一经确定,不得随意变更,如有变更,应在财务报表附注中予以说明。

1. 先进先出法

先进先出法是假设先收到的存货先发出,并根据这种假设的成本流转顺序对发出存货和期末存货进行计价的一种方法。采用这种方法,每次发出存货时,按先收到的存货的单位成本计价,据此确定发出存货和结存存货的成本。

【例4-6】 兴盛公司20×2年7月份有关甲材料的资料如下:

20×2年7月1日结存200千克,单价50元;7月9日购入200千克,单价80元;7月18日发出300千克;7月20日购入400千克,单价90元;7月25日发出400千克。企业采用先进先出法对发出的甲材料进行计价,甲材料明细账,如表4-1所示。

表4-1　　　　　　　　　　材料明细账（先进先出法）　　　　　　　数量单位:千克
名称及规格:甲材料　　　　　　　　　　　　　　　　　　　　　　　　金额单位:元

20×2年		凭证号	摘要	收入			发出			结存		
月	日			数量	单价	金额	数量	单价	金额	数量	单价	金额
7	1	(略)	期初结存							200	50	10 000
7	9		购入	200	80	16 000				200 200	50 80	10 000 16 000
7	18		发出				200 100	50 80	10 000 8 000	100	80	8 000
7	20		购入	400	90	36 000				100 400	80 90	8 000 36 000

(续表)

20×2年		凭证号	摘 要	收入			发出			结存		
月	日			数量	单价	金额	数量	单价	金额	数量	单价	金额
7	25		发出				100	80	8 000			
							300	90	27 000	100	90	9 000
7	31		本月合计	600		52 000	700		53 000	100	90	9 000

采用先进先出法，其优点是可以及时反映发出存货和结存存货的成本，有利于存货的日常管理；企业不能随意挑选存货计价以调整当期利润；结存存货是按最近的单位成本计价，使资产负债表所列报的存货价值更接近现行市场价值。其缺点是这种计价方法工作量大，比较烦琐，在存货收发业务频繁的企业更是如此。而且当物价上涨时，会高估企业当期利润和库存存货价值；反之，则会低估企业当期利润和库存存货价值。

2. 全月一次加权平均法

全月一次加权平均法是以月初结存存货数量和本月收入存货数量之和为权数，计算存货的加权平均单位成本，并据以确定本月发出存货成本和期末存货成本的一种方法。其计算公式如下：

$$加权平均单位成本=\frac{期初结存存货成本+本期验收入库存货成本}{期初结存存货数量+本期验收入库存货数量}$$

本月发出存货成本＝本月发出存货数量×加权平均单位成本

月末结存存货成本＝月末结存存货数量×加权平均单位成本

或： 月末结存存货成本＝月初结存存货成本＋本月收入存货成本－本月发出存货成本

【例4-7】 承[例4-6]，采用全月一次加权平均法对发出的甲材料进行计价，甲材料明细账，如表4-2所示。

表4-2   材料明细账(全月一次加权平均法)   数量单位：千克
名称及规格：甲材料   金额单位：元

20×2年		凭证号	摘 要	收 入			发 出			结 存		
月	日			数量	单价	金额	数量	单价	金额	数量	单价	金额
7	1	(略)	期初结存							200	50	10 000
7	9		购入	200	80	16 000				400		
7	18		发出				300			100		
7	20		购入	400	90	36 000				500		
7	25		发出				400			100		
7	31		本月合计	600		52 000	700	77.5	54 250	100	77.5	7 750

本月甲材料加权平均单位成本$=\dfrac{10\ 000+52\ 000}{200+600}=77.5(元)$

本月发出甲材料的成本＝700×77.5＝54 250(元)

采用全月一次加权平均法,其优点是只在月末一次计算加权平均单位成本,而且平时对于发出和结存的存货在存货明细账中只需记录其数量,简化了日常核算工作;考虑了不同批次进货的数量及单价,对存货成本的分摊比较均衡。其缺点是这种计价方法下平时账面上不能反映发出和结存存货的成本,不利于加强对存货的日常管理。

3. 移动加权平均法

移动加权平均法是在每次收入存货后便计算存货新的加权平均单位成本,并以此作为该次结存存货及下次发出存货的单位成本的一种方法。移动加权平均法的计算原理与全月一次加权平均法相同,其计算公式如下:

$$移动加权平均单位成本 = \frac{本次购入前结存存货成本 + 本次购入存货成本}{本次购入前结存存货数量 + 本次购入存货数量}$$

$$本次发出存货成本 = 本次发出存货数量 \times 上次购货后移动加权平均单位成本$$

【例 4-8】 承[例 4-6],采用移动加权平均法对发出的甲材料进行计价,甲材料明细账,如表 4-3 所示。

表 4-3　　　　　　　材料明细账(移动加权平均法)　　　　数量单位:千克

名称及规格:甲材料　　　　　　　　　　　　　　　　　金额单位:元

20×2年		凭证号	摘要	收入			发出			结存		
月	日			数量	单价	金额	数量	单价	金额	数量	单价	金额
7	1	(略)	期初结存							200	50	10 000
7	9		购入	200	80	16 000				400	65	26 000
7	18		发出				300	65	19 500	100	65	6 500
7	20		购入	400	90	36 000				500	85	42 500
7	25		发出				400	85	34 000	100	85	8 500
7	31		本月合计	600		52 000	700		53 500	100	85	8 500

$$7月9日甲材料平均单位成本 = \frac{10\ 000 + 16\ 000}{200 + 200} = 65(元)$$

$$7月18日发出甲材料的成本 = 300 \times 65 = 19\ 500(元)$$

$$7月20日甲材料平均单位成本 = \frac{6\ 500 + 36\ 000}{100 + 400} = 85(元)$$

$$7月25日发出甲材料的成本 = 400 \times 85 = 34\ 000(元)$$

采用移动加权平均法,其优点是能够及时反映发出存货和结存存货的成本,而且计算的平均单位成本及发出和结存存货的成本比较客观。其缺点是这种方法在存货收入较为频繁的情况下,要在每次收货时计算一次单位成本,工作量较大。

4. 个别计价法

个别计价法(个别认定法)是按照存货的实物流转方式来确定存货的成本流转,即发出存货的成本按所发存货收入时的单位成本进行计价的一种方法。通常对于不能替代使用的存货、为特定项目专门购入或制造的存货等应当采用个别计价法确定发出存货的成本。

采用个别计价法，存货的成本流转与其实物流转相一致，计算的发出和结存存货的成本比较合理、准确，但采用这种方法要求所核算的存货应当是可以辨别认定的，而且必须对每种(批)存货作出详细的记录，以掌握存货收、发、结存的具体情况。

5. 后进先出法

后进先出法与先进先出法相反，是以后收到的存货先发出为假设，并根据这种假设的成本流转顺序对发出存货和期末存货进行计价的一种方法。

后进先出法的优点主要是：在物价上涨时，在该方法下所计算确定的利润比较稳健；以同处于物价上涨下的收入、成本相配比也较为合理。但后进先出法也存在较大的局限性，主要表现在：存货的成本流转背离了实务中存货的实际流转情况；在物价持续上涨的情况下，资产负债表所列报的期末存货价值会严重偏离现行市价价值，从而使其相关性受到负面影响；与先进先出法一样，其核算工作量较大。因此，在某些国家和地区，明确禁止使用后进先出法或只是将其列为基准方法以外的备选方法。我国会计准则排除了对后进先出法的采用，这与国际会计准则的有关规定是一致的。

二、发出存货按实际成本计价的核算

(一) 发出原材料的核算

发出存货按实际成本计价，企业在生产经营过程中领用的原材料，应按先进先出法、全月一次加权平均法、移动加权平均法和个别计价法计算确定的实际成本计入有关资产的成本或当期损益，借记"生产成本""制造费用""销售费用""管理费用"等账户，贷记"原材料"账户；企业发出委托外单位加工的原材料，借记"委托加工物资"账户，贷记"原材料"账户。

企业发出材料业务一般较为频繁，为了简化核算手续，可以在月末根据发料凭证，按领用部门和用途进行归类汇总，编制发料凭证汇总表(表4-4)，并据以登记有关总分类账。

表4-4 **发料凭证汇总表**
20×2年7月 单位：元

应借科目 \ 应贷科目	原材料			
	原料及主要材料	辅助材料	燃料	合计
生产成本——基本生产成本	100 000	20 000	3 000	123 000
——辅助生产成本	4 000	2 000	1 000	7 000
制造费用		8 000	2 000	10 000
管理费用		6 000		6 000
销售费用		1 000		1 000
合　计	104 000	37 000	6 000	147 000

【例4-9】 兴盛公司20×2年7月末根据当月发料凭证汇总表的记录(表4-4)，编制会计分录如下：

借：生产成本——基本生产成本 123 000
　　　　　　——辅助生产成本 7 000
　　制造费用 10 000

管理费用	6 000
销售费用	1 000
贷：原材料——原料及主要材料	104 000
——辅助材料	37 000
——燃料	6 000

（二）发出包装物的核算

发出包装物时，应按包装物的用途将其成本从"周转材料——包装物"账户（或"包装物"账户）结转至有关成本费用账户。

1. 生产领用包装物

生产过程中领用的包装物，在用于包装本企业的产品后，构成产品的一部分，因此，应将包装物的成本记入"生产成本"账户。

2. 出租、出借包装物

对于一些可周转使用的包装物，企业一般采用出租或出借的方式提供给购货单位使用。

（1）出租包装物。出租的包装物是指企业因销售商品，以租赁方式有偿提供给购货单位使用的包装物。出租包装物所取得的租金收入和该包装物的成本，分别通过"其他业务收入"和"其他业务成本"账户核算。

（2）出借包装物。出借的包装物是指企业为促进商品销售，无偿提供给购货单位使用的包装物。出借的包装物的成本应视为企业在商品销售过程中的耗费，记入"销售费用"账户。

出租、出借的包装物因不能使用而报废时，其残料的价值冲减"其他业务成本""销售费用"账户。

上述对出租、出借包装物成本的结转，采用的是一次转销法。如果出租、出借包装物的数量较多、成本金额较大，也可以采用五五摊销法等分次摊销方法对包装物的成本进行摊销处理（五五摊销法及其会计处理见低值易耗品摊销的核算）。

（三）低值易耗品摊销的核算

低值易耗品领用后，在生产经营过程中能够反复多次使用，并保持原有形态。因此，对已领用的低值易耗品的成本采用摊销的方法，将其分摊计入相关资产的成本或当期损益。

1. 一次转销法

一次转销法是指在领用低值易耗品时，将其账面价值一次全部计入领用当期成本、费用的方法。这种方法核算简便，但将领用的低值易耗品从账面上一次转出，不利于对物品的管理，也会造成各期成本、费用的负担不均衡。该方法一般适用于价值低、使用期短或容易损坏，且一次领用数量不多的低值易耗品。

采用一次转销法，应根据低值易耗品的领用部门和用途，按低值易耗品的账面价值，借记"生产成本""制造费用""管理费用"等账户，贷记"周转材料——低值易耗品"账户（或"低值易耗品"账户，下同）。低值易耗品报废时，其残料的价值作冲减当期成本费用处理，借记"原材料"账户，贷记有关成本费用账户。

2. 五五摊销法

五五摊销法是指在领用低值易耗品时，先按其账面价值的50%摊入领用当期的成本费用，在报废时再将其余的50%摊入报废当期的成本费用的方法。这种方法一般适用于每期领用数量和报废数量大致相等的低值易耗品。

采用五五摊销法,应分别按"在库""在用""摊销"对低值易耗品进行明细核算。

【例 4-10】 某企业基本生产车间领用工具一批,实际成本 4 000 元。假设当年年末该批低值易耗品全部报废,回收残料价值 200 元,残料已入库。该企业对低值易耗品单独设置"低值易耗品"账户核算,并采用五五摊销法。编制会计分录如下:

1)领用时:
(1)在库低值易耗品转为在用低值易耗品。

借:低值易耗品——在用	4 000
贷:低值易耗品——在库	4 000

(2)摊销低值易耗品价值的 50%。

借:制造费用	2 000
贷:低值易耗品——摊销	2 000

2)报废时:
(1)摊销低值易耗品价值的 50%。

借:制造费用	2 000
贷:低值易耗品——摊销	2 000

(2)收回残料的价值。

借:原材料	200
贷:制造费用	200

(3)注销报废低值易耗品的账面记录。

借:低值易耗品——摊销	4 000
贷:低值易耗品——在用	4 000

三、存货的简化核算方法

存货的日常收、发和结存核算可以采用计划成本法。存货核算的计划成本法,是一种以存货的实际成本为基础,简化发出存货计价手续的方法。

(一)存货核算计划成本法的基本原理

存货核算的计划成本法是指每一项存货的日常收、发和结存都按预先制定的计划单位成本计价,对存货的实际成本与计划成本之间的差额,单独予以归集,期末再将发出存货和结存存货的计划成本调整为实际成本的方法。采用这种方法,从存货的收发凭证到明细分类账和总分类账,全部都反映存货的计划成本。

采用计划成本法,并不背离存货的实际成本。在计划成本法下,存货的日常收、发、结存虽然都是按计划成本计价,但在收入存货时对存货的实际成本与计划成本之间的差额,另行设置账户进行归集记录,期末只要将收入存货时所形成的成本差异额在本期发出存货和期末结存存货之间按一定的方法进行分配,并将分配于本期发出和期末结存存货负担的成本差异额分别与相应的存货的计划成本合而为一,便可计算得出本期发出存货和期末结存存

货的实际成本,即:

$$存货的实际成本＝存货的计划成本±存货实际成本与计划成本的差异额$$

采用计划成本法,重要的前提是要合理地制定各项存货的计划单位成本,计划成本的构成内容应当与实际成本的内容相一致。企业可根据正常的供需条件,结合存货的市场价格水平,以及供货单位所在地的远近、合理的途中损耗率等相关因素,制定出存货的计划单位成本。除了特殊情况,存货的计划单位成本一经制定,在年度内一般不作调整。

外购存货按计划成本法核算的基本处理流程,如图4-1所示。

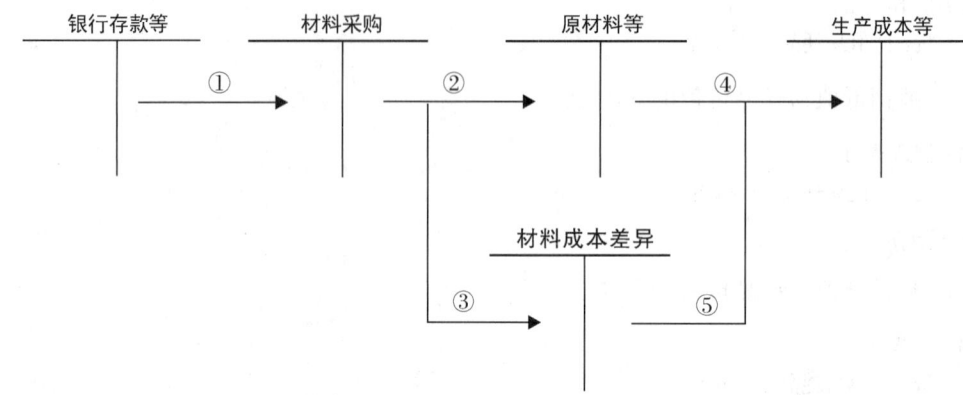

图4-1 外购存货按计划成本法核算的基本处理流程

注:①购入存货的实际成本。②入库存货的计划成本。③入库存货的成本超支差异,如为成本节约差异作相反记录。④发出存货的计划成本。⑤发出存货应负担的成本超支差异,如为成本节约差异作相反记录。

(二) 存货按计划成本计价的核算

下面以购入和发出原材料业务为例,说明存货核算的计划成本法,其他的存货在采用计划成本法核算时,可比照原材料处理。

1. 账户设置

(1)"材料采购"账户。该账户用于采用计划成本进行材料日常核算,购入材料的实际采购成本,借方登记购入材料的实际成本,贷方登记入库材料的计划成本;入库材料的实际成本与计划成本的差异额由该账户结转至"材料成本差异"账户,实际成本大于计划成本的差异在贷方登记结转,实际成本小于计划成本的差异在借方登记结转;期末借方余额反映在途材料的实际采购成本。

(2)"原材料"账户。采用计划成本进行材料日常核算时,该账户用于核算库存的各种材料的计划成本,借方登记已验收入库材料的计划成本,贷方登记出库材料的计划成本,期末借方余额反映库存材料的计划成本。

(3)"材料成本差异"账户。该账户用于采用计划成本进行材料日常核算,入库材料的实际成本与计划成本的差异额,借方登记入库材料的实际成本大于计划成本的差异,贷方登记入库材料的实际成本小于计划成本的差异;发出的材料所应负担的成本差异由该账户结转至有关成本费用账户,实际成本大于计划成本的差异在贷方登记结转,实际成本小于计划成本的差异在借方登记结转;期末如为借方余额,反映库存材料的实际成本大于计划成本的差异,如为贷方余额,则反映库存材料的实际成本小于计划成本的差异。该账户可以按材料的类别或品种进行明细核算。

2. 购入原材料的核算

在计划成本计价下,购入原材料的一般处理包括三个环节:其一,反映实际发生的材料采购成本;其二,材料入库时反映入库材料的计划成本;其三,将入库材料的实际成本与计划成本加以比较,反映入库材料的成本差异。

在实务工作中,上述第二和第三个环节常于月末根据有关汇总凭证进行处理。

【例4-11】 新中公司(增值税一般纳税人,原材料按计划成本计价核算,下同)从某厂购入丙材料一批,取得的增值税专用发票上注明材料价款为80 000元,增值税额为10 400元,另外发生运杂费1 400元,全部款项以银行汇票结算,材料已验收入库,材料的计划成本为80 200元。有关处理步骤及编制的会计分录如下:

(1)根据发票账单确定材料采购成本。

借:材料采购——丙材料　　　　　　　　　　　　　　　　　　81 400
　　应交税费——应交增值税(进项税额)　　　　　　　　　　　10 400
　　贷:其他货币资金　　　　　　　　　　　　　　　　　　　　　　91 800

(2)反映入库材料的计划成本。

借:原材料——丙材料　　　　　　　　　　　　　　　　　　　80 200
　　贷:材料采购——丙材料　　　　　　　　　　　　　　　　　　80 200

(3)结转入库材料的成本差异。

借:材料成本差异——丙材料　　　　　　　　　　　　　　　　1 200
　　贷:材料采购——丙材料　　　　　　　　　　　　　　　　　　1 200

至于外购材料因采购地点、货款结算方式不同,所发生的先付款、后收料或先收料、后付款等不同情况,以及购入材料发生短缺或毁损等,应按以下方法进行处理:

对于已付款(或已开出、承兑商业汇票),而尚未入库的在途材料,无须专门设置"在途物资"账户核算。从上述处理程序来看,只要材料在月份内尚未验收入库,月末"材料采购"账户的借方就会留有余额,该余额即在途材料的采购成本。

对于已验收入库,但月末尚未收到发票账单等结算凭证的材料,按计划成本估价入账,借记"原材料"账户,贷记"应付账款"账户;下月初用红字冲销上述记录,待收到有关结算凭证时,再按一般处理程序进行处理。

对于购入材料发生的短缺或毁损,其处理方法与材料按实际成本计价核算相同。

【例4-12】 新中公司从某厂购入丙材料1 000千克,单价92元,增值税额11 960元(取得增值税专用发票),款项以汇兑方式付讫。材料验收入库时发现短缺60千克,其中,属于合理途耗10千克,应由运输单位赔偿的损失为20千克(假定不考虑增值税因素),尚待查明短缺原因的损失为30千克。该材料计划单位成本为90元。

(1)购入材料。

借:材料采购——丙材料　　　　　　　　　　　　　　　　　　92 000
　　应交税费——应交增值税(进项税额)　　　　　　　　　　　11 960
　　贷:银行存款　　　　　　　　　　　　　　　　　　　　　　　103 960

（2）材料验收时发现的短缺或毁损。

借：其他应收款　　　　　　　　　　　　　　　　　　　　　　1 840
　　待处理财产损溢　　　　　　　　　　　　　　　　　　　　2 760
　　贷：材料采购——丙材料　　　　　　　　　　　　　　　　　　　4 600

（3）入库材料的计划成本。

$$入库材料的计划成本＝(1\,000－60)×90＝84\,600(元)$$

借：原材料——丙材料　　　　　　　　　　　　　　　　　　84 600
　　贷：材料采购——丙材料　　　　　　　　　　　　　　　　　　　84 600

（4）结转入库材料的成本差异。

借：材料成本差异——丙材料　　　　　　　　　　　　　　　2 800
　　贷：材料采购——丙材料　　　　　　　　　　　　　　　　　　　2 800

【例 4-13】 新中公司从某厂购入丙材料 2 000 千克，材料已经运达并验收入库，但月末尚未收到发票账单等结算凭证，货款尚未支付。该批材料的计划成本为 180 000 元。月末按材料的计划成本估价入账时，编制会计分录如下：

借：原材料——丙材料　　　　　　　　　　　　　　　　　180 000
　　贷：应付账款　　　　　　　　　　　　　　　　　　　　　　　180 000

下月初应用红字将上述记录冲销，待收到结算凭证并支付款项时，再按一般程序进行处理。

3. 发出原材料的核算

发出原材料按计划成本计价，月末，一方面将发出材料的计划成本从"原材料"账户结转至有关成本费用账户；另一方面计算发出材料应负担的成本差异，并将该差异从"材料成本差异"账户结转至上述相同的成本费用账户，从而将发出材料的计划成本调整为实际成本。有关计算公式如下：

$$本月材料成本差异率＝\frac{月初结存材料的成本差异＋本月验收入库材料的成本差异}{月初结存材料的计划成本＋本月验收入库材料的计划成本}×100\%$$

式中，"本月验收入库材料的计划成本"不包括月末尚未收到结算凭证而按计划成本暂估价入账的材料。

$$发出材料应负担的成本差异＝发出材料的计划成本×材料成本差异率$$
$$发出材料的实际成本＝发出材料的计划成本±发出材料应负担的成本差异$$

材料成本差异率应分别材料的类别或品种计算，一般不能只计算使用一个综合成本差异率。

【例 4-14】 根据新中公司本月发料凭证汇总表，当月领用丙材料的部门及计划成本为基本生产车间用于产品生产 90 000 元，一般耗用 10 000 元，辅助生产车间领用 20 000 元，企业行政管理部门领用 2 000 元。编制会计分录如下：

（1）结转发出材料的计划成本。

借：生产成本——基本生产成本　　　　　　　　　　　　　90 000
　　　　　　——辅助生产成本　　　　　　　　　　　　　20 000

制造费用	10 000
管理费用	2 000
贷：原材料	122 000

(2) 结转发出材料应负担的成本差异。

假设月初结存丙材料的计划成本为 80 000 元，成本差异节约额为 328 元。本月收入丙材料的计划成本为 164 800 元，成本差异超支额为 4 000 元，则：

$$材料成本差异率 = \frac{-328 + 4\,000}{80\,000 + 164\,800} \times 100\% = 1.5\%$$

发出材料应负担的成本差异 = 122 000 × 1.5% = 1 830(元)

借：生产成本——基本生产成本	1 350
——辅助生产成本	300
制造费用	150
管理费用	30
贷：材料成本差异——原材料	1 830

综合上述内容可以看出，存货核算采用计划成本法，主要是解决了在实际成本法下存货发出计价工作量大的问题，而且存货的日常收、发、结存在明细账可以只记录存货数量，有效地简化了核算手续。同时，通过存货的计划成本与实际成本的比较，有利于反映和考核采购部门的工作业绩，促进降低存货的采购成本，提高存货日常管理的质量。但采用这种方法，在存货的价格变动较频繁、变动较大的情况下，会加大对计划成本进行修正的难度和工作量。

四、存货的期末计量

(一) 期末存货数量的确定

会计期末，企业存货结存数量的确定在会计处理上有实地盘存制和永续盘存制两种方法。

1. 实地盘存制

实地盘存制又称定期盘存法，是指会计期末通过对各项存货进行实地盘点，以实际盘存的数量作为期末存货账面结存数量，并据以倒轧本期存货发出数量的一种方法。

采用这种方法，平时只记录存货收入数量，不记录发出数量，期末根据实际盘存数量倒轧本期存货发出数量，核算简单，但不能随时反映存货的发出和结存情况，而且"以存计销""以存计耗"，凡未被计入期末盘存数中的存货均被视为已经销售或耗用，任何非正常原因所减少的存货都隐匿在存货发出数中，因此，不利于对存货的管理和控制，同时影响成本和损益计算的准确性。

2. 永续盘存制

永续盘存制又称账面盘存法，是指在日常核算中对各项存货的收入和发出做连续性的记录，并随时结出存货账面结存数量的一种方法。

采用这种方法，通过账面记录可以及时、完整地了解存货的收入、发出和结存情况，有利于存货的日常管理。在这种方法下，同样也需对存货进行实地盘点清查，以核对存货账面记录准确与否，如果存在账实不符的情况，应及时根据实际盘存数量对账面记录数进行调整。

(二) 存货清查盘点的核算

存货流动性大,容易产生损失,企业应定期或不定期地对存货进行实地盘点清查。在永续盘存制下,对于存货清查中发现的盘盈、盘亏和毁损的情况,应当查明其原因,并根据清查结果编制存货盘点报告表,按规定程序报批处理。

企业应设置"待处理财产损溢"账户,用于核算各种财产物资盘盈、盘亏和毁损的价值。对于发生的财产物资的盘盈、盘亏和毁损,应调整有关财产物资的账面记录,同时,记入"待处理财产损溢"账户;盘盈、盘亏和毁损在报经批准处理后,应于期末结账前计入当期损益,从"待处理财产损溢"账户结转至有关账户。

1. 存货盘盈

存货发生盘盈,一般是由于收发计量或记录上的差错等原因造成的。盘盈的存货,应按其重置成本作为入账价值,借记有关存货账户,贷记"待处理财产损溢"账户。按程序转销存货盘盈价值时,作冲减管理费用处理,借记"待处理财产损溢"账户,贷记"管理费用"账户。

重大的存货盘盈应作为前期会计差错处理,详见第十七章第四节。

2. 存货盘亏和毁损

存货发生盘亏和毁损,按其原因可以分为经营性损失(如由于自然损耗、计量差错或管理不善等原因造成的损失)和非常损失(如由于自然灾害或意外事故等造成的损失)。盘亏和毁损的存货,应按其实际成本或计划成本,借记"待处理财产损溢"账户,贷记有关存货账户,若存货是按计划成本计价的,还应同时结转分摊的成本差异;存货盘亏、毁损造成的净损失按程序转销时,计入当期损益,借记有关账户,贷记"待处理财产损溢"账户。

(1) 批准前的处理。

借:待处理财产损溢
　　贷:原材料等(实际成本或计划成本)

存货按计划成本计价的,还应同时结转应分摊的成本差异。

存货发生非正常损失,有关增值税进项税额按税收法规规定不得抵扣销项税额的,应随同存货的成本记入"待处理财产损溢"账户一并处理,具体处理方法参见第十章。

(2) 批准后的处理。

借:原材料(回收残料的价值)
　　其他应收款(应收保险公司、过失人赔偿款)
　　管理费用(经营性损失的净额)
　　营业外支出(非常损失的净额)
　　贷:待处理财产损溢

(三) 存货的期末计价

会计期末,存货账面上一般反映的是存货的历史成本。然而,由于存货毁损、陈旧过时或销售价格降低等原因,会使存货的价值下跌至其成本以下,在此情况下,如果仍以历史成本计价,就会虚夸资产价值,有悖于会计信息的质量要求。按照谨慎性原则的要求,资产负债表日,存货应当按照成本与可变现净值孰低计价。

期末存货按成本与可变现净值孰低计价,应采用备抵法进行会计处理,设置"存货跌价准备"账户。"存货跌价准备"账户是存货账户的备抵账户,其余额用来抵减存货的账面余额,以求得存货的净额即账面价值直接列入资产负债表。

期末根据存货成本与可变现净值的比较,存货的可变现净值低于成本的,应按其差额确认减值损失,计提跌价准备,借记"资产减值损失"账户,贷记"存货跌价准备"账户;若"存货跌价准备"账户有余额,则应按可变现净值低于成本的金额对"存货跌价准备"账户的余额进行调整,追加计提跌价准备或冲减原已计提的跌价准备。冲减已计提的跌价准备时,借记"存货跌价准备"账户,贷记"资产减值损失"账户;期末存货的可变现净值高于成本的,则应将原已计提的跌价准备全部冲销,使"存货跌价准备"账户为零。"存货跌价准备"账户不会出现借方余额。

存货在财务报表中的列示及披露

存货作为企业的一项重要的流动资产,会计期末在资产负债表中的流动资产部分单独以"存货"项目列示,反映期末企业存货的账面余额扣除存货跌价准备后的净额。由于存货流动性次于货币资金、交易性金融资产、应收账款等其他的流动资产项目,它在流动资产类项目中排列于较后位置。

为了增强会计信息的可理解性,在财务报表的附注中,还应披露有关存货的其他信息,如确定发出存货成本所采用的方法、存货可变现净值的确定依据,以及存货跌价准备的计提方法等企业所采用的重要会计政策。

案例分析

存货发出计价方法是如何影响经营业绩的

(本案例由汪慧华提供)

案例介绍:

年初刚成立的华兴公司,其存货情况如下:

购货月份	入库数量(千克)	单位成本(元)	总成本(元)
1	500	100	50 000
3	200	110	22 000
6	300	120	36 000
10	400	130	52 000
12	600	140	84 000
合 计	2 000		244 000

年末,经实地盘点查明该存货实际结存700千克,其余皆已售出。

依据及相关法规:

财政部:《企业会计准则第1号——存货》(2006年2月)。

案例思考题:

1. 在实地盘存制下分别按先进先出法和全年一次加权平均法计算存货销售成本。是否按先进先出法计算的销售成本一定最低？为什么？

2. 如果你是公司的总经理，当年想要交一份业绩较优的财务报表给董事会，对于发出存货会采用何种计价方法？

3. 若该公司采用永续盘存制，且在7月和11月份分别记录销售发出存货800千克和480千克，则：

(1) 分别按先进先出法和全年一次加权平均法计算存货销售成本。

(2) 年末实地盘点后，对于发现的账实不符情况，应如何进行会计处理？

本章要点概览

1. 存货是企业的一项重要的流动资产。企业持有存货的最终目的是出售，包括直接出售或是通过进一步加工后出售，这是存货区别于固定资产等非流动资产的最基本特征。

2. 一个项目要确认为企业的存货，既要符合存货的定义，又要同时满足两个条件：该存货包含的经济利益很可能流入企业；该存货的成本能够可靠地计量。

3. 存货的初始计量一般以存货的历史成本为基础。影响存货入账价值的因素包括采购成本、加工成本和其他成本。企业存货的来源不同，其成本的构成内容也不尽相同。

4. 发出存货价值的确定，关键在于计价方法的选择。在按实际成本计价时，现行采用的发出存货的计价方法有个别计价法、全月一次加权平均法、移动加权平均法和先进先出法。这些方法的实质是将存货成本总额在本期发出存货与期末结存存货之间进行分配。发出存货计价方法的选择直接影响着资产负债表中资产总额和利润表中净利润的确定。

5. 存货的日常核算方法有实际成本法和计划成本法两种。实际成本法，即存货的日常收、发和结存都按实际成本计价。计划成本法是以存货实际成本为基础的一种会计处理方法，即存货的日常收、发和结存都按计划成本计价，期末通过计算存货成本差异率再将发出存货和结存存货的计划成本调整为实际成本。

6. 会计期末，企业在资产负债表中以单独的项目列示存货，反映企业持有存货的账面价值（存货账面余额扣除存货跌价准备后的净额）。同时，在报表附注中披露有关存货的会计政策和对报表存货项目的注释。

主 要 术 语

1. 存货
2. 存货初始计量
3. 存货后续计量
4. 存货采购成本
5. 存货加工成本
6. 存货其他成本
7. 实际成本法
8. 计划成本法
9. 成本流转假设
10. 先进先出法
11. 全月一次加权平均法
12. 移动加权平均法
13. 个别计价法
14. 材料成本差异
15. 存货跌价准备
16. 成本与可变现净值孰低

复习题

一、思考题

1. 什么是存货？确认存货的条件是什么？
2. 简述存货成本的构成内容。不同来源存货的入账价值应如何确定？
3. 比较存货发出计价的先进先出法、全月一次加权平均法、移动加权平均法的优缺点。
4. 试分析存货发出的不同计价方法，可能会对企业当期损益和期末资产价值产生的影响。
5. 简述存货按计划成本计价核算时，收、发存货的基本会计处理。
6. 在永续盘存制和实地盘存制下，对存货清查结果应如何进行会计处理？

二、判断题

1. 存货的加工成本包括存货加工过程中所耗用的直接材料、直接人工和分配的制造费用。（　　）
2. 企业外购的存货入库后发生的非生产过程必经阶段的仓储费用，应计入当期损益。（　　）
3. 发出存货计价方法的选择直接影响着资产负债表中资产总额的大小，而与利润表中净利润的大小无关。（　　）
4. 企业购入存货验收入库后无论发票账单是否收到，只要尚未支付货款，均应于月末按照发票金额或估计的金额确认相应负债予以入账。（　　）
5. 一般而言，存货盘盈在报经批准处理后作冲减管理费用处理。（　　）

三、单项选择题

1. 下列各项中，不应列入本企业存货范围的是（　　）。
   A. 委托外单位加工的物资　　　　B. 生产过程中的在产品
   C. 已出售但购货方尚未提走的商品　　D. 已购买但尚未运达企业的商品

2. 在物价持续上涨的情况下，下列计价方法中，使期末存货价值最接近现行市场价值的是（　　）。
   A. 先进先出法　　　　　　　　B. 全月一次加权平均法
   C. 移动加权平均法　　　　　　D. 个别计价法

3. 某增值税一般纳税人企业购入原材料一批，增值税专用发票上注明的买价为 10 000 元，增值税额为 1 300 元，另支付运杂费 500 元，入库前发生挑选整理费 500 元。验收时发现属于途中合理损耗为 100 元，则该批入库原材料的实际成本为（　　）元。
   A. 11 600　　　　　　　　　　B. 12 600
   C. 11 000　　　　　　　　　　D. 11 100

4. 某增值税一般纳税人企业本期购入一批材料 100 千克，取得增值税专用发票，实际支付价款 11 000 元和增值税额 1 430 元。所购材料在验收中发现短缺 10 千克，其中 2 千克属于定额内的合理损耗，其余短缺尚待查明原因。该批材料每千克的计划成本为 100 元。该批入库材料产生的材料成本差异为（　　）元。
   A. 2 000　　　　B. 1 120　　　　C. 920　　　　D. 1 100

5. 某企业会计期末对存货采用成本与可变现净值孰低计价，成本与可变现净值按单项存货进行比较。某年 12 月 31 日，甲、乙、丙三种存货的成本与可变现净值分别为：甲存货成本5万元,可变现净值2万元;乙存货成本10万元,可变现净值12万元;丙存货成本8万元,可变现净值5万元。甲、乙、丙三种存货已计提的跌价准备分别为2万元、3万元、4万元。该年年末这三种存货应调整存货跌价准备的总额为( )万元。
A. －3 B. －2 C. 6 D. 5

四、多项选择题

1. 下列内容中,应计入企业存货成本的有( )。
   A. 采购存货过程中的仓储费和保险费
   B. 产品生产工人的福利费
   C. 为特定客户设计产品所发生的设计费
   D. 为生产某些特定产品所发生的符合资本化条件的借款费用
   E. 产品生产中因非正常原因造成的原材料净损失

2. 发出存货采用的计价方法不同,可能会对企业( )产生不同的影响。
   A. 期末流动资产总额
   B. 当期成本费用
   C. 期末所有者权益总额
   D. 当期利润总额
   E. 当期应纳所得税额

3. 在物价持续下降时,若采用先进先出法对发出的存货进行计价,与其他计价方法相比,会使( )。
   A. 期末存货成本增加,当期利润增加
   B. 期末存货成本减少,当期利润减少
   C. 期末存货成本增加,当期利润减少
   D. 本期发出存货成本脱离市价,期末结存存货成本接近市价
   E. 本期发出存货成本接近市价,期末结存存货成本脱离市价

4. 期末企业对已记入"待处理财产损溢"账户的存货盘亏或毁损事项进行转销处理时,可能会涉及的账户有( )。
   A. "原材料"
   B. "管理费用"
   C. "其他应收款"
   D. "营业外收入"
   E. "营业外支出"

5. XYZ公司委托外单位加工了一批产品(属于应税消费品,且为非金银首饰)。XYZ公司发生的下列各项支出中,一定会增加其所收回委托加工材料实际成本的有( )。
   A. 委托方支付的、由受托方代收代缴的消费税
   B. 支付的加工费
   C. 支付的增值税进项税额
   D. 实耗材料成本
   E. 负担的运杂费

五、业务题

【业务题一】

目的 练习存货发出的计价方法。

资料 某企业8月份A材料收发情况,如表4-5所示。

表4-5　　　　　　　　　　　　A材料收发情况表

期初结存		本期收入			本期发出	
数量(千克)	单价(元)	日期	数量(千克)	单价(元)	日期	数量(千克)
5 000	12	8日	1 500	13	5日	3 500
		10日	3 000	13.5	15日	5 000
		18日	3 000	15	25日	3 000

要求　分别采用先进先出法、移动加权平均法和全月一次加权平均法计算8月份发出A材料及月末结存A材料的实际成本。该企业采用永续盘存制。

【业务题二】

目的　练习存货按实际成本计价的核算。

资料　某企业为增值税一般纳税人企业。4月5日,从外地华中公司购入甲材料1 000千克,单价500元,增值税额65 000元,每千克运杂费40元,装卸费、保险费共计6 800元,上述款项已用银行存款支付。4月12日,甲材料运达,验收入库950千克,短缺50千克,其中2千克属定额内合理损耗,其余48千克短缺原因不明,待查。

要求　根据上述资料编制有关会计分录。

【业务题三】

目的　练习存货按计划成本计价的核算。

资料　某企业为增值税一般纳税人企业,原材料按计划成本计价核算。本年3月初,"材料采购"账户借方余额5 500元,"原材料"账户借方余额14 500元(其中包括从灵光厂购入,因未收到发票账单,2月末按计划成本1 200元暂估价入账的材料),"材料成本差异"账户借方余额450元。

3月份发生以下业务:

(1) 3月5日,上月已付款的在途材料运达,经验收发现短缺10%,已查明该短缺为运输公司不当造成,并已责成赔偿(假定不考虑增值税因素),所收材料已入库,其计划成本5 000元。

(2) 3月8日,收到上月月末按暂估价款入账材料的发票账单,材料价款1 200元,增值税额156元,对方代垫运杂费90元,款项已委托银行付讫。

(3) 3月17日,从大兴厂购料,价款8 500元,增值税额1 105元,对方代垫运杂费800元,上月已预付款项5 000元,余款以汇兑方式付出。材料到达并已验收入库,计划成本9 500元。

(4) 3月28日,从莱塞厂购料,收到普通发票,所列金额5 000元,签发为期3个月的商业汇票一张予以结算。材料尚未到达。

(5) 3月30日,收到灵光厂发来的材料,但发票账单尚未到达,材料已验收入库,计划成本1 000元。

(6) 3月31日,汇总本月发料凭证,本月发出材料的计划成本合计6 500元(假定均为同类别材料),其中车间生产产品用5 000元、车间一般耗用200元、厂部管理部门用1 300元。

要求　(1) 根据上述资料编制有关会计分录,并列出材料成本差异率的计算过程。

(2) 根据上述业务计算应计入该企业本年 3 月 31 日资产负债表中"存货"项目的金额。假定车间生产的产品尚未对外出售。

【业务题四】

目的 练习委托加工物资和包装物的收、发核算。

资料 某企业为增值税一般纳税人企业，委托 JG 厂加工一批包装物，加工所需材料已于上月发出，上月月末材料的成本差异率为 -1%。本月月初"委托加工物资——JG 厂"账户余额为 7 920 元，"包装物"账户无余额。该企业本月发生的委托加工业务如下：

(1) 收到 JG 厂开出的增值税专用发票，注明加工费 5 000 元，增值税额 650 元，当即开出支票付讫。

(2) 以银行存款支付往返运杂费 190 元。

(3) 委托加工的 100 件包装物全部完工，计划单位成本 120 元，并收到 JG 厂退回的余料 10 千克，计划单位成本 100 元。包装物和退回的余料已验收入库。

(4) 生产车间领用包装物 10 件用于包装产品。发出包装物应分摊的成本差异按包装物成本差异率计算。

要求 根据上述资料编制有关会计分录。

【业务题五】

目的 练习低值易耗品采用五五摊销法的核算。

资料 某企业本年 2 月份发生如下经济业务：

(1) 管理部门领用办公桌 8 张，实际成本共计 4 000 元。

(2) 基本生产车间报废上年度领用的某专用工具 20 件，单位成本 80 元，残料价值 120 元已回收入库。

该企业低值易耗品系按实际成本计价核算，并采用五五摊销法。

要求 根据上述资料编制有关会计分录。

第五章　固定资产和投资性房地产

学习目的与要求

本章旨在阐述固定资产和投资性房地产的确认、计量和列报。读者通过本章的学习,应该理解固定资产和投资性房地产的特征;明确固定资产和投资性房地产的范围;掌握不同渠道取得的固定资产和投资性房地产的初始计量方法;掌握固定资产折旧方法、投资性房地产后续计量模式及其适用性;掌握固定资产后续支出、固定资产清查与终止确认的会计处理方法;掌握投资性房地产的转换及处置的会计处理方法;了解固定资产和投资性房地产在财务报表中的列报方法。

预习思考题

1. 某建筑企业对一栋自建房屋拥有产权,请你说明该房屋在什么条件下确认为存货?在什么条件下确认为固定资产?在什么条件下确认为投资性房地产?
2. 固定资产的取得方式有哪些?企业采用分期付款方式购买需要安装的设备,所支付的价款、增值税款、运输费、安装费、信用期内全部利息、采购设备人员的差旅费,是否都构成该项固定资产的入账价值?请说明理由。
3. 固定资产如果不计提折旧,对企业的财务报表有什么影响?
4. 为什么说在折旧年限相同的情况下,加速折旧法能使企业获得延迟纳税的财务利益?
5. 投资性房地产的后续计量模式是否可以完全由企业自己选择或转换?为什么?
6. 请查阅一家上市公司年报,了解其是如何列报固定资产和投资性房地产的?

第一节　固定资产概述

一、固定资产的定义与特征

(一) 固定资产的定义

企业在生产经营过程中,所必需的实物性资产有两类:一类是存货,作为生产和销售的对象而存在,属于流动资产范畴;另一类是固定资产,属于劳动资料的范畴,用以构成企业生产经营的条件。

根据企业会计准则所给出的定义,固定资产是指为生产商品、提供劳务、出租或经营管理而持有的,且使用寿命超过一个会计年度的有形资产,如企业生产经营用的房屋建筑物、机器设备等,均属于企业的固定资产。

(二) 固定资产的特征

1. 固定资产是企业的劳动工具或手段

企业持有固定资产的目的是生产商品、提供劳务、出租或经营管理,即作为企业的劳动工具或手段而使用,而不是直接用于出售。其中出租的固定资产,不包括以经营租赁方式出租的建筑物,也不包括以融资租赁方式出租的固定资产。

2. 固定资产属于长期资产

固定资产的使用寿命超过一个会计年度,属于长期资产。因此,其价值转移应当随着其使用和磨损,在其全部使用寿命内逐渐完成,即通过计提折旧方式逐渐减少账面价值。

3. 固定资产是具有实物形态的有形资产

固定资产具有实物形态,且能够在长期使用过程中基本保持其原有实物形态。

二、固定资产的确认标准

一般而言,某资产项目若要作为固定资产确认,除了必须满足固定资产的定义,还必须同时满足以下两个条件。

1. 与该固定资产有关的经济利益很可能流入企业

与资产有关的经济利益很可能流入企业,是企业所有资产确认时都必须满足的基本条件之一。对固定资产而言,若某一项目预期不能给企业带来经济利益,或经济利益流入企业的确定性不足,则该项目不能确认为企业的固定资产,但出于安全或环保要求而购入相关设备除外。

2. 该固定资产的成本能够可靠地计量

成本能够可靠地计量是所有资产确认的基本条件之一,因为只有成本能可靠计量时,才能确定资产的入账价值。企业若不能可靠计量为取得某项目所发生的支出,则即使该项目满足固定资产确认的其他所有条件,也不能将其确认为企业的固定资产。

需要注意的是,当一项固定资产的各组成部分具有不同使用寿命或者以不同方式为企业提供经济利益时,因各组成部分在使用效能上与该资产相对独立,应将各组成部分单独确认为固定资产。

三、固定资产的分类

企业的固定资产种类繁多,构成复杂。为了加强固定资产的管理,便于组织会计核算,有必要对企业的固定资产进行科学与合理的分类。根据不同的管理需要和核算要求,可以对固定资产进行如下分类。

(一) 按固定资产的经济用途分类

固定资产按经济用途分类,可分为生产经营用固定资产和非生产经营用固定资产。

生产经营用固定资产,是指直接服务于企业生产经营过程的固定资产,如生产经营用的房屋建筑物、机器设备和运输工具等;非生产经营用固定资产,是指不直接服务于生产经营过程的各种固定资产,如职工食堂、浴室、理发室等使用的房屋、设备和其他固定资产。

固定资产按经济用途分类,可以归类反映不同经济用途的固定资产的构成情况,促使企业合理配置固定资产,并有利于考核和分析企业固定资产管理和利用效率。

（二）按固定资产的使用情况分类

固定资产按其使用情况不同，可分为使用中的固定资产、未使用的固定资产和不需用的固定资产。

使用中的固定资产，是指正在使用中的经营性和非经营性固定资产。由于季节性经营或大修理等原因，暂时停止使用的固定资产、企业作为经营租赁出租给其他单位使用的固定资产和内部替换使用的固定资产也属于使用中的固定资产；企业的房屋建筑物无论是否使用都应视为使用中固定资产。需要说明的是，经营租赁是指除了融资租赁的其他租赁。融资租赁是指实质上转移了与租赁资产所有权有关的几乎全部风险和报酬的租赁。未使用的固定资产，是指已完工或已购建的尚未正式使用的新增固定资产以及因进行改建、扩建等暂时停止使用的固定资产以及主要的备用设备等。不需用的固定资产，是指本企业多余或不适用的各种固定资产。

固定资产按使用情况分类，能够促使企业充分重视没有给企业带来经济利益的未使用的和不需用固定资产；对未使用的固定资产要查明原因尽快使用；对不需用固定资产要尽快处置。

此外，承租企业对除了短期租赁和低价值资产租赁的租入固定资产，视同自有固定资产管理，但不作为固定资产核算而单独作为使用权资产核算，有关会计处理见第十章第二节。

四、固定资产的账簿体系

固定资产账簿体系由固定资产总分类账和固定资产明细分类账组成。其中，固定资产明细分类账包括固定资产卡片和固定资产登记簿两种。

（一）固定资产卡片

企业应以每一个独立的固定资产项目为对象，分别建立固定资产卡片。通过固定资产卡片，可以反映企业各项固定资产的使用、保管和增减变动及其结存情况。

每一张固定资产卡片的内容，均应记载该项固定资产的编号、名称、规格、技术特征、使用单位、开始使用日期、原值、预计使用寿命、折旧率、停用以及大修理等详细资料。如果企业增加固定资产，应及时建立固定资产卡片，如果发生有关固定资产折旧、大修理、内部转移、停止使用以及出售、报废和毁损等事项，应及时根据有关凭证在相关卡片上进行登记。

固定资产卡片通常一式两份，分别由会计部门和固定资产使用或保管部门负责登记并保管。固定资产卡片不必每年更换。

（二）固定资产登记簿

企业应按固定资产的类别设置固定资产登记簿，登记簿上的账页应按使用或保管单位设置专栏并按顺序排列。通过固定资产登记簿，可以反映企业各类固定资产的使用、保管和增减变动及其结存情况。

固定资产登记簿的登记方法是每年年初按照规定的类别和使用或保管单位，将固定资产的年初余额记入登记簿，每月按各类固定资产的增减日期序时登记，只登记金额，不登记数量，并按月结出余额。

固定资产卡片、固定资产登记簿以及固定资产总分类账三者之间，既有联系，又有区别，它们有机地结合在一起共同形成了企业固定资产核算的账簿体系。企业应当定期对这三种账簿予以核对，并保持其记录一致。固定资产登记簿上各类固定资产余额的合计数，必须同固定资产总分类账上的余额核对相符;固定资产卡片上各项固定资产余额的合计数,必须同固定资产登记簿上各类固定资产的余额核对相符。

第二节 固定资产的初始计量

固定资产的初始计量,是指确定固定资产的取得成本,也就是固定资产入账价值的确定。

一般情况下,固定资产应当按照取得时的历史成本,即固定资产的原始价值进行初始计量。固定资产单位价值较高,使用年限较长,且在使用过程中基本保持其原有实物形态不变,以历史成本进行初始计量,可以反映固定资产取得时的规模,并可据以计提折旧,为后续计量提供依据。

从理论上讲,固定资产的原始价值构成应包括企业为购建固定资产达到预定可使用状态前所发生的一切合理、必要的支出,这些支出既有直接发生的,如购置固定资产的价款、运杂费、包装费和安装成本等;也有间接发生的,如应负担的借款利息、外币借款折合差额以及应分摊的其他间接费用等;并且,对于特殊行业的特定固定资产,如会对环保和生态造成影响的核电站的核设施等,在确定其原始价值时还必须考虑预计弃置费用因素(以其折现额计入固定资产原始价值)。固定资产取得的方式多种多样,其价值构成的具体内容不尽相同;并且对一些通过特殊方式取得的固定资产,不排除公允价值、现值以及重置价值等计量属性的运用。下面结合固定资产不同的来源渠道分别说明其原始价值的构成及相应的会计处理。

一、外购固定资产

(一)现购

以现金购置固定资产的成本包括买价、进口关税及其他税费(不含可抵扣的增值税进项税),以及为使固定资产达到预定可使用状态前所发生的可直接归属于该资产的其他支出,如场地整理费、运杂费、装卸费、安装费和专管人员服务费等。如果以一笔款项购入多项没有单独标价的固定资产,应按各项固定资产公允价值的比例对总成本进行分配,分别确定各项固定资产的入账价值。

可以抵扣进项税额的固定资产范围,是指使用期限超过 12 个月的机器、机械、运输工具以及其他与生产经营有关的设备、工具、器具等,但有特殊规定的除外;此外,自 2016 年 5 月 1 日起,随着营改增的全面实施,企业新增房屋、建筑物等不动产也应纳入增值税的抵扣范围。

在会计处理上,外购固定资产应按所确定的取得成本,借记"固定资产"账户,按增值税专用发票上所列应交的增值税额,借记"应交税费——应交增值税(进项税额)"账户,同时按实际应支付的款项,贷记"银行存款"或"应付账款"等账户。

【例 5-1】 某企业购入一台不需要安装的生产型设备,取得的增值税专用发票上注明设备买价 200 000 元,增值税额 26 000 元。另外,还发生运输费 500 元(不含税),增值税专用发票显示增值税额 45 元。全部款项均以银行转账支票支付。该设备已验收交付使用。

企业编制会计分录如下：

借：固定资产　　　　　　　　　　　　　　　　　　　　　　200 500
　　应交税费——应交增值税（进项税额）　　　　　　　　　　26 045
　贷：银行存款　　　　　　　　　　　　　　　　　　　　　　226 545

【例5-2】　某一般纳税人企业购入一台需要安装的生产型设备，取得的增值税专用发票上注明设备买价60 000元，增值税额7 800元，均通过银行转账支付；另发生运输费400元（不含税），增值税专用发票显示增值税额36元，以现金支付。该设备到达后，在安装过程中以银行存款共支付安装费用800元（不含税），增值税专用发票显示增值税额72元，设备安装完毕交付使用。该企业编制的有关会计分录如下：

（1）购入设备。

借：在建工程　　　　　　　　　　　　　　　　　　　　　　60 400
　　应交税费——应交增值税（进项税额）　　　　　　　　　　7 836
　贷：银行存款　　　　　　　　　　　　　　　　　　　　　　67 800
　　　库存现金　　　　　　　　　　　　　　　　　　　　　　436

（2）支付安装费。

借：在建工程　　　　　　　　　　　　　　　　　　　　　　800
　　应交税费——应交增值税（进项税额）　　　　　　　　　　72
　贷：银行存款　　　　　　　　　　　　　　　　　　　　　　872

（3）设备安装完毕交付使用。

借：固定资产　　　　　　　　　　　　　　　　　　　　　　61 200
　贷：在建工程　　　　　　　　　　　　　　　　　　　　　　61 200

由于安全生产等要求购入的设备虽然不能直接给企业带来未来经济利益，但有助于企业从其他相关资产的使用中获得未来经济利益，也应确认为固定资产。高危行业企业按国家规定提取的安全生产费，应计入相关产品的成本或当期损益，同时记入"专项储备"账户。企业使用提取的安全生产费时，购置有关安全生产设备形成固定资产的，应通过"在建工程"账户归集所发生支出，待安全项目完工达到预定可使用状态时确认为固定资产，同时按形成固定资产的成本冲减专项储备，并确认相同金额的累计折旧，该固定资产在以后期间不再计提折旧；属于安全生产费用性支出的，直接冲减专项储备即可。"专项储备"账户期末余额在资产负债表所有者权益项下增设"专项储备"项目单列反映。

（二）递延付款

企业购入固定资产超过正常信用条件延期支付价款（如分期付款购买固定资产），实质上具有融资性质的，一般应以该固定资产递延付款的现值作为固定资产购入成本，借记"固定资产"或"在建工程"账户；按应支付的金额，贷记"长期应付款"账户；按两者差额，借记"未确认融资费用"账户。未确认的融资费用，应当在信用期内采用实际利率法进行摊销，其中满足借款费用资本化条件的应当计入固定资产成本，不能满足资本化条件的则应当在信用期内确认为财务费用，计入当期损益。

二、自行建造固定资产

企业自行建造固定资产，一般是指企业根据生产经营的需要，利用自有的人力、物力条件自行建制固定资产。例如，自行制造生产经营所需的机器设备，自行建造房屋、建筑物、各种设施以及进行大型机器设备的安装等。

自行建造固定资产应按该项资产达到预定可使用状态前所发生的必要支出作为入账价值，包括工程用物资成本、人工成本、应予以资本化的固定资产借款费用、按规定不能抵扣的相关税金以及应分摊的其他间接费用等。所谓固定资产达到预定可使用状态，是指固定资产已经达到购买方或建造方预定的可使用状态，具体可从以下几方面进行判断：①固定资产的实体建造（包括安装）工作已经全部完成或者实质上已经完成。②所购建固定资产与设计要求或合同要求相符或基本相符，即使有极个别地方与设计或合同要求不相符，但也不影响其正常使用。③继续发生在所购建固定资产上的支出金额很少或几乎不再发生。

如果所购建固定资产需要试运行或试生产，则在试运行结果表明能够正常运转或营业，或试生产结果表明资产能够正常生产出合格产品时，就应当认为资产已经达到预定可使用状态。

企业自行建造固定资产分为自营建造和出包建造两种方式，会计上有不同的处理方法。一般需要设置"在建工程"账户和"工程物资"账户进行核算。

"在建工程"账户主要用来核算企业固定资产工程项目自开始建造直至达到预定可使用状态过程中所发生的应当计入固定资产成本的各项支出，以及改扩建工程等转入的固定资产账面价值。其借方归集固定资产的建造成本，待资产达到预定可使用状态后从其贷方转入"固定资产"账户，期末借方余额反映尚未完工的工程支出。该账户一般按照"建筑工程""安装工程""待安装设备""待摊支出"以及单项工程进行明细核算。

"工程物资"账户主要用来核算为企业固定资产工程项目而准备的各种物资的实际成本。该账户借方反映取得上述物资的实际成本，贷方反映领用上述物资的成本，期末借方余额反映企业为工程购入但尚未领用的专用材料的实际成本、尚未交付安装设备的实际成本以及为生产准备但尚未交付使用的工具及器具的实际成本。该账户应设置"专用材料""专用设备""工具器具"等明细账户。

（一）自营工程

自营工程是指企业自行经营正在施工中或虽已完工但尚未交付使用的固定资产的建筑工程和安装工程。自营工程应当按照建造过程中发生的直接材料、直接工资、直接机械施工费、所分摊的工程管理费、按规定不能抵扣的相关税金及固定资产达到预定可使用状态前发生的可予以资本化的借款费用等各种应计入工程成本的费用计价。

企业购入为工程准备的各种物资时，应按实际发生的买价、运杂费、保险费等相关费用，借记"工程物资"账户，贷记"银行存款""应付账款""应付票据"等账户。发生的增值税额，用于按税法规定不可抵扣项目的，借记"工程物资"账户；用于按税法规定可以抵扣项目的，借记"应交税费——应交增值税（进项税额）"账户。

在建工程领用工程物资时，借记"在建工程"账户，贷记"工程物资"账户。盘盈及盘亏、报废、毁损的工程物资，减去保险公司、过失人赔偿部分后的差额，若工程项目尚未达到预定可使用状态的，计入或冲减所建工程项目的成本；工程项目已经达到可使用状态的，计入当期营业外收支。

在建工程领用本企业原材料时,若用于按税法规定可以抵扣增值税的项目,如安装生产设备领用生产用原材料以及建造房屋领用生产用原材料等情况,无需将进项税额转出,即按原材料的成本,借记"在建工程"账户,贷记"原材料"账户。若用于税法规定不可抵扣增值税的项目,应按原材料的成本和增值税额,借记"在建工程"账户,同时贷记"原材料""应交税费——应交增值税(进项税额转出)"等账户。在建工程领用本企业产成品或自制半成品,应当按照产成品或自制半成品的实际成本,借记"在建工程"账户,同时贷记"库存商品"等账户。

由于正常原因造成的单项工程或单位工程报废或毁损金额,减去残料价值和过失人或保险公司赔款后的净损失,如果工程尚未达到预定可使用状态的,计入继续施工的工程成本;如果工程项目已经达到预定可使用状态的,属于筹建期间的,计入管理费用,不属于筹建期间的,直接计入当期营业外支出。如为非正常原因造成的单项工程或单位工程报废或毁损,或在建工程项目全部报废或毁损金额,减去残料价值和过失人或保险公司赔款后的净损失,应直接计入当期营业外支出。

固定资产达到预定可使用状态时,应按在建工程的实际成本,借记"固定资产"账户,贷记"在建工程"账户。如果固定资产已达到预定可使用状态,但尚未办理竣工决算,应当自达到预定可使用状态之日起,按照工程预算、造价或工程实际成本等,将估计的价值转入"固定资产"账户,待办理了竣工决算手续后,再按照实际成本调整原来暂估价值。

【例5-3】 某一般纳税人企业以自营方式建造厂房一幢。该企业以长期借款资金339 000元购入建造该厂房所需的物资一批,增值税专用发票上注明的价款为300 000元,增值税额为39 000元;购入厂房附属设备一台,增值税专用发票上注明的价款为220 000元,增值税额为28 600元;所购物资与设备立即全部投入使用或安装。企业分配应付在建工程人员薪酬22 800元;企业辅助生产车间为工程提供的有关劳务支出为400元;以银行存款支付工程管理费6 000元;应予以资本化的借款利息15 000元(假定利息分期支付,实际利率与合同利率相同)。4个月后,该厂房建造完工并立即交付使用。该企业编制的会计分录如下:

(1) 购入工程物资。

  借:工程物资   300 000
    应交税费——应交增值税(进项税额)   39 000
    贷:银行存款   339 000

(2) 购入厂房附属设备。

  借:工程物资   220 000
    应交税费——应交增值税(进项税额)   28 600
    贷:银行存款   248 600

(3) 工程领用物资和设备。

  借:在建工程   520 000
    贷:工程物资   520 000

(4) 分配应付在建工程人员薪酬。

借：在建工程　　　　　　　　　　　　　　　　　　　　　22 800
　　贷：应付职工薪酬　　　　　　　　　　　　　　　　　　　22 800

(5) 分配辅助生产车间为工程提供的劳务支出。

借：在建工程　　　　　　　　　　　　　　　　　　　　　　　400
　　贷：生产成本——辅助生产成本　　　　　　　　　　　　　　400

(6) 支付工程管理费。

借：在建工程　　　　　　　　　　　　　　　　　　　　　　6 000
　　贷：银行存款　　　　　　　　　　　　　　　　　　　　　6 000

(7) 计算工程应负担的借款利息。

借：在建工程　　　　　　　　　　　　　　　　　　　　　15 000
　　贷：应付利息　　　　　　　　　　　　　　　　　　　　15 000

(8) 工程交付使用。

借：固定资产——厂房　　　　　　　　　　　　　　　　　564 200
　　贷：在建工程　　　　　　　　　　　　　　　　　　　564 200

(二) 出包工程

出包工程是指企业以对外出包方式进行固定资产的建筑工程和安装工程。企业采用出包方式自行建造固定资产，其出包工程的具体支出由承包单位核算。在会计处理上，企业(出包单位)只需按照应当支付的工程价款对出包工程进行计价。企业按规定预付工程价款时，应借记"预付账款"账户，贷记"银行存款"账户；按工程进度结算工程价款时，应借记"在建工程"账户，贷记"预付账款""银行存款"等账户；工程完工根据承包单位账单补付工程价款时，借记"在建工程"账户，贷记"银行存款"账户；工程完工交付使用时，按工程实际发生的全部价款，借记"固定资产"账户，贷记"在建工程"账户。

企业自行建造固定资产的核算应当注意以下两点：

第一，工程项目达到预定可使用状态前的试运行过程中形成的、能够对外销售的产品，其收入和成本分别进行会计处理，计入当期损益，不应将试运行销售相关收入抵销相关成本后的净额冲减在建工程成本。

第二，在建工程项目的工期一般较长，如果有证据表明在建工程已经发生减值，应当计提减值准备。

三、投资者投入的固定资产

投资者向企业投入的机器设备等固定资产，无论其新旧程度如何，也无论其在投出方的账面价值是否与投资各方确认的价值相等，企业均应于办妥有关手续时按投资合同或协议约定的价值作为其入账价值(合同或协议约定价值不公允的除外)，借记"固定资产"或"在建工程"账户；将该项投资在注册资本中所占的份额确认为实收资本，贷记"实收资本"或"股本"账户；将两者之间的差额确认为资本公积，贷记"资本公积"账户；接受投入固定资产发生应由企业支付的相关费用,也应计入固定资产成本。

【例 5-4】 甲股份有限公司注册资本为 2 000 000 元,今收到乙企业投入的不需要安装的机器一台(未收到相关增值税发票),该机器在乙企业的账面原价为 1 500 000 元,已提折旧 300 000 元;接受投资时,投资各方约定的价值为 1 000 000 元,占甲公司注册资本的 30%。假定不考虑相关税费,未取得增值税抵扣凭证,则甲公司编制会计分录如下:

借:固定资产　　　　　　　　　　　　　　　　　　　　　　　　1 000 000
　　贷:股本——乙公司　　　　　　　　　　　　　　　　　　　　　600 000
　　　　资本公积　　　　　　　　　　　　　　　　　　　　　　　　400 000

对于投资者向企业投入的机器设备等固定资产,如果投资合同或协议未约定价值或约定价值不公允的,企业应按该项固定资产的公允价值作为其入账价值。

【例 5-5】 根据[例 5-4]的资料,在其他情况不变的条件下,假定甲、乙双方对该机器设备并未约定价值,则甲公司对该项机器设备应按公允价值入账。

甲公司在确定该机器设备的公允价值时发现,该机器设备将被立刻用于生产 A 产品,为各市场参与方提供最大价值,且将其用于生产 A 产品乃是其最佳用途。

但甲公司无法通过该机器取得单独可辨认收入作为未来现金流量的可靠估计,且无法获得类似二手机器在未来剩余寿命内的租赁付款额用以预测该机器的未来收入,因此,甲公司无法采用收益法来确定该机器的公允价值。

然而,甲公司可获得应用市场法和成本法的充分数据,应用如下:①市场法:甲公司采用主要市场上类似机器的报价,对该机器与主要市场上类似机器之间的差异进行了调整,并考虑了该机器当前状况及地理位置。甲公司运用市场法确定该机器的公允价值为 1 050 000 元。②成本法:甲公司需要估计重新建造具有类似用途机器所需的金额,应考虑该机器的现状及其运行所处的环境,包括实体损耗、功能贬值和经济贬值等。甲公司运用成本法确定该机器的公允价值为 11 000 000 元。

考虑到市场法下的数据(类似机器的报价)更容易获取,且仅需做出较少调整,所以甲公司认为市场法得出的估值更能代表该机器的公允价值,确定该机器的公允价值为 1 050 000 元。

基于以上分析,甲公司编制的会计分录如下:

借:固定资产　　　　　　　　　　　　　　　　　　　　　　　　1 050 000
　　贷:股本——乙公司　　　　　　　　　　　　　　　　　　　　　600 000
　　　　资本公积　　　　　　　　　　　　　　　　　　　　　　　　450 000

四、接受捐赠的固定资产

接受非关联方捐赠的固定资产,按以下方式确定其入账价值:

(1)捐赠方提供了有关增值税发票的,按增值税发票上标明的金额加上应当支付的相关税费(不含可抵扣的增值税进项税),作为入账价值。

(2)捐赠方没有提供有关增值税发票的,按以下顺序确定其入账价值:

第一,同类或类似固定资产存在活跃市场的,按同类或类似固定资产的市场价格估计的金额,加上应当支付的相关税费(不含可抵扣的增值税进项税),作为入账价值。

第二,同类或类似固定资产不存活跃市场的,按该项固定资产的预计未来现金流量现值,作为入账价值。

企业接受捐赠的固定资产,应按以上方式所确定的价值入账,借记"固定资产"或"在建工程"(需安装的固定资产)账户,贷记"营业外收入"等账户;若因接受捐赠固定资产而发生额外支付的运杂费和包装费等,则也应作为固定资产的入账价值,记入"固定资产"或"在建工程"(需安装的固定资产)账户的借方,并相应贷记"银行存款"等账户;若接受捐赠的系旧的固定资产,则应按其新旧程度进行折合后,按相同方式进行会计处理。

【例5-6】 甲企业接受乙企业捐赠的不需安装的非生产经营用设备一台,根据同类设备市场价格,确定其价值为100 000元,按设备新旧程度估计,价值损耗10 000元,以银行存款支付运输费、包装费计3 000元。未取得增值税抵扣凭证,不考虑其他相关税费,则企业在收到捐赠的设备时,应编制会计分录如下:

借:固定资产(100 000－10 000＋3 000)　　　　　　　　　　　　93 000
　　贷:银行存款　　　　　　　　　　　　　　　　　　　　　　　3 000
　　　　营业外收入　　　　　　　　　　　　　　　　　　　　　　90 000

在对固定资产的初始计量中,还有以下几点值得注意:

其一,固定资产的入账价值中,还应当包括企业为取得固定资产而缴纳的契税、车辆购置税等相关税费。

其二,企业购置计算机硬件所附带的、未单独计价的软件,与所购置的计算机硬件一并作为固定资产管理。

其三,对特定行业,如石油天然气、核电站等,在确定其固定资产成本时应考虑预计弃置费用因素。

第三节 固定资产折旧

一、固定资产折旧的概念

固定资产在长期使用过程中,虽然实物形态基本保持不变,但其价值却随着固定资产的使用而逐渐发生损耗,固定资产因损耗而减少的这部分价值称为折旧。固定资产损耗包括有形损耗和无形损耗。有形损耗是指固定资产由于使用和自然力侵蚀而引起的使用价值和价值的损失;无形损耗是指由于科学技术进步等原因而引起的固定资产价值损失。

通常情况下,固定资产的损耗与固定资产在生产经营过程中的使用程度有着密切的关系,因此,应将固定资产因损耗而减少的价值在其预计使用寿命内进行分摊,计入各期的产品成本或费用中,反映与固定资产有关的经济利益的预期消耗方式。固定资产折旧的计提是指在固定资产的使用寿命内,按照确定的方法对应计折旧额进行的系统分摊。正确计提折旧,不仅是企业正确计算产品生产成本和经营成果的前提条件,同时也是保证固定资产再生产正常运行的重要措施。

二、影响固定资产折旧的因素

企业应当按照一定的方法计提固定资产折旧,但无论采用哪种方法,固定资产折旧额均会受到以下因素的影响。

(一)折旧基数

固定资产的折旧基数一般为取得固定资产的原始价值,即固定资产的账面原值。折旧基数越大,固定资产在使用寿命内计提的折旧总额越多;反之,折旧基数越小,固定资产在使用寿命内计提的折旧总额越小。

(二)固定资产的预计净残值

根据企业会计准则的定义,固定资产的预计净残值是指假定固定资产预计使用寿命已满并处于使用寿命终了时的预期状态,企业目前从该项资产处置中获得的扣除预计处置费用后的金额。该定义引入了预计未来现金流量折现的概念,强调"现值"。也就是说,在确定固定资产预计净残值时其金额应为折现值。在计提折旧时,固定资产预计净残值应从固定资产原值中扣除。

(三)固定资产的预计使用寿命

固定资产的使用寿命是指企业使用固定资产的预期期间,或者该固定资产所能生产产品或提供劳务的数量。

企业在确定固定资产的使用寿命时,主要应当考虑下列因素:

(1)该资产的预计生产能力或实物产量。

(2)该资产的预计有形损耗,如设备使用中发生磨损,房屋、建筑物受到自然侵蚀等。

(3)该资产的预计无形损耗,如因新技术的出现而使现有的资产技术水平相对陈旧、市场需求变化使产品过时等。

(4)法律或者类似规定对有关资产使用的限制。

企业应当根据上述因素,并结合固定资产的性质、消耗方式以及所处环境等因素,对固定资产的预计使用寿命进行合理判断。在相同环境条件下,对于同样的固定资产的预计使用寿命应具有相同的预期。固定资产的使用寿命越长,每一会计期间计提的折旧额就会越少;反之,固定资产的使用寿命越短,每一会计期间计提的折旧额就会越多。但在特定固定资产整个使用寿命内,其应计折旧额不会发生改变。应计折旧额是指应当计提折旧的固定资产原值扣除其预计净残值后的余额。如果已对固定资产计提减值准备,应计折旧额还应当扣除已计提的固定资产减值准备累计金额。

企业至少应当于每年年度终了,对固定资产的使用寿命和预计净残值进行复核。使用寿命预计数以及净残值预计数与原先估计数有差异的,应当调整固定资产使用寿命和预计净残值,并作为会计估计变更,在财务报表附注中予以说明。

三、计提固定资产折旧的范围

就空间范围而言,企业的固定资产不管是在用的还是未使用、不需用,不管是生产经营用还是非生产经营用,不管是本企业使用还是经营租赁出租给其他企业使用,均应当计提折旧。但以下情况除外:①已提足折旧但仍继续使用的固定资产。②按规定单独估价作为固定资产入账的土地。

在建工程达到预定可使用状态以前的固定资产不应计提折旧。已达到预定可使用状态但尚未办理竣工决算的固定资产,应当按照暂估价值入账,并计提折旧;待办理了竣工决算手续后,再按照实际成本调整原来的暂估价值,但不需要调整原已计提的折旧额。

处于更新改造过程而停止使用的,如果符合资本化条件的固定资产应暂停计提折旧,待更新改造项目达到预定可使用状态转为固定资产后,再按重新确定的折旧方法和该项固定资产尚可使用年限计提折旧。季节性停用和定期大修理停用的固定资产应计提折旧。

此外,企业对作为使用权资产核算的租入固定资产,比照固定资产计提折旧。

就时间范围而言,固定资产应自达到预定可使用状态时开始计提折旧,终止确认时或划分为持有待售非流动资产时停止计提折旧。在实务中为简化核算,企业一般以当月月初应计折旧的固定资产为依据,即当月增加的固定资产,当月不提折旧,从下月起计提折旧;当月减少的固定资产,当月仍提折旧,从下月起停止计提折旧。

四、计提固定资产折旧的方法

企业应当根据固定资产所含经济利益的预期消耗方式合理选择折旧方法。

固定资产的折旧方法主要有平均法和加速折旧法两类,其中,平均法主要有年限平均法和工作量法,加速折旧法主要有双倍余额递减法和年数总和法。

(一) 年限平均法

年限平均法又称直线法,是指将固定资产的折旧总额均衡地分摊到固定资产使用年限内的一种方法。该方法假定固定资产依使用年限而均匀发生损耗,因此,每期折旧额相等。其计算公式如下:

$$固定资产年折旧额=(固定资产原值-预计净残值)÷固定资产预计使用年限$$

$$固定资产月折旧额=固定资产年折旧额÷12$$

在会计实务中,为了反映固定资产的损耗程度并便于计算折旧,通常需要计算固定资产折旧率,即一定期间内固定资产折旧额对固定资产原值的比率。其计算公式如下:

$$年折旧率=固定资产年折旧额÷固定资产原值×100\%$$

或:

$$年折旧率=(1-预计净残值率)÷预计使用年限×100\%$$

$$月折旧率=年折旧率÷12$$

$$月折旧额=固定资产原价×月折旧率$$

【例 5-7】 某企业有仓库一幢,原价为 500 000 元,预计使用寿命为 20 年,预计净残值率为 4%。该仓库月折旧额的计算过程如下:

$$年折旧率=(1-4\%)÷20×100\%=4.8\%$$

$$月折旧率=4.8\%÷12=0.4\%$$

$$月折旧额=500\,000×0.4\%=2\,000(元)$$

平均年限法最大的优点是计算简便、容易理解,但也存在两个明显的缺陷:一是忽略了固定资产在不同使用年限的使用强度和使用效率不相同的事实;二是忽略了固定资产的维修费用将随着其使用时间的延长而不断增大的事实。因此,用平均年限法计提折旧难以达到收入与费用的正确配比,该种方法较适用于各期使用强度和效率大致相同的固定资产。

(二) 工作量法

工作量法是根据固定资产一定会计期间的实际工作量计提折旧额的一种方法,经常运用于企业专业车队的客、货运汽车及大型设备。该方法假定固定资产的损耗与固定资产所完成的工作量呈正比,因此每一单位工作量的折旧额相等。由于每一会计期间固定资产的

使用强度和使用效率不一定相同,采用这种方法,固定资产各期所计提的折旧额不一定相等。其计算公式如下:

单位工作量折旧额=固定资产原值×(1-预计净残值率)÷预计总工作量
某期固定资产折旧额=该期固定资产实际完成工作量×单位工作量折旧额

【例5-8】 某企业拥有运货卡车一辆,原值150 000元,预计总行驶里程475 000千米,预计净残值率5%。该运货卡车本月实际行驶里程为3 000千米,其本月折旧额计算如下:

每千米折旧额=[150 000×(1-5%)]÷475 000=0.30(元)
本月折旧额=3 000×0.30=900(元)

工作量法的计算手续比较简便,而且能够弥补年限平均法只重使用时间,不考虑使用强度的缺点。因此,企业应当对各期使用程度明显不同的固定资产,采用工作量法计提折旧。

(三)加速折旧法

加速折旧法又称快速折旧法或递减折旧法,是指根据固定资产的效能在使用期内随着使用而逐期递减、维修费用逐期递增的特点,在固定资产使用初期多提折旧,后期则少提折旧,从而相对加快折旧速度,以使固定资产成本在使用寿命中加快得到补偿的折旧方法。这种方法的计算工作量较大,但其优点在于:①能够使每期计提的折旧额较好地反映固定资产的损耗程度。②能在一定程度上均衡固定资产各期的使用成本。③在科技发展日新月异的条件下,可以减少旧技术淘汰时的损失。④可以使企业获得推迟纳税的好处。

加速折旧法的具体方法有很多种,但我国企业常用的仅有以下两种。

1. 双倍余额递减法

双倍余额递减法是指在不考虑固定资产预计净残值的情况下,以直线法折旧率的双倍为年折旧率,并根据每年年初固定资产账面净值,计算固定资产折旧的一种方法。其计算公式如下:

年折旧率=2÷固定资产预计使用年限×100%
月折旧率=年折旧率÷12
月折旧额=固定资产年初账面净值×月折旧率

双倍余额递减法不考虑固定资产的预计净残值,因此,在采用这种方法时必须注意不能使固定资产的账面净值低于其预计净残值。会计实务中,凡是采用双倍余额递减法计提固定资产折旧,一般应在其预计使用年限到期前的2年内,将固定资产账面净值扣除预计净残值后的余额平均摊销。

【例5-9】 某电子生产企业拥有一套原值为100 000元的专用设备,预计使用年限为5年,预计净残值率为4%。在不考虑该项设备减值的情况下,按双倍余额递减法对其计提折旧,计算如下:

年折旧率=2÷5×100%=40%
第1年应提的折旧额=100 000×40%=40 000(元)
第2年应提的折旧额=(100 000-40 000)×40%=24 000(元)
第3年应提的折旧额=(100 000-40 000-24 000)×40%=14 400(元)

从第4年起改按平均年限法计提折旧:

第4、第5年每年应提折旧额=[(100 000-40 000-24 000-14 400)-100 000×4%]÷2=8 800(元)

2. 年数总和法

年数总和法又称年限合计法,是指以固定资产的原值减去预计净残值后的差额为基数,乘以一个逐年递减的分数(年折旧率)计算每年折旧额的一种折旧方法。这个分数的分母代表固定资产预计使用年限的逐年数字总和,分子则代表固定资产的尚可使用年限。其计算公式如下:

$$年折旧率 = 尚可使用年限 \div 预计使用年限的逐年数字总和$$

或:

$$年折旧率 = \left(预计使用年限 - 已使用年限\right) \div 预计使用年限 \times \left(预计使用年限 + 1\right) \div 2$$

$$月折旧率 = 年折旧率 \div 12$$

$$月折旧额 = (固定资产原值 - 预计净残值) \times 月折旧率$$

【例 5-10】 承[例 5-9],假定该设备采用年数总和法计提折旧,则各年折旧额的计算,如表 5-1 所示。

表 5-1　　　　　　　　　　固定资产折旧计算表　　　　　　　　　　单位:元

年次	尚可使用年限	原值－净残值	年折旧率	年折旧额	累计折旧
1	5	96 000	5÷15	32 000	32 000
2	4	96 000	4÷15	25 600	57 600
3	3	96 000	3÷15	19 200	76 800
4	2	96 000	2÷15	12 800	89 600
5	1	96 000	1÷15	6 400	96 000

以上各种对于折旧的计算均为按个别固定资产单独计算的,称为个别折旧法,与此相对应的折旧率称为个别折旧率,即某项固定资产在一定期间的折旧额与该项固定资产原价的比率。此外,还有分类折旧率等。

分类折旧率是指固定资产分类折旧额与该类固定资产原值的比率。采用这种方法,应先把性质、结构和使用年限接近的固定资产归为一类,再按类计算平均折旧率,用该类折旧率对该类固定资产计提折旧,如将房屋、建筑物划分为一类,将机械设备划分为一类等。

与采用个别折旧率计算固定资产折旧相比,采用分类折旧率计算固定资产折旧,计算方法简便,但计算结果的准确性相对较差。

根据规定,企业固定资产的折旧方法一经选定,不得随意调整。但固定资产使用过程中因经济、技术等环境的变化,可能导致与固定资产有关的经济利益的实现方式发生重大改变,企业应当至少于每年年度终了,对固定资产的预计净残值、预计使用寿命和折旧方法进行复核,如有确凿证据表明固定资产预计净残值和预计使用寿命与原先估计数有差异的,则应调整;如果发现固定资产包含的经济利益的预期实现方式有重大改变的,则应当相应改变固定资产的折旧方法。固定资产预计净残值、预计使用寿命及折旧方法的改变应作为会计估计变更在会计报表附注中予以说明。

五、固定资产折旧的账务处理

会计实务中,企业一般按月计提折旧,并通常以上月计提的固定资产折旧额为基础,根据上月固定资产的增减情况进行调整而计算出当月应计提的折旧额。其计算公式如下：

当月固定资产应计提的折旧额＝上月固定资产计提的折旧额＋上月增加固定资产应计提的折旧额
－上月减少固定资产应计提的折旧额

企业按月计提的固定资产折旧额,应当根据固定资产的使用部门或用途分别计入相关资产的生产成本或当期费用,借记"制造费用""在建工程""研发支出""其他业务成本""管理费用""销售费用"等账户,贷记"累计折旧"账户。未使用固定资产计提折旧应记入"管理费用"账户。

"累计折旧"账户是固定资产账户的备抵账户,其余额用以抵减"固定资产"账面余额,以反映固定资产的折余价值。

在会计实务中,各月计提折旧的工作一般是通过编制固定资产折旧计算表来完成的。

【例 5-11】 某企业 20×2 年 10 月份的固定资产折旧计算表,如表 5-2 所示。

表 5-2　　　　　　　　　　　　固定资产折旧计算表

20×2 年 10 月　　　　　　　　　　　　单位:元

使用部门或用途	固定资产项目	上月折旧额	上月增加固定资产		上月减少固定资产		本月折旧额
			原值	折旧额	原值	折旧额	
1 车间	厂房	5 000					5 000
	机器设备	10 000	200 000	2 000			12 000
	其他设备	3 000					3 000
	小计	18 000					20 000
2 车间	厂房	4 000					4 000
	机器设备	6 000			50 000	1 000	5 000
	小计	10 000					9 000
厂部行政管理部门	办公楼	8 000					8 000
	小计	8 000					8 000
未使用	机器	2 000					2 000
	小计	2 000					2 000
研发部门	设备	3 000			15 000	2 000	1 000
	小计	3 000					1 000
经营性出租	机器	4 000					4 000
	小计	4 000					4 000
合计		45 000	200 000	2 000	65 000	3 000	44 000

根据表 5-2,该企业 20×2 年 10 月份编制的相关会计分录如下：

借：制造费用——1 车间　　　　　　　　　　　　　　　　　　　　　20 000
　　　　　　——2 车间　　　　　　　　　　　　　　　　　　　　　　9 000

管理费用——厂部管理部门	8 000
——未使用机器	2 000
研发支出	1 000
其他业务成本——经营出租的机器	4 000
贷：累计折旧	44 000

需要说明的是,如发现固定资产存在减值迹象,应当对其进行减值测试(详见第九章资产减值)。当固定资产的可回收金额低于其账面价值时,应将可收回金额低于其账面价值的部分确认为减值损失,借记"资产减值损失"账户,贷记"固定资产减值准备"账户。已经计提减值准备的固定资产,应根据固定资产提取减值准备后的账面价值和固定资产预计尚可使用年限重新计算确定折旧率和折旧额,对于此前已经计提的折旧额,不再进行调整。已全额计提减值准备的固定资产,不再计提折旧。

【例5-12】 某企业20×1年6月购入一台大型机器设备,其入账价值为3 670万元,预计使用年限为6年,预计净残值为40万元,采用年限平均法计提折旧。20×3年12月,该项固定资产经测试发生减值,预计可收回金额为2 070万元。预计使用寿命、预计净残值和折旧方法不变,自20×4年起,该设备年折旧额计算如下:

$$至20×3年12月,已计提折旧额=(3\,670-40)×2.5÷6=1\,512.5(万元)$$
$$应计提的资产减值准备=3\,670-1\,512.5-2\,070=87.5(万元)$$

计提资产减值准备后的账面价值为2 070万元,20×4年起应以2 030万元(2 070-40)作为计提折旧的基数,年折旧额为580万元(2 030÷3.5)。

第四节　固定资产后续支出

一、固定资产后续支出的概念

企业取得固定资产以后,为了适应新技术发展的需要,或者为维护或提高固定资产的使用效能,往往需要对现有固定资产进行维护、改建、扩建或者改良,为此所发生的必要支出即固定资产的后续支出。其内容主要包括更新改造支出、房屋的装修费用和固定资产的修理费用等。根据其是否满足固定资产的确认条件,又可划分为资本化的后续支出和费用化的后续支出。

二、固定资产后续支出的处理原则

固定资产的后续支出,凡符合固定资产确认条件的,应将该项支出确认为资本化的后续支出,计入固定资产的账面价值(若存在被替换的零、部件等,应将被替换部分的账面价值扣除);不符合固定资产确认条件的,应当作为费用化的后续支出,发生时计入当期费用。

在会计实务中,企业固定资产发生的各项后续支出,通常采用以下具体的处理方法:
(1) 固定资产日常修理费用,应当直接确认为当期费用;企业对固定资产进行定期检查等发生的大修理费用,有确凿证据表明符合固定资产确认条件的部分,可以计入固定资产成本,不符合固定资产确认条件的应当费用化,计入当期损益。

(2) 固定资产改良支出,一般符合固定资产确认条件,符合者可以计入固定资产成本;如果更新改造支出不满足固定资产确认条件的,在发生时计入当期损益。

(3) 固定资产装修费用,若满足固定资产确认条件的,其发生的费用应计入固定资产账面价值,并单设"固定资产装修"明细账户核算。随后,应在两次装修期间和固定资产尚可使用年限两者中较短的期间内,采用合理方法单独计提折旧。在该项固定资产下次装修时,若其"固定资产装修"明细账户仍有账面价值,则将此账面价值一次全部计入当期营业外支出。

三、固定资产后续支出的账务处理

企业发生费用化的后续支出时,借记"管理费用""销售费用"账户,贷记"银行存款""应付职工薪酬"等账户,同时,并不暂停或改变原有的折旧计提方式。

固定资产发生的可资本化的后续支出,应通过"在建工程"账户核算。企业发生资本化的后续支出时,一般应当转销固定资产的原价、已计提累计折旧和减值准备,将其账面价值转入在建工程,停止计提折旧,并在此基础上核算所发生的后续支出,同时将被替换部分的账面价值扣除。待固定资产达到预定可使用状态时,再由"在建工程"转作"固定资产"。之后,应按重新确定的折旧方法和该项固定资产尚可使用年限计提折旧。

【例5-13】 某企业于本年10月8日,采用出包方式对企业拥有的一条生产线进行改良。该生产线原值200 000元,预计使用年限6年,预计残值率为4%,已使用年限3年,累计已计提的折旧为96 000元。按照合同规定,企业于11月8日支付工程进度款56 000元和增值税款5 040元。该项改良于12月月末完工并交付使用。另外,在改良过程中企业取得变价收入6 780元(含增值税780元)。假定改良后,该生产线生产能力将大大提高,预计尚可使用年限延长为5年,预计净残值率不变,采用年限平均法计提折旧。

本例中,进行生产线改良发生的支出应作为资本化的后续支出。企业应编制相关会计分录如下:

(1) 本年10月8日,将生产线账面价值转入改良工程并停止计提折旧。

借:在建工程——生产线改良　　　　　　　　　　　　　　　104 000
　　累计折旧　　　　　　　　　　　　　　　　　　　　　　　96 000
　　贷:固定资产——生产线　　　　　　　　　　　　　　　　200 000

(2) 10月8日,支付工程款。

借:在建工程——生产线改良　　　　　　　　　　　　　　　　56 000
　　应交税费——应交增值税(进项税额)　　　　　　　　　　　5 040
　　贷:银行存款　　　　　　　　　　　　　　　　　　　　　　61 040

(3) 取得变价收入。

借:银行存款　　　　　　　　　　　　　　　　　　　　　　　6 780
　　贷:在建工程——生产线改良　　　　　　　　　　　　　　　6 000
　　　　应交税费——应交增值税(销项税额)　　　　　　　　　　780

(4) 12月月末,工程完工交付使用。

借:固定资产——生产线　　　　　　　　　　　　　　　　　　　　154 000
　　贷:在建工程——生产线改良　　　　　　　　　　　　　　　　　　154 000

(5) 自第二年1月起,改良后的生产线应当在尚可使用年限内,采用年限平均法计提折旧。

$$年折旧率=(1-4\%)\div 5\times 100\%=19.2\%$$
$$月折旧率=19.2\%\div 12=1.6\%$$
$$月折旧额=154\,000\times 1.6\%=2\,464(元)$$

每月计提折旧时:

借:制造费用　　　　　　　　　　　　　　　　　　　　　　　　　　2 464
　　贷:累计折旧　　　　　　　　　　　　　　　　　　　　　　　　　2 464

在发生固定资产后续支出时,应当终止确认被替换部件的账面价值,以免在固定资产的账面价值中重复计量成本。

【例 5-14】 企业的某项固定资产原价为 2 000 万元,采用年限平均法计提折旧,使用寿命为 10 年,预计净残值为零。在计提 4 年折旧后,企业对该项固定资产的某一主要部件进行更换,发生支出合计 600 万元,符合固定资产确认条件。被更换部件的原价为 500 万元。对该项固定资产部件进行更换后的原价计算如下:

项　目	金额(万元)	计算过程
对该项固定资产进行更换前的账面价值	1 200	2 000－2 000÷10×4
加:发生后续支出	600	
减:被更换部件的账面价值	300	500÷10×6
对该项固定资产部件进行更换后的原价	1 500	

被更换部件应终止确认,其账面价值 300 万元应计入当期损益。

第五节　固定资产清查和终止确认

一、固定资产清查

(一)固定资产清查概述

在固定资产的使用过程中,由于客观或人为的原因,企业的固定资产会出现账实不符的情况。为保护企业固定资产的安全完整,充分挖掘现有固定资产的生产潜力,企业有必要进行固定资产清查。所谓固定资产清查,是指企业定期或不定期地对固定资产进行全面或局部的检查。固定资产清查的方法通常为实地盘点。

根据有关规定,企业应对固定资产定期或者至少每年实地盘点一次。对盘盈、盘亏的固定资产应当查明原因,写出书面报告,并根据企业的管理权限,经股东大会或董事会或经理

(厂长)会议或类似机构批准后,在期末前处理完毕。如盘盈、盘亏的固定资产,在期末结账前尚未批准的,在对外提供财务报告时应视作已批准进行处理,并在会计报表附注中作出说明;如果其后批准处理的金额与已处理的金额不一致,应按其差额调整会计报表相关项目的年初数。

(二) 盘盈固定资产的核算

企业在财产清查中盘盈固定资产,应作为前期会计差错处理。在按管理权限报经批准处理前应先通过"以前年度损益调整"账户核算。盘盈的固定资产,应按重置成本确定其入账价值,借记"固定资产"账户,贷记"以前年度损益调整"账户。

应当注意,盘盈的固定资产多数情况下系旧的固定资产,其价值损耗应当在确定固定资产入账价值时予以扣除,在会计处理中不必单独反映其价值的损耗程度,即不必贷记"累计折旧"账户。

(三) 盘亏固定资产的核算

企业盘亏的固定资产,应按其账面价值,借记"待处理财产损溢——待处理固定资产损溢"账户;按已计提折旧,借记"累计折旧"账户;按该项固定资产已计提的固定资产减值准备,借记"固定资产减值准备"账户;按盘亏固定资产的账面原价,贷记"固定资产"账户。盘亏固定资产报经批准转销时,按可收回的保险赔偿或过失人赔偿,借记"其他应收款"账户;按应计入营业外支出的金额,借记"营业外支出——盘亏损失"账户,贷记"待处理财产损溢——待处理固定资产损溢"账户。

二、固定资产终止确认

根据企业会计准则规定,固定资产满足下列条件之一的,应当终止确认:①该固定资产处于处置状态;②该固定资产预期通过使用或处置不能产生经济利益。

终止确认固定资产的情况通常包括固定资产的报废、毁损、出售。对那些由于使用而不断磨损直至丧失使用功能报废,或由于遭受自然灾害等非常损失发生毁损的固定资产应及时进行清理。企业在生产经营过程中,因调整经营方针或考虑技术进步等原因,可以将不需用的固定资产出售转让给其他企业。另外,企业因投资、捐赠、债务重组、非货币性资产交换等原因而减少的固定资产,也应属于终止确认固定资产的情况。

此外,在固定资产改良、装修等资本化的后续支出过程中,被替换的部分固定资产应终止确认;企业在融资租赁租出固定资产时,也应终止确认该项固定资产。

企业因固定资产报废、毁损、出售而减少的固定资产,一般应通过"固定资产清理"账户进行核算。但具体的会计处理方法则因固定资产减少方式的不同而有所不同。

(一) 固定资产报废、毁损、出售的核算

企业因报废、毁损、出售等原因而减少的固定资产,一般需要经过以下几个步骤。

1. 固定资产转入清理

企业因报废、毁损、出售等原因减少的固定资产转入清理时,应按该项固定资产的账面价值,借记"固定资产清理"账户;按已计提的累计折旧,借记"累计折旧"账户;按已计提的减值准备,借记"固定资产减值准备"账户;按固定资产账面余额,贷记"固定资产"账户。

2. 发生的清理费用和应交税费

固定资产清理过程中发生的清理费用以及相关税费,借记"固定资产清理"账户,贷记

"银行存款""应交税费"等账户。

3. 出售收入和残料等的处理

企业收回出售固定资产的价款、报废固定资产的残料价值和变价收入等,应冲减清理支出,按实际收到的出售价款及残料变价收入等,借记"银行存款""原材料"等账户,贷记"固定资产清理""应交税费——应交增值税"等账户。

4. 保险赔偿的处理

企业计算或收到的应由保险公司或过失人赔偿款时,应冲减清理支出,借记"其他应收款"或"银行存款"账户,贷记"固定资产清理"账户。

5. 清理净损益的处理

固定资产清理净损益是指固定资产报废、毁损、出售时,处置收入扣除其账面价值和相关税费后的差额。企业在生产经营期间发生的固定资产清理净损益,应计入当期损益,固定资产报废、毁损产生的利得或损失记入"营业外收入"或"营业外支出"账户;固定资产出售产生的利得或损失记入"资产处置损益"账户。企业在筹建期间发生的固定资产清理净损益,则应计入或冲减管理费用。

【例 5-15】 企业将不需用的一幢写字楼予以出售,原值 8 000 000 元,已提折旧 1 200 000 元。出售价款 7 600 000 元以及增值税额 684 000 元已收到并存入银行(为简化核算,其他税费不作考虑)。假定该项固定资产没有计提减值准备。企业应编制会计分录如下:

(1) 转入清理。

借:固定资产清理   6 800 000
  累计折旧   1 200 000
  贷:固定资产   8 000 000

(2) 收到出售价款。

借:银行存款   8 284 000
  贷:固定资产清理   7 600 000
    应交税费——应交增值税(销项税额)   684 000

(3) 结转固定资产清理净收益。

借:固定资产清理   800 000
  贷:资产处置损益   800 000

【例 5-16】 某企业有专用设备一套,原值 500 000 元,预计净残值率 4%,已提足折旧,现因使用期满予以批准报废。在清理过程中,以银行存款支付清理费用 32 700 元(含增值税 2 700 元),回收残料作价 26 000 元入材料仓库。假定清理过程中不考虑相关税费,企业应编制会计分录如下:

(1) 转入清理。

借:固定资产清理   20 000
  累计折旧[500 000×(1-4%)]   480 000
  贷:固定资产   500 000

（2）支付清理费。

借：固定资产清理　　　　　　　　　　　　　　　　　　30 000
　　应交税费——应交增值税（进项税额）　　　　　　　2 700
　　贷：银行存款　　　　　　　　　　　　　　　　　　　　　32 700

（3）残料作价入库。

借：原材料　　　　　　　　　　　　　　　　　　　　　26 000
　　贷：固定资产清理　　　　　　　　　　　　　　　　　　　26 000

（4）结转固定资产清理净损失。

借：营业外支出　　　　　　　　　　　　　　　　　　　24 000
　　贷：固定资产清理　　　　　　　　　　　　　　　　　　　24 000

（二）对外捐赠固定资产的核算

　　企业对外捐赠的固定资产，应按固定资产账面价值，借记"固定资产清理"账户，按该项固定资产已计提的折旧，借记"累计折旧"账户；按该项固定资产已计提的减值准备，借记"固定资产减值准备"账户；按该项固定资产的账面原价，贷记"固定资产"账户。如果发生对外捐赠固定资产应支付的相关税费，借记"固定资产清理"账户，贷记"银行存款""应交税费"等账户。之后，应结转"固定资产清理"账户的余额，借记"营业外支出——捐赠支出"账户，贷记"固定资产清理"账户。

　　按照税法规定，企业对外捐赠固定资产的支出，除了符合税法规定的公益救济性捐赠可在按应纳税所得额的一定比例范围内税前扣除，其他捐赠支出一律不得在税前扣除，因此，在期末计算所得税时，应充分考虑因对外捐赠固定资产而产生的应纳税调整金额。

三、固定资产持有待售

　　同时满足下列条件的固定资产应当划分为持有待售资产：一是根据类似交易中出售此类资产或处置组的惯例，在当前状况下即可立即出售；二是出售极可能发生，即企业已经就一项出售计划作出决议且获得确定的购买承诺，预计出售将在1年内完成。有关规定要求企业相关权力机构或者监管部门批准后方可出售的，应当已经获得批准。确定的购买承诺，是指企业与其他方签订的具有法律约束力的购买协议，该协议包含交易价格、时间和足够严厉的违约惩罚等重要条款，使协议出现重大调整或者撤销的可能性极小。企业专为转售而取得的固定资产，在取得日满足"预计出售将在一年内完成"的规定条件，且短期（通常为3个月）内很可能满足持有待售类别的其他划分条件的，企业应当在取得日将其划分为持有待售类别。

　　企业初始计量或在资产负债表日重新计量持有待售的固定资产时，其账面价值高于公允价值减去出售费用后的净额的，应当将账面价值减记至公允价值减去出售费用后的净额，减记的金额确认为资产减值损失，计入当期损益，同时计提持有待售资产减值准备。对于取得日立即划分为持有待售类别的固定资产，企业应当在初始计量时比较假定其不划分为持有待售类别情况下的初始计量金额和公允价值减去出售费用后的净额，以两者孰低计量。

第六节 投资性房地产

一、投资性房地产概述

投资性房地产是指为赚取租金或资本增值,或两者兼有而持有的房地产。

投资性房地产的范围限定为:①已出租的土地使用权;②持有并准备增值后转让的土地使用权;③已出租的建筑物。其中,已出租的建筑物是指企业拥有产权的、以经营租赁方式出租的建筑物,包括自行建造或开发活动完成后用于出租的建筑物。以经营租赁方式出租的建筑物,一般应自租赁协议规定的租赁期开始日起确认为已出租的建筑物。对于企业持有以备经营出租的空置建筑物,如董事会或类似机构作出书面决议,明确表明将其用于经营租出且持有意图短期内不再发生变化的,即使尚未签订租赁协议,也应视为投资性房地产。按租赁协议向承租人提供的相关辅助服务在整个协议中不重大的,不影响将该出租建筑物确认为投资性房地产。一项房地产,若部分用于赚取租金或资本增值,部分用于生产商品、提供劳务或经营管理,如用于赚取租金或资本增值的部分能够单独计量和出售的,应该确认为投资性房地产;否则,应作为自用房地产。

就大部分企业而言,投资性房地产业务属于企业的其他经营业务,与之相关的收入和支出应作为其他业务收入和其他业务成本确认;但也有一部分企业以投资性房地产业务作为主营业务,则相关的损益应通过"主营业务收入"和"主营业务成本"账户进行核算。本节以下内容只涉及作为其他经营业务核算的投资性房地产业务。

投资性房地产是一种特殊资产,与作为存货、固定资产、无形资产的建筑物和土地使用权相比,其特殊性主要体现在以下方面:其一,投资性房地产不是用于销售。在我国,一些地区房地产交易市场日渐完善,房地产已经具备相当的流通性。但用于销售以获取差价的房地产,应界定为存货,不是投资性房地产。其二,与以生产商品、提供劳务或者经营管理为目的而持有的自用房地产所不同的是,企业持有投资性房地产的目的是赚取长期的租金收益或获得资本增值。其三,受到法律规定的限制,我国企业持有土地的行为,只是获得了土地使用权,而并非取得了所有权,因此,企业持有的自用或用于销售的土地应界定为无形资产范畴;对于为了出租或资本增值而持有的土地使用权,才应界定为投资性房地产。

投资性房地产必须同时满足以下两个条件,才能予以确认:①与该投资性房地产有关的经济利益很可能流入企业。②该投资性房地产的成本能够可靠地计量。

二、投资性房地产核算的账户设置

为核算投资性房地产,企业应设置"投资性房地产""投资性房地产累计折旧(摊销)""投资性房地产减值准备"等账户进行总分类核算。

在公允价值计量模式下,对于投资性房地产除了应设置"投资性房地产"账户进行总分类核算,企业还应当按照投资性房地产的类别和项目并分别以"成本"和"公允价值变动"进行明细核算。

三、投资性房地产的初始计量

投资性房地产应当按照成本进行初始计量,且初始计量方式与固定资产、无形资产相同。

(一) 外购投资性房地产

外购投资性房地产的成本包括购买价款、相关税费和可直接归属于该资产的其他支出,如法律服务费和其他交易费用等。

具体而言,外购投资性房地产应按所确定的成本,借记"投资性房地产"账户,贷记"银行存款"等账户。企业以分期付款方式购买的投资性房地产,应当按照购入投资性房地产的公允价值,借记"投资性房地产"账户;按照应支付金额与成本之间的差额,借记"未确认融资费用"账户;按照应支付的金额,贷记"长期应付款"账户。

(二) 自行建造投资性房地产

自行建造投资性房地产的成本,由建造该项资产达到预定可使用状态前所发生的必要支出构成,这些必要支出包括工程用物资成本、人工成本、应予以资本化的借款费用、缴纳的相关税金以及应分摊的其他间接费用等。建造过程中发生的非正常损失应直接计入当期损益,不计入建造成本。

自行建造投资性房地产分为自营方式建造和出包方式建造两种,可比照固定资产的核算方式进行处理。

四、投资性房地产的后续计量

根据企业会计准则规定,企业一般采用成本模式对投资性房地产进行计量,如果符合一定条件也可采用公允价值模式计量。但是,企业对投资性房地产的计量模式一经确定,不得随意变更。成本模式转为公允价值模式的,应当作为会计政策变更处理;已采用公允价值计量模式的投资性房地产,则不得从公允价值模式转为成本模式。

(一) 投资性房地产的成本计量模式

根据企业会计准则规定,在资产负债表日,企业应当首选成本模式对投资性房地产进行计量。对于投资性房地产中的建筑物和土地使用权,应分别比照固定资产和无形资产的计量方式进行计量,并按与固定资产和无形资产相同的方式计提折旧或进行摊销;如果投资性房地产存在减值迹象的,应当进行减值测试,计提相应的减值准备。

在对投资性房地产计提折旧或进行摊销时,应借记"其他业务成本"账户,贷记"投资性房地产累计折旧""投资性房地产累计摊销"账户。

【例5-17】 本年3月,甲公司对其某一作为投资性房地产的已出租建筑物计提折旧额10 000元,对另一作为投资性房地产的已出租土地使用权的摊销金额为2 000元,当月出租投资性房地产获得的租金收入为20 000元(不含税),增值税专用发票上的税额为1 800元已入账。甲公司编制会计分录如下:

借:其他业务成本   12 000
  贷:投资性房地产累计折旧   10 000
    投资性房地产累计摊销   2 000

借：银行存款	21 800	
贷：其他业务收入		20 000
应交税费——应交增值税（销项税额）		1 800

若投资性房地产发生减值，则其折旧和摊销金额应根据减值后的账面价值和尚可使用年限重新确定。

（二）投资性房地产的公允价值计量模式

根据企业会计准则规定，有确凿证据表明投资性房地产的公允价值能够持续可靠取得的，可以对投资性房地产采用公允价值模式进行后续计量。企业一旦采用公允价值计量模式，就应对其所有投资性房地产采用公允价值计量。采用公允价值模式计量的，应当同时满足下列条件：①投资性房地产所在地有活跃的房地产交易市场。其中，所在地通常是指投资性房地产所在的城市。对于大中城市，应当具体化为投资性房地产所在的城区。②企业能够从房地产交易市场上取得同类或类似房地产的市场价格及其他相关信息，从而对投资性房地产的公允价值作出合理的估计。其中，同类或类似的房地产，对建筑物而言，是指所处地理位置和地理环境相同、性质相同、结构类型相同或相近、新旧程度相同或相近、可使用状况相同或相近的建筑物；对于土地使用权而言，是指同一城区、同一位置区域、所处地理环境相同或相近、可使用状况相同或相近的土地。

投资性房地产采用公允价值模式计量的，不计提折旧或进行摊销，应当以资产负债表日投资性房地产的公允价值为基础调整其账面价值，公允价值与原账面价值之间的差额计入当期损益。

具体来说，企业应当在资产负债表日按照投资性房地产的公允价值高于其账面价值的差额，借记"投资性房地产——公允价值变动"账户，贷记"公允价值变动损益"账户；若投资性房地产的公允价值低于其账面价值，则按其差额，借记"公允价值变动损益"账户，贷记"投资性房地产——公允价值变动"账户。

【例5-18】 本年7月30日，甲公司所拥有的一项投资性房地产的公允价值确定为1 200万元，而此前该投资性房地产的账面价值为1 100万元。据此，甲公司编制会计分录如下：

借：投资性房地产——公允价值变动	1 000 000	
贷：公允价值变动损益		1 000 000

投资性房地产持有期间所发生的后续支出，满足投资性房地产确认条件的，应当计入投资性房地产成本，可比照固定资产的核算方式进行处理；不满足投资性房地产确认条件的，应当在发生时计入当期其他业务成本。

五、投资性房地产的转换

根据企业会计准则规定，若企业有确凿证据表明房地产用途发生改变，满足下列条件之一的，应当将投资性房地产转换为其他资产或者将其他资产转换为投资性房地产：①投资性房地产开始自用。②作为存货的房地产，改为出租。③自用土地使用权停止自用，用于赚取租金或资本增值。④自用建筑物停止自用，改为出租。⑤房地产企业将用于经营出租的房地产重新开发用于对外销售。

（一）投资性房地产转换为其他资产

1. 成本模式计量的投资性房地产转换为其他资产

（1）成本模式计量的投资性房地产转换为自用房地产。采用成本模式计量的投资性房地产转换为自用房地产时，企业应当按照投资性房地产在转换日的账面余额，借记"固定资产"或"无形资产"账户，贷记"投资性房地产"账户；按已计提的折旧或已摊销额，借记"投资性房地产累计折旧"或"投资性房地产累计摊销"账户，贷记"累计折旧"或"累计摊销"账户；按已计提的减值准备，借记"投资性房地产减值准备"账户，贷记"固定资产减值准备"或"无形资产减值准备"账户。

【例5-19】本年5月31日，乙公司将原采用成本模式计量的一幢出租用厂房收回，作为企业的一般性固定资产。当日，该投资性房地产累计已计提折旧16万元，已计提减值准备5万元。假定该投资性房地产账面原价为38万元，不考虑其他因素，则乙公司编制会计分录如下：

借：固定资产	380 000
投资性房地产累计折旧	160 000
投资性房地产减值准备	50 000
贷：投资性房地产	380 000
累计折旧	160 000
固定资产减值准备	50 000

（2）成本模式计量的投资性房地产转换为存货。房地产开发企业将采用成本模式计量的投资性房地产转换为存货时，应按该项房地产在转换日的账面价值，借记"开发产品"账户；按已计提的折旧额或摊销额，借记"投资性房地产累计折旧"或"投资性房地产累计摊销"账户；按已计提的减值准备，借记"投资性房地产减值准备"账户；按该项资产转换日的账面余额，贷记"投资性房地产"账户。

2. 公允价值模式计量的投资性房地产转换为其他资产

（1）公允价值模式计量的投资性房地产转换为自用房地产。采用公允价值模式计量的投资性房地产转换为自用房地产时，应按该项投资性房地产在转换日的公允价值，借记"固定资产"或"无形资产"账户；按该项投资性房地产的成本，贷记"投资性房地产（成本）"账户；按该项投资性房地产的累计公允价值变动，贷记或借记"投资性房地产（公允价值变动）"账户；按转换日公允价值与账面价值的差额，贷记或借记"公允价值变动损益"账户。

【例5-20】承[例5-19]，假定转换前的投资性房地产是采用公允价值计量的，账面原价仍为38万元，转换当日，其账面价值为30万元，公允价值为35万元。假定不考虑其他因素，则乙公司编制会计分录如下：

借：固定资产	350 000
投资性房地产——公允价值变动	80 000
贷：投资性房地产——成本	380 000
公允价值变动损益	50 000

（2）公允价值模式计量的投资性房地产转换为存货。房地产开发企业将采用公允价值模式计量的投资性房地产转换为存货时，应以其转换日的公允价值作为存货的账面价值，借记"开发产品"等账户；按该项投资性房地产的成本，贷记"投资性房地产——成本"账户；按

该项投资性房地产累计公允价值的变动,贷记或借记"投资性房地产——公允价值变动"账户;公允价值与原账面价值的差额计入当期损益,贷记或借记"公允价值变动损益"账户。

(二) 其他资产转换为投资性房地产

1. 其他资产转换为成本模式计量的投资性房地产

(1) 将作为存货核算的房地产转换为采用成本模式计量的投资性房地产时,应按该项存货在转换日的账面价值,借记"投资性房地产"账户;按原已计提的跌价准备,借记"存货跌价准备"账户;按其账面余额,贷记"开发产品"等账户。

(2) 将自用土地使用权或建筑物转换为采用成本模式计量的投资性房地产时,应按转换日资产的账面余额,借记"投资性房地产"账户,贷记相关资产账户;按已计提的资产的累计折旧或累计摊销金额,借记"累计折旧"或"累计摊销"账户;按已计提的资产减值准备,借记相应的资产减值准备账户,贷记"投资性房地产累计折旧""投资性房地产累计摊销""投资性房地产减值准备"账户。

2. 其他资产转换为公允价值模式计量的投资性房地产

(1) 将作为存货的房地产转换为采用公允价值模式计量的投资性房地产时,应按该项房地产在转换日的公允价值,借记"投资性房地产(成本)"账户,原已计提跌价准备的,借记"存货跌价准备"账户,按其账面余额,贷记"开发产品"等账户;按转换日公允价值与账面价值的差额,贷记"其他综合收益"账户(转换当日公允价值大于原账面价值),或借记"公允价值变动损益"账户(转换当日公允价值小于原账面价值)。

(2) 将自用土地使用权或建筑物转换为采用公允价值模式计量的投资性房地产,应按该项土地使用权或建筑物在转换日的公允价值,借记"投资性房地产——成本"账户,按已计提的累计摊销或累计折旧,借记"累计摊销""累计折旧"账户,原已计提减值准备的,借记"无形资产减值准备"或"固定资产减值准备"账户;按其账面余额,贷记"无形资产"或"固定资产"账户;按公允价值与账面价值的差额,贷记"其他综合收益"账户(转换当日公允价值大于原账面价值),或借记"公允价值变动损益"账户(转换当日公允价值小于原账面价值)。

【例5-21】 企业将一幢自用厂房作为投资性房地产对外出租,采用公允价值模式核算。该厂房账面原值为100万元,已提折旧40万元,已提固定资产减值准备10万元。转换当日该资产的公允价值为60万元,假定不考虑其他因素,企业应编制会计分录如下:

```
借:投资性房地产(成本)                    600 000
    累计折旧                              400 000
    固定资产减值准备                      100 000
  贷:固定资产                           1 000 000
      其他综合收益                         100 000
```

如果转换当日资产的公允价值为48万元,则公允价值低于账面价值2万元,应编制会计分录如下:

```
借:投资性房地产(成本)                    480 000
    累计折旧                              400 000
    固定资产减值准备                      100 000
    公允价值变动损益                       20 000
  贷:固定资产                           1 000 000
```

六、投资性房地产的处置

根据企业会计准则,当投资性房地产被处置,或者永久退出使用且预计不能从其处置中取得经济利益时,应当终止确认该项投资性房地产;企业出售、转让、报废投资性房地产或者发生投资性房地产毁损,应当将处置收入扣除其账面价值和相关税费后的金额计入当期损益。

企业出售以成本模式计量的投资性房地产时,应按实际收到的价款和增值税额,借记"银行存款"等账户,贷记"其他业务收入""应交税费——应交增值税(销项税额)"账户;按投资性房地产已计提的折旧或摊销额,借记"投资性房地产累计折旧""投资性房地产累计摊销"账户;按已提减值准备,借记"投资性房地产减值准备"账户;按该资产账面原价,贷记"投资性房地产"账户;按该项投资性房地产的账面价值,借记"其他业务成本"账户。

企业出售以公允价值模式计量的投资性房地产时,应按实际收到的价款和增值税额,借记"银行存款"等账户,贷记"其他业务收入""应交税费——应交增值税(销项税额)"账户;按该项投资性房地产的账面余额,借记"其他业务成本"账户,按其成本,贷记"投资性房地产——成本"账户,按其累计公允价值变动,贷记或借记"投资性房地产——公允价值变动"账户;同时,按该项投资性房地产累计公允价值变动,借记或贷记"公允价值变动损益"账户。若存在原转换日计入其他综合收益的金额,也一并结转。

【例5-22】 企业将以成本模式计量的出租用厂房出售,取得银行存款327万元,其中增值税专用发票上的增值税额为27万元。该厂房账面原值600万元,已提折旧320万元,已提减值准备20万元。企业编制会计分录如下:

借:银行存款	3 270 000
贷:其他业务收入	3 000 000
应交税费——应交增值税(销项税额)	270 000
借:投资性房地产累计折旧	3 200 000
投资性房地产减值准备	200 000
其他业务成本	2 600 000
贷:投资性房地产	6 000 000

如果企业对该出租厂房采用公允价值模式计量,其成本仍为600万元,账面价值为280万元,则有关会计分录如下:

借:银行存款	3 270 000
贷:其他业务收入	3 000 000
应交税费——应交增值税(销项税额)	270 000
借:其他业务成本	6 000 000
投资性房地产——公允价值变动	3 200 000
贷:投资性房地产——成本	6 000 000
公允价值变动损益	3 200 000

固定资产和投资性房地产在财务报表中的列示及披露

期末,在资产负债表中:

"固定资产"项目,反映资产负债表日企业固定资产的期末账面价值和企业尚未清理完毕的固定资产清理净损益,应根据"固定资产"账户的期末余额,减去"累计折旧"和"固定资产减值准备"账户的期末余额后的金额,以及"固定资产清理"账户的期末余额填列。

"投资性房地产"项目,反映企业期末持有投资性房地产的期末账面价值。在成本计量模式下,"投资性房地产"项目以"投资性房地产"账户余额扣减"投资性房地产累计折旧(或累计摊销)"以及"投资性房地产减值准备"两个账户余额后的净额填列;在公允价值计量模式下,则以投资性房地产期末公允价值填列。

此外,在资产负债表中还应反映与固定资产相关的"在建工程"项目。"在建工程"项目,反映资产负债表日企业尚未达到预定可使用状态的在建工程的期末账面价值和企业为在建工程准备的各种工程物资的期末账面价值,应根据"在建工程"账户的期末余额,减去"在建工程减值准备"账户期末余额后的金额,以及"工程物资"账户的期末余额,减去"工程物资减值准备"账户的期末余额后的金额填列。

企业应当在财务报表附注中披露与固定资产有关的信息如下:固定资产的确认条件、分类、计量基础和折旧方法;各类固定资产的使用寿命、预计净残值和折旧率;各类固定资产的期初和期末原价、累计折旧额及固定资产减值准备累计金额、当期确认的折旧费用等。

企业应当在财务报表附注中披露与投资性房地产有关的信息如下:投资性房地产的种类、金额和计量模式;采用成本模式的,投资性房地产的折旧或摊销,以及减值准备的计提情况;采用公允价值模式的,公允价值的确定依据和方法以及公允价值变动对损益的影响;房地产转换情况、理由,以及对损益或所有者权益的影响;当期处置的投资性房地产及其对损益的影响。

持有待售的固定资产在资产负债表中应作为流动资产项目列示,并披露相关信息。

 案例分析

一、飞机的折旧年限确定多少年合适

(本案例由张维宾提供)

案例介绍:

我国某航空公司 2002 年上半年净利润为 5 370 万元。该公司在其公布的 2002 年上半年报中披露:公司所使用的飞机及发动机的实际使用情况和维修情况足以使飞机及发动机保持持续、安全适航,同时结合国际上已投入运营的同类型号的飞机及发动机使用情况,公司董事会作出决议,决定从 2001 年 7 月 1 日起将公司飞机及发动机的折旧年限由原来的 10~15 年调整为 20 年,残值率由原来的飞机原值的 3‰调整为 5‰,备用发动机折旧年限随同飞机折旧年限确定。此项会计估计变更事项调增公司 2002 年上半年利润 42 835 万元。

依据及相关法规:

1. 财政部:《运输企业财务制度》。

《运输企业财务制度》在其"附件一:运输企业固定资产分类折旧年限表"中规定了运输飞机的折旧年限:起飞全重小于100吨的为8～10年;起飞全重大于(或等于)100吨的为10～15年。

2. 财政部在财建函〔2002〕24号文《关于同意调整航空公司部分资产折旧年限的复函》中,同意在飞机及发动机达到规定的适航标准,确保飞行安全的前提下,对飞机及发动机的折旧年限作适当调整:飞机最大起飞全重小于100吨,飞机、发动机(含备份发动机)折旧年限为8～15年;飞机最大起飞全重大于100吨,飞机、发动机(含备份发动机)折旧年限为10～20年。

3. 美国S航空公司的飞机折旧年限为25年,该公司的经营策略是争取平民阶层成为其乘客。亚洲某国X航空公司的飞机折旧年限为15年,该公司的经营策略是吸引富有阶层成为其乘客。

案例思考题:

1. 你认为我国上述某航空公司关于变更飞机的折旧年限所披露的理由是否充分?请说明你的看法。

2. 你从美国S航空公司和亚洲某国X航空公司对于飞机折旧年限的确定得到什么启示?你认为确定飞机的折旧年限应当考虑哪些具体因素?

二、小区会所是固定资产还是存货

(本案例由徐兵提供)

案例介绍:

随着房地产业的迅速发展,建造的商品房也从单纯的居住用房逐渐过渡到有配套商业用房、小区会所、绿化、物业管理用房等的成熟小区。这样,也给房地产企业的成本核算带来了一个亟须解决的问题,即房地产企业所得的"大产证"上的建筑面积与所有业主的"小产证"上的建筑面积之和肯定存在差额。这个差额也就是小区会所和物业管理用房等的面积。这两部分的建筑面积所发生的土地成本和建造成本以及应负担的配套成本应归集到何处核算呢?凯瑞和华欣两家综合性房产公司的观点各异,做法截然不同。

凯瑞房产公司的做法是:把小区会所和物业管理用房的全部成本归集到公司的固定资产中核算。其理由是:这部分建筑面积已包括在"大产证"中,而不包括在"小产证"中。既然"大产证"的所有权属于房产公司所有,小区会所和物业管理用房的所有权当然也归房产公司所有,这是顺理成章的。所以,把这两部分的成本归入房产公司的固定资产中核算无疑是正确的。

华欣房产公司则认为,小区会所和物业管理用房的所有权应属于业主共有。把上述成本归集到房产公司的固定资产中进行核算,不符合资产的定义。而且,这种做法也使公司的销售收入与销售成本不配比,营业利润无疑会被夸大。因此,华欣公司把上述用房的成本纳入公司的销售总成本范畴。即把开发小区发生的所有成本,包括小区会所和物业管理用房的土地成本和建造成本全部结转到开发总成本中,并按可销售的总面积计算出销售面积的单位成本。同时,定期按实现销售的面积和上述口径所确定单位成本的乘积金额结转为销售成本计入当期损益。

依据及相关法规:

财政部:《企业会计准则——基本准则》《企业会计准则第1号——存货》《企业会计准

第 4 号——固定资产》(2006 年 2 月)。

案例思考题：

1. 你认为哪家公司的做法更合理？是否还有值得商榷的地方？请说明理由。
2. 如果这两家公司向你咨询对这一会计事项的处理意见，请提供你的建议。

本章要点概览

1. 固定资产是指为生产商品、提供劳务、出租或经营管理而持有的，且使用寿命超过一个会计年度的有形资产。

2. 固定资产的基本特征包括：①持有固定资产的目的是使用而非出售；②能够在企业的生产经营过程中长期使用；③在使用过程中基本保持原有实物形态等。

3. 固定资产的取得方式主要有外购、自行建造、接受投资、非货币性资产交换取得等，不同取得方式下的初始计量方式有所不同。

4. 固定资产在预计使用寿命内应计提折旧。折旧方法主要有年限平均法、工作量法、双倍余额递减法和年数总和法。

5. 固定资产在使用过程中发生的后续支出，应根据是否符合固定资产确认的条件而分别予以资本化或费用化。

6. 固定资产在使用过程中应定期或至少每年进行一次清查，对于清查中发现的盘盈和盘亏应及时查明原因，在期末结账前处理完毕。

7. 固定资产因报废、毁损等原因发生的处置损益计入营业外收支，因出售产生的损益计入资产处置损益。

8. 投资性房地产是指为赚取租金或资本增值，或两者兼有而持有的房地产。

9. 投资性房地产的初始计量方式与固定资产和无形资产相同，其后续计量有成本和公允价值两种模式。我国企业对投资性房地产进行后续计量通常应采用成本模式，满足特定条件方可采用公允价值模式。采用公允价值模式进行后续计量的，不计提折旧或摊销。

10. 固定资产和投资性房地产在资产负债表中的非流动资产类别中分别列示。固定资产和以成本模式进行后续计量的投资性房地产按原值扣除累计折旧或累计摊销、减值准备后的净额计量；以公允价值模式进行后续计量的投资性房地产按资产负债表日的公允价值计量。

主 要 术 语

1. 固定资产　　　　　2. 固定资产初始计量　　　　3. 固定资产后续计量
4. 固定资产折旧　　　5. 年限平均法　　　　　　　6. 双倍余额递减法
7. 年数总和法　　　　8. 工作量法　　　　　　　　9. 资产后续支出
10. 固定资产清查　　　11. 固定资产终止确认　　　　12. 投资性房地产
13. 成本计量模式　　　14. 公允价值计量模式

复习题

一、思考题

1. 什么是固定资产？固定资产具有哪些特征？
2. 固定资产的确认应满足哪些条件？
3. 简述固定资产的分类并说明各种分类的作用。
4. 固定资产初始取得时应如何计量？
5. 比较固定资产折旧方法及对企业财务状况和经营损益的影响，并结合某公司的实际情况，分析目前所采用的折旧方法是否合理，如果不合理，如何变更？说明理由。
6. 固定资产后续支出应如何确认？分析不同的确认方式给企业会计报表带来的影响。
7. 如何进行固定资产终止确认的会计处理？
8. 什么是投资性房地产？它与企业的固定资产有何不同？
9. 投资性房地产的后续计量有几种模式？有何不同？
10. 固定资产、投资性房地产在财务报告中应如何列示？

二、判断题

1. 已达到预定可使用状态但在年度内尚未办理竣工决算手续的固定资产，应按估计价值暂估入账，但不计提折旧。（　　）
2. 对未使用、不需用固定资产提取的折旧应计入当期营业外支出(不含更新改造和因大修理停用的固定资产)。（　　）
3. 固定资产大修理支出，因其金额较高，均于发生时计入固定资产成本。（　　）
4. 以成本计量的投资性房地产，期末应按公允价值对其账面价值进行调整，公允价值与账面价值之间的差额计入当期损益。（　　）
5. 以公允价值计量的投资性房地产，期末应按公允价值对账面价值进行调整，并按调整后的账面价值作为后续阶段计提折旧的依据。（　　）

三、单项选择题

1. 某公司本年3月初应计提折旧的固定资产原值为200万元，当月购买设备一台，原值为5万元，当即交付使用；报废设备一台，原值为8万元。4月份一座仓库达到预定可使用状态，造价为30万元；出售旧设备一台，原值为2万元。该公司4月份应计提折旧固定资产原值为（　　）万元。
   A. 225　　　　　　B. 197　　　　　　C. 228　　　　　　D. 220
2. 企业经营性出租机器设备所计提的折旧应计入（　　）。
   A. 管理费用　　　　　　　　　　　B. 营业外支出
   C. 其他业务成本　　　　　　　　　D. 财务费用
3. 某固定资产原值为120 000元，预计使用年限为5年，预计净残值为12 000元，则按年数总和法计算的第4年折旧额为（　　）元。
   A. 28 800　　　　B. 21 600　　　　C. 14 400　　　　D. 15 600
4. 企业对一台设备进行改良以扩大其生产能力。该设备账面原价为120万元，已提折旧47万元，已提减值准备10万元。该设备改良时发生相关支出共计20万元，符合资本化条件,则改良后该设备的原价为( )万元。

A. 120   B. 140   C. 83   D. 130

5. 某房地产开发商于本年度1月,将作为存货的商品房转换为采用公允价值模式计量的投资性房地产,转换日该商品房账面余额为200万元,已提减值准备20万元,该项房产在转换日的公允价值为250万元,则转换日记入"投资性房地产"账户的金额是( )万元。

A. 250   B. 180   C. 200   D. 230

四、多项选择题

1. 企业购入的生产用设备,其入账价值包括( )。
   A. 买价
   B. 运杂费
   C. 增值税进项税
   D. 进口关税
   E. 安装调试费

2. 下列各项中,应作为企业固定资产确认的有( )。
   A. 长期租入的高价值设备
   B. 经营租出的设备
   C. 闲置的房屋
   D. 建造目的是赚取租金的已出租产权房
   E. 暂借给其他企业使用的仓库

3. 下列各类资产中,需要计提折旧的有( )。
   A. 采用公允价值计量的投资性房地产
   B. 经营租出的设备
   C. 处于季节性停用状态的设备
   D. 已提足折旧继续使用的设备
   E. 已全额计提减值准备的设备

4. 可能影响固定资产折旧的因素有( )。
   A. 固定资产原价
   B. 固定资产预计使用寿命
   C. 固定资产预计净残值
   D. 固定资产预计可收回金额
   E. 计提的固定资产减值准备

5. 下列各项中,属于投资性房地产的有( )。
   A. 已出租的土地使用权
   B. 已出租拥有使用权的建筑物
   C. 以融资租赁方式出租的建筑物
   D. 已出租拥有所有权的建筑物
   E. 已出租的投资性房地产租赁期满,暂时空置但准备继续用于出租

五、业务题

【业务题一】

目的 练习固定资产取得的核算。

资料 某公司本年度发生的与固定资产相关的经济业务如下:

(1) 购入一台全新不需要安装的生产用设备,增值税专用发票上注明价款170 000元,增值税额22 100元,全部用银行存款支付。另以银行存款支付设备运输费及增值税款等共3 270元,增值税专用发票上的增值税额为270元。设备当月即交付使用。

(2) 购入一套需安装的生产设备,支付价款2 730 000元及增值税额354 900元,支付运输费6 500元及增值税额585元(以上款项均以银行存款转账支付,并取得了增值税专用发

票);该设备在安装过程中发生应付工资费用6 000元,领用原材料2 000元,该批原材料购进时支付的增值税额为260元。该套设备于当月安装完毕并交付使用。

(3) 采用自营方式建造生产用房屋一幢。发生有关业务如下:
① 购买工程物资一批,增值税专用发票上注明的价款为200 000元,增值税额为26 000元,以银行存款支付。
② 领用上述购入的部分工程物资198 000元用于工程项目。
③ 领用生产用原材料53 000元,该批材料购进时支付的增值税进项税额为6 890元。
④ 分配工程人员工资薪酬80 000元。
⑤ 企业辅助生产车间为工程提供劳务支出20 000元。
⑥ 以银行存款支付工程管理费及其他相关支出50 000元。
⑦ 应由工程成本负担的长期借款利息10 000元(分期付息,实际利率与合同利率相同)。
⑧ 年底,工程完工,达到预定可使用状态,交付使用。

(4) 收到乙企业投入的生产流水线设备一套,该设备在乙企业的账面原价为950 000元,已提折旧350 000元,合同或协议约定的价值为750 000元,占公司7 000 000元注册资本的10%。该设备安装过程中发生费用2 000元以及增值税额180元,以银行存款支付。设备安装完毕已交付使用。

(5) 接受丙企业捐赠的不需安装七成新机器设备一台,根据同类设备市场价格确定其原始价值为200 000元,以银行存款支付其运杂费,运杂费发票上显示运杂费1 000元,增值税额90元。

要求 (1) 根据上述资料,进行固定资产取得的会计处理。
(2) 计算确定本年度新增固定资产账面价值总额。

【业务题二】
目的 练习固定资产折旧的计算。
资料 某企业本年度有关固定资产资料如下:
(1) 设备A原价为150 000元,预计使用寿命为10年,至上年年末已计提折旧5年。估计报废时的清理费用为3 000元,估计残值为5 000元。该设备用直线法计提折旧。
(2) 设备B原价为40 000元,预计净残值为4 000元,预计使用寿命为6年,至上年年末已计提折旧3年,累计已生产产品12万吨,估计其寿命期内共可生产20万吨产品,本年度生产产品数量为4万吨。根据实际情况,用工作量法对该设备计提折旧。
(3) 设备C原价200 000元,预计使用寿命5年,至上年年末已计提折旧3年。预计净残值2 000元,根据实际情况,采用双倍余额递减法计提折旧。
(4) 建筑物D原价为200 000元,预计使用年限为5年,至上年年末已计提折旧3年。预计净残值为2 000元,根据其使用情况,采用年数总和法计提折旧。

要求 (1) 分别计算企业各项固定资产本年度应计提的折旧额。
(2) 计算计入本年年末资产负债表中"固定资产"项目的金额。

【业务题三】
目的 练习固定资产后续支出的核算。
资料 某公司本年度3月发生固定资产后续支出如下:
(1) 对管理部门使用的一辆汽车进行保养,以银行存款向汽车修理厂支付修理费2 000元及增值税款260元。

(2) 某生产用厂房账面原价480 000元,已提折旧320 000元,为延长其使用寿命,现以出包方式对其进行改造,开工前预付工程款150 000元及增值税额13 500元;工程完工决算,根据竣工工程决算表所列工程款总额215 000元,补付工程价款65 000元及增值税额5 800元。上述工程款均以银行存款支付。上述交易均取得了增值税专用发票。

要求 根据上述资料,进行相应会计处理。

【业务题四】

目的 练习固定资产处置与清查的核算。

资料 某公司本年度12月发生与固定资产相关经济业务如下:

(1) 将一台使用期满的旧机床报废。该机床原始价值为54 000元,预计净残值为2 700元,预计使用年限为10年,采用年限平均法计提折旧。机床报废清理过程中,用现金支付清理费用327元(含增值税27元),回收残料作价800元入材料仓库。

(2) 将一间闲置不用仓库出售,出售价款及增值税额分别为305 000元和48 800元,该仓库原价为503 000元,已提折旧275 000元。

(3) 运输部门一辆卡车因交通事故而报废。该卡车原价100 000元,预计净残值为1 000元,采用工作量法计提折旧,预计总行驶里程500 000千米,已行驶300 000千米。报废时发生的清理费用为2 180元(含增值税额180元),从保险公司取得赔款30 000元,残料出售收入1 000元,相关增值税销项税额130元。有关款项均已通过银行收付。

(4) 财产清查中发现短缺小型设备一台,账面原价为10 000元,已提折旧3 000元,短缺原因尚未查明。

(5) 经查,上述设备盘亏系意外事故毁损且未能及时办理报批手续销账所致,现经批准转销。

要求 根据上述资料,进行相关会计处理。

【业务题五】

目的 练习固定资产综合业务的核算。

资料 某公司20×1年12月购入一套生产设备,取得的增值税专用发票上显示价款及增值税分别为507 000元和65 910元,另发生安装费10 000元及增值税额900元,均以银行存款支付。该设备预计使用寿命10年,预计净残值2 000元,以年限平均法计提折旧,未发生减值。20×3年6月,公司将该项设备出售,增值税专用发票标明价款430 000元及增值税额55 900元,款项已收存银行。

要求 根据上述资料,进行固定资产取得、折旧及处置的会计处理。

【业务题六】

目的 练习投资性房地产业务的核算。

资料 某公司外购一座写字楼用于出租,购买价格及增值税额分别为905 000元及81 450元,以银行存款支付。出租后,每年实际获得的租金收入为109 000元,其中增值税额9 000元。估计该项资产持有的有效寿命期为10年,预计净残值为5 000元,已计提折旧。4年后,公司将其出售,取得价款1 090 000元,其中增值税额为90 000元。以上交易均已取得增值税专用发票。

要求 (1) 编制该项投资性房地产取得的会计分录。

(2) 假定对该项投资性房地产采用成本模式计量,且资产持有期间未曾计提减值准备,请编制其折旧(假定初始计提折旧的时间为某年1月份)及处置的会计分录。

(3) 若该项投资性房地产可以采用公允价值模式计量,取得当年年末该项资产的公允价值为 930 000 元。出售时其账面价值为 950 000 元(其中公允价值变动 45 000 元)。请编制该项资产取得当年年末的会计分录以及处置时的会计分录。

(4) 假设该项资产不是以外购方式取得,而是由企业的闲置固定资产转换而来,且转换时该固定资产账面原价为 1 205 000 元,已提折旧 200 000 元,已提减值准备 100 000 元。请分别编制转换为成本模式计量的投资性房地产和转换为公允价值模式计量的投资性房地产的会计分录(假定该项投资性房地产的公允价值能够持续可靠取得,且转换日公允价值为 920 000 元)。

第六章　无形资产和商誉

学习目的与要求

本章旨在阐明无形资产和商誉的会计确认、计量、记录与披露,其主要内容包括无形资产概述、无形资产的初始计量与后续计量、无形资产的处置以及商誉的基本概念和处理方法。读者通过本章学习,应分别了解无形资产和商誉的基本概念与特征;理解无形资产和商誉的确认条件,以及无形资产计量与出售、出租、报废等相关会计准则的要求;熟练掌握无形资产的取得、摊销、出租、出售及报废的账务处理。

预习思考题

1. 上市公司年报中披露的无形资产有哪些内容?商誉在企业会计准则中为何没有列入无形资产?
2. 对于企业自行研发技术而发生的支出,小王说根据谨慎性要求均应计入发生当期损益;小刘说按照相关性要求应当予以资本化,计入相关资产成本。请谈谈你对此的看法。
3. 无形资产是否应当分期摊销?请说明理由。
4. 某公司在取得的土地使用权上建造厂房,对于该土地使用权与地面上的建筑物应作为一项资产核算还是分别两项资产核算?请说明理由。
5. 商誉是否一定会随着时间的推移而逐渐减少直至消失?你认为商誉应否摊销?为什么?
6. 请查阅一家上市公司年报,观察其是如何列报无形资产、商誉的。

第一节　无形资产概述

资产有有形的,也有无形的,从属性上看,有形资产以外的资产就可以作为"无形"的资产。就一般意义而言,无形资产包括的范围其实很广,但是会计领域所称的"无形资产",应与会计确认、计量、记录和报告相联系,必须符合企业会计准则对无形资产的定义,并同时具备一定的确认条件。

一、无形资产的概念及特征

(一) 无形资产的概念

无形资产是指企业过去交易或者事项形成的、由企业拥有或者控制的、预期会给企业带来经济利益的、没有实物形态的可辨认非货币性资产,如知识产权、特许权和土地使用权等。与其他资产相比,无形资产具有资产的共性以外,更多的表现为其"无形性""非货币性""不确定性""可辨认性"等特殊性。因此,简言之,无形资产是指企业拥有或者控制的没有实物形态的可辨认非货币性资产。

(二) 无形资产的特征

无形资产主要特征如下所述。

1. 无形性

无形资产不具有实物形态,是无形的。这是区别于存货、固定资产及其他有形资产的最明显标志。它没有实物形态,却具有价值,体现的通常是某种权利或某项专门技术,如土地使用权、特许权、专利权和非专利技术等。当然,某些无形资产的存在需要依赖实物载体,如计算机软件需要存储在磁盘中,但这并没有改变无形资产本身不具有实物形态的特性。

2. 非货币性

无形资产属于非货币性的长期资产,这是无形资产区别于其他没有实物形态的货币性资产的主要特征。它能在多个生产经营周期内使用并使企业长期受益,所以是非流动资产。长期待摊费用虽然也是非货币性长期资产,但其一发生就已被耗费或消失,不再为企业带来未来经济利益,因而本质上不属于资产。

3. 不确定性

无形资产的经济价值及其计量都具有较大的不确定性。其价值在很大程度上受企业外部因素的影响,如相关新技术更新换代的速度、利用无形资产所生产产品的市场接受程度等,其预期获利能力往往很难准确确定。另外,无形资产的取得成本不一定代表其经济价值,因为,一项取得成本较高的无形资产可能为企业带来较少的经济利益,而取得成本较低的无形资产却可能给企业带来较大的经济利益。不确定性要求企业对无形资产的确认和计量应该持更为谨慎的态度。

4. 可辨认性

无形资产虽然是无形的,但它应该是能与企业脱离并独立存在的、可分的,不同的无形资产应是可辨别的。其可辨认性,使得无形资产可以单独转让、许可和交易,也使得无形资产与商誉区别开来。我国企业会计准则指出,可辨认性的判断标准是能够从企业中分离或者划分出来,并能单独或者与相关合同、资产或负债一起,用于出售、转移、授予许可、租赁或者交换;或者源自合同性权利或其他法定权利,无论这些权利是否可以从企业或其他权利和义务中转移或者分离。

企业持有无形资产是用于生产商品或提供劳务、出租给他人,或为企业经营管理服务,而不是为了对外销售。比如,软件公司开发的、用于对外销售的计算机软件,对购买方而言属于无形资产,对开发商而言却是存货。

二、无形资产的构成

(一) 无形资产的分类

根据企业的不同需要、不同要求,可以将无形资产进行适当分类:

(1) 按不同来源分,无形资产可分为外购无形资产和自创无形资产。外购无形资产是指从企业外部购入的无形资产,其可以是单独购入,或与其他资产同时购入,或与企业整体一起购入的。自创无形资产是指企业自行研究和开发而内部形成的无形资产。按照会计惯例,应确认的无形资产主要是外购无形资产,自创无形资产除了符合资本化条件,一般都不能确认。

(2) 按使用寿命能否确定分,无形资产可分为使用寿命有限的无形资产和使用寿命不确定的无形资产。有些无形资产(如专利权、商标权、特许权、版权等)的使用寿命受法律、法规、协议或合同的限制,是可以确定的;有些无形资产(如非专利技术、永久性特许经营权、商号、秘密配方等)的寿命则是无限的或很难确定。按使用寿命能否确定分类,对无形资产是否摊销有着决定作用。对使用寿命有限的无形资产,应该正确估计使用寿命,并将其成本在使用寿命内系统合理地摊销。对使用寿命不确定的无形资产,无论是否确认,都不应进行摊销。

(3) 按是否可辨认分,无形资产可分为可辨认无形资产和不可辨认无形资产。可辨认无形资产是指可以具体认定的无形资产,绝大多数无形资产都属于这一类。不可辨认无形资产是指与企业整体相联系、不能单独认定的无形资产,一般指商誉。商誉是与企业整体相连的,不能脱离企业而单独存在,因此不能具体辨认。按可辨认性分类,有利于对无形资产进行确认和计量。值得注意的是,我国企业会计准则将无形资产定义为可辨认无形资产。

(二) 无形资产的内容

企业无形资产主要由专利权、非专利技术、商标权、版权、特许权和土地使用权等构成。其具体内容分述如下。

1. 专利权

专利权是指权利人在法定期限内对某一发明创造所拥有的独占权和专有权,是政府授予持有者独家制造、销售或处置某项发明的权利,是发明者向专利机构申请后,在法律的保护下,具有公开性、期限性的一种技术使用权。专利权的主体是依据我国《专利法》被授予专利权的个人或单位,专利权的客体是受我国《专利法》保护的专利范围。根据我国《专利法》规定,专利权分两种:一种是发明专利;另一种是实用新型及外观设计专利。凡新发明且具有经济价值者,可申请发明专利,法定有效期限为20年。凡对物品的形状构造或装置首先创造实用新型者,或对物品的形状、花色首先创造美感外观者,可申请实用新型及外观设计专利,法定有效期限为10年。专利权在期满后自动失效。发明者在取得专利权后,在有效年限内享有独占权,并受国家法律保护,任何企业和个人未经允许均不得制造、销售或处置其专利产品。

并不是所有的专利权都能给持有者带来经济利益,有的专利权可能没有经济价值或具有很小的经济价值,有的专利权会被更有经济价值的专利权所淘汰等。因此,企业无须将其所拥有的一切专利权都予以资本化。只有那些能够给企业带来较大经济利益,并且企业为此花费了支出的专利权才能作为无形资产核算。

2. 非专利技术

非专利技术也称专有技术,是指在工业生产上实用、先进的未经公开也未申请过专利权的知识和技术,包括各种设计图纸、资料、数据、技术规范、工艺流程、材料配方以及经营管理等资料,也包括专家、技术人员、工人等所掌握的不成文的经验、知识和技巧。非专利技术是发明人垄断的、不公开的、具有实用价值的先进技术、资料、技能、知识等。非专利技术具有经济性、机密性、动态性等特点,非专利技术未经公开且未申请专利权,所以不受法律保护,仅仅靠保密手段进行自我保护,但其事实上具有专利权的效用。非专利技术可以用蓝图、配方、技术记录、操作方法的说明等具体资料表现出来,也可以通过卖方派出技术人员进行指导,或接受买方人员进行技术实习等手段实现。

非专利技术有些是企业自行研发的,有些是从外部购入的。对于企业自行研发的,由于其可能成功也可能失败,从稳健性原则出发,研究阶段发生的相关费用,予以费用化,直接计入当期损益;开发阶段发生的支出,符合资本化条件的,予以资本化,计入无形资产成本。

3. 商标权

商标权是指企业专门在某种特定商品上使用某种特定的名称、图案、标记的权利。报经国家商标局核准注册的商标为注册商标,商标注册人享有商标专用权,受法律保护。我国《商标法》规定,注册商标的有效期限为10年,在期限届满前,企业可依法申请延长,经批准可以继续享有商标的专用权。商标权包括独占使用权和禁止使用权。独占使用权是指商标权享有人在商标的注册范围内独家使用其商标的权利;禁止使用权是指商标权享有人排除和禁止其他人对商标独占使用权进行侵犯的权利。商标权的价值在于它能使享有人获得较高的经济利益。

4. 版权

版权也称著作权,是指版权人对其著作依法享有的出版、发行等方面的专有权利。版权可以转让、出售或者赠予。版权包括发表权、署名权、保护作品完整权、使用权和获得报酬权等。世界各国对版权均有法律规定的有效期限,但由于版权的法律年限一般都较长,而版权的经济有效年限很少有延续那么多年的,加之申请注册版权的支出一般不大,在会计上不值得资本化,通常只有在向外购买著作权时,才将其支出予以资本化,并按一定年限摊销。

5. 特许权

特许权也称专营权,是指在某一地区经营或销售某种特定商品的权利或是一家企业接受另一家企业使用其商标、商号、技术秘密等的权利。前者一般是由政府机构授权,准许企业使用或在一定地区享有经营某种业务的特权,如水、电、邮政、通信等专营权,烟草、焰火、鞭炮等专卖权;后者是指企业间依照签订的合同,有限期或无限期地使用另一家企业的商标、商号、技术秘密等的权利,如连锁店分店使用总店的名称等。会计上的特许权主要是指后一种情况。只有支付了费用而取得的特许权才能作为无形资产入账。

6. 土地使用权

土地使用权是指国家准许某一企业在一定期间对国有土地享有开发、利用、经营的权利。在私有制国家,由于土地归私人所有,其土地买卖可以是所有权买卖,也可以是使用权买卖。但是我国土地实行公有制,土地归国家和集体所有,任何单位和个人不得侵占、买卖或者以其他形式非法转让。因此,与私有制国家的土地买卖不同,我国只允许土地使用权的买卖。

企业取得土地使用权所支付的价款及相关税费,应计入无形资产;企业以政府补助方式无偿取得的土地使用权,应按公允价值或名义金额计入无形资产;企业如果改变用途将取得的土地使用权对外出租或待增值后转让时,应将其账面价值转为投资性房地产核算;房地产开发企业,取得的土地使用权用于建造出售的房屋、建筑物的,其支付土地使用权的价款应作为建造商品房屋、建筑物的成本,计入产品开发成本。

值得注意的是,伴随着科学技术的日益进步以及知识产权内涵的不断丰富,无形资产的内涵和范围也有不断扩大的趋势。联合国《成立世界知识产权组织公约》将知识产权分为工业产权和版权(著作权)两大类,其中,工业产权包括专利权、商标权、反不正当竞争权、货源标记以及其他诸如对技术秘密、多媒体产品、生物技术产品、集成电路线图设计等保护对象的权利。同时,世界上多数国家把计算机软件和网络技术列为版权保护对象。企业应当充分考虑这一变化,关注那些对企业有着影响或有潜在价值的无形资源,但又不能随意地将所有无形资源都确认为企业的无形资产而登记入账。企业必须按照会计准则的要求对无形资产进行确认和计量。当然,企业可以将某些不符合会计确认与计量条件的,又确有价值的无形资源以其他方式予以披露(如报表附注等)。

三、无形资产的确认

一项资产要作为无形资产在会计上予以确认,首先要符合无形资产的定义,其次应满足无形资产确认的条件。

1. 符合无形资产的定义

符合无形资产的定义是无形资产确认的前提。一般来说,如果企业有权获得某项无形资产产生的经济利益,同时又能约束其他人获得这些经济利益,则说明企业控制了该项无形资产,或者说控制了该项无形资产产生的经济利益,具体表现为企业拥有该项无形资产的法定所有权,或企业与他人签订了协议,使得企业的相关权利受到法律的保护。如果没有通过法定方式或合约方式等来认定企业所拥有的控制权,则说明相关的项目不符合无形资产的定义。比如,企业通常无法对员工的专业技能将产生的预期未来经济利益实施足够的控制,因而员工所拥有的技术和能力不符合无形资产的定义;出于类似的原因,客户信赖、市场份额、企业与客户或供应商的关系等也不大可能符合无形资产的定义。

2. 满足无形资产确认的条件

第一,与该项无形资产有关的经济利益很可能流入企业。

资产最基本的特征是产生的经济利益预期很可能流入企业,如果某项资源产生的经济利益预期不能流入企业,就不能确认为企业的资产。对无形资产的确认来说,如果某一无形资源产生的经济利益预期不能流入企业,就不能确认为企业的无形资产;如果某一无形资源产生的经济利益很可能流入企业,且成本能够计量,那么,企业应将其确认为无形资产。另外,企业应能够控制无形资产所产生的经济利益,如企业通过拥有无形资产的法定所有权,或通过与他人签订了协议,使其权利受到法律保护,从而享有收益权。

因此,一般只有在企业确信这项无形资产会给企业带来经济利益,并且已具备应用的相当条件时,才能在会计上加以确认。如果一项专利技术被先进的技术取代,不能为企业带来经济利益,就不能被确认为无形资产。在判断无形资产产生的经济利益是否能流入企业时,企业管理层应对无形资产在预计使用年限内存在的各种因素作出稳健的估计。只有企业能控制其经济利益的无形资产,会计上才能加以确认。

第二,该项无形资产的成本能够可靠地计量。

无形资产价值的不确定性,加之又缺乏活跃的交易市场,给无形资产计量带来了很大的难度。出于对会计记录、会计报告的考虑,为确保会计信息的真实性、可靠性,无形资产应该采用实际成本计量。企业对于那些成本难以取得或不能可靠计量的无形资产不能确认。自创无形资产所发生的费用,由于有的要依附于其他资产或企业整体而难以分配计量,如内部产生的品牌、报刊名以及自创商誉等不予确认;有的大部分在自创过程中按照稳健性要求已计入期间费用,其他相关的注册费、印刷费、申请费、律师费等已无法反映自创的全部成本,使得计量不完全,如自创商标权、研究开发支出(除非符合资本化条件)等一般不确认为无形资产。成本能够可靠计量的外购无形资产应予以确认。

第二节 无形资产的初始计量

企业某一项目的支出,凡符合无形资产确认条件、构成无形资产成本的支出,都应正确计入无形资产成本。无形资产应当按照成本进行初始计量,由于无形资产取得方式不同,无形资产成本构成也有所不同。下面主要对因购入、研究与开发、投资者投入和其他途径等方式取得的无形资产进行会计计量。

一、购入的无形资产

购入无形资产的成本,应当按照实际支付的价款计量,包括购买价款、相关税费以及直接归属于使该项资产达到预定用途所发生的其他支出。购入的无形资产,应按实际支付的价款,借记"无形资产"账户,贷记"银行存款"等账户。

【例 6-1】 20×2 年 1 月 4 日,甲股份有限公司购入一项商标权,增值税专用发票买价为 45 000 元,进项增值税额为 2 700 元,价款已转账支付。甲公司编制会计分录如下:

借:无形资产——商标权　　　　　　　　　　　　　　　　　　45 000
　　应交税费——应交增值税(进项税额)　　　　　　　　　　　 2 700
　　贷:银行存款　　　　　　　　　　　　　　　　　　　　　　　　47 700

购入无形资产超过正常信用条件延期支付价款,实质上具有融资性质的,应按无形资产购买价款的现值,借记"无形资产"账户;按取得增值税专用发票中增值税额,借记"应交税费——应交增值税(进项税额)"账户;按应支付的金额,贷记"长期应付款"账户;按其差额,借记"未确认融资费用"账户。

对于一揽子购入的无形资产,其成本通常应按该无形资产和其他资产的公允价值相对比例确定,其购入无形资产时可抵扣增值税额,应记入"应交税费——应交增值税"账户。

【例 6-2】 甲公司从乙企业购入一项专利权和相关设备,价格及相关费用共计 300 万元,可抵扣增值税额为 21.5 万元。其中,专利权可以单独辨认,但与其相关设备的价格没有分别标明。在这种情况下,应考虑该专利权和相关设备的公允价值的相对比例来分配实际支付的 300 万元价款。假设该专利权和相关设备公允价值的相对比例为 5∶1,同时不考虑其他相关税费。

根据上述资料,该项专利权的成本应为 250 万元(300÷6×5),而相关设备的成本应为 50 万元(300÷6×1)。

采用公允价值相对比例来确定与其他资产一同购入的无形资产的成本,须以该无形资产的相对价值是否较大为前提。如果相对价值较小,则无须单独核算,可以计入其他资产的成本,视为其他资产的组成部分核算;反之,则需要单独核算。比如,只是作为电脑必不可少的附件随机购入的、金额相对较小的软件,就不必单独核算;但如果连同一组电脑购入、金额也相对较大(甚至占主要部分)的管理系统软件,则应单独核算。与地上附着物一同购入的土地使用权也属于类似的情况。如果一揽子购入的无形资产与其他资产在使用上不可分离,在使用年限方面也基本一致,则无须将其与其他资产分开来核算。

企业取得的土地使用权,应按实际支付的价款及相关税费单独确认为无形资产。土地使用权用于自行开发建造房屋、建筑物时,不应当与房屋、建筑物合并计算成本;企业外购房屋、建筑物所支付的价款中包括土地使用权和房屋、建筑物的成本的,应当采用合理的方法(如按两者公允价值比例)进行分配;确实无法在土地使用权和房屋建筑物之间分配的,应全部计入固定资产。

【例6-3】 20×2年1月5日,甲公司以8 000万元的价款购入一块土地,增值税发票标明可抵扣进项增值税额为720万元,用于新建厂房。公司当月采用出包方式进行建造。1月25日支付厂房工程款6 000万元,6月25日支付工程款3 000万元,12月20日支付150万元剩余工程款,该工程交付使用。建筑施工业务增值税税率为9%,以上款项均通过银行转账付讫,假定不考虑其他税费,则甲公司土地购入及厂房建造应编制会计分录如下:

(1) 购入土地。

借:无形资产——土地使用权　　　　　　　　　　　　　　　　80 000 000
　　应交税费——应交增值税(进项税额)　　　　　　　　　　　 7 200 000
　　　贷:银行存款　　　　　　　　　　　　　　　　　　　　　87 200 000

(2) 支付工程款及进项增值税。

借:在建工程——厂房工程　　　　　　　　　　　　　　　　　60 000 000
　　应交税费——应交增值税(进项增值税)　　　　　　　　　　 5 400 000
　　　贷:银行存款　　　　　　　　　　　　　　　　　　　　　65 400 000

借:在建工程——厂房工程　　　　　　　　　　　　　　　　　30 000 000
　　应交税费——应交增值税(进项增值税)　　　　　　　　　　 2 700 000
　　　贷:银行存款　　　　　　　　　　　　　　　　　　　　　32 700 000

借:在建工程——厂房工程　　　　　　　　　　　　　　　　　 1 500 000
　　应交税费——应交增值税(进项增值税)　　　　　　　　　　　 135 000
　　　贷:银行存款　　　　　　　　　　　　　　　　　　　　　 1 635 000

(3) 交付使用。

借:固定资产　　　　　　　　　　　　　　　　　　　　　　　91 500 000
　　　贷:在建工程——厂房工程　　　　　　　　　　　　　　　91 500 000

但是,房地产开发企业如果取得土地使用权是用于建造出售的商品房屋、建筑物,其支付土地使用权的价款,应作为建造商品房屋、建筑物的成本,计入产品开发成本。

二、研究与开发的无形资产

研究和开发活动有时可能产生某些无形资产,因而在自创无形资产中都需要考虑研究与开发支出。为了合理反映自创无形资产成本,企业通常将内部研究开发项目的支出分为研究支出和开发支出。

(一) 研究支出的界定

研究是指为获取并理解新的科学或技术知识而进行的具有独创性和有计划的调查。研究阶段是探索性的，为进一步开发活动进行资料及相关方面的准备。比如：①以获取新知识为目的的活动。②研究成果或其他知识的应用研究、评价和最终选择。③材料、设备、产品、工序、系统或服务替代品的研究。④新的或经改进的材料、设备、产品、工序、系统或服务的可能替代品的配置、设计、评价和最终选择等，均属于研究活动。

研究支出是企业在项目研究阶段所发生的支出。在研究阶段，研究成果将来是否转入开发、开发后是否形成无形资产等都具有较大的不确定性，因此，研究阶段的支出应予以费用化，并在其发生时直接计入当期损益。

(二) 开发支出的界定

开发是指在开始商业生产或使用前，将研究成果或其他知识应用于某项计划或设计，以生产出新的或具有实质性改进的材料、装置和产品等。相对于研究阶段而言，开发阶段是已经完成研究阶段的工作，在很大程度上具备了形成一项新产品或新技术的基本条件。比如：①生产前或使用前的原型和模型的设计、建造和测试。②含新技术的工具、夹具、模具和冲模的设计。③不具有商业性生产经济规模的试生产厂房的设计、建造和营运。④新的或经改进的材料、设备、产品、工序、系统或服务所选定的替代品的设计、建造和测试等，均属于开发活动。

开发支出是企业在项目开发阶段所发生的支出。在开发阶段，开发支出只有同时满足下列五个条件时，才能确认为无形资产（即予以资本化）：

(1) 完成该项无形资产以使其能够使用或出售在技术上具有可行性。

(2) 具有完成该项无形资产并使用或出售的意图。

(3) 无形资产产生经济利益的方式，包括能够证明运用该项无形资产生产的产品存在市场或无形资产自身存在市场，无形资产将在内部使用的，应当证明其有用性。

(4) 有足够的技术、财务资源和其他资源支持，以完成该项无形资产的开发，并有能力使用或出售该项无形资产。

(5) 归属于该项无形资产开发阶段的支出能够可靠地计量。

企业取得的已作为无形资产确认的正在进行中的研究开发项目，在取得后发生的支出，满足无形资产确认条件的，应当确认为无形资产，此外的其他支出，不应当确认为无形资产。

(三) 研究和开发支出的财务处理

基于研究和开发活动最终是否能形成能为企业带来未来经济效益的无形资产具有不确定性。从稳健性原则考虑，我国企业会计准则规定，研究阶段的支出，在发生时全部计入当期损益；开发阶段的支出，只有同时满足上述五个资本化条件的，才能计入无形资产成本，否则计入当期损益。

企业研究与开发过程中所发生的各项支出，无论是否资本化，都应先通过"研发支出"账户核算，并按研究开发项目分别"费用化支出""资本化支出"进行明细核算。

自行开发无形资产发生的研发支出，不满足资本化条件的，借记"研发支出——费用化支出"账户；满足资本化条件的，借记"研发支出——资本化支出"账户；根据研究与开发过程中发生的材料费用、直接参与研发人员的工资等，分别贷记"原材料""应付职工薪酬""银行存款"等账户。

研究开发项目达到预定用途形成无形资产的,应按"研发支出——资本化支出"账面余额,借记"无形资产"账户,贷记"研发支出——资本化支出"账户。

资产负债表日,应将"研发支出——费用化支出"账户的金额转入"管理费用——研发费用"账户,借记"管理费用——研发费用"账户,贷记"研发支出——费用化支出"账户。由于利润表中需单独列报"研发费用"项目,故应在"管理费用"账户下单独设置"研发费用"明细账户。

为了防止企业操纵会计信息,对于已经计入各期费用的研究与开发支出,在该项无形资产获得成功并依法申请取得时,不得再将原已计入费用的研究与开发支出资本化。

【例6-4】 20×2年5月3日,甲公司自行研发一项专利技术,发生原材料费800万元、职工工资200万元、以存款支付其他费用600万元,总计1600万元。其中,符合资本化条件的支出为1000万元。11月30日,该专利技术已经达到预定用途。甲公司编制会计分录如下:

(1) 发生研发费用。

借:研发支出——费用化支出	6 000 000
——资本化支出	10 000 000
贷:原材料	8 000 000
应付职工薪酬	2 000 000
银行存款	6 000 000

(2) 专利技术达到预定用途。

借:管理费用——研发费用	6 000 000
无形资产	10 000 000
贷:研发支出——费用化支出	6 000 000
——资本化支出	10 000 000

三、投资者投入的无形资产

投资者投入无形资产的成本,应当按照投资合同或协议约定的价值计量,但合同或协议约定价值不公允的除外。具体而言,投资者投入的无形资产,应按投资各方确认的价值,借记"无形资产"账户;按其注册资本或股本所占份额,贷记"实收资本"或"股本"账户,按其差额,贷记"资本公积——资本溢价"或"资本公积——股本溢价"账户。投资方能够提供增值税抵扣的证明,应借记"应交税费——应交增值税(进项税额)"账户。

【例6-5】 甲股份公司原注册资本(股本)为100万元,20×2年6月15日,甲股份公司接受乙公司以专利权进行投资。该专利权的账面价值为42万元,双方经协商确认的价值为44万元,占增资后股本的20%。乙公司出具增值税专用发票中增值税额为26 400元。假定不考虑其他相关税费。甲股份公司编制会计分录如下:

分析:由于增资后乙公司股本占总股本的20%,即

乙公司股本÷(乙公司股本+1 000 000)×100%=20%

甲股份公司总股本中乙公司股本=250 000(元)

接受投资时:

借:无形资产	440 000
应交税费——应交增值税(进项税额)	26 400
贷:股本——乙公司	250 000
资本公积——股本溢价	216 400

四、其他途径取得的无形资产

接受捐赠的无形资产,初始计量按照第五章第二节所述原则进行。以非货币性资产交换、债务重组方式取得的无形资产,初始计量分别按照相关会计准则的规定进行。

第三节 无形资产的后续计量

无形资产的后续计量是指在无形资产持有期间,对其成本的计量,通常包括无形资产摊销、无形资产复核和减值测试。

一、无形资产的摊销

无形资产作为企业的长期资产,能够在未来较长时间内给企业带来经济利益。但无形资产通常有一定的有效期限,它所具有的价值权利或特权终究会结束或消失。因此,企业应当在取得无形资产时分析判断其使用寿命,并将无形资产的成本在其使用寿命内进行摊销。

1. 使用寿命估计

企业在估计无形资产使用寿命时,应当综合考虑如下因素:①运用该资产生产的产品通常的寿命周期,可获得的类似资产使用寿命的信息;②技术、工艺等方面的现阶段情况及对未来发展趋势的估计;③以该资产生产的产品或提供服务的市场需求情况;④现在或潜在的竞争者预期采取的行动;⑤为维持该资产带来经济利益能力的预期维护支出以及企业预计支付有关支出的能力;⑥对该资产控制期限的相关法律规定或类似限制(如特许使用期、租赁期等);⑦与企业持有其他资产使用寿命的关联性等。

如果按照上述方法仍无法确定无形资产为企业带来经济利益期限的,该项无形资产应当视为使用寿命不确定的无形资产。使用寿命不确定的无形资产不予摊销。

2. 摊销方法选择

企业应当选择恰当的摊销方法,将无形资产在其使用寿命内予以摊销。摊销方法要能够反映与该项无形资产有关的经济利益的预期消耗方式,以确保其摊销金额更为合理和系统。企业一般选择直线法摊销,但是,如果能够可靠地确定无形资产预期消耗方式的,也可选择加速摊销法或工作量法等,如企业对公路经营权摊销可采用工作量法(如具体按车流量法);某些更新换代迅猛的非专利技术、专利权等,可选择加速摊销法(如双倍余额递减法、年数总和法)。无形资产应摊销总额等于无形资产成本减去预计残值和已计提减值准备。使用寿命有限的无形资产,其残值应当视为零,但下列情况除外:①有第三方承诺在无形资产使用寿命结束时购买该无形资产。②可以根据活跃市场得到预计残值信息,并且该市场在无形资产使用寿命结束时很可能存在。

3. 摊销的会计处理

企业应当在无形资产达到预定可使用状态时开起摊销,直至其停止确认时结束。具体而言,企业应当在取得无形资产的当月开始摊销,处置无形资产的当月不再摊销,即当月增加的无形资产,当月开始摊销;当月减少的无形资产,当月不再摊销。

企业应按月计提无形资产摊销,将其计入当期损益。企业自用的无形资产摊销时,借记"管理费用"或有关资产成本等账户,贷记"累计摊销"账户;出租的无形资产摊销时,借记"其他业务成本"账户,贷记"累计摊销"账户。

二、无形资产的复核与减值测试

随着企业所处商业环境的不断变化,随着科学与技术日新月异地发展,无形资产预期为企业带来经济利益的能力很可能受到影响,其使用寿命、摊销方法可能发生变化,从而发生减值。所以,企业应该定期对无形资产进行复核和减值测试,以便真实反映企业财务状况和经营成果。我国企业会计准则规定,企业至少应当在每年年末对无形资产进行复核和减值测试。

资产负债表日在对无形资产的使用寿命及摊销方法进行复核时,如果发现其使用寿命及摊销方法与以前估计不同,应当变更摊销期限和改变摊销方法。另外,企业每年年末应对使用寿命不确定的无形资产进行复核,如果有证据表明无形资产的使用寿命是有限的,应当估计其使用寿命,并按使用寿命有限的无形资产进行会计处理。如果无形资产预期不能为企业带来经济利益,企业必须及时将该项无形资产予以转销。

如发现无形资产出现减值迹象,在资产负债表日应对其进行减值测试。当无形资产的可回收金额低于其账面价值时,会使得无形资产为企业带来的未来经济利益不足以补偿其成本(账面摊余成本),因此,应将可收回金额低于其账面价值的部分确认为减值损失,即借记"资产减值损失"账户,贷记"无形资产减值准备"账户。采用一定方法摊销的无形资产,计提减值准备以后应按扣除所提减值准备后的资产账面价值,重新计算剩余使用寿命内各期摊销额。

第四节 无形资产的出售、出租和报废

为了更好地发挥无形资产的经济价值,企业应根据具体情况对无形资产进行出售、出租和报废等处理。

一、无形资产的出售

无形资产出售,即无形资产所有权转让,是企业对无形资产所有权的放弃,是资产所有权的转移。无形资产的出售收入,不是企业日常经营活动所取得的收入,而是属于偶发交易或事项所发生的收益,应作为计入当期损益中的利得或损失。因此,企业出售无形资产时,应将所得价款与该项无形资产的账面价值之间的差额确认为当期资产处置损益。

【例6-6】 20×1年1月1日,甲公司购入H无形资产,实际支付的价款为120万元。根据相关法律,甲公司估计H无形资产使用寿命为6年。甲公司无形资产采用直线法摊销。20×3年1月1日,甲公司将所拥有的H无形资产出售给乙公司,取得收入880 000元,应交增值税52 800元。甲公司编制会计分录如下:

分析：20×3年1月1日出售时，该项无形资产累计摊销为400 000元(200 000×2)。
甲公司出售H无形资产时：

借：银行存款   880 000
    累计摊销   400 000
    贷：无形资产   1 200 000
        应交税费——应交增值税(销项税额)   52 800
        资产处置损益   27 200

二、无形资产的出租

无形资产出租即无形资产使用权转让，是指企业将所拥有的无形资产的使用权让渡给他人并收取租金的经济事项。无形资产的出租收入应在符合以下条件时予以确认：①与出租交易相关的经济利益能够流入企业。②租金收入的金额能够可靠地计量。通常租金收入应按合同或协议规定计算确定。为确保收入与费用相配比，在确认租金收入的同时，还应确认相关费用。但是，企业如果将取得的土地使用权出租时，应将其账面价值转为投资性房地产核算。

【例6-7】 20×1年1月，甲公司将其拥有的一项原始价值为420 000元的专利权出租给B企业使用1年，合约规定B企业应一次性支付使用费90 000元。甲公司支付相关费用10 000元，出具增值税专用发票，增值税税率为6%。甲公司采用直线法摊销无形资产。已知出租使用权时该专利权已累计摊销210 000元，已提减值准备60 000元，该专利权尚有使用年限2年。甲公司编制会计分录如下：

(1) 收到租金。

借：银行存款   95 400
    贷：其他业务收入   90 000
        应交税费——应交增值税(销项税额)   5 400

(2) 支付相关费用。

借：其他业务成本   10 000
    贷：银行存款   10 000

(3) 20×1年年末，无形资产摊销75 000元[(420 000－210 000－60 000)÷2]。

借：其他业务成本   75 000
    贷：累计摊销   75 000

三、无形资产的报废

如果无形资产预期不能为企业带来经济利益，就已经基本丧失了其经济价值和未来服务潜能，从而不再符合资产的定义，则应将其转销。企业可以根据以下迹象判断某项无形资产是否丧失了经济价值：①该无形资产是否已被其他新技术等所替代，且已不能为企业带来经济利益。②该无形资产是否不再受法律的保护，且不能给企业带来经济利益。③其他足以证明某项无形资产实质上已经丧失了使用价值的情形。当存在上述一项或几项情况时，可认定为该无形资产不能为企业带来经济利益，应将其予以转销。

转销时,应将无形资产的账面价值全部计入当期损益,按已提减值准备,借记"无形资产减值准备"账户;按累计摊销数,借记"累计摊销"账户;按差额(账面净值),借记"营业外支出"账户;按账面余额,贷记"无形资产"账户。

【例 6-8】 承[例 6-7],假设甲公司所拥有的该项专利权,在租赁期满后,由于已被更新的技术所替代,已无任何经济价值,公司决定将该项专利权予以报废。则甲公司租赁期满时将收回的该项专利权转销的会计分录如下:

分析:1 年租赁期满收回时,该项专利权累计摊销为 285 000 元(210 000＋75 000)。

甲公司报废转销专利权时:

借:营业外支出 75 000
　　累计摊销 285 000
　　无形资产减值准备 60 000
　贷:无形资产——专利权 420 000

第五节　商　誉

长期以来,商誉一直是世界各国会计界研究和讨论的热点问题。下面主要就商誉的界定、商誉的确认与计量、外购商誉的会计处理等问题进行阐述。

一、商誉的概念与特征

一般意义而言,一个企业由于种种原因,在同行业中处于较优势的地位,在消费者或客户中拥有较好的声誉,从而使得该企业可望获得高于同业一般盈利水平的能力,这就是商誉。因此,商誉是企业拥有的获取超额利润的能力,形成这种能力的因素很多,如优越的地理位置、悠久的经营历史、良好的客户资源、先进的管理水平、独特的企业文化、特殊的生产工艺或技术、较高的企业知名度等。从本质上看,这种能力由两部分构成:一是企业长期经营形成并已经存在的获取超额利润的现实能力(自创商誉);二是企业购并后有望在未来可以获得超额利润的潜在能力(外购商誉)。

商誉不同于企业一般的有形资产或无形资产,它与企业的整体密切相关,无法离开特定企业而独立存在,也不能与企业可辨认的各种资产分开而单独交易。商誉的特征主要表现为以下三个方面:

其一,商誉与企业作为同一整体,不能单独存在,也不能与企业可辨认的各种资产分开进行转让或出售。

其二,商誉形成的各种因素,不能单独地采用有效的方式进行计量。它们的价值,只有在把企业作为一个整体看待时才能按总额加以确定。

其三,商誉所具有的超额获利能力有很大的不确定性,商誉的存在未必一定有为建立商誉而发生的各种成本。

二、商誉的确认与计量

从来源看,商誉分为自创商誉和外购商誉两种。基于商誉的特殊性,按照国际会计惯例,只有在企业收购和兼并中取得的外购商誉,才能在会计上加以确认;自创商誉在任何状态下都不能确认,我国企业会计准则也采用了这一惯例。这是因为,外购商誉是过去的交易形成的、由购买企业所拥有或控制的、预期会给企业带来未来经济利益的资源,符合资产定义;其成本也能通过实际交易价格比较可靠地计量。自创商誉是企业内部在长期的经营过程中由诸多因素共同影响形成的,不是过去交易或事项所产生的,不符合资产的定义,其成本或价值也难以计量,何况有的自创商誉形成本身并未发生实际支出,故企业应该确认外购商誉,而不应确认自创商誉。

外购商誉初始成本应按收购企业所支付价款与取得被购买企业可辨认净资产公允价值份额之间的差额进行计量。其计算公式如下:

商誉＝购买企业实际支付的价款－被购企业可辨认净资产的公允价值总额×购买企业所享有的股权比例

其中:可辨认净资产的公允价值 $=\sum$ 可辨认资产的公允价值 $-\sum$ 负债及或有负债的公允价值

如果支付价款大于被购买企业的可辨认净资产公允价值,即正商誉;反之,如果支付价款小于被购买企业的可辨认净资产公允价值,即负商誉。正商誉是购买企业为获取被购企业现实和潜在的超额获利能力而付出的代价。负商誉的产生可能是由于被购企业为达到被兼并的目的而作出的某些牺牲或付出的代价,抑或是被购企业本身可能包含对以后经营不利的因素等。按照《企业会计准则第 20 号——企业合并》的规定,我国会计中只将"正商誉"作为商誉予以确认;对"负商誉"在会计上是不确认为商誉的,而是将其差额计入企业合并当期的"营业外收入"中。

【例 6-9】 20×2 年 1 月 1 日,甲股份公司以银行存款 1 500 万元收购了乙股份公司 90%的股权,假定属于非同一控制下的企业合并。在购买日,乙股份公司可辨认资产的公允价值为 1 800 万元,负债的公允价值为 500 万元。

分析:根据上述条件,甲股份公司外购商誉的计算如下:

甲股份公司外购商誉＝1 500－(1 800－500)×90%＝330(万元)

需要说明的是,购买上市公司不构成业务的,购买企业不得确认商誉或确认计入当期损益,有关差额计入资本公积。这里的所谓不构成业务,通常是指被购买的上市公司已将其所有资产和负债出售,或出售其绝大多数资产和负债,只剩下货币资金等,所保留的资产或资产与负债的组合,不具有投入、加工处理过程和产出能力,不能够独立计算其成本费用或所产生的收入。

三、外购商誉的账务处理

外购商誉在确认和计量后,应进行会计处理,其主要问题集中表现在企业购买日商誉产生的会计处理和商誉摊销的处理方法等方面。

(一) 企业购买日商誉产生的会计处理

企业外购商誉的处理,因企业合并方式不同,而有所区别。

1. 非同一控制控股合并方式下所产生的商誉

在控股合并方式下,被合并方(被购买方)在企业合并后仍然保持其独立的法人资格而继续经营,因此,购买方支付价款大于被购买方可辨认净资产公允价值份额的差额(即产生外购商誉),隐含在长期股权投资价值中并不需要单独设置"商誉"账户核算,而在合并财务报表中记入"商誉"项目进行反映。

沿用[例6-9]说明,甲股份公司以银行存款1 500万元收购了乙股份公司90%的股权,从而掌握对乙股份公司的控制权,该企业合并属非同一控制下的控股合并方式。因此,对于企业合并所产生的外购商誉330万元,甲股份公司应该在购买日编制的合并资产负债表中设置"商誉"项目列示330万元。

2. 非同一控制吸收合并方式下所产生的商誉

吸收合并后,被合并方(被购买方)已丧失法人资格,被合并方有关资产和负债全部归购买方,并纳入购买方的账簿和个别财务报表中进行核算。因此,购买方支付价款大于被购买方可辨认净资产公允价值份额的差额(即产生外购商誉),应该单独设置"商誉"账户进行核算,并在购买方的资产负债表中单独列示"商誉"项目进行揭示。

【例6-10】 20×2年12月1日,甲股份公司以银行存款2 000万元购买了乙企业全部资产,乙企业已被注销法人资格。购买日乙企业可辨认净资产账面价值1 800万元,公允价值1 558.5万元。甲股份公司和乙企业不存在关联方关系(假定不考虑所得税影响)。

分析:甲股份公司吸收合并乙企业时,

$$商誉 = 2\,000 - 1\,558.5 = 441.5(万元)$$

(二) 商誉摊销的处理方法

在会计理论界,商誉摊销的处理通常有三种方法。

1. 商誉立即注销法

在该方法下,将初始确认的商誉在后续确认时立即予以注销,并直接调整并购当期的股东权益。其理由是商誉无法脱离企业单独交易,而且其价值具有很大的不确定性,有效年限(摊销年限)难以可靠确定。因此,不应列为并购企业的资产。

2. 商誉系统摊销法

在该方法下,将商誉确认为一项资产,并采用合理系统的方法分期进行摊销。该方法认为,企业外购商誉所发生的支出,将在并购之后的未来时期内发生效用,应将其资本化,并通过系统摊销实现收入费用配比;而且,商誉作为企业一种获取超额利润的能力不可能永远保持,按照资产效用递减理论,随着时间延长,其原有的商誉价值会日益减少,故需要在有效年限内摊销。

3. 商誉长期保留法

在该方法下,将商誉作为企业一项长期资产保留,不进行摊销,但应进行减值测试。此方法认为,由于商誉不能离开企业而独立存在,在持续经营假定下,将其作为长期资产而且不进行摊销,有利于提供于决策有用的相关信息。但鉴于商誉的不确定性,应进行期末减值测试,以反映其真实价值。

我国企业会计准则基本沿用了当前国际通行的做法,即确认合并商誉,不予摊销,但至少应当在年度终了时进行减值测试。对于已确认的商誉减值损失,我国会计准则和国际财务报告准则均不允许在以后会计期间转回。具体减值测试方法参见本书第九章资产减值。

资产负债表日,发生商誉减值时,借记"资产减值损失"账户,贷记"商誉减值准备"账户。

> **无形资产和商誉在财务报表中的列示及披露**
>
> 无形资产应在资产负债表的非流动资产类中单独设置"无形资产"项目列示,以反映企业资产负债表日无形资产的账面价值。该报表项目应根据"无形资产"账户期末余额扣除"累计摊销"账户期末余额后的净额分析填列。
>
> 商誉应在资产负债表的非流动资产类中单独设置"商誉"项目列示,以反映企业资产负债表日商誉的账面价值。该报表项目应根据"商誉"期末账面余额抵减"商誉减值准备"期末余额后的净额分析填列。
>
> 对于无形资产,还应以报表附注形式披露每一类无形资产的期初期末余额、累计摊销额和减值准备等累计金额、无形资产使用寿命的估计情况、使用寿命不确定的无形资产其使用寿命不确定性的判断依据、每一类无形资产的摊销方法、计入当期损益和确认为无形资产的研究开发支出金额、用于担保的无形资产账面价值及当期摊销额等情况信息。对于商誉,应以报表附注形式披露商誉的确定方法、形成来源等信息。

案例分析

"隆平高科"与"袁隆平"品牌

案例介绍:

袁隆平农业高科技股份有限公司(简称"隆平高科")2014年11月26日与袁隆平先生签订协议,以5 151万元买断"袁隆平"冠名权及肖像权,以便在经营活动中独占其姓名权和肖像权,包括"袁隆平""隆平"及其相应的中英文名称,和任何关于袁隆平院士肖像的图片、照片。这是袁隆平品牌价值的最新估值,由北京北方亚事资产评估有限责任公司评估确定。公司在协议签订后30日内支付40%,剩余60%在协议生效后180日付清。之前,2000年11月隆平高科上市之初,公司曾向袁隆平先生支付姓名权使用费580万元(其中,380万元袁隆平折价250万股作为公司发起人)。而"袁隆平"品牌价值,在1988年湖南四达资产评估事务所评估,更高达1 008.9亿元。

案例背景:

袁隆平是中国工程院院士、"世界杂交水稻之父",以他几十年在杂交水稻方面的研究成果,为解决我们这个泱泱大国13亿人口的吃饭问题,起了举足轻重的作用。"隆平高科"是由湖南省农业科学院作为主要发起人,联合湖南杂交水稻研究中心、湖南东方农业产业公司、袁隆平先生等共同发起设立的,主要从事以杂交水稻、杂交辣椒、西甜瓜为主的高科技农作物种子、种苗的培育、繁殖和推广销售。该公司的特别之处就在于其有一项无形资产,这就是我国著名科学家袁隆平先生的名字。公司成立于1999年6月,是一家以"光大袁隆平伟大事业,用科技改造农业,造福世界人民"为宗旨的农业高新技术企业,2000年5月发行A股,2004年12月,长沙新大新集团有限公司受让湖南省农业科学院的全部国有股权,成为公司控股股东。公司2006年完成股权分置改革。2015年12月31日总股本9.96亿股,总资产50.20亿元,成为完全市场化运作的现代上市公司。

资料来源:

袁隆平农业高科技股份有限公司2015年年度报告。

依据及相关法规:

财政部:《企业会计准则第6号——无形资产》(2006年2月),《企业会计准则——应用指南》(2006年10月),《企业会计准则第39号——公允价值计量》及其应用指南(2014年1月)。

案例思考题:

1. 你认为该公司所支付的姓名使用费是应当确认为无形资产还是作为期间费用直接计入当期损益?请说明理由。

2. 如果确认为无形资产,应如何编制会计分录?

3. 无形资产评估方法一般有成本法、市场法、收益法,你认为"袁隆平"品牌价值评估应采用何种方法进行评估确定?为什么?

4. 该项无形资产的摊销期如何确定?

5. 如何看待"隆平高科"打造"袁隆平"品牌的发展战略?围绕公司这一战略,您还有什么新举措?

本章要点概览

1. 无形资产是指企业拥有或者控制的、没有实物形态的、可辨认的非货币性资产。其特征主要有无形性、非货币性、可辨认性和不确定性等。

2. 企业要将某项资产确认为无形资产,首先该资产要符合无形资产的定义;其次应同时满足确认的两个条件:一是与该无形资产有关的经济利益很可能流入企业;二是该无形资产的成本能够可靠地计量。

3. 无形资产应当按照成本进行初始计量。由于取得方式不同,无形资产的成本构成有所不同。外购无形资产的成本包括购买价款、相关税费以及直接归属于使该资产达到预定用途所发生额其他支出。投资者投入无形资产的成本,应当按投资合同或协议约定的价值确定。

4. 对于企业内部自行研究与开发项目所发生的支出,属于研究阶段的支出,应予以费用化;属于开发阶段的支出,符合资本化条件的,应计入无形资产价值。

5. 企业应选择恰当的摊销方法将无形资产成本在其使用寿命内摊销,使用寿命不确定的无形资产不予摊销。

6. 企业至少应当在每年年末对无形资产进行复核和减值测试,已确认的无形资产减值损失不得转回。

7. 无形资产出租属于日常经营中的其他业务。无形资产的出售和报废涉及资产的终止确认。

8. 商誉不具有可辨认性,不属于无形资产范围。自创商誉不能确认,只有在企业收购和兼并中取得的外购商誉,才能进行会计确认。外购商誉应按企业合并成本大于取得被收购企业可辨认净资产公允价值份额的差额进行计量。商誉不予摊销,但至少应当在年度终了时进行减值测试。

主要术语

1. 无形资产
2. 研究支出
3. 开发支出
4. 专利权
5. 非专利技术
6. 版权
7. 特许权
8. 土地使用权
9. 无形资产减值
10. 无形资产摊销
11. 商誉

复习题

一、思考题

1. 什么是无形资产？其主要特征是什么？包括哪些内容？
2. 企业如何确认无形资产？其确认条件是什么？
3. 如何理解无形资产的可辨认性？判断可辨认性有哪些标准？
4. 无形资产取得有哪些方式？举例说明如何对无形资产进行初始计量。
5. 我国无形资产准则对研究与开发费用的会计处理是如何规定的？你认为这样的处理合理吗？请说明理由。
6. 估计无形资产使用寿命要考虑哪些因素？如何确定无形资产摊销期限？
7. 无形资产摊销方法有哪些？企业应如何恰当地选择无形资产摊销方法？
8. 你认为无形资产确认和计量的难点是什么？
9. 形成商誉的因素有哪些？商誉如何确认？其基本特征表现在哪里？
10. 如何对商誉进行计量？其会计处理方法有几种？我国是怎样规定的？请说明理由。

二、判断题

1. 无形资产出租和无形资产出售均属企业偶发交易活动,其收入均应列为营业外收入。（   ）
2. 企业无形资产摊销方法一般选择直线法,但是,如果能够可靠地确定无形资产预期消耗方式的,也可选择加速摊销法或工作量法等其他方法。（   ）
3. 使用寿命有限的无形资产,应将其成本在使用寿命内系统合理摊销；而使用寿命不确定的无形资产,则不应进行摊销。（   ）
4. 可辨认性是无形资产的特征之一,也是无形资产与商誉的区别之一。（   ）
5. 企业购买另一个企业时,购入商誉的成本应根据购买企业支付的价款扣除被收购企业可辨认资产的公允价值后的余额确定。（   ）

三、单项选择题

1. 由于企业所处的地理位置优越,或由于信誉卓著、经营管理得当、生产技术先进等原因而形成的一家企业的获利能力超过同行业的获利水平,是指(   )。
   A. 特许经营权   B. 著作权
   C. 土地使用权   D. 商誉
2. 企业购买无形资产的成本是 80 000 元,已摊销 8 000 元,年末,估计可收回的金额是 62 000 元。企业应计提的无形资产减值准备是(   )元。
   A. 72 000   B. 62 000   C. 10 000   D. 8 000

3. 企业出售一项专利权,该专利权账面原值为90 000元,累计摊销为20 000元,出售时不含税价款为100 000元,增值税税率为6%,已计提减值准备3 000元,企业出售该项无形资产净损益为( )元。
   A. 100 000　　　　　　B. 95 000　　　　　　C. 33 000　　　　　　D. 25 000

4. 无形资产摊销时,应将其摊销金额记入( )。
   A. "无形资产"账户的借方　　　　　　B. "无形资产"账户的贷方
   C. "管理费用"账户的贷方　　　　　　D. "累计摊销"账户的贷方

5. 甲公司于20×2年9月1日购并乙企业,实际支付价款为350万元。乙企业账面资产总额为600万元,负债总额为290万元,净资产账面价值为310万元,可辨认净资产公允价值总额为330万元,则购并日甲公司应确认的商誉价值为( )万元。
   A. 330　　　　　　　　B. 310　　　　　　　　C. 20　　　　　　　　D. 40

四、多项选择题

1. 下列表述中,能够表现无形资产特征要求的有( )。
   A. 没有实物形态　　　　　　　　　　B. 持有的目的是企业使用而非出售
   C. 属于非货币性的长期资产　　　　　D. 其价值具有较大的不确定性
   E. 具有可辨认性

2. 按照我国企业会计准则规定,下列不能确认的项目有( )。
   A. 自创商誉　　　　　　　　　　　　B. 外购商誉
   C. 内部产生的品牌、报刊名　　　　　D. 非专利技术
   E. 土地使用权

3. 下列情况中,企业应当将该项无形资产的账面价值全部转入当期损益的有( )。
   A. 无形资产已被其他新技术等所替代,并且该项无形资产已无使用价值和转让价值
   B. 某项无形资产已超过法律保护期限,并且已不能为企业带来经济利益
   C. 其他足以证明某项无形资产实质上已经丧失了使用价值的情形
   D. 某项无形资产已被其他新技术等所替代,使其为企业创造经济利益的能力受到重大不利影响
   E. 该项无形资产的市价在当期大幅下跌,并在剩余摊销年限内可能不会回升

4. 无形资产可辨认性的判断标准有( )。
   A. 能够从企业中分离或者划分出来
   B. 能单独用于出售、转移、授予许可、租赁或者交换
   C. 源自合同性权利或其他法定权利,但这些权利不必从企业或其他权利和义务中转移或者分离
   D. 能与相关合同、资产或负债一起,用于出售、转移、授予许可、租赁或者交换
   E. 源自合同性权利或其他法定权利,但这些权利必须能够从企业或其他权利和义务中转移或者分离

5. 下列有关无形资产的表述中,正确的有( )。
   A. 使用寿命有限的无形资产自取得当月起在预计使用寿命期内合理摊销计入当期损益
   B. 如果无形资产专门用于生产某种产品,则摊销费用应当计入制造该产品的制造费用

C. 无形资产可以采用类似固定资产加速折旧的方法进行摊销

D. 无形资产的摊销金额为其成本扣除预计残值后的金额,已计提减值准备的无形资产,还应扣除已计提的无形资产减值准备累计金额

E. 对于使用寿命不确定的无形资产进行复核时有证据表明其使用寿命成为有限的,改按使用寿命有限的无形资产处理

五、业务题

【业务题一】

目的 练习无形资产取得和外购商誉的会计处理。

资料 高科股份公司20×2年发生有关无形资产的经济业务如下:

(1) 1月9日,高科股份公司从技术市场购入一项专利权,增值税专用发票标明的买价为300 000元,增值税额为18 000元,注册费、律师费等12 000元,价款均以存款支付。

(2) 2月20日,接受乙企业以某项商标权向本企业投资,双方协商确认价值150 000元,进项增值税额为9 000元。

(3) 3月15日,高科股份公司董事会批准研发某项新型技术,在研究开发过程中发生原材料费用500 000元,人工费用700 000元,以存款支付其他费用300 000元,共计1 500 000元,其中,符合资本化条件的支出为980 000元。12月31日,该项新型技术已达到预定用途。

(4) 5月10日,高科股份公司接受某科研机构捐赠的一项无形资产,捐赠机构提供增值税专用发票所标明的价格为70 000元,增值税额为4 200元,以银行存款支付相关费用15 000元,不考虑其他税费。

(5) 6月15日,高科股份公司接受乙企业无偿赠予某项专利权,乙企业未提供有关凭据,据测算该项专利权预计未来现金流量现值为120 000元。假定不考虑相关税费。

(6) 12月1日,高科股份公司通过非同一控制下吸收合并方式购买B企业全部资产。高科股份公司以银行存款转账支付购买B企业价款1 500万元。购买日B企业相关资产和负债的账面价值和公允价值(表6-1),高科股份公司与B企业不存在关联方关系。

表6-1 　　　　**B企业相关资产和负债的账面价值和公允价值**　　　　单位:元

项 目	账面价值	公允价值
债权投资	1 800 000	1 800 000
其他债权投资	3 322 500	3 000 000
库存商品	2 250 000	1 650 000
固定资产	38 250 000	39 150 000
应付账款	18 622 500	32 600 000
实收资本	18 000 000	—
盈余公积	8 340 000	—
未分配利润	660 000	—
净资产	27 000 000	

要求 根据以上经济业务编制高科股份公司的会计分录。假定不考虑所得税等相关税

费影响。

【业务题二】

目的 练习土地使用权购买、摊销和无形资产处置的会计处理。

资料 飞翔公司20×2年12月发生有关无形资产的交易或事项如下：

(1) 12月1日，公司购入一块土地的使用权，以银行存款支付价款1 200 000元、增值税额108 000元、取得该土地50年使用权，已收到增值税专用发票。本月在该土地上自行建造厂房，发生建筑材料支出1 000 000元及增值税款130 000元，工资费用250 000元，以银行存款支付其他相关费用56 000元，厂房尚未完工，该公司无形资产摊销采用直线法。

(2) 12月20日，公司将拥有的一项非专利技术出售，取得收入560 000元存入银行，出具增值税专用发票，增值税销项税额为33 600元(不考虑其他相关税费)，该项非专利技术的账面成本为488 000元，累计摊销60 000元，已提减值准备40 000元。

(3) 年末，公司对现有无形资产进行复核和减值测试，结果如下：

专利权H由于科技进步等原因，已丧失使用价值，预期不能为公司带来经济利益，该专利权账面余额90 000元，累计摊销12 000元，未计提减值准备。公司决定予以转销。

对有减值迹象的无形资产进行测试，其年末账面价值与可收回金额资料，如表6-2所示。

表6-2　　　　　　　20×2年年末公司有减值迹象的无形资产资料　　　　　　　单位：元

项目	账面价值	可收回金额	减值
专利权K	3 500 000	3 300 000	
商标权	5 800 000	5 300 000	
合计	9 300 000	8 600 000	

要求 (1) 编制土地使用权购买、本月摊销和建造厂房的会计处理。

(2) 编制非专利技术出售的相关会计分录。

(3) 根据年末无形资产复核和减值情况，进行有关转销和减值的会计处理。

(4) 请说明上述土地使用权、专利权K和商标权合计计入20×2年年末资产负债表中"无形资产"项目的金额。

第七章 金融资产

学习目的与要求

本章旨在阐述金融资产的性质、特征和分类,以及各类金融资产的确认条件、计量方法和列报要求。读者通过本章的学习,应掌握以摊余成本计量的金融资产、以公允价值计量且其变动计入其他综合收益的金融资产、以公允价值计量且其变动计入当期损益的金融资产的确认、初始计量、后续计量、终止确认和重分类,了解金融资产在财务报表中的列示与披露方法。

预习思考题

1. 甲公司、乙公司、丙公司购入同一种债券,分别确认为以摊余成本计量的金融资产、以公允价值计量且其变动计入其他综合收益的金融资产、以公允价值计量且其变动计入当期损益的金融资产。如果这三家公司对该项金融资产的分类均无错误,你如何解释这一现象?

2. 企业从二级市场购买的股票,归类为以公允价值计量且其变动计入当期损益的金融资产还是指定为以公允价值计量且其变动计入其他综合收益的金融资产,对利润表有何不同影响?

3. 小林的爸爸于本年 1 月 1 日购入胜利公司当日发行的到期一次还本付息的 5 年期债券,票面利率 6%,债券面值 1 000 元。他以 1 050 元的价格购入 80 张,另支付手续费 210 元。小林告诉爸爸,所购债券持有到期的全部投资收益为 4 590 元。你说小林算得正确吗?请替小林爸爸算一算。

4. 请查阅一家金融类上市公司 2012~2017 年的年报,分析公允价值计量对其财务报表的影响,试评价公允价值计量在金融危机和企业管理中的作用。

第一节 金融资产概述

一、金融资产的性质与特征

金融工具是指形成一方的金融资产并形成其他方的金融负债或权益工具的合同。金融工具包括金融资产、金融负债和权益工具。其中,合同的形式多种多样,可以是书面形式,也可不采用书面形式。实务中的金融工具合同通常采用书面形式。

非合同的资产和负债不属于金融工具。例如,预付账款不是金融资产,因其产生的未来经济利益是商品或服务,不是收取现金或其他金融资产的权利。再如,应交所得税是企业按照税收法规规定承担的义务,不是以合同为基础的义务,因此不属于金融负债。

金融资产是指企业持有的现金、其他方的权益工具以及从其他方收取现金或其他金融资产的合同权利,以及在潜在有利条件下与其他方交换金融资产或金融负债的合同权利等。

金融资产的主要特征,是能够为其所有者提供即期或远期的现金流量、其他金融资产或自身权益工具。

本章不涉及以下金融资产的会计处理:①货币资金(即现金、银行存款、其他货币资金);②应收账款、应收票据和贷款;③长期股权投资(即企业对外能够形成控制、共同控制和重大影响的股权投资)。

二、金融资产分类的依据

对金融资产的分类依据是企业管理金融资产的业务模式和金融资产的合同现金流量特征。

企业管理金融资产的业务模式,是指企业如何管理其金融资产以产生现金流量。业务模式决定企业所管理金融资产现金流量的来源是收取合同现金流量,还是出售金融资产以获得公允价值变动带来的利得,抑或两者兼有等。此外,企业管理金融资产的业务模式还有长期持有以获取股利收益为目标等。业务模式是在金融工具的组合层面进行判断的,"非频繁"或"非重大"的出售不会影响业务模式的判断。企业确定管理金融资产的业务模式,应当以客观事实为依据。

金融资产的合同现金流量特征,是指金融工具合同约定的、反映相关金融资产经济特征的现金流量属性。例如,以摊余成本计量的金融资产,其合同现金流量特征表现为在特定日期产生的合同现金流量仅为对本金和以未偿付本金金额为基础的利息的支付。

三、金融资产的具体分类

企业应当根据其管理金融资产的业务模式和金融资产的合同现金流量特征,将金融资产划分为以下三类:①以摊余成本计量的金融资产;②以公允价值计量且其变动计入其他综合收益的金融资产;③以公允价值计量且其变动计入当期损益的金融资产。

(一)以摊余成本计量的金融资产

金融资产同时符合下列条件的,应当分类为以摊余成本计量的金融资产:①企业管理该金融资产的业务模式是以收取合同现金流量为目标;②该金融资产的合同条款规定,在特定日期产生的现金流量,仅为对本金和以未偿付本金金额为基础的利息的支付。此类金融资产包括货币资金、应收款项、银行向企业客户发放的贷款、企业为获取利息而购入的债券等。

对于分类为以摊余成本计量的金融资产,企业一般应当设置"银行存款""贷款""应收票据""应收账款""债权投资"等账户进行核算。

(二)以公允价值计量且其变动计入其他综合收益的金融资产

金融资产同时符合下列条件的,应当分类为以公允价值计量且其变动计入其他综合收益的金融资产:①企业管理该金融资产的业务模式既以收取合同现金流量为目标又以出售该金融资产为目标;②该金融资产的合同条款规定,在特定日期产生的现金流量,仅为对本金和以未偿付本金金额为基础的利息的支付。符合上述业务模式和现金流量特征的金融资产一般为债权投资。与仅收取合同现金流量的业务模式相比,既收取合同现金流量又出售资产的业务模式会涉及更频繁、更多的资产交易。实务中,此类业务模式也比较多。例如,为管理流动性需要,保持特定收益率水平,以及将金融资产的期限与其融资的金融负债期限相匹配等。保险公司管理债券投资的业务模式通常为此类,其通常持有大量的可在活跃市场交易的债券,通过利用债券的合同现金流量为其保险负债提供资金需求,同时也会定期进行重大的债券交易,以平衡其资产组合及满足结算到期的保险负债的现金流量需求。

企业管理金融资产的目标不仅受到金融工具特点和外部市场环境的影响,而且受到企业自身经营特点、资金需求等因素的影响。所以,对同一种债券的投资,在不同的企业,可以分类为不同的金融资产,可以分类为以摊余成本计量的金融资产,也可分类为以公允价值计量且其变动计入其他综合收益的金融资产。

对于分类为以公允价值计量且其变动计入其他综合收益的金融资产(债权投资),企业可以设置"其他债权投资"等账户进行核算。

(三) 以公允价值计量且其变动计入当期损益的金融资产

按照企业会计准则有关规定分类为以摊余成本计量的金融资产和以公允价值计量且其变动计入其他综合收益的金融资产之外的金融资产,企业应当将其分类为以公允价值计量且其变动计入当期损益的金融资产。为交易而持有的以及按公允价值管理的金融资产都属于这一类别。该类金融资产通常为权益工具投资,如股票投资等;也有可能为合同现金流量不满足"仅为对本金和以未偿付本金金额为基础的利息的支付"条件的其他投资,如收益与股票、黄金等价格挂钩的结构化存款投资等。实务中,企业也有可能根据业务模式将债权投资划分为此类金融资产,不过较为少见。

对于分类为以公允价值计量且其变动计入当期损益的金融资产,企业可以设置"交易性金融资产"等账户进行核算。

确认金融资产类别的基本判断思路,如图 7-1 所示。

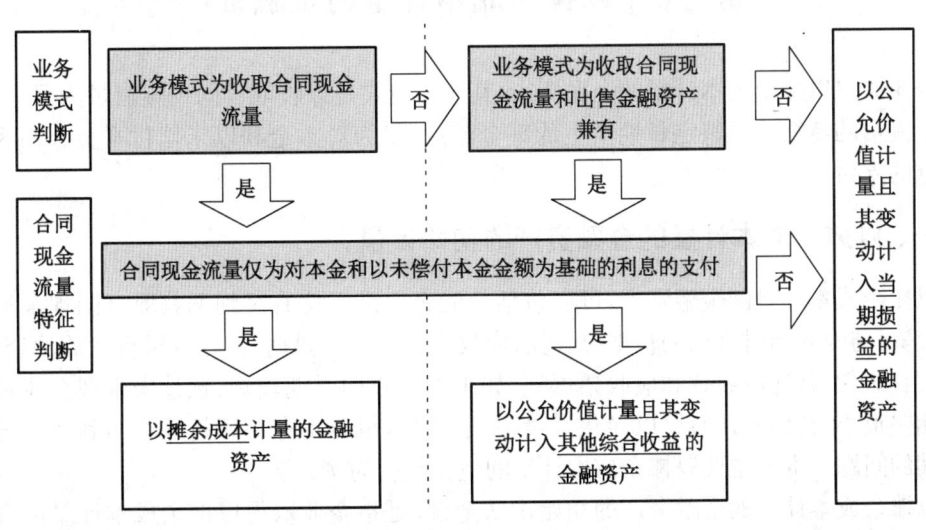

图 7-1 金融资产的分类确认

按理说，以公允价值计量且其变动计入当期损益的金融资产属于剩余类别，凡是不符合上述特定的业务模式及合同现金流量特征的金融资产（通常为权益工具），均应归类为以公允价值计量且其变动计入当期损益的金融资产。然而在实务中，企业持有某些金融工具，既非以合同现金流量为目标，又非以合同现金流量和出售资产赚取差价两者兼有为目标，可能存在其他业务模式，如长期持有以获取相对稳定或较为丰厚的股利收益为目标。如果以公允价值计量且其变动计入当期损益进行计量，与企业管理层持有该项金融资产的意图和目标明显不相匹配。因此，无论国际财务报告准则还是我国企业会计准则，在金融资产分类时均给予企业以下选择权：在初始确认时，企业可以将非交易性的权益工具投资指定为以公允价值计量且其变动计入其他综合收益的金融资产。但该指定一经做出，不得撤销。

对于此类指定为以公允价值计量且其变动计入其他综合收益的金融资产（权益工具投资），企业可以设置"其他权益工具投资"等账户进行核算。

上述规定导致以公允价值计量且其变动计入其他综合收益的金融资产可再细分为两种情况：①按业务模式及合同现金流量特征的规定分类为该项资产的债权投资；②根据企业存在其他业务模式而指定为该项资产的权益工具投资。虽然两者归为金融资产的同一类别，但毕竟它们的业务模式及合同现金流量特征有所不同，所以它们的会计处理也有所区别。

需要说明的是，由于金融资产类别的名称字数较多，本教材涉及上述分类的会计处理时，以公允价值计量且其变动计入当期损益的金融资产通过"交易性金融资产"账户核算；以摊余成本计量的债权投资通过"债权投资"账户核算；以公允价值计量且其变动计入其他综合收益的债权投资、权益工具投资，分别通过"其他债权投资""其他权益工具投资"账户核算。

第二节 以摊余成本计量的金融资产

企业取得以摊余成本计量的金融资产，其业务模式是以收取合同现金流量为目标；其合同现金流量的特征是在特定日期产生的现金流量，仅为对本金和以未偿付本金金额为基础的利息的支付。

一、以摊余成本计量的金融资产的初始计量

以摊余成本计量的金融资产，可以包括一般企业准备持有至到期获取合同现金流量的债券投资，与收入同时确认的长期应收款、应收账款和应收票据等，以及银行发放的贷款等。对于应收账款、其他应收款和应收票据等，如果现金收回时期较短，预计未来现金流量与其现值相差很小，初始确认时可以简化计量，不予折现，也就不存在因折现率与利率差异而分期摊销的问题。本节主要以摊余成本计量的债券投资为例说明。

以摊余成本计量的金融资产的初始确认金额，是指企业取得以摊余成本计量的金融资产时实际支付的价款，即该投资取得时的交易价格和相关交易费用之和。

交易价格，实质上就是根据合同应收本金和各期利息，按照市场利率折算的现值。在证

券市场上,债券的购买价格受到市场利率的直接影响,不一定与债券的面值相等。债券购买价格与面值之间的差额,主要取决于投资者所购买债券的票面利率与市场实际利率的差异。当票面利率恰好等于市场实际利率时,投资者才可能按该债券的票面价值购入,即以平价方式购入;当票面利率高于市场实际利率时,投资者须按高于票面价值的购买价格购入,即以溢价方式购入债券;当票面利率低于市场实际利率时,投资者则按低于票面价值的购买价格购入,即以折价方式购入债券。

交易费用是指可直接归属于购买、发行或处置金融工具的增量费用。增量费用是指企业没有发生购买、发行或处置相关金融工具的情形就不会发生的费用,包括支付给代理机构、咨询公司、券商、证券交易所、政府有关部门等的手续费、佣金、相关税费以及其他必要支出,不包括债券溢价、折价、融资费用、内部管理成本和持有成本等与交易不直接相关的费用。在取得金融资产过程中所发生的手续费、税金等相关费用,在性质上属于投资成本,我国企业会计准则规定,以摊余成本计量的金融资产的相关税费计入初始确认金额,在以摊余成本计量的金融资产的持有期间,采用与债券溢、折价捆绑的方式分期摊销,调整持有投资期间各期的收益。

在所支付的购买价格中,如果包含已到付息期但尚未领取的债券利息的,应当单独确认为应收项目,不计入该项资产的初始确认金额。

在我国会计实务上,为了保持会计记录的明晰性,一般将初始确认金额分为面值和利息调整额两部分。面值是指投资的票面价值,也是该投资到期时应该收回的本金;利息调整额的构成比较复杂,本质上是企业为了获得未来的投资收益而付出的面值以外的代价,包括债券的溢价或折价、交易费用等。企业取得的以摊余成本计量的金融资产,应按该投资的面值,借记"债权投资——面值"账户;按支付的价款中包含的已到付息期但尚未领取的债券利息,借记"应收利息"账户;按实际支付的金额,贷记"银行存款"等账户;按其差额,借记或贷记"债权投资——利息调整"账户。

二、以摊余成本计量的金融资产的后续计量

以摊余成本计量的金融资产采用实际利率法按摊余成本进行后续计量。在持有期间还应对其投资收益进行计量。金融资产的摊余成本,应当以该金融资产的初始确认金额经下列调整后的结果确定:

摊余成本＝初始确认金额－已偿还的本金±采用实际利率法将该初始确认金额与到期日金额间的差额进行摊销形成的累计摊销额－累计计提的减值准备

(一) 投资收益的确认和计量

1. 投资收益确认时点

企业持有债券等债权投资的主要目的是资金增值,可以在持有期间获得利息收入并最终收回本金。根据权责发生制要求,企业应于持有期间各期期末确认以摊余成本计量的金融资产的收益。

2. 投资收益的计量

以摊余成本计量的金融资产按照实际利率法确认的利息收入,是金融资产账面余额(已发生减值的金融资产,还应扣除已计提的减值准备)与实际利率的乘积,即摊余成本与实际

利率的乘积。

实际利率法是指计算金融资产或金融负债的摊余成本以及将利息收入或利息费用分摊计入各会计期间的方法,即按照金融资产的实际利率计算其摊余成本及各期利息收入的方法。实际利率是指将金融资产在预计存续期的估计未来现金流量,折现为该金融资产初始确认金额所使用的利率。实际利率是市场利率的反映,但是市场利率是不断变化的,实际利率应当在初始确认时确定,在预期的存续期间保持不变。

在确定实际利率时,应当在考虑金融资产或金融负债所有合同条款(如提前还款、展期、看涨期权或其他类似期权等)的基础上估计预期现金流量,但不应当考虑预期信用损失。

(二) 溢价或折价的摊销

在购入债券时,债券的票面利率与实际利率可能不相等,导致债券的购买价格与票面价值之间形成差异,即溢价或折价。债券投资的溢价是投资人为了以后获得高于市场利率的利息而在购买时预先付出的代价。债券投资的折价则是投资人为了弥补以后低于市场利率的利息而在购买时预先获得的补偿。可见,以摊余成本计量的金融资产的溢价或折价起着平衡筹资企业与投资企业利息水平的作用,使双方都能基本上按初始市场利率支付或获得利息。

债券投资溢价或折价的摊销,实质上是对利息收入(投资收益)的调整。购买债券时所支付的相关税费以及未到期的应计利息均作为初始确认金额,并在债券的持有期间分期摊销调整各期利息收入,因此,将其与溢价或折价捆绑在一起进行会计处理。

各期利息收入与应收利息之间的差额,为各期溢价或折价的摊销额。用公式表示如下:

某一期间折价摊销额=本期利息收入(投资收益)-本期应收利息

某一期间溢价摊销额=本期应收利息-本期利息收入(投资收益)

以摊余成本计量的金融资产占用资金在第一期是实际支付的全部价款(不包含已到期的利息),即初始确认的金额,以后各期随着溢价或折价的摊销而变动,在该金融资产到期时,等于其面值。

【例 7-1】 20×0 年 1 月 1 日,甲公司以 105 000 元的价格购买了某公司发行的债券,面值 100 000 元,票面利率 8%,期限 3 年,每年年末付息,期满一次归还本金。另支付手续费等相关交易费用 346 元。该债券发行方不可以提前赎回,甲公司将其划分为以摊余成本计量的金融资产。

初始确认金额=105 000+346=105 346(元)

各期应收利息=100 000×8%=8 000(元)

计算实际利率 r:

$$(100\ 000+8\ 000)\div(1+r)^3+8\ 000\div(1+r)^2+8\ 000\div(1+r)=105\ 346$$

由此得出 $r=6\%$,计算确定的实际利率为 6%。

该债券的摊余成本计算,如表 7-1 所示。

表 7-1　　　　　　　　　　　　债券摊余成本计算表　　　　　　　　　　　单位：元

年　份	年初摊余成本 (a)	投资收益 (b)=(a)×6%	现金流入 (c)	摊　销　额 (d)=应收利息 -(b)	年末摊余成本 (e)=(a)+(b)-(c)
20×0	105 346	6 321	8 000	1 679	103 667
20×1	103 667	6 220	8 000	1 780	101 887
20×2	101 887	6 113	100 000+8 000	1 887	0

根据表 7-1,甲公司编制会计分录如下：

(1) 20×0 年 1 月 1 日,购入债券。

借：债权投资——面值　　　　　　　　　　　　　　　　　　　　100 000
　　　　　——利息调整　　　　　　　　　　　　　　　　　　　　5 346
　　贷：银行存款　　　　　　　　　　　　　　　　　　　　　　　105 346

(2) 20×0 年 12 月 31 日,确认实际利息收入。

借：应收利息　　　　　　　　　　　　　　　　　　　　　　　　8 000
　　贷：投资收益　　　　　　　　　　　　　　　　　　　　　　　6 321
　　　　债权投资——利息调整　　　　　　　　　　　　　　　　　1 679

收到票面利息。

借：银行存款　　　　　　　　　　　　　　　　　　　　　　　　8 000
　　贷：应收利息　　　　　　　　　　　　　　　　　　　　　　　8 000

(3) 20×1 年 12 月 31 日,确认实际利息收入。

借：应收利息　　　　　　　　　　　　　　　　　　　　　　　　8 000
　　贷：投资收益　　　　　　　　　　　　　　　　　　　　　　　6 220
　　　　债权投资——利息调整　　　　　　　　　　　　　　　　　1 780

收到票面利息。

借：银行存款　　　　　　　　　　　　　　　　　　　　　　　　8 000
　　贷：应收利息　　　　　　　　　　　　　　　　　　　　　　　8 000

(4) 20×2 年 12 月 31 日,确认实际利息收入。

借：应收利息　　　　　　　　　　　　　　　　　　　　　　　　8 000
　　贷：投资收益　　　　　　　　　　　　　　　　　　　　　　　6 113
　　　　债权投资——利息调整　　　　　　　　　　　　　　　　　1 887

收到票面利息和本金。

借：银行存款　　　　　　　　　　　　　　　　　　　　　　　　108 000
　　贷：应收利息　　　　　　　　　　　　　　　　　　　　　　　8 000
　　　　债权投资——面值　　　　　　　　　　　　　　　　　　　100 000

【例 7-2】 承[例 7-1],假定其他条件不变,该债券为分次还本,在第 2 年年末和第 3 年年末分别归还本金各一半,则甲公司购买债券的实际利率 r 的计算如下:

$$8\,000 \div (1+r) + (8\,000 + 50\,000) \div (1+r)^2 + (4\,000 + 50\,000) \div (1+r)^3 = 105\,346$$

由此得出 $r = 5.64\%$,计算确定的实际利率为 5.64%。

该债券的摊余成本计算,如表 7-2 所示。

表 7-2　　　　　　　　　　　　债券摊余成本计算表　　　　　　　　　　　　单位:元

年份	年初摊余成本 (a)	投资收益 (b)=(a)×5.64%	现金流入 (c)	摊销额 (d)=应收利息-(b)	年末摊余成本 (e)=(a)+(b)-(c)
20×0	105 346	5 942	8 000	2 058	103 288
20×1	103 288	5 825	50 000+8 000	2 175	51 113
20×2	51 113	2 887*	50 000+4 000	1 113	0

* 该数字考虑了计算过程中出现的尾差 4 元。

根据表 7-2,甲公司编制会计分录如下:

(1) 20×0 年 1 月 1 日,购入债券。

借:债权投资——面值　　　　　　　　　　　　　　　　　　100 000
　　　　　　——利息调整　　　　　　　　　　　　　　　　　5 346
　　贷:银行存款　　　　　　　　　　　　　　　　　　　　　105 346

(2) 20×0 年 12 月 31 日,确认实际利息收入及收回票面利息。

借:应收利息　　　　　　　　　　　　　　　　　　　　　　8 000
　　贷:投资收益　　　　　　　　　　　　　　　　　　　　　5 942
　　　　债权投资——利息调整　　　　　　　　　　　　　　　2 058

借:银行存款　　　　　　　　　　　　　　　　　　　　　　8 000
　　贷:应收利息　　　　　　　　　　　　　　　　　　　　　8 000

(3) 20×1 年 12 月 31 日,确认实际利息收入及收回票面利息和 50% 本金。

借:应收利息　　　　　　　　　　　　　　　　　　　　　　8 000
　　贷:投资收益　　　　　　　　　　　　　　　　　　　　　5 825
　　　　债权投资——利息调整　　　　　　　　　　　　　　　2 175

借:银行存款　　　　　　　　　　　　　　　　　　　　　　58 000
　　贷:债权投资——面值　　　　　　　　　　　　　　　　　50 000
　　　　应收利息　　　　　　　　　　　　　　　　　　　　　8 000

(4) 20×2 年 12 月 31 日,确认实际利息收入。

借:应收利息　　　　　　　　　　　　　　　　　　　　　　4 000
　　贷:投资收益　　　　　　　　　　　　　　　　　　　　　2 887
　　　　债权投资——利息调整　　　　　　　　　　　　　　　1 113

收到票面利息和剩余50%本金。

借：银行存款　　　　　　　　　　　　　　　　　　　　　　　　　54 000
　　贷：债权投资——面值　　　　　　　　　　　　　　　　　　　　50 000
　　　　应收利息　　　　　　　　　　　　　　　　　　　　　　　　4 000

企业应当以预期信用损失为基础，对以摊余成本计量的金融资产进行减值会计处理并确认损失准备。相关详细内容请参阅第九章第二节。

三、以摊余成本计量的金融资产到期收回

以摊余成本计量的金融资产到期收回时，应结转该项资产的账面价值，包括该项资产账户的各明细余额以及相关减值准备账户余额，并将所取得对价的公允价值与该资产账面价值之间的差额确认为投资收益。

四、以摊余成本计量的金融资产的重分类

重分类仅限于业务模式发生变化的情况，在实务中按理不应该经常发生。当企业改变管理金融资产的业务模式时，应当按照相关会计准则的规定，对所涉及的金融资产进行重分类。企业决策层要改变对所管理金融资产的业务模式，必须按照内部控制流程和管理决策机制进行。

例如，企业将以收取合同现金流量为目标改变为以出售该金融资产为目标，可以按准则规定将以摊余成本计量的金融资产重分类为以公允价值计量且其变动计入当期损益的金融资产。重分类时，应按该资产在重分类日的公允价值进行计量。原账面价值与公允价值之间的差额计入当期损益。

又如，企业将以收取合同现金流量为目标改变为以收取合同现金流量为目标和以出售该金融资产为目标两者兼有，可以按准则规定将以摊余成本计量的金融资产重分类为以公允价值计量且其变动计入其他综合收益的金融资产。重分类时，应按该资产在重分类日的公允价值进行计量。原账面价值与公允价值之间的差额计入其他综合收益。该金融资产重分类不影响其实际利率和预期信用损失的计量。

企业应当在重分类日采用未来适用法对所有受影响的相关金融资产进行重分类会计处理，不能对之前已经确认的有关利得、损失或利息进行追溯调整。

【例7-3】　承[例7-1]，假定其他条件不变，20×1年1月1日，甲公司按规定将该项以摊余成本计量的金融资产重分类为以公允价值计量且其变动计入其他综合收益的金融资产，其公允价值为106 000元。20×1年12月31日，公允价值为105 000元。甲公司有关会计处理如下：

（1）对该项金融资产进行重分类。

借：其他债权投资——成本　　　　　　　　　　　　　　　　　　100 000
　　　　　　　　——利息调整　　　　　　　　　　　　　　　　　　3 667
　　　　　　　　——公允价值变动　　　　　　　　　　　　　　　　2 333
　　贷：债权投资——面值　　　　　　　　　　　　　　　　　　　100 000
　　　　　　　　——利息调整　　　　　　　　　　　　　　　　　　3 667
　　　　其他综合收益　　　　　　　　　　　　　　　　　　　　　　2 333

(2) 20×1年12月31日，确认实际利息收入和经利息调整后剩余公允价值变动。

　　借：应收利息　　　　　　　　　　　　　　　　　　　　　　　　　　8 000
　　　　贷：投资收益（103 667×6%）　　　　　　　　　　　　　　　　　　6 220
　　　　　　其他债权投资——利息调整　　　　　　　　　　　　　　　　　1 780
　　借：其他债权投资——公允价值变动［105 000－（106 000－1 780）］　　780
　　　　贷：其他综合收益　　　　　　　　　　　　　　　　　　　　　　　780

第三节　以公允价值计量且其变动计入其他综合收益的金融资产

如本章第一节所述，以公允价值计量且其变动计入其他综合收益的金融资产可细分为两种：①按业务模式及合同现金流量特征的规定分类为该项资产的债权投资；②根据企业存在其他业务模式而指定为该项资产的权益工具投资。两者在后续计量、处置及重分类方面的会计处理有明显区别，本节将分别予以说明。

一、以公允价值计量且其变动计入其他综合收益的金融资产的初始计量

以公允价值计量且其变动计入其他综合收益的金融资产，应当按取得该金融资产的交易价格和相关交易费用之和作为初始确认金额。支付的价款中包含了已宣告发放的债券利息或现金股利的，单独确认为应收项目。

二、以公允价值计量且其变动计入其他综合收益的金融资产的后续计量

（一）以公允价值计量且其变动计入其他综合收益的债权投资的后续计量

划分为以公允价值计量且其变动计入其他综合收益的债权投资和以摊余成本计量的债权投资，其合同现金流量的特征相同，均属于仅为对本金和以未偿付本金金额为基础的利息的支付，所以，在初始金额确认、溢价或折价摊销、实际利息收入确认等方面的会计处理均有相同之处。采用实际利率法计算的该金融资产的利息应当计入当期损益。该金融资产计入各期损益的金额应当与视同其一直按摊余成本计量而计入各期损益的金额相等。

企业管理这两项金融资产的业务模式有所不同，两者的后续计量也有区别。以公允价值计量且其变动计入其他综合收益的债权投资按公允价值计量，其产生的所有利得或损失，除了减值损失或利得以及汇兑损益，均应计入其他综合收益，直至该金融资产终止确认或被重分类；以摊余成本计量的债权投资则始终按摊余成本计量。采用公允价值进行后续计量，有助于反映价值变化的风险。

企业将取得的债券划分为以公允价值计量且其变动计入其他综合收益的金融资产时，按债券的面值，借记"其他债权投资——成本"账户；按支付的价款中包含的已到期尚未领取的利息，借记"应收利息"账户；按实际支付的金额，贷记"银行存款"等账户；按其差额，借记或贷记"其他债权投资——利息调整"账户。

在资产负债表日，对于分期付息、一次还本的债券，按面值和票面利率计算确定的应收未收利息，借记"应收利息"账户；按该项债券的摊余成本和实际利率计算确定的利息收入，

贷记"投资收益"账户；按其差额，借记或贷记"其他债权投资——利息调整"账户。对于一次还本付息的债券，按面值和票面利率计算确定的应收未收利息，借记"其他债权投资——应计利息"账户，按其摊余成本和实际利率计算确定的利息收入，贷记"投资收益"账户；按其差额，借记或贷记"其他债权投资——利息调整"账户。

在资产负债表日，对债权投资的公允价值高于账面价值的差额，借记"其他债权投资——公允价值变动"账户，贷记"其他综合收益"账户；对公允价值低于其账面价值的差额，编制借贷方向相反的会计分录。如果需要确认减值，则应当从中分离出减值损失计入当期损益（详见第九章第二节介绍）。

"其他综合收益"账户的期末余额（税后净额），系资产负债表中所有者权益的构成内容；本期发生额（税后净额）是利润表中综合收益总额的构成内容。综合收益总额包括净利润和其他综合收益（税后净额）。为简化，本章例题和习题均不考虑递延所得税的影响。

【例 7-4】 20×4 年 1 月 5 日，甲公司从证券市场上购买 B 公司 20×1 年 1 月 1 日发行的 5 年期债券，票面年利率为 4%，每年 1 月 2 日支付上一年度的利息，到期时一次归还本金和最后一年的利息。甲公司购入债券的面值为 10 000 000 元，实际支付价款 10 282 440 元（含相关费用 100 000 元）。甲公司将该债券划分为以公允价值计量且其变动计入其他综合收益的金融资产。购入债券的实际利率为 3%。20×4 年 12 月 31 日，该债券的公允价值为 10 000 940 元。甲公司有关计算及会计分录如下：

(1) 20×4 年 1 月 5 日，购入债券。

借：其他债权投资——成本　　　　　　　　　　　　　　　　10 000 000
　　　　　　　　　——利息调整　　　　　　　　　　　　　　282 440
　　贷：银行存款　　　　　　　　　　　　　　　　　　　　10 282 440

(2) 20×4 年 12 月 31 日，收到债券利息，确认实际利息收入。

应确认的实际利息收入 = 10 282 440 × 3% = 308 473（元）
应收利息 = 10 000 000 × 4% = 400 000（元）
利息调整金额 = 400 000 − 308 473 = 91 527（元）

借：应收利息　　　　　　　　　　　　　　　　　　　　　　400 000
　　贷：其他债权投资——利息调整　　　　　　　　　　　　　91 527
　　　　投资收益　　　　　　　　　　　　　　　　　　　　308 473
借：银行存款　　　　　　　　　　　　　　　　　　　　　　400 000
　　贷：应收利息　　　　　　　　　　　　　　　　　　　　400 000

(3) 20×4 年 12 月 31 日，确认公允价值变动。

年末摊余成本 = 10 282 440 + 308 473 − 400 000 = 10 190 913（元）
公允价值变动 = 10 000 940 − 10 190 913 = −189 973（元）

借：其他综合收益　　　　　　　　　　　　　　　　　　　　189 973
　　贷：其他债权投资——公允价值变动　　　　　　　　　　　189 973

（二）以公允价值计量且其变动计入其他综合收益的非交易性权益工具投资的后续计量

指定为以公允价值计量且其变动计入其他综合收益的非交易性权益工具投资按公允价

值进行后续计量,公允价值变动计入其他综合收益。

在资产负债表日,对权益工具投资的公允价值高于账面价值的差额,借记"其他权益工具投资——公允价值变动"账户,贷记"其他综合收益"账户;对公允价值低于其账面价值的差额,编制借贷方向相反的会计分录。

持有该项资产期间,企业只有在同时符合下列条件时,才能确认股利收入并计入当期投资收益:①企业收取股利的权利已经确立;②与股利相关的经济利益很可能流入企业;③股利的金额能够可靠计量。

【例7-5】 20×2年9月10日,甲公司从二级市场购入M公司的股票100 000股,每股市价11元,手续费2 000元,初始确认时,该股票投资被指定为以公允价值计量且其变动计入其他综合收益的金融资产。至12月31日,公司所持有的该股票的市价为9元。20×3年3月20日,M公司宣告分配现金股利,甲公司可分得12 000元。假定不考虑其他因素,甲公司编制会计分录如下:

(1) 20×2年9月10日,购入M公司的股票。

  借:其他权益工具投资——成本   1 102 000
    贷:银行存款   1 102 000

(2) 20×2年12月31日,确认股票价格变动。

  借:其他综合收益   202 000
    贷:其他权益工具投资——公允价值变动   202 000

(3) 20×3年3月20日,宣告分配现金股利。

  借:应收股利   12 000
    贷:投资收益   12 000

企业应当以预期信用损失为基础,对以公允价值计量且其变动计入其他综合收益的金融资产(仅适用债权投资),进行减值会计处理并确认损失准备。相关详细内容请参阅第九章第二节。

三、以公允价值计量且其变动计入其他综合收益的金融资产的处置

(一) 以公允价值计量且其变动计入其他综合收益的债权投资的处置

该金融资产终止确认时,之前计入其他综合收益的累计利得或损失应当从其他综合收益中转出,计入当期投资收益。

【例7-6】 承[例7-4],20×5年1月12日,甲公司将该债券全部出售,收到款项9 970 940元。则应编制的会计分录如下:

  借:银行存款   9 970 940
    其他债权投资——公允价值变动   189 973
    投资收益   219 973
    贷:其他债权投资——成本   10 000 000
      ——利息调整   190 913
     其他综合收益   189 973

处置时确认的投资收益 219 973 元,包含两部分内容:①处置前已计入其他综合收益的公允价值变动损失 189 973 元转出;②上年年末至本年处置时已发生未确认的公允价值变动损失 30 000 元。

(二) 以公允价值计量且其变动计入其他综合收益的非交易性权益工具投资的处置

需要注意的是:对于企业按规定将非交易性的权益工具投资指定为以公允价值计量且其变动计入其他综合收益的金融资产,在其终止确认时,先要确认自上一会计期末至终止日的公允价值变动,并计入其他综合收益;然后才进行出售等会计处理,同时将计入其他综合收益的累计利得或损失转入留存收益。这也意味着,对此类金融资产而言,从初始确认至终止确认,其公允价值变动均不得计入损益。

【例 7-7】 承[例 7-5],20×3 年 3 月 30 日,甲公司将该股票 100 000 股全部出售,售价为每股 13 元,收到价款 1 300 000 元,假定不考虑手续费。应编制的会计分录如下:

借: 其他权益工具投资——公允价值变动　　　　　　　　　　　　　　400 000
　　贷: 其他综合收益　　　　　　　　　　　　　　　　　　　　　　400 000

借: 银行存款　　　　　　　　　　　　　　　　　　　　　　　　　1 300 000
　　贷: 其他权益工具投资——成本　　　　　　　　　　　　　　　1 102 000
　　　　　　　　　　　　——公允价值变动(400 000－202 000)　　　198 000

借: 其他综合收益　　　　　　　　　　　　　　　　　　　　　　　　198 000
　　贷: 盈余公积　　　　　　　　　　　　　　　　　　　　　　　　 19 800
　　　　利润分配——未分配利润　　　　　　　　　　　　　　　　　178 200

四、以公允价值计量且其变动计入其他综合收益的金融资产的重分类

(一) 以公允价值计量且其变动计入其他综合收益的债权投资的重分类

当企业对一项以公允价值计量且其变动计入其他综合收益的债权投资,改变业务模式,从以收取合同现金流量为目标和以出售该金融资产为目标两者兼有,变为仅以收取合同现金流量为目标,可按准则规定将其重分类为以摊余成本计量的金融资产。应当将之前计入其他综合收益的累计利得或损失转出,调整该金融资产在重分类日的公允价值,并以调整后的金额作为新的账面价值,即视同该金融资产一直以摊余成本计量。该金融资产重分类不影响其实际利率和预期信用损失的计量。

【例 7-8】 20×5 年 1 月 1 日,甲公司以公允价值计量且其变动计入其他综合收益的金融资产的明细账户余额为成本 1 000 000 元、利息调整 41 000 元(借方)、公允价值变动 25 000 元(借方)。此外,该资产之前计入其他综合收益的累计公允价值变动收益为 25 000 元。因改变业务模式,甲公司将该项资产重分类为以摊余成本计量的金融资产。应编制的会计分录如下:

借: 债权投资——面值　　　　　　　　　　　　　　　　　　　　1 000 000
　　　　　　——利息调整　　　　　　　　　　　　　　　　　　　　41 000
　　其他综合收益　　　　　　　　　　　　　　　　　　　　　　　　25 000
　　贷: 其他债权投资——成本　　　　　　　　　　　　　　　　　1 000 000
　　　　　　　　　　——利息调整　　　　　　　　　　　　　　　　41 000
　　　　　　　　　　——公允价值变动　　　　　　　　　　　　　　25 000

当企业对一项以公允价值计量且其变动计入其他综合收益的债权投资,改变业务模式,从以收取合同现金流量为目标和以出售该金融资产为目标两者兼有,变为仅以出售该金融资产为目标,可按准则规定将其重分类为以公允价值计量且其变动计入当期损益的金融资产,并继续以公允价值计量该金融资产。同时,企业应当将之前计入其他综合收益的累计利得或损失从其他综合收益转入当期损益。

【例7-9】承[例7-8],20×5年1月1日,因改变业务模式,甲公司将该项以公允价值计量且其变动计入其他综合收益的金融资产重分类为以公允价值计量且其变动计入当期损益的金融资产,应编制的会计分录如下:

借:交易性金融资产——成本　　　　　　　　　　　　　1 000 000
　　　　　　　　——利息调整　　　　　　　　　　　　 41 000
　　　　　　　　——公允价值变动　　　　　　　　　　 25 000
　贷:其他债权投资——成本　　　　　　　　　　　　　　1 000 000
　　　　　　　　——利息调整　　　　　　　　　　　　 41 000
　　　　　　　　——公允价值变动　　　　　　　　　　 25 000

借:其他综合收益　　　　　　　　　　　　　　　　　　 25 000
　贷:投资收益　　　　　　　　　　　　　　　　　　　 25 000

(二)以公允价值计量且其变动计入其他综合收益的非交易性权益工具投资不能重分类

以公允价值计量且其变动计入其他综合收益的非交易性的权益工具投资,属于企业行使选择权将其指定为该类资产的,为减少通过分类改变会计处理和财务报表列报的随意性,准则规定一经指定,不得撤销。因而对其不存在重分类问题。

第四节 以公允价值计量且其变动计入当期损益的金融资产

以公允价值计量且其变动计入当期损益的金融资产,其业务模式通常以交易或按公允价值管理等为目标;其合同现金流量的特征是与股价等因素挂钩,所面临的风险与基本的借贷安排无关。

一、以公允价值计量且其变动计入当期损益的金融资产的初始计量

以公允价值计量且其变动计入当期损益的金融资产,初始计量应当按照公允价值计量。相关交易费用应当直接计入当期损益。企业在取得以公允价值计量且其变动计入当期损益的金融资产所支付的价款中,也可能包含了一项债权,即实际支付的价款中包含的已宣告尚未发放的现金股利或已到付息期尚未领取的债券利息,它们在性质上属于投资企业暂时垫付的款项,作为"应收股利"或"应收利息"单独反映,收到这部分现金股利或利息时,冲减相应债权。

【例7-10】甲企业于本年7月2日以银行存款购买了A公司和B公司的股票,分类为以公允价值计量且其变动计入当期损益的金融资产,如表7-3所示。

表 7-3　　　　　　　　购买 A 股票和 B 股票有关资料　　　　　　　　单位:元

项目	数量(股)	面值	支付价款	支付税费	备注
股票 A	10 000	10 000	67 000	500	所付价款中含有已宣告未发放现金股利 2 000 元,除权日为 7 月 5 日
股票 B	20 000	20 000	84 000	600	

根据表 7-3,编制购入股票的会计分录如下:

借:交易性金融资产——股票 A(成本)　　　　　　　　　　　　　　65 000
　　　　　　　　　——股票 B(成本)　　　　　　　　　　　　　　84 000
　　应收股利　　　　　　　　　　　　　　　　　　　　　　　　　　2 000
　　投资收益　　　　　　　　　　　　　　　　　　　　　　　　　　1 100
　贷:银行存款　　　　　　　　　　　　　　　　　　　　　　　　　152 100

甲企业收到 A 公司发放的现金股利 2 000 元,则编制相应的会计分录如下:

借:银行存款　　　　　　　　　　　　　　　　　　　　　　　　　　2 000
　贷:应收股利　　　　　　　　　　　　　　　　　　　　　　　　　2 000

二、以公允价值计量且其变动计入当期损益的金融资产的后续计量

以公允价值计量且其变动计入当期损益的金融资产,后续计量应当按照公允价值计量。以公允价值计量的优点是:①公允价值能够反映其真实价值。②公允价值能够反映其价值变化的风险。

以公允价值计量,需设置"公允价值变动损益"账户。该账户属于损益类性质。当以公允价值计量且其变动计入当期损益的金融资产的公允价值高于其账面价值的差额,借记"交易性金融资产——公允价值变动"账户,贷记"公允价值变动损益"账户;公允价值低于其账面价值的差额,编制相反的会计分录。

"公允价值变动损益"账户在报告期间的发生额,计入利润表中"公允价值变动收益(损失)"项目,系营业利润的构成内容。

以公允价值计量且其变动计入当期损益,能够更直接、及时、客观地提供有关该资产的市场信息,反映资产负债表日该项资产的流动性和偿债能力。但是由于市场价格的频繁变动,会导致各期损益上下波动,并且在市价上涨时即确认未实现的收益。

【例 7-11】 承[例 7-10],本年 7 月 31 日,甲企业持有的 A 公司股票的市价为 70 000 元,股票市价上涨 5 000 元,则应编制确认股票升值收益的会计分录如下:

借:交易性金融资产——股票 A(公允价值变动)　　　　　　　　　5 000
　贷:公允价值变动损益　　　　　　　　　　　　　　　　　　　　5 000

三、以公允价值计量且其变动计入当期损益的金融资产的处置

企业出售以公允价值计量且其变动计入当期损益的金融资产时,按实际收到的金额,借

记"银行存款"账户;按该项以公允价值计量且其变动计入当期损益的金融资产的账面余额,贷记"交易性金融资产——成本",贷记或借记"交易性金融资产——公允价值变动"等账户;按其差额,借记或贷记"投资收益"账户。

【例 7-12】 承[例 7-10][例 7-11],本年 8 月 15 日,甲企业将持有的 A 公司股票 10 000 股全部出售,收到存款 71 300 元,则编制的会计分录如下:

借:银行存款　　　　　　　　　　　　　　　　　　　　　　　71 300
　　贷:交易性金融资产——股票 A(成本)　　　　　　　　　　　65 000
　　　　　　　　　　　——股票 A(公允价值变动)　　　　　　　5 000
　　　　投资收益　　　　　　　　　　　　　　　　　　　　　　1 300

以公允价值计量且其变动计入当期损益的金融资产,已按照公允价值计量,因此,在会计期末不会涉及对其计提减值准备的问题。

四、以公允价值计量且其变动计入当期损益的金融资产的重分类

企业将一项以公允价值计量且其变动计入当期损益的金融资产重分类为以摊余成本计量的金融资产的,应当以其在重分类日的公允价值作为新的账面余额。

企业将一项以公允价值计量且其变动计入当期损益的金融资产重分类为以公允价值计量且其变动计入其他综合收益的金融资产的,应当继续以公允价值计量该金融资产。

一项金融资产能够重分类为以摊余成本计量的金融资产和以公允价值计量且其变动计入其他综合收益的金融资产的,管理该资产的业务模式中应当包含以收取合同现金流量为目标,且该资产在特定日期产生的合同现金流量应当仅为对本金和以未偿付本金金额为基础的利息的支付,则该资产理应属于债权投资。

金融资产在财务报表中的列示及披露

企业所持有的金融资产,应于报告期末在资产负债表的相关项目中列示。

对于以公允价值计量且其变动计入当期损益的金融资产和以公允价值计量且其变动计入其他综合收益的金融资产,应当根据"交易性金融资产""其他债权投资""其他权益工具投资"总账账户期末余额分别直接在资产负债表中相同名称的项目列示。

对于以摊余成本计量的债券投资,则根据"债权投资"总账账户的期末余额减去"债权投资减值准备"账户期末余额后的金额在资产负债表中"债权投资"项目列报。

此外,在财务报表附注中需披露金融资产的有关明细信息,如类别、项目、金额、减值、终止确认、重分类、相关风险、公允价值计量等情况。

 案例分析

保险行业为什么对金融资产分类的两分法反响巨大

案例介绍:

A 公司为国际上著名的大型保险公司,其持有大量的在活跃市场中可以交易的债券。A 公司通过利用这些债券的合同现金流量(本金和利息)为其保险负债提供资金需求。为确

保源自这些债券合同的现金流量足以结算到期的保险负债,A公司也会定期进行重大的债券购买和出售,以平衡其资产组合及满足所产生的现金流量需求。

2009年7月14日IASB发布了"金融工具:分类和计量"的征求意见稿之后,在保险行业引起巨大反响,包括A公司在内的众多保险公司均对两分类法质疑或反馈不同意见。

案例背景:

2009年7月14日IASB发布了"金融工具:分类和计量"的征求意见稿(ED/2 009/7)。该份征求意见稿主要内容之一,提出了金融工具有公允价值和摊余成本两种计量属性(即两分类),金融工具依据其计量属性分为按照公允价值计量(公允价值变动计入当期损益)和按照摊余成本计量的金融工具。2014年7月,IASB发布了IFRS9的完整版,在两分类的基础上引入"以公允价值计量且其变动计入其他综合收益"的计量类别,形成三分类。

依据及相关法规:

《国际财务报告第9号——金融工具》(IFRS9:Financial Instruments),IASB 2014年7月发布。

《企业会计准则第22号——金融工具确认和计量》,财政部2017年3月修订发布。

案例思考题:

1. A公司管理金融资产的业务模式属于哪一种?你认为本案例所涉及的金融资产应当分类为哪一类?请说明依据。

2. 保险行业为什么对金融资产分类的两分法反响巨大?金融资产分类的两分法与三分法对保险公司的财务报表有何不同影响?

3. 有人说,金融业务的发展和金融机构的会计实务需求是推动金融工具会计准则修订和创新的重要因素,你同意吗?请说明理由。

本章要点概览

1. 企业应当根据其管理金融资产的业务模式和金融资产的合同现金流量特征,将金融资产划分为以下三类:以摊余成本计量的金融资产、以公允价值计量且其变动计入其他综合收益的金融资产、以公允价值计量且其变动计入当期损益的金融资产。

2. 金融资产应当按照公允价值进行初始计量。对于以公允价值计量且其变动计入当期损益的金融资产,相关交易费用应当直接计入当期损益;对于以摊余成本计量的金融资产、以公允价值计量且其变动计入其他综合收益的金融资产,相关交易费用应当计入初始确认金额。

3. 以摊余成本计量的金融资产按摊余成本进行后续计量。摊余成本应根据初始确认金额扣除已偿还的本金,加上或减去采用实际利率法将该初始确认金额与到期日金额之间的差额进行摊销形成的累计摊销额,扣除累计计提的损失准备后的金额确定。

4. 以公允价值计量且其变动计入其他综合收益的金融资产、以公允价值计量且其变动计入当期损益的金融资产,均按公允价值进行后续计量。前者的公允价值变动损益计入当期损益;后者的公允价值变动损益确计入其他综合收益。

5. 当企业改变管理金融资产的业务模式时,应当按照相关会计准则的规定,对所有受影响的相关金融资产进行重分类。但指定为以公允价值计量且其变动计入其他综合收益的非交易性的权益工具投资,一经指定,不得撤销。因而对其不存在重分类问题。

6. 以公允价值计量且其变动计入当期损益的金融资产和以公允价值计量且其变动计入其他综合收益的金融资产,相关总账账户期末余额直接计入资产负债表相应项目列报。以摊余成本计量的金融资产则根据该类资产有关总账账户的期末余额减去相关的减值准备账户余额后的金额,计入资产负债表中相应项目列报。

主 要 术 语

1. 业务模式   2. 摊余成本
3. 实际利率法   4. 公允价值
5. 公允价值变动损益   6. 以摊余成本计量的金融资产
7. 以公允价值计量且其变动计入其他综合收益的金融资产
8. 以公允价值计量且其变动计入当期损益的金融资产

复 习 题

一、思考题

1. 何谓企业管理金融资产的业务模式?
2. 何谓金融资产的合同现金流量特征?
3. 摊余成本如何确定?摊余成本与历史成本有何区别?
4. 如何根据业务模式和合同现金流量特征对金融资产进行分类?
5. 如何确定债券的应收利息和实际利率收益?
6. 请说明债券溢价及折价的形成原因,两者对持有债券期间的实际利息收益和债券账面价值有何不同影响?
7. 以公允价值计量且其变动计入当期损益的金融资产与以公允价值计量且其变动计入其他综合收益的金融资产相比,两者在初始计量、后续计量方面有何异同?
8. 处置以公允价值计量且其变动计入其他综合收益的权益工具投资时,其计入其他综合收益的公允价值变动余额能否转入当期损益?对企业财务报表有何影响?

二、判断题

1. 以公允价值计量且其变动计入其他综合收益的金融资产,应当按照取得该金融资产的公允价值和相关交易费用之和作为初始确认金额,支付的价款中所包含的已宣告发放的现金股利或者已到付息期但尚未领取的利息应单独确认为应收项目。 ( )
2. 金融资产同时符合下列条件的,应当分类为以公允价值计量且其变动计入其他综合收益的金融资产:①企业管理该金融资产的业务模式是以收取合同现金流量为目标;②该金融资产的合同条款规定,在特定日期产生的现金流量,仅为对本金和以未偿付本金金额为基础的利息的支付。 ( )
3. 对于企业按规定将非交易性的权益工具投资指定为以公允价值计量且其变动计入其他综合收益的金融资产,在其终止确认时,之前计入其他综合收益的累计利得或损失应当从其他综合收益中转出,计入留存收益。 ( )

4. 判断业务模式是在金融工具的组合层面进行的,"非频繁"或"非重大"的出售金融资产不会影响对业务模式的判断。（　　）

5. 以公允价值计量且其变动计入当期损益的金融资产与其他两类金融资产之间不能进行重分类,但其他两类金融资产可以在企业管理金融资产的业务模式变化时进行重分类。（　　）

三、单项选择题

1. 企业管理以摊余成本计量的金融资产的业务模式是(　　)。
   A. 以获取每年分得红利为目标　　　B. 以出售资产赚取差价为目标
   C. 以收取合同现金流量为目标　　　D. 上述 B 和 C 两者兼有

2. 企业持有以公允价值计量且其变动计入当期损益的金融资产的目的一般是(　　)。
   A. 控制其他企业　　　　　　　　　B. 收取合同现金流量
   C. 获得长期收益　　　　　　　　　D. 出售资产赚取差价

3. 以摊余成本计量的金融资产的初始确认金额不包括(　　)。
   A. 购买付款中所包含的未到付息期但尚未领取的债券利息
   B. 购买付款中所包含的已到付息期但尚未领取的债券利息
   C. 购买付款中所包含的债券发行手续费
   D. 购买付款中所包含的相关税金

4. 下列情况中,在股票持有期间不属于确认股利收入并计入当期投资收益必须同时符合的条件的是(　　)。
   A. 实际收到股利　　　　　　　　　B. 企业收取股利的权利已经确立
   C. 股利的金额能够可靠计量　　　　D. 与股利相关的经济利益很可能流入企业

5. A 公司本年 3 月 5 日从证券市场上购入甲公司发行在外普通股 100 万股,将其指定为以公允价值计量且其变动计入其他综合收益的金融资产,购入价格每股 5 元(含已宣告尚未发放现金股利 1 元),另支付相关交易费用 90 000 元,该项金融资产取得时的入账价值是(　　)元。
   A. 4 090 000　　　B. 5 000 000　　　C. 4 000 000　　　D. 5 090 000

四、多项选择题

1. 下列项目中,可能被划分为以摊余成本计量的金融资产的有(　　)。
   A. 企业从二级市场购入的股票　　　B. 企业认购中签新股取得的股票
   C. 企业从二级市场折价购入的债券　D. 企业在发行日溢价购入的债券
   E. 银行向企业发放的贷款

2. 企业将一项以摊余成本计量的金融资产重分类为以公允价值计量且其变动计入其他综合收益的金融资产,下列会计处理正确的有(　　)。
   A. 应按该资产在重分类日的公允价值进行计量
   B. 原账面价值与公允价值之间的差额计入其他综合收益
   C. 原账面价值与公允价值之间的差额计入当期损益
   D. 该金融资产重分类不影响其实际利率和预期信用损失的计量
   E. 该金融资产重分类会影响其实际利率和预期信用损失的计量

3. 影响金融资产摊余成本的因素包括(　　)。

A. 当期收到的债券利息 B. 该资产的初始确认金额
C. 已偿还的本金 D. 累计计提的损失准备
E. 采用实际利率法将该初始确认金额与到期日金额之间的差额进行摊销形成的累计摊销额

4. 关于金融资产的计量,下列表述符合企业会计准则相关规定的有( )。
   A. 以公允价值计量且其变动计入当期损益的金融资产,按取得时的公允价值与相关交易费用之和作为初始确认金额
   B. 以摊余成本计量的金融资产,按取得时的公允价值与相关交易费用之和作为初始确认金额
   C. 以公允价值计量且其变动计入其他综合收益的金融资产,按取得时的公允价值与相关交易费用之和作为初始确认金额
   D. 以公允价值计量且其变动计入当期损益的金融资产,持有期间按公允价值计量,公允价值变动计入当期损益
   E. 以摊余成本计量的金融资产持有期间按公允价值计量,公允价值变动计入摊余成本

5. 下列关于金融资产终止确认的表述中,正确的有( )。
   A. 处置分类为以公允价值计量且其变动计入其他综合收益的金融资产时,应将之前计入其他综合收益的累计利得或损失从其他综合收益中转出,计入留存收益
   B. 处置以摊余成本计量的金融资产时,应将所取得的价款与该债券账面价值之间的差额计入当期损益
   C. 处置应收账款时,应将取得的价款与该应收账款账面余额之间的差额计入当期损益
   D. 处置应收账款时,应将取得的价款与该应收账款账面价值之间的差额计入当期损益
   E. 指定为以公允价值计量且其变动计入其他综合收益的权益工具投资,在其终止确认时,之前计入其他综合收益的累计利得或损失应当从其他综合收益中转出,计入留存收益

五、业务题

【业务题一】

目的 练习以公允价值计量且其变动计入当期损益的金融资产的核算。

资料 20×2年1月1日,乙公司购入A公司债券,该债券面值1 000 000元,票面利率和实际利率均为3%,划分为以公允价值计量且其变动计入当期损益的金融资产。取得时,支付价款1 030 000元(含已宣告发放利息30 000元),另支付交易费用20 000元。

20×2年1月5日,收到最初支付价款中所含利息30 000元。

20×2年12月31日,该债券公允价值为1 100 000元。

20×3年1月5日,收到20×2年利息。

20×3年10月6日,将该债券处置,售价1 180 000元。

要求 为乙公司编制与A公司债券有关的会计分录。

【业务题二】

目的 练习以摊余成本计量的金融资产的核算。

资料 20×5年1月3日,甲公司从证券市场上购买B公司20×3年1月1日发行的5年期债券,票面利率为4%,每年1月5日支付上一年度的利息,到期日为20×8年1月1日,到

期时一次归还本金和最后一年的利息。甲公司购入债券的面值为1 000万元,实际支付价款992.77万元,另支付相关费用20万元。该债券划分为以摊余成本计量的金融资产。购入债券的实际利率为5%。假定按年计提利息。

要求 (1) 编制甲公司购入债券至该债券到期所有相关会计分录。

(2) 请说明该债券在20×6年年末资产负债表中如何列示。

[业务题三]

目的 练习以摊余成本计量的金融资产的核算。

资料 承[业务题二],如果该债券分两次归还本金,在第3年年末及最终到期日分别归还本金各一半,购买时实际支付价款1 001.63万元,其他条件不变。

要求 编制甲公司购入债券至该债券到期所有相关会计分录。

[业务题四]

目的 练习以公允价值计量且其变动计入其他综合收益的金融资产的核算。

资料 甲公司是上市公司,每季度提供财务报告。甲公司20×5年4月3日购入C公司股票150万股,每股10元(含已宣告尚未发放的现金股利1元),另支付相关交易费用80 000元。该股票被指定为以公允价值计量且其变动计入其他综合收益的金融资产。

5月10日,收到现金股利1 500 000元。

6月30日,该股票每股市价9.2元。

9月30日,该股票每股市价9.4元。

12月31日,该股票每股市价9.3元。

20×6年1月3日,甲公司将上述C公司股票100万股对外出售,每股售价9.3元,收到款项9 300 000元。假定不考虑手续费。

要求 (1) 根据上述资料编制甲公司有关该股票投资的会计分录。

(2) 请说明该购入股票在20×5年年末资产负债表中是如何列示的。

[业务题五]

目的 练习以摊余成本计量的金融资产重分类为以公允价值计量且其变动计入其他综合收益的金融资产的核算。

资料 20×5年1月3日,甲公司从证券市场上购买C公司20×4年1月1日发行的5年期债券,票面年利率为5%,每年1月5日支付上一年度的利息,到期日为20×9年1月1日,到期时一次归还本金和最后一年的利息。甲公司购入债券的面值为2 000万元,实际支付价款2 010.7万元,另支付相关费用20万元。该债券划分为以摊余成本计量的金融资产。购入债券的实际利率为6%。假定按年计提利息。

20×7年1月2日,资本市场发生较大变化,甲公司改变了管理债券的业务模式,准备在适当时候将债券投资出售,因此,将该以摊余成本计量的金融资产重分类为以公允价值计量且其变动计入其他综合收益的金融资产,其公允价值为1 980万元。

20×7年12月31日,该项投资的公允价值为1 991万元。

20×8年1月12日,甲公司将该债券全部出售,收到款项1 995万元。

要求 根据上述资料编制甲公司有关该债券投资的会计分录。

第八章　长期股权投资

学习目的与要求

本章阐述了长期股权投资的相关概念、初始计量、后续计量、处置和列报。读者通过本章的学习，应该掌握与长期股权投资相关的基本概念；掌握从不同渠道取得长期股权的初始计量方法；掌握对被投资单位是否控制、共同控制和重大影响的判断；掌握长期股权投资后续计量的成本法和权益法及其适用性；了解长期股权投资后续核算方法转换的处理；掌握长期股权投资处置的会计处理；了解长期股权投资的报表列示及披露内容。

预习思考题

1. 甲公司的控股股东为 A 公司，乙公司的控股股东为 B 公司，甲公司从 B 公司手中购买乙公司 80% 的股权，请说明在怎样的情况下此项业务可以认定为同一控制下的企业合并？
2. C 公司拥有 D 公司 20% 的股权，是否一定要采用权益法核算？为什么？
3. 成本法与权益法，哪一种方法对投资收益的确认时点，与现金流量的流入时间较为接近？请说明理由。
4. "在资产负债表中的长期股权投资项目不应当出现负数，所以投资企业对于超额亏损的子公司所确认的投资损失，应当以该项投资的账面价值减记至零为限。"这句话对否？为什么？
5. 请查阅一家上市公司年报，了解其是如何列报长期股权投资的。

第一节　长期股权投资概述

一、长期股权投资的概念及特点

长期股权投资是指通过取得被投资单位的股权，投资企业成为被投资单位的股东，按所持有股份的比例享有权利并承担责任的一种投资。它具体包括企业持有的对其子公司、合营企业及联营企业的权益性投资。长期股权投资是为了控制或影响被投资单位的财务及经营决策；或实现企业的多元化经营、拓宽经营渠道；或改善公司的贸易关系；或实现企业收购兼并的战略目标等。长期股权投资包括长期股票投资和其他长期股权投资。

长期股票投资是指企业通过购买其他企业股票的方式对其他企业所进行的投资。企业购买并持有某公司的股票后，可以作为被投资公司的股东参与其中，享有被投资公司的经营管理权，并按持有股份的比例分享利润、分担亏损；如被投资企业发生经营风险，以其取得股票的全部投资承担有限责任。

其他长期股权投资是指投资股票以外的具有股权性质的投资，是一种直接性投资。在这种投资方式下，企业以现金、实物资产或无形资产等直接投资于其他企业，并取得该企业的部分股权；按规定企业投出的资产，在联营期未满或联营企业没有解散之前，不得中途抽回资金，同时投资企业参与被投资单位的经营管理，并按投资比例分享利润、分担亏损。

通过对长期股权投资的概念与性质分析，可见其具有以下特点：①长期股权投资是以让渡企业部分资产而换取的另一项非流动资产。②长期股权投资是企业在生产经营活动之外持有的非流动资产。③长期股权投资是一种以要求取得较多长期收益或利益权利为表现形式的资产。④长期股权投资是一种有较高财务风险的资产。

二、长期股权投资的类型

长期股权投资依据对被投资单位投资的程度和影响的不同，可分为三种类型。

（一）控制

控制是指投资方拥有对被投资方的权力，通过参与被投资方的相关活动而享有可变回报，并且有能力运用对被投资方的权力影响其回报金额。这种长期股权投资类型中的被投资单位称为子公司，投资企业称为母公司。

一个企业对于另一个企业是否具有控制权，一般是以投资企业拥有被投资单位半数以上的表决权资本作为标志；或者投资企业对被投资单位拥有的表决权资本在半数或以下，但同时具有实质控制权也认为投资单位具有实质控制权。表决权资本即有投票权的资本。在判断投资企业对被投资单位是否形成控制时，还应当综合考虑被投资单位的股权结构、董事会构成和日常经营管理特点等情况。

（二）共同控制

共同控制是指按照合同约定对某项经济活动所共有的控制，仅在与该项经济活动相关的重要财务和经营决策需要分享控制权的投资方一致同意时存在。这里的共同控制仅指共同控制实体，如两个或多个公司共同投资建立的企业，该被投资企业的财务和经营政策必须由投资双方或若干方共同决定，并非指共同控制经营和共同控制财产等。这种长期股权投资类型中的被投资单位称为合营企业，实施共同控制的任何一方称为合营者。

（三）重大影响

重大影响是指对一个企业的财务和经营政策有参与决策的权利，但并不能够控制或者与其他方一起共同控制这些政策的制定。投资企业能够对被投资企业施加重大影响的，这种长期股权投资类型的被投资单位称为联营企业。

投资方直接或通过子公司间接持有被投资单位20%以上、不超过50%表决权的，一般认为对被投资单位具有重大影响，有明确的证据表明不形成重大影响的除外。

另外，需要指出的是，在确定投资企业的投资类型时，判断投资企业能否对被投资单位实施控制或施加重大影响，应当考虑投资企业与其他投资方持有的被投资单位当期可转换公司债券、当期可执行的认股权证等潜在的表决权因素。即该投资企业及其他企业或个人持有被投资单位的当期可转换公司债券时，应考虑假定其当期转换对被投资单位表决权的增减变动；而持有被投资单位的当期可执行认股权证时，也应考虑假定其当期行权对被投资单位表决权的影响程度。

第二节 长期股权投资的初始计量

长期股权投资的确认,是指投资方能够在自身账簿和报表中确认对被投资单位股权投资的时点。其中对于联营企业、合营企业的确认应当遵从企业会计准则中关于资产的界定,即有关股权投资在属于投资方的资产时确认。而对于子公司投资的确认,应遵从合并准则,于购买日(或合并日)确认对子公司的长期股权投资。

长期股权投资在取得时,应按初始投资成本入账。其中,实际支付的价款或对价中包含的已宣告但尚未领取的现金股利或利润,应作为应收项目进行处理,不构成取得长期股权投资的成本。

一、企业合并形成长期股权投资的初始计量

企业合并是指将两个或者两个以上单独的企业合并形成一个报告主体的交易或事项。企业合并可以分为吸收合并、新设合并和控股合并三种。吸收合并是指合并方在企业合并中取得被合并方的全部净资产,并将有关资产、负债并入合并方自身的账簿和报表进行核算,企业合并后,注销被合并方的法人资格,由合并方持有合并中取得的被合并方的资产、负债,在新的基础上继续经营;新设合并是指企业在合并中注册成立新的企业,由其持有原参与合并各方的资产、负债在新的基础上经营,原合并各方在合并后注销法人资格;控股合并是指合并方通过企业合并交易或事项取得被合并方的控制权,能够主导被合并方的生产经营决策,从而将被合并方纳入其合并财务报表范围形成一个报告主体的情况。可见,只有在控股合并下,合并方在其账簿及个别财务报表中确认对合并方的长期股权投资;而吸收合并、新设合并与长期股权投资核算无关。

以是否在同一控制下进行合并为基础,企业合并可以分为同一控制下的企业合并和非同一控制下的企业合并两种。参与合并的企业在合并前后均受同一方或相同的多方最终控制且该控制并非暂时性的为同一控制下的企业合并。

(一) 同一控制下的企业合并形成长期股权投资

同一控制下的企业控股合并,往往是集团内部资产、负债的重新组合,不属于交易,一般应以被合并方所有者权益账面价值份额作为长期股权投资的初始投资成本;如果被合并方需要编制合并财务报表的,应以合并日被合并方合并财务报表所有者权益为基础确定长期股权投资的初始投资成本。合并方因企业合并发生的审计、法律服务和评估咨询等中介费用以及其他相关管理费用,应于发生时计入当期损益。

1. 合并方以支付现金、转让非现金资产或承担债务方式作为合并对价

如果合并方以支付现金、转让非现金资产或承担债务方式作为对价的,在合并日应按取得被合并方在最终控制方合并财务表中的所有者权益账面价值的份额,作为长期股权投资的初始投资成本,借记"长期股权投资"账户;按支付的合并对价的账面价值,贷记"银行存款""固定资产清理"等账户。如果长期股权投资的初始投资成本大于作为对价的现金、非现金资产或承担债务等账面价值,贷记"资本公积(资本溢价或股本溢价)"账户;如果长期股权投资的初始投资成本小于作为对价的现金、非现金资产或承担债务等账面价值,借记"资本

公积(资本溢价或股本溢价)"账户,当"资本公积"账户贷方余额不足时,应当依次借记"盈余公积""利润分配——未分配利润"等账户。

【例8-1】 A、B公司为同属甲公司的子公司。A公司于本年6月1日以银行存款950万元取得了B公司55%的股份,并能够对B公司实施控制。B公司本年6月1日所有者权益的账面价值为2 000万元。A公司编制会计分录如下:

借:长期股权投资——B公司　　　　　　　　　　　　　　　　11 000 000
　　贷:银行存款　　　　　　　　　　　　　　　　　　　　　 9 500 000
　　　　资本公积——股本溢价　　　　　　　　　　　　　　　 1 500 000

2. 合并方以发行权益性工具作为合并对价

如果合并方以发行权益性工具作为对价的,在合并日应按取得被合并方在最终控制方合并财务报表中的所有者权益账面价值的份额作为长期股权投资的初始投资成本,借记"长期股权投资"账户;按发行股份的面值总额,贷记"股本"账户。长期股权投资初始投资成本与所发行股份面值总额之间的差额,如为贷方差额,贷记"资本公积(资本溢价或股本溢价)"账户;如为借方差额,借记"资本公积(资本溢价或股本溢价)"账户,资本公积不足冲减的,应当依次借记"盈余公积""利润分配——未分配利润"等账户。

【例8-2】 M、N公司同为丙公司的子公司。本年5月2日,M公司发行1 300万股、每股面值1元的普通股股票,从N公司股东处取得N公司51%的股份,并能够对N公司实施控制。N公司本年5月2日所有者权益的账面价值为2 000万元。M公司当时的"资本公积——股本溢价"账户贷方余额为150万元,盈余公积为250万元,未分配利润为80万元。假定合并双方所采用的会计政策一致,无须调整。M公司编制会计分录如下:

本例中,M公司在合并日应确认对N公司的长期股权投资,初始投资成本为应享有N公司财务报表中的净资产账面价值的份额及相关商誉。

借:长期股权投资——N公司　　　　　　　　　　　　　　　　10 200 000
　　资本公积——股本溢价　　　　　　　　　　　　　　　　　 1 500 000
　　盈余公积　　　　　　　　　　　　　　　　　　　　　　　 1 300 000
　　贷:股本　　　　　　　　　　　　　　　　　　　　　　　　13 000 000

(二) 非同一控制下的企业合并形成的长期股权投资

非同一控制下的企业合并,参与合并的各方在合并前后不受同一方或相同的多方最终控制,这种合并往往表现为市场化的购买行为。购买方应以合并成本作为长期股权投资的初始投资成本。其合并成本包括购买方付出的资产、发生或承担的负债以及发行的权益性证券的公允价值之和。购买方因企业合并发生的审计、法律服务、评估咨询等中介费用以及其他相关管理费用,应于发生时计入当期损益。购买方作为合并对价发行的权益性工具或债务性工具直接相关的交易费用,发行权益性工具的,应当冲减资本公积溢价部分,溢价不足冲减的,依次冲减盈余公积和未分配利润;发行债务性工具的,应计入权益性证券或债务性证券的初始确认金额。

企业通过多次交易分步实现的企业合并,应以购买日之前该项长期股权投资的账面价值与购买日新增投资成本之和,作为该项投资的初始投资成本。需要说明的是,在合并财务报表中因取得控制权而导致计量基础发生改变,会计处理与个别财务报表相比有较大区别。

【例8-3】 P公司于本年2月1日以一项固定资产(机器设备)和银行存款280万元对B公司投资,取得B公司70%的股权,并能够对B公司实施控制。该固定资产的账面原价为600万元,已计提累计折旧220万元,已计提固定资产减值准备50万元,在投资当日该固定资产的公允价值为380万元,增值税销项税额49.4万元。假定合并前P公司与B公司不存在任何关联方关系,且不考虑其他的税费。P公司编制会计分录如下:

借:固定资产清理　　　　　　　　　　　　　　　　　　　　3 300 000
　　累计折旧　　　　　　　　　　　　　　　　　　　　　　2 200 000
　　固定资产减值准备　　　　　　　　　　　　　　　　　　　500 000
　　贷:固定资产　　　　　　　　　　　　　　　　　　　　　6 000 000

借:长期股权投资——B公司　　　　　　　　　　　　　　　　7 094 000
　　贷:固定资产清理　　　　　　　　　　　　　　　　　　　3 300 000
　　　　应交税费——应交增值税(销项税额)　　　　　　　　　　494 000
　　　　银行存款　　　　　　　　　　　　　　　　　　　　　2 800 000
　　　　资产处置损益　　　　　　　　　　　　　　　　　　　　500 000

【例8-4】 R公司于本年5月6日与T公司达成一项合并协议。合同约定R公司以一批库存商品对T公司进行投资,占T公司股份总额的80%,并能够对T公司实施控制。该批库存商品的账面成本为500万元,投资当日该批库存商品的公允价值为425万元。假定R公司、T公司合并前属非同一控制下的独立公司,适用的增值税税率为13%,不考虑其他的税费。R公司编制会计分录如下:

借:长期股权投资——T公司　　　　　　　　　　　　　　　　4 802 500
　　贷:主营业务收入　　　　　　　　　　　　　　　　　　　4 250 000
　　　　应交税费——应交增值税(销项税额)　　　　　　　　　　552 500

借:主营业务成本　　　　　　　　　　　　　　　　　　　　　5 000 000
　　贷:库存商品　　　　　　　　　　　　　　　　　　　　　5 000 000

二、企业合并以外方式取得长期股权投资的初始计量

(一)以支付现金取得的长期股权投资

以支付现金取得的长期股权投资,应当按照实际支付的购买价款作为初始投资成本。与取得长期股权投资直接相关的费用、税金及其他必要支出也应计入该项长期股权投资的初始投资成本。

【例8-5】 A公司于本年1月11日在产权交易市场上购入甲公司股权,占甲公司20%的股份,并能够对甲公司实施重大影响。实际支付的价款及相关手续费、佣金共计6 650万元。A公司编制会计分录如下:

借:长期股权投资——甲公司　　　　　　　　　　　　　　　66 500 000
　　贷:银行存款　　　　　　　　　　　　　　　　　　　　66 500 000

(二)以发行权益性工具方式取得的长期股权投资

以发行权益性证券取得的长期股权投资,应当按照发行权益性证券的公允价值作为初

始投资成本。

发生的与发行权益性工具有关的手续费、交易佣金及其他直接相关费用,自权益性工具的溢价发行收入中扣除,溢价收入不足的,应冲减盈余公积和未分配利润。

【例8-6】 P公司于本年8月1日与乙公司股东达成投资协议,约定P公司以增发的权益性工具作为对价受让乙公司25%股权,并能够对乙公司实施重大影响。P公司共增发普通股股票2 000万股,每股面值1元,实际发行价格3.1元。假定不考虑相关的发行费用。P公司编制会计分录如下:

借:长期股权投资——乙公司　　　　　　　　　　　　　　　　62 000 000
　　贷:股本　　　　　　　　　　　　　　　　　　　　　　　20 000 000
　　　　资本公积——股本溢价　　　　　　　　　　　　　　　42 000 000

(三) 接受投资者投入的长期股权投资

投资者投入的长期股权投资是指投资者将其持有的对第三方的投资投入企业形成的长期股权投资。投资者投入的长期股权投资,应当按照投资合同或协议约定的价值作为初始投资成本,投资者在合同或协议中约定的价值不公允的,应当按照取得长期股权投资的公允价值作为其初始投资成本。

对投资者投入的长期股权投资进行会计处理时,接受投资企业应按投资合同或协议约定的价值作为初始投资成本,借记"长期股权投资"账户,按投资者构成实收资本(或股本)部分的出资额,贷记"实收资本"或"股本"账户,差额部分贷记"资本公积"账户。

【例8-7】 本年2月6日,W公司与Z公司签订投资合同,合同约定Z公司以所持有的丙公司股权向W公司投资,Z公司对丙公司长期股权投资的账面余额为1 800万元,未计提长期股权投资减值准备。W公司与Z公司约定对丙公司长期股权投资作价2 900万元。假定接受投资时,W公司股本为10 000万元,Z公司出资占W公司注册资本的25%,并能够对丙公司实施重大影响。假定不考虑其他相关税费。W公司编制会计分录如下:

借:长期股权投资——丙公司　　　　　　　　　　　　　　　　29 000 000
　　贷:实收资本　　　　　　　　　　　　　　　　　　　　　25 000 000
　　　　资本公积——资本溢价　　　　　　　　　　　　　　　4 000 000

企业长期股权投资的取得除了上述渠道,还可能通过非货币性资产交换、债务重组等方式取得,因此在确定相关方式形成的初始投资成本时,应根据相关会计准则的规定进行规范。

企业无论以何种方式取得的长期股权投资,取得投资时,对于支付对价中包含的应享有被投资单位已经宣告但尚未发放的现金股利或利润,应确认为应收项目,不构成长期股权投资的初始投资成本。

第三节 长期股权投资的后续计量

投资企业在对长期股权投资进行后续计量时,需要依据对被投资单位能够施加的影响程度进行划分,在个别财务报表中分别采用成本法或者权益法,以确定持有某项长期股权投资所取得的投资收益,或者由于投资不利所应承担的投资损失;同时,在后续计量过程中,应对由于投资企业管理层意图改变而追加或减持股权等原因所导致的投资类型变化作出及时调整,并于每个会计期末对企业持有的长期股权投资进行减值测试,反映相关资产减值事项。

一、长期股权投资的成本法

长期股权投资的成本法是指长期股权投资后续计量按成本计价的方法。

(一) 成本法的适用范围

投资企业能够对被投资单位实施控制的长期股权投资,应采用成本法进行核算。但需要注意的是,由于投资企业能够对被投资单位实施控制的权益性投资即对子公司投资,则投资企业在编制合并财务报表时,应将子公司纳入其合并财务报表范围,并按照权益法对该项投资进行调整。

(二) 成本法的会计处理

在成本法下,长期股权投资应当按照取得股权时的初始投资成本计价,除非投资企业发生追加投资或收回投资等情形,长期股权投资的账面价值应保持不变,一般不得调整。

长期股权投资采用成本法核算的一般程序如下:

(1) 初始投资或追加投资时,按照初始投资或追加投资时的投资成本增加长期股权投资的账面价值。

(2) 被投资单位宣告分派的现金股利或利润,投资企业按应享有的份额,确认为当期投资收益。

从理论上说,投资企业确认的投资收益,仅限于被投资单位接受投资后产生的累积净利润的分配额,对所获得的现金股利或利润超过被投资单位在接受投资后产生的累积净利润的部分,作为初始投资成本的收回(又称清算股利),冲减长期股权投资的账面价值。但在企业会计实务中,投资企业对有些被投资单位的影响较小,如果投资企业对被投资单位无控制、共同控制或重大影响,投资企业很可能无法取得或者无法及时取得被投资单位的财务报表,因而难以获取被投资单位接受投资后累积分配的现金股利或利润是否超过其累积实现的净利润等会计信息。国际会计准则与我国会计准则均对长期股权投资成本法的会计处理进行改进,予以简化。

简化后的长期股权投资成本法,对于投资企业从被投资单位分得的现金股利或利润,除了分得已包含在取得投资时实付价款中的已宣告未发放的现金股利或利润应当冲减应收股利,投资企业均按照其所享有份额直接确认为当期投资收益,不需要再划分是否属于投资前和投资后被投资单位实现的净利润。

需要注意的是,企业按照上述规定确认自被投资单位应分得的现金股利或利润后,应当考虑长期股权投资是否发生减值。在判断该类长期股权投资是否存在减值迹象时,应当关注长期股权投资的账面价值是否大于享有被投资单位净资产(包括相关商誉)账面价值的份额等类似情况。出现类似情况时,企业就要对长期股权投资进行减值测试,若发现可收回金额低于该项投资账面价值的,应计提减值准备。

【例 8-8】 20×1 年 12 月 31 日,甲公司自非关联方处以银行存款 3 500 万元取得乙公司 51% 的股份作为长期投资,相关手续于当日完成,并能够对乙公司实施控制。乙公司 20×1 年年末所有者权益合计 6 000 万元,其中,实收资本 4 500 万元,资本公积 200 万元,盈余公积500万元,未分配利润800万元。20×2年3月10日,乙公司宣告分派20×1年度的现金股利250万元;20×2年度,乙公司实现净利润400万元;20×3年4月2日,乙公司宣告分派现金股利480万元。甲公司按持股比例分得现金股利时,编制有关会计分录如下:

20×1年12月31日,投资时:

借:长期股权投资——乙公司　　　　　　　　　　　　　　　　　35 000 000
　　贷:银行存款　　　　　　　　　　　　　　　　　　　　　　　35 000 000

20×2年3月10日,在乙公司宣告分派20×1年度的现金股利时:

借:应收股利——乙公司　　　　　　　　　　　　　　　　　　　1 275 000
　　贷:投资收益　　　　　　　　　　　　　　　　　　　　　　　1 275 000

20×3年4月2日,在乙公司宣告分派20×2年度的现金股利时:

借:应收股利——乙公司　　　　　　　　　　　　　　　　　　　2 448 000
　　贷:投资收益　　　　　　　　　　　　　　　　　　　　　　　2 448 000

(三)对成本法的评价

成本法的优点表现为:投资企业与被投资单位是两个独立的法人实体,与法律上企业法人的概念相符;会计处理比较简便,"长期股权投资"账户能反映投资的成本;确认的投资收益与我国税法上确认应纳税所得额对投资收益的确认一致;投资企业确认投资收益的时间与其现金流入的时间接近。

成本法的局限性表现为:"长期股权投资"账户的账面价值停留在初始或追加投资的投资成本上,不能如实反映投资企业在被投资单位中的权益;投资企业对被投资单位账面上的投资收益无法真实地反映实际的经济利益;而当被投资单位发生亏损时,又不能及时反映投资企业的损失。

二、长期股权投资的权益法

长期股权投资的权益法,是指长期股权投资以初始投资成本计量后,在持有期间内,根据享有被投资单位所有者权益份额的变动而相应调整其投资账面价值的方法。被投资单位所有者权益的变动,包括被投资单位实现净利润或发生净亏损、其他综合收益、利润分配,以及其他所有者权益项目的变动。在持有投资期间,被投资单位能够提供合并财务报表的,应按其合并财务报表净利润和其他权益变动为基础进行核算。

(一)权益法适用的范围

投资企业对被投资单位具有共同控制或重大影响的长期股权投资应当采用权益法核算。

(二)权益法的会计处理

采用权益法核算时,"长期股权投资"账户除了按投资对象设置二级明细账户,还应当分别设置"投资成本""损益调整""其他综合收益""其他权益变动"等明细账户,进行明细核算。

采用权益法核算长期股权投资时,按以下程序进行具体会计处理。

1. 初始投资成本调整的处理

初始投资或追加投资时,按照初始投资成本或追加投资的投资成本增加长期股权投资的账面价值。如果长期股权投资的初始投资成本大于投资时应享有被投资单位可辨认净资产公允价值的份额，不对长期股权投资的初始投资成本进行调整，而是将差额部分视为投资过程中通过购买活动体现出的买价与新取得的股权份额相对应的商誉，但该商誉不单独反映确认，而是隐含在所取得的长期股权投资成本中；如果长期股权投资的初始投资成本小于投资时应享有被投资单位可辨认净资产公允价值的份额，将初始投资成本调整为应享有的被投资单位可辨认净资产公允价值的份额，两者差额部分直接计入当期损益(营业外收入)。

【例8-9】 P公司以3 000万元取得B公司25％的股权，取得投资时B公司可辨认净资产的公允价值为10 000万元。如P公司能够对B公司施加重大影响，则P公司编制会计分录如下：

借：长期股权投资——B公司(投资成本)   30 000 000
  贷：银行存款   30 000 000

假定投资时B公司可辨认净资产的公允价值为13 000万元，则P公司编制会计分录如下：

借：长期股权投资——B公司(投资成本)   32 500 000
  贷：银行存款   30 000 000
    营业外收入   2 500 000

2. 对被投资单位实现净损益的处理

在权益法下，投资企业应当对被投资单位当年实现的净利润或发生的净亏损按照应享有或应分担的份额确认投资损益，并调整长期股权投资的账面价值。投资企业按照被投资单位宣告分派的利润或现金股利计算应分得的部分，相应减少长期股权投资的账面价值。

【例8-10】 20×1年1月3日，Y公司以银行存款500万元受让Z公司42％有表决权的股份，能够对Z公司施加重大影响。假定在20×1年年初，Y公司取得该项投资的时点上，Z公司可辨认净资产的公允价值与其账面价值相等，可辨认净资产公允价值为1 000万元，20×1年度实现净利润60万元，提取盈余公积9万元；20×3年3月份，Z公司宣告发放现金股利30万元。除长期股权投资外，Y公司在Z公司中没有其他长期权益。则Y公司编制会计分录如下：

(1) 进行投资。

借：长期股权投资——Z公司(投资成本)   5 000 000
  贷：银行存款   5 000 000

(2) 确认20×1年度投资收益。

借：长期股权投资——Z公司(损益调整)   252 000
  贷：投资收益   252 000

(3) 20×2年3月，乙公司宣告分派现金股利。

借：应收股利——Z公司   126 000
  贷：长期股权投资——Z公司(损益调整)   126 000

在确认投资损益时，应注意以下几个问题：

(1) 企业在确定能否对被投资单位实施控制或施加重大影响时,应当考虑投资企业和其他方持有的被投资单位当期可转换公司债券、当期可执行认股权证等潜在表决权因素,但考虑现行可执行被投资单位潜在表决权的影响仅为确定投资企业对被投资单位的影响能力,而不是用于确定投资企业享有或承担被投资单位净损益的份额。在确定了投资企业对被投资单位的影响程度后,如果投资企业对被投资单位具有共同控制或重大影响的,应按照权益法核算,但在按照权益法确认投资收益或投资损失时应以现行实际持股比例为基础计算确定,不考虑可执行潜在表决权的影响。

(2) 投资企业在确认当期应享有的被投资单位净损益的份额时,如果与被投资单位采用的会计政策及会计期间不一致,应当按照投资企业的会计政策及会计期间对被投资单位的财务报表进行调整,然后据以确认投资损益。

(3) 投资企业在确认应享有或应分担的被投资单位当年净损益的份额时,应当以取得投资时被投资单位各项可辨认净资产等的公允价值为基础,对被投资单位的净损益进行调整后确认。被投资单位个别报表中的净损益是以其资产、负债的账面价值为基础持续计算的。如果被投资单位在持续经营过程中以账面价值为基础计提的固定资产折旧额、无形资产摊销额,以及各项资产计提的减值准备金额,与按照取得投资时被投资单位固定资产、无形资产等资产的公允价值为基础计提的折旧额、摊销额或减值准备等存在差额的,应按其差额对被投资单位净损益进行调整,并按调整后的净损益和持股比例计算确认投资损益。投资企业如果无法可靠取得投资时被投资单位各项可辨认资产等的公允价值,或者可辨认资产公允价值与其账面价值之间的差额不具重要性的,如差额较少;或者无法取得按照企业会计准则规定进行核算所需资料而导致无法对被投资单位净损益进行调整的,可以按照被投资单位的账面净损益为基础计算确认投资损益,但需在会计报表附注中说明这一事实及原因。

(4) 对于被投资单位发生的超额亏损(净资产减少至零以后发生的亏损),投资企业在确认由于被投资单位发生净亏损而产生的投资损失时,应当以长期股权投资的账面价值以及其他实质上构成对被投资单位净投资的长期权益减至零为限。其他实质性构成净投资的长期权益项目,通常是指没有明确的清收计划,且在可预见的未来期间不准备收回的长期应收项目。按照上述处理后,合同或协议约定,投资企业对被投资单位仍负有承担额外损失义务且满足预计负债确认条件的,应该按照预计承担的义务确认预计负债,计入当期投资损失。

总之,投资企业在确认应分担被投资单位发生的亏损时,应当按照以下顺序进行处理。

首先,减记长期股权投资的账面价值;其次,减记其他实质上构成净投资的长期权益项目;最后,考虑合同或协议约定的其他责任义务。按上述顺序确认的投资损失外仍有额外损失的,应在账外作备查登记,被投资单位以后期间实现盈利的,按上述相反顺序恢复长期股权投资的账面价值。

在具体会计处理过程中,如果"损益调整"明细账户不够冲减的,应继续冲减"损益调整"明细账户,不能冲减"投资成本"及其他明细账户。

(5) 在确认应享有或分担的被投资单位净利润(或亏损)额时,法规或公司章程规定不属于投资企业的净损益应当予以剔除后计算。例如,被投资单位发行了分类为权益的可累积优先股等类似的权益工具,无论被投资单位是否宣告分派优先股股利,投资方计算应享有被投资单位的净利润时，均应将归属于其他投资方的累积优先股股利予以扣除。

【例8-11】 M公司于本年1月1日取得联营企业N公司30%的股权，能够对N公司施加重大影响，取得投资时N公司的固定资产公允价值为2 600万元，账面价值为1 600万元，固定资产的预计使用年限为10年，净残值为零，按照年限平均法计提折旧。N公司本年度利润表中净利润为2 300万元。

M公司按照N公司的账面净利润计算确定的投资收益应为690万元（2 300×30%）；如按该固定资产的公允价值（假定不考虑所得税影响）计算利润为2 200万元（2 300－100）；则投资企业M公司按照持股比例计算确认的当期投资收益为660万元（2 200×30%）。M公司编制会计分录如下：

借：长期股权投资——N公司（损益调整）　　　　　　　　　　　6 600 000
　　贷：投资收益　　　　　　　　　　　　　　　　　　　　　　6 600 000

【例8-12】 A公司持有B公司25%的股权，能够对B公司施加重大影响，20×1年12月31日投资的账面价值为1 000万元。B公司20×2年亏损2 600万元。假定取得投资时B公司各项资产公允价值等于账面价值，双方采用的会计政策、会计期间相同。

A公司20×2年应确认投资损失为650万元（2 600×25%）。此时A公司"长期股权投资"的账面价值降为350万元。

如果B公司20×3年度继续亏损，其亏损额为2 000万元，当年度A公司按持股比例应承担的损失为500万元。如果不存在其他实质上构成对被投资单位净投资的长期应收项目，则将长期股权投资账面价值减至零，仅需确认350万元投资损失，未确认的其余投资损失150万元应在账外作备查登记。假定A公司账上另有应收B公司长期应收款800万元作为对B公司的长期财务支持，则还应进一步确认损失。A公司编制会计分录如下：

20×2年度：

借：投资收益　　　　　　　　　　　　　　　　　　　　　　　6 500 000
　　贷：长期股权投资——B公司（损益调整）　　　　　　　　　6 500 000

20×3年度：

借：投资收益　　　　　　　　　　　　　　　　　　　　　　　3 500 000
　　贷：长期股权投资——B公司（损益调整）　　　　　　　　　3 500 000
借：投资收益　　　　　　　　　　　　　　　　　　　　　　　1 500 000
　　贷：长期应收款　　　　　　　　　　　　　　　　　　　　1 500 000

（6）投资企业与联营企业及合营企业之间发生的未实现内部交易损益，按照持股比例计算归属于投资企业的部分，应当予以抵销，在此基础上确认投资损益。投资企业与被投资单位发生的内部交易损失，系交易资产发生减值损失所致，则应当全额确认。

例如，甲公司持有乙公司40%的股权并对其具有重大影响。本年度，乙公司将自产产品销售给甲公司，其销售价格为1 000万元（不含增值税额），销售成本为600万元。年末，甲公司从乙公司购入的产品全部未对外出售形成存货，乙公司当年度按照可辨认净资产公允价值为基础计算实现的净利润为900万元。甲公司本年度应确认的投资收益金额为200万元〔(900－400)×40%〕。

3. 对被投资单位其他综合收益变动的处理

在权益法下,被投资单位确认的其他综合收益及其变动,也会影响被投资单位所有者权益总额,进而影响投资企业应享有被投资单位所有者权益份额。因此,当被投资单位其他综合收益发生变动时,投资企业按持股比例计算应享有的份额,借记或贷记"长期股权投资——其他综合收益"账户,贷记或借记"其他综合收益"账户。

【例8-13】 X公司对D公司的投资占其有表决权资本的比例为30%,能够对D公司施加重大影响。当期D公司因持有的分类为以公允价值计量且其变动计入其他综合收益的金融资产的公允价值变动增加其他综合收益80万元。假定D公司无其他增减所有者权益的事项发生,且两家公司适用的会计政策、会计期间相同。X公司编制会计分录如下:

借:长期股权投资——D公司(其他综合收益)　　　　　　　　240 000
　　贷:其他综合收益　　　　　　　　　　　　　　　　　　　　　240 000

投资方按权益法确认应分担被投资单位发生的其他综合收益减少净额,将有关长期股权投资冲减至零并产生了未确认投资净损失的,被投资单位在以后期间实现其他综合收益增加净额时,投资方应当按照之前确认或登记有关投资净损失时的相反顺序进行会计处理,即依次减记未确认投资净损失金额,恢复其他权益和恢复长期股权投资的账面价值。

4. 对被投资单位除净损益、其他综合收益以及利润分配外其他所有者权益变动的处理

在采用权益法处理长期股权投资时,被投资单位净资产的变动除了受实现净损益、其他综合收益以及利润分配的影响,还包括受其他非损益因素的影响,如增资扩股发生的资本溢价,发行可转换公司债券(初始确认金额在权益部分与负债部分之间分拆),以权益结算的股份支付等。在持股比例不变的情况下,投资企业按持股比例计算应享有的份额,借记或贷记"长期股权投资——其他权益变动"账户,贷记或借记"资本公积——其他资本公积"账户。

(三) 对权益法的评价

权益法的优点表现为:长期股权投资账户的账面价值能够反映投资企业在被投资单位可辨认净资产中应享有的权益;投资损益的确定不受利润分配政策的影响,体现了实质重于形式原则。

权益法的局限性表现为:权益法忽视了被投资单位作为独立法人的法律事实,其会计处理与法律现实相悖,投资收益的确认是在被投资单位宣告分派利润之前按持股比例自动进行的;且确认投资收益的时间、金额与现金实际流入的时间、数额通常不一致;会计处理方法比较复杂。

三、长期股权投资的减值

长期股权投资如果存在减值迹象,应进行减值测试,计算确定其可收回金额。当可收回金额低于其账面价值时,应确认减值损失和计提减值准备,借记"资产减值损失"账户,贷记"长期股权投资减值准备"账户。在资产负债表上,长期股权投资以被减值准备抵减后的净额列示。详见第九章资产减值。

第四节 长期股权投资的核算方法转换及处置

在投资企业对被投资单位实施长期股权投资的存续期内,投资企业投资意图或目的的改变,投资企业会因此追加投资或者收回部分投资,使得投资企业的投资比例在原有的基础上发生变化,以至于影响到投资企业对被投资单位的投资类型,此时应根据股权比例或投资类型改变的具体情况调整该项长期股权投资的后续会计处理方法,由一种方法转换为另一种方法。

一、长期股权投资核算方法的转换

(一) 公允价值计量转换为权益法

投资企业持有的原对被投资单位的股权投资(不具有控制、共同控制或重大影响的),按照金融工具确认和计量准则进行会计处理的,因追加投资等原因使得持股比例上升,导致能够对被投资单位施加共同控制或重大影响的,在转为按权益法进行核算时,在转换日,投资方应按照金融工具确认和计量准则确定的原股权投资的公允价值加上为取得新增投资而应支付对价的公允价值,作为改按权益法核算的初始投资成本。

原持有的股权投资为其他权益工具投资的,其公允价值与账面价值之间的差额,以及原计入其他综合收益的累计的公允价值变动应当在终止确认时计入留存收益。

在进行会计处理时,比较上述计算所得的初始投资成本,与按照追加投资后全新的持股比例计算确定的应享有被投资单位在追加投资日可辨认净资产公允价值份额之间的差额,前者大于后者的,不调整长期股权投资的账面价值;后者大于前者的,差额应调整长期股权投资调整的账面价值,并计入当期营业外收入。

【例8-14】 20×1年12月31日,H公司于本年6月以2 000万元取得K公司10%的股权,根据金融工具确认和计量准则将其指定为以公允价值计量且其变动计入其他综合收益的金融资产,其账面价值为2 200元。20×2年1月6日,H公司又以银行存款3 200万元对K公司追加投资,由此H公司对K公司的持股比例增至25%,相关手续完成当日,K公司可辨认净资产公允价值总额为20 000万元。取得该部分股权后,按照K公司章程规定,H公司能够对K公司施加重大影响,对该项股权投资转为采用权益法。假定不考虑相关税费等其他因素的影响。

本例中,H公司追加投资后,对K公司25%股权的初始投资成本为5 500万元;应享有K公司可辨认净资产公允价值的份额为5 000万元。初始投资成本大于应享有的K公司可辨认净资产公允价值的份额,因此H公司无须调整长期股权投资的成本。

20×2年1月6日,H公司确认对K公司的长期股权投资,会计处理如下:

借:长期股权投资——投资成本　　　　　　　　　　　　55 000 000
　　贷:其他权益工具投资　　　　　　　　　　　　　　22 000 000
　　　　银行存款　　　　　　　　　　　　　　　　　　32 000 000
　　　　盈余公积　　　　　　　　　　　　　　　　　　　　100 000
　　　　利润分配——未分配利润　　　　　　　　　　　　　900 000

借:其他综合收益　　　　　　　　　　　　　　　　　　 2 000 000

贷：盈余公积 200 000
  利润分配——未分配利润 1 800 000

（二）公允价值计量或权益法转成本法核算

投资方原持有的对被投资单位不具有控制、共同控制或重大影响，按照金融工具确认和计量准则作为金融资产进行会计处理的投资；或者原持有的对联营企业、合营企业的长期股权投资，因追加投资等原因能够对被投资单位实施控制转变为对子公司投资的，应按有关企业合并形成的长期股权投资的相关规定进行会计处理。

（三）权益法核算转公允价值计量

原持有的对被投资单位具有共同控制或重大影响的长期股权投资，因部分处置等原因导致持股比例下降，不能够继续对被投资单位实施共同控制或重大影响的，应改按金融工具确认和计量准则对剩余股权投资进行会计处理，同时将其在丧失共同控制或重大影响之日的公允价值与账面价值之间的差额计入当期损益。

原采用权益法核算的相关其他综合收益应当在终止采用权益法核算时，采用与被投资单位直接处置相关的资产或负债相同的方法进行会计处理，因被投资单位净损益、其他综合收益和利润分配以外的其他所有者权益变动而确认的所有者权益，应当在终止采用权益法核算的同时全部予以转入当期损益。

【例8-15】 E公司持有F公司有表决权资本的30%，因能够对F公司的生产经营决策实施重大影响，采用权益法核算。E公司对F公司的长期股权投资的账面价值为630万元，其中投资成本为420万元，损益调整为150万元，其他综合收益为60万元（假定为其他债权投资形成的公允价值变动）。20×3年5月20日，E公司出售了持有的20%的F公司股权，取得转让款项440万元；剩余10%股权的公允价值为220万元，不考虑相关税费等其他因素的影响。出售后E公司对F公司的该项投资不再具有重大影响，改按金融工具确认和计量准则指定为以公允价值计量且其变动计入其他综合收益的金融资产进行会计处理。

（1）确认有关股权投资的处置损益。

借：银行存款 4 400 000
 贷：长期股权投资——投资成本 2 800 000
     ——损益调整 1 000 000
     ——其他综合收益 400 000
  投资收益 200 000

（2）终止采用权益法核算时，将原确认的其他综合收益全部转入当期损益。

借：其他综合收益 400 000
 贷：投资收益 400 000

（3）将剩余股权转为金融资产时，其公允价值为220万元，账面价值为210万元，两者之间的差额应计入当期投资收益。

借：其他权益工具投资 2 200 000
 贷：长期股权投资——投资成本 1 400 000
     ——损益调整 500 000
     ——其他综合收益 200 000
  投资收益 100 000

(四) 成本法转权益法

对于因处置部分投资导致对被投资单位的影响能力有控制转为其他投资人实施共同控制或具有重大影响时,应先按照处置或收回投资的比例结转应终止确认的长期股权投资的成本;然后比较剩余长期股权投资成本与按照剩余持股比例计算原投资时应享有的被投资单位可辨认净资产公允价值的份额,如果出现投资成本小于原投资时应享有的被投资单位可辨认净资产公允价值的份额的,应调整长期股权投资成本,同时调整留存收益;如果出现投资成本大于原投资时应享有的被投资单位可辨认净资产公允价值份额的,则此差额属于投资作价中体现的商誉,商誉隐含在长期股权投资的成本中,无须调整该项长期股权投资的账面价值。

至于初始取得投资至转换为权益法核算期间被投资单位实现净损益中应享有的份额,需要进行追溯调整,既应当调整长期股权投资的账面价值,同时也应对留存收益进行调整;对于处置投资当期期初至处置投资之日被投资单位实现的净损益中应享有的份额,调整为当期损益;在被投资单位其他综合收益变动中应享有的份额,在调整长期股权投资账面价值的同时,应当计入其他综合收益;净损益、其他综合收益和利润分配以外的其他原因导致被投资单位其他所有者权益变动中应享有的份额,在调整长期股权投资账面价值的同时,应当计入资本公积——其他资本公积。

长期股权投资从成本法转入权益法后,未来期间应当按照长期股权投资准则规定计算并确认应享有被投资单位实现的净损益、其他综合收益和所有者权益其他变动的份额。

【例8-16】 M公司持有N公司60%的有表决权资本,能够对N公司实施控制。20×3年11月16日,M公司对N公司的长期股权投资的账面价值为3 000万元,未计提减值准备;M公司将其持有的60%的长期股权投资中的20%转让给另一非关联方B公司,取得价款1 800万元;出售当日被投资单位可辨认净资产公允价值总额为8 000万元。当日完成相关转让手续后,M公司不再对N公司实施控制,但具有重大影响。

M公司取得N公司60%股权时,N公司可辨认净资产公允价值总额为4 500万元(假定公允价值与账面价值相同)。从M公司取得对N公司长期股权投资后至部分处置投资前,N公司实现净利润2 500万元,其中自M公司取得投资日至20×3年年初实现净利润2 000万元。假定N公司从未进行过利润分配。除了所实现净损益,N公司未发生计入其他综合收益和资本公积的交易或事项。M公司按净利润的10%提取盈余公积。

假定不考虑相关税费等其他因素影响。

(1) 处置20%后,M公司的长期股权投资由成本法改为权益法,会计处理如下:

借:银行存款　　　　　　　　　　　　　　　　　　　　　　　18 000 000
　　贷:长期股权投资　　　　　　　　　　　　　　　　　　　10 000 000
　　　　投资收益　　　　　　　　　　　　　　　　　　　　　 8 000 000

(2) 调整长期股权投资账面价值,会计处理如下:

借:长期股权投资　　　　　　　　　　　　　　　　　　　　　10 000 000
　　贷:盈余公积　　　　　　　　　　　　　　　　　　　　　　 800 000
　　　　利润分配——未分配利润　　　　　　　　　　　　　　　7 200 000
　　　　投资收益　　　　　　　　　　　　　　　　　　　　　 2 000 000

(五) 成本法核算转公允价值计量

对于原持有的对被投资单位具有控制的长期股权投资,因部分处置等原因致使持股比例下降,导致不能再对被投资单位实施控制、共同控制或重大影响的,应当改按金融工具确认和计量准则进行会计处理,在失去控制权之日的公允价值与账面价值之间的差额计入当期收益。

【例8-17】 M公司持有P公司90%的表决权资本,能够对P公司实施控制,对该项长期股权投资采用成本法核算。20×4年8月,M公司转让该项长期股权投资的80%给另一非关联公司,取得转让价款4 000万元。相关转让手续当日完成,M公司无法再对P公司实施控制,也不具有共同控制或施加重大影响的能力,假定公司将剩余股权指定为以公允价值计量且其变动计入其他综合收益的非交易性权益工具投资。转让时,该项长期股权投资的账面价值为4 000万元,剩余18%股权的公允价值为1 000万元。假定不考虑相关税费等其他因素影响。

(1) 确认该项长期股权投资的处置损益,会计处理如下:

借:银行存款　　　　　　　　　　　　　　　　　　　　　40 000 000
　　贷:长期股权投资　　　　　　　　　　　　　　　　　　32 000 000
　　　　投资收益　　　　　　　　　　　　　　　　　　　　8 000 000

(2) 剩余长期股权投资指定为以公允价值计量且其变动计入其他综合收益的非交易性权益工具投资,会计处理如下:

借:其他权益工具投资　　　　　　　　　　　　　　　　　10 000 000
　　贷:长期股权投资　　　　　　　　　　　　　　　　　　8 000 000
　　　　投资收益　　　　　　　　　　　　　　　　　　　　2 000 000

二、长期股权投资的处置

(一) 长期股权投资的处置原则

投资企业可能由于其他项目的资金需求,或其投资意图及经营策略发生改变,或被投资单位经营不佳,或被投资单位到期解散等原因,将拥有的某项长期股权投资处置。一般情况下处置长期股权投资是以收回资金为主要形式,但有时长期股权投资的处置也可能采取抵偿与债务重组有关的债务、或以交换其他非货币性资产等形式进行。

企业转让股权日的确定应以被转让股权的所有权上的风险和报酬实质上已转移给受让方,相关经济利益很可能流入企业为标志。也就是说,只有当保护相关各方权益的条件均能满足时,才能确认股权转让收益。即同时满足:①出售协议已获得股东大会(或股东会)通过;②与受让方已办理必要的财产交接手续;③已取得大部分的转让价款(通常超过50%);④已无法再从所转让的股权中获得利益和承担风险等条件。如果所转让的股权需经国家有关部门批准的,则股权转让的收益在满足上述条件并取得相关批准文件时才能确认。

处置长期股权投资时,其账面价值与实际取得价款的差额,应当计入当期损益。对于采用权益法核算的长期股权投资,因被投资单位净损益以外的,原计入其他综合收益(不能结转损益的除外)或资本公积(其他资本公积)中的金额,处置该项投资时应当按相应比例转入当期损益,以反映投资增值的实现。

投资企业处置部分股权投资而丧失了对原有子公司控制权的，在确认处置损益的同时，还应对剩余股权按账面价值确认为长期股权投资或其他相关金融资产。处置后的剩余股权能够对原有子公司实施共同控制或重大影响的，按成本法转为权益法的相关规定进行会计处理。

需要说明的是，投资企业部分处置对子公司的股权投资，无论是否丧失对其控制权，在合并财务报表中的处理，均与在个别财务报表中的处理有较大不同。因其属于高级财务会计学习的内容，故不在此赘述。

（二）长期股权投资处置的会计处理

处置长期股权投资时，应按实际收到的金额，借记"银行存款"等账户，对于已计提减值准备的长期股权投资，还应同时冲减已计提的"长期股权投资减值准备"的金额，并按所处置的该项长期股权投资的账面余额，贷记"长期股权投资"账户；如存在尚未领取的现金股利或利润，应同时转出应收的股利或利润，按其差额，贷记或借记"投资收益"账户。

处置采用权益法核算的长期股权投资时，还应按处置长期股权投资的比例结转原记入"其他综合收益"或者"资本公积——其他资本公积"账户的金额，借记或贷记"其他综合收益"（不能结转损益的除外）或者"资本公积——其他资本公积"账户，贷记或借记"投资收益"账户。

【例8-16】 E公司由于改变投资策略，于本年1月11日将拥有的25% H公司的长期股权投资以900万元进行转让，收到转让款存入银行。转让时，该项投资的相关明细账户的借方余额分别为"投资成本"550万元，"损益调整"90万元，"其他综合收益"210万元；与该项投资相关的"其他综合收益"账户贷方余额为210万元，该项其他综合收益系H公司持有以公允价值计量且其变动计入其他综合收益的债权投资所产生。该项投资未计提减值准备。E公司编制会计分录如下：

借：银行存款 9 000 000
　　贷：长期股权投资——H公司（投资成本） 5 500 000
　　　　　　　　　　——H公司（损益调整） 900 000
　　　　　　　　　　——H公司（其他综合收益） 2 100 000
　　　　投资收益 500 000

同时：

借：其他综合收益 2 100 000
　　贷：投资收益 2 100 000

> 💡 **长期股权投资在财务报表中的列示及披露**
>
> 会计期末，长期股权投资的有关事项应该在企业财务报告中予以列示和披露。
>
> 在资产负债表上，"长期股权投资"项目根据其账户的期末余额扣除计提的长期股权投资减值准备后的账面价值列示。在利润表上，投资收益项目反映的是企业有关投资事项所发生的投资收益减去投资损失后的净损益，投资净收益为"+"，投资净损失为"-"。
>
> 除了以上列示的内容，对长期股权投资的有关事项还要求在报表附注中予以披露。例如，对被投资单位能够实施控制的依据；报告期内发生重大的投资净损益项目；长期股权投

资中属于对子公司、合营、联营企业的投资及其相关信息;报告期内计提长期股权投资减值准备的有关信息等。

投资企业如果无法取得投资时的有关公允价值信息或根据重要性原则按照被投资单位的账面净损益与持股比例计算确认投资损益的,应在报表附注中说明这一事实及其原因。

"新希望"有新的希望吗

案例介绍:

新希望农业股份有限公司(以下简称新希望)为中国民生银行股份有限公司(以下简称民生银行)的第一大股东。在民生银行2005年实施股权分置改革以后,新希望对民生银行持股比例由股改前的6.985%下降为5.987%,仍为民生银行的第一大股东。在新希望的年报附注中显示对民生银行的长期股权投资采用权益法核算,其在2006年度报告附注中说明:"公司的投资收益主要来自按照权益法核算的民生银行,本年来自民生银行的投资收益为22 928.50万元,上年来自民生银行的投资收益为16 005.84万元,本年较上年增加6 922.66万元。"民生银行对新希望利润的贡献便体现在新希望的账面上,有关信息,如表8-1和表8-2所示。

表8-1　　　　　新希望2003~2008年利润表有关信息　　　　　单位:万元

年度\项目	主营业务收入	利润总额	净利润	投资收益
2003	198 595.6	17 085.3	12 434.8	10 100.5
2004	264 352.3	21 658.3	13 970.2	14 034.6
2005	309 567.6	25 443.7	17 765.4	17 180.7
2006	351 276.5	31 248.0	21 065.8	25 444.7
2007	479 177.3	39 714.5	30 306.1	47 516.8
2008	726 306.2	30 974.2	22 860.6	48 395.9

表8-2　　　　民生银行2003~2008年以现金分红有关信息　　　　单位:万元

年度\项目	2003	2004	2005	2006	2007	2008
净利润	139 125.2	196 837.4	267 341.7	383 182.6	633 517.6	788 500.0
现金分红总额	46 015.9	36 293.1	36 306.7	0	72 396.1	150 600.0
分红方案(含税)	1.2元/10股	0.7元/10股	0.5元/10股	不派现	0.5元/10股	0.8元/10股

案例背景:

新希望系经四川省人民政府批准,于1998年3月4日由原绵阳希望饲料有限公司整体变更成立,并于1998年3月11日在深交所上市。公司经营范围主要包括饲料、饲料加工机械、农副产品等的生产、加工、销售;种植业的开发及经营;现代农业的技术服务、咨询及生产基地建设;销售电子产品、建筑材料、化工原料及产品等经营业务,产业涉及饲料、乳业及肉食品加工、房地产、基础化工、商贸物流等领域。

资料来源:

新希望农业股份有限公司(000876)2003~2008各年年度报告。

中国民生银行股份有限公司(600016)2003~2008各年年度报告。

依据及相关法规:

财政部:《企业会计准则——投资》(1988年6月,2001年修订);《企业会计准则第2号——长期股权投资》(2006年2月)。

案例思考题:

1. 将新希望对民生银行的长期股权投资,采用权益法与采用成本法比较,分析对新希望的利润表将产生哪些不同的影响。

2. 你认为作为民生银行的第一大股东,新希望对民生银行的投资采用权益法进行核算是否合理?为什么?

3. 根据2006年发布的企业会计准则,你认为新希望对民生银行的长期股权投资在会计确认(资产归属类别)与计量方面是否应当发生变化?请说明理由。

本章要点概览

1. 长期股权投资的范围包括对被投资单位具有控制、共同控制或重大影响的权益性投资。

2. 非企业合并取得的长期股权投资,应以支付的现金、发行权益性证券的公允价值、投资合同约定的价值作为初始投资成本。

3. 企业合并形成的长期股权投资:同一控制下的企业合并形成的,应以取得被合并方所有者权益账面价值的份额作为初始投资成本;非同一控制下的企业合并形成的,应以购买方付出的资产、承担的债务及发行的权益性证券的公允价值之和,作为初始投资成本。

4. 长期股权投资的后续核算方法有成本法和权益法。成本法适用于对子公司的投资。权益法下的长期股权投资账面价值,随着享有被投资单位可辨认净资产公允价值份额的变动而调整。权益法适用于对合营企业和联营企业的投资。

5. 当某项长期股权投资的可收回金额低于其账面价值时,应对该长期股权投资计提减值准备,且所提减值准备不得转回。

6. 处置长期股权投资的损益为其账面价值与实际处置所得价款的差额,计入当期投资损益。采用权益法核算记入"其他综合收益"(不能结转损益的除外)和"资本公积——其他资本公积"账户的金额在处置时转入当期投资损益。

7. 资产负债表中"长期股权投资"项目的金额,根据其账户的期末余额扣除计提的长期股权投资减值准备后的账面价值列报。与长期股权投资有关的投资净损益,计入利润表中的"投资收益"项目。

主要术语

1. 长期股权投资 2. 控制 3. 共同控制 4. 重大影响
5. 初始投资成本 6. 同一控制 7. 非同一控制 8. 可辨认净资产
9. 成本法 10. 权益法 11. 投资收益 12. 可收回金额

复习题

一、思考题

1. 如何确定企业合并形成的长期股权投资的初始投资成本?
2. 为什么在确定企业合并形成的长期股权投资的初始投资成本时,还须进一步区分同一控制下的企业合并和非同一控制下的企业合并?
3. 与企业合并无关的长期股权投资的初始投资成本应如何确定?
4. 长期股权投资的成本法的适用范围及核算特点是什么?
5. 长期股权投资的权益法的适用范围及核算特点是什么?
6. 长期股权投资核算方法的转换如何区别不同情况进行分别处理?
7. 长期股权投资的处置原则及会计处理中应注意的问题是什么?
8. 有关长期股权投资在会计报表中应披露哪些相关的信息?

二、判断题

1. 投资企业无论以何种形式取得的长期股权投资,在确定其初始投资成本时,均应按照公允价值入账。( )
2. 长期股权投资的取得,如果与同一控制下的企业合并有关,应以被投资单位净资产的公允价值作为初始计量的基础。( )
3. 投资企业采用权益法核算时,其初始投资成本与在投资时被投资单位可辨认净资产公允价值中享有份额的差额,均应计入当期损益。( )
4. 对于被投资单位发生的超额亏损,投资企业在确认由于被投资单位发生净亏损而产生的投资损失时,应以长期股权投资的账面价值减记至零为限。( )
5. 与成本法相比,采用权益法核算长期股权投资时,对被投资单位发生的亏损,投资企业能比较及时地反映投资损失。( )

三、单项选择题

1. 甲、乙公司均为 A 公司的子公司,甲公司用一台设备从 A 公司处取得乙公司 50% 股权,作为长期股权投资核算,并能对其施加重大影响。该设备账面原价 190 万元,已提折旧 36 万元,双方确认的公允价为 150 万元,适用的增值税税率为 13%。甲公司投资时乙公司账面净资产公允价值为 320 万元。该期期末,甲公司"长期股权投资——乙公司(投资成本)"账户余额为( )万元。
   A. 169.5   B. 160   C. 150   D. 154

2. 采用权益法核算长期股权投资,投资企业在被投资单位宣告发放现金股利时,一般应贷记"长期股权投资"的( )明细账户。

A. "投资成本" B. "其他资本公积"
C. "损益调整" D. "其他权益变动"

3. 采用成本法核算长期股权投资时,所获得的被投资单位宣告分派的现金股利超过在其接受投资后产生的累计净利润中应享有份额的部分,则会计处理应( )。

   A. 不予反映 B. 冲减投资成本
   C. 计入营业外收入 D. 确认投资收益

4. 权益法下,如果长期股权投资的初始投资成本小于投资时应享有被投资单位可辨认净资产公允价值的份额,将初始投资成本调整为应享有的被投资单位可辨认净资产公允价值的份额,两者差额部分直接计入( )。

   A. 营业外收入 B. 投资收益
   C. 资本公积 D. 营业外支出

5. 采用权益法核算时,下列被投资单位发生的各项业务中不会引起投资企业长期股权投资账面价值发生增减变动的是( )。

   A. 宣告分派股票股利 B. 宣告分派现金股利
   C. 交易性金融资产公允价值升值 D. 当年实现净利润

四、多项选择题

1. 权益法下,被投资单位发生的下列事项中,可能引起投资企业"长期股权投资(其他权益变动)"明细账户金额发生增减变动的有( )。

   A. 以公允价值计量且其变动计入其他综合收益的金融资产公允价值发生变动
   B. 以盈余公积转增资本 C. 因增资扩股增加股本溢价
   D. 当年发生净亏损 E. 发行可转换公司债券

2. 下列会计处理中,符合我国企业会计准则规定的有( )。

   A. 投资企业持有的、能够对被投资单位实施控制的长期股权投资,应采用成本法进行核算
   B. 不形成控股合并的情况下,以发行权益性证券取得长期股权投资,应当按照发行权益性证券的公允价值为基础确认初始投资成本
   C. 权益法下,投资企业在确认应享有被投资单位净损益的份额时,应当以取得投资时被投资单位各项可辨认资产的公允价值为基础,对被投资单位的净利润进行调整后确认
   D. 企业无论以何种方式取得长期股权投资,对于投资成本中包含的被投资单位已经宣告但尚未发放的现金股利或利润,应作为应收项目单独核算,不构成投资的初始投资成本
   E. 控股合并形成的长期股权投资,合并方为企业合并发生的审计、法律服务、评估咨询等中介费用,应于发生时直接计入当期管理费用

3. 下列各项业务中,不能作为投资企业当期投资收益确认的有( )。

   A. 权益法下收到被投资单位分派的现金股利
   B. 收到取得投资时应付价款中包含的已宣告未发放的现金股利
   C. 实际收到股票股利
   D. 被投资单位提取盈余公积

E. 被投资单位发行可转换债券

4. 被投资单位发生的下列事项中,采用权益法核算可能会引起投资企业"长期股权投资(损益调整)"明细账户金额发生增减变动的有(　　)。
   A. 用盈余公积弥补亏损　　　　　　　B. 实现净利润
   C. 发生净亏损　　　　　　　　　　　D. 宣告分派现金股利
   E. 实际发放股票股利

5. 长期股权投资核算的内容包括(　　)。
   A. 对子公司的投资
   B. 对联营公司的投资
   C. 对合营公司的投资
   D. 对被投资单位不具有控制、共同控制或重大影响且在活跃市场中有报价、公允价值能够可靠计量的权益性投资
   E. 对被投资单位不具有控制、共同控制或重大影响且在活跃市场中没有报价、公允价值不能可靠地计量的权益性投资

五、业务题

【业务题一】

目的　练习长期股权投资的初始计量。

资料　20×5年12月31日,S_2公司、甲公司分别与S_1公司达成投资协议,按协议规定,S_2公司向同一集团内S_1公司的原股东P集团公司定向增发2 000万股普通股(每股面值1元,市价4.12元),取得S_1公司60%的股权,相关手续于当日完成,并能够对S_1公司实施控制。同时,甲公司以支付对价2 600万元取得S_1公司25%的股权,相关手续于当日完成,能够对S_1公司施加重大影响。甲公司支付的对价包括银行存款300万元,以及账面原价为3 100万元,累计折旧为500万元,已计提的减值准备为400万元的设备一台,该设备在投资当日的公允价值为2 300万元,适用的增值税税率为13%。投资当日S_1公司所有者权益账面价值为10 000万元,可辨认净资产公允价值为11 000万元。假定不考虑其他相关税费。

要求　根据上述资料,分别编制S_2公司、甲公司对S_1公司进行初始投资的会计分录。

【业务题二】

目的　练习长期股权投资的后续计量。

资料　L公司20×1年7月1日支付230万元购买了H公司60%的股权,采用成本法核算该项投资。H公司20×1年实现净利润96万元,并于20×2年2月1日宣告分派现金股利50万元。

要求　根据上述资料,作出L公司分得股利的会计处理。

【业务题三】

目的　练习长期股权投资的后续计量。

资料　M公司于20×1年1月1日以银行存款3 600万元取得甲公司的股权,并于同年5月10日收到当月宣告分派的现金股利120万元。甲公司20×1年度实现净利润800万元;于20×2年3月宣告并发放20×1年度现金股利400万元。20×2年度,甲公司因持有的分类为以公允价值计量且其变动计入其他综合收益的金融资产的公允价值变动计入其他

综合收益的金额为80万元;当期发生净亏损200万元。假定M公司与甲公司适用的会计政策、会计期间一致,投资时各有关资产、负债的账面价值与其公允价值相同,且该项投资未发生减值。

要求 (1)假定M公司取得的股权是从非关联方处取得,占甲公司全部普通股股本的60%,并能够对甲公司实施控制,取得投资时甲公司可辨认净资产公允价值为7 000万元。按成本法对M公司连续2年的长期股权投资作出会计处理。计算成本法下该项投资计入20×2年年末资产负债表中"长期股权投资"项目的金额。

(2)假定M公司取得的股权占甲公司全部普通股股本的30%,能对甲公司施加重大影响,取得投资时甲公司可辨认净资产公允价值为13 000万元。按权益法对M公司连续2年的长期股权投资作出会计处理。计算权益法下该项投资计入20×2年年末资产负债表中"长期股权投资"项目的金额。

第九章 资产减值

学习目的与要求

本章旨在阐述资产减值的确认标准、计量基础和计量方法,比较各类资产减值会计确认及计量原则的异同,介绍对复杂的资产减值进行会计处理的方法。读者通过本章的学习,应该了解导致资产发生减值的因素;了解据以判断资产发生减值的迹象;了解"已发生损失"与"预期信用损失"两种减值计量基础的区别;认识确认资产减值损失并规范其会计处理的意义;掌握各类资产减值的基本计量方法和账务处理特点;掌握资产组的认定及其减值的处理方法;掌握各类资产减值在财务报表中的列报方法。

预习思考题

1. 资产为什么会发生减值?资产减值能否通过加强企业内部管理予以避免?
2. 为什么要对资产减值进行会计处理?主要体现了哪些会计信息质量的要求?
3. 据你所知,我国有哪些具体会计准则对资产减值的会计处理进行了规范?
4. 某企业拥有的资产包括货币资金、应收账款、以摊余成本计量的金融资产、以公允价值计量且其变动计入其他综合收益的金融资产、以公允价值计量且其变动计入当期损益的金融资产、存货、长期股权投资和固定资产等,是否货币资金以外的资产都存在计提减值准备的可能性?为什么?
5. 对于资产减值的会计规范,我国企业会计准则与国际财务报告准则有何主要差异?
6. 某公司将一条生产流水线与一项专利权相结合认定为一个资产组。该资产组公允价值减去处置费用后的净额、账面价值、预计未来现金流量现值分别为 3 920 万元、3 950 万元、3 980 万元。请你确定其可收回金额,判断其是否减值。并说明理由。
7. 请查阅一家上市公司年报,试解释为何在其资产负债表正表中看不到资产减值金额的列报。观察其对于资产减值是如何列报和披露的。

第一节 资产减值概述

在知识经济和信息技术时代,企业所处的环境变化不定,金融市场和技术市场发展迅猛,对商品的市场需求瞬息万变,企业经营、投资和融资等经济活动及其发展前景面临种种风险和诸多不确定因素,这对会计计量包括对资产的评价也产生重要影响。在资产持有过程中,对其为企业带来未来经济利益的评价,可能会低于在取得资产时对其所蕴含经济利益的预期,从而引发资产减值的会计问题。

一、资产减值的成因和迹象

资产减值是指资产的可收回金额等价值表现低于其账面价值的现象。资产减值损失是指资产账面价值高于资产未来可收回金额等价值表现的差额。资产在企业持有过程中会受到各种不确定因素的影响,因此,取得资产时点上对其预期经济利益的评价与持有过程中某一特定时点上的真实价值可能产生差异。为实现会计目标,向有关各方提供与决策有用的会计信息,揭示资产预期经济利益的潜在风险,体现会计确认、计量、报告的谨慎性要求,使资产账面价值的计量符合资产的定义,对于资产账面价值高于资产未来可收回金额等价值表现的差额,会计上应当减记资产账面价值,并确认资产减值损失。了解资产减值的形成原因,有助于对资产减值损失进行判断,如表9-1所示。

表9-1　　　　　　　　　　形成资产减值的主要原因

影响因素	形成资产减值的主要原因
经济	经济环境、通货膨胀、行业前景与风险、产业政策等
技术	社会必要劳动时间、技术更新替代等
市场	供求关系、价格变动、利率、其他市场投资报酬率、汇率等
法律	税收政策、进出口政策等
管理	成本水平、利用程度、维修养护等

企业判断资产是否存在可能发生减值的迹象,主要可从外部信息来源和内部信息来源两方面加以判断:

从企业外部信息来源来看,如果出现了债务人发生重大财务困难;资产的市价在当期大幅度下跌,其跌幅明显高于因时间的推移或者正常使用而预计的下跌;企业经营所处的经济、技术或者法律等环境以及资产所处的市场在当期或者将在近期发生重大变化,从而对企业产生不利影响;市场利率或者其他市场投资报酬率在当期已经提高,从而影响企业计算资产预计未来现金流量现值的折现率,导致资产可收回金额大幅度降低;企业所有者权益的账面价值远高于其市值等,均属于资产可能发生减值的迹象。

从企业内部信息来源来看,如果有证据表明资产已经陈旧过时或者其实体已经损坏;资产已经或者将被闲置、终止使用或者计划提前处置;企业内部报告的证据表明资产的经济绩效已经低于或者将低于预期,如资产所创造的净现金流量或者实现的营业利润远远低于原来的预算或者预计金额、资产发生的营业损失远远高于原来的预算或者预计金额、资产在建造或者收购时所需的现金支出远远高于最初的预算、资产在经营或者维护中所需的现金支出远远高于最初的预算等,均属于资产可能发生减值的迹象。

上述列举的资产减值迹象并不能穷尽所有的减值迹象,企业应当根据实际情况来认定资产可能发生减值的迹象。有确凿证据表明资产存在减值迹象的,应当在资产负债表日进行减值测试,估计资产的可收回金额。

二、资产减值的确认标准

资产减值确认的实质就是资产价值的再确认。资产减值的确认可以采用不同的标准。

（一）永久性标准

按永久性标准,如果认为资产减值是永久性的,应予以确认。但在实务中,要判断资产减值是否永久性非常困难。采用永久性标准与资产定义、权责发生制要求等有所不符合,会因为强调永久性而导致递延确认减值损失的风险。

（二）可能性标准

按可能性标准,如果认为资产减值是很可能发生的,即如果认为企业很可能发生不能收回资产的账面价值时,应予以确认。但可能性标准本身并未能对资产减值确认和计量的基础提出明确和一致的标准。

（三）经济性标准

按经济性标准,如果资产的可收回金额低于其账面价值,应立即予以确认资产减值。采用经济性标准,减值确认和计量的基础相同。在整体评估一个企业产生的未来现金流量时,以经济性标准为基础确认减值损失能提供更为相关的信息。至于减值发生的概率等因素,可以在进行减值计量时综合考虑。国际财务报告准则和我国会计准则均采用经济性标准。

需要说明的是,税收上基本按永久性标准确认资产损失,因而有可能导致税收基础与会计账面价值发生差异。有关差异的会计处理在本书第十五章第二节"所得税"中进行介绍。

三、资产减值的计量基础

资产减值有"已发生损失"减值模型和"预期信用损失"减值模型两种不同的计量基础。

采用"已发生损失"减值模型,只有在存在减值迹象的情况下,才根据实际已发生减值损失计提减值准备。其一定程度上延迟确认了金融资产的减值损失。

采用"预期信用损失"减值模型,对减值准备的计提不以减值的实际发生为前提,而是以未来可能的违约风险造成损失的期望值来计提减值准备。"预期信用损失"减值模型有助于揭示和防范金融资产的信用风险。

预期信用损失是指以发生违约的风险为权重的金融工具信用损失的加权平均值。这里的违约风险,可以理解为发生违约的概率。这里的信用损失,是指企业根据合同应收取的现金流量与预期收取的现金流量之间差额的现值,即现金流缺口的现值。信用损失考虑付款的金额和时间分布,因此,即使企业预计可以全额收款但收款时间晚于合同规定的到期期限,也会产生信用损失。

例如,企业某项应收账款的合同现金流量为 1 000 元,企业预计未来收回 800 元的可能性为 60％,收回 900 元的可能性为 25％,全部收回的可能性为 15％,则如果不考虑折现因素,该合同的预期信用损失为 145 元[1 000－(800×60％＋900×25％＋1 000×15％)]。

企业在估计现金流量时,应考虑金融工具在整个预计存续期的所有合同条款(如提前还款、展期等)。企业所考虑的现金流量应当包括出售所持担保品获得的现金流量,以及属于合同条款组成部分的其他信用增级所产生的现金流量。

四、资产减值的计量方法

（一）金融资产减值损失的计量方法

金融资产的减值损失即预期信用损失,是指以违约概率为权重的、企业应收取的合同现金流量与预期收取的现金流量之间差额的现值的加权平均值。

短期应收款项的预计未来现金流量与其现值相差很小的,在确定相关减值损失时,可不对其预计未来现金流量进行折现。

(二) 存货减值损失的计量方法

存货减值损失即跌价损失,为存货成本高于其可变现净值的差额。

(三) 部分长期资产减值损失的计量方法

固定资产、无形资产(包括资本化的开发支出)、长期股权投资(对子公司、合营企业、联营企业的权益性投资)、投资性房地产(采用成本模式后续计量)、商誉等长期资产的减值损失,为资产账面价值高于其可收回金额之差额。

五、资产减值的账务处理

(一) 资产减值准备的计提

资产的预期可收回金额等价值表现低于其账面价值的,应当计提相应的资产减值准备,将资产的账面价值减记至可收回金额或可变现净值或未来现金流量现值,减记的金额确认为资产减值损失,计入当期损益。一般情况应作账务处理如下:

借:信用减值损失或资产减值损失
　　贷:××准备

"信用减值损失"和"资产减值损失"属于损益类账户,其金额在利润表上单独列示,反映相应资产预期经济利益的减损。各项资产减值准备则属于资产备抵类账户,其余额抵减相关资产的账面余额,在资产负债表上所反映的资产价值是已经被减值准备抵减后的净额。计提资产减值准备,有助于资产价值的反映符合资产的定义,避免企业资产和利润虚增。

分类为以公允价值计量且其变动计入其他综合收益的金融资产,减值的账务处理有其特殊性,将在本章第二节说明。

(二) 资产减值损失的转回

从理论上分析,资产发生减值后,有一部分减值损失是永久性的,是无法逆转的;另一部分减值损失当导致发生减值的因素变化或消除时,所减损的价值有可能恢复,会计上应当反映减值的转回。减值损失的转回不是对资产重新估价,因此,资产减值损失的转回不应当导致资产账面价值超过未发生减值情况下资产的摊余成本。

为了防止企业利用资产减值的确认及转回进行盈余操纵,我国企业会计准则对资产减值的转回进行限制,尤其是对长期资产规定更加严格:固定资产、以成本模式后续计量的投资性房地产、无形资产、长期股权投资(对子公司、合营企业、联营企业的权益性投资)、商誉等资产的减值损失一经确认,在以后会计期间不得转回。这一规定与国际会计准则有关规范不同,是现阶段我国会计准则与国际会计准则标准之间存在的少数实质性差异之一。

应收款项、贷款、以摊余成本计量的金融资产、存货等资产,满足条件转回原确认减值损失,计入当期损益。

借:××准备
　　贷:信用减值损失或资产减值损失

第二节 金融资产减值

一、需要进行减值会计处理的金融资产范围

2017年3月修订印发的《企业会计准则第22号——金融工具确认和计量》(以下简称CAS22)所规范的三类金融资产中,除了以公允价值计量且其变动计入当期损益的金融资产,其他两类金融资产(以摊余成本计量的金融资产、分类为以公允价值计量且其变动计入其他综合收益的金融资产),均应当以预期信用损失为基础,进行减值会计处理并确认损失准备。

以公允价值计量且其变动计入其他综合收益的金融资产中,又分为两种不同的金融资产。一种是按照修订后准则分类为以公允价值计量且其变动计入其他综合收益的债权投资(即收取合同现金流量和出售金融资产两种业务模式兼有且收取的合同现金流量仅为对本金和以未偿付本金金额为基础的利息支付的金融资产),该类金融资产需要进行减值会计处理;另一种是可由企业指定为以公允价值计量且其变动计入其他综合收益的权益工具投资,该类金融资产不需要进行减值会计处理。根据CAS22的分类原则,所有的权益工具投资本应都归类为以公允价值计量且其变动计入当期损益的金融资产,因为权益工具投资一般不符合三类金融资产中其他两类的合同现金流量特征,即不符合基本借贷安排,但是CAS22又给企业额外提供了一种选择权,允许企业在初始确认时将非交易性的权益工具投资,直接指定为以公允价值计量且其变动计入其他综合收益的金融资产。该类金融资产以后期间即使处置,也不得将之前计入其他综合收益的累计利得或损失转入损益。换言之,除了收到被投资单位宣告发放的股利可以计入当期损益,该类金融资产的利得或损失均应计入其他综合收益,且后续不得转入当期损益,待终止确认时从其他综合收益转出,计入留存收益。

综上所述,CAS22所规范的金融资产中,只有以摊余成本计量的金融资产,和根据金融资产分类原则分类为以公允价值计量且其变动计入其他综合收益的债权投资,才需要进行减值会计处理。

二、"预期信用损失"模型的一般方法

IASB2014年7月发布的IFRS9和我国2017年3月修订印发的CAS22,对金融资产减值处理,由"已发生损失"减值模型改为"预期信用损失"减值模型。

会计准则对金融资产分类的改革,使金融资产的计量属性与企业主体管理金融资产的方式(即业务模式)及其合同现金流量的特征相结合,有助于为报表使用者评估主体未来现金流量的金额、时间和不确定性,以及预期信用损失提供相关和有用的信息。但预期损失模型需要预计金融工具整个寿命期的信用损失,对预期的现金流量进行持续评估,在实际操作中存在较大的复杂性,对企业主体、审计机构和监管部门等而言,都将面临挑战。

预期信用损失的一般模型,也可称为三阶段法。预期信用损失的一般模型将各类适用

减值会计的项目,在资产负债表日根据其信用风险自初始确认后的变化程度,划分为三个阶段中的一个,不同的阶段对应不同的预期信用损失的计量方式和利息收入的计量方式。

(一) 阶段一的划分及相关计量

自初始确认后,信用风险未显著增加的,划分为阶段一。这里的信用风险,是指金融工具预计存续期内发生违约的风险(即违约概率)。因此,判断信用风险是否显著增加,也就是判断资产负债表日的违约风险是否自初始确认以来发生显著的变化。在阶段一,新 CAS22 要求企业按照金融工具未来 12 个月内的预期信用损失的金额计量减值准备,由此形成的减值准备增加或转回金额,调整当期损益。这里所说的未来 12 个月的预期信用损失,是指因资产负债表日后 12 个月可能发生的违约事件而导致的预期信用损失,是整个存续期预期信用损失的一部分。此外,在阶段一计算相关利息收入时,要求按照金融资产账面余额(即不扣除减值准备的金额)与实际利率计算利息收入。

(二) 阶段二的划分及相关计量

自初始确认后,信用风险显著增加的,划分为阶段二。在阶段二,新 CAS22 要求企业按照金融工具整个存续期内的预期信用损失的金额计量减值准备,由此形成的减值准备增加或转回金额,调整当期损益。整个存续期内的预期信用损失,是指因整个存续期内可能发生的违约事件而导致的预期信用损失。此外,在计算相关利息收入时,与阶段一相同,也按照金融资产账面余额(即不扣除减值准备的金额)与实际利率计算利息收入。

(三) 阶段三的划分及相关计量

自初始确认后,信用风险显著增加并且已经发生信用减值的,划分为阶段三。当对金融资产预期未来现金流量具有不利影响的一项或多项事件发生时,该金融资产成为已发生信用减值的金融资产。与修订前的 CAS22 相同,发生信用减值的客观证据主要包括:①发行方或债务人发生重大财务困难;②债务人违反合同,如偿付利息或本金违约或逾期等;③债权人出于与债务人财务困难有关的经济或合同考虑,给予债务人在任何其他情况下都不会作出的让步;④债务人很可能破产或进行其他财务重组;⑤发行方或债务人财务困难导致该金融资产的活跃市场消失等。金融资产发生信用减值,有可能是多个事件的共同作用所致,未必是可单独识别的事件所致。已经发生减值的资产,即信用减值资产,与阶段二相同的是:应当按照整个存续期内的预期信用损失的金额计量减值准备,由此形成的减值准备增加或转回金额,调整当期损益;与阶段二不同的是:阶段三的金融资产在计算利息收入时,要求按照金融资产的摊余成本(即扣除减值准备以后的金额)与实际利率计算利息收入。

金融工具在不同阶段中的转换可能是顺向的,也可能是逆向的。阶段三的金融工具有可能在下一个报告期间转为阶段二,阶段二的金融工具也有可能在下一个报告期间转为阶段一。无论是顺向还是逆向的转换,都要求根据当前所属的阶段对应的方法,计算减值损失和利息收入,相应的差额调整当期损益。

三个阶段的划分和相应的损失准备和利息收入计量原则,如图 9-1 所示。

三、"预期信用损失"模型的简化方法

预期信用损失的一般模型涉及诸多参数的估计,对于非金融企业来说,这些参数并非轻易能够取得。因此,CAS22 对于符合条件的资产,如由收入准则规范的交易所形成的不含重

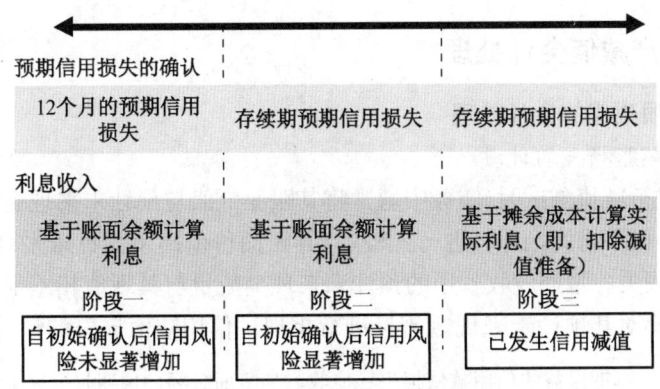

图 9-1 初始确认后信用风险的变化及有关计量

大融资成分的应收款项,允许企业采用简化方法计算预期信用损失。

简化方法不需要判断信用风险是否显著增加,直接按照相当于整个存续期内预期信用损失计提减值准备。将应收款项按照其信用风险归类(比如账龄),然后每一个类别适用一个减值准备计提比例。该等计提比例应当根据历史经验、当前状况和未来经济预测等信息确定及调整。当然,按照信用风险归类不应仅局限于账龄,可以是多维度的,诸如债务人的行业、地区、规模,以及抵押物类型等,力求将相同或类似信用风险的金融工具归入同一组合。

【例 9-1】 制造商 M 公司仅在单一区域经营,20×2 年年末其应收账款组合为 28 600 000 元。其客户群由众多小客户构成,并且根据共同风险特征(以客户按照合同期限进行偿付的能力为代表)分类应收账款。该等应收账款不包含重大融资成分。M 公司对上述应收账款始终按整个存续期内的预期信用损失计提损失准备。

M 公司运用逾期天数与违约损失率确定该应收账款组合的预期信用损失。在每一资产负债表日,以该等应收账款预计存续期的历史违约损失率为基础,并根据前瞻性估计予以调整。在本例中,预测 20×3 年该区域的市场条件趋差。基于此,M 公司作出如下估计,如表 9-2 和表 9-3 所示。

表 9-2 逾期天数与违约损失率对照估计

逾期天数	未逾期	逾期 1~30 天	逾期 31~60 天	逾期 61~90 天	逾期 >90 天
违约损失率	0.5%	1.5%	3.5%	6.5%	10.5%

表 9-3 应收账款组合的预期信用损失(坏账准备) 单位:元

逾期天数	账面余额	违约损失率	按整个存续期预期信用损失率确认的坏账准备 (账面余额×整个存续期违约损失率)
未逾期	13 000 000	0.5%	65 000
逾期 1~30 天	8 000 000	1.5%	120 000
逾期 31~60 天	4 000 000	3.5%	140 000
逾期 61~90 天	2 600 000	6.5%	169 000
逾期 >90 天	1 000 000	10.5%	105 000
合计	28 600 000	—	599 000

四、金融资产减值会计处理

(一) 应收款项减值的会计处理

1. 应收款项坏账损失的计量

对应收款项进行减值测试时,实务中通常将其账面价值与预计未来现金流量的现值(以违约概率为权重的加权平均值,下同)进行比较,对其账面价值高于预计未来现金流量现值的差额,确认信用减值损失。短期应收款项的预计未来现金流量与其现值相差很小的,在确定其信用减值损失时,可不对其预计未来现金流量进行折现。信用减值损失的计算公式如下:

应计入本期损益的信用减值损失＝应收款项账面余额－预期收取现金流量现值－该项应收款项所计提坏账准备当前余额

上式计算的结果如为负数,即本期应冲减坏账准备的减值利得。

针对由收入准则规范的交易所形成的应收款项等,企业可以采用实务中惯用的方法计量预期信用损失。通常情况下,企业可以将这些应收款项按类似信用风险特征划分为若干组合,再按这些应收款项组合在资产负债表日余额的适当比例确定其减值情况。例如,采用账龄分析法。账龄分析法将信用减值损失的估计数与应收款项的账龄相联系,根据债务人所欠账时间的长短分析确定信用减值损失的估计数。即欠期越长,坏账损失的可能性越大,应计提的坏账准备就越多。具体做法是将应收款项按照账龄的长短划分为若干区段,计列各个区段上应收款项的账面余额,并根据以往发生坏账的概率为每一区段估计一个坏账损失率,然后确定各区段的信用减值损失金额并加计信用减值损失总额。但对于风险特征与其他的应收账款均不相同,无法划分入组合的,仍应单独进行测试并计量预期信用损失。

2. 应收款项减值的账务处理

(1) 坏账准备的计提。对于应收款项,根据预期信用损失的金额,借记"信用减值损失"账户,贷记"坏账准备"账户,即同时减少企业的资产和利润。

"坏账准备"账户与其他的资产减值准备账户均属于资产的抵减项目,其贷方余额,反映企业已计提但尚未转销的坏账准备。"应收账款""其他应收款"等账户余额扣减所对应的"坏账准备"明细账户余额,在资产负债表中以其净额(账面价值)列报。

(2) 坏账准备的转回。应收款项确认信用减值损失后,如果预期信用损失发生有利的变化,原确认的信用减值损失应当在已计提坏账准备余额的范围内予以转回。由此形成的损失准备转回金额,作为减值利得计入当期损益,借记"坏账准备"账户,贷记"信用减值损失"账户。

【例 9-2】 承[例 9-1],M 公司运用逾期天数与违约损失率确定了应收账款组合的预期信用损失,扣除该些应收账款以前年度已计提坏账准备,计算出 20×3 年本期应计提的坏账准备,如表 9-4 所示。

表 9-4　　　　应收账款以前年度已计提及本期应计提坏账准备

逾期天数	按整个存续期预期信用损失确认的损失准备(a)	以前年度已提坏账准备(b)	本期应计提坏账(a－b)
未逾期	65 000	0	65 000
逾期 1～30 天	120 000	40 000	80 000

(续表)

逾期天数	按整个存续期预期信用损失确认的损失准备(a)	以前年度已提坏账准备(b)	本期应计提坏账(a－b)
逾期31～60天	140 000	60 000	80 000
逾期61～90天	169 000	91 000	78 000
逾期＞90天	105 000	65 000	40 000
合计	599 000	256 000	343 000

M公司20×3年应进行以下会计处理：

借：信用减值损失　　　　　　　　　　　　　　　　　　　　343 000
　　贷：坏账准备　　　　　　　　　　　　　　　　　　　　　　343 000

(3) 坏账准备的冲销。对于确实无法收回的应收款项，按企业管理权限报经审核批准后确认坏账，转销应收款项，借记"坏账准备"账户，贷记"应收账款""其他应收款"等账户。

需要说明的是，本教材第三章第二节提及的合同资产，即由收入准则规范的交易所形成的合同资产，虽然不属于金融资产，但也适用金融工具减值规定。对于未包含重大融资成分的合同资产，应当始终按照相当于整个存续期内预期信用损失的金额计量其损失准备。企业按应减记的金额计提减值准备时，借记"资产减值损失"账户，贷记"合同资产减值准备"账户；转回已计提的资产减值准备时，编制相反的会计分录。

(二) 以摊余成本计量的债权投资减值的会计处理

1. 以摊余成本计量的债权投资减值的计量

对以摊余成本计量的债权投资进行减值测试时，实务中通常将按合同固定需收取的现金流量现值与预期收取的现金流量现值(以违约概率为权重的加权平均值，下同)进行比较。若发现前者高于后者，应当确认其减值损失。未扣除已计提减值准备的摊余成本相当于根据合同应收的现金流量现值。有关计算公式如下：

应计入本期损益的减值损失＝摊余成本－预期收取的现金流量现值＝(初始确认金额－已偿还本金
　　　　　　　　　　　　±采用实际利率法将该初始确认金额与到期日金额间的差额进行摊销
　　　　　　　　　　　　形成的累计摊销额－累计计提的减值准备)－预期收取的现金流量现值

上式计算的结果如为负数，即本期应冲减损失准备的减值利得。

预计未来现金流量现值，在金融资产的合同利率为固定利率的情况下，应当按照初始确认该金融资产时计算确定的实际利率折现。

2. 以摊余成本计量的债权投资减值的账务处理

(1) 减值准备的计提。对于以摊余成本计量的债权投资，根据本期应计入损益的预期信用损失的金额，借记"信用减值损失"账户，贷记"债权投资减值准备"账户。

(2) 减值准备的转回。以摊余成本计量的债权投资确认减值损失后，如果预期信用损失发生有利的变化，由此形成的减值准备的转回金额，作为减值利得计入当期损益，借记"债权投资减值准备"账户，贷记"信用减值损失"账户。

【例9-3】 20×1年1月2日，前进公司支付6 200 000元购入期限为3年的C公司债券,面值6 000 000元,票面利率为5.2%,实际利率为4%,将其分类为以摊余成本计量的金融资产。该债券于每年1月1日付息,到期一次还本。

20×1年年末,C公司债券未来12个月内的预期信用损失为3 000元,应收计息于次年年初收到。

20×2年年末预期C公司债券信用风险显著增加,其整个存续期内的预期信用损失金额为200 000元,应收利息于次年年初收到。

20×3年C公司因投资决策失误发生严重财务困难,已发生信用减值。20×3年年末预计该债券能于20×4年1月1日偿付最后一期利息,但无法偿还本金。前进公司预计将于1年后收到C公司偿还逾期的部分本金3 240 000元,预期收取的现金流量现值(以违约概率为权重的加权平均值)为3 100 000元。

20×4年12月31日,前进公司存续期内预期信用损失转回124 000元,收回本金3 224 000元。则前进公司编制的会计分录如下:

(1) 20×1年1月2日,购入债券。

借:债权投资——C债券(面值)　　　　　　　　　　　　　　6 000 000
　　　　　——C债券(利息调整)　　　　　　　　　　　　　　200 000
　　贷:银行存款　　　　　　　　　　　　　　　　　　　　　6 200 000

(2) 20×1年12月31日,确认利息收益及减值损失。

借:应收利息(6 000 000×5.2%)　　　　　　　　　　　　　　312 000
　　贷:投资收益(6 200 000×4%)　　　　　　　　　　　　　248 000
　　　　债权投资——C债券(利息调整)　　　　　　　　　　　64 000
借:信用减值损失　　　　　　　　　　　　　　　　　　　　　3 000
　　贷:债权投资减值准备——C债券　　　　　　　　　　　　　3 000

20×1年12月31日,该项债券的账面余额为6 136 000元(6 200 000-64 000),账面价值及摊余成本均为6 133 000元(6 200 000-64 000-3 000)。

(3) 20×2年1月1日,收到利息。

借:银行存款　　　　　　　　　　　　　　　　　　　　　　　312 000
　　贷:应收利息　　　　　　　　　　　　　　　　　　　　　　312 000

(4) 20×2年12月31日,确认利息收益及减值损失。

借:应收利息　　　　　　　　　　　　　　　　　　　　　　　312 000
　　贷:投资收益(6 136 000×4%)　　　　　　　　　　　　　245 440
　　　　债权投资——C债券(利息调整)　　　　　　　　　　　66 560
借:信用减值损失(200 000-3 000)　　　　　　　　　　　　　197 000
　　贷:债权投资减值准备——C债券　　　　　　　　　　　　　197 000

20×2年12月31日,该项债券的账面余额为6 069 440元(6 200 000-64 000-66 560),账面价值及摊余成本均为5 869 440元(6 200 000-64 000-3 000-66 560-197 000)。

(5) 20×3年1月1日,收到利息。

借:银行存款　　　　　　　　　　　　　　　　　　　　　　　312 000
　　贷:应收利息　　　　　　　　　　　　　　　　　　　　　　312 000

(6) 20×3 年 12 月 31 日,确认利息收益及减值损失。

借:应收利息 312 000.00
　　贷:投资收益(5 869 440×4%) 234 777.60
　　　　债权投资——C 债券(利息调整) 69 440.00
　　　　　　　——C 债券(面值) 7 782.40

注1:20×3 年 C 债券信用风险显著增加并且已经发生信用减值(即处于阶段三),阶段三的金融资产在计算利息收入时,要求按照金融资产的摊余成本与实际利率计算利息收入。

注2:上述分录中应收利息与投资收益的差额为 77 222.40 元(312 000－234 777.60),但 C 债券(利息调整)明细账户的余额仅为 69 440 元,故不足部分 7 782.40 元调整 C 债券(面值)明细账户。

借:信用减值损失(5 869 440－77 222.40－3 100 000) 2 692 217.60
　　贷:债权投资减值准备——C 债券 2 692 217.60

20×3 年 12 月 31 日,该项债券的账面余额为 5 992 217.60 元(6 200 000－64 000－66 560－69 440－7 782.40),账面价值及摊余成本均为 3 100 000 元(6 200 000－64 000－3 000－66 560－197 000－69 440－7 782.40－2 692 217.60)。

(7) 20×4 年 1 月 1 日,收到利息。

借:银行存款 312 000
　　贷:应收利息 312 000

(8) 20×4 年 12 月 31 日,存续期内预期信用损失转回 124 000 元,收回部分本金。

借:银行存款 3 224 000.00
　　债权投资减值准备——C 债券 2 892 217.60
　　贷:债权投资——C 债券(面值) 5 992 217.60
　　　　信用减值损失(利得) 124 000.00

(三) 以公允价值计量且其变动计入其他综合收益的债权投资减值的会计处理

1. 以公允价值计量且其变动计入其他综合收益的债权投资减值的计量

对以公允价值计量且其变动计入其他综合收益的债权投资进行减值测试时,也应当将按合同固定需收取的现金流量现值与预期收取的现金流量现值(以违约概率为权重的加权平均值,下同)进行比较。若发现前者高于后者,应当确认其减值损失。

2. 以公允价值计量且其变动计入其他综合收益的债权投资减值的账务处理

以公允价值计量且其变动计入其他综合收益的债权投资,在持有期间的会计期末进行后续计量及账务处理时,一般顺序如下:首先,按实际利率法确认利息收益计入当期损益;然后,确认公允价值变动计入其他综合收益;最后,如需要确认减值,从其他综合收益中分离出减值损失计入当期损益。

(1) 减值准备的计提。对于以公允价值计量且其变动计入其他综合收益的债权投资,根据预期信用损失的金额,借记"信用减值损失"账户,贷记"其他综合收益——信用减值准备"账户。

需要说明的是,由于该类金融资产持续按照公允价值计量,已经体现了减值,不需要也不应当再因确认减值而减少其账面价值。其计提减值准备,仅仅是将计入其他综合收益中的减值转入当期损益而已。对于以公允价值计量且其变动计入其他综合收益的债权投资而言,其所产生的所有利得或损失,除了利息收益、减值损失或利得和汇兑损益,均应当计入其他综合收益。只有到该金融资产终止确认或被重分类时,才能从其他综合收益转出。

(2) 减值准备的转回。以公允价值计量且其变动计入其他综合收益的债权投资,满足条件转回原确认的减值损失,计入当期损益,借记"其他综合收益——信用减值准备"账户,贷记"信用减值损失"账户。

【例9-4】 承[例9-3],如果前进公司将C公司债券分类为以公允价值计量且其变动计入其他综合收益的金融资产。相关补充资料如下:

未来3年市场利率逐年上升(即超过初始市场利率4%),该债券于20×1年、20×2年、20×3年各年年末的公允价值分别为6 100 000元、5 800 000元、3 000 000元。则前进公司编制的会计分录如下:

(1) 20×1年1月2日,购入债券。

借:其他债权投资——C债券(成本)   6 000 000
　　　　　　　　——C债券(利息调整)   200 000
　贷:银行存款   6 200 000

(2) 20×1年12月31日,确认利息收益、减值损失及公允价值变动。

借:应收利息(6 000 000×5.2%)   312 000
　贷:投资收益(6 200 000×4%)   248 000
　　　其他债权投资——C债券(利息调整)   64 000
借:其他综合收益——C债券(公允价值变动)(6 200 000−64 000−6 100 000)   36 000
　贷:其他债权投资——C债券(公允价值变动)   36 000

从36 000元中分离出减值损失3 000元计入当期损益,实际计入其他综合收益33 000元(36 000−3 000)。

借:信用减值损失   3 000
　贷:其他综合收益——C债券(信用减值准备)   3 000

20×1年12月31日,C债券摊余成本为6 133 000元(6 200 000−64 000−3 000),账面价值为6 100 000元(6 200 000−64 000−3 000−33 000)。

(3) 20×2年1月1日,收到利息。

借:银行存款   312 000
　贷:应收利息   312 000

(4) 20×2年12月31日,确认利息收益、减值损失及公允价值变动。

借:应收利息   312 000
　贷:投资收益(账面余额6 136 000×4%)   245 440
　　　其他债权投资——C债券(利息调整)   66 560
借:其他综合收益——C债券(公允价值变动)(6 200 000−64 000−36 000−66 560−5 800 000)
  233 440
　贷:其他债权投资——C债券(公允价值变动)   233 440

从233 440元中分离出减值损失197 000元计入当期损益,实际计入其他综合收益

36 440 元(233 440－197 000)。

借：信用减值损失(200 000－3 000)   197 000
 贷：其他综合收益——C 债券(信用减值准备)   197 000

20×2 年 12 月 31 日，C 债券摊余成本为 5 869 440 元(6 200 000－64 000－3 000－66 560－197 000)，账面价值为 5 800 000 元。

(5) 20×3 年 1 月 1 日，收到利息。

借：银行存款   312 000
 贷：应收利息   312 000

(6) 20×3 年 12 月 31 日，确认利息收益、减值损失及公允价值变动。

借：应收利息   312 000.00
 贷：投资收益(摊余成本 5 869 440×4%)   234 777.60
  其他债权投资——C 债券(利息调整)   69 440.00
   ——C 债券(成本)   7 782.40

注1：20×3 年 C 债券信用风险显著增加并且已经发生信用减值(即处于阶段三)，阶段三的金融资产在计算利息收入时，要求按照金融资产的摊余成本与实际利率计算利息收入。

注2：上述会计分录中应收利息与投资收益的差额为 77 222.40 元(312 000－234 777.60)，但 C 债券(利息调整)明细账户的余额仅为 69 440 元，故不足部分调整 C 债券(成本)明细账户。

借：其他综合收益——C 债券(公允价值变动)(6 200 000－64 000－36 000－66 560－233 440－77 222.40－3 000 000)   2 722 777.60
 贷：其他债权投资——C 债券(公允价值变动)   2 722 777.60

借：信用减值损失(5 869 440－77 222.40－3 100 000)   2 692 217.60
 贷：其他综合收益——C 债券(信用减值准备)   2 692 217.60

从 2 722 777.60 元中分离出减值损失 2 692 217.60 元计入当期损益，实际计入其他综合收益 30 560 元(2 722 777.60－2 692 217.60)。

20×3 年 12 月 31 日，该债券摊余成本为 3 100 000 元(6 200 000－64 000－3 000－66 560－197 000－77 222.40－2 692 217.60)，账面价值为 3 000 000 元(债券成本 5 992 217.60－债券公允价值变动 2 992 217.60)，其他综合收益中的相关借方余额为 100 000 元(33 000＋36 440＋30 560)。

(7) 20×4 年 1 月 1 日，收到利息。

借：银行存款   312 000
 贷：应收利息   312 000

(8) 20×4 年 12 月 31 日，存续期内预期信用损失转回 124 000 元，收回部分本金。

借：其他综合收益——信用减值损失   124 000
 贷：信用减值损失(利得)   124 000

借：银行存款   3 224 000.00
 其他债权投资——C 债券(公允价值变动)   2 992 217.60
 贷：其他债权投资——C 债券(成本)   5 992 217.60
  其他综合收益   244 000.00

采用实际利率法计算的该债券的利息应当计入当期损益。该债券虽分类为以公允价值计量且其变动计入其他综合收益的金融资产,但其计入各期损益的金额应当与视同其一直按摊余成本计量而计入各期损益的金额相等。

第三节 存货减值

一、存货减值的判断

存货存在下列情形之一的,通常表明存货已发生减值:
(1) 该存货的市场价格持续下跌,并且在可预见的未来无回升的希望。
(2) 企业使用该项原材料所生产产品的成本大于产品的销售价格。
(3) 库存原材料因产品更新换代已不适应新产品的需要,且该原材料的市场价格低于其账面成本。
(4) 因企业所提供的商品或劳务过时或市场需求发生变化,导致市场价格下跌。
(5) 其他足以证明该项存货实质上已经发生减值的情形。

二、存货减值损失的计量

(一) 存货减值损失的计量依据

如果有迹象表明存货减值,以可变现净值为依据计量存货减值。在资产负债表日,存货按照成本与可变现净值孰低计量。对于存货成本高于其可变现净值的差额,计提存货跌价准备,并确认减值损失计入当期损益。这里的存货成本,是指存货的实际成本,如果存货的日常核算采用计划成本法,则存货的期末成本应为经调整后的实际成本;可变现净值是指在日常活动中,存货的估计售价减去至完工时估计将要发生的成本、估计的销售费用以及相关税费后的金额。

(二) 可变现净值的确定

可变现净值是未来现金净流入的概念,而不是指企业销售存货预计取得的现金总流入,并不等同于存货的售价或合同价。存货在销售过程中可能发生相关流转税费和销售费用,为达到预定可销售状态还可能发生进一步加工成本,它们均构成存货销售产生现金流入的抵减项目,确定存货的可变现净值应当扣除这些现金流出。

确定存货的可变现净值,应当以取得的确凿证据为基础,并且考虑持有存货的目的等因素。存货可变现净值的确凿证据,包括产品或商品的市场销售价格、与企业产品或商品相类似的商品的市场销售价格、供货方提供的有关资料、销售方提供的有关资料和生产成本资料等对确定存货的可变现净值有直接影响的确凿证明。持有存货的目的主要是指直接用于出售还是为生产而持有。

1. 直接用于出售的存货

直接用于出售的商品存货,如产成品、商品和用于出售的材料等,在正常生产经营过程中,应当以该存货的估计售价减去估计的销售费用和相关税费后的金额确定其可变现净值。

2. 为生产而持有的存货

为生产而持有的材料等，如果用其生产的产成品的可变现净值高于产品成本，该材料仍然应当按照成本计量，即使该材料的市场价格低于其成本也无须对该材料计提跌价准备；如果材料价格的下降表明产成品的可变现净值低于成本，该材料应当按照可变现净值计量。确定材料可变现净值的基础是产品的估计售价。用于生产的材料、在产品或自制半成品等需要经过加工的材料存货，在正常生产经营过程中，应当以所生产的产成品的估计售价减去至完工时估计将要发生的成本、估计的销售费用以及相关税费后的金额确定其可变现净值。

为执行销售合同或者劳务合同而持有的存货，其可变现净值应当以合同价格为基础计算。未签订合同的存货，其可变现净值应当以一般销售价格为基础计算。同一项存货，部分有合同价格约定，其余部分未签订销售合同，应当分别确定其可变现净值，并与其相对应的成本进行比较，分别确定其跌价准备的计提或转回的金额。

三、存货减值的账务处理

（一）存货跌价准备的计提

确定存货发生减值的，按应减记的金额，借记"资产减值损失"账户，贷记"存货跌价准备"账户。存货减值损失计算公式如下：

应计入本期损益的存货减值损失＝存货类有关账户余额－该项存货可变现净值
－该项存货所计提跌价准备当前余额

"存货跌价准备"账户属于存货类有关账户的抵减账户，其贷方余额，反映企业已计提但尚未转销的存货跌价准备，用其抵减存货类账户的余额，以反映存货净额（即账面价值）。

一般情况下，企业应当按照单个存货项目计提存货跌价准备。例如，将某一型号和规格的材料作为一个存货项目，将某一品牌和规格的商品作为一个存货项目等。对于数量繁多、单价较低的存货，可以按照存货类别计提存货跌价准备。

【例9-5】 某工厂采用 A 材料加工生产 B 产品。有关资料如下：

（1）某年 11 月末，"原材料——A"账户余额 70 万元，该项材料未计提跌价准备；在产品"生产成本——B"账户余额 32 万元，未计提跌价准备；"库存商品——B"账户余额 9 万元，未计提跌价准备。

（2）该年 12 月份，A 材料入库 30 万元，领用 80 万元生产 B 产品；生产 B 产品加工成本 50 万元，结转完工产品 72 万元。本月未出售 B 产品。

（3）该年 12 月月末，A 材料库存可满足生产 2 000 件 B 产品的需要；库存 A 材料的市场价为 18 万元；B 在产品 6 000 件；库存 B 产成品 4 500 件（其中，4 000 件已订合同于次年 1 月份销售，每件合同价 300 元）。假定各月各批完工 B 产品的单位成本均相同；B 产成品的材料成本为 100 元/件，加工成本为 80 元/件。

B 产成品一般售价 190 元/件，预计销售费用 15 元/件。

对该厂 12 月月末存货进行减值测试如下：

（1）A 材料减值测试。

测试 A 材料加工生产的 B 产品是否减值：

$$B 产成品成本 = (90\,000 + 720\,000) \div 4\,500 = 180(元/件)$$
$$B 产成品可变现净值 = 190 - 15 = 175(元/件)$$

B 产成品发生减值，需要对 A 材料进行减值测试。

$$A 材料 12 月月末账面余额 = 700\,000 + 300\,000 - 800\,000 = 200\,000(元)$$
$$A 材料可变现净值 = 2\,000 \times (190 - 80 - 15) = 2\,000 \times 95 = 190\,000(元)$$
$$A 材料应计提跌价准备 = 200\,000 - 190\,000 = 10\,000(元)$$

即 A 材料本期应计提跌价准备 10 000 元。

(2) B 在产品减值测试。

$$B 在产品 12 月月末账面余额 = 320\,000 + 800\,000 + 500\,000 - 720\,000 = 900\,000(元)$$
$$12 月月末 B 在产品单件成本 = 900\,000 \div 6\,000 = 150(元)$$
$$12 月月末单件 B 在产品加工成完工产品尚需发生成本 = 180 - 150 = 30(元)$$
$$B 在产品可变现净值 = 6\,000 \times (190 - 15 - 30) = 6\,000 \times 145 = 870\,000(元)$$
$$B 在产品本期应计提跌价准备 = 900\,000 - 870\,000 = 30\,000(元)$$

(3) B 产成品减值测试。

① 4 000 件有合同的 B 产成品。

$$4\,000 件 B 产成品账面余额 = 4\,000 \times 180 = 720\,000(元)$$
$$4\,000 件 B 产成品可变现净值 = 4\,000 \times (200 - 15) = 740\,000(元)$$

4 000 件订有销售合同的 B 产成品未发生减值。

② 500 件无合同的 B 产成品。

$$500 件无合同的 B 产成品账面余额 = 500 \times 180 = 90\,000(元)$$
$$500 件无合同的 B 产成品可变现净值 = 500 \times (190 - 15) = 87\,500(元)$$
$$500 件无合同的 B 产成品本期应计提跌价准备 = 90\,000 - 87\,500 = 2\,500(元)$$

(4) 编制该厂本期存货减值的有关会计分录。

借：资产减值损失	42 500
贷：存货跌价准备——A 材料	10 000
——B 在产品	30 000
——B 库存商品	2 500

该工厂该年年末资产负债表中"存货"项目的金额为 1 867 500 元。

(二) 存货减值损失的转回

会计期末，如果发现以前减记存货价值的影响因素已经消除的，减记的金额应当予以恢复，并在原已计提的存货跌价准备金额内转回，转回的金额计入当期损益，借记"存货跌价准备"账户，贷记"资产减值损失"账户。但是，因发出存货而结转存货跌价准备，应当借记"存货跌价准备"账户，贷记"主营业务成本""生产成本"等账户。

第四节 长期资产减值

一、长期资产减值的判断

这里讨论的长期资产,主要包括投资性房地产(采用成本模式后续计量)、长期股权投资(对被投资单位实施控制、重大影响的权益性投资,以及对其合营企业的权益性投资)、固定资产、在建工程、生产性生物资产、油气资产、无形资产(包括资本化的开发支出)和商誉等。

在判断长期资产是否减值时,应当考虑下列迹象:

(1) 资产市价大幅下跌(超出时间推移或正常使用而预计的价值减少)。

(2) 技术、市场、经济或法律等经营环境发生重大变化,并对企业产生负面影响,如生产产品的技术已被其他新技术所替代。

(3) 市场利率或其他投资报酬率提高,从而影响折现率,并显著降低资产的可收回金额。

(4) 企业所有者权益的账面价值远高于其市值。

(5) 有证据表明资产已经陈旧过时或实体已经损坏。

(6) 资产的使用或预计使用方式或程度已经或近期将发生重大变化,并对企业产生负面影响。

(7) 企业内部报告提供的证据表明,资产的经济绩效已经或将要比预期的差。

上述列举的并未包括所有表明资产可能减值的迹象,会计主体还可根据具体情况认定资产减值的其他迹象。

二、长期资产减值损失的计量

根据资产减值准则的规定,资产存在减值迹象的,应当估计其可收回金额,然后将所估计的资产可收回金额与其账面价值相比较,以确定资产是否发生了减值,以及是否需要计提资产减值准备并确认相应的减值损失。

(一) 资产可收回金额的计量方法

可收回金额是指公允价值减去处置费用后的净额(销售净价)与资产预计未来现金流量的现值两者孰高者。

可收回金额的定义反映理性管理层的可能行为。对于将会持续使用的固定资产等长期资产,通常采用可收回金额进行减值计量。此种计量属性基于价值最大化的企业投资决策原则。根据该原则,当资产的销售净价大于预计未来现金流量现值时,假定企业可以选择出售该资产并将所得现金流量投入其他用途;当资产预计未来现金流量现值大于其销售净价时,假定企业可以选择继续使用该资产而不是出售。因此,资产的公允价值减去处置费用后的净额与资产预计未来现金流量的现值,只要有一项超过了资产的账面价值,就可以认为资产没有发生减值。

如果没有证据或者理由表明,资产预计未来现金流量现值显著高于其公允价值减去处置费用后的净额,可以将资产的公允价值减去处置费用后的净额视为资产的可收回金额。企业持有待售资产往往属于这种情况。因为从待处置到实际处置前所产生的未来现金流量可能很少,其最终取得的未来现金流量通常就是处置净收入,资产的未来现金流量现值也就不会显著高于其公允价值减去处置费用后的净额。

要估计资产的可收回金额,一般需要同时估计该资产的公允价值减去处置费用后的净额和资产预计未来现金流量的现值。

(二) 资产公允价值减去处置费用后净额的估计

资产的公允价值减去处置费用后的净额,通常反映的是资产如果被出售或者处置时可以收回的净现金收入。其中,资产的公允价值是指在公平交易中,熟悉情况的交易双方自愿进行资产交换的金额;处置费用是指可以直接归属于资产处置的增量成本,包括与资产处置有关的法律费用、相关税费、搬运费以及为使资产达到可销售状态所发生的直接费用等,但是财务费用和所得税费用等不包括在内。

企业在估计资产的公允价值减去处置费用后的净额时,应当按照下列顺序进行:首先,应当根据公平交易中资产的销售协议价格减去可直接归属于该资产处置费用的金额确定资产的公允价值减去处置费用后的净额。其次,在资产不存在销售协议但存在活跃市场的情况下,应当根据该资产的市场价格减去处置费用后的金额确定。再次,在既不存在资产销售协议又不存在资产活跃市场的情况下,企业应当以可获取的最佳信息为基础,根据在资产负债表日假定处置该资产,熟悉情况的交易双方自愿进行公平交易愿意提供的交易价格减去资产处置费用后的金额,作为估计资产的公允价值减去处置费用后的净额。

企业按照上述规定仍然无法可靠地估计资产的公允价值减去处置费用后的净额的,应当以该资产预计未来现金流量的现值作为其可收回金额。

(三) 资产预计未来现金流量的现值的估计

资产预计未来现金流量的现值,应当按照资产在持续使用过程中和最终处置时所产生的预计未来现金流量,选择恰当的折现率对其进行折现后的金额加以确定。

《国际会计准则第 36 号——资产减值》将使用价值定义为:预期从资产或现金产出单元中形成的未来现金流量的现值。此种计量属性将资产的计量与资产的定义直接相联系来反映资产的使用价值,将资产在持续经营过程中为企业所带来的未来经济利益,考虑货币时间价值和该资产特有风险,折算成现值。如果一项资产未来现金流量为净流出,则表明该项资产对企业不再具有持有价值,不适用未来现金流量现值的计量标准。预计资产未来现金流量的现值,应当综合考虑资产的预计未来现金流量、预计折现率和预计使用寿命等因素。但实务中预计未来现金流量和预计折现率受到较多不确定因素及主观判断的影响。

1. 预计资产未来现金流量

预计资产未来现金流量应当包括:①在资产持续使用过程中预计产生的现金流入;②为实现资产持续使用过程中产生的现金流入所必需的预计现金流出,包括为使在建工程、正在开发中的无形资产达到预定可使用状态或者可销售状态所发生的现金流出;③资产使用寿命结束时,在公平交易中处置资产所收到或者支付的现金流量净额。

预计资产未来现金流量应当以资产的当前状况为基础预计资产未来现金流量。预计资产未来现金流量不应当包括:①与将来可能会发生的、与尚未作出承诺的重组事项有关的或者与将来可能会发生的资产改良有关的预计未来现金流量;②筹资活动产生的现金流入或者流出;③与所得税收付有关的现金流量。

预计资产的未来现金流量,应当以经企业管理层批准的最近财务预算或者预测数据,以及该预算或者预测期之后年份稳定的或者递减的增长率为基础。企业管理层如能证明递增的增长率是合理的,可以以递增的增长率为基础。一般而言,建立在预算或者预测基础上的预计现金流量最多涵盖5年;所使用的增长率除了企业能够证明更高的增长率是合理的,不应当超过企业经营的产品、市场、所处的行业或者所在国家或者地区的长期平均增长率,或者该资产所处市场的长期平均增长率。

2. 预计折现率

折现率是反映当前市场货币时间价值和资产特定风险的税前利率。该折现率是企业在购置或者投资资产时所要求的必要报酬率。

折现率的确定通常应当以该资产的市场利率为依据。该资产的利率无法从市场上直接获得,可以采用替代利率估计折现率。替代利率可以根据会计主体的加权平均资金成本、增量借款利率或者其他相关市场借款利率作适当调整后确定。调整时,应当考虑与资产预计现金流量有关的特定风险以及其他有关政治风险、货币风险和价格风险等。在预计资产的未来现金流量时已经对资产特定风险的影响作了调整的,估计折现率时不需要再考虑这些特定风险,以免重复计算某些假设的影响。

企业通常使用单一的折现率估计资产未来现金流量现值。但是如果资产未来现金流量的现值对未来不同期间的风险差异方式或者利率的期间结构反应敏感的,应当在未来各不同期间采用不同的折现率。

3. 预计使用寿命

预计使用寿命是指资产预期为会计主体所使用的期间,或者会计主体预期可从资产使用中获得的产品数量或其他产出数量的单位。

三、长期资产减值的账务处理

(一) 长期资产减值准备的计提

对长期资产进行减值测试时,先计算资产的可收回金额,然后将资产预计未来可收回金额与其账面价值进行比较,如果资产的可收回金额低于其账面价值的,应当将资产的账面价值减记至可收回金额,减记的金额确认为资产减值损失,计入当期损益,同时计提相应的资产减值准备。长期资产减值损失计算公式如下:

应计入本期损益的长期资产减值损失＝长期资产有关账户余额－该项资产预计可收回金额
－该项资产所计提减值准备当前余额

减值资产未来期间的折旧或者摊销费用应当根据确认减值后的资产账面价值及估计的剩余期限进行计算,以使该资产在剩余使用寿命内,系统地分摊调整后的资产账面价值(扣除预计净残值)。其计算公式如下:

减值损失确认后的减值资产应计折旧总额或应计摊销总额＝该资产初始计量金额－累计折旧或累计摊销
－减值准备－预计净残值

对于使用寿命不确定的无形资产和尚未达到可使用状态的无形资产,无论是否存在减值迹象,每年都应当进行减值测试。

(二)长期资产减值损失的转回

为防止盈余操纵,我国企业会计准则规定,长期股权投资(对子公司、合营企业、联营企业的权益性投资)、投资性房地产(采用成本模式后续计量)、固定资产、在建工程、生产性生物资产、油气资产、无形资产(包括资本化的开发支出)、商誉等长期资产,其减值损失一经确认,在以后会计期间不得转回。

【例9-6】 前进公司某条生产线有关资料如下:

(1)原价1 100万元,预计净残值50万元,预计用7年,采用年限平均法计提折旧。

(2)20×2年12月购入并安装验收合格;20×4年年末发生减值,公允价值678万元,预计处置费用8万元,预计尚可使用年限5年,预计净残值不变。

(3)该生产线20×5~20×9年未来现金流入,如表9-5所示(假定市场利率5%)。

表9-5　　　　　　　某生产线未来5年预计现金流量

年次	1	2	3	4	5
复利现值系数	0.952	0.907	0.864	0.823	0.783
年份	20×5	20×6	20×7	20×8	20×9
现金流量净额(万元)	100	100	300	200	100=60+处置现金流量40

公允价值减去处置费用后的净额=678-8=670(万元)

预计未来现金流量现值=95.2+90.7+259.2+164.6+78.3=688(万元)

可收回金额应为688万元(较高者)。

20×4年年末折余价值=1 100-150×2=800(万元)

20×4年年末应计提减值准备=800-688=112(万元)

借:资产减值损失　　　　　　　　　　　　　　　　　　　　1 120 000
　　贷:固定资产减值准备　　　　　　　　　　　　　　　　　　　1 120 000

20×5年起年折旧额=(688-50)÷5=127.6(万元)

该生产线计入20×4年年末资产负债表中"固定资产"项目的金额为688万元(1 100-300-112)。

第五节　资产组的认定及其减值

一、资产组的认定

(一)资产组的概念

如果有迹象表明一项资产可能发生减值的,企业原则上应当以单项资产为基础估计其可收回金额。在企业生产经营活动中,单项资产有时难以独立产生现金流入,因而难以对单项资产的可收回金额进行估计,则应当以该资产所属的资产组为基础,确定资产组的可收回金额进行减值测试。

资产组是指企业可以认定的创造现金流入的相关资产最小组合,其产生的现金流入应当基本上独立于其他资产或者资产组。资产组的概念表明,很多情况下,若干项资产通过组合使用,产生现金流量。

(二) 认定资产组的因素

认定资产组的最关键因素是该资产组能否独立产生现金流入。国际财务报告准则根据其独立产生现金流入的功能直接将其定名为"现金产出单元"。例如,企业的某个生产车间或某条生产线,如果能够独立于其他部门或者单位等创造收入、产生现金流入,或者其创造的收入和现金流入绝大部分独立于其他部门或者单位的,并且属于可认定的最小的资产组合,通常应将该生产车间或该生产线认定为一个资产组。

如果若干项资产的组合所生产的产品(或者其他产出)存在活跃市场,无论这些产品或者其他产出是用于对外出售还是仅供企业内部使用,均表明这几项资产的组合能够独立创造现金流入,应当将这些资产的组合认定为资产组。例如,A 工厂所生产的产品有相当部分供应给同属于一个母公司的 B 工厂作为重要原材料,加工成最终产品在市场出售。如果 A 工厂出售给 B 工厂的产品存在活跃市场,A 工厂可以在活跃市场上出售其产品,可以产生基本独立于 B 工厂的现金流入,即使其产品的一部分是供 B 工厂使用的,A 工厂、B 工厂均可以分别认定为一个资产组。如果 A 工厂出售给 B 工厂的产品不存在活跃市场,即只能在企业集团内部使用,A 工厂的现金流入依赖于 B 工厂对其产品的需求,不能产生基本上独立于 B 工厂的现金流入。在这种情况下,A 工厂和 B 工厂的组合很可能是产生基本上独立的现金流入的最小资产组组合。如果该资产组的现金流入受内部转移价格的影响,应当按照企业管理层对未来价格(在公平交易中能够实现的价格)的最佳估计数来确定该资产组的未来现金流量。

企业对生产经营活动的管理或者监控方式以及对资产使用或者处置的决策方式等,也是认定资产组应考虑的重要因素。例如,C 超市门店属于甲公司的零售连锁店。甲公司通过配货中心负责向各门店供货。甲公司决定各门店的定价、销售、广告和人力资源等政策。虽然 C 门店纳入甲公司总部管理,但 C 门店与甲公司其他门店分布于不同的地区,且有着不同的基本客户群,可以产生基本上独立于其他门店的现金流入。甲公司在计量及考核业绩时,内部管理报告以单家门店为基础编制,甲公司的营运以单家门店的利润为基础。在这种情况下,C 门店通常可以认定为一个资产组。

资产组一经确定不得随意变更,以保持在各个会计期间的一致。如果由于企业重组、改变资产用途等原因,导致资产组构成确需变更的,企业管理层应当提供能够证明变更是合理的依据,并在报表附注中进行披露。

二、资产组减值测试的原则

确定资产组的减值,也需要将资产组的账面价值与其可收回金额进行比较。资产组账面价值的确定基础应当与其可收回金额的确定方式相一致。资产组的账面价值包括可直接归属于资产组的资产账面价值以及可以合理和一致地分摊至资产组的资产账面价值,通常不应当包括已确认负债的账面价值,但如不考虑该负债金额就无法确定资产组可收回金额的除外。资产组的可收回金额应当按照该资产组的公允价值减去处置费用后的净额与其预计未来现金流量的现值两者之间较高者确定。

如果资产组的账面价值高于其可收回金额,应确认该资产组减值损失,并将减值损失进行分摊。减值损失金额应当先抵减分摊至资产组中的商誉的账面价值,再根据资产组中商誉之外的其他各项资产的账面价值所占比重,按比例抵减其他各项资产的账面价值。

三、涉及总部资产的资产组减值测试

(一) 总部资产的特征

总部资产是指对若干资产组产生的未来现金流量起作用的、商誉之外的资产。总部资产的显著特征是难以脱离其他资产或者资产组产生独立的现金流入,而且其账面价值难以完全归属于某一资产组。企业集团总部或其事业部的办公楼、研发中心有关资产以及电子数据处理设备等资产,通常属于总部资产。

(二) 涉及总部资产的资产组或资产组组合减值损失的确定

(1) 认定所有与资产组有关的总部资产。

(2) 合理分摊总部资产账面价值,再比较资产组账面价值和可收回金额,确定相应减值损失。

(3) 难以按合理和一致的基础分摊至资产组的,认定资产组组合,再比较资产组组合的账面价值和可收回金额,确定相应减值损失。

资产组组合是指由若干个资产组组成的产生基本上独立的现金流入的最小组合,并包括按合理方法分摊的总部资产部分。

(三) 资产组或资产组组合减值损失的抵减

(1) 先抵减分摊至资产组或者资产组组合中商誉的账面价值。

(2) 再按资产组或者资产组组合中商誉之外的其他各项资产账面价值所占比重,按比例抵减其他各项资产的账面价值。

(3) 抵减后的各项资产的账面价值不得低于以下三者最高者:

① 该资产的公允价值减去处置费用后的净额(如可确定的)。

② 该资产预计未来现金流量的现值(如可确定的)。

③ 零。

(4) 因上述原因而未能分摊的减值损失金额,按照相关资产组或者资产组组合中其他各项资产的账面价值所占比重进行分摊。

【例9-7】 丙公司拥有 A、B、C 三个资产组(三条生产线)和办公大楼、研发中心两项总部资产,没有商誉。本年年末进行减值测试。假定各资产组的销售净价均难以确定。有关资料,如表9-6 和表9-7 所示。有关减值测试的计算过程,如表9-8 至表9-10 所示。

表9-6　　　　　　　　丙公司有关资产及资产组资料

项　目	账面价值(万元)	剩余年限(年)	备　注
资产组A	200	10	
资产组B	400	20	
资产组C	500	20	
办公大楼	200	20	可按合理、一致基础分摊
研发中心	100	20	难以按合理、一致基础分摊

表 9-7　　　　　　　　　　丙公司预计未来现金流量现值资料

资产组或 资产组组合	资产组 A	资产组 B	资产组 C	包括研发中心的最小资产组组合 （丙公司）
未来现金流量现值 （折现率 8%）	198 万元	560 万元	480 万元	1 338 万元（包括研发中心与其他资产相结合可以为丙公司整体带来追加的未来现金净流入折现 100 万元）

表 9-8　　　　　　　　　向有关资产组分摊总部资产办公大楼账面价值

项　目	资产组 A	资产组 B	资产组 C	合　计
账面价值(万元)	200	400	500	1 100
剩余年限(年)	10	20	20	—
按使用寿命计算的权重	1	2	2	—
加权账面价值(万元)	200	800	1 000	2 000
办公楼分摊比例	10%	40%	50%	100%
办公楼分摊额(万元)	20	80	100	200
包含办公楼的账面价值(万元)	220	480	600	1 300

表 9-9　　　　　　　　　　对各资产组进行减值测试　　　　　　　　　单位：万元

项　目	资产组 A	资产组 B	资产组 C
可收回金额	198	560	480
账面价值	220	480	600
减值损失	22	未减值	120

减值损失分配：

资产组 A：　　　　办公楼减值＝22×20÷220＝2(万元)

　　　　　　　　　资产组 A 减值＝22×200÷220＝20(万元)

资产组 C：　　　　办公楼减值＝120×100÷600＝20(万元)

　　　　　　　　　资产组 C 减值＝120×500÷600＝100(万元)

表 9-10　　　　　　　　各资产组或组合进行减值测试后账面价值　　　　　　　单位：万元

资产组 A	资产组 B	资产组 C	办公楼	研发中心	资产组组合 即丙公司
180 (200－20)	400	400 (500－100)	178 (200－2－20)	100	1 258

由于研发中心难以按合理、一致的基础分摊至资产组 A、B 和 C，丙公司将研发中心能分配至最小资产组组合(即丙公司作为一个整体)的账面价值与其可收回金额比较：其经过减值测试后账面价值 1 258 万元低于可收回金额 1 338 万元。

结论:丙公司(包括研发中心)不必再进一步确认减值损失。

丙公司 A 资产组有 E、F 两项设备,减值测试前账面价值分别为 150 万元、50 万元;C 资产组有 G 设备和 H 专利权两项资产,减值测试前账面价值各为 250 万元。则丙公司减值损失分配及有关会计分录如下:

借:资产减值损失　　　　　　　　　　　　　　　　　　　　　　　　　　1 420 000
　　贷:固定资产减值准备——E(200 000×1 500 000÷2 000 000)　　　　　150 000
　　　　　　　　　　　　——F(200 000×500 000÷2 000 000)　　　　　　50 000
　　　　　　　　　　　　——G(1 000 000×2 500 000÷5 000 000)　　　　500 000
　　　　无形资产减值准备——H(1 000 000×2 500 000÷5 000 000)　　　　500 000
　　　　固定资产减值准备——办公楼(200 000+20 000)　　　　　　　　　220 000

第六节　商誉减值

一、商誉减值测试的报告主体

根据商誉的特征,商誉不可能离开企业而单独存在,商誉的减值测试应当与其相关的资产组或资产组组合结合进行;商誉未来为企业带来的经济利益具有高度的不确定性,对商誉至少每年终了应当进行减值测试。企业合并的方式不同,其产生的商誉在财务报表中的列示也不同,商誉减值测试的范围和报告主体相应不同。

(一)吸收合并产生的商誉

非同一控制下吸收合并产生的商誉,单独反映在合并方的账面上,其减值测试应当在合并方个别财务报表范围内进行,其减值测试的结果应当体现在合并方个别财务报表中。

(二)控股合并产生的商誉

非同一控制下控股合并产生的商誉,并不单独反映在母公司的账面上,而是计入母公司的长期股权投资成本(在个别财务报表中作为长期股权投资进行减值测试),在编制合并财务报表时才显现为商誉,商誉减值测试应当在母公司合并财务报表范围内进行,其减值测试的结果应当体现在母公司所编制的合并财务报表中。

二、商誉减值测试的步骤

商誉减值测试的主要步骤如下。

1. 将商誉账面价值分摊至资产组或资产组组合

商誉账面价值分摊一般应按各资产组或资产组组合的公允价值比例分摊,公允价值难以可靠计量的,按账面价值比例分摊。

2. 确定资产组或资产组组合减值损失

对包含商誉的资产组或资产组组合进行减值测试,比较其账面价值与可收回金额,确定资产组或资产组组合减值损失。

3. 资产组或资产组组合减值损失的抵减

(1)抵减商誉的账面价值。

(2) 根据前述原则进行分摊和抵减。

【例9-8】 20×8年年末，H公司支付10 000万元吸收合并K公司，K公司在两个国家拥有制造工厂，假定每个制造工厂为一个资产组。吸收合并K公司购买价格分摊及商誉认定，如表9-11所示。

表9-11　　　　　吸收合并K公司购买价格分摊及商誉认定　　　　　单位：万元

20×8年年末	购买价格的分摊 ①	可辨认净资产的公允价格 ②	商　誉 ①－②
在甲国的工厂	7 000	5 000	2 000
在乙国的工厂	3 000	2 500	500
合　计	10 000	7 500	2 500

20×9年年末，在甲国的工厂由于甲国法规修改限制出口，其产品销量锐减，预计减值，可收回金额为3 500万元。H公司用直线法按20年对其在甲国的工厂计提折旧，预计无残值，假定20×9年对甲国的工厂计提折旧200万元。

20×9年年末，H公司对中国工厂资产组减值损失的计算及分摊，如表9-12所示（单位：万元）：

表9-12　　　　　H公司对甲国工厂资产组减值损失的计算及分摊

20×9年年末	商　誉	可辨认净资产	总　计
原始金额	2 000	5 000	7 000
减：累计折旧	—	200	200
折余价值	2 000	4 800	6 800
减：可收回金额	—	3 500	3 500
确认减值损失	2 000	1 300	3 300

注：减值测试确定，甲国工厂资产组减值损失3 300万元应当先抵减商誉2 000万元，其余减值损失1 300万元应在甲国工厂资产组范围内按账面价值比例进行分摊，分别抵减各项资产的账面价值。

三、存在少数股东权益情况下的商誉减值测试

（一）资产组（或资产组组合）账面价值的调整

合并财务报表上的商誉仅反映归属于母公司的部分，不包括归属于子公司少数股东权益的商誉。但对资产组或资产组组合进行减值测试时，其可收回金额已考虑商誉存在的因素，所以与之比较的资产组或资产组组合账面价值也应包括完整商誉的价值。应当先调整资产组（或资产组组合）的账面价值，然后与其可收回金额进行比较，以确定是否减值及减值金额。

（二）商誉减值损失的分摊

商誉减值损失应当在母公司和少数股东权益之间进行分摊，以确认归属于母公司的商誉减值损失。

【例9-9】 本年1月1日，丙企业以4 000万元的价格收购了B企业80%的股权。在收购日，B企业可辨认净资产的公允价值和账面价值均为4 000万元，假定没有负债和或有负债。B企业的所有资产被认定为一个资产组。在本年年末，丙企业确定该资产组的可收回金额为4 000万元，可辨认净资产的账面价值为3 600万元。

丙企业合并财务报表确认商誉＝4 000－4 000×80％＝800(万元)

B企业完整商誉＝4 000÷80％－4 000＝1 000(万元)

本年年末,丙企业资产组的减值损失的分摊,如表9-13所示(单位:万元):

表9-13　　　　　　　　　　资产组减值损失的分摊

本年年末	商　誉	可辨认净资产	总　计
原始金额	800	4 000	4 800
减:累计折旧等	—	400	400
折余价值	800	3 600	4 400
未确认归属少数股权的商誉	200	—	200
账面金额调整	1 000	3 600	4 600
可收回金额			4 000
减值损失			600

减值测试确定的减值损失600万元小于商誉价值应全部抵减商誉价值,但要将减值损失在母公司和少数股东权益之间进行分摊。归属于母公司的商誉应确认减值损失480万元(600×80％),抵减后合并财务报表上所确认的商誉为320万元(800－480);归属于少数股东权益的商誉减值损失120万元(600×20％),归属少数股东权益的商誉未在合并财务报表上确认,此部分商誉不存在抵减问题。

四、商誉减值的账务处理

(一)商誉减值准备的计提

对商誉进行减值测试后确定商誉减值,如果属非同一控制下吸收合并产生的商誉,应当在合并方的账上进行会计处理,按照应抵减商誉价值的金额,借记"资产减值损失"账户,贷记"商誉减值准备"或"商誉(减值准备)"账户。

如果属非同一控制下控股合并产生的商誉,应当在编制合并财务报表的工作底稿中进行调整处理。

(二)商誉减值损失的转回

在商誉减值损失确认以后的会计期间所发生的商誉可收回金额的任何增加,都很可能是自创商誉的增加,而非商誉的减值损失的转回。对于已确认的商誉减值损失,我国会计准则和国际财务报告准则均不允许在以后会计期间转回,以避免确认不该确认的自创商誉而违背会计信息质量的谨慎性要求。

资产减值在财务报表中的列示及披露

一般而言,资产计提的减值准备,均应抵减相关资产的账面余额,并将资产减值损失计入当期损益。在资产负债表中,各项资产均以被该资产抵减项目抵减后的净额列示,即以账面价值反映。以公允价值计量且其变动计入其他综合收益的债务工具投资,计提减值准备有其特殊性,由于按公允价值持续计量,其账面余额已经体现了减值的影响,计提减值准备只是将已计入其他综合收益的减值损失转入当期损益而已。

企业应当在附注中披露与资产减值有关的下列基本信息:当期确认的各项资产减值损失金额;计提的各项资产减值准备累计金额。

发生重大资产减值损失的,应当在附注中披露导致每项重大资产减值损失的原因和当期确认的重大资产减值损失的金额。

案例分析

巨额减值准备计提及转销的猜想

案例介绍:

一、彩虹股份2010—2015年合并利润表部分数据(表9-14)

表9-14 **2010—2015年资产减值损失和净利润** 单位:元

项目	2010年	2011年	2012年	2013年	2014年	2015年
资产减值损失	−5 532 762	415 767 243	1 899 726 940	24 430 616	684 959 962	29 248 027
净利润	5 598 027	−567 334 761	−2 216 037 309	21 968 063	−1 144 224 581	42 556 334
归属母公司所有者的净利润	12 137 333	−517 713 940	−1 722 424 577	74 795 630	−1 024 332 779	50 215 832
少数股东损益	−6 539 306	−49 620 820	−493 612 732	−52 827 567	−119 891 801	−7 659 498

二、彩虹股份历年年报有关存货跌价准备的报表附注

1. 公司2011年存货跌价准备提取数(表9-15)

表9-15 **2011年年报披露存货跌价准备提取** 单位:元

存货跌价准备	本年增加
存货跌价准备——原材料	4 951 733
存货跌价准备——库存商品	33 510 095

注:本公司本年末按成本与可变现净值孰低原则计价,对于CRT(彩色显像管)产业部分陈旧过时或过期的原材料及无使用需求的备品备件提取存货跌价准备4 951 733元,对于CRT部分库存商品成本高于其可变现净值的差额部分提取存货跌价准备33 510 095元。

2. 公司2012年存货跌价准备提取数(表9-16)

表9-16 **2012年年报披露存货跌价准备提取** 单位:元

存货跌价准备	本年增加
存货跌价准备——原材料	1 098 483
存货跌价准备——库存商品	47 160 964

注:本公司下属子公司彩虹(佛山)平板显示有限公司本年对与OLED生产相关的、已陈旧过期的原材料计提减值1 098 483元。

本公司及佛山平板公司对于CRT和OLED部分库存商品成本高于其可变现净值的差额部分提取存货跌价准备47 160 964元。

3. 公司2013年存货跌价准备增减变动（表9-17）

表9-17　　　　　　　　2013年年报披露存货跌价准备增减变动　　　　　　　单位：元

项目	年初金额	本年增加	本年减少		年末金额
			转回	其他转出	
原材料跌价准备	8 013 602	1 442 968	0	650 343	8 806 228
库存商品跌价准备	67 380 596	155 124	0	67 160 382	375 338
合计	75 394 198	1 598 092	0	67 810 725	9 181 565

本公司下属子公司彩虹（佛山）平板显示有限公司本年对与OLED生产相关的原材料及库存商品成本高于其可变现净值的差额部分提取存货跌价准备计提减值1 598 092元。

三、彩虹股份2013年年报主营业务分行业、分产品情况（表9-18）

表9-18　　　　　　　　　2013年主营业务按行业、产品分布　　　　　　　　单位：元

分行业或产品	营业收入	营业成本	毛利率	营业收入比上年增减	营业成本比上年增减	毛利率比上年增减
彩色显像管	56 163 815	25 014 424	55.46%	−56.28%	−83.87%	增加76.19个百分点
OLED显示	66 806 666	68 824 781	−3.02%	146.54%	72.54%	增加44.18个百分点
基板玻璃	91 530 861	88 246 876	3.59%	60.73%	123.75%	减少26.88个百分点

注：本年度由于受彩管销售的存货跌价转出影响，本期彩管毛利率升高。

本报告期内，由于CX02线进入窑炉运行后期（2013年8月停炉冷修），该线体产量减少，成本处于异常状态；同时，由于日元贬值，产品价格受到影响，导致毛利率水平异常。随着生产线完成冷修投产，技术提升，毛利将恢复正常。

四、彩虹股份历年年报有关在建工程减值准备的报表附注

1. CX01生产线（即咸阳TFT液晶玻璃基板生产线项目一期）减值准备变动（表9-19）

表9-19　　　　　　　　有关生产线在建工程减值准备增减变动　　　　　　　单位：元

年份	年初金额	本年增加	本年减少	年末金额
2011年	0	271 361 773	0	271 361 773
2012年	271 361 773	407 854 441	0	679 216 214
2013年	679 216 214	0	0	679 216 214
2014年	679 216 214	0	0	679 216 214
2015年	679 216 214	0	679 216 214	0

2011年有关在建工程减值准备计提说明：

本公司之子公司陕西彩虹电子玻璃有限公司位于咸阳的TFT液晶玻璃基板生产线项目一期项目建设已经基本完工，但尚未达到公司管理层规定的持续稳定预计可使用状态，亦未办理工程竣工决算。预计该生产线建成后能够产生的经济利益低于其账面价值，本年计提减值准备271 361 773元。

2012年有关在建工程减值准备计提说明：

2012年本公司下属各玻璃基板项目公司由于前期投资额巨大，部分生产线试运行以来一直未能达到公司管理层规定的持续稳定的预计可使用状态，公司管理层经过充分的测算以及聘请坤元资产评估有限公司对截至本年年末已经开工建设的各条玻璃基板生产线的未来可回收金额进行评估，依据坤元资产评估有限公司以2012年12月31日为评估基准日，对本公司之子公司陕西彩虹电子玻璃有限公司"×××"评估报告的结果，计提玻璃基板在建项目资产减值准备407 854 441元。

2. 彩虹股份2015年报披露关联方资产转让、债务重组情况

2015年12月11日，本公司之子公司陕西彩虹电子玻璃有限公司(以下简称"电子玻璃")与彩虹集团公司签订《资产转让协议》，将其拥有的CX01生产线资产、CX03生产线相关设备及79项专利权(注：无形资产为"一种碎玻璃料仓防磨损结构专利所有权"等79项相关专利技术所有权，2014年12月31日账面价值为0元。)转让给彩虹集团公司。该转让资产业经北京天健兴业资产评估公司以2014年12月31日为基准日，采用收益法对标的资产进行了评估并出具了天兴评字〔2015〕第663号《陕西彩虹电子玻璃有限责任公司拟转让部分资产项目评估报告》，确认转让资产的评估值为83 722万元。电子玻璃与彩虹集团同意以评估值为交易价格，自转让资产评估基准日(2014年12月31日)至资产交付日期间，电子玻璃已计提的转让相关资产的资产折旧费，全额从交易价格中予以扣除，电子玻璃已经支付的与生产线密切相关的新增设备、改造费用按照发生成本予以追加，最终双方协议转让价格为88 617.45万元，截至2015年12月31日双方已完成资产的交割手续，电子玻璃确认转让收益27 664.67万元。

3. 彩虹股份关于对上海证券交易所《关于对彩虹显示器件股份有限公司重大资产出售报告书信息披露的问询函》的回复公告(2015年12月24日)

问题8回复：拟出售资产减值准备及账面净值情况

本次拟出售资产包括电子玻璃公司将拥有的CX01生产线、CX03生产线相关设备及"一种碎玻璃料仓防磨损结构专利所有权"等79项相关专利技术所有权。截至2014年12月31日，拟出售资产账面价值及其减值准备明细，如表9-20所示。

表9-20　　　　　　　拟出售资产减值准备及账面净值情况　　　　　　单位：万元

序号	项目	原值	折旧	账面净值	减值准备	账面价值
1	CX01生产线(固定资产)	1 092.03	141.24	950.80	—	950.80
2	CX01生产线(在建工程)	78 115.10	—	78 115.10	67 921.62	10 193.48
3	CX01生产线(工程物资)	12 587.26	—	12 587.26	2 907.23	9 680.03
	CX01线小计	91 794.39	141.24	91 653.16	70 828.85	20 824.31

(续表)

序号	项目	原值	折旧	账面净值	减值准备	账面价值
1	CX03 线体（固定资产）	16 534.46	1 418.12	15 116.34	—	15 116.34
2	CX03 线体（在建工程）	19 711.23	—	19 711.23	—	19 711.23
	CX03 线小计	36 245.69	1 418.12	34 827.57	—	34 827.57
	合　计	128 040.08	1 559.36	126 480.73	70 828.85	55 651.88

注：CX01 线是公司所建第一条线，由于技术等原因一直未达整体转固条件，2011 年、2012 年生产线合计计提减值准备 708 288 469.59 元，至今仍在在建工程核算，计提在建工程和工程物资减值准备 708 288 469.59 元；CX03 线于 2012 年计提减值 78 813 730.41 元，2013 年 11 月 CX03 线达到转固条件，按账面净值从在建工程转入固定资产，原计提的减值准备 78 813 730.41 元已经无法在账面进行体现。

4. 彩虹股份重大资产出售暨关联交易报告书披露评估结果及定价（2015 年 12 月 25 日）
本次评估结果的大幅增值，主要原因如下：

（1）拟出售资产中无形资产的账面价值为零，资产组评估结果体现了相关专利技术的实际价值。

（2）CX01 生产线、CX03 生产线相关设备原用于生产 5 代液晶基板玻璃产品。随着基板玻璃生产竞争愈来愈激烈，相关设备停炉冷修。鉴于上述情况，电子玻璃公司对 CX01 生产线计提减值准备 70 828.85 万元。本次交易完成后，根据《盖板玻璃产业化技术研发项目可行性研究报告》，CX01 生产线相关资产将进行盖板玻璃改造，而盖板玻璃性能优异，比普通钠钙玻璃拥有更高的强度及耐磨性能，是市场公认的主流技术产品，目前在市场上呈现供不应求的局面，故上述减值因素将得以消除。

（3）CX01 生产线、CX03 生产线相关资产经改造后，其盈利能力将增强，导致评估增值。

案例背景：

彩虹显示器件股份有限公司（以下简称彩虹股份）成立于 1992 年，主要从事彩色显示器件、电子产品及零部件、原材料的生产、开发与经营，自营和代理各类商品及技术的进出口业务，承办"三来一补"业务（国家限制或禁止进出口的商品和技术除外）及实物租赁等。

1996 年 5 月 20 日彩虹股份在上海证券交易所上市。公司 2011 年度、2012 年度连续两年经审计的年度净利润为负数，2013 年 4 月 1 日起实行"退市风险警示"特别处理，股票简称由"彩虹股份"变更为"*ST 彩虹"。公司 2013 年归属于上市公司股东的净利润实现盈利，对照公司经审计的 2013 年年度报告，公司的净利润、净资产、营业收入等指标均不触及退市风险警示条件，上海证券交易所于 2014 年 3 月 12 日同意了公司撤销退市风险警示的申请，公司证券简称由"*ST 彩虹"变更为"彩虹股份"。

资料来源：

彩虹股份 2011 年、2012 年、2013 年、2014 年、2015 年度报告，关于对上海证券交易所《关于对彩虹显示器件股份有限公司重大资产出售报告书信息披露的问询函》的回复公告（2015 年 12 月 24 日），重大资产出售暨关联交易报告书（草案）（修订稿）（2015 年 12 月 25 日）。

依据及相关法规：

财政部：《企业会计准则第 1 号——存货》（2006 年 2 月）。

财政部：《企业会计准则第 8 号——资产减值》（2006 年 2 月）。

IASB：《国际会计准则第 36 号——资产减值》（IAS36：Impairment of Assets），2004 年

3月发布。

案例思考题：

1. 彩虹股份2011年、2012年对库存商品计提巨额跌价准备，对2013年的损益有何影响？

2. 彩虹股份2011年、2012年对CX01生产线相关在建工程计提了巨额减值准备，2015年经评估转让给母公司并获取转让收益27 664.67万元。该公司称：CX01生产线相关资产将进行盖板玻璃改造，是市场公认的主流技术产品，目前在市场上呈现供不应求的局面，故上述减值因素将得以消除。你对此如何看待？请说明理由。

3. 结合我国股票市场ST制度的背景，分析彩虹股份可能存在的动机。

本章要点概览

1. 确认资产减值损失，规范资产减值损失的会计处理，有助于向有关各方提供于决策有用的会计信息，揭示资产预期经济利益的潜在风险，使资产账面价值的计量符合资产的定义，体现谨慎性要求。

2. 资产减值的确认可以采用不同的标准，如永久性标准、可能性标准和经济性标准等。

3. 信用损失为企业应收取的合同现金流量与预期收取的现金流量之间差额的现值。预期信用损失是指以发生违约的风险为权重的金融工具信用损失的加权平均值。

4. 资产减值有"已发生损失"减值模型和"预期信用损失"减值模型两种不同的计量基础。

"已发生损失"减值模型根据实际已发生减值损失计提减值准备，一定程度上延迟确认了资产的减值损失。

"预期信用损失"减值模型要求以发生的违约风险为权重的金融工具信用损失的加权平均值，计提减值准备。对金融资产采用"预期信用损失"减值模型，有助于揭示和防范金融资产的信用风险。

5. 在金融资产中，只有以摊余成本计量的金融资产、分类为以公允价值计量且其变动计入其他综合收益的债权投资，才需要进行减值会计处理。

应收款项、贷款、以摊余成本计量的债权投资、分类为以公允价值计量且其变动计入其他综合收益的债权投资，确认的减值损失均应计入当期损益。

6. 采用一定方法折旧或摊销的固定资产、投资性房地产（采用成本模式后续计量）、无形资产，确认减值损失和计提减值准备以后，应按照扣除所提减值准备后的资产账面价值，在未来期间或剩余使用寿命内进行分摊。

7. 投资性房地产（采用成本模式后续计量）、长期股权投资、固定资产、无形资产和商誉等长期资产，按我国企业会计准则的规定，减值损失一经确认，在以后会计期间不得转回。

8. 在企业生产经营活动中，单项资产有时难以独立产生现金流入，应以能独立产生现金流的资产组为基础，确定资产组的可收回金额，据以进行减值测试。

9. 在资产负债表中，各项资产均应以资产账户余额扣除其相应的抵减项目（如减值准备、累计折旧或累计摊销账户余额）后的净额列示，即以账面价值反映。在利润表中，当期所确认的各项资产减值损失，应计入"信用减值损失"或"资产减值损失"项目予以列报。

主要术语

1. 资产减值
2. "已发生损失"减值计量基础
3. 违约风险
4. "预期信用损失"减值计量基础
5. 信用损失
6. 可变现净值
7. 可收回金额
8. 预计资产未来现金流量现值
9. 折现率
10. 处置费用
11. 资产组
12. 总部资产

复习题

一、思考题

1. 某制造企业的生产线发生减值,请分析导致该资产减值的因素可能有哪些?
2. 国际财务报告准则和我国企业会计准则对于金融资产的减值计量基础,为什么要从"已发生损失"改为"预期信用损失"?
3. 哪些金融资产不存在计提减值准备的问题?为什么?
4. 形成资产减值的主要原因有哪些?关于"预期信用损失"的三阶段法,阶段二与阶段三对减值损失、利息收入的计量有何异同?
5. 比较以摊余成本计量的债权投资和分类为以公允价值计量且其变动计入其他综合收益的债权投资,两者的减值会计处理有何区别?
6. 企业如何进行存货的减值测试?为什么对存货进行减值测试时要考虑企业持有存货的目的?
7. 对长期资产进行减值测试时,其可收回金额应如何确定?应注意哪些问题?
8. 如果固定资产、无形资产发生减值,对其以后的价值转移有何影响?
9. 为什么进行减值测试需要认定资产组?如何认定资产组?
10. 存在总部资产的情况下,如何进行减值测试?
11. 你认为对商誉进行减值测试及会计处理时,应当注意哪些问题?为什么?
12. 我国企业会计准则对于长期资产减值的转回有何特殊规定?试分析其背景及现实意义。
13. 以摊余成本计量的金融资产、以公允价值计量且其变动计入其他综合收益的金融资产和以公允价值计量且其变动计入当期损益的金融资产,在财务报表中如何列示?

二、判断题

1. 各项资产减值损失一经确认,在以后会计期间均不得转回。( )
2. 会计上和税收上对资产减值损失的确认均采用永久性标准。( )
3. 为生产而持有的材料,如果用其生产的产成品的可变现净值高于成本,则该材料仍然应当按照成本计量,即使该材料的市场价格低于其成本也无须考虑计提存货跌价准备。( )
4. 几项资产的组合所生产的产品(或者其他产出)存在活跃市场的,如果这些产品(或者其他产出)仅供企业内部使用,则不应当将这几项资产的组合认定为一个资产组。( )
5. 以摊余成本计量的金融资产,自信用风险初始确认后的各期,均应按照金融资产的摊余成本与实际利率计算利息收入。   (   )

三、单项选择题

1. 以公允价值计量且其变动计入其他综合收益的债权投资发生减值时,按应从所有者权益中转出的累计损失,借记"信用减值损失"账户,贷记(   )账户。
   A. "其他债权投资"   B. "其他综合收益"
   C. "债权投资减值准备"   D. "其他债权投资减值准备"

2. 包括相关总部资产及商誉分摊额的资产组或资产组组合的减值损失确定后,首先应当抵减(   )的账面价值。
   A. 总部资产   B. 资产组内各项资产
   C. 商誉   D. 资产组组合各项资产

3. 甲公司20×6年1月1日以银行存款3 000万元购入一项无形资产,该无形资产的预计使用年限为10年,按年限平均法摊销,并于每年年末检查其可收回金额,计提减值准备。该项无形资产在20×7年年末预计未来现金流量现值为2 000万元,公允价值1 920万元,无处置费用,假定原预计受益年限不变,并不考虑其他因素,甲公司该项无形资产20×8年的摊销额为(   )万元。
   A. 250   B. 300   C. 240   D. 245

4. 本年11月7日,东海公司与黄河公司签订了一份销售合同,双方约定,下年度1月15日,东海公司应按每台4万元的价格向黄河公司提供A商品10台。本年12月31日,东海公司库存20台A商品的单位成本为3.6万元;A商品的市场销售价格为3.7万元。销售部门所提供资料表明,每台A商品的销售费用为0.2万元。根据上述情况,本年12月31日结存的20台A商品的账面价值为(   )万元。
   A. 72   B. 74   C. 76   D. 71

5. 某项固定资产的账面原价为200 000元,预计使用年限为5年,预计净残值为10 000元,采用年限平均法计提折旧。若该项固定资产在计提折旧的第2年年末,因技术陈旧等原因而导致其可收回金额为100 000元,假定净残值及预计使用年限未发生改变,则该项固定资产折旧第4年年初的账面价值应为(   )元。
   A. 86 000   B. 100 000 C. 62 000   D. 70 000

四、多项选择题

1. 预计资产未来现金流量应当包括(   )等内容。
   A. 资产持续使用过程中预计产生的现金流入
   B. 筹资活动产生的现金流入
   C. 与将来可能发生的资产改良有关的现金流量
   D. 支付所得税有关的现金流出
   E. 资产使用寿命结束时,在公平交易中处置资产所收到或支付的现金流量净额

2. 对应收账款按照信用风险相同或类似归类,可以考虑的因素有(   )等。
   A. 应收账款账龄   B. 债务人所属行业
   C. 债务人企业规模   D. 债务人所处地区
   E. 抵押资产类型

3. 将确定的资产组减值损失按组内各项资产账面价值的比例进行分摊时,抵减后的各项

资产的账面价值不得低于( )三者中最高者。
   A. 该资产预计未来现金流量的现值   B. 零
   C. 该资产预计未来现金流量总额   D. 该资产的公允价值
   E. 该资产的公允价值减去处置费用后的净额

4. 下列有关商誉减值测试的说法中,正确的有( )。
   A. 至少每年年末进行
   B. 可收回金额增加时减值可以转回
   C. 含商誉的资产组或资产组组合减值损失应先抵减商誉的账面价值
   D. 抵减减值损失后的商誉账面价值可以是负数
   E. 必须与相关资产组或资产组组合相结合进行

5. 按照我国企业会计准则规定,下列资产中,一经确认资产减值损失在以后会计期间不得转回的有( )。
   A. 固定资产   B. 商誉
   C. 长期股权投资   D. 存货
   E. 投资性房地产(采用成本模式后续计量)

五、业务题

【业务题一】

目的 练习应收账款预期信用损失的确认、计量和列报。

资料 生产商甲公司仅在单一区域经营,其客户群由众多小客户构成,并且根据共同风险特征(以客户按照合同期限进行偿付的能力为代表)分类应收账款。该等应收账款不包含重大融资成分。本年年末其应收账款组合为 54 100 000 元,本年年初"坏账准备"账户有贷方余额 789 000 元。甲公司运用准备矩阵确定该组合的预期信用损失,并预计下年度的经济情况将恶化。基于此,甲公司对准备矩阵作出估计,如表 9-21 和表 9-22 所示。

表 9-21　　　　　　　　逾期天数与违约损失率对照估计

逾期天数	未逾期	逾期 1~30 天	逾期 31~60 天	逾期 61~90 天	逾期 >90 天
违约损失率	0.70%	3.50%	7.40%	12.50%	16.50%

表 9-22　　　　应收账款组合的预期信用损失(坏账准备)　　　　单位:元

逾期天数	账面余额	违约损失率	按整个存续期预期信用损失率计提的坏账准备 (账面余额×整个存续期违约损失率)
当期	37 850 000	0.70%	
逾期 1~30 天	9 870 000	3.50%	
逾期 31~60 天	3 550 000	7.40%	
逾期 61~90 天	1 880 000	12.50%	
逾期 >90 天	980 000	16.50%	
合计	54 100 000	—	

要求 (1) 计算确定甲公司本年年末"坏账准备"账户余额、甲公司计入本年损益的减值损失。假定甲公司无其他应收款项。

(2) 编制甲公司本年年末对应收账款计提坏账准备的会计分录。

(3) 计算甲公司计入本年年末资产负债表中"应收账款"项目的金额。

(4) 假定甲公司本年年初"坏账准备"账户有贷方余额1 350 000元,其他条件不变,编制甲公司本年年末对应收账款计提坏账准备的会计分录。

【业务题二】

目的 练习存货跌价损失的确认、计量及列报。

资料 乙公司共有三种存货,存货发出采用先进先出法,A产品发出均用于销售。每年年末乙公司将A产品、B材料、C材料分别作为单个存货项目进行减值测试并确认减值损失。上年年末至本年年末有关存货收、发、结存情况和其他资料,如表9-23所示。

表9-23　　　　　　　　　　　　**存货有关资料**　　　　　　　　　　单位:万元

存货种类	上年年末		本年度		本年年末	
	账面余额	可变现净值	收入	发出	账面余额	可变现净值
A产品(有合同)	4 000	3 900	6 000	5 000	1 000	
A产品(无合同)					4 000	
B材料	3 100	3 300	0	1 300		
C材料	8 100	7 900	0	0		
合　计	15 200	15 100	—	—		

假定本年年末库存A产品5 000万件中有1 000万件订有销售合同,合同价每件1.20元;市场一般售价每件0.90元;A产品预计每件销售费用为0.10元。年末库存B材料可生产加工成3 000万件A产品,每件加工成本0.40元,该批库存B材料的市场售价为1 100万元。年末库存C材料因转产准备在下年直接销售,其市场售价为8 000万元。

要求 (1) 将有关数据填入表9-23"本年年末"栏。

(2) 请编制本年年末计提存货跌价准备的有关会计分录。

(3) 计算乙公司计入本年年末资产负债表中"存货"项目的金额。

【业务题三】

目的 练习资产组减值测试,长期资产减值损失的确认、计量及列报。

资料 丙公司一条生产线和一项专利权进行组合,独立产生现金流入,作为一个资产组进行减值测试。该生产线原价1 520万元,预计使用年限为10年,预计净残值为80万元,采用年限平均法计提折旧。该专利权初始价值800万元,预计使用年限为10年,采用年限平均法进行摊销。假定均从20×0年开始折旧和摊销。

20×4年12月31日,因出现减值迹象,丙公司对该资产组进行减值测试。假定预计尚可使用年限和预计净残值不改变。该公司预计该资产组在未来5年内每年产生的现金流量净额分别为100万元、200万元、400万元、300万元、150万元,20×9年年末处置生产线形成的现金流量净额为50万元;假定按6%折现率计算该资产组未来现金流量的现值。该资产组的销售净价为1 020万元。6%的复利现值系数,如表9-24所示。

表 9-24　　　　　　　　　　　　6%的复利现值系数

年数	1 年	2 年	3 年	4 年	5 年
6%复利现值系数	0.943	0.890	0.840	0.792	0.747

要求　（1）计算20×4年12月31日该资产组的可收回金额、该资产组应确认减值损失、资产组内各项资产应分摊减值损失，并编制有关会计分录。

（2）计算20×5年度该生产线折旧额、该专利权摊销额。

（3）分别计算该生产线和专利权计入20×5年年末资产负债表中"固定资产""无形资产"项目的金额。

【业务题四】

目的　练习以摊余成本计量的金融资产的预期信用损失确认与计量。

资料　丁公司于20×7年1月1日支付380万元购入面值400万元的A公司所发行的5年期分期付息债券（每年年初付息），票面利率为3%，实际利率为4.13%，丁公司将其分类为以摊余成本计量的金融资产。假定不考虑相关税费。20×7年12月31日，预期信用损失为5万元。20×8年12月31日，根据所掌握的信息，A公司债券信用等级下降，信用风险显著增加，但仍可如期支付该债券各期票面利息，丁公司预计其所持A公司债券的未来现金流量367万元的现值（以违约概率为权重的加权平均值）为325万元。20×9年12月31日，A公司财务状况已有所好转，预计该债券未来现金流量386万元的现值（以违约概率为权重的加权平均值）为356万元。

要求　根据上述资料编制20×7年1月1日至20×9年12月31日的有关会计分录。

第十章 应付和应交款项

学习目的与要求

本章旨在阐述企业在日常生产经营活动中形成的各项应付及应交款项的确认、计量及其账务处理。通过本章学习,读者应该了解应付、应交款项的核算内容;掌握各项应付、应交款项的确认及计量原则;掌握应付票据、应付账款和其他应付款等项目的账务处理;了解流转税的产生环节;掌握增值税、消费税等主要税种的账务处理特点及方法;掌握职工薪酬的计量和列支原则;了解以现金结算的股份支付的计量与账务处理。

预习思考题

1. 新华公司拟与华钢公司签订购销合同,向其购买原材料。华钢公司与新华公司以前未发生交易。新华公司无法立即支付货款,估计要3个月后才能以回笼的销售款支付这笔购料款。你认为采用何种结算方式较为合适?

2. 培得公司以赊购方式购入一批原材料(价款80万元,增值税额10.4万元),以租赁方式租入急需用设备一台(租赁期5年,每年租金100万元,该设备的市场价格为460万元)。上述两项负债在确认和计量方面有何区别?为什么?

3. 某橡胶品公司为增值税一般纳税人,本月购买原材料一批,增值税专用发票列示价款100 000元,增值税额13 000元;公司销售产品一批,价款500 000元,增值税税率13%,消费税税率5%,产品的生产成本430 000元。上述业务对公司的应交税费有什么影响?在不考虑其他因素的情况下,销售利润为多少?

4. 对一个企业而言,负债是越多越好还是越少越好?为什么?

5. 请查阅一家上市公司年报,了解其对于流动负债是如何列报的?

第一节 负债概述

市场经济条件下,以负债融资方式筹集资金,改善自身的财务状况,已逐渐成为现代企业的基本特征之一。负债的种类、结构及其占资产的比例等会计信息,不仅影响企业自身的偿债能力和经营风险,还会影响企业信息使用者的相关决策。负债的正确确认、计量,对提高企业会计信息质量,提高企业经济效益,维护社会经济秩序的健康、稳定等,都是极其重要的。

一、负债的特征

负债是指企业过去的交易或者事项形成的,预期会导致经济利益流出企业的现时义务。

企业资产主要来源于债权人和所有者提供的资源。负债具有以下特征。

1. 负债是现时义务

这是因为企业为获取资源,已经与债权人发生了特定的交易或事项,由此形成企业的一项在未来付出资源的义务,债权人因此而拥有求偿权。

负债所蕴含的现时义务包括法定义务和推定义务。法定义务是指因合同、法规或其他司法解释等产生的义务,通常是企业在经济管理和经济协调中,依照经济法律、法规的规定必须履行的责任。如企业向银行等金融机构贷入的各种款项形成的偿还义务,或在经济活动中与供应商形成的应付货款义务、因预收客户货款形成提供货物的义务,以及按税法规定应缴纳各项税款的义务等,都属于企业依法承担的法定义务。推定义务是指因企业的特定行为而产生的义务。企业的特定行为,泛指企业以往的习惯做法、已公开的承诺或已公开宣布的经营政策。由于企业多年来的习惯做法向外界表明了其将承担特定的责任,使受影响的各方形成了承诺企业将履行责任的合理预期。如企业一贯承诺的售后保修服务,就使客户形成了一种预期,即当企业出售的产品有质量问题时,其将依照承诺对产品提供保修服务,企业为此承担的义务属于推定义务。

2. 负债的清偿具有可预期性

大部分负债导致经济利益的流出是必定的,且其金额是可确定的,如经营活动中形成的应付票据、应交税费和长(短)期借款等;部分负债预计导致未来经济利益流出企业的可能性较大,其金额虽然不能精确计量,但是能够合理估计,如由或有事项形成的预计负债等。

3. 负债的清偿具有优先权

负债代表债权人对企业资源享有的权益,债权人权益与所有者权益相比,两者都表明权益人向企业提供了资源,都对企业拥有要求权,但是债权人权益不同于所有者权益:债权人按照合同约定收回本金和获取利息,其金额大小与企业经营结果无关,债权人无权参与企业的利润分配,而所有者的投资回报与企业经营结果密切相关;法律保护债权人到期收回本金,并且在企业解散时优先于所有者获得清算,所以债权人承担的财务风险相对较小,而所有者享有的权益是对企业资产扣除负债之后的剩余权益,所承担的财务风险较大。

二、负债的确认条件

企业要将一项现时义务确认为负债,除了需要符合负债的定义,还应当同时满足以下两个条件。

1. 与该义务有关的经济利益很可能流出企业

负债本质上会导致经济利益的流出,但是履行义务所需流出的经济利益有时具有不确定性,所以,负债的确认必须与判断经济利益流出的不确定性程度相结合。只有当与一项现时义务有关的经济利益很可能流出企业时,该项义务才可能被确认为负债。

2. 未来流出的经济利益的金额能够可靠地计量

确认与计量紧密相关。因此,负债的确认还必须与计量流出经济利益的可靠性相结合。这就要求与法定义务相关的经济利益流出金额能够可靠地计算,与推定义务相关的经济利益流出金额能够进行最佳估计,并对偿还期较长的现时义务考虑货币时间价值等因素的影响。

三、负债的分类

通常,负债可以按照不同标准进行分类。

1. 按负债的流动性分类

负债按流动性分类,可分为流动负债和非流动负债。流动负债是指满足下列条件之一的负债:①预计在一个正常营业周期中清偿。②主要为交易目的而持有。③自资产负债表日起1年内到期应予以清偿。④企业无权自主地将清偿推迟至资产负债表日后1年以上。应付账款、应付职工薪酬等都属于"企业无权自主地将清偿推迟至资产负债表日后1年以上"的流动负债,即使因债权人或其他原因导致其在资产负债表日后超过1年才清偿,仍不影响将其划分为流动负债。流动负债以外的负债即非流动负债。

2. 按负债与金融工具的相关性分类

负债按其与金融工具的相关性分类,可分为金融负债和非金融负债。金融工具是指形成一个企业的金融资产,并形成其他单位的金融负债或权益工具的合同。本教材介绍的金融负债仅为其中一部分,通常指企业成为金融工具合同的一方,并因此承担不可避免向其他方交付现金或其他金融资产的合同义务。例如,企业的应付账款、应付票据、应付债券等。预收账款、合同负债不是金融负债,因其导致未来经济利益流出的是商品或服务,不是交付现金或其他金融资产的合同义务。金融负债以外的负债为非金融负债。

3. 按负债未来偿付的确定性分类

负债按其未来偿付的确定性,可分为一般负债和预计负债。一般负债导致未来经济利益流出的可能性及其金额是确定的,如短期借款、长期借款、应付账款和应交税费、应付股利等。预计负债源于或有事项,或有事项的结果具有不确定性,履行确认为预计负债的义务很可能导致经济利益流出企业,且流出经济利益的金额能够可靠预计,如企业因销售商品承诺的质量保证所形成的负债。

第二节 应付款项

本章涉及的应付款项包括应付票据、应付账款、合同负债、预收账款、其他应付款、应付股利、租赁负债和长期应付款等。

一、应付票据

应付票据是指企业购买材料、商品和接受劳务供应等而开出、承兑的商业汇票所形成的债务。商业汇票包括银行承兑汇票和商业承兑汇票,又分带息和不带息两种。

(一)应付票据的确认与计量

企业一旦开出票据并办妥承兑手续,便是提出了比一般的商业信用更具法律约束力的付款书面承诺,形成了偿还票据约定金额的义务,应确认为应付票据负债。

原则上,应付票据应按其未来偿付金额的现值进行初始计量。但由于通常情况下商业汇票的付款期限不超过6个月,偿付期较短,现值与到期值很接近,一般会计实务中简化为按应付票据的面值进行初始计量。即使是带息票据也仅在期末对尚未支付的应付票据计提利息,并直接计入财务费用,在到期偿付前不再改变应付票据的初始价值。

(二) 应付票据的账务处理

企业应结合出具票据的目的,按票据面值,借记"材料采购""应交税费"或"应付账款"等账户,贷记"应付票据"账户。发生的银行承兑汇票手续费,作为一般的金融手续费记入"财务费用"账户核算。

应付票据到期付款时,应按其到期值借记"应付票据"账户,贷记"银行存款"账户。对于不带息票据,其账面余额即到期值;对于带息票据,其账面余额和到期值若有差异,即尚未计提的票据利息,应在票据到期时确认。

由于种种原因,企业可能不能偿付到期的应付票据。这时,企业应区别商业汇票的承兑人作不同的会计处理。对于不能偿付的商业承兑汇票,企业因仍未了结与原债权人的债权、债务关系,而需将此项票据信用转为一般的商业信用,在注销"应付票据"账户的同时,转入"应付账款"账户核算;对于不能偿付的银行承兑汇票,由于有承兑银行向原债权人的兑现承诺作保证,企业与原债权人的债权、债务关系由承兑银行承接后结清,与此同时,企业形成了与承兑银行的债权、债务关系。承兑银行将其作为逾期贷款,所以企业在注销"应付票据"账户的同时,应贷记"短期借款"账户。承兑银行以一定的比例按日加收的罚息,应记入企业"财务费用"账户核算。

【例10-1】 4月1日,某公司购入一批原材料,采用银行承兑汇票结算货款。增值税专用发票上注明该批材料价款为100 000元,增值税额为13 000元。银行承兑汇票的承兑期为6个月,不计利息。该公司应编制会计分录如下:

(1) 开出汇票、获取开户银行的承兑。

```
借:材料采购(或在途物资、原材料等)            100 000
    应交税费——应交增值税(进项税额)           13 000
    贷:应付票据                                113 000
```

(2) 票据到期,兑付票据金额。

```
借:应付票据                                   113 000
    贷:银行存款                                113 000
```

如果该公司在票据到期日无力支付经由银行承兑的票款,则应编制会计分录如下:

```
借:应付票据                                   113 000
    贷:短期借款                                113 000
```

二、应付账款

(一) 应付账款的确认与计量

应付账款是指企业因购买材料、商品和接受劳务供应等经营活动应支付的款项,主要包括材料、商品或劳务的价款和相应的增值税款以及运杂费等。应付账款一般在企业取得所购货物的控制权时确认,并以应付给供货方或提供劳务方的交易价格与相关税费之和作为初始计量金额。这里的交易价格不一定是合同标价,也不一定是固定金额,其解释详见第三章第二节的相关阐述。

在企业实务中,应付账款的确认原则根据不同情况运用如下：

(1) 不论发票账单先于所购货物到达还是与所购货物同时到达,都在所购货物验收入库后确认此项负债。因为一般情况下,发票账单先于货物到达的时间间隔不会很长;而企业在验收货物时,又经常会发现货物存在质量或数量、品种等方面的问题。验收货物后确认应付账款可避免入账不久又作账项调整造成的混乱。

(2) 货物验收入库时发票账单尚未到达的,暂不确认应付账款,待收到发票账单后确认。若月末发票账单仍未到达的,为了在资产负债表中客观反映企业已取得控制权的资产和所承担的债务,则应在月末对已收货物和应付债务估计入账;下月初用红字冲销估计入账的货物和应付账款,待收到发票账单后再作相应的会计处理。

(二) 应付账款的账务处理

对确认的应付账款,企业应以有关发票账单上的金额,借记"材料采购(或在途物资、原材料)""应交税费"等账户,贷记"应付账款"账户。若是企业无力支付的商业汇票到期转为应付账款的,应以票据到期值,借记"应付票据"等账户,贷记"应付账款"账户。

三、合同负债

合同负债是指企业已收或应收客户对价而应向客户转让企业日常活动产出的商品或服务的义务。

企业在转让商品或服务之前已收到了合同对价或已取得了无条件收取合同对价的权利,应在实际收到款项与客户应承担到期支付款项义务孰早时点,按已收或应收的金额,借记"银行存款""应收账款""应收票据"等账户,贷记"合同负债"账户;当企业履行了合同义务,应将此项负债结转为收入,借记"合同负债"账户,贷记"主营业务收入""其他业务收入""应交税费"等相关账户。

四、预收账款

预收账款是指企业按照合同规定预收的不属于合同负债的预收款项,如不属于收入准则规范的预收租金,和预先收取的未对应销售商品、提供劳务合同履约义务的预收款。

企业在收到预收的款项时,以实收金额,借记"银行存款"等账户,贷记"预收账款"账户;相关合同履行之后,借记"预收账款"账户,贷记"主营业务收入"或"其他业务收入""应交税费"等账户。

五、其他应付款

其他应付款是指企业应付票据、应付账款、合同负债、预收账款、应付职工薪酬、应付股利、应付利息、应交税费和长期应付款等以外的其他各项应付、暂收的款项,如暂收的押金等。

因暂收款形成的此项负债,应在收到款项时,借记"银行存款""库存现金"等账户,贷记"其他应付款"账户;偿还时作反向处理。

六、应付股利

应付股利是指企业根据股东大会或类似机构审议批准分配的现金股利或利润。经股东大会或类似机构审议批准的现金股利或利润分配方案,使企业对股东形成了一项现时义务,应在方案批准通过时确认为负债,借记"利润分配——应付现金股利或利润"账户,贷记"应付股利"账户;待实际支付现金股利或利润时,借记"应付股利"账户,贷记"银行存款"等账户。

企业分派股票股利(俗称"送红利股"),不通过"应付股利"账户核算。当企业办妥了增资的相关手续实际发放股票股利时,借记"利润分配——转作股本的股利"账户,贷记"股本"账户。

七、租赁负债

(一) 租赁负债的确认与计量

租赁负债是承租人以承担一定费用来取得租入资产在一定期间的使用权所形成的一项现时义务。在租赁期开始日,承租人应当对租赁确认使用权资产和租赁负债,符合租赁会计准则规定进行简化处理的短期租赁和低价值资产租赁除外。租赁期开始日是指出租人提供租赁资产使其可供承租人使用的起始日期。

租赁负债一般具有金额较大、偿还期较长的特点,需要考虑租赁期内的时间价值,所以,租赁负债反映承租人在租赁期内尚未支付的租赁付款额的现值。租赁付款额是指承租人向出租人支付的与在租赁期内使用租赁资产的权利相关的款项,包括固定付款额、实质固定付款额(若存在租赁激励的应扣除相关金额)、取决于指数或比率的可变租赁付款额(该指数或比率在租赁期开始日是确定的)、承租人能合理确定将行使购买选择权的行权价格、行使终止租赁选择权需支付的款项(租赁期反映出承租人将行使终止租赁选择权)、承租人提供的担保余值预计应支付的款项等。计算租赁付款额的现值应当采用租赁内含利率作为折现率。租赁内含利率是指使出租人的租赁收款额的现值与未担保余值的现值之和等于租赁资产公允价值与出租人的初始直接费用之和的利率。无法确定租赁内含利率的,应当采用承租人增量借款利率作为折现率,即承租人在类似经济环境下为获得与使用权资产价值接近的资产,在类似期间以类似抵押条件借入资金须支付的利率。

(二) 租赁负债的账务处理

在租赁期开始日,承租人应按尚未支付的租赁付款额,贷记"租赁负债——租赁付款额"账户,按租赁付款额与其现值之差额,借记"租赁负债——未确认融资费用"账户;按租赁资产的成本,借记"使用权资产"账户,该成本包括租赁负债的初始计量金额、租赁期开始日或之前支付的未计入租赁负债的租赁付款额(若存在租赁激励的应扣除已享受的相关金额)、承租人发生的初始直接费用、承租人为拆卸及移除租赁资产或复原租赁资产所在场地抑或将租赁资产恢复至租赁条款约定状态预计将发生的成本等;按上述各账户的借贷差额,贷记"预付账款"(之前支付的成本)"银行存款"(当日支付的成本)"预计负债"(预计将发生的成本)账户。"租赁负债"账户反映了因承租资产形成负债的全貌,同时反映负债本金与利息费用;"使用权资产"账户则反映了承租资产的全部代价。

在租赁期内,承租人应分别对使用权资产与租赁负债计提折旧与利息。采用实际利率法计算确定未确认融资费用的分摊额,作为相关会计期间的融资费用,借记"财务费用""在建工程"等账户,贷记"租赁负债——未确认融资费用"账户。对使用权资产计提折旧和计提必要的减值准备等,可比照本教材相关章节内容进行会计处理。

按期支付租赁负债时,借记"租赁负债——租赁付款额"账户,贷记"银行存款"等账户。

【例10-2】 20×4年12月31日,甲公司与乙租赁公司签订一份生产设备租赁合同:租赁期从20×5年1月1日开始,为期5年,每年年末应支付租金(不含增值税)1 000 000元,租赁期满时,甲公司将设备归还乙公司,预计该设备的残值为300 000元,与甲公司的担保余值相同。该设备于合同签订当日运抵甲公司后随即投入使用。租赁内含利率为5%,设备租赁服务适用13%的增值税税率。关于租赁负债,甲公司有关计算及会计分录如下:

(1) 租赁期开始日确认租赁资产与负债。

$$租赁付款额 = 1\,000\,000 \times 5 + 300\,000 = 5\,300\,000(元)$$

5%的5年期年金复利现值系数为4.329 5;5%的复利现值系数为0.783 5。

$$租赁付款额现值 = 1\,000\,000 \times 4.329\,5 + 300\,000 \times 0.783\,5 = 4\,564\,550(元)$$
$$未确认融资费用 = 5\,300\,000 - 4\,564\,550 = 735\,450(元)$$
$$使用权资产入账成本 = 租赁负债初始计量金额 = 租赁付款额现值 = 4\,564\,550(元)$$

借:使用权资产　　　　　　　　　　　　　　　　　　　　　　　4 564 550
　　租赁负债——未确认融资费用　　　　　　　　　　　　　　　　 735 450
　　贷:租赁负债——租赁付款额　　　　　　　　　　　　　　　　　　　 5 300 000

(2) 租赁期间每年年末分摊融资费用,如表10-1所示。

表10-1　　　　　　　　　　　　**未确认融资费用分摊表**　　　　　　　　　　　　单位:元

日　期	租金 (a)	确认的融资费用 (b)=期初(d)×5%	应付本金减少额 (c)=(a)-(b)	应付本金余额期末 (d)=期初(d)-(c)
20×5年年初				4 564 550.00
20×5年年末	1 000 000	228 227.50	771 772.50	3 792 777.50
20×6年年末	1 000 000	189 638.88	810 361.12	2 982 416.38
20×7年年末	1 000 000	149 120.82	850 879.18	2 131 537.20
20×8年年末	1 000 000	106 576.86	893 423.14	1 238 114.06
20×9年年末	1 000 000	61 885.94*	938 114.06	300 000.00
合　计	5 000 000	735 450.00	4 264 550.00	—

* 20×9年年末确认的融资费用61 885.94元(735 450-累计已摊销未确认融资费用673 564.06)。

20×5年年末:

借:财务费用　　　　　　　　　　　　　　　　　　　　　　　　　228 227.50
　　贷:租赁负债——未确认融资费用　　　　　　　　　　　　　　　　 228 227.50

20×6年、20×7年、20×8年各年年末的会计处理比照20×5年年末进行。

20×9年年末:

借:财务费用　　　　　　　　　　　　　　　　　　　　　　　　　 61 885.94
　　贷:租赁负债——未确认融资费用　　　　　　　　　　　　　　　　　61 885.94

(3) 租赁期间每年年末收到乙公司出具的增值税专用发票,租金与增值税合计1 130 000元,以银行存款支付。

借：租赁负债——租赁付款额　　　　　　　　　　　　1 000 000
　　应交税费——应交增值税(进项税额)　　　　　　　　130 000
　　贷：银行存款　　　　　　　　　　　　　　　　　　　　1 130 000

对使用权资产计提折旧的相关会计分录略。

20×9年年末，"租赁负债——租赁付款额"账户余额为 300 000 元，是经甲公司担保的租入资产的余值。当租赁期满甲公司将设备归还乙公司时，应将此账户余额与"使用权资产""使用权资产累计折旧""使用权资产减值准备"等账户的账面余额对冲注销。

八、长期应付款

长期应付款是指企业长期借款、应付债券、租赁负债以外的其他各种长期应付款项。其通常金额较大、偿还期较长，且带有融资性质。例如，企业为缓解自身资金压力，以延期付款方式购买资产，而且购买价款超过正常信用条件，实质上已具有融资性质。企业应设置"长期应付款"账户进行相关会计处理。对于延期付款购入资产的成本，应以延期支付价款的现值为基础计算确定，借记"固定资产""在建工程""无形资产"等账户；同时，确认购入资产形成的负债，以延期支付的价款，贷记"长期应付款"账户；延期支付价款与其现值之间的差额，借记"未确认融资费用"账户。

信用期内，应采用实际利率法计算确定未确认融资费用的分摊额，可按有关规定予以资本化计入有关资产成本以外的，应作为资金占用成本，借记"财务费用"账户，贷记"未确认融资费用"账户。按期支付购买资产应付款时，借记"长期应付款"账户，贷记"银行存款"等账户。

第三节　应交税费

一、应交税费的形成及其内容

企业在生产经营过程中，必须依照我国税法和其他法规的有关规定，承担各种税金和附加费的缴纳义务。应交税费是指企业按照税法规定计算的各种应缴纳的税金和附加费，包括增值税、消费税、所得税、资源税、土地增值税、城市维护建设税、房产税、城镇土地使用税、车船税、教育费附加、矿产资源补偿费以及企业代扣代缴的个人所得税等。

二、应交税费的确认与计量

对应交税费的确认、计量除了应遵循会计一般原则，还与税法规定的纳税范围、纳税环节和纳税期限等税制构成要素密切相关。大部分纳税义务在相关的经济活动发生时予以确认并按税法要求进行计量，如增值税、消费税等在实现销售商品、提供劳务时确认、计量企业的纳税义务；另外一小部分纳税义务在会计期末按税法要求进行汇总确认与计量，如企业所得税等。

按照税法规定，企业应按期向税务部门进行各种税金的纳税申报(如销售商品、提供劳务服务应缴纳的增值税、消费税），并及时缴纳税款。

三、应交税费的账务处理

为了便于企业纳税申报和税务部门对应交税费金额的检查核实，企业应设置"应交税费"账户，用以全面反映企业所承担税金和附加费的应交、缴纳、欠交或预交等情况，并按应交税费项目开设明细账户。有些不需要申报应交金额和清缴结算的税金，如印花税、耕地占用税等，可不通过"应交税费"账户核算。

（一）应交增值税的账务处理

增值税是以生产、销售、进口商品和提供加工、修理修配劳务，以及销售服务、无形资产或者不动产等各个环节上的增值额为征税对象的一种流转税。增值税实行税款抵扣制，有效地避免了商品、劳务、服务等在流转过程中的重复征税问题，并具有税收中性、普遍征收、税负由最终消费者承担的特点。在过去相当长的一段时期内，营业税因其征管方便，曾是我国流转税中主要的税种之一。但营业税的存在使得货物与服务税制不统一，导致重复征税，在一定程度上阻碍了社会分工协作和制造业的转型升级。因此，我国逐步推行流转税税制改革。1994年，因市场经济发展需要，开始对工业制造、商品流通等行业全面征收增值税，销售货物、提供加工与修理修配劳务较多适用17%的增值税税率。2016年，为了公平税负，增强企业经营活力，促进现代服务业、先进制造业的深度融合与发展，从2016年5月1日起，营业税全面退出我国历史舞台。2018年，为了减轻企业税负，促进实体经济转型升级，自2018年5月1日起，从事制造、贸易、商品零售以及有形动产租赁服务等行业的增值税税率从17%降至16%，从事交通运输、邮政、建筑、基础电信、不动产租赁服务等行业，以及销售不动产、转让土地使用权等的增值税税率从11%降至10%。2019年，为了进一步拉动经济增长，提升企业盈利水平，自2019年4月1日起增值税实质性减税又迈出了一大步，主要体现在原适用16%的税率下调至13%，原适用10%的税率下调至9%，减税力度远大于2018年。转让专利权、非专利技术、商标权和著作权仍按6%的税率计交增值税。

增值税纳税人类型的认定影响到增值税的计算。一般纳税人企业适用一般计税方法计税，即按"购进扣税法"计算增值税额，当期应纳增值税额等于当期销项税额减去当期进项税额，除非发生财政部和国家税务总局规定的特定应税行为，方可选择简易计税方法计税。而小规模纳税人企业则适用简易计税方法计税，当期应纳增值税额等于当期销售额乘以征收率。

1. 一般纳税人应交增值税的账务处理

为了核算企业应交增值税的发生、抵扣、进项转出、计提、交纳和退还等情况，应在"应交税费"账户下设置"应交增值税"和"未交增值税"等明细账户。

一般纳税人在"应交税费——应交增值税"明细账的借、贷方还需设置分析项目，在借方分析栏内设"进项税额""已交税金""转出未交增值税"等项目；在贷方分析栏内设"销项税额""出口退税""进项税额转出""转出多交增值税"等项目。

多缴税金从"应交增值税"的借方余额中分离出来，解决了多缴税额和未抵扣进项税额混为一谈的问题，使增值税的多缴、未缴、应纳、欠税和留抵等项目一目了然，为增值税申报表的正确编制提供了条件。

（1）购销业务。一般纳税人在销售货物、提供劳务，以及发生销售服务、无形资产或者不动产等应税行为时,应以不含增值税的销售额计量营业收入并记入相关收入账户,将增值税额记入"应交税费——应交增值税(销项税额)"账户核算。销项税额等于销售额乘以税率。

一般纳税人在购进资产、接受劳务服务时,根据对方提供的增值税专用发票等完税凭证,按注明的资产或劳务服务价款及增值税额,价税分离,分别记入与资产或劳务服务相关的成本账户和"应交税费——应交增值税(进项税额)"账户。增值税进项税额是企业购进资产或接受劳务服务时承担的税负,税法规定完税凭证上注明的进项税额可以按规定用来抵扣销售资产、提供劳务服务时应承担的增值税销项税额。

【例10-3】 某公司为增值税一般纳税人,本月购入生产用W材料一批,增值税专用发票上列明价款为500 000元,增值税额为65 000元;购入设备大修理工程用M材料一批,增值税专用发票上列明价款为400 000元,增值税额为52 000元。两批材料已验收入库,分别采用实际成本计价,货款尚未支付。本月公司销售产品一批,不含税价款为800 000元,增值税额为104 000元,款项已经收取并存入银行。该公司应作会计分录如下:

```
借:原材料——W                                          500 000
    应交税费——应交增值税(进项税额)                      65 000
    贷:应付账款                                         565 000
借:工程物资——M                                        400 000
    应交税费——应交增值税(进项税额)                      52 000
    贷:应付账款                                         452 000
借:银行存款                                            904 000
    贷:主营业务收入                                     800 000
        应交税费——应交增值税(销项税额)                  104 000
```

(2) 视同销售业务。根据增值税有关规定,对于企业将自产、委托加工的货物用于集体福利或个人消费;将自产、委托加工或购进的货物作为投资,提供给其他单位或个体经营者;将自产、委托加工或购进的货物分配给股东或投资者;将自产、委托加工或购进的货物无偿赠送其他单位或个人等行为,均视同销售货物征收增值税。

视同销售货物但无销售额的业务一般可按如下顺序确定销售额:①按本企业最近时期同类货物、服务、无形资产或者不动产的平均销售价格确定。②按其他企业最近时期同类货物、服务、无形资产或者不动产的平均销售价格确定。③按组成计税价格确定,组成计税价格=成本×(1+成本利润率)。若视同销售的是已使用的固定资产且无法确定销售额的,以固定资产净值为销售额。

【例10-4】 某公司以一批自产的YR-02型空调向益众百货公司投资,取得益众百货公司5%的股权,且对其无重大影响。该公司将该项权益工具投资指定为以公允价值计量且其变动计入其他综合收益的金融资产。该批空调的生产成本为900 000元;公允价值与计税价格相同,为1 200 000元。空调适用的增值税税率为13%。该公司相关的会计分录如下:

```
借:其他权益工具投资                                   1 356 000
    贷:主营业务收入                                   1 200 000
        应交税费——应交增值税(销项税额)                  156 000
```

借：主营业务成本 900 000
　　贷：库存商品 900 000

需要注意的是，对于税务中作为视同销售确认销项税额的经济业务，会计上不一定作为销售进行账务处理。例如，企业将自产、委托加工或购买的货物作为公益捐赠无偿赠送他人，会计上不确认收入，直接结转货物的实际成本，但要按照计税价格确认销项税额。

（3）不予抵扣事项。税法规定了增值税进项税额不予抵扣的事项。企业若在购进资产、接受劳务服务时即能认定增值税进项不予抵扣的，其增值税专用发票上注明的增值税额应与对应价款一并计入所购资产、接受劳务服务的成本。若在购进资产、接受劳务服务时不能认定增值税进项税额不予抵扣的，应按一般的增值税处理方法，将增值税专用发票上注明的增值税额记入"应交税费——应交增值税（进项税额）"账户借方，待以后货物用于进项税额不予抵扣事项时，再将进项税额转出，借记"待处理财产损溢""应付职工薪酬"等账户，贷记"应交税费——应交增值税（进项税额转出）"账户。

【例 10-5】 某公司为增值税一般纳税人，对原材料采用实际成本计价。年末财产清查中发现因管理上的疏忽导致一批 A 材料受大水浸泡而遭毁损，其账面成本 2 000 000 元，外购时的增值税进项税额为 260 000 元，假定已经税务机关认证。该公司有关的会计分录如下：

（1）确认发生 A 材料非正常损失：

借：待处理财产损溢 2 260 000
　　贷：原材料——A 2 000 000
　　　　应交税费——应交增值税（进项税额转出） 260 000

按税法规定，非正常损失的外购货物，其外购时发生的进项税额不能抵扣，原计入进项税额单列核算的增值税应转出，作为非正常损失金额的组成部分。

（2）报经批准后的处理：

借：营业外支出 2 260 000
　　贷：待处理财产损溢 2 260 000

【例 10-6】 20×2 年年末，某公司决定向职工发放福利，其中：①向公司管理人员共发放自产手机 50 部，其单位生产成本为 2 500 元，不含增值税单位售价为 5 000 元，适用增值税税率 13%；②向生产工人共发放外购空气炸锅 250 台，取得的增值税专用发票上列明价款为 220 000 元，增值税额为 28 600 元，公司以银行存款结清。向职工提供非货币性福利属于企业发放职工薪酬的行为。该公司相关会计分录如下：

（1）向公司管理人员发放自产手机：

借：应付职工薪酬 282 500
　　贷：主营业务收入 250 000
　　　　应交税费——应交增值税（销项税额） 32 500

借：主营业务成本 125 000
　　贷：库存商品 125 000

税法规定，将自产的货物作为福利发放给职工的应视同销售，计算收取销项税额；会计上符合收入确认条件，应确认销售收入（详见第十四章第二节的相关内容）。

(2) 向生产工人发放外购空气炸锅。若外购时明确将作为福利发放给职工的,其进项税额应与价款合并计入入库商品成本不予抵扣:

借:库存商品　　　　　　　　　　　　　　　　　　　　　　　　248 600
　　贷:银行存款　　　　　　　　　　　　　　　　　　　　　　248 600

借:应付职工薪酬　　　　　　　　　　　　　　　　　　　　　　248 600
　　贷:库存商品　　　　　　　　　　　　　　　　　　　　　　248 600

若外购时未确定作为福利发放给职工,则领用时不予抵扣的进项税额应与库存商品的成本一并转入应付职工薪酬:

借:库存商品　　　　　　　　　　　　　　　　　　　　　　　　220 000
　　应交税费——应交增值税(进项税额)　　　　　　　　　　　　28 600
　　贷:银行存款　　　　　　　　　　　　　　　　　　　　　　248 600

借:应付职工薪酬　　　　　　　　　　　　　　　　　　　　　　248 600
　　贷:库存商品　　　　　　　　　　　　　　　　　　　　　　220 000
　　　　应交税费——应交增值税(进项税额转出)　　　　　　　　 28 600

(4) 上交增值税。为保证企业切实履行纳税义务,有关税收法规明确,企业上月的未交增值税不能与本月的进项税额抵扣,否则将导致部分税款无限期滞纳,影响税款及时征缴。月份终了,企业应将当月发生的应交未交增值税额自"应交增值税"转入"未交增值税",借记"应交税费——应交增值税(转出未交增值税)"账户,贷记"应交税费——未交增值税"账户。这样,"应交税费——应交增值税"账户的期末借方余额反映尚未抵扣的进项税额,贷方无余额;"应交税费——未交增值税"账户的期末借方余额反映多缴的增值税,贷方余额则反映未缴的增值税。当月缴纳当月的增值税(如开具专用缴款书预缴税款)时,则借记"应交税费——应交增值税(已交税金)"账户,贷记"银行存款"账户。

【例 10-7】某公司为增值税一般纳税人。3月初,"应交税费——未交增值税"账户有贷方余额 21 000 元。3月份,该公司购入原材料发生进项税额 510 000 元;销售商品等发生销项税额 484 500 元;职工健身房工程领用生产用料发生进项税额转出 17 000 元。该公司 3 月份有关的账务处理如下:

(1) 上交上月未交增值税。

借:应交税费——未交增值税　　　　　　　　　　　　　　　　 21 000
　　贷:银行存款　　　　　　　　　　　　　　　　　　　　　　21 000

(2) 3 月末结账后,"应交税费——未交增值税"账户余额为零。"应交税费——应交增值税"账户有借方余额 8 500 元[484 500－(510 000－17 000)],为尚未抵扣的增值税进项税额,4 月份可继续用于抵扣销项税额。

2. 小规模纳税人应交增值税的账务处理

小规模纳税人对增值税采用简易计算办法,所以,会计处理中不需要再对"应交税费——应交增值税"设置专栏核算。

小规模纳税人在购进资产、接受劳务服务时,无论是否取得增值税专用发票,都不能将支付的增值税额用于抵扣销售资产、提供劳务服务时的应纳增值税额,而应将其计入资产或劳务服务的成本。

小规模纳税人在销售资产、提供劳务服务时,一般只能开具普通发票。账务处理时,以价税合计金额借记"银行存款""应收账款"等账户,以价税分离后的不含税价和增值税额分别贷记"主营业务收入""应交税费——应交增值税"等账户。

【例10-8】 某公司为增值税小规模纳税人。3月份,该公司购入一批原材料,增值税专用发票上列明价款为100 000元,增值税额为13 000元,货款尚未支付,材料已验收入库。该材料采用实际成本计价。本月公司销售产品一批,开具普通发票上的价款为309 000元,适用的增值税征收率为3%,款项尚未收到。该公司应编制会计分录如下:

(1) 购入原材料。

借:原材料　　　　　　　　　　　　　　　　　　　　　　　　113 000
　　贷:应付账款　　　　　　　　　　　　　　　　　　　　　　113 000

(2) 销售产品。

$$产品的不含税价 = 309\,000 \div (1+3\%) = 300\,000(元)$$
$$应交增值税额 = 300\,000 \times 3\% = 9\,000(元)$$

借:应收账款　　　　　　　　　　　　　　　　　　　　　　　309 000
　　贷:主营业务收入　　　　　　　　　　　　　　　　　　　　300 000
　　　　应交税费——应交增值税　　　　　　　　　　　　　　　　9 000

(二) 应交消费税的账务处理

消费税是一种在货物流转环节普遍征收增值税的基础上对部分高档消费品加收的流转税。与增值税不同的是,消费税实行价内征收,是为取得营业收入而发生的费用,其会计核算应遵循配比原则。

1. 销售应税消费品

一般销售应税消费品,会计上和税法上都作为货物销售,企业为此承担的消费税应记入"税金及附加"账户核算,与收入配比;同时确认的纳税义务在"应交税费——应交消费税"账户核算。

【例10-9】 某公司为增值税一般纳税人。本月销售一批应税消费品,不含增值税价款为1 000 000元,适用的增值税税率为13%,消费税税率为5%。该批应税消费品的生产成本为850 000元。该公司应编制会计分录如下:

(1) 确认销售收入。

借:银行存款(或应收账款等)　　　　　　　　　　　　　　　1 130 000
　　贷:主营业务收入　　　　　　　　　　　　　　　　　　　1 000 000
　　　　应交税费——应交增值税(销项税额)　　　　　　　　　　130 000

(2) 确认应承担的消费税。

$$应交消费税额 = 1\,000\,000 \times 5\% = 50\,000(元)$$

借:税金及附加　　　　　　　　　　　　　　　　　　　　　　50 000
　　贷:应交税费——应交消费税　　　　　　　　　　　　　　　50 000

(3) 结转销售成本。

借：主营业务成本 850 000
　　贷：库存商品 850 000

企业将应税消费品用于在建工程等项目时，会计上不作为货物销售，企业为此承担的消费税应计入工程成本等。

2. 委托加工应税消费品

按照税法规定，企业委托加工应税消费品应承担消费税，并由受托方代扣代缴。

委托方将收回的应税消费品用于连续生产应税消费品的，其被代扣代缴的消费税应与委托加工费分离，单独记入"应交税费——应交消费税"账户的借方核算，待最终加工完毕销售应税消费品时，从纳的消费税额中抵扣，以避免重复缴纳。

委托方将收回的应税消费品用于直接对外销售的，不再征收消费税，其被代扣代缴的消费税应与委托加工费一并计入加工成本核算。

【例10-10】 某公司为增值税一般纳税人。本月委托甲公司加工一批应税消费品，发出Y材料的实际成本300 000元（按实际成本计价），应支付加工费80 000元，增值税额10 400元，消费税额20 000元。款项已以银行存款结清。加工后的货物W已验收入库，其适用的消费税税率为5%。该公司应分别不同情况编制会计分录如下：

(1) 假设收回的W材料用于连续生产应税消费品。

借：委托加工物资 300 000
　　贷：原材料——Y 300 000
借：委托加工物资 80 000
　　应交税费——应交增值税（进项税额） 10 400
　　　　　　——应交消费税 20 000
　　贷：银行存款 110 400
借：原材料——W 380 000
　　贷：委托加工物资 380 000

(2) 假设收回的W产品用于直接对外销售。

借：委托加工物资 300 000
　　贷：原材料——Y 300 000
借：委托加工物资(80 000＋20 000) 100 000
　　应交税费——应交增值税（进项税额） 10 400
　　贷：银行存款 110 400
借：库存商品——W 400 000
　　贷：委托加工物资 400 000

通常委托加工应税消费品代扣代缴的消费税额根据受托加工企业同类应税消费品的计税价格计算确定；受托加工企业没有同类应税消费品的，按组成计税价格计算确定。

组成计税价格＝（材料成本＋加工费）÷（1－消费税税率）

(三) 其他应交税费的账务处理

1. 应交资源税的账务处理

资源税是对从事应税资源的开采或生产而销售或自用征收的一种税。收购未税矿产品的企业承担代扣代缴义务。

企业销售开采的矿产品承担的资源税,应借记"税金及附加"账户,贷记"应交税费——应交资源税"账户;企业自用开采的矿产品承担的资源税,应借记"生产成本""制造费用"等账户,贷记"应交税费——应交资源税"账户。在收购未税矿产品时,企业代扣代缴的资源税应计入收购成本,即以实际支付的收购款与代扣代缴的资源税之和,借记"材料采购(或在途物资、原材料等)"账户;以实际支付的收购款和代扣代缴的资源税分别贷记"银行存款"和"应交税费——应交资源税"账户。

2. 应交土地增值税的账务处理

土地增值税是指对有偿转让土地使用权、地上建筑物及其附着物征收的一种税。

房地产开发企业销售房地产承担的土地增值税,借记"税金及附加"账户,贷记"应交税费——应交土地增值税"账户;企业转让固定资产承担的土地增值税,借记"固定资产清理"账户,贷记"应交税费——应交土地增值税"账户;企业转让无形资产承担的土地增值税,应与无形资产的账面价值、转让所得款项、其他转让支出等一并轧抵后记入"资产处置收益"账户核算。

3. 应交城市维护建设税的账务处理

城市维护建设税是以流转税为计税基础的一种税。企业应根据实际应交的增值税和消费税的税额合计以及适用税率,计算确定应缴纳的城市维护建设税,并根据流转税的产生环节,分别借记"税金及附加""固定资产清理""营业外收入(支出)"等账户,贷记"应交税费——应交城市维护建设税"账户。

4. 应交企业所得税的账务处理

企业所得税是对企业的生产经营所得和其他所得征收的一种税。企业对确认的所得税纳税义务,借记"所得税费用"等有关账户,贷记"应交税费——应交所得税"账户。

关于所得税会计的其他内容在本书第十五章利润中详细介绍,此处不再赘述。

5. 应交个人所得税的账务处理

个人所得税是对个人取得的各项应税所得征收的一种税。个人所得税由取得各项应税所得的职工个人承担,支付职工个人应税所得的企业承担代扣代缴义务。企业按税法规定,计算、确定每个职工应纳个人所得税额,从应发职工薪酬中扣除,以此借记"应付职工薪酬"账户,贷记"应交税费——应交个人所得税"账户;上交代扣的个人所得税时,借记"应交税费——应交个人所得税"账户,贷记"银行存款"账户。

6. 应交房产税、应交城镇土地使用税、应交车船税和应交印花税的账务处理

房产税是对产权所有人征收的税;城镇土地使用税是对使用土地的单位和个人征收的税;车船税是一种向车辆、船舶的所有人或管理人征收的税;印花税则是向书立合同、产权转移书据和营业账簿等应税凭证、进行证券交易的单位和个人征收的税。上述各项税都是企业在不同的生产经营活动中承担的纳税义务。会计上根据重要性要求对此作简化处理,将列支渠道统一为"税金及附加"。

7. 税收返还的账务处理

税收返还是政府按照国家有关规定采取先征后返(退)、即征即退等办法向企业返还的税款,是以税收优惠形式给予企业的一种政府补助。税款返还的实现,需经税务机关审批,这使企业最终能否获得此项税收优惠存在不确定因素。企业一般不能预计应收金额提前确认税收返还利得。

按照我国企业会计准则的规定,用于补偿企业当期或以前已发生的相关费用、损失的先征后返税收优惠,作为政府补助,应在实际收到返还税款时,借记"银行存款"账户,贷记"其他收益"等账户。由于商品出口实行零增值税,增值税出口退税不属于政府补助。企业在按税法规定确认出口产品应退的增值税额时,借记"其他应收款"等账户,贷记"应交税费——应交增值税(出口退税)"账户。

第四节 职工薪酬

一、应付职工薪酬及其账务处理

企业为了生产经营,必须接受职工或其他人员提供的服务或与之解除劳动关系,同时以各种形式向提供服务者支付报酬。职工薪酬是指企业为获得职工提供的服务或与之解除劳动关系而给予各种形式的报酬或补偿。

这里所指职工的范围是广义的,包括与企业订立劳动合同的所有人员,如全职的正式员工,兼职的财会或其他人员,或临时聘用的勤杂人员等;企业正式任命的人员,如董事会、监事会和内部审计委员会的成员,企业的法律顾问、税务顾问等;未与企业订立劳动合同和未被企业正式任命,但在企业的计划、领导和控制下提供与职工类似服务的人员。

薪酬的范围是广义的,既包括提供给职工本人的工资、奖金等,又包括提供给职工配偶、子女或其他被赡养人在医疗等方面的福利;既包括支付给职工的薪酬,又包括为职工缴付的各项社会保险费、公积金等;既包括提供给在职职工的薪酬,又包括职工离职后向其提供的辞退福利;既包括货币性薪酬,又包括非货币性薪酬,如企业作为福利向职工提供的自产产品、住房和汽车等。职工薪酬中属于企业在一定时期内支付给本单位全部职工的劳动报酬,并符合国家统计口径的,称为工资总额。

由此可见,职工薪酬是企业因接受职工提供服务而产生的所有义务,是对现行关于职工薪酬规定的归纳总结。从本质上来说,对职工的股份支付也属于职工薪酬,其具有期权性质并以公允价值计量,不同一般的职工薪酬,所以本节将其置于一般职工薪酬之后介绍。

(一)职工薪酬的组成内容

职工薪酬由短期薪酬、离职后福利、辞退福利和其他长期职工福利四部分内容组成。

1. 短期薪酬

短期薪酬是指企业在职工提供相关服务的年度报告期间结束后12个月内需要全部予以支付的职工薪酬,不包括因解除与职工的劳动关系给予的补偿。短期薪酬具体包括:

(1)职工工资、奖金、津贴和补贴。它包括国家统计口径规定的构成工资总额的计时工资、计件工资、为超额服务支付的奖金、为额外或特殊的劳动消耗支付的津贴补贴,以及为保证职工工资水平不受物价影响支付给职工的物价补贴等。其中包括企业按照短期奖金计划向职工发放的奖金。

(2)职工福利费。福利费一般用于改善职工生活条件,如支付的职工家属医药费、职工生活困难补助以及其他实际发生的各项提供给职工或与职工相关人员的诸如丧葬补贴、异地安家等职工福利。

(3) 社会保险费。它包括企业按照国家规定的基准和比例计算、向社会保险经办机构缴纳的医疗保险费、工伤保险费和生育保险费等社会保险费。

(4) 住房公积金。它是指企业按照国家有关规定的基准和比例计算、向住房公积金管理机构缴存的住房公积金。

(5) 工会经费和职工教育经费。这两项经费是企业为了改善职工文化生活和提高职工业务素质,根据国家规定的基准和比例,从成本费用中提取的金额。其主要用于开展工会活动和职工教育、职工技能培训等活动。

(6) 短期带薪缺勤。它是指职工缺勤时,企业仍向其支付的报酬,包括带薪休假、带薪病假以及因工伤、产假、婚丧假、事假、探亲假、停工学习、执行国家或社会义务等特殊情况下向职工支付的工资等。其中,根据职工的带薪缺勤权利是否可以结转下期,分为累积带薪缺勤和非累积带薪缺勤。

(7) 短期利润分享计划。它是指因职工提供服务而与职工达成的基于利润或其他经营成果提供薪酬的协议。

(8) 非货币性福利。它是指企业以自己的产品或其他有形资产发放给职工作为福利,或由职工无偿使用企业的资产、企业无偿提供给职工的健康检查等医疗保健服务。

(9) 其他短期薪酬。它是指上述薪酬以外的其他为获得职工提供的服务而给予的短期薪酬。

2. 离职后福利

离职后福利是指企业为获得职工提供的服务而在职工退休或与企业解除劳动关系后,提供的各种形式的报酬和福利。其中包括养老金、失业保险金、一次性的退休支付等退休福利,以及离职后人寿保险、医疗保险等离职后福利。

企业承担离职后福利义务的依据是其与职工就离职后提供报酬和福利达成的协议、制定的规章或办法等,即离职后福利计划。其中,设定提存计划是指向独立的基金缴存固定费用后企业不再承担进一步支付义务,即企业的义务以向独立主体缴存的提存金额为限;设定受益计划是指企业不以向独立主体缴存的提存金额为限,企业的义务是要实现与职工约定的福利。两种计划的区别在于企业承担的风险和义务不同。实务中,我国企业普遍采用设定提存计划,如企业为职工缴存基本养老金、失业保险金都是执行设定提存计划。本节主要讨论由设定提存计划形成的职工薪酬负债的确认与计量。

3. 辞退福利

企业因生产经营需要,可能会因实施重组、改组等方案或者因职工工作能力等原因中途解除与职工的劳动关系。辞退福利是指企业在职工劳动合同到期之前解除与职工的劳动关系,或者为鼓励职工自愿接受裁减而给予职工的补偿。其中包括企业决定解除与职工的劳动关系而给予的补偿(不论职工本人是否愿意),以及为鼓励职工自愿接受裁减而给予的补偿(职工有选择接受与否的权力)。当职工同意解除劳动合同时,企业就产生了一项新的义务,这项义务源于其曾接受职工的服务,所以将其纳入职工薪酬的范畴。

4. 其他长期职工福利

其他长期职工福利是短期薪酬、离职后福利和辞退福利之外所有的职工薪酬,包括按照长期奖金计划向职工发放的奖金、长期带薪缺勤、长期残疾福利、长期利润分享计划、预期在年度报告期结束后12个月内不能完全支付的辞退福利等。

(二) 职工薪酬的确认与计量

1. 职工薪酬的确认原则

(1) 短期薪酬、离职后福利的确认原则。企业应按权责发生制要求和受益原则进行确认，即在职工提供服务或实际发生福利费支出的会计期间，根据受益对象分配计入相关资产成本或当期费用，并确认为一项负债，记入"应付职工薪酬"账户核算。具体应分别不同受益对象进行以下不同处理：

① 为生产产品、提供服务负担的职工薪酬应计入有关产品或劳务的成本。
② 为购建固定资产负担的职工薪酬应计入在建工程成本。
③ 为开发无形资产负担的职工薪酬应计入无形资产成本。
④ 其他职工薪酬计入当期管理费用、销售费用等。

将职工薪酬根据受益对象分配计入相关资产成本或当期费用，是基于建立广义的人工成本概念、反映企业实际承担的人工耗费水平的考虑。人工成本在本质上是企业在生产产品或提供劳务活动中所发生的各种直接和间接人工费用的总和，包括劳动报酬、社会保险、住房福利、辞退福利、带薪休假、职业教育、劳动保护和其他各种人工费用。我国现阶段企业人工成本的内涵与广义的人工成本概念相比，尚有一定差距。

(2) 辞退福利的确认原则。对于辞退福利，应当在企业不能单方面撤回因解除劳动关系计划或裁减建议所提供的辞退福利时，企业确认涉及支付辞退福利的重组相关的成本或费用时两者孰早日，确认辞退福利产生的职工薪酬负债，并计入当期管理费用。

上述所谓计划或建议，是指经董事会或类似机构批准的解除劳动关系计划或建议。该计划或建议应当包括拟解除劳动关系或裁减的职工所在部门、职位及数量；根据有关规定按工作类别或职位确定的解除劳动关系或裁减补偿金额；拟解除劳动关系或裁减的时间。所谓重组计划应包括重组涉及的业务、主要地点、需要补偿的职工人数及其岗位性质、预计重组支出、计划实施时间等。企业不能单方面撤回因解除劳动关系计划或裁减建议，表明企业已能够合理地预期即将解除或裁减职工，有确凿证据证明企业承担了因解除或裁减职工产生的现时义务；企业确认涉及支付辞退福利的重组相关的成本或费用，表明企业已有详细、正式的重组计划并且该重组计划已对外公告，因而承担了重组产生的现时义务。

与短期薪酬、离职后福利不同的是企业承担辞退福利义务的原因是终止雇佣职工，而不是获得职工的服务，所以辞退福利不按受益对象进行分配，而是在确认日全部作为管理费用计入当期损益。

作为辞退福利，企业必须能预期自确认年度报告期结束后12个月内完全支付，否则，应作为其他长期职工福利确认。

2. 职工薪酬的计量

职工薪酬各项目的计量，一般根据职工提供服务的记录及历史经验数据、国家相关规定，结合本期的实际情况，计算确定或合理预计本期应付职工薪酬。计算职工薪酬的主要依据包括：①职工的考勤或产量记录。②董事会或类似权力机构对企业职工薪酬标准的批准文件。③国家关于各项社会保险费、住房公积金等相关规定。④企业关于补充养老金、补充住房公积金等的设定提存计划。⑤与职代会或工会协商一致的职工辞退计划及其实施方案。

短期薪酬、离职后福利中各项目的计量应区分下列情况：①职工的工资、奖金、津贴和补贴等薪酬根据考勤或产量记录以及单位工资标准计算确定。②国家有统一规定计提基础和比例的职工薪酬项目的计量,如各种社会保险费与住房公积金、工会经费和职工教育经费等,企业应按规定的基础和比例计算确定。③企业以自产的产品作为非货币性福利提供的职工薪酬,应以该商品的公允价值及相关税费计算确定。④企业以向职工提供资产使用权作为职工薪酬的,则以该资产每期应计提的折旧、或应摊销的价值、或应付租金等计算确定。⑤依据企业设定受益计划提供的职工薪酬,如企业提供国家统筹养老金以外的补充退休金等,其计量需要根据预期累计福利单位法,采用无偏且相互一致的精算假设对有关人口统计变量和财务变量等作出估计,选择恰当的折现率,以此计量设定受益计划产生的义务现值。

实务中,由于职工工资、奖金、津贴和补贴等的发放可能在确认之前,当期职工薪酬的实际发放金额与确认金额可能存在差异,确定应付职工薪酬金额不以发放数为准,两者差异在下期发放职工薪酬中调整。

辞退福利的计量,应根据具体的辞退计划性质确定计量方法。对于职工没有选择权的辞退计划,企业应当根据计划规定的拟辞退职工数量、每一职位的辞退补偿标准等,计算确定辞退福利职工薪酬项目的金额;对于职工自愿接受裁减建议的辞退计划,企业应当合理预计将接受裁减建议的职工数量,并根据预计的自愿接受裁减的辞退职工数量和每一职位的辞退补偿标准等,计算确定辞退福利金额。辞退福利的支付可以在解除劳动关系时一次完成,或者以提高养老金等方式在职工离职以后的若干期内分期完成。

职工薪酬各项组成内容的计量,可参见[例10-10]至[例10-13]。

(三) 职工薪酬的账务处理

为正确核算企业应付给职工的各项薪酬,应设置"应付职工薪酬"账户,并按短期薪酬、离职后福利、辞退福利、其他长期职工薪酬和股份支付等项目,以及这些项目下设的各项细目设置二级、三级明细账户。

1. 辞退福利以外的货币性职工薪酬

支付给职工的薪酬和为职工缴存的社会保险费、公积金等,除了辞退福利,均应按不同受益对象,分别计入有关的成本费用,同时确认应付职工薪酬的负债。

【例10-11】 20×7年8月,某公司应付职工薪酬总额1 960 000元,其中,生产工人、生产部门管理人员和企业管理人员的薪酬比例为9∶2∶3。按照公司所在地政府规定,企业应为职工缴纳基本养老保险、失业保险、医疗保险、生育保险、工伤保险等社会保险费和住房公积金(简称五险一金),缴纳基数为当月工资总额,缴纳比例分别为22%、2%、12%、0.5%、0.5%和7%。则该公司20×7年8月份发生下列职工薪酬项目的金额为:

短期薪酬:工资奖金等金额=1 960 000(元)
社会保险费金额=1 960 000×(12%+0.5%+0.5%)=254 800(元)
住房公积金金额=1 960 000×7%=137 200(元)
离职后福利:设定提存计划金额=1 960 000×(22%+2%)=470 400(元)
20×7年8月份该公司确认职工薪酬负债金额=1 960 000+254 800+137 200+470 400
=2 822 400(元)

该公司根据上述计算结果编制会计分录如下:

(1) 分配、确认20×7年8月份公司应支付给职工的薪酬:

借:生产成本 1 260 000

制造费用	280 000
管理费用	420 000
贷：应付职工薪酬——短期薪酬（工资、奖金、津贴和补贴）	1 960 000

(2) 计提、确认 20×7 年 8 月份公司为职工缴存的各项社会保险费、公积金等：

借：生产成本	554 400
制造费用	123 200
管理费用	184 800
贷：应付职工薪酬——短期薪酬（社会保险费）	254 800
——短期薪酬（住房公积金）	137 200
——离职后福利（设定提存计划）	470 400

(3) 发放 20×7 年 8 月份职工薪酬。公司按国家规定计算得出应从支付给职工的薪酬中扣除各项代缴款：基本养老保险、失业保险共计 176 400 元，医疗保险、生育保险、工伤保险共计 39 200 元，住房公积金 137 200 元，个人所得税 41 500 元。编制会计分录如下：

借：应付职工薪酬——短期薪酬（工资、奖金、津贴和补贴）	1 960 000
贷：银行存款（实际发放的薪酬，转入职工个人账户）	1 565 700
其他应付款（代扣代缴的职工个人负担的社会保险费和公积金等）	
——养老、失业保险	176 400
——社会保险费	39 200
——住房公积金	137 200
应交税费——应交个人所得税（代扣代缴的个人所得税）	41 500

　　与职工有关的养老保险、医疗保险等社会保险费与住房公积金，是由企业与职工分别承担的。企业承担的部分在相关成本费用中列支；职工个人承担的部分则由企业负责从职工薪酬中代扣代缴，代扣款尚未缴纳时可以先转入"其他应付款"账户核算。

(4) 公司在规定的日期内将为职工缴存的社会保险费、公积金等，与其代扣代缴的职工个人负担的社会保险费、公积金和个人所得税等一并上缴：

借：应付职工薪酬——短期薪酬（社会保险费）	254 800
——短期薪酬（住房公积金）	137 200
——离职后福利（设定提存计划）	470 400
其他应付款——养老、失业保险	176 400
——社会保险费	39 200
——住房公积金	137 200
应交税费——应交个人所得税	41 500
贷：银行存款	1 256 700

上述(1)和(2)两笔会计分录也可以合并处理。

【例 10-12】 某公司从 20×7 年开始实行累积带薪缺勤制度，规定每个职工每年可享受 10 个工作日带薪年休假，当年未用带薪年休假可向后延展一个日历年度在下年度带薪年休假不足使用时用，超过 1 年未用或职工离开公司时带薪年休假随即作废。公司职工的平均日工资为 300 元。至 20×7 年 12 月末，公司 600 名职工中有 540 名用足带薪年休假；其余 60 名生产工人平均使用带薪年休假 7 天，并可预计其中的 50 名将在 20×8 年享受 12 天带薪年休假,另外10名生产工人使用年休假不超过10天。

根据上述资料,该公司需要预计50名生产工人20×7年度未使用、结转至20×8年度使用的2天带薪年休假所对应的薪酬义务。该义务因公司接受职工20×7年度提供的服务而形成,应确认为20×7年度的累积带薪缺勤薪酬,其金额及会计分录如下:

$$50\times(12-10)\times300=30\,000(元)$$

借:生产成本	30 000
贷:应付职工薪酬——短期薪酬(短期带薪缺勤)	30 000

而540名职工享受的累积带薪缺勤薪酬已计入20×7年相关月份应支付给职工的薪酬中,故无须再次确认、计量。

如果该公司提供的是非累积带薪缺勤,20×7年未使用的带薪年休假作废,20×8年职工使用的带薪年休假与20×7年度无关,公司只需要在职工实际发生非累积带薪缺勤时视同出勤处理,资产负债表日不必作额外的账务处理。

2. 非货币性福利

非货币性福利包括企业以自产产品或外购商品提供给职工作为福利,以及企业将拥有的房屋、租赁的资产等无偿提供给职工使用。虽然企业提供非货币性福利并没有使货币资金直接流出,但仍应通过"应付职工薪酬"账户归集,全面反映企业的人工成本信息。

【例10-13】 作为一般纳税人企业的甲公司向100位职工每人发放一台自产的微波炉作为职工福利。微波炉适用的增值税税率为13%,每台不含税售价为600元,生产成本为450元。100位职工中有70位生产工人,20位车间管理人员,10位公司管理人员。对此,甲公司应计算确定应付职工薪酬金额:

$$应付职工薪酬金额=600\times100+600\times13\%\times100=67\,800(元)$$

甲公司根据上述资料与计算结果编制会计分录如下:

(1) 发放自产微波炉作为职工薪酬。

借:应付职工薪酬——职工福利费	67 800
贷:主营业务收入	60 000
应交税费——应交增值税(销项税额)	7 800
借:主营业务成本	45 000
贷:库存商品	45 000

(2) 分配确认职工薪酬。

借:生产成本	47 460
制造费用	13 560
管理费用	6 780
贷:应付职工薪酬——职工福利费	67 800

3. 辞退福利

被辞退的职工不再为企业带来未来经济利益,所以,所有的辞退福利都不能计入资产成本,都应在辞退福利确认为负债的当期计入管理费用核算。

【例10-14】 乙公司为一缝纫机制造企业。由于市场需求发生变化,该公司于20×2年8月制订了一项职工无选择权的辞退计划。该计划中的补偿标准是企业根据自身目前的承受能力,在现有劳动合同有关赔偿标准的基础上适当增加赔偿金额制定的。9月份董事会正式批准了该项计划,并决定于10月份开始实施,半年内完成。该计划的具体内容,如表10-2和表10-3所示。

表10-2　　　　　　　　　20×2年乙公司辞退职工计划表

所属部门	工作岗位	辞退人数（人）	补偿金额（万元/人）	补偿总额（万元）	备注
翻砂车间	整形	5	7.0	35	20×2年10月开始实施,半年内完成
	浇铸	5	7.2	36	
喷漆车间	喷漆	8	8.0	64	
	技术管理	2	10.0	20	
装配车间	装配	15	6.0	90	
	整机	15	7.0	105	
合计		50	—	350	

表10-3　　　　　　　20×2年乙公司接受辞退职工补偿金额明细表

职工姓名及所属部门		工作岗位	补偿金额（万元）
翻砂车间	张　园	整形	7
	刘竟理	整形	7
	……		
	小　计	—	71
喷漆车间	……		
装配车间	……		
总　计		—	350

乙公司的这项辞退计划已满足确认企业辞退义务的条件,应在9月份确认应付职工薪酬350万元,而且不论辞退的是生产工人还是技术人员,都应将辞退福利计入当期的管理费用。乙公司编制的会计分录如下:

借:管理费用　　　　　　　　　　　　　　　　　　　　　　　　3 500 000
　　贷:应付职工薪酬——辞退福利　　　　　　　　　　　　　　　　3 500 000

如果企业计提的各项职工薪酬内容或金额与税法允许税前扣除的职工薪酬标准不一致,应根据税收规定作纳税调整,并采用一定方法进行所得税会计处理。

二、以现金结算的股份支付及其账务处理

股份支付就是企业为获取职工和其他方提供服务而授予权益工具或者承担以权益工具为基础确定的负债的交易。股份支付与股权激励有着密切的关系。股权激励是现代企业的一种新颖的薪酬形式,是企业以其股票为标的对其高级管理人员及其他员工进行的长期性

激励。通过股权激励,将企业的股权价值、长远利益与这些核心人员的自身利益捆绑在一起,吸引他们关注企业的长远发展,勤勉尽责地为企业的长期发展目标服务,以减少员工尤其是高层管理人员的短期行为给企业及其股东带来的不利影响,从而提高企业可持续发展能力。通常,股权激励采用的形式有授予有限制性股票、股票期权和股票增值权等。

(一) 股份支付的种类

按照结算方式的不同,股份支付分为以权益结算的股份支付和以现金结算的股份支付。

以权益结算的股份支付是指企业为获取服务以股份或其他权益工具作为对价进行结算的交易。职工或其他提供服务方最终获得的是股份或认股权。

以现金结算的股份支付是指企业为获取服务承担以股份或其他权益工具为基础计算确定的交付现金或其他资产义务的交易。

按照行权条件的不同,股份支付分为可立即行权的股份支付和存在等待期的股份支付。

若股份支付协议经董事会、股东大会或类似机构审议通过后,就能立即对职工实施股份支付的,即可立即行权的股份支付。若股份支付协议附加了行权的条件,如要求职工提供的服务达到一定的年限,或企业的营业额、利润等绩效指标达到一定的标准,然后才能对职工实施股份支付,则为存在等待期的股份支付。

上述股份支付协议获得董事会、股东大会或类似机构批准的日期,称为授予日。等待期是指股份支付协议获得批准日至可行权日之间的期间。可行权日是指可行权条件得到满足、职工和其他方具有从企业取得权益工具或现金的权利的日期。行权日是指职工和其他方行使权利、获取现金或权益工具的日期。

下面主要介绍以现金结算的股份支付。以权益结算的股份支付将在本书第十三章所有者权益中阐述。

(二) 以现金结算的股份支付

1. 以现金结算的股份支付的确认与计量

以现金结算的股份支付所形成的是以公允价值计量且其变动计入当期损益的金融负债,其初始计量和后续计量均应采用公允价值。对于授予后可立即行权的现金结算的股份支付,企业应在授予日以当日权益工具的公允价值为基础计算确定所承担负债的公允价值。对于授予后不可立即行权的现金结算的股份支付,企业应在等待期内的每个资产负债表日,以对可行权情况的最佳估计和当日权益工具的公允价值为基础计算确定所承担负债的公允价值。

这里需要注意两点:一是在等待期内每个资产负债表日的所谓"最佳估计"是企业根据最新取得的可行权职工人数变动等后续信息重新做出的估计,用于修正预计可行权的权益工具数量,使得在可行权日最终预计可行权权益工具的数量与实际可行权权益工具的数量一致;二是对存在活跃市场的权益工具,其公允价值应当按照活跃市场中的报价确定,对不存在活跃市场的权益工具,其公允价值则应当采用适当的估值方法确定。

股份支付计量基础是权益工具的公允价值,其金额高低取决于企业自身权益工具的价值。"薪酬体现市场价值"是股份支付计量区别于传统职工薪酬的最显著特征。

2. 以现金结算的股份支付的账务处理

由于股份支付是企业为了获得经营者和员工为企业的长期发展提供更多更好的服务而付出的代价,股权激励的费用应如同其他的职工薪酬,根据获得的服务进行分摊。

(1) 授予日的账务处理。在授予日,企业对授予后可以立即行权的以现金结算的股份支付,以相应负债的公允价值,借记"管理费用""制造费用""生产成本"等相关的成本费用账户,贷记"应付职工薪酬"账户。授予后不可立即行权的以现金结算的股份支付,企业不需要在授予日进行账务处理。

(2) 等待期内每个资产负债表日的账务处理。对于授予后不可立即行权的以现金结算的股份支付,应在等待期内的每个资产负债表日,根据配比原则对该会计年度内企业应承担的股份支付进行确认,并以相应负债的公允价值,借记"管理费用""制造费用""生产成本"等相关的成本费用账户,贷记"应付职工薪酬"账户。授予日以后因负债公允价值与以前的估计不同产生的差异应在当期的相关成本、费用和应付职工薪酬中调整。

(3) 可行权日以后的账务处理。从可行权日至行权日,因负债公允价值发生变动产生的差异,借记"公允价值变动损益"账户,贷记"应付职工薪酬"账户,或作反向账务处理。行权日,企业以现金或其他资产结清负债,借记"应付职工薪酬"账户,贷记"银行存款"等账户。

【例10-15】丁公司为一上市公司。20×6年1月1日,公司董事会审议通过了股份支付协议:向公司100名管理人员每人授予100份现金股票增值权,条件是这些人员必须从20×6年1月1日起在该公司连续服务2年,从20×8年1月1日起根据股价的增值幅度获得现金,增值权在2年内有效。丁公司估计该增值权在负债结算之前的每一资产负债表日以及结算日的公允价值和可行权后的每份增值权现金支出额,如表10-4所示。

表10-4　　　　　　　　股票增值权的公允价值行权付现一览表　　　　　　　单位:元

年 份	股票增值权公允价值	支付现金
20×6	5.50	
20×7	6.40	
20×8	6.80	6.50
20×9		7.00

丁公司具体的会计处理如下:

(1) 20×6年1月1日,丁公司不作会计处理。

(2) 20×6年年末,丁公司已有10名管理人员离开公司,而且估计2年中累计离开公司的管理人员数将达到16人。丁公司根据20×6年12月31日对增值权公允价值的估计以及对可享受股份支付人数的估计,确定当年与股份支付有关的费用和负债金额如下:

$$(100-16)\times 100\times 5.50\div 2=23\,100(元)$$

丁公司20×6年年末编制会计分录如下:

借:管理费用　　　　　　　　　　　　　　　　　　　　　　23 100
　　贷:应付职工薪酬　　　　　　　　　　　　　　　　　　　　　23 100

(3) 20×7年年末,丁公司累计已有20名管理人员离开公司。丁公司确定与股份支付有关的费用和负债累计金额如下:

$$(100-20)\times 100\times 6.40=51\,200(元)$$

20×7年的费用和负债金额如下：

$$51\,200-23\,100=28\,100(元)$$

丁公司20×7年年末编制会计分录如下：

借：管理费用　　　　　　　　　　　　　　　　　　　　　　　28 100
　　贷：应付职工薪酬　　　　　　　　　　　　　　　　　　　　　　28 100

(4) 20×8年，丁公司已有50人行使股票增值权，公司共支付现金32 500元（50×100×6.50）。其会计分录如下：

借：应付职工薪酬　　　　　　　　　　　　　　　　　　　　　　32 500
　　贷：银行存款　　　　　　　　　　　　　　　　　　　　　　　　32 500

(5) 20×8年年末，丁公司股份支付形成负债应有余额如下：

$$(100-20-50)\times100\times6.80=20\,400(元)$$

该项负债账户现有余额如下：

$$51\,200-32\,500=18\,700(元)$$

该项负债余额调整数如下：

$$20\,400-18\,700=1\,700(元)$$

调增应付职工薪酬余额的会计分录如下：

借：公允价值变动损益　　　　　　　　　　　　　　　　　　　　1 700
　　贷：应付职工薪酬　　　　　　　　　　　　　　　　　　　　　　1 700

(6) 20×9年年中，丁公司剩余的30人全部行使股票增值权，公司共支付现金21 000元（30×100×7.00）。其会计分录如下：

借：应付职工薪酬　　　　　　　　　　　　　　　　　　　　　　21 000
　　贷：银行存款　　　　　　　　　　　　　　　　　　　　　　　　21 000

将对"应付职工薪酬"账户余额的调整600元（21 000－20 400）计入当期损益：

借：公允价值变动损益　　　　　　　　　　　　　　　　　　　　　600
　　贷：应付职工薪酬　　　　　　　　　　　　　　　　　　　　　　　600

企业实施股权激励计划时，必须以完整有效的相关资料为依据，其中包括股份支付协议（即股权激励计划）；董事会或类似机构审议通过股份支付协议的决议；独立董事、律师对股份支付协议出具的意见书；股东大会或类似机构审议批准股份支付协议的决议等。上市公司实施股权激励计划时，还应将有关材料报中国证监会、证券交易所及公司所在地证监局备案。

应付和应交款项在财务报表中的列示及披露

资产负债表内流动负债类项目"应付票据"应根据相应的账户期末余额直接填列。"应付账款"项目应根据"应付账款"和"预付账款"账户所属相关明细账户的期末贷方余额合计数填列。"合同负债"账户的期末余额在资产负债表内的列示详见第十四章第二节的相关阐述。"应交税费"账户下的"应交增值税""未交增值税"等明细账户期末借方余额应根据情况,在资产负债表中的"其他流动资产"或"其他非流动资产"项目列示;"应交税费"账户下的"未交增值税"等明细账户期末贷方余额应在资产负债表中的"应交税费"项目列示。"其他应付款""应付股利""应付利息"等账户的期末余额在资产负债表内流动负债类的"其他应付款"项目中合并填列,其中的"应付利息"仅反映相关金融工具已到期应支付但于资产负债表日尚未支付的利息。关于职工薪酬的披露,在资产负债表中,企业应当根据应支付的职工薪酬负债流动性,对职工薪酬负债按照流动和非流动进行分类列报。短期薪酬、离职后福利中的设定提存计划负债、其他长期职工福利中的符合设定提存计划条件的负债、辞退福利中将于资产负债表日后 12 个月内支付的部分应当在资产负债表的流动负债项下"应付职工薪酬"项目中列示。辞退福利中将于资产负债表日起 12 个月之后支付的部分、离职后福利中设定受益计划净负债、其他长期职工福利中符合设定受益计划条件的净负债应当在资产负债表的非流动负债项下单独列示。"租赁负债"账户的期末余额在资产负债表内非流动负债类"租赁负债"项目填列,但该账户期末余额中自资产负债表日起 1 年内到期的部分应归入流动负债类项目"一年内到期的非流动负债"列报。"长期应付款"账户期末余额抵减"未确认融资费用"账户期末余额后的净额,剔除其中 1 年内到期的应付款,在资产负债表非流动负债类中设置对应项目列示;1 年内到期的长期应付款,应在资产负债表"一年内到期的非流动负债"项目列示。

此外,一般企业还应在报表附注中对各项应付及应交款项分别其组成内容披露相关信息。例如下列内容:

(1) 按税种披露各种应交税费的年初、期末账面余额。

(2) 按类别披露各类职工薪酬的年初、期末账面余额及其本期增减变动情况,本期为职工提供的各项非货币性福利形式、金额及其计算依据,本期设立或参与设定提存计划的性质、计算缴存金额的公式或依据,或设定受益计划的特征、风险和确认金额等相关信息;披露股份支付交易对当期财务状况和经营成果的影响。

 案例分析

一、国泰君安被曝"天价薪酬"

案例介绍:

国泰君安证券股份有限公司(以下简称国泰君安)在 2009 年 2 月 4 日被每日经济新闻网曝光"天价薪酬"。

2008 年,由于 A 股市场单边下行、交易量急剧萎缩,国内各大券商纷纷采取降薪、裁员、控制费用等方式来应对。但是在国内券商排名中名列前茅的国泰君安却大幅提高 2008 年员工薪酬及福利费用至 32 亿元,比费用的预算数 20.41 亿元增长了 57%;但该公司 2008 年各项目实际收入情况较年初预算的完成率普遍不高,其中主要的项目都低于年初预算数,特别是数额较大的业务,年初预算收入超过 3 亿元的业务均未完成。此消息源自 2009 年 2 月初《每日经济新闻》记者获得的一份《2009 年国泰君安证券总裁陈耿工作报告》。该记者发现,按当时国泰君安员工数约 3 200 人计算,其 2008 年人均收入可达 100 万元。记者查阅国泰君

安2008年财务报表看到,截至2008年12月31日,公司的应付职工薪酬项目高达30.7亿元。

案例背景:

国泰君安是国内规模最大的证券公司之一,有辐射全国的100多家营业网点,从中国证券业协会公布的根据股票、基金、债券和权证交易总金额排名来看,2007年与2008年国泰君安均排名第二;2008年国泰君安在营业收入、净资本收益率两项指标上排名第一,在代理买卖证券业务净收入、客户交易结算资金余额两项指标上均排名第二。

被每日经济新闻网曝光"天价薪酬"后,国泰君安第一时间在其公司网站上发布澄清说明,主要内容如下:

(1) 2008年公司经营状况。国泰君安2008年实现业务净收入121.92亿元,为年度预算的1.15倍,合并税前利润73.03亿元,净资产收益率达29%。2008年国泰君安的经营业绩在券商中名列前茅。

(2) 国泰君安证券是一家具有高度社会责任感的公司,在当今的金融危机中我们更需要承担更多的社会责任,2006—2008年3年间,国泰君安依法缴纳各种税费近70亿元。

(3) 所称的国泰君安2008年全年的预提薪酬费用总额(含社会保险费等其他相关人力成本费用)32亿元,是根据公司历年的经营业绩,按照董事会通过的薪酬方案计提的未经审计的数据。事实上,2008年年底的应付职工薪酬总额由历年节余、当年计提和当年发放三部分组成,报道中的国泰君安"平均每个员工去年获得的总收入接近100万元"是按历年计提的薪酬费用32亿元和约3 200人简单计算得出的,这种计算方法是错误的,严重混淆了"计提"和"发放"两个不同的关键概念,且具有极大的误导性。

(4) 公司高管人员严格按照国家、董事会及上海市的有关规定历年薪酬增幅均低于员工平均薪酬增长幅度和企业效益增长幅度,2008年度公司全体高管人员的绩效奖金至今未发放。

(5) 证券行业是典型的周期性行业,近年来券商综合治理成果突出,行业基础大大稳固,为长远发展,薪酬政策普遍实行以丰补歉原则。国泰君安经营风格稳健,注重可持续的长期发展。根据董事会的规定,计提的薪酬总额必须留出一部分用于长期激励、风险准备、以丰补歉和其他福利,而不是当年计提就当年发放的。

依据及相关法规:

1. 财政部:《企业会计准则第9号——职工薪酬》(2014年1月)。
2. 《中华人民共和国企业所得税法》(2007年中华人民共和国主席令第63号)。
3. 《中华人民共和国企业所得税法实施条例》(2007年中华人民共和国国务院令第512号)。
4. 《中华人民共和国个人所得税法》(2007年中华人民共和国主席令第85号)。
5. 《中华人民共和国个人所得税法实施条例》(2008年中华人民共和国国务院令第142号)。

资料来源:

1. 方俊:"国泰君安被曝天价薪酬 08年人均收入100万",《每日经济新闻》网站2009年2月27日,http://www.nbd.com.cn。
2. 杨晶:"44家券商发薪约200亿 国泰君安回应存疑点",《中国证券》网站2009年2月5日,http://www.stock315.cn/08zqjg。

3. 国泰君安证券股份有限公司:《澄清说明》,国泰君安公司网站 2009 年 2 月 4 日,http://www.gtja.com/index/index.html。

案例思考题:

1. 试结合本案例分别说明员工薪酬对企业及其经营者、投资者的影响。

2. 国泰君安在其《澄清说明》中对"天价薪酬"进行了解释,认为员工"平均收入接近 100 万元"的说法混淆了"计提"工资和"发放"工资两个不同的关键概念。请说明你的看法。

3. 按照国泰君安的《澄清说明》,"2008 年全年的预提薪酬费用总额(含社会保险费等其他相关人力成本费用)32 亿元",此事项对公司的企业所得税和员工个人所得税会产生什么影响?

4. 你认为应当如何合理地确定员工薪酬?在市场经济条件下,是否需要对企业的薪酬分配进行监管?请对怎样监管提出建议。

二、"激励"还是"分利"

案例介绍:

曙光股份有限公司(以下简称曙光股份)为一上市公司,其制订的股票增值权激励方案于 2007 年 2 月拟订后,上报证监会备案无异议,又于 2007 年 4 月 30 日获股东大会审议通过并予以公告。该公司的股权激励方案公告后,在社会上引起了较大反响。

一、股权激励方案部分内容摘要

(1) 激励对象与激励额度。本方案授予董事长、副董事长、总经理、副总经理等 9 位高管 300 万份股票增值权,占目前公司股本总额 3 亿股的 1%。

(2) 股票增值权授予日。股票增值权授予日为 2007 年 4 月 30 日。

(3) 股票增值权行权条件与行权安排。公司以 2006 年度为本方案的业绩(基准)年度。行权时必须同时满足以下两个条件:

一是根据公司制定的《股票增值权激励方案实施考核办法》具体内容,激励对象个人上一年度绩效考核合格。

二是首批行权之前 1 年公司的扣除非经常性损益后的净利润增长率不低于 10%;之后每批行权之前 1 年公司营业收入增长率不低于 10%。

股票增值权自授权日起 6 年内有效。授权日起 1 年内为行权限制期,行权限制期满后的 5 年时间为行权有效期,之后自动失效。在行权有效期的前 2 年,每年生效可行权额度为当期授予总额的 50%。已生效可行权的股票增值权在生效日后至行权有效期结束都可行权。

(4) 股票增值权的行权兑付金额。本方案中每一份股票增值权的行权兑付金额=结算价-基准价。结算价是指股票增值权持有者签署行权通知书当日的前一个有效交易日的该股票收盘价;基准价是指本方案授权日前 30 个交易日的平均收盘价(27.20 元)。

(5) 股票增值权的公允价值。根据期权估值模式确定股票增值权的公允价值。

二、其他相关资料

(1) 2007 年 4 月 15 日,曙光股份公布了当年第一季度财务报告。季报显示,本季度销售额与上年同期基本持平。

(2) 2007 年 12 月 31 日,股票收盘价为 25.83 元;由期权估值模式估计而得的股票增值权公允价值为12.90元。

(3) 2008年1月16日，曙光股份发布"2007年年度业绩预亏公告"，称因实施股票增值权激励方案，经公司财务部门初步测算，公司2007年将出现亏损。公告同时表示，剔除股权激励会计处理对利润的影响，公司2007年度仍实现盈利，预计净利润为1500万元。当天，曙光股份股票以跌停价收盘。

(4) 2008年3月5日，曙光股份公布2007年度财务报告。财务报告显示，2007年度该公司亏损2350万元。扣除作为非经常性损益的股权激励费用后，2007年度该公司实现净利润1520万元，比上年增长21.3%。

(5) 该公司董事会认为激励对象已在2007年度向公司提供服务，故将该项股权激励的有关成本费用全部计入2007年度损益。该报告已经诚实会计师事务所有限公司审计，并出具标准无保留意见的审计报告。这份亏损的财务报表再次引起了社会上巨大反响。

依据及相关法规：

1. 财政部：《企业会计准则第11号——股份支付》(2006年2月)。
2. 全国人民代表大会常务委员会：《中华人民共和国公司法》《中华人民共和国证券法》(2005年10月)。
3. 中国证券监督管理委员会：《上市公司股权激励管理办法(试行)》(证监公司字〔2005〕151号)。
4. 中国证券监督管理委员会上市公司监管部：《股权激励有关事项备忘录1号》《股权激励有关事项备忘录2号》(2008年5月6日)。

案例思考题：

1. 试分析社会上对曙光股份的股票增值权激励方案和2007年度财务报告有较大反响的原因。
2. 在股权激励方案实施中谁是最大的受益者？请说明理由。
3. 你认为曙光股份对股权激励费用分摊的会计处理是否正确？请说明理由。
4. 为了实现股权激励的目标，请对该公司股权激励方案及有关的会计处理提出改进建议或设想。

本章要点概览

1. 负债是企业的现时义务。企业的一项现时义务只有在与该义务有关的经济利益很可能流出企业，而且未来流出的经济利益的金额能够可靠地计量时，才能确认为负债。

2. 偿还时间较短的应付款项，实务中按交易形成的债务金额计量。但租赁负债等偿还期较长的应付款项应按未来偿付金额的现值计量，使提供的会计信息更具相关性。

3. 应付票据与应付账款均为企业购买商品、接受劳务形成的负债，债权人为供应商。商业汇票是否带息和承兑人不同，会影响其后续计量和到期付款人无力支付时的账务处理。

4. 增值税作为价外税，其会计处理一般与损益无直接关系。一般纳税人为生产经营所需购入货物等支付的增值税不计入购货成本，用于抵扣销售货物等应交的增值税。

5. 消费税属于价内税，销售应税消费品承担的消费税应计入损益。委托加工应税消费品时被征收的消费税，应根据其收回后是否用于连续生产应税消费品，确定记入"应交消费税"账户等待抵扣还是计入委托加工成本。

　　6. 职工薪酬是指企业为获得职工提供的服务或与之解除劳动关系而给予各种形式的报酬或补偿。职工薪酬应按权责发生制要求和受益原则进行确认与分配。

　　7. 企业应当在资产负债表日根据职工的累积未使用带薪休假预计导致后期支付职工薪酬的追加金额,作为累积带薪缺勤费用进行确认。

　　8. 股份支付应当以相关权益工具的公允价值为基础进行计量。

　　9. 流动负债应在资产负债表中分项列报。

主 要 术 语

1. 偿债义务　　　2. 应交税费　　　3. 金融负债　　　4. 应付票据
5. 应付账款　　　6. 租赁负债　　　7. 租赁付款额　　8. 未确认融资费用
9. 租赁内含利率　10. 合同负债　　　11. 职工薪酬　　　12. 离职后福利
13. 股份支付　　　14. 辞退福利　　　15. 法定义务　　　16. 推定义务

复 习 题

一、思考题

1. 如何确认与计量应付账款？与应付票据、预收账款、其他应付款相比,应付账款在核算内容、会计处理环节等方面有何特点？
2. 租赁负债与其他应付的款项相比,有哪些特点？这些特点的形成原因是什么？
3. 应交税费与各应付款项的主要区别是什么？
4. 一般纳税人应交增值税主要有哪些核算环节？分别如何进行会计处理？
5. 委托加工应税消费品时,应交消费税如何进行处理？
6. 职工薪酬的含义是什么？包括哪些具体内容？
7. 股份支付与职工福利费、社会保险费、离职后福利等薪酬项目相比,有何特点？这些特点对会计核算有什么影响？股份支付在企业经营管理中可以发挥怎样的作用？
8. 辞退福利在确认、计量及会计处理上有什么特点？
9. 企业的职工福利计划模式有哪两种？它们对企业有何不同影响？
10. 近些年,我国多次对增值税进行减税改革。有人认为虽然直接受益的是企业个体,但这种利益却不会完全留在企业内部,减税的利益会在企业与雇员与消费者与投资者之间、企业与上下游企业之间进行分配。你支持这种观点吗？请说明理由。

二、判断题

1. 应付账款与合同负债都是企业因购买商品、接受劳务等经营活动所形成的,同属企业负债。　　　　　　　　　　　　　　　　　　　　　　　　　　　　　　（　　）
2. 租入固定资产形成的租赁负债应以该项资产的租赁付款额现值计价入账。（　　）
3. 如果企业不能偿付到期的应付票据,则应将应付票据的账面价值转入"应付账款"账户核算。　　　　　　　　　　　　　　　　　　　　　　　　　　　　　　　　（　　）
4. 小规模纳税人企业销售应税消费品一批,开具的普通发票上价款为25.75万元,适用的

增值税征收率为3%,消费税税率为5%。此项业务使该企业"应交税费"账户增加贷方余额2万元。( )

5. 离职后福利与辞退福利都是职工在不继续为企业提供服务后才享有的经济利益,所以这两项职工薪酬的确认原则与计量方式相同。( )

三、单项选择题

1. 下列各项中,属于"其他应付款"账户核算的是( )。
   A. 到期无力偿付的应付票据
   B. 应付租期为5年的仓库租金
   C. 收到借用包装物的押金
   D. 应付给董事会成员的劳务报酬

2. N公司租赁一台设备,租赁合同规定:租赁期4年,N公司应于每年年末支付租金200万元,由N公司承担设备运费。预计租赁期满设备残余价值20万元,N公司及相关的第三方均未对此作担保。设备已于租赁期开始日前运抵N公司,增值税专用发票上不含税运费1.2万元,增值税额0.108万元。租金与设备残值在租赁期开始日的现值分别为709.2万元和16.5万元。则该租赁设备的入账成本为( )万元。
   A. 709.2　　　　B. 725.7　　　　C. 710.4　　　　D. 800

3. M公司从20×2年年初开始实行累积带薪缺勤制度,职工每人每年可享受7个工作日带薪年休假,且当年未用休假可向后延展一个日历年度,在下年度带薪年休假不足使用时用之。生产工人平均日工资400元。至20×2年12月末,100名生产工人中70人已享用带薪缺勤,尚有30名未用并预计次年将2年的带薪年休假一并用完。公司应针对此情况在20×2年年末专门增加应付职工薪酬义务( )元。
   A. 84 000　　　B. 196 000　　　C. 280 000　　　D. 364 000

4. 下列关于职工薪酬的说法中,正确的是( )。
   A. 未与企业订立劳动合同而为企业提供服务的人员不属于职工范畴
   B. 根据受益原则,为产品生产负担的职工薪酬应计入生产成本
   C. 根据受益原则,辞退福利应分别不同的受益人在不同的渠道列支
   D. 企业向管理人员提供免费使用的车辆,其折旧费与职工薪酬无关

5. 企业在生产经营活动中承担的印花税应在( )中列支。
   A. 管理费用
   B. 销售费用
   C. 其他业务成本
   D. 税金及附加

四、多项选择题

1. 一般纳税人企业委托加工一批应税消费品,收回后用于连续生产应税消费品。对增值税专用发票上的增值税额和代扣代缴的消费税,下列处理中,正确的有( )。
   A. 都计入委托加工成本
   B. 都不计入委托加工成本
   C. 都记入"税金及附加"账户借方,从收入中得到补偿
   D. 消费税额计入委托加工成本
   E. 都记入"应交税费"账户借方,分别用于抵扣应交的增值税和应交的消费税

2. "应交税费——未交增值税"账户的核算内容包括( )。
   A. 上交当月应交增值税
   B. 结转不予抵扣的进项税额
   C. 结转当月应交未交的增值税
   D. 结转当月多交的增值税

E. 上交前期未交增值税
3. 企业发生的下列事项中,属于支付职工薪酬的有(　　)。
　　A. 发放高温津贴
　　B. 按规定承担并缴纳职工医疗、失业和工伤保险费
　　C. 向职工发放自产产品作为福利
　　D. 向职工提供免费健康检查
　　E. 支付根据正式的辞退计划计算确定的职工辞退补偿费
4. 企业将自产产品作为职工福利发放,会计处理所涉及的账户有(　　)。
　　A. "库存商品"　　　　　　　　　　B. "应付职工薪酬"
　　C. "主营业务收入"　　　　　　　　D. "主营业务成本"
　　E. "应交税费"
5. 关于授予后不可立即行权的以现金结算的股份支付,下列说法中,正确的有(　　)。
　　A. 等待期内每个资产负债表日不作会计处理
　　B. 授予日不作会计处理
　　C. 确认的负债金额按受益原则,分别计入相关成本、费用
　　D. 确认的负债金额全部计入管理费用
　　E. 可行权日后负债公允价值变动产生的差异记入"公允价值变动损益"账户

五、业务题

【业务题一】
目的　练习租赁负债的会计处理。

资料　大雄机械制造公司与宏润设备租赁公司于20×2年12月20日签订生产设备租赁合同。租赁合同规定:起租日为20×3年1月1日;租赁期从20×3年1月1日至20×6年12月31日,为期4年;从20×3年起每年年初支付租金(不含增值税)3 000 000元;租赁期满,大雄机械制造公司将设备归还宏润设备租赁公司;租赁内含利率为6%。该设备于起租日运抵大雄机械制造公司,随即投入使用。

要求　(1) 根据上述资料编制租入设备时的会计分录。

(2) 请分别计算20×3年年末"租赁负债"账户的余额和列入资产负债表"租赁负债"项目的金额。

【业务题二】
目的　练习增值税、消费税及应付款项的会计处理。

资料　甲公司为增值税一般纳税人,适用的增值税税率为13%,产品适用的消费税税率为5%。原材料采用实际成本计价。甲公司本月初"应交税费——未交增值税"账户贷方余额为16万元,"应交税费——应交消费税"贷方余额为10万元。本月甲公司发生的部分经济业务如下:

(1) 购入生产用原材料A一批,增值税专用发票上注明价款200万元,增值税额26万元,甲公司采用银行承兑汇票结算,以银行存款支付承兑手续费0.1万元。A材料已验收入库。

(2) 购入一台生产设备,增值税专用发票上注明价款500万元,增值税额65万元,以面值为565万元的银行汇票结算货款。该生产设备已投入使用。

(3) 以银行存款上交上月未交的增值税额16万元、消费税额10万元。

(4) 委托加工的应税消费品B材料已收回,结算加工费12万元,相应的增值税额1.56万元、消费税额1.8万元,款项未付。上月底已发出被加工A材料的实际成本为22.2万元。B材料用于连续生产应税消费品。

(5) 销售一批产品,控制权已转移给客户,合同相关义务全部完成,出具的增值税专用发票上注明价款360万元,增值税额40.8万元。甲公司当即收到货款300万元,不足部分尚未结清。

(6) 本月购入200万元A材料,其40%用于产品生产,10%用于职工集体宿舍的扩建工程,其余50%被用于对外股权投资(能对被投资单位实施重大影响)。用于对外投资的A材料其计税价格和公允价值均为110万元。

(7) 上述销售的产品为应税消费品,根据销售情况结算应交消费税。

要求 (1) 根据上述业务编制有关的会计分录。

(2) 计算月末"应交税费——应交增值税""应交税费——未交增值税""应交税费——应交消费税"账户的余额,确定余额方向,说明余额的含义。

(3) 月末,上述(2)所列账户的余额应在资产负债表哪些项目列报?

【业务题三】

目的 练习应付职工薪酬的基本会计处理。

资料 乙公司为增值税一般纳税人,适用的增值税税率为13%。本年12月,乙公司发生的部分经济业务如下:

(1) 通过职工个人账户发放该月工资薪酬,并结转各项代扣代缴款。具体资料如表10-5所示。实务中,各项社会保险费应分项目进行明细核算,本题为简化未划分明细项目。

表10-5　　　　企业从应付职工薪酬中代扣代缴款项资料表　　　　单位:万元

部门或岗位	应付薪酬	企业从应付职工薪酬中代扣代缴款项					实发薪酬金额
		各项社会保险费		住房公积金	个人所得税	合计	
		养老、失业	医保等				
生产工人	30.00	2.70	0.60	2.10	0.60	6.00	24.00
车间管理人员	12.00	1.08	0.24	0.84	0.24	2.40	9.60
公司管理人员	18.00	1.62	0.36	1.26	0.36	3.60	14.40
合计	60.00	5.40	1.20	4.20	1.20	12.00	48.00

(2) 月末分配结转上述发放的工资薪酬。

(3) 计提企业为职工缴纳的社会保险费、公积金和经费等,具体资料如表10-6所示。

表10-6　　　　计提企业为职工缴纳的各项经费资料表　　　　单位:万元

部门或岗位	各项社会保险费		住房公积金	工会、教育经费	企业负担为职工缴纳合计
	养老、失业	医保等			
生产工人	7.20	3.90	2.10	1.05	14.25
车间管理人员	2.88	1.56	0.84	0.42	5.70

(续表)

部门或岗位	各项社会保险费		住房公积金	工会、教育经费	企业负担为职工缴纳合计
	养老、失业	医保等			
公司管理人员	4.32	2.34	1.26	0.63	8.55
合计	14.40	7.80	4.20	2.10	28.50

(4) 上缴企业为职工缴纳的以及替职工代扣代缴的各项社会保险费、住房公积金和个人所得税等。

(5) 计提供总经理、副总经理免费使用车辆的折旧费 0.3 万元。

(6) 将自产的 B 商品发放给职工作为福利。B 商品生产成本 23 万元,不含税售价 30 万元。按生产工人、车间管理人员、公司管理人员的人数之比(6∶2∶2)分配此项福利费。

(7) 经职代会审议通过的一项无选择权的辞退计划,该月已经董事会批准,从下月开始实施。该计划中,辞退生产工人 10 名,计划补偿金额共计 50 万元;辞退公司管理人员 5 名,计划补偿金额共计 60 万元。

要求 根据上述业务编制有关的会计分录。

【业务题四】

目的 练习股份支付的会计处理。

资料 丙公司为一上市公司。20×6 年 1 月 1 日,公司董事会审议通过了股份支付协议:向其 80 名管理人员每人授予 200 份现金股票增值权,条件是这些人员必须从 20×6 年 1 月 1 日起在该公司连续服务 2 年,从 20×8 年 1 月 1 日起根据股价的增长幅度获得现金。该增值权在 20×9 年 12 月 31 日前行使完毕。20×6~20×9 年与股份支付相关的资料,如表 10-7 所示。

表 10-7 与股份支付相关的资料表

时间	年末股票增值权公允价值(元)	行权支付每股现金(元)	本年离职人数(人)	年末估计等待期内离职总人数(人)	年内行权人数(人)
20×6 年	8	—	10	15	—
20×7 年	7	—	10		—
20×8 年	9	8	—		40
20×9 年	—	11	—		20

要求 编制 20×6~20×9 年与上述股份支付协议相关事项的会计分录。

第十一章 银行借款和应付债券

学习目的与要求

本章主要介绍银行借款、应付债券以及借款费用的确认、计量和报告。读者通过本章的学习,应了解借款和债券的分类和特点;掌握长期借款、短期借款、公司债券、可转换债券、短期融资券的发行、期末计息和到期偿还的账务处理;掌握借款费用的内容、处理原则、资本化条件和资本化金额的计算;掌握银行借款和应付债券的报表列示和披露。

预习思考题

1. 什么是借款费用?小红同学认为,借款费用就是利息,利息一定计入财务费用。你同意她的说法吗?

2. 开普公司拟折价发行5 000万元面值的债券,该债券的票面利率为4%,期限5年,估计发行日的市场利率为5%。有人认为折价发行债券会给公司造成损失,是要亏本的。你认为这种说法对吗?为什么?

3. 明颖公司于本年1月1日发行面值10 000万元的3年期债券,发行价格10 900万元,年利率5%。小明认为该公司本年的债券利息就是500万元,小强认为该公司本年实际债券利息要高于500万元。你认为谁说得对?

4. 2011年1月,宁波海运股份有限公司发行了7.2亿元5年期可转换公司债券,债券票面利率第1至第5年分别为0.7%、0.9%、1.1%、1.3%、1.6%,显著低于同期普通公司债券市场利率6.2%。这是为什么?

5. 请查阅一家上市公司年报,了解其是如何列示和披露银行借款和应付债券的?

第一节 借款费用

一、借款费用概述

企业使用任何资金都是有成本的。借款费用是指企业因借入资金所付出的代价。这里的借款是一个广义的概念,并非局限于银行借款,它泛指企业借入的资金,包括向金融机构的借款、发行的长期债券、可转换债券和短期融资券等。

借款费用是企业债权性融资所产生的。企业的融资方式有债权性融资与股权性融资两种,债权性融资与股权性融资相比,具有以下特点:一是从筹资成本来看,债权性融资的成本较低;二是从风险来看,企业必须承担还本付息的义务,财务风险较股权性融资高;三是从对股权结构的影响来看,债权性融资不会改变企业原有的股权结构,而股权性融资则会稀释原有股东的股权;四是从对收益的影响来看,费用化的利息支出会减少利润总额,但由于债权性融资的利息费用在税前扣除,可使企业享受避税的好处,同时在资产报酬率高于利率的情况下会增加每股收益,而股权性融资由于股本的扩张可能会造成每股收益的下降。

借款费用的范围包括按实际利率法计算确定的利息费用(包括折价或者溢价的摊销和辅助费用)以及因外币借款而发生的汇兑差额等。

1. 借款利息

借款利息包括企业向银行或其他金融机构等借入资金而发生的利息、发行债券发生的利息,以及承担带息债务(如带息应付票据)应计的利息等。

2. 折价或者溢价摊销

折价或者溢价摊销是指企业发行债券的溢价或折价的摊销额。债券溢价或折价的摊销实质上是对名义借款利息的调整(即将债券票面利率调整为实际利率),因此,折价或者溢价的摊销也构成借款费用的组成部分。

3. 辅助费用

辅助费用是指企业在借入资金过程中发生的手续费、税金、佣金、印刷费和承诺费。它们也是借入资金所付出的代价,因此也归入借款费用的范畴。

4. 外币借款汇兑差额

外币借款汇兑差额是指当账面汇率与市场汇率出现差异时,外币借款本金及其利息的记账本位币金额的变动额。

我国企业会计准则对上述借款费用在《企业会计准则第 17 号——借款费用》中进行会计规范,对融资租赁有关的融资费用则纳入《企业会计准则第 21 号——租赁》另行规范。国际财务报告准则在 IAS 23 中将融资租赁有关的融资费用与上述借款费用一并进行规范。

二、借款费用的处理方法和原则

(一) 借款费用的处理方法

借款费用的处理方法有两种:一是费用化,即发生时直接计入当期损益;二是予以资本化,即计入相关资产的成本。美国的 SFAS 34"利息费用的资本化"规定,符合条件的资产发生的借款费用一律予以资本化处理。而 IAS 23"借款费用"(1995 年)规定,合格资产所发生的借款费用允许采用两种处理方法:基准的方法是计入当期费用,而资本化则作为允许选用的处理方法。不过,出于国际协调和逐渐减少备选方法的战略考虑,IASB 在 2007 年 3 月颁布的经最新修订的 IAS 23"借款费用"中,取消了上述费用化的基准方法,将资本化作为唯一的处理方法。

费用化和资本化两种处理方法各有特点。资本化的方法,更符合资产的定义和收入与费用配比原则。在 IAS 16"财产、厂场和设备"中要求资产的成本应包括"可归属于使资产到达预定场所并达到预期的运行状态之前的全部成本"。为购建或者生产符合资本化条件的资产而发生的借款费用与其他计入资产成本的购建或生产费用性质是一样的,因此,应该构成资产成本的组成部分。这对于规模大、期限长的项目来说尤其重要,因为这些项目的借款费用往往十分可观。而且,资产的经济利益在未来体现,这些借款费用也将在资产为企业带来未来经济利益的各个会计期间,随着资产价值的摊销与各期的收入配比,而不是直接费用化与发生当期的收入配比。费用化的方法,处理比较简单,能直观反映企业的融资成本,但不符合资产的定义,也违背了配比原则。

我国企业会计准则规定,企业发生的借款费用,可直接归属于符合资本化条件的资产的购建或者生产的,应当予以资本化,计入相关资产成本;其他借款费用,应当在发生时根据其发生额确认为费用,计入当期损益。

(二) 借款费用资本化的条件

根据我国企业会计准则的规定,借款费用予以资本化处理的条件是"可直接归属于符合资本化条件的资产的购建或者生产",这一表述实际上包括以下三个方面的具体条件。

1. 借款费用资本化的资产范围

即相关的借款必须是用于符合资本化条件的资产的购建或生产,并非用于任何资产购建或生产的借款所发生的借款费用都可以资本化。符合资本化条件的资产,是指需要经过相当长时间的购建或者生产活动才能达到预定可使用或者可销售状态的资产,这些资产主要是固定资产、投资性房地产和存货等。其中,"相当长时间"是指为资产的购建或者生产所必要的时间,通常为1年以上(含1年)。如果由于人为或者故意等非正常因素导致资产的购建或者生产时间较长的,不符合资本化条件。

2. 借款费用资本化的借款范围

资本化的借款费用必须能够直接归属于上述符合资本化条件的资产的购建或者生产。也就是说,为购建或生产符合资本化条件的资产的专门借款,或者为购建或生产符合资本化条件的资产而占用的一般借款,其借款费用才能资本化。与符合资本化条件的资产购建或生产无关的借款费用不能资本化。

专门借款是指为购建或者生产符合资本化条件的资产而专门借入的款项。专门借款应当有明确的专门用途,通常签订有标明该用途的借款合同。一般借款是专门借款以外的其他借款。

综上所述,企业发生的借款费用,如果可直接归属于符合资本化条件的资产的购建或者生产的,就意味着借款费用是为这些资产而发生的,如果不购建或生产这些资产的话就不会发生这些借款费用。按照"谁使用,谁承担"的原则,将以上范围的借款费用计入资产的成本,更符合资产的定义。

3. 借款费用资本化的时间范围

即只有在资本化期间,符合条件的借款费用才能够予以资本化。资本化期间是指从借款费用开始资本化时点到停止资本化时点的期间,但借款费用暂停资本化的期间不包括在内。

(1) 开始资本化的时点。符合资本化范围的借款费用,必须同时符合以下三个条件才能开始资本化:

第一,资产支出已经发生。资产支出包括为购建或者生产符合资本化条件的资产而以支付现金、转移非现金资产或者承担带息债务形式发生的支出。例如,用货币资金支付工程人员工资,将自产的产品用于符合资本化条件的资产的建造,用带息商业票据购买工程用材料,在出包方式下向承包方支付工程款,等等。

第二,借款费用已经发生。它是指已经发生了借款的利息、溢价或折价的摊销、辅助费用或外币借款的汇兑差额。例如,按照借款协议已经开始计息,向债券承销机构支付了一笔承销费等。

第三,为使资产达到预定可使用或者可销售状态所必要的购建或者生产活动已经开始。

它是指资产的实体建造活动已经开始,如主体设备的安装、厂房的实际建造等。

上述三个条件缺一不可,只有当三个条件同时具备时,相关借款发生的利息、折价或溢价的摊销、辅助费用及汇兑差额才能开始资本化。

(2)停止资本化的时点。购建或者生产符合资本化条件的资产达到预定可使用或者可销售状态时,借款费用应当停止资本化。也就是说,在符合资本化条件的资产达到预定可使用或者可销售状态之后所发生的借款费用,应当在发生时根据其发生额确认为费用,计入当期损益。

购建或者生产符合资本化条件的资产达到预定可使用或者可销售状态,可从下列几个方面进行判断:

第一,符合资本化条件的资产的实体建造(包括安装)或者生产工作已经全部完成或者实质上已经完成。

第二,所购建或者生产的符合资本化条件的资产与设计要求、合同规定或者生产要求相符或者基本相符,即使有极个别与设计、合同或者生产要求不相符的地方,也不影响其正常使用或者销售。

第三,继续发生在所购建或生产的符合资本化条件的资产上的支出金额很少或者几乎不再发生。

第四,购建或者生产符合资本化条件的资产需要试生产或者试运行的,在试生产结果表明资产能够正常生产出合格产品,或者试运行结果表明资产能够正常运转或者营业时,应当认为该资产已经达到预定可使用或者可销售状态。

(3)暂停资本化的时间。在开始资本化到停止资本化这段时间内,有时会由于某种原因使资产购建活动发生中断,此时则应根据中断的时间长短和性质确定中断期间借款费用资本化是否暂停。具体而言,符合资本化条件的资产在购建或者生产过程中发生非正常中断,且中断时间连续超过3个月的,应当暂停借款费用的资本化。在中断期间发生的借款费用应当确认为费用,计入当期损益,直至资产的购建或者生产活动重新开始。所谓非正常中断,通常是由于企业管理决策上的原因或其他不可预见的原因所导致的中断。例如,企业因与施工方发生了工程质量纠纷,或者施工生产发生了安全事故,或者资金周转发生了困难,或者发生了与资产购建、生产有关的劳动纠纷等原因。但如果中断是所购建或者生产的符合资本化条件的资产达到预定可使用或者可销售状态必要的程序,借款费用的资本化应当继续进行。例如,工程建造过程中必须暂停下来的质量或者安全检查等。

综上所述,只有同时满足以下条件的借款费用才能够资本化,计入相关资产的成本:一是相关资产是符合资本化条件的资产,即需要经过相当长时间的购建或者生产活动才能达到预定可使用或可销售状态的资产;二是该笔借款是与该符合资本化条件的资产的生产或购建直接相关的专门借款或一般借款;三是必须是在资本化期间的借款费用。不符合以上条件的借款费用,应当在发生时根据其发生额确认为费用,计入当期损益。

三、借款费用的计量和账务处理

(一)借款费用资本化金额的计算

1. 专门借款利息费用的资本化金额

为购建或者生产符合资本化条件的资产而借入专门借款的,应当以专门借款当期实际发生的利息费用,减去将尚未动用的借款资金存入银行取得的利息收入或进行暂时性投资取得的投资收益后的金额,计算确定应予以资本化的利息金额。

【例 11-1】 某公司于 20×3 年 1 月 1 日正式动工兴建一幢办公楼,工期预计为 1 年,工程采用出包方式,分别于 20×3 年 1 月 1 日、20×3 年 7 月 1 日支付工程进度款 1 500 万元、2 500 万元。为建造该办公楼,公司于 20×3 年 1 月 1 日借入专门借款 2 000 万元,借款期限为 3 年,年利率为 6%。于 20×3 年 7 月 1 日借入专门借款 2 000 万元,借款期限为 5 年,年利率为 7%。借款利息按年支付,假定名义利率与实际利率均相同。闲置借款资金均用于固定收益债券短期投资,该短期投资月收益率为 0.5%。办公楼于 20×3 年 12 月 31 日完工,达到预定可使用状态。

根据上述资料,计算建造该办公楼应予资本化的利息金额。办公楼建造资产支出情况,如表 11-1 所示。

表 11-1　　　　　　　　　办公楼建造资产支出情况　　　　　　　　　单位:万元

日　期	每期资产支出金额	累计资产支出金额	专门借款金额	闲置借款资金用于短期投资金额
20×3 年 1 月 1 日	1 500	1 500	2 000	500
20×3 年 7 月 1 日	2 500	4 000	2 000	0
总　计	4 000	—	4 000	500

(1) 确定借款费用资本化期间为 20×3 年 1 月 1 日至 20×3 年 12 月 31 日。
(2) 计算资本化期间专门借款实际发生的利息费用:

　　20×3 年专门借款发生的利息金额 = 2 000×6% + 2 000×7%×6/12 = 190(万元)

(3) 计算资本化期间利用闲置的专门借款资金进行短期投资的收益:

　　20×3 年短期投资收益 = 500×0.5%×6 = 15(万元)

在资本化期间内,专门借款利息费用的资本化金额应当以其实际发生的利息费用减去将闲置的借款资金进行短期投资取得的投资收益后的金额确定,因此:

　　20×3 年的利息资本化金额 = 190 - 15 = 175(万元)

2. 一般借款利息费用的资本化金额

为购建或者生产符合资本化条件的资产而占用了一般借款的,企业应当根据累计资产支出超过专门借款部分的资产支出加权平均数乘以所占用一般借款的资本化率,计算确定应予以资本化的利息金额。资本化率应当根据一般借款加权平均利率计算确定。即:

一般借款利息费用的资本化金额 = 累计资产支出超过专门借款部分的资产支出加权平均数 × 一般借款的加权平均利率

$$\text{累计资产支出超过专门借款部分的资产支出加权平均数} = \sum \left(\text{每笔资产支出超过专门借款部分的资产支出} \times \frac{\text{该笔资产支出占用的天数}}{\text{会计期间涵盖的天数}} \right)$$

$$\text{一般借款的加权平均利率} = \frac{\text{所占用一般借款当期实际发生的利息之和}}{\text{所占用一般借款本金加权平均数}}$$

$$\text{所占用一般借款本金加权平均数} = \sum \left(\frac{\text{所占用每笔}}{\text{一般借款本金}} \times \frac{\text{每笔一般借款在}}{\text{当期所占用的天数}} \div \frac{\text{当期}}{\text{天数}} \right)$$

【例 11-2】 承[例 11-1]，假定该公司建造办公楼没有专门借款，占用的都是一般借款。该公司为建造办公楼占用的一般借款有两笔，具体如下：①向 A 银行长期贷款 6 000 万元，期限为 20×1 年 12 月 1 日至 20×6 年 12 月 1 日，年利率为 6%，按年支付利息。②20×2 年 1 月 1 日按面值发行公司债券 1 亿元，期限为 5 年，年利率为 5%，按年支付利息。假定这两笔一般借款除了用于办公楼建设，没有用于其他符合资本化条件的资产的购建或者生产活动。

该公司 20×3 年建造办公楼占用的一般借款的利息资本化金额计算如下：

(1) 计算所占用一般借款资本化率：

一般借款资本化率(年)＝(6 000×6%＋10 000×5%)÷(6 000＋10 000)×100%＝5.375%

(2) 计算累计资产支出加权平均数：

20×3 年累计资产支出加权平均数＝1 500×360÷360＋2 500×180÷360＝2 750(万元)

(3) 计算每期利息资本化金额：

20×3 年为建造办公楼的利息资本化金额＝2 750×5.375%＝147.812 5(万元)

20×3 年实际发生的一般借款利息金额＝6 000×6%＋10 000×5%＝860(万元)

20×3 年一般借款实际利息的费用化金额＝860－147.812 5＝712.187 5(万元)

3. 借款费用资本化金额计算应注意的问题

(1) 在计算确定专门借款或一般借款的资本化金额时，所说的专门借款或一般借款"当期实际发生的利息费用"，是指按照实际利率法计算确定的利息费用，即包含了溢价或折价摊销和辅助费用对名义利息的调整额。实际利率法的计算和账务处理见本章第三节。

(2) 在资本化期间内，每一会计期间的利息资本化金额，不应当超过当期相关借款实际发生的利息金额。

(3) 购建或者生产的符合资本化条件的资产的各部分分别完工，每部分在其他部分继续建造过程中可供使用或者可对外销售，且为使该部分资产达到预定可使用或可销售状态所必要的购建或者生产活动实质上已经完成的，应当停止与该部分资产相关的借款费用的资本化。购建或者生产的资产的各部分分别完工，但必须等到整体完工后才可使用或者可对外销售的，应当在该资产整体完工时停止借款费用的资本化。

(4) 外币专门借款本金及利息的汇兑差额，在资本化期间内应予以资本化，计入符合资本化条件的资产的成本。其他汇兑差额，应计入当期损益。

(5) 专门借款发生的辅助费用，在所购建或者生产的符合资本化条件的资产达到预定可使用或者可销售状态之前发生的，应当在发生时根据其发生额予以资本化，计入符合资本化条件的资产的成本；在所购建或者生产的符合资本化条件的资产达到预定可使用或者可销售状态之后发生的，应当在发生时根据其发生额确认为费用，计入当期损益。一般借款发生的辅助费用，应当在发生时根据其发生额确认为费用，计入当期损益。上述资本化或计入当期损益的辅助费用的发生额，是指根据《企业会计准则第 22 号——金融工具确认和计量》，按照实际利率法所确定的金融负债交易费用对每期利息费用的调整额。借款实际利率与合同利率差异较小的，也可以采用合同利率计算确定利息费用。

(二) 借款费用的账务处理

符合资本化条件的借款费用,借记"在建工程"等账户,计入固定资产等资产的成本,不符合资本化条件的借款费用,借记"财务费用"等账户,计入当期损益;应付的利息属于分期付息或短期借款的,贷记"应付利息"账户,其他的应付利息分别贷记"应付债券""长期借款"等账户。

【**例 11-3**】 某公司于 20×6 年 1 月 1 日动工兴建一幢厂房,工期为 1 年,工程采用出包方式,分别于 20×6 年 1 月 1 日、4 月 1 日、10 月 1 日支付工程进度款 1 000 万元、2 000 万元、1 000 万元。该厂房于 20×6 年 12 月 31 日完工,达到预定可使用状态。

公司为兴建该厂房发生了两笔专门借款,分别为:①20×6 年 1 月 1 日专门借款 2 000 万元,借款期限为 2 年,年利率为 5%,利息按年支付。②20×6 年 10 月 1 日专门借款 400 万元,借款期限为 3 年,年利率为 6%,利息按年支付。闲置专门借款资金的 50% 用于固定收益债券短期投资,该短期投资预期月收益率为 0.5%;另 50% 存入银行,月利率为 1‰。

该公司建造该厂房还占用了一般借款。假定所占用一般借款有两笔,分别为:①20×6 年 7 月 1 日向 A 银行借入长期借款 1 000 万元,期限 3 年,年利率为 6%,按年支付利息。②按面值发行公司债券 2 000 万元,于 20×6 年 1 月 1 日发行,期限为 5 年,年利率为 9%,按年支付利息。厂房建造的资产支出情况,如表 11-2 所示。

表 11-2　　　　　　　　厂房建造的资产支出情况　　　　　　　　单位:万元

日 期	每期资产支出金额	累计资产支出金额	专门借款金额	闲置专门借款金额	累计资产支出超出专门借款的金额
20×6 年 1 月 1 日	1 000	1 000	2 000	1 000	0
20×6 年 4 月 1 日	2 000	3 000	0	0	1 000
20×6 年 10 月 1 日	1 000	4 000	400	0	1 600
总 计	4 000	—	2 400	1 000	—

根据上述资料,按年度计算公司建造该厂房应予以资本化的利息费用金额。

(1) 确定借款费用资本化期间为 20×6 年 1 月 1 日至 20×6 年 12 月 31 日。
(2) 计算专门借款利息费用资本化金额。

$$\text{专门借款利息费用资本化金额} = \text{专门借款当期实际发生的利息费用} - \text{尚未动用的借款资金存入银行取得的利息收入} - \text{进行暂时性投资取得的投资收益}$$

该公司专门借款利息费用的资本化金额 = 2 000×5% + 400×6%×3÷12 − (500×0.5%×3 + 500×1‰×3)
　　　　　　　　　　　　　　　　= 97(万元)

20×6 年 12 月 31 日,有关会计分录如下:

借:在建工程　　　　　　　　　　　　　　　　　　　　　　　　　　970 000
　　应收利息(或银行存款)　　　　　　　　　　　　　　　　　　　　90 000
　　贷:应付利息　　　　　　　　　　　　　　　　　　　　　　　　　1 060 000

(3) 计算一般借款利息费用资本化金额。

$$\text{所占用一般借款当期实际发生的利息之和} = 1\,000 \times 6\% \times 6 \div 12 + 2\,000 \times 9\%$$
$$= 210(万元)$$

$$\text{一般借款利息费用资本化金额} = \text{累计资产支出超过专门借款部分的资产支出加权平均数} \times \text{所占用一般借款的资本化率}$$

其中:

$$\text{累计资产支出超过专门借款部分的资产支出加权平均数} = (2\,000-1\,000) \times 9 \div 12 + (1\,000-400) \times 3 \div 12$$
$$= 900(万元)$$

一般借款资本化率=$(1\,000 \times 6\% \times 6 \div 12 + 2\,000 \times 9\%) \div (1\,000 \times 6 \div 12 + 2\,000) \times 100\% = 8.4\%$

一般借款利息费用资本化金额=$900 \times 8.4\% = 75.6$(万元)

一般借款利息费用计入当期损益的金额=$210-75.6 = 134.4$(万元)

20×6年12月31日,有关会计分录如下:

借:在建工程　　　　　　　　　　　　　　　　　　　756 000
　　财务费用　　　　　　　　　　　　　　　　　　1 344 000
　　贷:应付利息　　　　　　　　　　　　　　　　　　　　2 100 000

(4) 计算建造厂房应予以资本化的利息费用金额。

该公司建造厂房应予以资本化的利息费用金额=$97+75.6=172.6$(万元)

第二节　银 行 借 款

一、银行借款概述

(一) 银行借款的特点

银行借款是企业筹集资金的主要方式之一。与债券融资相比,银行借款的优点如下:一是获得借款的程序比较方便快捷,免去了发行债券的烦琐程序;二是具有灵活性,借贷双方可根据情况变化协商变更有关条款;三是与债券相比,融资成本较低,不用支付承销费等发行费用。

同时,向银行借款对企业来说也有一些不利之处,即银行为了控制风险,往往在协议中提出比较严格的贷款条件。例如,要求企业必须按规定提供相应的担保;要求借款方保持一定的有形资产净值和财务比率,否则必须立即偿付现有债务本金,等等。这些限制条款增加了借款企业的机会成本。

(二) 银行借款的分类

银行借款可以按照多种方式分类。

1. 根据借款的保障程度分类

根据借款的保障程度,银行借款可以分为信用贷款、担保贷款和保证贷款。

(1) 信用贷款是指还款仅凭借款人的信用,不需任何担保品或保证人的贷款。

(2) 担保贷款是指以特定的财产作为还款保证的贷款,如果借款人到期不履行义务,银行有权处理财产以优先偿还贷款。根据担保品不同,担保贷款又分为抵押贷款和质押贷款。前者通常以不动产、机器设备和存货为担保品,后者以有价证券、大额存单和专利权等为担保品。

(3) 保证贷款是指保证人承诺在借款人到期不能偿还贷款时承担还本付息连带责任的贷款。

2. 根据借款期限的长短分类

根据借款期限的长短,银行借款可分为偿还期在1年以下的短期借款和偿还期在1年以上的长期借款。

3. 根据借款的用途分类

根据借款的用途,银行借款可分为流动资金借款和固定资产借款等。

4. 根据利率是否变化分类

根据利率是否变化,银行借款可分为浮动利率借款和固定利率借款。

(三) 银行借款的信用条件和利率

某些信用条件和付息方式的存在,将使银行借款的实际利率与名义利率出现差异。

1. 银行借款的信用条件

银行借款往往附带一些信用条件,主要有补偿性余额、授信额度和周转信贷协议等。

(1) 补偿性余额是指银行要求借款企业在银行账户中保留的最低存款余额,一般为借款本金的10%~20%,而且它不能使用。补偿性余额实际上是间接补偿银行服务的一种方式。对借款企业而言,补偿性余额使可占用资金减少,提高了借款的实际利率。如一笔贷款名义利率是6%,要求的补偿性余额是20%,则贷款实际利率为7.5%[6%÷(1−20%)]。

(2) 授信额度是指银行对借款企业规定的无担保贷款的最高额。企业在批准的信贷限额内,可随时使用银行借款。但银行并不承担按最高借款限额保证贷款的法律义务。

(3) 周转信贷协议是指银行承诺对企业提供不超过某一最高限额的贷款协议,且这一承诺具有法律效力。在协议有效期内,只要企业的借款总额未超过最高限额,银行必须随时满足企业提出的借款要求。同时,企业需要就贷款限额未使用部分向银行支付承诺费。

2. 银行借款的利率

根据利息支付方式不同,银行借款的利率分为简单利率(即按单利计息的利率)、贴现利率和附加利率等。在贴现利率情况下,银行从本金中预先扣除贷款的贴现利息,将贷款本金与贴现利息的差额作为借款借给企业,而到期时企业偿还全部本金。在附加利率情况下,银行根据贷款总额和名义利率来计算利息,企业在贷款期限内分期等额偿还贷款本息和,这使企业负担的实际利率是名义利率的近2倍。

二、短期借款及其账务处理

(一) 短期借款的概念和特点

短期借款是指企业向银行或其他金融机构等借入的期限在1年以下(含1年)的各种借款。短期借款主要是为了解决企业由于季节性、临时性营运资金的短缺,保证企业生产经营正常进行的一种借款方式。

短期借款与长期借款相比,具有筹资效率高、还款灵活的优点,但筹资风险较高。

(二) 短期借款的账务处理

企业借入短期借款的本金,通过"短期借款"账户核算。

企业借入短期借款,借记"银行存款"账户,贷记"短期借款"账户;归还借款时,编制相反的会计分录。"短期借款"账户期末贷方余额,反映企业尚未偿还的短期借款的本金。

计算确定短期借款的利息费用时一般采用实际利率法。在资产负债表日,应按实际利率计算确定的短期借款利息的金额,可以资本化的,记入"在建工程""制造费用""研发支出""开发成本"账户,不能资本化的,计入当期财务费用;同时贷记"银行存款""应付利息"等账户。如果短期借款的实际利率与合同约定的名义利率差异不大,也可以采用合同约定的名义利率计算确定利息费用。

如果利息是按季支付或到期时一次性支付的,且金额不大,根据重要性要求,也可在实际支付时记入"在建工程""财务费用"等账户。

【例11-4】 某企业于20×7年10月1日向银行借入为期3个月的借款用于生产经营,借款本金为2 000万元,合同规定的年利率为6%,到期一次偿还本金。

假定该企业按月计提借款利息。

(1) 20×7年10月1日,借入短期借款。

借:银行存款　　　　　　　　　　　　　　　　　　　　　　20 000 000
　　贷:短期借款　　　　　　　　　　　　　　　　　　　　　　　20 000 000

(2) 20×7年10月30日,确认当月利息费用。

$$当月利息费用 = 20\,000\,000 \times 6\% \times 1/12 = 100\,000(元)$$

借:财务费用　　　　　　　　　　　　　　　　　　　　　　　100 000
　　贷:应付利息　　　　　　　　　　　　　　　　　　　　　　　　100 000

(3) 20×7年12月31日,偿还本金及利息。

借:财务费用　　　　　　　　　　　　　　　　　　　　　　　100 000
　　应付利息　　　　　　　　　　　　　　　　　　　　　　　 200 000
　　短期借款　　　　　　　　　　　　　　　　　　　　　　 20 000 000
　　贷:银行存款　　　　　　　　　　　　　　　　　　　　　　 20 300 000

三、长期借款及其账务处理

(一) 长期借款的概念和特点

长期借款是企业向银行或其他金融机构借入的期限在1年以上(不含1年)的借款。与短期借款相比,长期借款期限长,风险较高,因而利率高于短期借款。同时,银行审查程序更为严格,协议中的限制性条款也更多。

长期借款按偿还方式不同,可分为到期一次还本付息、分期付息到期还本和等额偿还本息等方式。

(二) 长期借款的账务处理

1. 借入长期借款

企业借入长期借款,通过"长期借款"账户核算。在该账户下按照贷款单位和贷款种类,设置"本金""利息调整"等明细账户。"长期借款"账户期末贷方余额,反映企业尚未偿还的长期借款的摊余成本。

企业借入长期借款,按实际到账的借款额,借记"银行存款"账户;按本金,贷记"长期借款——本金"明细账户;如存在差额,贷记或借记"利息调整"明细账户。

2. 期末计提利息和利息调整

资产负债表日,应按摊余成本和实际利率计算确定的长期借款的利息费用,可以资本化的,借记"在建工程""制造费用""研发支出""开发成本"账户,不能资本化的,计入当期财务费用;按合同利率计算确定的应付未付利息,贷记"应付利息"账户;按其差额,贷记"长期借款——利息调整"账户。如果长期借款的实际利率与合同约定的名义利率差异不大,也可以采用合同约定的名义利率计算确定利息费用。

3. 长期借款的到期偿还

归还长期借款本金时,借记"长期借款"账户,贷记"银行存款"账户。同时,存在未摊销的溢折价和交易费用的,借记或贷记"在建工程""制造费用""开发成本""研发支出""财务费用"等账户,贷记或借记"长期借款——利息调整"账户。

【例11-5】 长江公司于20×7年1月1日向银行借入专门借款500万元用于建造厂房,厂房于当日开始建造,20×7年12月31日所建厂房达到预定可使用状态。借款年利率为8%,期限3年,每年年初支付上一年度利息,到期偿还本金。发生借款手续费5万元。假定建造期间借款利息费用符合条件全部计入厂房成本,建成后的借款利息费用全部计入发生当期费用。长江公司有关计算及会计分录如下:

(1) 20×7年1月1日,取得借款。

借:银行存款　　　　　　　　　　　　　　　　　　　　　　　　　　4 950 000
　　长期借款——利息调整　　　　　　　　　　　　　　　　　　　　　　50 000
　　贷:长期借款——本金　　　　　　　　　　　　　　　　　　　　　　5 000 000

(2) 计算各年交易费用摊销额。

求长期借款的实际利率r:

$$495 = 40 \times (P/A, r, 3)① + 500 \times (P/V, r, 3)②$$

求得:$r = 8.390\,773\%$

由此,该笔长期借款各年折价及交易费用摊销额,如表11-3所示。

表11-3　　　　　　**长江公司长期借款利息调整摊销表(实际利率法)**　　　　　单位:元

年份	利息费用 (a)=r×上期(e)	支付利息 (b)	摊销额 (c)=(a)−(b)	利息调整余额 (d)=上期(d)−(c)	期末摊余成本 (e)=上期(e)+(c)
				50 000	4 950 000
20×7	415 343	400 000	15 343	34 657	4 965 343

---

① (P/A, r, 3)表示折现率为r、期数为3的年金现值系数。年金现值系数$(P/A, r, n) = [1 - 1/(1+r)^n]/r$,$r$表示折现率,$n$表示期数。下同。

② (P/V, r, 3)表示折现率为r、期数为3的复利现值系数。复利现值系数$(P/V, r, n) = 1/(1+r)^n$,r表示折现率,n表示期数。下同。

(续表)

年 份	利息费用 (a)=r×上期(e)	支付利息 (b)	摊 销 额 (c)=(a)-(b)	利息调整余额 (d)=上期(d)-(c)	期末摊余成本 (e)=上期(e)+(c)
20×8	416 631	400 000	16 631	18 026	4 981 974
20×9	418 026	400 000	18 026	0	5 000 000

(3) 20×7 年 12 月 31 日，当年利息费用计入厂房成本。

借：在建工程——厂房　　　　　　　　　　　　　　　　　415 343
　　贷：应付利息　　　　　　　　　　　　　　　　　　　400 000
　　　　长期借款——利息调整　　　　　　　　　　　　　 15 343

20×8 年年初实际支付本期利息时：

借：应付利息　　　　　　　　　　　　　　　　　　　　　400 000
　　贷：银行存款　　　　　　　　　　　　　　　　　　　400 000

(4) 20×8 年 12 月 31 日，当年利息费用计入财务费用。

借：财务费用　　　　　　　　　　　　　　　　　　　　　416 631
　　贷：应付利息　　　　　　　　　　　　　　　　　　　400 000
　　　　长期借款——利息调整　　　　　　　　　　　　　 16 631

20×9 年年初实际支付本期利息时：

借：应付利息　　　　　　　　　　　　　　　　　　　　　400 000
　　贷：银行存款　　　　　　　　　　　　　　　　　　　400 000

(5) 20×9 年 12 月 31 日，当年利息费用计入财务费用。

借：财务费用　　　　　　　　　　　　　　　　　　　　　418 026
　　贷：应付利息　　　　　　　　　　　　　　　　　　　400 000
　　　　长期借款——利息调整　　　　　　　　　　　　　 18 026

偿还本金及最后一年利息时：

借：长期借款——本金　　　　　　　　　　　　　　　　5 000 000
　　应付利息　　　　　　　　　　　　　　　　　　　　　400 000
　　贷：银行存款　　　　　　　　　　　　　　　　　　5 400 000

第三节　应付债券

一、债券概述

(一) 债券的性质

债券是指发行企业约定于一定日期支付一定本金及利息给债券持有人的契约。公司债券是指公司依照法定程序发行、约定在一定期限还本付息的有价证券。

企业发行债券要依照一定的法定程序进行,如股份公司首先由董事会制订方案,提交股东大会通过,再报经政府有关部门核准。

债券的发行方式分为承销和直接发售两种。债券直接发售是指发行企业将债券直接销售给投资者的方式。但我国《证券法》规定公司发行债券必须采用承销方式。承销分为代销和包销。债券代销是指证券公司代发行人发售债券,在承销期结束时,将未售出的债券全部退还给发行人的承销方式。债券包销是指证券公司将发行人的债券按照协议全部购入或者在承销期结束时将售后剩余债券全部自行购入的承销方式。

债券的基本要素包括债券面值、债券利率、债券发行价格和债券偿还期限。债券的面值就是债券的票面价值,债券的票面利率又称名义利率,是债券利息和债券面值的比率。

(二) 债券的分类

1. 按债券发行有无担保分类

(1) 有担保债券又称抵押债券,是指以特定的资产作为还本付息的担保的债券,如不动产(土地、房屋)、动产(机器设备)、可转让的债券等都可作抵押。

(2) 无担保债券又称信用债券,是指不设定任何抵押品,全凭公司的信用发行的债券。持有人持有这种债券的风险高于有担保债券,因此利率也较高。

2. 按还本方式分类

(1) 一次还本债券是指债券本金在到期日一次性偿还的债券。

(2) 分期还本债券是指债券本金分期偿还的债券。

3. 按是否记名分类

(1) 记名债券是指债券存根簿上载明债权人姓名或名称的债券。

(2) 无记名债券是指未在债券存根簿上载明债权人姓名或名称的债券。

4. 债券的其他种类

(1) 可转换债券是指可以按约定价格转换为发行方公司股票的债券。

(2) 可交换债券是指可以用来交换非发行方公司股票的债券。

(3) 附认股权证的债券是指债券与认股权证同时发行,分开交易,在我国又称分离交易可转债。

(三) 债券的发行价格

债券的票面要素包括发行日期、面值、利率、付息方式及日期、到期日等内容。

面值是债券上载明的名义金额,是发行企业将要偿还给债券持有人的本金。

票面上载明的利率即票面利率,又称名义利率,是用来计算以面值为基础的应支付利息的比率,是企业在制订债券发行方案时根据债券市场利率状况、企业的信用状况、项目获利能力等因素确定的。债券发行要经过决议、申请、批准、委托等程序,因此,在发行时可能会出现票面利率高于或低于市场利率的情况。由于票面利率是早已确定无法变更的,在这种情况下发行企业只能调整债券的发行价格,使债券的发行价格等于它的"经济价值",即以市场利率为折现率计算的债券存续期现金流量的现值。其计算公式如下:

$$债券的发行价格 = \frac{债券面值}{(1+市场利率)^n} + \sum_{t=1}^{n} \frac{各期利息}{(1+市场利率)^t}$$

式中，n 表示债券的存续期数；t 表示付息期数（$t=1,2,\cdots,n$）。

【例 11-6】 假定某公司为筹集生产经营所需资金于 20×4 年发行 4 年期一次还本、分期付息的债券 1 000 000 元，票面年利率为 5%，每年 12 月 31 日付息。

（1）假设发行时市场利率为 5%，和票面利率相等，则：

$$债券的发行价格 = 1\,000\,000 \times (P/V,5\%,4) + 50\,000 \times (P/A,5\%,4)$$
$$= 1\,000\,000 \times 0.822\,7 + 50\,000 \times 3.546\,0$$
$$= 1\,000\,000（等于面值）$$

（2）假设发行时市场利率为 4%，小于票面利率，则：

$$债券的发行价格 = 1\,000\,000 \times (P/V,4\%,4) + 50\,000 \times (P/A,4\%,4)$$
$$= 1\,000\,000 \times 0.854\,8 + 50\,000 \times 3.629\,9$$
$$= 1\,036\,295（高于面值）$$

（3）假设发行时市场利率为 6%，大于票面利率，则：

$$债券的发行价格 = 1\,000\,000 \times (P/V,6\%,4) + 50\,000 \times (P/A,6\%,4)$$
$$= 1\,000\,000 \times 0.792\,1 + 50\,000 \times 3.465\,1$$
$$= 965\,355（低于面值）$$

债券的发行价格有三种情况：①如果票面利率等于市场利率，则债券的发行价格正好等于其面值，即平价发行。②如果票面利率高于市场利率，则债券的发行价格大于其面值，债券按溢价发行。③如果票面利率低于市场利率，则债券的发行价格小于其面值，债券按折价发行。

二、一次还本债券及其账务处理

一次还本债券是指本金于到期日一次偿还的债券。

企业为筹集长期资金而发行的债券本金和利息通过"应付债券"账户核算，"应付债券"账户下设"面值""利息调整""应计利息"明细账户。企业发行的可转换公司债券，应在"应付债券"账户下设置"可转换公司债券"明细账户进行核算。

（一）债券的发行

企业发行债券，应按实际收到的金额，借记"银行存款"等账户，按债券票面金额，贷记"应付债券——面值"明细账户；按实际收到的金额与票面金额之间的差额，即由溢折价及交易费用形成的利息调整额，借记或贷记"应付债券——利息调整"明细账户。

"利息调整"明细账户反映由溢价或折价和交易费用形成的差额及其摊销。

【例 11-7】 承[例 11-6]，在三种发行方式下的会计分录如下：

（1）平价发行。

借：银行存款	1 000 000
贷：应付债券——面值	1 000 000

（2）溢价发行。

借：银行存款	1 036 295
贷：应付债券——面值	1 000 000
——利息调整	36 295

(3) 折价发行。

借：银行存款　　　　　　　　　　　　　　　　　　　　　　　965 355
　　应付债券——利息调整　　　　　　　　　　　　　　　　　　34 645
　　贷：应付债券——面值　　　　　　　　　　　　　　　　　　　　　1 000 000

(二) 债券利息的计提和调整

债券存续期内，企业应在资产负债表日按债券面值和票面利率计提利息，并同时进行利息调整，即按实际利率法摊销溢折价及发行费等辅助费用。

1. 利息调整额的计算

当公司溢价或折价发行债券时，发行公司实质上是按市场利率承担利息费用。债券溢价是发行公司在债券存续期间因每期多付利息而预先得到的补偿，因此，发行公司实际利息费用总额，应为按票面利率计算的利息总额扣除债券溢价。溢价总额应该在债券存续期逐期摊销，抵减按票面利率计算的每期利息费用。

债券折价是发行公司在债券存续期间因每期少付利息而预先给予投资者的补偿，因此，发行公司实际利息费用总额，应为按票面利率计算的利息总额加上债券折价。折价总额应该在债券存续期逐期摊销，增加按票面利率计算的每期利息费用。

总之，溢价或折价是发行债券企业在债券存续期内对利息费用的一种调整。

溢价或折价的摊销方法主要有直线法和实际利率法两种，会计规范一般要求采用实际利率法。

在实际利率法下，企业应当按照期初债券或借款余额乘以实际利率计算确定每期利息费用。实际利率是企业在借款期限内未来应支付的利息和本金折现为债券或借款当前账面价值的利率。在实际利率法下，各期实际利息及摊销额的计算如下：

当期实际利息费用＝当期期初债券摊余成本×实际利率
当期溢价摊销额＝当期应付利息－当期实际利息费用
当期折价摊销额＝当期实际利息费用－当期应付利息
当期应付利息＝债券面值或借款本金×名义利率

债券发行时支付的手续费和佣金等辅助费用是为筹资付出的代价，它增加了债券的实际利息，因此在债券存续期内也要摊销辅助费用对利息的调整额。辅助费用和溢折价的摊销对利息的调整额可合并计算确定。

除了债券，其他借款也应当按照上述实际利率法确定每期利息费用。

如果按照名义(合同)利率和实际利率计算的每期利息费用相差不大的，可以按照名义利率计算确定每期借款利息。

在实际利率法下，各期利息费用等于期初摊余成本与实际利率的乘积，从而使各期账面利息率都等于实际利率，这样可以更准确、真实地反映利息费用与负债账面价值之间的关系。

2. 账务处理

在实际利率法下，对于到期一次还本付息的长期债券，资产负债表日，应按摊余成本和实际利率计算确定的长期债券的利息费用，借记"在建工程""制造费用""财务费用""研发支出"等账户；按票面利率计算确定的应付未付利息，贷记"应付债券——应计利息"账户；按其差额,借记或贷记"应付债券——利息调整"账户。

对于分期付息、到期一次还本的长期债券,资产负债表日,应按摊余成本和实际利率计算确定的长期债券的利息费用,借记"在建工程""制造费用""财务费用""研发支出"账户;按票面利率计算确定的应付未付利息金额,贷记"应付利息"账户;按其差额,借记或贷记"应付债券——利息调整"账户。

实际利率与合同约定的名义利率差异不大的,也可以采用合同约定的名义利率计算确定利息费用。

【例11-8】 承[例11-6],如平价发行债券,有关利息的会计分录如下:

20×4年12月31日:

借:财务费用	50 000
贷:应付利息	50 000

实际支付本期利息时:

借:应付利息	50 000
贷:银行存款	50 000

其余各期编制相同会计分录。

【例11-9】 承[例11-6],如溢价发行债券,按实际利率法编制溢价摊销表,如表11-4所示。

表11-4　　　　　　　　**公司债券溢价摊销表(实际利率法)**　　　　　　　单位:元

日期	利息费用 (a)=上期(e)× 4%	支付利息 (b)=面值× 5%	利息调整 摊销额(c)= (b)-(a)	利息调整余额 (d)=上期(d)- (c)	期末摊余成本 (e)=上期(e)- (c)
20×4—1—1				36 295	1 036 295
20×4—12—31	41 452	50 000	8 548	27 747	1 027 747
20×5—12—31	41 110	50 000	8 890	18 857	1 018 857
20×6—12—31	40 754	50 000	9 246	9 611	1 009 611
20×7—12—31	40 389	50 000	9 611	0	1 000 000
合计	163 705	200 000	36 295	—	—

该公司有关利息的会计分录如下:

20×4年12月31日:

借:财务费用	41 452
应付债券——利息调整	8 548
贷:应付利息	50 000

实际支付本期利息时:

借:应付利息	50 000
贷:银行存款	50 000

20×5 年 12 月 31 日：

借：财务费用　　　　　　　　　　　　　　　　　　　　　41 110
　　应付债券——利息调整　　　　　　　　　　　　　　　　8 890
　　贷：应付利息　　　　　　　　　　　　　　　　　　　　　　　50 000

实际支付本期利息时：

借：应付利息　　　　　　　　　　　　　　　　　　　　　50 000
　　贷：银行存款　　　　　　　　　　　　　　　　　　　　　　　50 000

其余各期根据表 11-4 计算结果进行相应处理。

【例 11-10】 承[例 11-6]，如折价发行债券，按实际利率法编制折价摊销表，如表 11-5 所示。

表 11-5　　　　　　　公司债券折价摊销表（实际利率法）　　　　　　　单位:元

日期	利息费用 (a)=上期(e)× 6%	支付利息 (b)=面值× 5%	利息调整 摊销额 (c)=(b)−(a)	利息调整余额 (d)=上期 (d)−(c)	期末摊余成本 (e)=上期 (e)−(c)
20×4−1−1				34 645	965 355
20×4−12−31	57 921	50 000	7 921	26 724	973 276
20×5−12−31	58 397	50 000	8 397	18 327	981 673
20×6−12−31	58 900	50 000	8 900	9 427	990 573
20×7−12−31	59 434	50 000	9 427	0	1 000 000
合计	234 653	200 000	34 645	—	—

该公司有关利息的会计分录如下：

20×4 年 12 月 31 日：

借：财务费用　　　　　　　　　　　　　　　　　　　　　57 921
　　贷：应付利息　　　　　　　　　　　　　　　　　　　　　　　50 000
　　　　应付债券——利息调整　　　　　　　　　　　　　　　　　7 921

实际支付利息时：

借：应付利息　　　　　　　　　　　　　　　　　　　　　50 000
　　贷：银行存款　　　　　　　　　　　　　　　　　　　　　　　50 000

20×5 年 12 月 31 日：

借：财务费用　　　　　　　　　　　　　　　　　　　　　58 397
　　贷：应付利息　　　　　　　　　　　　　　　　　　　　　　　50 000
　　　　应付债券——利息调整　　　　　　　　　　　　　　　　　8 397

实际支付利息时：

借：应付利息　　　　　　　　　　　　　　　　　　　　　50 000
　　贷：银行存款　　　　　　　　　　　　　　　　　　　　　　　50 000

其余各期根据表 11-5 计算结果进行相应账务处理。

(三) 债券的偿还

债券应根据债券发行时订立的合同条款偿还本金和利息。发行企业偿还本金的方式主要有到期偿还和提前偿还等。

1. 到期偿还

债券到期时，无论是折价发行还是溢价发行，溢价或折价均已摊销完毕，发行公司按面值偿还。

【例 11-11】 承[例 11-6]，20×7 年 12 月 31 日，债券到期偿还本金，应编制会计分录如下：

借：应付债券——面值　　　　　　　　　　　　　　　　　　　　　1 000 000
　　贷：银行存款　　　　　　　　　　　　　　　　　　　　　　　　　　1 000 000

2. 提前偿还

发行公司在债券到期前提前偿还债券本金的方式称为提前偿还。提前偿还的方式之一是提前在债券市场用现金购回。另一种方式是行使赎回权提前赎回，即有些债券发行契约中含有可赎回条款，发行公司可以某一特定的价格提前清偿本金，赎回债券。

促使发行企业提前偿还的因素包括发行企业的资金供求状况、债券的市场价格以及企业调整资本结构的需要等。比如，债券到期前，发行企业资金比较宽裕，且暂时没有适当的投资机会，因而发行企业提前清偿债券以减轻利息负担；或者资金市场的供需关系发生变化，发行企业可以付出更低的资金成本进行融资，也会选择提前偿还债券。

提前偿还债券时，应注销全部提前偿还债券的账面价值，包括债券的面值、尚未摊销的溢折价及发行费用。如果提前偿还日与债券的付息日不同，还要计提上一付息日至提前偿还日的利息费用并支付给债券持有人。偿还债券所支付金额与账面价值、应付利息之间的差额一般作为借款费用及其调整，记入"财务费用""在建工程"等账户。

【例 11-12】 承[例 11-10]，假定 20×6 年 9 月 30 日，公司以每张 100.5 元的价格（含应付的利息）从债券市场将债券全部赎回。该公司有关计算及会计分录如下：

(1) 计提上一付息日至提前偿还日的利息费用并摊销溢折价。

　　　　　　20×6 年 1 月 1 日至 9 月 30 日的应付利息＝50 000×9÷12＝37 500(元)
　　　　　　20×6 年 1 月 1 日至 9 月 30 日的利息费用＝58 900×9÷12＝44 175(元)
　　　　　　　　　　应摊销折价额＝44 175－37 500＝6 675(元)

借：财务费用　　　　　　　　　　　　　　　　　　　　　　　　　　44 175
　　贷：应付利息　　　　　　　　　　　　　　　　　　　　　　　　　　37 500
　　　　应付债券——利息调整　　　　　　　　　　　　　　　　　　　　6 675

(2) 注销提前赎回债券。

　　　　　　　　　　利息调整余额＝18 327－6 675＝11 652(元)

借：应付债券——面值　　　　　　　　　　　　　　　　　　　　　1 000 000
　　应付利息　　　　　　　　　　　　　　　　　　　　　　　　　　　3 750
　　贷：银行存款　　　　　　　　　　　　　　　　　　　　　　　　　1 005 000
　　　　应付债券——利息调整　　　　　　　　　　　　　　　　　　　　11 652
　　　　财务费用　　　　　　　　　　　　　　　　　　　　　　　　　　20 848

三、分期还本债券及其账务处理

分期还本债券是指按照债券契约约定的日期分期偿还本金的债券。

分期还本债券发行时,若市场利率与票面利率不一致,也会产生溢价或折价。溢折价的摊销应采用实际利率法,其计算方法与一次还本债券类似。期初的账面价值乘以实际利率为各期的实际利息费用,与各期应支付利息的差额,即当期应摊销的溢折价。在分期还本的情况下,各年的面值逐渐减少,实际利息费用也随之减少。

【例11-13】 公司于20×1年发行面值为1 000 000元、票面利率为12%的5年期债券,市场利率为10%,债券按溢价发行,发行价格为1 048 369元。假定不考虑发行费用。规定债券本金分5年平均偿还。请编制该公司相关会计分录,若采用实际利率法,编制溢价摊销表。

(1) 发行债券时的会计分录。

借:银行存款　　　　　　　　　　　　　　　　　　　　　　　　1 048 369
　　贷:应付债券——面值　　　　　　　　　　　　　　　　　　　1 000 000
　　　　　　　　——利息调整　　　　　　　　　　　　　　　　　　　48 369

(2) 每次偿还本金时的会计分录。

借:应付债券——面值　　　　　　　　　　　　　　　　　　　　　200 000
　　贷:银行存款　　　　　　　　　　　　　　　　　　　　　　　　200 000

(3) 各年度利息和溢价摊销额。采用实际利率法,计算编制溢价摊销表,如表11-6所示。

表11-6　　　　　　　分期还本债券溢价摊销表(实际利率法)　　　　　　　单位:元

年　份	利息费用 (a)=上期(e)× 10%	支付利息 (b)=本金余额× 12%	本期摊销额 (c)=(b)- (a)	偿还本金 (d)	期末摊余成本 (e)=上期(e)- (c)-(d)
20×1年1月1日					1 048 369
20×1年12月31日	104 837	120 000	15 163	200 000	833 206
20×2年12月31日	83 321	96 000	12 679	200 000	620 527
20×3年12月31日	62 053	72 000	9 947	200 000	410 580
20×4年12月31日	41 058	48 000	6 942	200 000	203 638
20×5年12月31日	20 364	24 000	3 638	200 000	0

以20×1年12月31日为例,编制会计分录如下:

借:财务费用　　　　　　　　　　　　　　　　　　　　　　　　　104 837
　　应付债券——利息调整　　　　　　　　　　　　　　　　　　　　15 163
　　贷:应付利息　　　　　　　　　　　　　　　　　　　　　　　　120 000

第四节 可转换公司债券

一、可转换公司债券的性质和特点

(一) 可转换公司债券的性质

如果在债券契约中规定,债券持有者可以在特定时期按照约定的转换比率或转股价格将持有的债券转换为发行公司的股票(通常为普通股),这种债券称为可转换公司债券。

可转换公司债券是一种复合金融工具,兼有权益性证券和债务性证券的双重性质,其所包含的转股权和债券不可分离交易。可转换公司债券在转股之前属于债务性证券,持有人在规定的付息日取得利息。如果持有人在转股期内未转股,则发行公司负有到期无条件还本付息的责任。如果持有人在转股期内转股,可转换公司债券变为权益性证券,持有人按所换得的普通股股份享有普通股股东的权益,同时发行公司的债务解除。

可转换公司债券的要素除了一般公司债券的基本要素,还具有一些特定的要素,包括:①基准股票,又称标的股票或正股,是指债券可以转换成的股票。②转股价格,是指约定的将债券转换为普通股的每股价格。③转股期,是指可转换债券持有人行使转股权的有效期限。④赎回条款,是指当公司股票在一段时间内连续高于转股价格达到某一幅度时,发行人可以提前购回其未到期的债券。赎回条款可以避免在短时间内股本扩张过快,是对发行公司利益的保护。⑤回售条款,是指当公司股票在一段时间内连续低于转股价格达到某一幅度时,可转换债券持有人按事先约定的价格将所持债券出售给发行人的条款。与提前赎回条款相反,回售条款是为了保护持有人的利益。公司一般不希望触发可转债回售条款,通常会向下修正转股价,以达到避免回售的目的。

(二) 可转换公司债券的特点

可转换公司债券已成为当今企业筹集长期资金的重要方式。对发行企业而言,与发行股票相比,可转换公司债券既有明显的优点,又蕴含着某些风险。

1. 可转换公司债券筹资的优点

(1) 发行可转换公司债券的筹资成本较低。由于转股权具有潜在的收益性,使发行公司可以以比同等条件下更高的价格或更低的利率来发行债券,从而降低筹资成本。同时,也避免了发行股票所需的高额的发行费用。

(2) 在股票市场不景气、发行股票较困难的情况下,发行可转换公司债券更易被市场接受。

(3) 由于设定了转股期,避免了发行股票所带来的股本迅速扩张所造成的股权稀释。对于那些不希望迅速扩张股本的公司来说是适合的筹资方式。

(4) 可转换公司债券的某些条款赋予发行公司一定的空间,发行公司可以根据自己的资本结构的需要,通过诱导转换等方式控制转股的节奏和数量,从而改善资产负债比率。

2. 可转换公司债券筹资的风险

(1) 每股收益稀释的风险。当投资者纷纷行使转股权使得股本扩张而收益没有实现同步增长,公司的每股收益将会被稀释。

(2) 转换失败的风险。当公司确需股票筹资,而进入转股期由于股价并未上升使持有人放弃行使转股权时,发行公司将承受还本付息的压力。

(3) 回售风险。当股票价格在一段时期内持续低于转股价格而达到某一幅度时,可转换债券持有人可按事先约定的价格将所持债券回售给发行公司,发行公司将承受损失和面临资金支付的压力。当然,公司可以通过修正转股价的条款来控制这一风险。

二、可转换公司债券的账务处理

(一) 可转换公司债券的发行

可转换公司债券是一种混合性质的债券,理论上其价值由两部分构成:一是负债部分的价值,即由债券的本金和利息按实际利率折现的现值。二是转股权的价值。转股权的价值体现在若转股期的股票价格上升到转股价之上时,债券持有者可以通过转股而获得股票增值的收益。从理论上讲,转股权的价值应等于可转换公司债券的实际售价减去不含转股权的债券市场价值。在可转换公司债券初始确认时,对于转换权的价值是否单独确认,会计上有以下两种处理方法:

第一种是不单独确认转换权的价值,即将可转换债券看作一个完整的债务性债券,在初始确认时将发行收入全额确认为负债,不确认权益。

第二种是单独确认转换权的价值,即在初始确认时将相关负债和权益进行分拆,先对负债成分的未来现金流量按照市场利率进行折现计算确定负债部分的初始入账金额,再按发行收入扣除负债部分初始入账金额的差额确认权益部分的初始入账金额。发行可转换公司债券发生的交易费用,应当在负债成分和权益成分之间按各自的相对公允价值进行分摊。即:

负债部分的初始入账金额=以市场利率为折现率的债券未来现金流量的现值
权益部分的初始入账金额=发行收入−负债部分初始入账金额

目前我国采用的是第二种方法。下面主要介绍这种方法的具体会计处理。

公司发行可转换公司债券时,应按实际收到的金额,借记"银行存款"等账户;按该项可转换公司债券包含的负债成分的面值,贷记"应付债券——可转换公司债券(面值)"账户;按权益部分的公允价值,贷记"其他权益工具"账户;按其差额,借记或贷记"应付债券——利息调整"账户。由于权益在本质上属于一种剩余的经济利益,且其公允价值较难得到,通常按发行收入扣除负债部分初始入账金额的差额代替权益部分的公允价值。

【例11-14】某公司于20×6年1月1日发行5 000份可转换公司债券,每份面值1 000元,实际发行价格为每份1 002元,取得总收入5 010 000元。该债券期限为3年,票面年利率为3%,每年1月1日为付息日;每份债券均可在债券发行1年后按每100元面值转20股转换为该公司普通股。该公司发行该债券时,二级市场上与之类似但没有转股权的债券的市场利率为7%。假定不考虑其他相关因素。

(1) 确定初始入账金额。先对负债部分的未来现金流量按照市场利率7%进行折现,以确定负债部分的初始入账金额。

$$5\,000\,000 \times (P/V, 7\%, 3) + 150\,000 \times (P/A, 7\%, 3) = 4\,475\,137(元)$$

则债券的利息调整额(折价)=5 000 000−4 475 137=524 863(元)

权益部分的初始入账金额=5 010 000−4 475 137=534 863(元)

(2) 账务处理。根据以上计算结果,编制如下会计分录。

借:银行存款 5 010 000
　　应付债券——利息调整 524 863
　　贷:应付债券——可转换公司债券(面值) 5 000 000
　　　　其他权益工具 534 863

可转换公司债券在转换为股票之前,其所包含的负债即属于应付债券的部分,应当比照一般应付债券计提利息、摊销溢价或折价。企业无法准确预计债券持有人行使转股权的时间和数额,所以,假定债券一直发行在外,折价或溢价在整个债券期间摊销,如表11-7所示。

表11-7　　　　　　可转换公司债券利息调整摊销表　　　　　单位:元

摊销期	本期名义利息 (a)	利息费用 (b)	摊销额 (c)=(b)-(a)	利息调整余额 (d)=上期(d)-(c)	期末公司债券摊余成本 (e)=上期(e)+(c)
				524 863	4 475 137
1	150 000	313 260	163 260	361 603	4 638 397
2	150 000	324 688	174 688	186 915	4 813 085
3	150 000	336 915	186 915	0	5 000 000

20×6年12月31日,应计提债券利息并摊销利息调整额,编制会计分录如下:

借:财务费用(或在建工程) 313 260
　　贷:应付利息 150 000
　　　　应付债券——利息调整 163 260

20×7年1月1日,向持有者支付利息时,编制会计分录如下:

借:应付利息 150 000
　　贷:银行存款 150 000

(二) 可转换公司债券的转换

当可转换公司债券进入转股期后,持有者可以行使转股权,将其持有的债券转换为股票。

可转换公司债券的市价受基准股票市价的影响,当基准股票价格上升时,意味着转股后可获得更多的股票增值,可转换债券的转股权价值上升,可转换债券的市价也随之上升。而当基准股票价格下跌时,可转换债券的转股权价值下降,可转换债券的市价也随之下降。但一般而言,可转换债券的市价不会随基准股票价格下跌而无限下跌,而是以债券现值为限,即此时转股权价值为零。

当可转换公司债券持有人将债券转换为股票时,发行公司应将债券的面值连同尚未摊销的溢折价、发行费用一并转销,同时记录股东权益的增加。增加的普通股的价值入账方法,主要有账面市价法和账面价值法。

1. 账面市价法

在账面市价法下,增加的股东权益按转换日基准股票的市价入账,股票市价与可转换债券的账面价值之间的差额,确认为转换利得或损失。采用这一方法的理由是,将可转换债券转换为股票是一项独立的实质性交易,而基准股票的市价又十分明确,应按照公允价值计价。增加的股东权益按照市价入账并确认损益,可以更客观公允地反映此项交易的结果。

2. 账面价值法

在账面价值法下,增加的股东权益按转换日可转换公司债券的账面价值入账,不确认转换利得或损失。可转换公司债券的账面价值超过的普通股面值部分,计入资本公积,不考虑基准股票的市价。采用这一方法的理由是,企业不能因为发行证券的交易而产生损益。这样可避免发行企业通过此类交易操纵收益。目前,我国的企业会计准则采用的是这一方法。

采用账面价值法,当可转换公司债券持有人将债券转换为股票时,按可转换公司债券的账面余额,借记"应付债券——可转换公司债券(面值)"账户,借记或贷记"应付债券——利息调整"账户;按"其他权益工具"账户中属于该项可转换公司债券的权益成分的金额,借记"其他权益工具"账户;按股票面值和转换的股数计算的股票面值总额,贷记"股本"账户;按其差额,贷记"资本公积——股本溢价"账户。

未转换股份的可转换公司债券到期还本付息,应当比照上述一般长期债券进行处理。

【例11-15】承[例11-14],20×7年1月1日,可转换公司债券全部转换为普通股。当时普通股市价为每股8元。

由于按每100元面值转20股,则:

转换的股份数＝5 000 000÷100×20＝1 000 000(股)

按账面价值法应编制会计分录如下:

借:应付债券——可转换公司债券(面值)　　　　　　　　　　5 000 000
　　其他权益工具　　　　　　　　　　　　　　　　　　　　　 534 863
　贷:应付债券——利息调整　　　　　　　　　　　　　　　　 361 603
　　　股本　　　　　　　　　　　　　　　　　　　　　　　 1 000 000
　　　资本公积——股本溢价　　　　　　　　　　　　　　　　4 173 260

(三) 可转换公司债券的偿付

对投资者而言,购买可转换公司债券主要是看中其包含的转股权。进入转股期后,如果普通股市价上升并高于转股价,投资者就可以通过行使转换权获得股票增值收益。但有时候,由于种种原因,转换期内的股票市价低于转股价,如果实施转换,显然对投资者不利。此时,投资者可以选择继续持有可转换公司债券直至到期。

如前所述,如果持有人在转股期内未转股,则可转换公司债券仍然保持普通债券的特性,发行公司负有到期无条件还本付息的责任,其会计处理与普通债券到期相同;发行时记入"其他权益工具"账户的权益成分,因持有人放弃转股而转入"资本公积——股本溢价"账户。

三、分离交易可转换债券及其账务处理

除了以上介绍的可转换公司债券,还有一种附认股权证的可转换公司债券,在我国又称认股权和债券分离交易的可转换公司债券,简称分离交易可转债。它由债券和认股权证两部分组成,认股权证和债券同时发行但在公开市场上各自分开交易。认股权证是指在未来规定的期限内,按照规定的协议价买卖股票的选择权证明。由于认股权本身具有价值,发行

公司通过附送认股权证可以以较高的售价或较低的利率来发行债券。

例如,T公司于20×6年12月1日发行分离交易可转债120 000万元,即1 200万张债券,每张面值人民币100元,同时每张债券的认购人可以获得公司派发的15份认股权证,即认股权证数量为18 000万份。债券为6年期,票面利率为1.8%,每年12月1日付息一次。所附每张认股权证的认购价格为6.58元,认股权证行权比例为1∶1,即每一份认股权证代表1股普通股的认购权利。认股权证存续期为1年,持有人可在20×7年12月11~17日行权。

分离交易可转债与一般可转换公司债券不同的是,一般可转换公司债券的持有人在行使转股权后不再持有债券,发行公司不再承担还本付息的责任;而分离交易可转债的持有人在行使其转股权或出售认股权证后仍然持有债券,发行公司将继续承担债券还本付息的责任。

分离交易可转债初始确认时也应将其发行收入分拆为负债和权益。

第五节 短期融资券

一、短期融资券概述

短期融资券是企业为筹集短期资金而发行的约定在一定期限内还本付息的无担保短期债券。短期融资券已成为企业筹集短期资金的重要工具。

与应付票据不同的是,短期融资券是一种脱离了商品与劳务交易过程的债权债务凭证。即发行公司不是为某一笔具体的商品或劳务交易而发行票据,发行人与投资者是单纯的债权债务关系。短期融资券按发行主体,可分为金融企业发行的和非金融企业发行的短期融资券。短期融资券按发行和流通的范围不同,分为国内融资券和国际融资券。短期融资券一般采取折价发行,发行时直接扣除利息,到期按面值偿还,折价额即利息。

与银行短期借款相比,短期融资券的优点是:融资成本低,筹资规模大;发行灵活,企业可根据市场供求情况、自身融资需要和现金流特点,决定产品的发行时机和产品期限结构;由于发行短期融资券对发行企业实力、信用等条件要求十分严格,发行短期融资券还能提高企业的信誉。作为一种短期筹资工具,短期融资券是对银行贷款的一个补充,有助于优化企业财务状况。当然,由于它的发行条件严格,一般企业发行难度较大;同时,其期限一般为2个月到1年,发行企业要承担较大的偿还风险和信用风险。

二、短期融资券的账务处理

短期融资券的账务处理与短期借款类似,可在"其他流动负债"账户下设明细账户核算,或增设"应付短期融资券"账户核算。

企业发行短期融资券时,按扣除利息和发行费用后实际收到的金额,借记"银行存款"账户,贷记"其他流动负债"账户。短期融资券到期按面值偿还时,编制相反的会计分录。

如果短期融资券的发行日和到期日在同一个会计期间,可于到期时一次确认利息费用(包括折价和发行费用)。如果短期融资券的发行日和到期日不在一个会计期间,在资产负债表日应按实际利率法摊销确认本期的利息费用(包括折价和发行费用)。确认利息费用时,借记"在建工程""制造费用""研发支出""开发成本"或"财务费用"账户,同时贷记"银行存款""应付利息"等账户。如果按实际利率法摊销的利息费用与按直线法摊销的利息费用差异不大,也可以按直线法摊销确定利息费用。

【例11-16】 某企业因生产经营资金需要,于20×6年10月1日发行期限为6个月、总额为4亿元的短期融资券,面值为100元/张,发行价格为98元/张,到期一次按面值偿还。另支付发行费用100万元。假定按直线法摊销确定利息费用。

(1) 20×6年10月1日,发行债券。

企业实际收到的发行收入＝400×98－100＝39 100(万元)

编制会计分录如下:

借:银行存款　　　　　　　　　　　　　　　　　　　　　391 000 000
　　贷:其他流动负债　　　　　　　　　　　　　　　　　　　　391 000 000

(2) 20×6年12月31日,计算利息。

按直线法计算当年的利息费用＝900×3÷6＝450(万元)

编制会计分录如下:

借:财务费用　　　　　　　　　　　　　　　　　　　　　　4 500 000
　　贷:应付利息　　　　　　　　　　　　　　　　　　　　　　4 500 000

(3) 20×7年4月1日,短期融资券到期偿还。编制会计分录如下:

借:财务费用　　　　　　　　　　　　　　　　　　　　　　4 500 000
　　应付利息　　　　　　　　　　　　　　　　　　　　　　4 500 000
　　其他流动负债　　　　　　　　　　　　　　　　　　　391 000 000
　　贷:银行存款　　　　　　　　　　　　　　　　　　　　400 000 000

银行借款和应付债券在财务报表中的列示及披露

企业期末尚未偿还的短期借款、长期借款和应付债券的期末摊余价值,在资产负债表中"短期借款""长期借款""应付债券"等项目列示;尚未偿还的短期融资券摊余价值,在"其他流动负债"项目列示。对于长期借款、应付债券余额中1年内到期的部分,在流动负债类"一年内到期的非流动负债"项目单独列示。

企业还应以附注形式分类披露各类短期借款、长期借款、应付债券的账面余额信息;期末逾期借款的有关信息,以及当期资本化的借款费用金额、用于计算确定借款费用资本化金额的资本化率等信息。

可转换债券中负债成分与权益成分的分拆是否合理

案例介绍:

四川长虹电器股份有限公司(以下简称四川长虹)于2009年7月31日公开发行了

3 000万张分离交易可转换债券,每张面值100元,总金额300 000万元,期限为6年(自2009年7月31日至2015年7月30日),票面年利率为0.8%。

此次募集资金扣除全部应付的承销费、保荐费用、担保费用、资信评级费用、律师费用、审计评估费用、信息披露费用、发行手续费等发行费用后净额为292 330万元。该债券发行时,不附认股权证的类似债券的现行市场利率高于该债券利率,四川长虹参考不附认股权证的同类债券市场实际利率,确定该分离交易可转换债券实际年利率为6.47%。

资料来源:

四川长虹电器股份有限公司2009年年度报告。

依据及相关法规:

1. 财政部:《企业会计准则解释第2号》(财会〔2008〕11号)。
2. 财政部会计司编写组:《企业会计准则讲解2010》,人民出版社2010年10月第1版。

案例思考题:

1. 试计算本案例中分离交易可转换债券负债成分的公允价值。
2. 请将本案例中的交易费用在负债成分和权益成分之间分拆。根据四川长虹的披露,分离交易可转换债券面值300 000万元与募集资金净额292 330万元之间的差额为交易费用。
3. 请计算本案例中发行日相关负债和权益的初始确认金额。
4. 请将你根据上述要求计算的结果与四川长虹披露的相关数据进行比较,如有差异,请对不同的计算方法及其结果进行评价。
5. 如果对于分离交易可转换债券中的负债成分与权益成分不予以分拆,而全部作为负债进行确认和核算,对本期和后续期间的财务报表有何不同影响?

本章要点概览

1. 借款费用包括按照《企业会计准则第22号——金融工具确认和计量》规定的实际利率法计算确定的利息费用(包括折价或者溢价的摊销和相关辅助费用)和因外币借款所发生的汇兑差额等。企业发生的借款费用,可直接归属于符合资本化条件的资产的购建或者生产的,应当予以资本化,计入相关资产成本;其他借款费用,应当在发生时根据其发生额确认为费用,计入当期损益。

2. 银行借款包括短期借款和长期借款。在资产负债表日,应按摊余成本和实际利率计算确定利息费用。

3. 由于债券的票面利率和市场利率不同,导致债券按溢价或折价发行。在资产负债表日,应按摊余成本和实际利率计算确定利息费用。

4. 可转换公司债券是兼具负债和权益特征的混合性金融工具,在初始确认时应分别确定负债部分与权益部分的初始入账金额。在转换为股票之前,属于应付债券的部分,应比照应付债券的方法处理。当持有人将债券转换为股票时,应将债券的面值连同尚未摊销的溢折价、发行费用一并转销,同时记录股东权益的增加。

5. 短期融资券一般按贴现计算利息,利息在发行时直接扣除。在资产负债表日,应按实际利率计算确定利息费用,予以资本化或计入当期财务费用。

6. 如果实际利率与合同约定的名义利率差异不大,也可以采用名义利率计算确定借款的利息费用。

7. 在资产负债表中,"短期借款""长期借款""应付债券"等项目,反映企业期末尚未偿还的短期借款、长期借款和应付债券,以相关负债的期末摊余价值列示。

主 要 术 语

1. 短期借款 2. 长期借款 3. 债券溢价
4. 债券折价 5. 利息调整 6. 实际利率法
7. 借款费用 8. 一次还本债券 9. 分期还本债券
10. 可转换公司债券 11. 附认股权证的债券 12. 短期融资券

复 习 题

一、思考题

1. 借款费用有哪两种处理方法?这两种方法对企业的财务状况的影响有什么不同?
2. 什么是溢折价摊销的实际利率法?和直线法相比,哪种方法能更准确地反映实际利息费用?为什么?
3. 短期借款和长期借款的核算有什么相同点和不同点?
4. 到期还本分期付息债券和到期一次还本付息债券的核算有什么相同点和不同点?
5. 可转换公司债券有什么特点?简述它的核算要点。

二、判断题

1. 一般借款的借款费用不能够资本化,为资产购建或生产而发生的专门借款的借款费用才能资本化。 ( )
2. 专门借款发生的利息费用,企业应当根据当期资产支出加权平均数乘以所占用专门借款的资本化率,计算确定当期应予资本化的利息金额。 ( )
3. 债券的发行价格等于以市场利率为折现率计算的债券存续期现金流量的现值。 ( )
4. 可转换公司债券在转股前应作为负债列示,转股后作为股东权益列示。 ( )
5. 作为短期资金筹集方式,短期融资券和应付票据的性质是完全相同的。 ( )

三、单项选择题

1. 关于借款费用,下列说法中,不正确的是( )。
   A. 借款费用包括借款利息、折价或者溢价的摊销、辅助费用以及因外币借款而发生的汇兑差额等
   B. 借款费用是企业因借入资金所付出的代价
   C. 为购建或生产符合资本化条件的资产发生的专门借款,其在资本化期间发生的利息费用可以资本化
   D. 属于资本化期间发生的所有借款费用都能够资本化
2. 下列借款费用中,不能予以资本化的是( )。
   A. 为固定资产的购建或生产而发生的借款费用

B. 为长期股权投资而发生的借款费用

C. 为投资性房地产的购建或生产而发生的借款费用

D. 为经过相当长时间的购建或者生产活动才能达到预定可使用或者可销售状态的存货而发生的借款费用

3. 某公司为筹集生产经营资金于本年年初发行3年期债券10 000张,每张面值100元,票面年利率为10%,每年年末付息。发行时市场利率为9%,债券的发行价格为1 025 313元,则当年计入财务费用的利息支出为( )元。

   A. 92 278　　　　　　B. 102 531　　　　　　C. 100 000　　　　　　D. 90 000

4. 某公司于本年1月1日发行2年期债券10 000张,每张面值1 000元,票面年利率为3%,每年6月30日及12月31日各付息一次。发行价格为9 800 000元,已知其实际年利率为4%。则本年6月30日,按实际利率法应记录债券的利息费用和溢折价摊销额分别为( )。

   A. 利息费用392 000元,折价摊销额92 000元

   B. 利息费用196 000元,折价摊销额46 000元

   C. 利息费用350 000元,折价摊销额50 000元

   D. 利息费用175 000元,折价摊销额25 000元

5. 某公司本年1月1日按每份面值1 000元发行了1 000份可转换公司债券,取得总收入1 000 000元。该债券期限为5年,票面年利率为4%,利息按年支付;每份债券均可在债券发行2年后按每股6元转换为该公司普通股。该公司发行该债券时,二级市场上与之类似但没有转股权的债券的市场利率为7%。假定不考虑其他相关因素。则发行时下列处理正确的是( )。

   A. 借:银行存款　　　　　　　　　　　　　　　　1 000 000
      　　应付债券——利息调整　　　　　　　　　　 123 006
      　　贷:应付债券——可转换公司债券(面值)　　　1 000 000
      　　　　其他权益工具　　　　　　　　　　　　　123 006

   B. 借:银行存款　　　　　　　　　　　　　　　　1 000 000
      　　贷:应付债券——可转换公司债券　　　　　　 876 994
      　　　　股本　　　　　　　　　　　　　　　　　123 006

   C. 借:银行存款　　　　　　　　　　　　　　　　1 000 000
      　　贷:应付债券——可转换公司债券(面值)　　　 876 994
      　　　　　　——利息调整　　　　　　　　　　　123 006

   D. 借:银行存款　　　　　　　　　　　　　　　　　876 994
      　　应付债券——利息调整　　　　　　　　　　 123 006
      　　贷:应付债券——可转换公司债券(面值)　　　1 000 000

四、多项选择题

1. 关于实际利率法,下列说法中,正确的有( )。

   A. 实际利率是企业在借款期限内未来应支付的利息和本金折现为借款当前账面价值的利率

   B. 在实际利率法下,企业应当按照借款的面值(或本金)乘以实际利率计算确定当期的利息费用

C. 在实际利率法下,企业应当按照借款的期初余额乘以实际利率计算确定当期的利息费用

D. 在实际利率法下,当期折价摊销额=当期利息费用－当期应付利息

E. 在实际利率法下,当期溢价摊销额=当期应付利息－当期利息费用

2. 在资本化期间,下列借款费用应予以资本化的有(　　)。

A. 为购建符合资本化条件的资产而借入专门借款发生的利息费用和溢折价摊销额

B. 为购建符合资本化条件的资产而占用一般借款发生的利息费用和溢折价摊销额

C. 为购建符合资本化条件的资产而借入的专门借款发生的辅助费用的摊销额

D. 为购建符合资本化条件的资产占用一般借款发生的辅助费用的摊销额

E. 为购建符合资本化条件的资产借入的外币专门借款的本金和利息的汇兑差额

3. 关于短期借款与长期借款,下列说法中,正确的有(　　)。

A. 短期借款的利息用名义利率计算,长期借款的利息用实际利率计算

B. 短期借款的利息不可资本化,长期借款的利息可以资本化

C. "短期借款"账户期末贷方余额,反映企业尚未偿还的借款本金

D. 当实际利率与合同约定的名义利率差异不大时,两者均可以采用合同约定的名义利率计算确定利息费用

E. 1年内到期的长期借款应转为短期借款核算

4. 关于债券的发行价格与市场利率的关系,下列说法中,正确的有(　　)。

A. 如果票面利率等于市场利率,则债券的发行价格正好等于其面值,债券按面值发行或称平价发行

B. 如果票面利率高于市场利率,则债券的发行价格大于其面值,债券按溢价发行

C. 如果票面利率低于市场利率,则债券的发行价格小于其面值,债券按折价发行

D. 如果票面利率高于市场利率,则债券的发行价格小于其面值,债券按折价发行

E. 如果票面利率低于市场利率,则债券的发行价格大于其面值,债券按溢价发行

5. 关于可转换债券的会计处理,下列说法中,符合我国企业会计准则规定的有(　　)。

A. 在初始确认时,应将相关负债和权益进行分拆

B. 在初始确认时,与应付债券相同,只记录负债,不记录权益

C. 在转换为普通股时,发行公司应将债券的面值连同尚未摊销的溢折价、发行费用一并转销,同时按账面价值法记录股东权益的增加

D. 在转换为普通股时,发行公司应将债券的面值连同尚未摊销的溢折价、发行费用一并转销,同时按市价法记录股东权益的增加

E. 如果持有人在转股期内未转股,可转换公司债券到期偿付的会计处理与普通债券相同

五、业务题

【业务题一】

目的 练习借款费用的会计处理。

资料 某公司于20×7年1月1日动工兴建一条生产线,工期为2年,工程采用出包方式,分别于20×7年1月1日、20×8年1月1日支付工程进度款2 000万元、2 000万元。生产线于20×8年12月31日完工,达到预定可使用状态。

该公司为兴建该生产线发生了两笔专门借款,分别为:①20×7年1月1日借入的专门

借款2 000万元,借款期限为5年,年利率为8%,利息按年支付。②20×8年1月1日借入的专门借款1 000万元,借款期限为3年,年利率为5%,利息按年支付。

该公司建设该项目还占用了一般借款。假定所占用一般借款有两笔,分别为:①20×6年1月1日,向A银行借入长期借款500万元,期限5年,年利率为8%,按年支付利息。②按面值发行公司债券1 000万元,于20×6年1月1日发行,期限为3年,年利率为5%,按年支付利息。该生产线建造的资产支出情况,如表11-8所示。

表11-8　　　　　　　生产线建造的资产支出情况　　　　　　　单位:万元

日期	每期资产支出金额	累计资产支出金额	专门借款金额	累计资产支出超出专门借款的金额
20×7年1月1日	2 000	2 000	2 000	0
20×8年1月1日	2 000	4 000	1 000	1 000
总计	4 000	—	3 000	—

要求　(1) 分别按年计算兴建生产线发生的专门借款、一般借款应予以资本化的利息费用金额。

(2) 编制生产线从开始兴建到完工的相关会计分录包括各项借款的期末计息。

(3) 计算生产线的入账价值。

(4) 该生产线的价值在20×7年12月31日、20×8年12月31日的资产负债表中分别列示于哪个项目?列示的金额是多少?

【业务题二】

目的　练习债券发行、期末处理及收回的会计处理。

资料　某公司于20×7年1月1日,以3 083 253元的价格发行3年期债券用于补充营运资金,债券面值3 000 000元,票面利率5%,发行时的市场利率为4%,每年12月31日付息。

要求　(1) 编制债券发行时的会计分录。

(2) 编制各年年末计提利息、摊销溢折价及支付利息的会计分录(按实际利率法摊销溢折价)。

(3) 编制到期还本的会计分录。

(4) 假定公司于20×9年1月1日以1 010 000元收回面值1 000 000元的债券,编制提前收回债券的会计分录。

【业务题三】

目的　练习债券发行、期末处理及收回的会计处理。

资料　某公司于20×7年1月1日以97 327元的价格发行3年期债券用于建造专用设备,债券面值100 000元,票面利率5%,发行时的市场利率为6%,每年年末付息。建造活动于当月开始,并发生相关资产支出。假定该设备至该债券到期尚未达到预定可使用状态。

要求　(1) 编制债券发行时的会计分录。

(2) 编制各年年末计提利息、摊销溢折价及支付利息的会计分录(按实际利率法摊销溢折价)。

(3) 编制到期还本的会计分录。

(4) 计算确定该债券在20×7年12月31日资产负债表中列示于"应付债券"项目的金额。

【业务题四】

目的　练习可转换债券的会计处理。

资料　20×7年1月1日，某公司为建造新的生产线，按面值发行5年期票面利率为2%的可转换债券100万张，每张面值100元，共收到发行收入1亿元，每年12月31日支付利息。发行时无转换权的同类债券的利率为4%。该债券规定持有人2年后可将所持债券转换为该公司的普通股，每1 000元债券可转换为50股普通股。该生产线于20×8年年末达到预定可使用状态。

要求　(1) 编制可转换债券发行时的会计分录，要求列出相关计算过程。

(2) 编制该可转换债券20×7年年末、20×8年年末的相关会计分录。

(3) 假定20×9年年初全部可转换债券实现转股，编制相关的会计分录。

【业务题五】

目的　练习短期融资券的会计处理。

资料　某公司为了筹集营运资金，于20×6年12月1日发行了10 000万元、3个月期的短期融资券，面值100元/张，发行价格为99元/张，另发生手续费等11万元。20×7年3月1日，该短期融资券到期按面值偿还。假定按直线法摊销确定利息费用。

要求　(1) 编制该短期融资券发行时的会计分录。

(2) 编制该短期融资券年末的会计分录。

(3) 编制该短期融资券到期偿还时的会计分录。

第十二章　预 计 负 债

学习目的与要求

　　本章旨在通过对或有事项的阐述，着重阐明预计负债的基本概念和基本方法，内容主要包括或有事项概述、预计负债的会计确认与计量、预计负债的账务处理与会计披露。读者通过本章学习，应了解或有事项的定义、特征、分类与主要内容；理解或有事项的处理原则、预计负债的概念、预计负债的确认条件；掌握预计负债的初始计量方法（含最佳估计数的确定）以及预计负债的账务处理；了解或有事项的列报要求。

预习思考题

　　1. 如何理解或有事项？您认为不确定事项与或有事项是一回事吗？
　　2. 请谈谈或有事项、或有负债和预计负债三者之间的关系。
　　3. 对于债务担保是否均应确认预计负债？为什么？
　　4. 甲公司与乙公司达成购销的初步意向，作为销售商的甲公司在广告中承诺对所售产品的质量实行"三包"，你认为产品广告中的质量保证是否属于或有事项？请说明理由。
　　5. 某上市公司因产品质量纠纷涉及一项未决诉讼案，公司总经理认为披露该事项会对诉讼结果不利，不同意在年报中披露，你如何看待？
　　6. 请查阅一家上市公司年报，观察其是如何披露或有事项的。

第一节　或有事项概述

　　随着市场经济的发展和风险的产生，或有事项这一特定的经济现象，越来越频繁地出现在企业日常经济活动中，并对企业的财务状况、经营成果及现金流量产生较大影响。正确确认和计量或有事项，有利于为财务报表使用者提供与决策有用的会计信息，反映企业管理层受托责任的履行情况。

一、或有事项的特征

　　或有事项是指由过去的交易或者事项形成的，其结果须由某些未来事项的发生或不发生才能决定的不确定事项。

　　作为会计术语的或有事项，与人们直观的理解有所不同。人们日常生活中一般把或有事项看成结果不确定的事项。但在会计上，不确定事项并非都是或有事项。会计定义中的或有事项具有如下特征：

1. 或有事项由过去交易或者事项形成

或有事项作为现存的一种状况,是由过去交易或者事项引起的,是资产负债表日的一种客观存在,只是其结果究竟如何,现在尚不能完全肯定,要取决于将来发生的情况,但或有事项不是未来将要发生的事项。

例如,未决诉讼虽然是正在进行当中的诉讼,但该诉讼是企业因过去的经济行为起诉其他单位或被其他单位起诉,这是现存的一种状况而不是未来将要发生的事项;产品质量保证是企业对已出售商品或已经提供劳务的质量提供的保证,不是为尚没有出售或没有提供的劳务的质量提供的保证。基于此特征,未来可能发生的自然灾害和交通事故等,不属于或有事项。

2. 或有事项结果具有不确定性

或有事项结果具有不确定性有两层含义:一是或有事项的结果是否发生具有不确定性;二是或有事项的结果预计将会发生,但发生的具体时间或金额具有不确定性。或有事项的这种不确定性,是区别于其他不确定性会计事项的重要特征。

例如,企业提供的债务担保,担保方到期是否一定承担和履行连带责任,需要根据被担保方债务到期时能否按时还款加以确定,这一事项的结果在担保协议达成时尚不能确定;企业因环境污染而被起诉,预计很可能败诉,但败诉后将罚款多少、何时支付,目前难以确定。

值得注意的是,有的不确定性会计事项并不属于或有事项。比如,固定资产折旧,虽然对其残值、使用寿命都要进行分析和判断,带有一定不确定性。但是,固定资产折旧是已经发生的损耗,其结果是确定的。因此,对固定资产计提折旧不是或有事项。

3. 或有事项由未来事项决定

或有事项的结果,受不确定性因素的影响,而这种不确定性因素是否消失,只能由未来不确定事项的发生或不发生决定。或有事项的结果由未来事项决定的特征,说明或有事项具有时效性,随着影响或有事项结果的因素发生变化,或有事项最终会转化为确定事项。

例如,未决诉讼只有等到法院判决才能决定其结果;债务担保事项只有在被担保方到期无力还款时,企业(担保方)才承担连带责任。

4. 影响或有事项结果的不确定因素不能由企业控制

或有事项本身的不确定性,其实从一个侧面说明了影响或有事项结果的不确定因素不是企业能控制的。

例如,债务担保事项,企业(担保方)将来是否会因提供担保而承担连带责任,取决于被担保方是否能如期还款,不是企业(担保方)所能控制的;未决诉讼、未决仲裁的结果,最终由法院依法判决或仲裁机构裁定,不由企业控制。

二、或有事项的分类与内容

(一) 或有事项的分类

1. 按形成原因分

或有事项按形成的原因,可分为直接或有事项和间接或有事项。

(1) 直接或有事项。直接或有事项是指由企业过去交易或者事项形成的,其结果是由企业的自身行为或活动直接导致发生的或有事项。例如,未决诉讼、未决仲裁、产品质量保证(含产品安全保证)、环境污染整治、违约罚款和税务纠纷。

(2) 间接或有事项。间接或有事项是指由企业过去交易或者事项形成的,其结果是由第三方的行为或活动所导致的或有事项。例如,债务担保等。

2. 按性质分

或有事项按性质,可分为涉及义务的或有事项和或有资产。

(1) 涉及义务的或有事项。涉及义务的或有事项包括或有负债和预计负债。或有负债有两层含义:一是指由企业过去交易或者事项形成的潜在义务,其存在须通过未来不确定事项的发生或不发生予以证实,从而使企业可能承担某种潜在义务。二是指由企业过去交易或者事项形成的现时义务,履行该义务不是很可能导致经济利益流出企业或该义务的金额不能可靠地计量,它使企业可能承担现时义务。需要注意的是,很可能导致经济利益流出企业,同时金额能可靠地计量的现时义务,应确认为预计负债。

(2) 或有资产。或有事项可能使企业承担潜在义务和现时义务,形成或有损失,从而可能导致企业经济利益流出;或有事项也可能使企业享受某种权利,形成或有利得,从而给企业带来经济利益流入。或有资产是指由企业过去交易或者事项形成的潜在资产,其存在须通过未来不确定事项的发生或不发生予以证实。或有资产不符合资产定义,依据稳健性原则,企业不应确认或有资产,通常也不予披露,这也符合国际会计惯例。但是,如果有确凿证据表明或有资产很可能会给企业带来经济利益的,应当在报表附注中披露其形成原因、预计产生的财务影响。

(二) 或有事项的内容

作为企业由于过去交易或者事项形成的、未来可能发生也可能不发生的或有事项,主要包括未决诉讼或未决仲裁、债务担保、产品质量保证(含产品安全保证)、亏损合同、重组义务、承诺和其他或有事项。

(1) 未决诉讼或未决仲裁。诉讼是指当事人不能通过协商解决争议,因而在人民法院起诉、应诉,请求人民法院通过审判程序解决纠纷的活动。诉讼尚未裁决之前,对于被告来说,可能形成一项或有负债或者预计负债;对于原告来说,则可能构成一项或有资产。仲裁是指经济法律关系的各方当事人依照事先约定或事后达成的书面仲裁协议,共同选定仲裁机构并由其对争议依法作出具有约束力裁决的一种活动。作为当事人一方,仲裁的结果在仲裁决定公布以前是不确定的,会构成一项潜在义务或现时义务,或者潜在资产。

(2) 债务担保。债务担保是指企业(担保人)以其自有财产作为抵押,为其他企业或单位(被担保人)向银行等金融机构贷款而提供担保的经济事项。作为提供担保的一方,在被担保方无法履行合同的情况下,常常需承担连带责任。从保护投资者、债权人的利益角度出发,客观、充分地反映企业因担保义务而承担的潜在风险十分必要。债务担保通常会涉及法律诉讼,因此,企业应根据诉讼情况对其担保义务进行处理。

(3) 产品质量保证(含产品安全保证)。产品质量保证是指销售商或制造商在销售产品或提供劳务后,对客户提供服务的一种承诺。在约定期内(或终身保修),若产品或劳务在正常使用过程中出现质量或与之相关的其他属于正常范围的问题,企业负有更换产品、免费或只收成本价进行修理等责任。产品质量保证义务通常在产品销售成立时就应予以考虑。

(4) 亏损合同。亏损合同是指履行合同义务不可避免发生成本超过预期经济利益的合同。待执行合同是指合同各方尚未履行任何合同义务或部分地履行了同等义务的合同。当待执行合同变为亏损合同时,履行合同义务将会导致企业发生损失,但损失金额尚不能确定,从而形成一种或有事项。

(5) 重组义务。重组义务是指企业制定和控制的,将显著改变企业组织形式、经营范围、经营方式的计划实施行为。它通常是企业内部资源的调整和组合,而不是企业合并(企业重组)和债务重组。比如,出售或终止企业的部分经营业务,较大规模地调整企业的组织结构,关闭企业部分营业场所,将营业活动由一个地区或国家转移到另一地区或国家。企业因重组业务将会承担一定重组义务,对企业产生较大影响,形成企业的一种或有事项。

(6) 承诺。承诺是指由合同或协议的要求而引起的义务,并由合同双方约定在未来特定时间、按约定条件承担履约责任。企业如果不履行承诺义务,将承担违约责任。因此,企业作出的具有法律约束力的重要承诺,会对合同双方的经济利益发生重大影响,是企业一种或有事项。

(7) 其他或有事项。比如,环境污染整治、税务纠纷、企业罚款等经济事项。企业因环境污染所承担治理义务,因税务纠纷可能发生纳税义务等也会形成企业的或有事项。

值得说明的是,或有事项的内容并不局限于上述所列举的几项,如在职工薪酬、建造合同、租赁、原保险合同及再保险合同、所得税、企业合并等经济事项中,也会形成某些或有事项。例如,因职工辞退计划而预期承担的职工辞退补偿义务;履行亏损性建造合同,预期会有损失;承租人应付的或有租金;递延所得税资产和递延所得税负债涉及未来所得税利益实现的可能性;保险合同使保险公司预期承担保险期间因被保险人发生意外等而产生损失的风险。企业应该根据或有事项的定义及其特征,采用相应的具体会计准则,运用职业判断和分析,客观、公允、合理地确认企业的或有事项。

三、或有事项的处理原则

或有事项具有过去交易或者事项形成的、由未来事项决定的、其结果具有不确定性等特征,企业在确认和披露或有事项时,应注意如下要求:

第一,稳健性。企业对或有事项进行会计确认、计量和报告应当保持应有的谨慎性,以稳健的态度,尽量合理客观地预计可能发生的或有负债(或有损失),而不预计可能发生的或有资产(或有利得)。因此,企业对于或有事项中符合确认条件的预计负债应该进行确认、计量和报告;对于或有事项中其他或有负债只以报表附注方式予以披露;而对于或有事项中所有的或有资产不确认、不计量、不报告,一般也不在报表附注中进行披露。

第二,可能性。企业对或有事项的处理应该根据其结果发生的可能程度,结合重要性来确定。或有事项的可能性可以根据其结果发生的概率及其相对应的金额大小来判断。为了便于操作,我国《企业会计准则第13号——或有事项》应用指南对可能性程度作了界定,如表12-1所示。

表 12-1　　　　　　　　　**可能性判断标准**

结果的可能性	对应的概率区间
基本确定	大于95%但小于100%
很可能	大于50%但小于或等于95%
可能	大于5%但小于或等于50%
极小可能	大于0但小于或等于5%

第三，充分披露。企业应全面、真实、公允地向财务报告使用者提供决策有用的或有事项信息，如预计负债应该全面充分确认、计量和报告，其他或有负债应在报表附注中充分披露，预计很可能会给企业带来经济利益的或有资产也应该作必要的附注披露。企业通过充分披露，如实反映管理层受托责任的履行情况，有助于财务报告使用者正确评价企业绩效。

第四，持续性测试。企业应持续地对影响或有负债和或有资产的有关因素进行测试评价。影响或有负债的因素是多方面的，而且各种因素又处在不断变化之中，因此，企业应持续地对这些因素进行测试，以判断潜在义务是否转化为成现时义务，或有负债是否转化为预计负债。如果或有负债所对应的潜在义务已转化为现时义务，则应进一步判断履行该义务是否很可能导致经济利益流出企业，该义务的金额是否能够可靠地计量。如果该义务很可能导致经济利益流出企业，且金额能够可靠地计量，则应将该义务确认为一项负债（预计负债）；否则，按或有事项要求进行披露或不披露。同样，企业也应持续地对或有资产的有关因素进行测试评价，以判断或有资产给企业带来经济利益的可能性是否发生变化，并及时地作出相应处理。

第二节 预计负债的确认与计量

预计负债源于或有事项。或有事项涉及的义务可能是潜在义务，也可能是现时义务，但是只有符合负债确认条件的现时义务，才能确认为预计负债。

一、预计负债的确认

预计负债确认所涉及的问题，是指与或有事项有关的义务应在符合什么条件时确认为预计负债。如果与或有事项相关的义务同时符合以下三个条件，企业应将其确认为预计负债：①该义务是企业承担的现时义务。②履行该义务很可能导致经济利益流出企业。③该义务的金额能够可靠地计量。

（一）该义务是企业承担的现时义务

这是指与或有事项相关的义务不是潜在义务，而是现时义务。

一般情况下，过去交易或者事项是否已经导致了一项现时义务是明确的，但在少数情况下（如法律诉讼）对特定事项是否发生或这些事项是否产生了一项现时义务，可能存在争议。如此，企业应该提供证据表明资产负债表日是否存在现时义务或潜在义务。

【例12-1】 甲公司（原告）于20×2年1月8日向法院起诉乙公司（被告）。至20×2年12月31日，法院尚未判决，但法庭调查表明，乙公司的行为违反了国家的有关经济法规。这种情况表明，对乙公司而言，一项现时义务已经产生。

【例12-2】 20×2年12月10日，甲公司（被告）因与丙企业（原告）发生经济纠纷，并被丙企业提起诉讼。20×2年末，该起诉尚未进行审理。由于相关法律、法规尚未明确规定，案情颇为复杂，至20×3年12月31日，诉讼的最后结果实难确定。20×3年12月31日，甲公司承担的义务就属于潜在义务，不是现时义务，只能作为或有负债披露。

（二）履行该义务很可能导致经济利益流出企业

这是指与或有事项相关的现时义务很可能导致企业经济利益的流出。其可能性应该根据所发生的概率加以分析和判断,可能性判断标准见表 12-1。企业因或有事项承担的现时义务,并不说明该现时义务很可能导致经济利益流出企业,所以作为预计负债的现时义务导致经济利益流出企业的可能性一定是在 50% 以上(不含 50%),应涵盖"很可能"和"基本确定"两个程度。

(三) 该义务的金额能够可靠地计量

这是指因或有事项产生的现时义务的金额能够合理估计。由于或有事项具有不确定性,其现时义务的金额也具有不确定性,要将或有事项确认为一项负债,相关现时义务的金额应能够合理估计。现时义务金额合理估计,与现时义务金额能够可靠地计量并不冲突。

【例 12-3】 20×2 年 12 月 15 日,甲公司(被告人)因侵犯 B 企业的专利权被 B 企业起诉,要求赔偿 100 万元,至 12 月 31 日法院尚未判决。甲公司经研究认为,侵权事实成立,本诉讼败诉的可能性为 80%,最可能赔偿金额为 60 万元。

根据预计负债确认条件,本年 12 月 31 日,甲公司应将该项未决诉讼确认为预计负债。

二、预计负债的计量

预计负债确认以后,其入账金额如何确定,自然成为预计负债接下来应解决的问题。

由于预计负债存在大量的不确定性,使得预计负债计量变得非常复杂。预计负债计量包括初始计量和后续计量。初始计量是指预计负债入账金额的确定;后续计量是指负债清偿(义务解除)的计量和资产负债表日对预计负债的复核评估。

(一) 初始计量

与或有事项对应的现时义务导致经济利益流出企业的金额具有较大的不确定性,这就决定了预计负债的金额只能是估计数。相关现时义务的金额通常应当等于未来应支付的金额。未来应支付金额与其现值相差较大的,如 30 年后油井或核电站的弃置费用等,应当按照未来应支付金额的现值确定,企业不应考虑预期处置相关资产的利得。预计负债的初始计量主要涉及两个问题:一是最佳估计数的确定;二是预期可获得补偿的处理。

1. 最佳估计数的确定

从理论上讲,因为存在不确定性,可能会有多个对或有事项所形成现时义务金额的估计数。但是,这些估计金额并不都可以作为预计负债的金额,能够作为预计负债金额的应是最可能、最合理的金额,这就是最佳估计数。确定最佳估计数更有利于真实地反映企业财务状况和经营风险。

因此,预计负债的初始计量应当按照履行相关现时义务所支出的最佳估计数计算。其中,最佳估计数的确定分两种情况处理。

(1) 所需支出存在一个连续金额范围的,其最佳估计数按平均值确定。如果所需支出存在一个金额范围,则最佳估计数应按该范围的上限和下限金额的平均数确定。值得说明的是,从数理统计学上讲,该支出范围应是一个连续范围,且该范围内各种结果发生的可能性相同时,才能保证平均值的准确性。

【例 12-4】 甲企业因合同违约而涉及一桩诉讼案,根据企业的法律顾问判断,最终的判决很可能对甲企业不利,并据专业人士估计,赔偿金额可能在 120 万~200 万元,则最佳估计数为 160 万元[(120+200)÷2]。

(2) 所需支出不存在一个连续金额范围。如果所需支出不存在一个连续金额范围,则最佳估计数应按如下方法确定:

① 或有事项涉及单个项目的,其最佳估计数按最可能发生金额确定。涉及单个项目是指或有事项涉及的项目只有一个,如一项未决诉讼、一项债务担保、一项未决仲裁和一项亏损合同等。

【例 12-5】 甲公司涉及一起诉讼。根据类似案件的经验以及公司所聘律师的意见判断,甲公司在该起诉讼中胜诉的可能性有 30%,败诉的可能性有 70%。如果败诉,将要赔偿 200 万元。

在这种情况下,甲公司应确认的负债金额(最佳估计数)应为最可能发生金额 200 万元。

② 或有事项涉及多个项目的,其最佳估计数按各种可能结果及相关概率计算确定。该方法其实就是应用概率论知识,计算各种可能事件的期望值,又称期望值法。在概率论下,其计算结果能够反映各事件平均概率分布,且具有可验证性。涉及多个项目是指或有事项涉及的项目在 2 个及 2 个以上,如在商品质量保证中,提出商品保修要求的可能有许多客户,企业由此应承担这些客户的保修义务。

【例 12-6】 20×2 年,甲公司销售额为 2 000 万元。甲公司的商品质量保证条款规定,商品售出后 1 年内,如发生正常质量问题,甲公司将免费负责修理。根据以往的经验,出现较小质量问题的,发生的修理费为销售额的 1%;出现较大质量问题的,发生的修理费为销售额的 3%。据预测,本年度已售产品中,有 85% 不会发生质量问题,有 10% 将发生较小质量问题,有 5% 将发生较大质量问题。

本年 12 月 31 日,甲公司确认的预计负债金额(最佳估计数)为 5 万元[(2 000×1%)×10%+(2 000×3%)×5%]。

2. 预期可获得补偿的处理

企业有时候会出现清偿预计负债所需支出将全部或部分预期由第三方或其他各方补偿的情况,常见的预期可获得补偿的情形有:①发生交通事故等情况时,企业通常可以从保险公司获得合理赔偿。②在某些索赔诉讼中,企业可以通过反诉的方式对索赔人或第三方另行提出赔偿要求。③在担保业务中,企业在履行担保义务的同时,通常可以向被担保企业提出额外追偿要求等。

预期从第三方获得的补偿,是否能够收到具有很大的不确定性,其金额多少也具有不确定性,对其确认若不加以规范则不符合稳健性原则。我国企业会计准则规定,预期从第三方的补偿,只有在补偿金额基本确定能收到时才能作为一项资产单独确认,记入"其他应收款"等资产账户,不能抵减预计负债,否则,按照会计惯例,违背了资产和负债不能随意抵销的原则。确认的补偿金额不能超过预计负债的账面价值。

【例 12-7】 20×2 年 12 月 25 日,某交通运输公司发生一起严重的交通事故,事故尚在处理之中。根据交警对该事故的初步认定,公司确认的预计负债为 210 万元。公司预计可从平安保险公司获得保险赔偿金 99 万元,对于司机李勇,公司应追究该司机赔偿 2 万元,上述赔偿金额基本确定能够收到。

根据以上情况,该交通运输公司 20×2 年 12 月 31 日,应确认一项预计负债 210 万元,一项资产 101 万元(99+2),而不能只确认一项预计负债 109 万元(210-101)。同时,公司确认的补偿金额不能超过预计负债账面价值 210 万元。

（二）后续计量

预计负债后续计量包括负债清偿（义务解除）的计量和资产负债表日对预计负债的复核。

预计负债清偿或义务解除时，应按实际清偿的价款支付，同时转销其账面价值，两者如有差额，则计入当期损益。

由于预计负债的不确定性和风险性，在资产负债表日，预计负债的最佳估计数可能并非当前的"最佳数"。同时，随着预计负债产生的条件或环境变化，其结果也会逐渐明朗，预计负债将会随之发生一些改变。为了更真实地反映预计负债，企业应在资产负债表日对预计负债的账面价值进行复核。如有确凿证据表明其账面价值已不能真实地反映当前的最佳估计数，企业应该按当前确定的最佳估计数对预计负债的账面价值作相应调整。值得强调的是，企业对预计负债复核时，一定要关注形成预计负债的或有事项是否发生了重大变化，是否有新的重大情况或取得新的进展，如未决诉讼或未决仲裁是否有重大变化，案情审理是否有新的进展。企业对预计负债"最佳估计数"进行调整时，一定要有确凿证据佐证，如从律师、评估师及其他相关部门取得必要的书面意见等作为依据。

【例 12-8】 经国家质监局技术检测发现，甲公司生产的某型号汽车存在重大缺陷，甲公司将对所售出的该型号汽车进行免费维修，预计本年将由此增加维修费 120 万元。

根据上述事实，本年 12 月 31 日，甲公司应调整增加预计负债 120 万元。

三、预计负债的账务处理

企业对于因或有事项而确认的负债应设置"预计负债"账户核算。同时在资产负债表中非流动负债类单独设置"预计负债"项目列示，并在财务报表附注中作相应披露。

"预计负债"账户用来核算企业确认的产品质量保证、未决诉讼或未决仲裁、债务担保、亏损性合同、重组义务等预计负债，该账户按形成预计负债的交易或者事项分别设置"产品质量担保""未决诉讼""债务担保""亏损合同""重组义务"等明细账户。

企业应根据预计负债费用用途，借记"管理费用""营业外支出""销售费用"等账户；按确认预计负债的金额，贷记"预计负债"账户；按实际清偿或冲减的预计负债，借记"预计负债"账户，贷记"银行存款""应付职工薪酬"等账户；根据确凿证据对已确认的预计负债进行调整的，在资产负债表日，按调整增加的金额，借记"管理费用""营业外支出""销售费用"等账户，贷记"预计负债"账户；调整减少时作相反的会计处理。

下面主要以产品质量保证、未决诉讼、债务担保和亏损合同等为例说明预计负债的会计处理。

【例 12-9】 （产品质量保证事项）甲股份公司是一家机器制造和销售企业。20×1 年、20×2 年，某型号机器销售额分别为 4 000 万元和 4 800 万元。对购买其产品的消费者，甲股份公司承诺：机器售出后 2 年内如出现非人为事件造成的故障和质量问题，甲股份公司免费保修（含零部件更换）。根据以往的经验，发生的保修费一般为销售额的 1%～1.5%。假定甲股份公司 20×1 年、20×2 年实际发生的维修费分别为 40 万元（其中工资 30 万元、原料费 10 万元）和 55 万元（其中工资 40 万元、原料费 15 万元）；同时，假定 20×0 年该型号机器"预计负债——产品质量保证"账户期末余额为零。

分析：甲股份公司因销售机器而承担了产品质量保证现时义务，该义务的履行很可能导致经济利益流出甲股份公司,且该义务的金额能够可靠地计量。因此,甲股份公司应在每年年末将产品质量保证确认为一项预计负债。有关会计分录如下:

(1) 20×1年的会计分录。

实际发生产品维修费:

借:预计负债——产品质量保证　　　　　　　　　　　　　　　　400 000
　　贷:应付职工薪酬　　　　　　　　　　　　　　　　　　　　　300 000
　　　　原材料　　　　　　　　　　　　　　　　　　　　　　　　100 000

20×1年年末,应确认的产品质量保证预计负债金额:$4\ 000\times(0.01+0.015)\div 2=50$(万元)。

借:销售费用　　　　　　　　　　　　　　　　　　　　　　　　500 000
　　贷:预计负债——产品质量保证　　　　　　　　　　　　　　　500 000

20×1年,"预计负债——产品质量保证"账户期末余额为10万元。

(2) 20×2年的会计分录。

实际发生产品维修费:

借:预计负债——产品质量保证　　　　　　　　　　　　　　　　550 000
　　贷:应付职工薪酬　　　　　　　　　　　　　　　　　　　　　400 000
　　　　原材料　　　　　　　　　　　　　　　　　　　　　　　　150 000

20×2年年末,应确认的产品质量保证预计负债金额:$4\ 800\times(0.01+0.015)\div 2=60$(万元)。

借:销售费用　　　　　　　　　　　　　　　　　　　　　　　　600 000
　　贷:预计负债——产品质量保证　　　　　　　　　　　　　　　600 000

20×2年年末,"预计负债——产品质量保证"账户余额为15万元。

为此,甲公司应在每年年末将"预计负债——产品质量保证"账户期末余额分别列入资产负债表内"预计负债"项目,并在会计报表附注中作相关披露。

另外,企业将产品质量保证确认一项预计负债时,还应特别注意以下三点:

(1) 如果发现保证费用的实际发生额与预计数相差较大,应及时对预计比例进行调整。

(2) 如果企业针对特定批次产品确认预计负债,则在保修期结束时,应将"预计负债——产品质量保证"账户余额冲销,不留余额。

(3) 对已确认预计负债的产品,如企业不再生产了,那么应在相应的产品质量保证期满后,将"预计负债——产品质量保证"账户余额冲销,不留余额。

【例12-10】 (未决诉讼事项)甲公司于20×2年10月5日被乙企业起诉,乙企业声称甲公司侵犯了乙企业的软件版权,要求甲公司予以赔偿,赔偿金额为60万元。在应诉过程中,甲公司发现,诉讼所涉及的软件主体部分是有偿委托丙企业开发的。如果这套软件确有侵权问题,丙企业应当承担连带责任,对甲公司予以赔偿。甲公司在本年12月31日编制会计报表时,根据法律诉讼的进展情况以及律师的意见,认为对乙企业予以赔偿的可能性在80%,最有可能发生的赔偿金额为40万元(不包括诉讼费);从丙企业得到补偿基本上可以确定,最有可能获得的赔偿金额为30万元。假定诉讼费为2万元。

分析：甲公司赔偿乙企业这一或有事项符合确认为负债的条件,甲公司从丙企业得到补偿这一或有事项符合确认资产的条件,同时均要在附注中披露。其会计分录如下：

确认预计负债：

借：管理费用——诉讼费　　　　　　　　　　　　　　　　　　 20 000
　　营业外支出——赔偿支出　　　　　　　　　　　　　　　　 400 000
　　　贷：预计负债——未决诉讼　　　　　　　　　　　　　　 420 000

将预期基本确定收到的补偿确认为资产：

借：其他应收款——丙企业　　　　　　　　　　　　　　　　　 300 000
　　　贷：营业外支出——赔偿支出　　　　　　　　　　　　　 300 000

【例12-11】（债务担保事项）20×1年7月15日,甲股份公司因为与乙企业签订了一项债务互相担保协议,成为相关诉讼的第二被告。截至20×1年12月31日,诉讼尚未判决。但由于乙企业经营困难,无法偿还到期的债务,甲股份公司很可能要承担还款连带责任。根据公司的律师书面意见,甲股份公司估计败诉的可能性为70%,如败诉,承担还款金额为1 000万元。20×2年8月3日,法院作出判决,甲股份公司承担还款金额1 200万元,甲股份公司不再上诉,赔偿尚未支付。

分析：甲股份公司因债务担保而承担连带还款义务,该义务很可能(大于50%但小于或等于95%)导致经济利益流出企业,且该义务的金额能够可靠计量。因此,甲股份公司应在20×1年12月31日确认一项预计负债1 000万元。20×2年12月31日,甲股份公司根据法院判决的结果,调整增加200万元的预计负债。同时在各年年末都应附注披露相关信息。有关会计分录如下：

20×1年12月31日：

借：营业外支出——债务担保支出　　　　　　　　　　　　 10 000 000
　　　贷：预计负债——债务担保　　　　　　　　　　　　　 10 000 000

20×2年12月31日,增加预计负债200万元：

借：营业外支出——债务担保支出　　　　　　　　　　　　　2 000 000
　　预计负债——债务担保　　　　　　　　　　　　　　　 10 000 000
　　　贷：其他应付款——债务担保　　　　　　　　　　　　 12 000 000

值得注意的是,对外提供债务担保通常会涉及法律诉讼,因此,企业应根据法院判决情况分别进行如下处理：

(1)法院已判决败诉的,企业应按照判决的应承担的损失金额,确认为预计负债。

(2)法院已判决败诉的,但企业正在上诉,或经上一级法院裁定暂缓执行,或由上一级法院发回重审等,企业应当在资产负债表日,根据判决结果合理估计损失金额,并确认预计负债。

(3)法院尚未判决的,企业应当向其律师或法律顾问等咨询,估计败诉的可能性和败诉后可能发生的损失金额,并取得书面意见。如果败诉的可能性大于胜诉的可能性,并且损失金额能够合理估计的,企业应当在资产负债表日将预计损失金额确认为预计负债。

【例12-12】（亏损合同事项）20×2年11月1日,甲公司与B企业签订了一份订货合同。合同规定,甲公司按B企业要求专门定制一批产品800件,单位售价1000元,交货日期为本年12月1日,如不能按期交货,甲公司将按合同总价款40%承担违约金。由于该产品是按B企业要求而专门生产的,在准备购买材料生产时,原材料价格突然上升,预计单位生产成本为1200元。

分析:甲公司该产品单位生产成本预计1200元,而单位售价仅为1000元,每销售1件亏损200元,共计损失160 000元(800×200);如撤销合同,则要承担违约金320 000元(800×1 000×40%)。企业宁愿执行合同,而不能撤销合同,因此,该项销售合同属亏损合同,应在资产负债表日确认为一项预计负债,其金额应按履行合同所需成本与违约金中较低者确定。有关会计分录如下:

借:营业外支出　　　　　　　　　　　　　　　　　　　　　　160 000
　　贷:预计负债——亏损合同　　　　　　　　　　　　　　　　　　160 000

待相关产品生产完工后,将已确认的预计负债冲减产品成本。

借:预计负债——亏损合同　　　　　　　　　　　　　　　　　　160 000
　　贷:库存商品　　　　　　　　　　　　　　　　　　　　　　　　160 000

对于亏损合同处理,企业还需注意以下三个问题:

(1) 亏损合同是指履行合同义务不可避免会发生的成本超过预期经济利益的合同。其中,"履行合同义务不可避免会发生的成本"应当反映退出该合同的最低净成本,即履行该合同的成本与未能履行该合同而发生的补偿或处罚两者之间的较低者。

(2) 如果与亏损合同相关的义务不需要支付任何补偿即可撤销,企业一般就不存在现时义务,不应确认预计负债;如果与亏损合同相关的义务不可撤销,企业就存在现时义务,且满足该义务很可能导致经济利益流出企业及金额能够可靠地计量的,应确认预计负债。

(3) 待执行合同变为亏损合同时,合同不存在标的资产的,亏损合同相关的义务满足确认条件时,应确认预计负债(如[例12-12])。合同存在标的资产的,应当对标的资产进行减值测试并按规定确认减值损失,此时,企业不需确认预计负债。例如,如果产品销售合同在由待执行合同变为亏损合同时,该合同销售的产品已经有库存产品(即合同存在标的资产),则只需对该合同的库存产品计提减值损失,而不确认预计负债。

💡 或有事项在财务报表中的列示及披露

因或有事项形成的预计负债应作为非流动负债类,在资产负债表内单独设置"预计负债"项目进行列示,该报表项目应根据"预计负债"账户期末余额填列,同时还应在报表附注中披露预计负债的种类、形成原因及经济利益流出不确定性的说明、各类预计负债的期初期末余额和本期变动情况、与预计负债有关的预期补偿金额及本期已确认的预期补偿金额等信息。

因或有事项形成的或有负债和或有资产,不符合负债和资产确认条件的,都不予确认,不能在资产负债表内列示,但符合某些条件的应在报表附注中予以披露。

或有负债披露的基本原则是,极小可能导致经济利益流出企业的或有负债一般不予披露。但是,对某些经常发生或对企业的财务状况和经营成果有较大影响的或有负债应当披露,即或有负债的种类及其形成原因、经济利益流出不确定性的说明、或有负债预计产生的财务影响及其获得补偿的可能性(无法预计的应当说明原因)。对于未决诉讼、未决仲裁、对外提供担保等或有负债,即使其导致经济利益流出企业的可能性极小,也应该以附注或其他方式进行披露,以确保会计信息使用者获得足够充分和详细的信息;不过应注意,如果未决诉讼、未决仲裁披露全部或部分信息预期会对企业造成重大不利影响的,企业无须披露这些信息,但应当披露该未决诉讼、未决仲裁的性质,以及没有披露这些信息的事实和原因。

或有资产一般情况下不应在报表附注中披露,当或有资产很可能会给企业带来未来经济利益时,则应在报表附注中披露其形成的原因、预计产生的财务影响等。但是,其披露时应该特别谨慎,不能使会计信息使用者误以为所披露的或有资产肯定会实现。

预计负债近 2 亿　债务担保何以堪

案例介绍:

张家界旅游开发股份有限公司(以下简称"张家界")2006 年度财务报表显示,因巨额逾期担保诉讼,公司计提了预计负债 19 869.73 万元,导致公司全年净亏损 12 092.17 万元,注册会计师对张家界的年报,出具了带强调事项的审计意见,提请会计报表使用者关注:担保事项及其诉讼情况,会给张家界经营带来不确定性。

案例背景:

2006 年,张家界实现的主营业务收入为 16 763.1 万元,较 2005 年同期增加 2 498.58 万元,增长 17.52%;实现主营业务利润 9 068.77 万元,较 2005 年同期增加 1 462.87 万元,增长 19.23%。但由于对外担保等原因,引发了约 43 850.5 万元巨额诉讼。根据会计谨慎性原则,张家界对部分或有负债计提了预计负债,造成 2006 年利润减少 12 252.08 万元,净利润由此同比下降 81.82%。

截至 2006 年 12 月 31 日,张家界累计对外担保总额为 42 415.5 万元,其中逾期担保总额为 41 255.5 万元,涉讼担保为 39 755.5 万元。涉诉案件均已判决公司败诉并承担连带担保责任,公司控股股东及其关联方和公司没有与上述涉讼担保中的任何一家原告达成债务和解意向和协议。公司名下主要资产的经营权和股权目前已被查封和冻结,随时可能被强制执行。公司董事会认为,上述涉诉担保给公司的资产、股权安全带来了极大的不确定性,一旦上述案件部分或全部强制执行,公司将蒙受巨大的资产损失,主营业务及业务架构将受到严重影响,甚至危及公司的持续经营。公司违规担保的恶果正在显现。

资料来源:

1. 张家界旅游开发股份有限公司 2006 年度财务报表。
2. 《上海证券报》2007 年 3 月 9 日。

依据及相关法规:

财政部:《企业会计准则第 13 号——或有事项》(2006 年 2 月)、《企业会计准则——应用指南》(2006 年 1 月)。

案例思考题：

1. 你认为公司逾期担保诉讼，是否应确认为预计负债？其计提金额合理吗？请说明理由。

2. 请编制预计负债的会计处理。

3. 结合案例谈谈正确确认和报告预计负债，对反映公司财务状况和经营成果，反映公司受托经营责任，保障会计信息使用者的权益，有何作用？

本章要点概览

1. 或有事项是指过去的交易或者事项形成的，其结果须由某些未来事项的发生或不发生才能决定的不确定事项，主要包括未决诉讼或未决仲裁、债务担保、产品质量保证、亏损合同、重组义务、承诺、环境污染整治等。

2. 或有事项的特征表现为由过去交易或事项形成；其结果具有不确定性，由未来事项决定；影响结果的不确定因素不能由企业控制。

3. 或有事项的结果可能产生或有负债、或有资产和预计负债。或有负债、或有资产都不符合负债或资产的定义和确认条件，不应确认为企业的负债或资产。

4. 源于或有事项的预计负债，是指同时符合下列三个条件的或有事项：①该义务是企业承担的现时义务；②履行该义务很可能导致经济利益流出企业；③该义务的金额能够可靠地计量。预计负债符合负债的定义和确认条件，应确认为企业的负债。

5. 预计负债的初始计量，应按履行相关现时义务所支出的最佳估计数计算；当预期从第三方获得的补偿"基本确定"能收到时，应将其补偿金额单独确认为一项资产。

6. 预计负债的后续计量，是指资产负债表日对预计负债的复核。如有确凿证据表明其账面价值已不能真实反映当前的最佳估计数，企业应按当前确定的最佳估计数对预计负债的账面价值作相应调整。

7. 企业对于因或有事项而确认的义务应设置"预计负债"账户进行核算，在资产负债表内单设"预计负债"项目列示，并在报表附注中披露；对于或有负债和或有资产，符合某些条件的应按企业会计准则规定在报表附注中披露。

主要术语

1. 或有事项　　2. 或有负债　　3. 或有资产　　4. 预计负债
5. 亏损合同　　6. 债务担保　　7. 重组义务　　8. 最佳估计数

复习题

一、思考题

1. 什么是或有事项？其有何特征？或有事项主要包括哪些？

2. 何谓或有负债？如何理解或有负债是一种特殊的现时义务？

3. 或有负债与预计负债有何区别？

4. 确认预计负债应同时符合哪些条件？预计负债如何在报表中披露？
5. 预计负债应按"最佳估计数"进行初始计量，请举例说明其"最佳估计数"应该如何确定。
6. 什么是或有资产？或有资产在什么情况下应进行附注披露？
7. 或有负债披露的基本原则是什么？其披露的内容有哪些？
8. 与预计负债相关的预期可获补偿的确认应注意哪些问题？

二、判断题
1. 或有负债和或有资产，不符合负债和资产确认条件，因此，不应确认为企业的一项负债或一项资产。   （ ）
2. 预计负债已在资产负债表内单独设置"预计负债"项目进行列示，所以，不需在报表附注中再予以披露。   （ ）
3. 或有事项具有不确定性，所以，如果未决诉讼或未决仲裁披露全部或部分信息预期会对企业造成重大不利影响的，企业可以不作任何披露。   （ ）
4. 从会计稳健性原则考虑，除非或有资产很可能会给企业带来未来经济利益，否则，或有资产一般不予披露。   （ ）
5. 企业应在资产负债表日对预计负债的账面价值进行复核。如有确凿证据表明其账面价值已不能真实反映当前的最佳估计数，企业应该按当前确定的最佳估计数对预计负债的账面价值作相应调整。   （ ）

三、单项选择题
1. 与或有事项相关的义务确认为负债的条件之一是履行该义务很可能导致经济利益流出企业。这里所指的"很可能"是指（   ）。
    A. 发生的可能性大于25%但小于或等于50%
    B. 发生的可能性大于30%但小于或等于50%
    C. 发生的可能性大于45%但小于或等于50%
    D. 发生的可能性大于50%但小于或等于95%
2. 如果清偿因或有事项而确认的负债所需支出全部或部分预期由第三方或其他方补偿，其涉及的补偿金额应当（   ）。
    A. 直接冲减预计负债和营业外支出金额
    B. 直接增加预计负债金额
    C. 于很可能收到补偿时作为资产单独确认
    D. 于基本确定收到补偿时作为资产单独确认
3. 甲公司于20×2年11月受到B公司的起诉，B公司声称甲公司侵犯了B公司的软件版权，要求甲公司予以赔偿，赔偿金额为55万元。在应诉过程中，甲公司发现诉讼所涉及的软件主体部分是有偿委托C公司开发的。如果这套软件确有侵权问题，C公司应当承担连带责任，对A公司予以赔偿。甲公司在年末编制会计报表时，根据法律诉讼的进展情况以及律师的意见，认为对B公司予以赔偿的可能性在50%以上，最有可能发生的赔偿金额为35万元；从C公司得到补偿基本上可以确定，最有可能获得的赔偿金额为38万元。在上述情况下，甲公司在年末应确认的负债和资产分别是（   ）。
    A. 35万元和35万元   B. 35万元和38万元
    C. 55万元和22万元   D. 55万元和35万元

4. 甲公司于20×2年12月10日收到法院通知,被告知A公司状告其侵权,要求赔偿100万元。甲公司在应诉中发现B公司应当承担连带责任,要求其进行补偿。企业在年末编制会计报表时,根据案件审理的进展情况以及法律专家的意见,认为对原告进行赔偿的可能性在60%以上,最有可能发生的赔偿金额为60万元;从第三方得到补偿基本可以确定,最有可能获得的补偿金额为40万元,为此,该公司应在20×2年年末编制的会计分录为( )。

  A. 借:营业外支出——诉讼赔偿   600 000
     贷:预计负债——未决诉讼   600 000
   借:其他应收款   400 000
     贷:营业外支出——诉讼赔偿   400 000
  B. 借:预计负债——未决诉讼   200 000
     贷:营业外收入——诉讼赔偿   200 000
  C. 借:营业外支出——诉讼赔偿   600 000
     贷:预计负债——未决赔偿   600 000
  D. 借:营业外支出——诉讼赔偿   400 000
     贷:预计负债——未决诉讼   400 000

5. 乙公司因甲公司延期交货而与甲公司发生争议,于20×2年12月6日向法院提起诉讼,要求甲公司赔偿造成的损失150万元。截至本年12月31日,法院尚未对此诉讼进行审理。据甲公司法律顾问分析,甲公司很可能败诉,赔偿金额很可能为125万元,另外还须承担诉讼费5万元。据查,甲公司向乙公司延期交货是由于丙公司违约造成的。经与丙公司交涉,丙公司实际赔偿甲公司110万元。则甲公司因此诉讼及与丙公司交涉而在本年度利润表中反映的费用或支出总计为( )万元。
  A. 45   B. 20   C. 150   D. 130

四、多项选择题

1. 企业因或有事项而确认的负债的金额,应是清偿该负债所需支出的最佳估计数,以下选择中,正确的有( )。
  A. 如果存在一个金额范围,最佳估计数是该范围上、下限的平均数
  B. 如果存在一个金额范围,最佳估计数是该范围的上限
  C. 如果不存在一个金额范围,涉及单个项目的,按最可能发生的金额确定
  D. 如果不存在一个金额范围,涉及单个项目的,按可能发生金额的下限确定
  E. 如果不存在一个金额范围,涉及多个项目的,最佳估计数按各种可能结果及相关概率计算确定

2. 按《企业会计准则第13号——或有事项》规定,预计负债主要包括( )。
  A. 未决诉讼或未决仲裁   B. 债务担保
  C. 产品质量保证   D. 重组义务
  E. 亏损合同

3. 作为一种特殊的不确定性事项,或有事项的基本特征有( )。
  A. 或有事项是过去交易或者事项形成的
  B. 影响或有事项结果的不确定因素基本上可由企业控制

C. 或有事项的结果只能由未来发生事项确定

D. 或有事项结果具有不确定性

E. 过去交易或者事项形成的现实义务,履行该义务预期会导致经济利益流出企业

4. 下列有关或有事项列报和披露内容的表述中,正确的有(　　)。

A. 因或有事项而确认的负债应在资产负债表中单列项目反映

B. 因或有事项很可能获得的补偿应在资产负债表中单列项目反映

C. 对基本确定的补偿金额应披露

D. 当披露未决诉讼的详细信息将对企业造成重大不利影响的,至少应披露其性质及未详细披露的原因

E. 或有资产只有在很可能导致经济利益流入企业时,才应披露其形成的原因和预计产生的财务影响

5. 下列或有负债,即使其导致经济利益流出企业的可能性极小,也应予以披露的有(　　)。

A. 亏损合同
B. 未决诉讼
C. 未决仲裁
D. 产品质量保证
E. 债务担保

五、业务题

【业务题一】

目的　练习产品质量担保的核算。

资料　甲公司生产 M 产品,20×1 年销售总额达 1 000 万元。当时产品质量条款规定,产品保修期 1 年,在 1 年之内产品如果发生质量问题,公司将免费修理。根据以往经验,预计已售产品中有 80% 不会出现问题,15% 可能出现较小的质量问题,此时维修费为销售额的 1%;有 5% 的可能出现较大的质量问题,此时维修费为销售额的 3%。

20×2 年年初,由于产品结构调整,已停止 M 产品的生产。20×2 年度实际发生了维修费用 20 000 元,其中:原材料 15 000 元,工资 4 500 元,以现金支付其他费用 500 元。M 产品保修期到 20×2 年 12 月 31 日结束。

要求　(1) 假定甲公司 20×1 年年初"预计负债"账户无余额,该年末发生产品维修费,计算 20×1 年年末资产负债表中"预计负债"项目的金额,并作相应会计处理。

(2) 编制 20×2 年发生维修费用及保修期结束时预计负债的会计处理。

【业务题二】

目的　练习或有事项的确认、计量和披露。

资料　甲公司为上市公司,其 20×2 年发生的有关经济事项如下:

(1) 3 月 5 日,甲公司发现 B 企业假冒甲公司商标生产销售某种产品,侵害公司商标权。为此,甲公司当月向法院提起诉讼,要求 B 企业赔偿损失 2 000 万元。基于所掌握的足够证据,甲公司预计很可能胜诉并获得补偿 1 500 万元。至本年 12 月 31 日,案件尚在进一步审理中。

(2) 5 月 10 日,甲公司与某外商签订一项商品销售协议,价值 1500 万美元。5 月 20 日,甲公司将商品发往约定的港口。但外商认为,甲公司提供的商品在质量、规格方面不符合协议要求,双方协商未果。于是,甲公司 5 月 30 日向中国国际经济贸易仲裁委员会申请仲裁,要

求该外商无条件按协议支付货款。至本年12月31日,仲裁委员会尚未作出仲裁。

(3) 7月10日,甲公司认为本企业应享受一项税收优惠,获得税收返还,但税务部门迟迟不予落实执行。甲公司遂将税务部门告上法庭。律师认为,法律已经有明文规定,本诉讼基本确定能获胜,并将获得返还税款230万元。

(4) 8月2日,甲公司接到法院的通知,通知中说由于某联营企业在2年前的一笔借款到期,本息合计为310万元,因联营企业无力偿还,债权单位(贷款单位)已将本笔贷款的担保人甲公司告上法庭,要求甲公司履行担保责任,代为清偿。甲公司经研究认为,目前联营企业的财务状况极差,甲公司有80%的可能性承担全部本息的偿还责任。但随着联营企业项目到位,基本确定能由联营企业补偿300万元。

(5) 12月10日,甲公司在生产中发生事故,造成有毒液体外泄,使附近的一鱼塘受到污染,大部分鱼死亡。个体户已上诉至法院,要求赔偿10万元。律师研究后认为,鱼死亡确是毒水造成,本公司胜诉的可能性仅为5%。根据市场价格,赔偿损失的金额在8万~10万元。至本年12月31日,诉讼正在进行中。

(6) 12月11日,因甲公司产品发生质量事故,致使一名消费者死亡。12月18日,消费者家属上诉至法院,要求赔偿800万元,至年末,本诉讼尚未判决。甲公司研究认为,质量事故已被权威部门认定,本诉讼胜诉的可能性几乎为零。但因为有关法律没有相关的赔偿规定,律师认为赔偿金额难以预料。

要求 (1) 判断上述经济事项哪些属于或有负债,哪些属于或有资产,哪些属于预计负债,并说明理由。

(2) 如果是预计负债请作出相关会计处理。

第十三章 所有者权益

学习目的与要求

本章旨在阐述所有者权益的性质和分类,所有者权益各组成部分的会计核算,以及所有者权益在财务报表中的列报。读者通过本章学习,应理解所有者权益的性质及构成,了解所有者权益与负债的异同;熟悉投入资本的筹集,投入资本变动的原因,资本公积的内容,其他综合收益的性质和内容,以及留存收益的含义和用途;掌握不同组织形式的企业实收资本的核算特点;掌握资本公积溢价及其他资本公积形成的会计处理,掌握其他综合收益的会计处理,掌握盈余公积提取和使用的会计处理,了解所有者权益的列报方法。

预习思考题

1. 所有者权益的两个主要组成部分是什么?这种划分有何意义?

2. 某股份有限公司被核准发行1 000万股面值为1元的普通股股票。其中400万股以每股5元的价格发行给该公司的发起人。对于此项交易,该公司的会计师在账上确认股本400万元和收益1 600万元。如此处理正确吗?为什么?

3. 某股份有限公司由于陷入财务危机,盈利状况陷入困境,且公司的股票价格出现下跌。于是公司决定在证券市场回购本公司发行在外的股票,试图提高其股票市价和改善其每股收益。请问如果该公司将回购的股票,在其资产负债表中列示为所有者权益项目的增加,是否恰当?

4. 某公司董事会在讨论本年度对股东回报时有两种方案供选择:方案A为向全体股东以每股派发现金股利0.2元;方案B为以资本公积(股本溢价)向全体股东每10股转增2股。试分析两种方案对该公司所有者权益有何不同影响。

5. 请查阅一家上市公司年报,了解其对于所有者权益是如何列报的。

第一节 投入资本及其变动

一、所有者权益概述

所有者权益是指企业资产扣除负债后由所有者享有的剩余权益。它表明在一定会计期间的任何时点,企业对预期净经济利益的拥有或控制。公司的所有者权益称为"股东权益",个人独资或合伙企业的所有者权益称为"业主权益"。一般而言,所有者权益金额取决于资产和负债的计量,即在资产负债表中反映的所有者权益是按各种会计程序和方法计量资产和负债所产生的结果,所有者权益本身并没有特殊的计量问题。

(一)所有者权益的特征

在资产负债表上,与资产总额相对应的是权益,它表明的是对资产(源)的所有权。企业的投资人和债权人均是企业资源的提供者,分别体现的是企业两种不同的融资方式——股权融资和债权融资,因而企业的权益包括所有者权益和债权人权益(或负债)两种。与债权人权益(或负债)相比,所有者权益具有以下特征。

1. 所有者权益不是资源,而是资源中属于投资人的所有权

我们知道,资产是一个企业拥有或控制的资源,运用它可以带来未来的经济利益,而负债和所有者权益都不是资源本身,只是对企业所能拥有或控制资源的主权即所有权。

2. 所有者权益的价值相当于资产减去负债后的剩余权益

作为企业资源的来源,负债代表债权人对资源的定期求偿权。负债是企业定期用资源偿还并按合同支付利息,它一般不承担企业的经营风险。所有者权益代表的是投资人对资源承担营运风险的所有权。除了法律和合同另有规定,投资人不能要求收回所投的资本,因而这种投资与债权人的贷款不同,它是承担经营风险的资本,作为风险的回报,它享有资源的剩余索取权。

基本的会计等式:资产=负债+所有者权益,要求我们对负债和所有者权益进行区分。这一区分影响了利润的计算结果,因为通过负债融资的成本作为费用处理,而通过股权融资的代价是向权益所有者支付股利,在会计上作为与所有者的交易处理。总的来说,所有者权益与负债相比,有以下不同之处:一是债权人的要求权总是优于投资者的要求权,投资者只是具有对企业偿还债务后剩余财产的所有权,即享有的是对企业资产扣除负债后的剩余权益。企业与债权人的关系是债权、债务的关系,而企业与投资者的关系是产权归属关系。二是负债到期必须偿还本息,而所有者权益在企业持续经营期间,一般无需偿还,除非发生依法减资。三是债权人只享有收回本金和利息的权利,无权参与企业收益分配,而投资者除了可以获得收益分配,还可以在某些条件下或通过一定途径与方式参与企业的经营和财务决策。

(二)所有者权益的构成

所有者权益按其产生或形成的来源不同,可分为所有者投入的资本、直接计入所有者权益的利得和损失、留存收益等。这种分类反映了不同的权益构成,较清晰地明确了企业资本的来源、类型,有利于投资者对企业权益结构及股利政策的正确了解;通过对企业的投入资本与累计收益进行比较,合理评价判断企业资本储备及其盈利能力,有利于债权人掌握企业投入资本的信息。同时,这种分类也是法律为保护债权人利益所作出的约束。所有者权益的构成,如图 13-1 所示。

二、投入资本及其变动的账务处理

投入资本是投资者(股东)以各种形式投入企业的资本金及投入资本金本身的增值。投入资本是企业经营的原动力,包括实收资本(股本)和资本(股本)溢价。投资者(股东)可以用现金出资,也可以用实物、知识产权和土地使用权等可以用货币估价并可以依法转让的非货币财产作价出资。不论以何种方式出资,投资者如在投资过程中违反投资合约,不按规定如期缴足出资额的,企业可以依法追究投资者的法律责任。

```
                    ┌ 投入资本 ┌ 实收资本(或股本)
                    │         └ 资本公积——资本溢价(或股本溢价)
                    │ 其他权益工具
         所有者权益 ┤ 直接计入所  ┌ 资本公积——其他资本公积
                    │ 有者权益的 │
                    │ 利得和损失 └ 其他综合收益
                    │         ┌ 法定盈余公积
                    └ 留存收益 ┤ 任意盈余公积
                              └ 未分配利润
```

图 13-1　所有者权益的构成

我国实行注册资本制度。按照相关法律规定，投资者设立企业首先必须投入资本。除了国家另有规定，企业的实收资本应当与其注册资本相一致。实收资本的变动受到有关法规的约束。同时为了保护债权人的利益，现行法规对企业注册资本的减少规定了有关的限制条件及程序。

实收资本的构成比例，即投资者的出资比例或股东的股份比例，通常是确定所有者在企业所有者权益中所占的份额和参与企业财务决策的基础，也是企业进行利润分配或股利分配的依据，同时还是企业清算时确定所有者对剩余权益的要求权的依据。

(一) 投入资本的一般账务处理

企业收到投资时，一般应根据有关原始凭证(如投资清单、银行通知单等)，分别不同的出资方式作如下会计处理：收到投资者投入的现金，应在实际收到或者存入企业开户银行时，按实际收到的金额，借记"库存现金""银行存款"等账户，按在注册资本中应享有的份额，贷记"实收资本"账户；以非货币财产作价出资的，应在办理相关财产产权转移手续时，按投资合同或协议约定的价值(但投资合同或协议约定价值不公允的除外)，借记有关资产账户，按在注册资本中应享有的份额，贷记"实收资本"账户，差额的部分，贷记"资本公积——资本溢价"账户。

【例 13-1】 甲、乙、丙投资者共同投资设立 A 有限责任公司，注册资本 2 000 000 元，甲、乙、丙持股比例分别为 60%、25% 和 15%。按照公司章程规定，甲投资者投入现金 1 200 000 元，乙投资者投入不需要安装的设备一台，合同约定该设备的价值为 500 000 元(含可抵扣的增值税进项税额 57 522 元)，丙投资者投入原材料一批，该批原材料投资合同或协议约定价值 300 000 元(含可抵扣的增值税进项税额 34 513 元)。投资的固定资产和原材料均开具了增值税专用发票。假定合同约定的固定资产、原材料的价值与公允价值相符。

A 有限责任公司在进行账务处理时，应编制会计分录如下：

```
借：银行存款                                      1 200 000
    固定资产                                        442 478
    原材料                                          265 487
    应交税费——应交增值税(进项税额)                   92 035
    贷：实收资本——甲                                       1 200 000
              ——乙                                          500 000
              ——丙                                          300 000
```

(二) 股份有限公司投入资本的账务处理

股份有限公司(简称股份公司)是指全部资本由等额股份构成并通过发行股票筹集资本,股东以其所持股份对公司承担有限责任,公司以其全部资产对公司债务承担责任的企业法人。

股份公司具有两个重要的特性:一是股东责任的有限性。由于股份公司的全部资本都划分为等额股份,股份是股份公司最基本单位,股东只以其认购股份对公司债务承担有限责任,而不承担无限责任。如果股份公司出现无偿债能力,股东通常最多失去的是与其股份相适应的投资数额。二是股份的可转让性。股份是股东享有权利的象征,股东所持股份是可以自由转让的,从而使得股份公司的所有权也随之发生转移,成为一种高度流动的投资。股份公司形式已成为世界上众多企业选择的企业组织形式。

1. 股票的类别及特征

股份有限公司的所有者权益又称股东权益。股东投入公司的资本是股东权益的基本部分。股份有限公司的注册资本划分为等额的股份,每单位为1股。股票是股份有限公司发给股东的用以证明其出资的产权凭证。股票可以从不同的角度进行分类:

(1) 按股票的票面是否载明其名义价值,可以分为有面值股票和无面值股票。有面值股票每股的名义价值在股票上载明,每股面值以公司的注册资本总额除以核定的股份总数来确定。即对发行有面值股票的公司来说,法定注册资本就是股票面值的总额。无面值股票的票面上不载明股票价值。目前,我国法律不允许发行无面值股票。

(2) 按股票是否记名,可以分为记名股票和无记名股票。记名股票是将股东的姓名记载于股票票面上并登记于股东名册中的股票。记名股票的转让,须经公司办理过户登记手续后才产生效力。无记名股票是股东姓名在票面与股东名册上均无记载的股票。

按照《公司法》规定,公司向发起人、国家授权投资的机构、法人发行的股票应为记名股票,应当记载该发起人、机构或法人的名称,不得另立户名或以代表人姓名记名。对社会公众发行的股票,可以是记名股票,也可以是无记名股票。

(3) 按股票股东享有的权利,可以分为普通股和优先股。普通股股票是构成公司资本的基础,是股票的一种基本形式,是发行量最大、最重要的股票。普通股股票持有者按其所持有股份比例享有以下四个基本权利:①公司决策参与权(投票权);②利润分配权;③优先认股权;④剩余资产分配权。优先股股票是指公司在筹集资金时,给予投资者某些优于普通股权利的股票。优先股的优先权主要表现在两个方面:①优先股可以按约定条件享有固定的股息,不随公司业绩好坏而波动,并且可以先于普通股股东领取股息。②当公司破产进行财产清算时,优先股股东对公司剩余财产有先于普通股股东的要求权。因此,与普通股相比较,优先股股票具有股利率固定、股利分派优先、剩余资产清算优先和一般无表决权等四方面的特点。可见,优先股股票具有普通股股票和长期负债的双重性质。同负债一样,优先股可使股东按约定条件获得固定金额的股利;而同股票一样,直到有董事会正式宣布分派股利时,股利才能发放,但公司并没有一定偿还优先股的义务。

2. 股票发行的账务处理

股份公司发行股票时需要确定股票的发行价格。按照我国《公司法》的规定,股票可以按面值发行,也可以超过面值按溢价发行,但不得低于面值按折价发行。股份是股份公司很重要的指标,股票的面值与股份总数的乘积为股本,股本应等于企业的注册资本。为了直观地反映股本,在会计核算上股份有限公司应设置"股本"账户。公司应将核定的股本总额、股份总数和每股面值等在"股本"账户中作备查记录。发行股票时,按实收款项,借记"库存现金""银行存款"等账户;无论按面值发行还是溢价发行,均按股票的面值,贷记"股本"账户;在采用溢价发行股票时,高于面值的溢价部分扣除股票发行直接相关的手续费、佣金等费用后的余额,贷记"资本公积——股本溢价"账户。

【例13-2】 甲股份有限公司于20×7年7月1日发行普通股股票8 000万股,每股面值1元,每股发行价格5元。股票发行成功,股款40 000万元已全部收到。假定不考虑发行过程中的税费等因素,编制会计分录如下:

借:银行存款　　　　　　　　　　　　　　　　　　　　　400 000 000
　　贷:股本　　　　　　　　　　　　　　　　　　　　　　 80 000 000
　　　　资本公积——股本溢价　　　　　　　　　　　　　 320 000 000

(三)其他原因投入资本增加的账务处理

企业自创立后,所有者权益会发生诸多变化,除了留存收益会因为企业利润的实现或亏损的发生以及向投资者分配利润(或股利)而变化,企业初始的投入资本也会发生变化,如股本权证的行权、可转换公司债券持有人行使转换权利、以权益结算的股份支付的行权和股份有限公司发放股票股利等。总之,企业增加资本的途径一般主要有三条:一是将资本公积转为实收资本或股本;二是将盈余公积转为实收资本或股本;三是原企业所有者或新投资者的追加投入资本。

1. 认股权证及其账务处理

认股权证是一种权利凭证,由标的证券发行人或以外的第三人发行,约定持有人在规定期间或特定到期日,有权利(而非义务)按约定价格向发行人购买或出售标的证券,或以现金结算等方式收取结算差价的权益性工具。根据发行人的不同,认股权证可以分为股本权证与备兑权证两类。股本权证与备兑权证相比较,它们主要在以下四个方面存在区别:①发行人。股本权证是由上市公司自身发行,是融资性质的权证,行权是上市公司的愿望;而备兑权证一般是由独立于标的证券发行公司的第三方(通常是投资银行)发行,是交易性质的权证。②标的证券。股本权证的标的证券是股票;而备兑权证的标的既可以是股票,也可以是指数、债券、货币或一揽子证券等。③稀释效应。股本权证的到期执行具有稀释效应;而备兑权证权证的标的是已发行在外的证券,因此衍生权证的到期执行没有稀释效应。④交割形式。股本权证必须以股票实物交割,从而会改变上市公司在外流通的股份数量;备兑权证的交割则除了用证券实物交割,还有用现金交割的,因而不会改变上市公司在外流通的股份数量。可见,与公司投入资本有关的业务主要是股本权证。

通常情况下,股本权证是有一定的期限,超过规定的期限不得行使认股的权利,逾期的股本权证也无价值。对发行人(上市公司)而言,应将发行的股本权证按照发行协议签定日的成本确认为一项关于认股权的金融工具。成本指所发行的认股权证的发行价格,具体会计处理是借记"银行存款"账户,贷记"其他权益工具"账户;权证到期持有人行权时,按照行权价格,借记"银行存款"账户,同时冲销行权部分对应的"其他权益工具"账户的账面价值,按股票面值与股票数量的乘积,贷记"股本"账户,差额记入"资本公积——股本溢价"账户。

【例13-3】 立信股份有限公司于20×7年4月1日发行认股权证30 000万份,发行价格为每份 0.20 元,同时规定 20×8 年 4 月 1 日权证持有人每份认股权证可按 4.35 元认购本公司面值为 1 元的普通股 1 股。假定至 20×8 年 4 月 1 日止共行使认股权证 28 400 万份。编制会计分录如下:

(1) 发行认股权证。

借:银行存款　　　　　　　　　　　　　　　　　　　　60 000 000
　　贷:其他权益工具　　　　　　　　　　　　　　　　　　60 000 000

(2) 认股权证到期行权。

借:银行存款　　　　　　　　　　　　　　　　　　　1 235 400 000
　　其他权益工具　　　　　　　　　　　　　　　　　　　56 800 000
　　贷:股本　　　　　　　　　　　　　　　　　　　　　284 000 000
　　　　资本公积——股本溢价　　　　　　　　　　　　1 008 200 000

(3) 认股权证到期未行权的 1 600 万股,转为资本公积。

借:其他权益工具　　　　　　　　　　　　　　　　　　　3 200 000
　　贷:资本公积——股本溢价　　　　　　　　　　　　　　3 200 000

需要指出的是,如发行人(上市公司)发行的认股权证是无偿赠送的,则发行认股权证时不必编制正式的会计分录,但应作备查记录。

【例 13-4】　长电股份有限公司 20×2 年 5 月 17 日发行认股权证,对全体股东每 10 股无偿派发认股权证 1.5 份,发行总量 12.28 亿份,权证持有人每 1 份可认购 1 股,每份行权价为 5.5 元。存续期为自认股权证上市之日起 12 个月,行权期为存续期的最后 5 个交易日。

(1) 发行认股权证时,对发行的 12.28 亿份认股权证进行备查记录。

(2) 假定认股权证到期全部行权,编制会计分录如下:

借:银行存款　　　　　　　　　　　　　　　　　　　6 754 000 000
　　贷:股本　　　　　　　　　　　　　　　　　　　1 228 000 000
　　　　资本公积——股本溢价　　　　　　　　　　　5 526 000 000

(3) 假定认股权证到期全部未行权时,只需将发行的 12.28 亿份认股权证在备查的记录中注销即可。

2. 以权益结算的股份支付及行权的账务处理

我国《证券法》《公司法》和《上市公司股权激励管理办法(试行)》等规定,企业可以通过股票期权等权益工具对职工实行激励的办法,允许建立股权激励机制。企业授予职工股票期权和认股权证等衍生工具或其他权益工具以换取职工提供的服务,从而实现对职工的激励或补偿,实质上属于职工薪酬的组成部分。推出员工股权激励计划的目的是增强公司凝聚力和员工的主人翁意识,最大限度地激发管理层和员工的工作热情。

员工股权激励是公司出于激励或奖励公司管理层或员工而授予权益性工具或者承担的以权益工具为基础确定的负债的交易。员工股权激励的模式包括直接向员工支付股票、股票期权、股票增值权和限制性股票等。这些模式可以分为以权益结算的股份支付和以现金结算的股份支付两种。以权益结算的股份支付是指企业为获得服务以股份或其他权益工具作为对价进行结算的交易(如授予职工的股权和期权),会计上要求企业以公允价值计量所获得的服务的价值以及相关的权益的增加。以现金结算的股份支付是指企业为获得服务承担以股份或其他权益工具为基础计算确定的交付现金或其他资产义务的交易(如股票增值权),会计上以承担负债的公允价值计量。

股票期权是指公司授予激励对象在未来一定期限内以预先确定的价格和条件购买本公司一定数量股份的权利。激励对象可以其获授的股票期权在规定的期间内以预先确定的价格和条件购买上市公司一定数量的股份,也可以放弃该种权利。激励对象获授的股票期权不得转让、用于担保或偿还债务。

股票增值权是指公司授予激励对象一种权利,即经营者在规定时间内,在公司股票价格上升或公司业绩上升等条件下,经营者可以获得规定数量的股票股价上升或业绩提升所带来的收益。

限制性股票是指公司按照预先确定的条件授予激励对象一定数量的公司股票,激励对象只有在工作年限或业绩目标符合股权激励计划规定条件的,才可出售限制性股票并从中获益。

本章主要讨论"以权益结算为基础的股份支付"。

员工股权激励计划的确认与计量,应当以完整、有效的股份支付协议为基础,明确有关股权激励计划涉及的权益数量、标的股票数量、授予价格及行权价格的调整方法和程序等内容。实施员工股权激励计划的公司,其所需标的激励股票的来源,可以根据本公司实际情况,通过向激励对象发行股份、回购本公司股票及法律、行政法规允许的其他方式确定。

对于以权益结算的股份支付,应当按照授予员工权益工具的公允价值计量。在具体会计处理时应关注以下时点:

(1)授予日。即股份支付协议获得批准的日期,一般是指企业与职工(或其他方)双方就股份支付交易的协议条款和条件已达成一致,该协议获得股东大会或类似机构批准的日期。

除了立即可行权的股份支付,无论权益结算的股份支付还是现金结算的股份支付,企业在授予日均不做会计处理。

(2)等待期。即从授予日至可行权日之间的期间。股份支付在授予期后通常不可立即行权,一般需要员工或其他方履行一定期限的服务或在企业达到一定业绩条件之后才可行权。

在等待期内的每个资产负债表日,对于权益结算涉及职工的股份支付,应当按照授予日权益工具的公允价值确定成本费用,借记"生产成本""制造费用""管理费用"等账户,贷记"资本公积——其他资本公积"账户,不确认其后续公允价值变动。

需要指出的是,等待期内每个资产负债表日,企业应当根据最新取得的可行权员工人数变动等后续信息作出最佳估计,修正预计可行权的权益性工具数量。在可行权日,最终预计可行权权益工具的数量应当与实际可行权数量一致。根据预计可行权的权益工具数量和上述权益工具的公允价值,计算截至当期累计应确认的成本费用金额,再减去前期累计已确认的金额,作为当期应确认的成本费用金额。

(3)可行权日之后。对于权益结算的股份支付,在可行权日之后不再对已确认的成本费用和所有者权益总额进行调整。企业应在行权日根据行权的具体情况,确认股本和股本溢价,同时结转等待期内确认的"资本公积——其他资本公积"。

【例13-5】 20×6年1月1日,A股份有限公司股东大会批准了一项股份支付协议。协议规定,公司向其50名管理人员每人授予1 000份股票期权,这些管理人员必须从20×6年1月1日起在公司连续服务3年,服务期满时才能够以每股5元购买1 000股A股份有限公司股票。公司估计该期权在授予日的公允价值为每股12元。

假定第1年有2名管理人员离开A股份有限公司,A股份有限公司估计3年中还将有8名管理人员离开;第2年又有5名管理人员离开公司,公司估计还将有5名管理人员离开;第3年又有3名管理人员离开。20×9年12月31日(第4年年末),假设剩余40名管理人员全部行权,A股份有限公司股票面值为1元/股。

(1) 费用和资本公积计算过程,如表13-1所示。

表13-1　　　　　　　　费用和资本公积计算过程　　　　　　　单位:元

年份	计　　算	当期费用	累计费用
20×6	(50−10)×1 000×12×1÷3	160 000	160 000
20×7	(50−12)×1 000×12×2÷3−160 000	144 000	304 000
20×8	40×1 000×12−304 000	176 000	480 000

(2) 账务处理如下。

20×6年1月1日:

授予日不做账务处理。

20×6年12月31日:

借:管理费用　　　　　　　　　　　　　　　　　　　　　　　　160 000
　　贷:资本公积——其他资本公积　　　　　　　　　　　　　　　　160 000

20×7年12月31日:

借:管理费用　　　　　　　　　　　　　　　　　　　　　　　　144 000
　　贷:资本公积——其他资本公积　　　　　　　　　　　　　　　　144 000

20×8年12月31日:

借:管理费用　　　　　　　　　　　　　　　　　　　　　　　　176 000
　　贷:资本公积——其他资本公积　　　　　　　　　　　　　　　　176 000

20×9年12月31日,行权时:

借:银行存款　　　　　　　　　　　　　　　　　　　　　　　　200 000
　　资本公积——其他资本公积　　　　　　　　　　　　　　　　　480 000
　　贷:股本　　　　　　　　　　　　　　　　　　　　　　　　　　40 000
　　　　资本公积——资本溢价　　　　　　　　　　　　　　　　　　640 000

3. 可转换公司债券持有人行使转换权利的账务处理

可转换公司债券持有人行使转换权利,将其持有的债券转换为股票,按可转换公司债券的余额,借记"应付债券——可转换公司债券(面值、利息调整)"账户,按其权益成分的金额,借记"其他权益工具"账户,按股票面值和转换的股票数量计算的股票面值总额,贷记"股本"账户,差额的部分,贷记"资本公积——股本溢价"账户。

至于企业按规定接受投资者追加投资的,其核算方法与投资者初次投资时相同。

企业采用资本公积或盈余公积转增资本的,应按转增的资本金额确认实收资本或股本,分别借记"资本公积——资本溢价(或股本溢价)"或"盈余公积"账户,贷记"实收资本(或股本)"账户。

(四)资本减少的账务处理

企业减资的主要原因大体上有两种,一是资本过剩;二是企业发生重大亏损而需要减少实收资本。

有限责任公司和一般企业减资的会计核算比较简单,按法定程序报经批准减少注册资本时,借记"实收资本"账户,贷记"银行存款"等账户。

股份有限公司采用的是发行股票的方式筹集股本,所以,它的减资应采用收购本公司股票的方式减资。按照国际会计准则的有关规定,公司购回其自身发行在外的权益工具,则这些权益工具称为库藏股(我国会计核算中称为库存股),又称股票回购或股份回购,它属于股本收缩范畴,是国际上成熟资本市场常见的一种资本运作方式和公司理财行为。

一般认为,在一个成熟资本市场股份回购具有以下功能:①通过股份回购,调整财务杠杆,优化资本结构。与新股发行、举借外债不同,股份回购是一种股本收缩的调整方法,通过减少对外发行股份,提高资产负债率,发挥财务杠杆效应,实现公司价值最大化。②股份回购是公司股利分配的替代手段。股东收益包括股票分红派息收入与股票转让的资本利得收入,一般来说,国家对前者课以较高的个人所得税,而对后者课以较低的资本利得税,因此基于税收的考虑,公司常以股份回购替代现金红利的分配。③通过股份回购,调节股票供应量,增加报告期公司的每股收益,实现股价的价值回归。④股份回购是实施反收购、维持公司控制权的重要武器。为了维护目标公司股东的利益,公司通常以股份回购的方式抵御恶意收购。⑤运用股份回购,是解决职工持股计划与股票期权制度的股票来源的较好途径。

虽然库存股在美国、英国等西方发达国家可以作为公司的一种理财策略,加以利用,并在会计上设置"库存股"账户对其进行核算。但是,鉴于我国资本市场发展的不完善性,我国对库存股有严格的限制条件。库存股是指股份公司在公开市场上回购而没有转让或注销,并由该公司持有的按照法定的正式手续已发行在外流通的本公司股份,并在会计上设置"库存股"账户进行核算。《公司法》第 143 条规定,公司不得收购本公司股份。但是,有下列情形之一的除外:①减少公司注册资本;②与持有本公司股份的其他公司合并;③将股份奖励给本公司职工;④股东因对股东大会作出的公司合并、分立决议持异议,要求公司收购其股份的。公司因第①至第③项的原因收购本公司股份的,应当经股东大会决议。公司依照规定收购本公司股份后,属于第①项情形的,应当自收购之日起 10 日内注销;属于第②和第④项情形的,应当在 6 个月内转让或者注销。属于第③项情形的,公司用于收购的资金应当从公司的税后利润中支出,并且所收购的股份应当在 1 年内转让给职工。

库存股在回购后并不注销,而由公司自己持有,在适当的时机再向市场出售或用于对员工的激励。它的特性和未发行的股票类似,不享有投资表决权,不参与每股收益的计算,也不参与分派股利,而公司解散时也不能变现。

库存股的会计处理方法,可分为成本法和面值法两种。我国会计准则规定采用成本法,即"库存股"账户以购入股份的成本予以登记,不是其面值。当购买库存时,公司通过付款给股东,抵销部分所有者权益。库存股的购买是所有者权益的减少,而不是公司的一项资产的取得。所以,凡涉及库存股的业务,其会计处理只能增加或减少所有者权益,不能因库存股而产生损益。库存股在资产负债表上应为所有者权益的一项减少。

【例13-6】 裕隆公司为奖励公司职工而收购本公司股份,以每股10元的价格购入20 000股其发行在外的流通股,股票的面值为1元。按实际支付的金额编制会计分录如下:

借:库存股　　　　　　　　　　　　　　　　　　　　　　　　200 000
　　贷:银行存款　　　　　　　　　　　　　　　　　　　　　　　200 000

将收购的股份奖励给本公司员工,属于以权益结算的股份支付,应同时做备查登记。奖励公司员工时,如有实际收到款项的,借记"银行存款"账户,根据员工获取奖励股份的实际情况确定的金额,借记"资本公积——其他资本公积"账户,按奖励库存股的账面余额,贷记"库存股"账户,如有差额,借记或贷记"资本公积——股本溢价"账户。

【例13-7】 承[例13-6],假定裕隆公司以每股4元的价格将收购的股份奖励给本公司员工,且在等待期内的每个资产负债表日按照权益工具在授予日的公允价值累计确认的资本公积(其他资本公积)为500 000元。则编制会计分录如下:

借:银行存款　　　　　　　　　　　　　　　　　　　　　　　　80 000
　　资本公积——其他资本公积　　　　　　　　　　　　　　　　500 000
　　贷:库存股　　　　　　　　　　　　　　　　　　　　　　　　200 000
　　　　资本公积——股本溢价　　　　　　　　　　　　　　　　　380 000

【例13-8】 承[例13-6],若裕隆公司将回购的库存股以每股12元的价格转让。则编制会计分录如下:

借:银行存款　　　　　　　　　　　　　　　　　　　　　　　　240 000
　　贷:库存股　　　　　　　　　　　　　　　　　　　　　　　　200 000
　　　　资本公积——股本溢价　　　　　　　　　　　　　　　　　40 000

将回购的库存股注销减资时,应按股票面值和注销股数计算的股票面值总额,借记"股本"账户,按注销库存股的账面余额,贷记"库存股"账户,按其差额,借记"资本公积——股本溢价"账户,股本溢价不足冲减的,应借记"盈余公积""利润分配——未分配利润"等账户;购回股票支付的价款低于面值总额的,应按股票面值总额,借记"股本"账户,按所注销的库存股的账面余额,贷记"库存股"账户,按其差额,贷记"资本公积——股本溢价"账户。

【例13-9】 承[例13-6],若裕隆公司将回购的库存股注销,假定回购时公司的资本公积(股本溢价)为300 000元。则编制会计分录如下:

借:股本　　　　　　　　　　　　　　　　　　　　　　　　　　20 000
　　资本公积——股本溢价　　　　　　　　　　　　　　　　　　180 000
　　贷:库存股　　　　　　　　　　　　　　　　　　　　　　　　200 000

如果回购时公司的资本公积(股本溢价)为100 000元,盈余公积50 000元,未分配利润100 000元,其他不变,则编制会计分录如下:

借:股本　　　　　　　　　　　　　　　　　　　　　　　　　　20 000

资本公积——股本溢价	100 000
盈余公积	50 000
利润分配——未分配利润	30 000
贷：库存股	200 000

第二节 资本公积和其他综合收益

一、资本公积及其账务处理

资本公积是归企业投资者共享的、非收益转化形成的资本准备金，是企业收到的投资者超出其在企业注册资本（或股本）中所占份额的投资，以及直接计入所有者权益的利得和损失等。

资本公积主要包括资本溢价（或股本溢价）和其他资本公积。

(一) 资本溢价（或股本溢价）的账务处理

资本溢价（或股本溢价）是因投资者超额缴入资本或溢价发行股票形成的。

投资者经营的企业，在企业创立时，出资者认缴的出资额全部记入"实收资本"账户，在企业重组并有新的投资者加入时，为了维护原有投资者的权益，新加入的投资者的出资额，并不一定全部作为实收资本处理，其中，投资者投入的资本与按其投资比例计算的出资额部分，应记入"实收资本"账户，大于部分则应记入"资本公积——资本溢价"账户。

股份有限公司发行股票取得的收入，无论按面值发行还是溢价发行，均按股票的面值的部分，贷记"股本"账户；在采用溢价发行股票时，高于面值的溢价部分扣除股票发行直接相关的手续费、佣金等费用后的余额，贷记"资本公积——股本溢价"账户。

在同一控制下的企业合并中，合并方取得的净资产账面价值（或长期股权投资的初始成本）与支付的合并对价账面价值的差额，也应当调整资本公积（资本溢价或股本溢价），资本公积溢价不足冲减的，调整留存收益。

企业合并是指将两个或者两个以上单独的企业合并形成一个报告主体的交易或事项。企业合并可分为同一控制下的企业合并和非同一控制下的企业合并，其中同一控制下的企业合并是指发生在同一企业集团内部企业之间的合并，不属于交易，因为从能够对参与合并各方在合并前及合并后均实施最终控制的一方来看，最终控制方在企业合并前及合并后能够控制的资产并没有发生变化，而是集团内部资产、负债的重新组合。所以，在同一控制下的企业合并，合并方在企业合并中取得的资产和负债（或长期股权投资的初始成本），应当在合并日按照其在被合并方的账面价值（或按照所取得的被合并方在最终控制方合并财务报表中的净资产的账面价值份额）计量。合并方取得的净资产账面价值（或长期股权投资的初始成本）与支付的合并对价账面价值的差额，调整资本公积（资本溢价或股本溢价），资本公积不足冲减的，依次冲减盈余公积和未分配利润。

1. 同一控制下吸收合并和新设合并

同一控制下吸收合并，合并方在企业合并中取得被合并方的全部净资产，并将有关资产、负债并入合并方自身的账簿和报表进行核算，企业合并后注销被合并方的法人资格，由合并方持有合并中取得的被合并方的资产、负债,在新的基础上继续经营;同一控制下新设合并,合并双方通过合并注册成立新的企业,由其持有原参与合并各方的资产、负债在新的基础上经营,原参与合并各方在合并后均注销其法人资格。合并方(或新企业)取得的资产和负债应按其在被合并方的原账面价值入账,所确认净资产账面价值与合并对价的差额,调整资本公积(资本溢价或股本溢价)资本公积不足冲减的,调整留存收益。

【例13-10】 A公司于20×3年3月10日对同一控股股东控制的全资B公司进行了吸收合并,为进行该项企业合并,A公司发行了800万股普通股(每股面值1元,市价3.70元)作为对价。假定不考虑增值税的影响。合并日,A公司及B公司的所有者权益构成,如表13-2所示。

表13-2　　　　　　　　　　A、B公司所有者权益构成　　　　　　　　　单位:万元

	A公司	B公司	
	账面价值	账面价值	公允价值
银行存款	800	200	200
应收账款	2 000	300	300
库存商品	2 100	700	1 000
长期股权投资	900	500	1 000
固定资产	4 000	1 400	2 300
资产合计	9 800	3 100	4 800
短期借款	500	200	200
应付账款	1 200	500	500
长期借款	600	400	400
负债合计	2 300	1 100	1 100
股本	3 500	800	
资本公积	1 100	400	
盈余公积	900	300	
未分配利润	2 000	500	
所有者权益合计	7 500	2 000	3 700

A公司应进行账务处理如下:

借:银行存款　　　　　　　　　　　　　　　　　　2 000 000
　　应收账款　　　　　　　　　　　　　　　　　　3 000 000
　　库存商品　　　　　　　　　　　　　　　　　　7 000 000
　　长期股权投资　　　　　　　　　　　　　　　　5 000 000
　　固定资产　　　　　　　　　　　　　　　　　　14 000 000
　贷:短期借款　　　　　　　　　　　　　　　　　　2 000 000
　　　应付账款　　　　　　　　　　　　　　　　　　5 000 000
　　　长期借款　　　　　　　　　　　　　　　　　　4 000 000

　　　　股本　　　　　　　　　　　　　　　　　　　　　　　　　　　　8 000 000
　　　　资本公积——股本溢价　　　　　　　　　　　　　　　　　　　12 000 000
　　2. 同一控制下控股合并
　　同一控制下控股合并，合并方在其账簿及个别财务报表中应确认对被合并方的长期股权投资，合并方应当在合并日按照取得被合并方所有者权益账面价值的份额作为长期股权投资的初始投资成本，长期股权投资的初始投资成本与合并方支付的合并对价账面价值(或发行股份面值总额)的差额，调整资本公积(资本溢价或股本溢价)不足冲减的，调整留存收益。

　　【例 13-11】 A 公司于 20×3 年 3 月 10 日对同一控股股东控制的全资 B 公司进行控股合并，为进行该项企业合并，A 公司发行了 800 万股普通股(每股面值 1 元，市价 3.70 元)作为对价。其他资料同[例 13-10]。编制会计分录如下：

　　借：长期股权投资　　　　　　　　　　　　　　　　　　　　　　20 000 000
　　　　贷：股本　　　　　　　　　　　　　　　　　　　　　　　　　 8 000 000
　　　　　　资本公积——资本溢价　　　　　　　　　　　　　　　　　12 000 000

　　此外，在资本公积溢价(或股本溢价)中还有一种比较特殊的交易或事项，就是权益性交易。权益性交易又称资本性交易，是所有者以其所有者的身份进行的交易。按照一般会计理论，权益性交易与损益性交易相对应，权益性交易不得确认损益，而损益性交易须确认损益。

　　权益性交易主要可以分为以下两类：
　　(1) 企业与所有者之间的交易，如企业发行股票取得的发行收入增加所有者权益，企业向投资者分配现金股利减少所有者权益等。需要注意的是，公司的控股股东和实际控制人等向公司直接或间接捐赠、债务豁免等单方面的利益输送行为，如果从经济实质上判断，属于控股股东或公司的实际控制人以所有者身份对公司的资本性投入，应视为权益性交易，不能确认为实收资本或股本，相关的利得只能记入"资本公积——资本溢价(或股本溢价)"账户。
　　(2) 企业所有者与所有者之间的交易，在母公司没有丧失控制权的情况下，母公司增持或减持子公司的股份，实质上是母公司与子公司的少数股东这两种类型的所有者之间发生的交易，在合并财务报表中，应当视为权益内部的转移按照权益性交易的原则进行处理，不确认商誉，也不计入当期损益，而在所有者权益中予以报告。
　　权益性交易的结果是资产与所有者权益同时发生变动，但不影响当期损益。在会计上，区分权益性交易与损益性交易，对于正确确认与计量经营业绩至为重要，既有利于企业真实的报告损益，也有利于正确区分资本与收益，实现资本保值。
　　需要指出的是，在符合有关法规、制度的条件下，经办理增资手续后，资本公积——资本溢价(股本溢价)可以转增实收资本或股本，一般按投资者在注册资本中所占比例转增各投资者的投资金额。

　　(二) 其他资本公积的账务处理
　　其他资本公积是指资本溢价(或股本溢价)项目以外所形成的资本公积，是企业净损益、其他综合收益和利润分配以外所有者权益的其他变动。其他资本公积一般属于直接计入所有者权益的利得和损失,具体内容包括:①企业根据以权益工具结算的股份支付协议授予员工或其他方的权益工具的公允价值;②长期股权投资采用权益法核算的,被投资单位净损益、其他综合收益和利润分配以外的其他所有者权益变动,在持股比例不变的情况下,投资企业按持股比例计算应享有的份额引起的长期股权投资账面价值的变动。在处置长期股权投资时,应转销与该项投资相关的其他资本公积,金额转入投资收益(不能转入损益的项目除外)。

二、其他综合收益及其账务处理

其他综合收益是指企业根据会计准则规定,未在当期损益中确认的各项利得和损失。它是企业非日常经营活动形成的、当期未实现且不计入当期利润、会导致所有者权益变化的,与所有者投入资本无关的经济利益的净流入,相当于直接计入当期所有者权益中的利得和损失,是企业"综合收益"的组成部分。在理解其他综合收益时需要注意的是,其他综合收益是非日常经营活动所形成的,其收益在报告当期还没有实现;其他综合收益是由会计主体与非所有者进行的活动引起的,所有者的增资、减资、利润分配不属于其他综合收益;其他综合收益不属于净利润的组成部分,与净利润并列,共同构成企业当期的综合收益;其他综合收益不一定会影响企业将来的损益,报告为其他综合收益的项目,有些是不能重分类计入损益的。

其他综合收益的内容主要有两类:

一是以后会计期间不能重分类进损益的其他综合收益项目,主要包括在涉及职工薪酬中离职后福利的确认计量时,由于重新计量设定收益计划净负债或净资产导致的变动;指定为以公允价值计量且其变动计入其他综合收益的非交易性权益工具投资形成的公允价值变动;以及涉及长期股权投资按权益法核算时,因被投资单位不能重分类进损益的其他综合收益变动中所享有的份额等。

二是以后会计期间在满足规定条件时将重分类进损益的其他综合收益项目,主要包括:①以公允价值计量且其变动计入其他综合收益的债务工具投资公允价值变动形成的利得或损失;②以摊余成本计量的金融资产重分类为以公允价值计量且其变动计入其他综合收益的金融资产形成的利得或损失;③自用房地产或作为存货的房地产转换为以公允价值模式计量的投资性房地产在转换日公允价值大于原账面价值的差额部分;④采用权益法核算的长期股权投资,按照被投资单位实现的其他综合收益以及持股比例计算应享有或分担的金额,调整的长期股权投资账面价值;⑤外币财务报表折算的差额;⑥其他综合收益当期变动额的所得税费用影响等。

(一)以公允价值计量且其变动计入其他综合收益的金融资产公允价值变动

以公允价值计量且其变动计入其他综合收益的金融资产后续计量时,公允价值变动形成的利得或损失,除了减值损失和外币货币性金融资产形成的汇兑差额,应当直接计入所有者权益的其他综合收益。

【例13-12】乙公司于20×5年7月5日购入A公司股票1 000 000股,每股市价8元,手续费15 200元;初始确认时,该股票被指定为以公允价值计量且其变动计入其他综合收益的非交易性权益工具投资。

至20×5年12月31日,乙公司仍持有该股票,该股票当天的市价为13元/股。

20×6 年 1 月 25 日,乙公司将该股票售出,售价为每股 15.20 元,另支付手续费 30 500 元。假定不考虑其他因素。

乙公司因投资 A 股票而
增加的累计其他综合收益 = (13×1 000 000 − 8 015 200)+(15.20×1 000 000 − 13 000 000)
= 4 984 800 + 2 200 000 = 7 184 800(元)

(二)权益法下被投资单位其他综合收益变动

企业对某单位的长期股权投资采取权益法核算的,长期股权投资的账面价值将随着被投资单位所有者权益的增减而增加或减少。在持股比例不变的情况下,被投资单位其他综合收益变动的,投资企业应当按照属于本企业的份额部分,相应调整长期股权投资的账面价值,同时增加或减少其他综合收益。

【例 13-13】 甲公司于 20×2 年 1 月 1 日向乙公司投资 500 万元,拥有该公司 20%的股份,并对该公司有重大影响,因而对乙公司的长期股权投资采用权益法核算。20×2 年 12 月 31 日,乙公司将作为存货的房地产转换为以公允价值计量的投资性房地产,转换日公允价值大于账面价值 60 万元,计入其他综合收益。则甲公司按照持股比例确认相应的其他综合收益 12 万元,甲公司应作会计处理如下:

借:长期股权投资——其他综合收益　　　　　　　　　　120 000
　　贷:其他综合收益　　　　　　　　　　　　　　　　　　　　120 000

(三)与直接计入所有者权益的交易或事项相关的所得税费用

利润表中所得税费用由当期所得税和递延所得税两部分组成。但计入当期损益的所得税费用(或收益)不包括企业合并和直接在所有者权益中确认的交易或事项产生的所得税影响。与直接计入所有者权益的交易或者事项相关的所得税和递延所得税,应当计入所有者权益。

具体会计处理见本书第十五章利润。

第三节 留存收益

一、留存收益概述

留存收益是企业通过其生产经营而创造积累的、为分配或限制分配给投资者的净利润,属于企业的资本增值部分。它包括盈余公积和未分配利润两部分。留存收益来源于企业的净收益减净损失和已宣布发放给股东的股利后的余额,"留存"意味着保留,企业要生存、要发展,就有必要将经营所得利润的一部分留存于企业并再投资到经营业务上,参与周转。这部分留存于企业的利润,称为盈余公积,它属于企业的所有者。未分配利润是企业经过弥补亏损、提取盈余公积和向投资者分配利润等利润分配之后剩余的利润,它是企业留待以后年度进行分配的结存利润。从数量上来讲,未分配利润是期初未分配利润,加上本期实现的净利润,减去提取的各种盈余公积和分出股利(或利润)后的余额。未分配利润有两层含义:一是留待以后年度处理的利润;二是未指定特定用途的利润。相对于所有者权益的其他部分来说,企业对未分配利润的使用有较大的自主权。

留存收益的具体构成,如图 13-2 所示。

$$留存收益\begin{cases}盈余公积\begin{cases}法定盈余公积(按税后利润的10\%提取)\\任意盈余公积(股东会或者股东大会决议提取)\end{cases}\\未分配利润\end{cases}$$

图 13-2 留存收益的构成

总的来说,企业分配当年税后利润,是受有关法律和公司章程制约的。我国《公司法》规定的利润分配程序为弥补以前年度亏损、按税后利润的 10% 提取法定盈余公积、经股东会或者股东大会决议还可以从税后利润中提取一定比例的任意盈余公积、向投资者(股东)分配股利(或利润)。

二、盈余公积的提取和使用

盈余公积是企业按一定比例从税后利润(净利润)中提取的资本积累。提取盈余公积的主要目的,是增强企业自我发展和承受风险的能力,同时,是向投资者分配利润或分派股利的一种限制。

(一) 盈余公积的提取

盈余公积的提取方式,可分为以下两种。

1. 法定盈余公积

法定盈余公积按税后利润(净利润)的 10% 提取。法定盈余公积是国家规定必须提取的,即它的提取带有强制性。法定盈余公积累计额达到公司注册资本的 50% 以上的,可以不再提取。公司的法定盈余公积不足以弥补以前年度亏损的,依照规定在提取法定公积金之前,应当先用当年利润弥补亏损。

2. 任意盈余公积

公司从税后利润中提取法定盈余公积后,经股东会或者股东大会决议,还可以从税后利润(净利润)中提取任意盈余公积,提取比例由企业自行决定。即它的提取是企业自愿行为。

企业提取盈余公积的账户对应关系如下:

借:利润分配——提取法定盈余公积、提取任意盈余公积
    贷:盈余公积——法定盈余公积、任意盈余公积

【例 13-14】 某股份有限公司 20×2 年度实现净利润 70 000 000 元,公司股东大会审议批准了公司董事会提出的利润分配方案为:按净利润的 10% 提取法定盈余公积;按净利润的 8% 提取任意盈余公积;向普通股股东分配现金股利 10 000 000 元。公司应编制会计分录如下:

借:利润分配——提取法定盈余公积　　　　　　　　　　　　　7 000 000
　　　　　　——提取任意盈余公积　　　　　　　　　　　　　5 600 000
　　　　　　——应付现金股利　　　　　　　　　　　　　　10 000 000
　　贷:盈余公积——法定盈余公积　　　　　　　　　　　　　7 000 000
　　　　　　　　——任意盈余公积　　　　　　　　　　　　　5 600 000
　　　　应付股利　　　　　　　　　　　　　　　　　　　10 000 000

（二）盈余公积的使用

企业提取的法定盈余公积和任意盈余公积的主要用途有下列两项：一是用于弥补亏损；二是扩大生产经营或者转为增加资本。法定盈余公积转为资本时，所留存的该项公积金不得少于转增前注册资本的 25%。

企业用盈余公积补亏时：

借：盈余公积——法定盈余公积、任意盈余公积
　　贷：利润分配——盈余公积补亏

企业用盈余公积转增资本时：

借：盈余公积——法定盈余公积、任意盈余公积
　　贷：实收资本（或股本）

【例 13-15】　某股份有限公司股本总额为 30 000 万股，每股面值 1 元，公司股东大会于本年 3 月 20 日通过了用任意盈余公积派送新股的分配方案，决定每 10 股派送 1 股股票股利。则实际发放股票股利时的会计分录如下：

借：盈余公积——任意盈余公积　　　　　　　　　　　　　　　　30 000 000
　　贷：股本　　　　　　　　　　　　　　　　　　　　　　　　　　　30 000 000

三、股利（或利润）的分派和支付

（一）确定股利（或利润）分配政策时应考虑的因素

股东（投资者）总是希望他们的投资会有合理的回报。所以，当企业经营取得利润时，一般必须对运用股东（投资者）投入的资金给予一定的回报，即要分派股利（或利润）。企业在确定股利（或利润）分配政策时，应考虑下列因素。

1. 留存收益余额

股利（或利润）分配的最大值一般是企业未分配利润的余额，未分配利润数额的多少，一方面受到相关法规及企业章程的制约，如资本保全、企业积累等；另一方面受到企业财务的限制，企业为了正常发展或与对手竞争，就必须保留相应的留存收益余额。支付给股东（投资者）的盈余与留在企业的保留盈余，存在此消彼长的关系。

2. 现金充沛的程度

有时企业的利润表中反映有利润，但企业不一定有相应数量的现金，就是说留存收益余额与现金余额之间没有确定的关系。股利（或利润）分配一般只可能用现金来支付。

（二）股利（或利润）支付的方式

股利（或利润）的支付方式有多种，常见的有现金股利和股票股利。

1. 现金股利

现金股利是指公司以现金支付的股利，它是股利分派政策的主要方式，也是股东（投资者）比较愿意接受的投资报酬形式。分配现金股利的直接后果是减少留存收益和现金流量。股份公司股利分派应注意股利宣告日、股权登记日和股利支付日等日期。

股利宣告日即公司股利分配方案经股东大会通过后，由董事会正式宣布的日期。从宣布日起，公司在法律上存在了将来支付股利的义务，因此，会计上就需进行会计处理，减少留

存收益,增加负债。

股权登记日即有权领取股利的股东有资格登记的截止日期。只有在股权登记日前在公司股东名册上登记的股东,才有权分享股利、参与公司税后利润的分配。此时不需要进行会计处理。

股利支付日即向股东发放股利的日期。此时应进行会计处理,减少负债,同时减少现金。

【例13-16】 20×2年4月20日,东华股份有限公司根据股东大会的批准决议,宣布发放现金股利,每10股3元,公司发行在外的普通股为35 000万股,共计发放现金股利10 500万元。5月5日为股权登记日,5月28日为股利支付日。编制会计分录如下:

(1) 4月20日,股利宣告日。

借:利润分配——应付现金股利　　　　　　　　　　　　　　　　　　105 000 000
　　贷:应付股利　　　　　　　　　　　　　　　　　　　　　　　　　　　　105 000 000

(2) 5月5日,股权登记日,不需要作账务处理。

(3) 5月28日,股利支付日。

借:应付股利　　　　　　　　　　　　　　　　　　　　　　　　　　105 000 000
　　贷:银行存款　　　　　　　　　　　　　　　　　　　　　　　　　　　　105 000 000

2. 股票股利

股票股利是企业用增发的股票代替现金派发给股东的股利。当作股利发放的股票,又称红股,俗称送股。当企业实现净利润但现金不足时,为了满足股东的要求,通常派发股票股利。分派股票股利相对于公司而言,一是不会减少企业资产,股票股利增加了股本,减少了留存收益,所有者权益总额不发生变动,而仅仅是所有者权益各项目结构发生内部的调整;二是不需要企业拿出现金,不会导致公司资产的流出或负债的增加,但同时又发放了股利;三是增加了公司发行在外的股份,可使每股净资产、每股收益和每股市价相对下降,可以吸引更加广泛的投资者。股票股利相对于股东而言,由于是按照股东原来持有的股份数量(或比例)分配的,没有实际收到资产,仅仅是股份的增加,其总投资额未变化,其持股比例也未发生变化。

需要指出的是,股票股利有以市价计算股票股利价格的做法,也有按股票面值计算股票股利价格的做法。我国目前一般采用按股票面值计算股票股利价格的做法。此外,应发放的股票股利不是负债概念,所以在股利宣告日、股权登记日均不需要进行账务处理。

发放股票股利,往往可以理解为将留存收益永久的资本化,增加了投入资本。这全部的影响如同用现金支付股利一样,股东(投资者)立即将获得的现金股利投资到企业中,以换取追加的股份,只是没有实际的现金换手而已。

【例13-17】 大华股份有限公司20×2年4月20日根据股东大会的批准决议,宣布发放股票股利,每10股送3股,公司发行在外的普通股为35 000万股,共计发放股票股利10 500万股。假定每股股票的面值为1元。5月5日为股权登记日,5月28日为股利支付日。

(1) 4月20日,股利宣告日,不需作账务处理。

(2) 5月5日,股权登记日,不需作账务处理。

(3) 5月28日,股利支付日的会计分录。

借：利润分配——转作股本的股利　　　　　　　　　　　　　　　　　105 000 000
　　贷：股本　　　　　　　　　　　　　　　　　　　　　　　　　　　　　105 000 000

案例分析

缘何年报突然变脸？
——亿利能源遭遇"食言"窘境

案例介绍：

2009年1月23日,内蒙古亿利能源股份有限公司(以下简称亿利能源)公布2008年度业绩预告,称公司报告期内完成了重组工作(向大股东亿利资源集团实施非公开发行股份以购买相关股权资产),由于长期股权投资的初始投资成本小于投资时应享有被投资单位可辨认净资产公允价值的份额,公司将差额计入营业外收入,导致公司业绩大幅度增长。预计2008年度实现的归属于母公司股东的净利润与2007年度相比,同比增长超过50%。

2009年3月19日,亿利能源公布公告,公司由于年报编制问题,原定于2009年3月20日公布的2008年度报告延迟披露。同时,公司向上海证券交易所申请其股票停牌。

2009年4月4日,因延迟披露接连停牌11个工作日后,亿利能源终于拿出了2008年年报。与此前业绩预告净利润增长50%以上截然不同的是,2008年公司亏损8 374万元,按最新股本摊薄每股亏损达0.34元。亿利能源在2008年年报中表示,在年报编制过程中,公司及会计师依据《企业会计准则第2号——长期股权投资》第9条规定的会计处理原则,确认2008年度公司实施非公开发行股份购买资产产生营业外收入,由此,公司2008年度实现的归属母公司所有者的净利润约为9.99亿元,较上年同期增长6 148.34%;如扣除上述非经常性损益项目约10.8亿元的影响,则2008年度公司实现的归属于上市公司股东的扣除非经常性损益后的净利润为3 242.48万元,较上年同期增长28.07%。但由于上述会计处理对亿利能源当期经营业绩影响较大,在公司股票停牌期间,公司就该会计处理事项与管理当局进行了充分沟通。根据有关权威部门的解释："由于交易是基于双方的特殊身份才得以发生,且使得上市公司明显的、单方面的从中获益,因此,监管中应认定为其经济实质具有资本投入性质,形成的利得应计入所有者权益",由此确认亿利能源向亿利资源集团定向发行股票的初始投资成本小于投资时应享有被投资单位可辨认净资产公允价值份额的差额部分不再计入当期营业外收入,而直接计入资本公积。依据这一会计处理原则,亿利能源2008年度公司实现的归属于上市公司股东净利润为−8 374.23万元。

因会计处理原则变化,亿利能源交出了一份惨淡的成绩单。

案例背景：

亿利能源系经内蒙古自治区人民政府内政股批字〔1 999〕1号批复批准,由亿利资源集团有限公司等作为发起人,以发起设立方式设立的股份有限公司,并于2000年7月4日在上海证券交易所上市。

2008年10月22日,亿利能源向特定对象发行股份购买资产暨重大资产重组事项。向特定对象公司控股股东亿利资源集团有限公司以11.20元/股发行股份42 749万股(其中有

33 546万股是购买神华亿利能源49%的股权,而大股东亿利资源集团对该项股权的初始投资为5.44亿元),以购买其持有的PVC能源化工循环经济一体化项目的相关股权资产,其中包括神华亿利能源有限责任公司49%的股权、内蒙古亿利化学有限公司41%的股权及内蒙古亿利冀东水泥有限责任公司41%的股权。目标资产作价以国众联评估有限公司2007年9月27日出具的评估报告确定的价值为基准,经本次交易双方协商确定,整体作价为478 788.80万元。

由于亿利资源集团是公司的控制股东,持有亿利能源48.91%的股权,本次向特定对象发行股份全部用于购买公司控股股东亿利资源集团持有的PVC能源化工循环经济一体化项目的相关股权资产,故本次交易构成关联交易。

本次交易完成后,亿利能源的股份总额由17 380万股增加至60 129万股,亿利资源集团持有亿利能源的股权比例由48.91%提高至85.23%,仍为公司第一大股东,因此,本次交易完成前后,亿利能源的实际控制权并没有发生变化。同时,亿利能源将直接持有神华亿利能源49%的股权、亿利化学41%的股权、亿利冀东水泥41%的股权。

资料来源:
1. "内蒙古亿利能源股份有限公司向特定对象发行股份购买资产暨重大资产重组报告书",2008年10月22日。
2. 内蒙古亿利能源股份有限公司2008年度报告。
3. 上市公司公告 http://www.p5w.net。

依据及相关法规:
1. 财政部:《企业会计准则第2号——长期股权投资》(2006年2月)、《财政部关于做好执行会计准则企业2008年年报工作的通知》(财会函〔2008〕60号)。
2. 国际会计准则理事会:《国际会计准则第27号——合并财务报表和单独财务报表》(修订稿,2008年1月),有关权益性会计规范的规定自2009年7月1日生效。

案例思考题:
1. 本案例亿利能源对外公告中的10.8亿元差额源于何处?你认为这10.8亿元差额应当计入资本公积还是营业外收入?请说明理由,分析不同会计处理对公司产生的影响。
2. 结合本案例分析对控股股东单方面利益输送视同资本性投入进行会计规范的背景和现实意义。

本章要点概览

1. 所有者权益是指企业资产扣除负债后由所有者享有的剩余权益。所有者权益金额取决于资产和负债的计量。

2. 所有者权益与负债在性质、偿还期限和享受的权利等方面均存在明显的区别。

3. 所有者权益的内容包括投资者投入的资本、直接计入所有者权益的利得和损失、留存收益等。投入资本按法定要求可分为实收资本(股本)和资本溢价(股本溢价)两部分。留存收益包括盈余公积和未分配利润两部分。

4. 企业组织形式不同,所有者投入资本的会计处理方法有所不同。股份有限公司的股本为股票面值与股份总数的乘积,会计上需要对股票按面值发行或溢价发行以及回购进行会计处理。

5. 企业的投入资本会由于股本权证的发行与行权、权益工具结算的股份支付、可转换公司债券的分拆与转股、同一控制下企业合并、股票回购、权益性交易、追加投资或减资等原因而发生变化。

6. 资本公积是归企业投资者共享的、非收益转化形成的资本准备金,包括资本溢价(股本溢价)和其他资本公积。

7. 其他综合收益是企业非日常活动形成的、未在当期损益中确认的各项利得和损失。它不属于净利润的组成部分,与净利润并列,共同构成企业当期的综合收益。

8. 盈余公积的形成是为了增强企业自我发展和承受风险的能力,而对投资者分配利润或分派股利的一种限制。企业按相关法律或股东决议,按净利润的一定比例提取法定或任意盈余公积。盈余公积的用途是弥补亏损和增加资本。

9. 未分配利润是企业留待以后年度进行分配的结存利润。从数量上来讲,未分配利润是期初未分配利润,加上本期实现的净利润,减去提取的各种盈余公积和分出利润后的余额。

主要术语

1. 所有者权益 2. 股本 3. 认股权证
4. 库存股 5. 员工股权激励计划 6. 资本公积
7. 其他综合收益 8. 留存收益 9. 股份支付
10. 盈余公积 11. 现金股利 12. 股票股利
13. 优先股 14. 普通股 15. 股份回购

复习题

一、思考题
1. 所有者权益与负债有何区别?
2. 所有者权益的来源包括哪些?划分投入资本与留存收益的主要目的何在?
3. 试分析普通股股东和优先股股东在享有权利上的主要区别。
4. 什么是认股权证?在会计上,认股权证应如何核算?
5. 试分析库存股对企业产生的影响。
6. 试分析以权益结算的股份支付和以现金结算的股份支付在会计核算上的区别。
7. 什么是资本公积?其他资本公积包括哪些主要内容?资本公积与实收资本、留存收益的区别是什么?
8. 什么是其他综合收益?其他综合收益有哪些特征?
9. 什么是留存收益?留存收益包括哪些主要内容?
10. 分派现金股利与发放股票股利对企业股本总额、股东权益总额、每股净资产和每股收益的影响有何不同?
11. 股票股利的计价方法有按面值计价和按市价计价两种。你认为应按何种方法计价?

二、判断题
1. 接受投资者非货币财产作价出资的,应按投资企业原账面价值确定入账价值。(   )

2. 股本权证与备兑权证的行权均会影响公司的股份数量,并对利润产生稀释效应。 (   )
3. 企业向股东宣告发放的现金股利,在尚未发放之前属于企业所有者权益的组成部分。
                                                                      (   )
4. 凡涉及库存股的购买或注销业务,其账务处理只能增加或减少所有者权益,不能因库存股而产生损益。   (   )
5. 股票股利和现金股利都是公司发给股东的股利,所以两者本质上没有区别。 (   )

三、单项选择题

1. 下列各项中,能够引起企业所有者权益增加的事项是(   )。
   A. 增发新股   B. 资本公积转增资本
   C. 向投资者分配利润   D. 提取盈余公积

2. 下列关于所有者权益的说法中,错误的是(   )。
   A. 所有者权益是企业所有者对企业净资产的要求权
   B. 企业清算时,所有者权益的清算优先于负债的清偿
   C. 所有者权益包括实收资本、资本公积和留存收益
   D. 所有者权益的计量依赖于资产和负债的计量结果

3. 发行股票筹集资本时,"股本"账户登记的金额为(   )。
   A. 实际收到的款项
   B. 实际收到的款项减去支付给券商的发行费用
   C. 股本面值乘以股份总数再减去支付给券商的发行费用
   D. 股本面值乘以股份总数

4. 下列各项中,影响所有者权益总额却不影响留存收益总额的经济业务是(   )。
   A. 当期实现的净利润   B. 用提取的盈余公积弥补亏损
   C. 用资本公积转增资本   D. 回购公司发行在外的股票

5. M、N 公司均为增值税一般纳税人,适用的增值税税率为 13%,M 公司接受 N 公司投资转入的原材料一批,该批原材料账面价值 800 000 元,投资协议约定的价值 960 000 元,假定投资协议约定的价值与公允价值相符,且该项投资没有产生资本溢价 N 公司已开具了增值税专用发票。则 M 公司实收资本应确认的金额为(   )元。
   A. 800 000   B. 904 000
   C. 960 000   D. 1 084 800

四、多项选择题

1. 普通股与优先股的相同点包括(   )。
   A. 公司都无支付本金的义务   B. 公司支付股利的义务仅在宣告分派后成立
   C. 公司支付的股利均无税款抵扣 D. 公司应按固定日期支付股利
   E. 公司有优先偿还的义务

2. 下列项目中,会引起留存收益总额发生增减变动的有(   )。
   A. 用任意盈余公积弥补亏损   B. 用任意盈余公积转增资本
   C. 用任意盈余公积派发新股   D. 按净利润的一定比例计提任意盈余公积
   E. 用利润弥补亏损

3. 下列事项中,能增加或减少企业所有者权益总额的有(   )。

A. 股东追加投资 B. 按照面值发行股票
C. 用资本公积转增股本 D. 发放股票股利
E. 宣告发放现金股利

4. 下列事项中,可能增加其他综合收益的有(　　)。
   A. 溢价发行股票
   B. 公司将回购的股份以权益结算的股份支付方式奖励给本公司员工
   C. 以公允价值计量且其变动计入其他综合收益的金融资产公允价值变动
   D. 发行的股本权证到期,持有人行权时
   E. 权益法下被投资单位其他综合收益变动引起的长期股权投资账面价值的变动

5. 下列关于股票股利的叙述中,正确的有(　　)。
   A. 宣布发放或实际发放股票股利时公司所有者权益的总额不变
   B. 从股票股利宣布发放到实际发放的这段时间里,公司对这项承诺在资产负债表上被列为一项负债
   C. 股票股利并不改变单个股东拥有的企业权益的份额
   D. 股票股利对公司的资产数量没有影响
   E. 股票股利的发放可能会对公司的现金产生影响

五、业务题

【业务题一】
　　目的　练习发行股票的核算。
　　资料　云港股份有限公司20×2年4月16日首次公开发行股票15 000万股,每股面值1元,每股发行价格9.40元。本次股票发行由中海证券公司保荐并承销,其按发行收入的3‰收取承销费。
　　4月20日,收到中海证券公司交存的股票发行款136 770万元,已扣承销费用。
　　4月22日,以银行存款支付中瑞会计师事务所本次发行股票的验资费用40万元。
　　要求　根据上述资料编制有关的会计分录。

【业务题二】
　　目的　练习库存股的核算。
　　资料　星海股份有限公司发行在外的普通股股票为30 000万股,每股面值1元。20×1年12月31日,资产负债表中"所有者权益"部分的数据如下(单位:万元):

股本	30 000
资本公积——股本溢价	29 000
盈余公积	1 200
未分配利润	700
合计	60 900

(1) 20×2年5月10日,以每股8元的价格回购公司发行在外的股票3 000万股。
(2) 假定20×2年5月15日,按规定程序将上述回购库存股予以注销。
(3) 假定20×2年5月15日,将上述回购库存股以每股6元的价格予以转让。
　　要求　根据上述资料编制有关的会计分录。

【业务题三】

目的 练习资本公积和其他综合收益的核算。

资料 甲公司 20×2 年度发生下列经济业务：

(1) A 投资者以银行存款 11 000 000 元对公司追加投资，并享有甲公司注册资本 30 000 000 元 1/3 的股份。

(2) 甲公司对拥有 20% 股份的 B 公司采用权益法进行长期股权投资的核算，B 公司经批准于 20×2 年 4 月 1 日按面值发行 5 年期一次还本分年付息的可转换公司债券 2 000 000 元，款项已收存入银行。债券票面年利率为 6%。假定甲公司发行可转换公司债券时债券市场利率为 9%。

(3) 甲公司将拥有的一栋自用办公楼转换为采用公允价值模式计量的投资性房地产。转换日自用办公楼的账面余额 800 000 元，已提折旧 100 000 元，公允价值 830 000 元。

(4) 甲公司 20×2 本年 3 月 5 日从证券市场购入 A 公司股票 60 000 股，指定为以公允价值计量且其变动计入其他综合收益的非交易性权益工具投资，每股市价 15 元，手续费 2 700 元；至 6 月 30 日，公司仍持有该股票，此时股票的市价为 16.20 元；至 12 月 20 日，甲公司将该股票售出，售价为 17 元，另支付交易手续费 3 060 元。

(5) 甲公司对拥有 30% 股份的 C 公司采用权益法进行长期股权投资的核算，20×2 年 12 月 31 日，C 公司因持有的分类为以公允价值计量且其变动计入其他综合收益的金融资产所产生的利得金额为 1 000 000 元。假定 C 公司此外的所有者权益没有变化。

要求 根据上述资料编制有关的会计分录。

【业务题四】

目的 练习盈余公积的核算。

资料 乙公司本年年初资产负债表中"实收资本""盈余公积""未分配利润""所有者权益合计"项目的金额分别为 50 000 000 元、3 000 000 元、−200 000 元、52 800 000 元。本年发生下列经济业务：

(1) 用法定盈余公积弥补以前年度亏损 200 000 元。

(2) 按规定从本年实现的净利润 20 000 000 元中按 10% 计提法定盈余公积，经公司股东大会决议再按净利润的 5% 提取任意盈余公积。

(3) 用任意盈余公积 800 000 元转增资本。

要求 (1) 根据上述资料编制有关的会计分录。

(2) 计算乙公司本年年末资产负债表中"实收资本""盈余公积""未分配利润""所有者权益合计"项目的金额。

第十四章 收入和费用

学习目的与要求

本章旨在阐述收入、费用的特征,确认和计量。读者通过本章学习,应理解收入和费用的含义、特征;掌握收入和费用的确认与计量原则;掌握企业向客户转让商品或提供服务时收入和相关成本的会计核算,并能够运用相关会计确认、计量的原则及方法,解释、分析和处理各种与销售收入有关的经济业务;了解费用分类和确认标准;掌握期间费用的内容和核算方法。

预习思考题

1. 请你分别说明下列收入应在什么时间予以确认?①航空公司的飞机票收入,在售票期间确认还是在飞机飞行期间确认?②报社的报刊收入,在预售期间确认还是在报刊送到消费者手中时确认?③建筑施工企业建造高速公路的收入,在施工过程中确认还是在工程全部完工时确认?

2. 某企业销售一批商品,价目表中的销售价格为100万元,假设有下列四种销售手段可供选择:①赊销,并提供现金折扣。②采用分期收款方式。③销售产品的同时授予客户奖励积分。④实行"包退、包换、包修"的销售政策。请你指出不同销售手段对该项收入计量的影响。

3. T电视台在本年7月10日与W公司签订了一项合同:T电视台为W公司在同年9月份播放200次0.5分钟的广告。T电视台负责制作该项广告并于同年10月5日从W公司收取款项。请问T电视台应于哪个月份确认收入呢?

4. S公司本年11月份银行存款日记账记录的支出中有:①支付短期借款手续费。②支付电视广告费。③购买办公用品费用。④支付固定资产的改良支出。⑤向红十字会的捐赠支出。你认为哪些支出可以确认为本期费用?

5. 请查阅一家上市公司年报,了解其对于收入和费用是如何列报的。

第一节 收入概述

一、收入概念及特点

收入是指企业在日常活动中所形成的、会导致所有者权益增加的、与所有者投入资本无关的经济利益的总流入。这种经济利益的总流入表现为企业资产的取得或增值以及负债的清偿,从而导致企业净资产的增加。

收入具有以下特点：

（1）收入从企业持续的日常活动中产生，而不是从偶发的交易或事项中产生。其中"日常活动"是指企业为完成其经营目标所从事的经常性活动以及与之相关的其他活动。例如，工业企业制造并销售产品、商品流通企业销售商品、保险公司签发保单、商业银行对外贷款和安装公司提供安装服务等。可见，收入的发生具有经常性和可合理预期等特点。有些交易或事项虽也能为企业带来经济利益，但不属于日常活动，其流入的经济利益是利得，而不是收入。比如，企业接受捐赠或与企业日常活动无关的政府补助、因其他企业违约收取的罚款等。

（2）收入的实质是净资产的增加。经济利益的增加可能表现为资产的增加，也可能表现为负债的减少。因为伴随着收入的实现，往往是资产的增加，如增加银行存款、应收账款等；或是负债的减少，如以商品或劳务抵偿债务；或两者兼而有之，如商品销售的货款中部分抵偿债务，部分收取现金。根据"资产－负债＝净资产"的等式原理，资产的增加或负债的减少必然导致企业净资产的增加。

（3）收入只包括本企业经济利益的流入，不包括为第三方或客户代收的款项，如增值税等。代收的款项一方面增加企业的资产，另一方面增加企业的负债，所以不增加企业的净资产，也不属于本企业的经济利益，不能作为本企业的收入。

二、收入的分类

随着市场经济的日益发展，产业升级和业务模式创新以及交易事项的日益复杂，企业为获得市场地位和竞争优势，都有其所从事的主要业务、主要产品和相应的经营模式，为如实反映企业的业绩驱动因素、业绩变化是否符合行业发展状况等情况，按照企业主要经营业务等经常性活动实现的收入，通常将收入可以分为主营业务收入和其他业务收入。

1. 主营业务收入

主营业务收入是指企业为完成其经营目标而从事的日常活动中的主要活动所取得的收入，可根据企业营业执照上规定的主营业务范围确定。例如，商品流通企业的主营业务是销售商品、商业银行的主营业务是对外提供贷款等。主营业务是企业的重要业务，是企业收入的主要来源。

2. 其他业务收入

其他业务收入是指主营业务以外的其他日常活动所取得的收入，如工业企业销售材料、提供非工业性劳务和处置投资性房地产等的收入。其他业务属于企业日常活动中次要的交易。

在实务工作中，主营业务与其他业务的划分并不是一成不变的，由于企业的经营范围不同，一个企业的主营业务，对于另一个企业来说，可能是非主营业务。例如，在工业企业中，运输业务是作为其他业务收入处理的，而对于交通运输企业而言，则为主营业务收入。在区分企业的主营业务和其他业务时，应当以该项业务的收入占企业全部收入的比重以及该项业务的经常性程度或重要程度来衡量，而不能以某项业务的具体经营方式加以判断。

三、收入的确认方法

收入的确认是指收入在什么时候记账，并可以作为收益在利润表上反映。所以，在收入会计处理中,主要问题是决定何时确认收入。企业的生产经营活动是持续不断的,而会计报表上所反映的营业收入必须是归属于某一会计期间的收入,所以应将营业收入在各个会计期之间进行划分,确定其归属的相应期间,企业既不能提前也不能延后确认收入。

收入的确认取决于向客户承诺的资产控制权是否已转移给客户。通常情况下,企业应当在履行了合同中的履约义务,即客户取得相关商品控制权时确认收入。取得商品控制权一般包括三个要素:一是能力,即客户必须拥有的现时权利,能够主导该商品的使用并从中获得几乎全部的经济利益。如果客户只能在未来的某一期间主导该商品的使用并从中获益,则表明其尚未取得该商品的控制权。二是主导使用,即有能力主导该商品的使用,或者能够允许或阻止其他方使用该商品。三是能够获得几乎全部的经济利益,即该商品的潜在现金流量(包括现金流入的增加,也包括现金流出的减少)。客户可以通过很多方式直接或间接地获得商品的经济利益,如使用、消耗、出售或持有该商品、使用该商品提升其他资产的价值,以及将该商品用于清偿债务、支付费用或抵押等。

第二节 收入的确认与计量

一、收入的确认

收入确认的基本原则是企业应当在基于与客户订立合同的基础之上,履行了合同中的履约义务,即在客户取得相关商品或服务控制权时确认收入。控制权是指能够主导该商品的使用并从中获得几乎全部的经济利益,也包括有能力阻止其他方主导该商品的使用并从中获得经济利益。

根据收入确认的原则,收入的确认由下列五方面的内容构成,它是企业确认收入的框架模型,简称为"五步法"模型。

1. 识别与客户订立的合同

合同是指双方或多方之间订立有法律约束力的权利义务的协议。合同有书面形式、口头形式以及其他可验证的形式。例如,租赁是在一定的期间内让渡控制特定资产使用的权利以获取对价的合同。客户是指与企业订立合同以向该企业购买其日常活动产出的商品或服务并支付对价的一方。

识别与客户订立的合同,需要解决两个问题:一是合同是否成立;二是合同是否独立。当企业与客户之间的合同同时满足下列条件时,合同成立:①合同各方已批准该合同并承诺将履行各自义务;②该合同明确了合同各方与所转让商品或提供劳务相关的权利和义务;③该合同有明确的与所转让商品相关的支付条款;④该合同具有商业实质,即履行该合同将改变企业未来现金流量的风险、时间分布或金额;⑤企业因向客户转让商品而有权取得的对价很可能收回。对于不能同时满足上述收入确认的五个条件的合同,企业只有在不再负有向客户转让商品的剩余义务(如合同已完成或取消),且已向客户收取的对价(包括全部或部分对价)无需退回时,才能将已收取的对价确认为收入;否则,应当将已收取的对价作为负债进行会计处理。

一般而言,收入确认的模型适用于单个合同,即收入的确认需要合同是独立的。但在满足一定条件的情况下,可以将两份或多份合同合并为一份合同处理,称为合同合并,如基于同一商业目的而订立并构成的一揽子交易,或其中一份合同的对价金额取决于其他合同的定价或履约情况,或合同中所承诺的商品或服务构成单项履约义务;对于合同范围或合同价格或两者同时的变更,属于合同变更处理。

总之,合同的制定是企业各项销售活动的起点,所以销售合同的识别是收入确认的基础和前提条件。没有合同不能确认收入,没有商业实质的非货币性资产交换,不能确认收入。

2. 识别合同中的单项履约义务

履约义务是指合同中企业向客户转让可明确区分商品或服务的承诺,这种承诺既包括合同中明确的承诺,也包括由于企业已公开宣布的政策、特定声明或以往的习惯做法等导致合同订立时客户合理预期企业将履行的承诺。企业应以单项履约义务作为收入确认的对象,而不是合同本身。因此,在合同一开始,企业就应当对合同进行评估,如果可明确区分识别该合同所包含的各单项履约义务的,则分别确定各单项履约义务是在某一时段内履行,还是在某一时点履行,然后,在履行了各单项履约义务时分别确认收入进行会计处理。对于无法满足条件可明确区分的商品或服务,则不能作为单项履约义务,企业应将该商品或服务与合同中承诺的其他商品或服务进行组合确认收入进行会计处理。

企业应当将下列向客户转让商品的承诺作为单项履约义务:

一是企业向客户转让可以明确区分商品的承诺。企业向客户承诺的商品同时满足下列两项条件的,应当作为可明确区分的商品:①客户能够从该商品本身或从其他易于获得资源一起使用中受益(即该商品本身能够明确区分)。②企业向客户转让该商品的承诺与合同中其他承诺可单独区分(即转让该商品的承诺在合同中是明确可区分的),以识别企业承诺转让的是每一项商品,还是由这些商品组成的一个或多个组合产出。需要说明的是,以下三种情形通常表明企业向客户转让商品的承诺不可明确区分:第一种情形,企业需提供重大的服务以将该商品与合同中承诺的其他商品进行整合,形成合同约定的某个组合产出转让给客户,则企业应将合同中承诺的所有商品和服务,作为一个单项履约义务进行会计处理;第二种情形,该商品将对合同中承诺的其他商品予以重大修改或定制,则企业应当将转让的商品和提供的重大修改以及定制化服务作为一个单项履约义务进行会计处理;第三种情形,该商品与合同中承诺的其他商品具有高度关联性(即合同中承诺的每一项商品均受到合同中其他商品的重大影响),则企业应当将这些高度关联性的生产和服务作为一个单项履约义务进行会计处理。

二是企业向客户转让一系列实质相同且转让模式相同的、可明确区分的承诺。当企业向客户转让某项承诺的商品时,如每天提供类似劳务的长期劳务合同等,如果这些商品属于实质相同且转让模式相同的一系列商品,企业应将这一系列商品作为单项履约义务。

企业为履行合同而应开展的初始活动,通常不构成履约义务,除非该活动向客户转让了承诺的商品。

3. 确定交易价格

交易价格是指企业因向客户转让商品或服务而预期有权收取的对价金额(如应付款项)。在确定交易价格时,交易价格可以是固定的对价金额,但有时也可能包含折扣、价格折让、奖励积分、返利、业绩奖金、索赔和退款等可变对价或非现金对价。交易价格还应当就货币的时间价值影响(若合同中存在重大融资成分)及任何应付客户对价作出调整。

合同标价并不一定代表交易价格,企业在确定交易价格时,应当假定按照现有合同的约定向客户转让商品,且该合同不会被取消、续约或变更。

4. 将交易价格分摊至各单项履约义务

当合同中包含两项或多项履约义务的,为了使企业分摊至每一单项履约义务的交易价格能够反映其向客户转让已承诺相关商品或服务而预期有权收取的对价金额,企业应当在合同开始日,按照各单项履约义务所承诺商品的单独售价的相对比例,将交易价格分摊至各单项履约义务。单独售价是指企业向客户单独销售商品的价格。如果单独售价无法直接观察,企业应当综合考虑其能够合理取得的全部相关信息,采用市场调整法、成本加成法和余值法等方法合理估计单独售价。

市场调整法是指企业根据某商品或类似商品的市场价格,考虑本企业的成本和毛利率进行适当调整后的金额。但是当企业销售全新的商品时,因为很难预测市场需求,采用此方法会比较困难。

成本加成法是指企业根据某商品的预计成本加上其合理的毛利后的金额。需要注意的是,采用这种方法时,利润必须反映市场愿意支付的利润率,而非企业期望的利润率。

余值法是指企业根据合同交易价格减去其他商品可观察单独售价后的余额。企业在商品近期售价波动幅度巨大,或者因未定价且未曾单独销售而使售价无法可靠确定时,可采用该方法估计其单独售价。

【例14-1】 20×4年2月1日,甲公司与客户签订合同,向其销售A、B两种产品,假定A产品和B产品分别构成2个单项履约义务,合同总价款37 500元。A产品的单独售价为9 000元,B产品的单独售价为36 000元。合同约定,A产品于合同开始日交付,B产品在1个月后交付,只有当两项产品全部交付后,甲公司才有权收取37 500元的合同价款,其控制权在交付时转移给客户。上述价格均不包含增值税。

本例中,分摊至A产品的交易价格为7 500元[9 000÷(9 000+36 000)×37 500],分摊至B产品的交易价格为30 000元[36 000÷(9 000+36 000)×37 500]。

5. 履行每一单项履约义务时(或履约过程中)确认收入

企业应当在履行了合同中的履约义务时(或履约过程中),即在客户取得相关商品控制权时确认收入。企业应当根据实际情况,首先判断履约义务是否满足在某一时段内履行的条件,如不满足,则该履约义务属于在某一时点履行的履约义务。对于在某一时点履行的履约义务,企业应当在客户取得相关商品或服务的控制权时点确认收入。

在判断客户是否已取得商品控制权时,企业应当考虑下列迹象:①企业就该商品享有现时收款权利,即客户就该商品负有现时付款义务;②企业已将该商品的法定所有权转移给客户,即客户已拥有该商品的法定所有权;③企业已将该商品实物转移给客户,即客户已实物占有该商品;④企业已将该商品所有权上的主要风险和报酬转移给客户,即客户已取得该商品所有权上的主要风险和报酬;⑤客户已接受该商品;⑥其他表明客户已取得商品控制权的迹象。这六种迹象可以划分为法律权利转移、实务占有转移和风险报酬转移,相对而言,风险报酬转移是最靠谱的。总的来说,并没有哪一个或哪几个迹象是决定性的,企业应当根据合同条款和交易实质进行分析,应当更多地站在客户的角度进行分析,而不应仅考虑企业自身的看法,以此综合判断其是否将商品的控制权转移给客户以及何时转移的,从而确定收入确认的时点。

对于在某一段时间被履行的履约义务,企业应当在该段时间内按照履约进度确认收入,但履约进度不能合理确定的除外。

总之,商品(及服务)属于资产,而资产的定义均用控制来确定何时对资产进行确认或终止确认。所以,采用控制权转移模型确认收入,更能体现资产负债观。

二、收入的计量

收入的计量,即入账金额的确定。该金额应当反映企业因转让相关商品(或服务)而预期有权收取的对价金额。

企业确认收入的方式应当反映向客户转让商品或服务的模式,按照分摊至各单项履约义务的交易价格计量收入。交易价格是指企业因向客户转让商品或服务而预期有权收取的对价金额。在确定交易价格时,企业应当根据合同条款,并结合其以往的习惯做法,同时还要考虑可变对价、合同中存在的重大融资成分、非现金对价、应付客户对价等因素对交易价格的影响。其中,企业代第三方收取的款项(如增值税)以及企业预期将退还给客户的款项(如质保金),应当作为负债进行会计处理,不计入交易价格。

1. 涉及可变对价的计量

如果企业获得对价的权利以某一未来事件(如退货权、绩效奖励等)的发生或不发生为条件,则形成可变对价。可变对价的情形通常有折扣(包括现金折扣)、价格折让、退款、返利、奖励积分、激励措施、绩效奖金、索赔、罚款和特许权使用费等。此外,根据一项或多项或有事项的发生而收取不同对价金额合同,也属于可变对价的情形。例如,甲企业与乙公司签订合同,为其提供3年的资产管理服务。除了季度按照管理资产的价值收取2%的管理费,3年内当资金收益超过可观察市场指数收益时,甲企业还将获取资金收益15%的绩效奖励费。因此,合同中的管理费和绩效奖均为可变对价。

若合同中存在可变对价,企业应当对计入交易价格的可变对价金额进行估计计量。可变对价最佳估计数的确定有期望值和最可能发生金额两种方法。

期望值是按照各种可能发生的对价金额及相关概率计算确定的金额。如果企业拥有大量具有类似特征的合同,企业据此估计合同可能产生多个结果时,按照期望值估计可变对价金额通常是恰当的。

最可能发生金额是一系列可能发生的对价金额中最可能发生的单一结果。当合同仅有两个可能结果时,按照最可能发生金额估计可变对价金额可能是恰当的。

可以看到的是,无论采用哪种方法,企业都需要大量的人为估计,所以基于谨慎性的考虑,企业会计准则中规定,包含可变对价的交易价格,一方面应当不超过在相关不确定性消除时累计已确认收入极可能不会发生重大转回的金额;另一方面企业在评估是否极可能转回时,应当同时考虑收入转回的可能性及其比重。

【例14-2】 甲公司产生和销售A产品。20×4年4月,甲公司向乙公司销售1 000台A产品,每台价格为5 000元,合同价款合计500万元。同时,甲公司承诺,如果未来6个月内,同类A产品售价下降,则按照合同价格与最低售价之间的差额向有关客户支付差价。甲公司根据以往执行类似合同的经验,预计未来6个月内,不降价的概率为60%;每台降价200元的概率为30%;每台降价500元的概率为10%。假定不考虑增值税等因素。

本例中,甲公司20×4年4月应确认的收入金额为:

1 000×(5 000×60%＋4 800×30%＋4 500×10%)＝4 890 000(元)

2. 涉及重大融资成分的计量

如果当合同各方以在合同中(或者以隐含的方式)约定的付款时间为客户或企业就该交易提供了重大融资利益时，合同中即包含了重大融资成分。企业在确定合同中是否包含重大融资成分的，应体现实质重于形式要求。合同中存在重大融资成分的商品销售，如果企业是先发货后收款的，则意味着是客户融资；如果是先收款后发货的，则意味着是企业融资。

合同中存在重大融资成分的，企业应当按照假定客户在取得商品控制权时即以现金支付的应付金额(即现销价格)确定交易价格，该交易价格与合同对价之间的差额，应当在合同期间内采用实际利率法摊销，以确定当期的融资收益或融资费用。但是下列情形的交易一般表明企业与客户之间的合同未包含重大融资成分：一是客户就商品支付了预付款，且可以自行决定这些商品的转让时间(如客户取得相关商品或服务控制权时，企业向客户授予奖励积分，客户可随时到企业兑换这些积分；客户购买了企业发行的可随时到该企业持卡购物的储值卡等)；二是客户承诺支付的对价中有相当大部分是可变的，该对价金额或付款时间取决于某一未来事项是否发生，且该事项实质上不受客户或企业控制(如按照实际销售数量收取的特许权使用费等)。

另外，实务操作中，如果在合同开始日，企业预计客户取得商品控制权与客户支付价款间隔不超过1年的，可以不考虑合同中存在的重大融资成分。

3. 涉及非现金对价的计量

如果客户是以实物资产、无形资产、股权和提供的广告服务等非现金资产作为对价的，企业应当按照非现金对价的公允价值确定交易价格。非现金对价的公允价值不能合理估计的，企业应当参照其承诺向客户转让商品的单独售价间接确定交易价格。可见，非现金对价应当首选换入资产的公允价值作为对价，其次才是选用换出商品的交易价格。非现金对价的公允价值因对价形式以外的原因而发生变动的，应当作为可变对价。

在涉及非现金对价的计量及会计核算时，还需要注意区分与"非货币性资产交换"业务的计量及会计核算。

4. 涉及应付客户对价的计量

企业在向客户转让商品的同时，如果企业还存在应付客户对价的(包括向客户支付的现金或授予的奖励积分等，如礼品券、折扣券、批量回扣和货架展位付款等)，应当将该应付对价冲减交易价格。这里的客户不仅指企业的直接客户，也包括企业的间接客户(即客户的客户)。企业应付客户对价是为了向客户取得其他可明确区分商品的，应当采用与本企业其他采购相一致的方式确认所购买的商品。企业应付客户对价超过向客户取得可明确区分商品公允价值的，超过金额应当冲减交易价格。当向客户取得的可明确区分商品公允价值不能合理估计的，企业应将应付客户对价全额冲减交易价格，并在确认相关收入与支付(或承诺支付)客户对价两者孰晚的时点冲减当期收入。

【例14-3】 永汇百货20×4年1月推出顾客购货赠送购物券的促销活动。规定在20×4年1月1日至1月31日期间购物每满300元奖励金额为100元的购物券，可在1年内在本商场兑换任何商品。20×4年1月，销售额5 000万元，共发出购物券1 500万元，假定不考虑增值税。根据经验估计，将有80%的顾客会使用购物券进行消费。

20×4年1月计量确认收入时，应将奖励的购物券作为应付客户对价从交易价格中予以扣除：

$$使用购物券进行消费的金额＝1\,500×80\%＝1\,200(万元)$$
$$应付客户对价的金额＝5\,000×(1\,200÷6\,200)＝968(万元)$$
$$20×4年1月确认的收入＝5\,000－968＝4\,032(万元)$$

需要注意的是，应付客户对价和可变对价都可能涉及向客户支付或退还一定的款项，但两者还是有区别的，主要包括：一是应付客户对价必须涉及向客户支付的款项，但可变对价的体现方式是多样的，除了向客户支付或退还款项，还会涉及调整或减免价款等；二是应付客户对价的金额通常是确定的，而可变对价的金额往往是不确定的，其金额取决于本企业的履约情况或者客户对本企业商品的使用情况等；三是可变对价所针对的是合同中约定的履约义务，而应付客户对价还可能针对其他与履约义务无关的事项，如从客户或其关联方获得商品或劳务等。

5. 涉及履约进度的计量

企业在合同一开始，应当对合同进行评估，如果可明确区分识别该合同所包含的各单项履约义务的，则分别确定各单项履约义务是在某一时段内履行，还是在某一时点履行。对于在某一时点履行的履约义务，企业应当综合分析控制权转移的迹象，判断其在客户取得相关商品或服务的控制权时点确认计量收入；对于在某一段时间内履行的履约义务，企业应当在该段时间内按照履约进度确认计量收入。其中，满足下列条件之一的，属于在某一段时间内履行的履约义务。①客户在企业履约的同时即取得并消耗企业履约所带来的经济利益，即企业是在履约过程中持续地向客户转移该商品或服务的控制权的，简单地讲就是边履约边收益，如常规或经常性的服务等。②客户能够控制企业履约过程中在建的商品(包括在产品、在建工程、尚未完成的研发项目、正在进行的服务等)，如在客户场地上建造资产等。③企业履约过程中所产出的商品具有不可替代用途，且该企业在整个合同期间内有权就累计至今已完成的履约部分收取款项，如建造只有客户才能使用的专项资产或按客户的指示建造资产等。具有不可替代用途，是指因合同限制或实际可行性限制，企业不能轻易地将商品用于其他用途。有权就累计至今已完成的履约部分收取款项，是指在由于客户或其他方原因终止合同的情况下，企业有权就累计至今已完成的履约部分收取能够补偿其已发生成本和合理利润的款项，并且该权利具有法律约束力。

企业按照履约进度确认收入时，通常应当在资产负债表日按照合同的交易价格乘以履约进度扣除以前会计期间累计已确认的收入后的金额，确认为当期收入。

$$本期确认的收入金额＝合同的交易价格总额×履约进度－以前会计期间累计已确认的收入$$
$$本期结转的成本金额＝当期实际发生的成本$$

企业应当采用恰当的方法确定履约进度，以使其能如实反映企业向客户转让商品或服务的履约情况。企业应当考虑商品或服务的性质，采用产出法或投入法确定恰当的履约进度，并且在确定履约进度时，应当扣除那些控制权尚未转移给客户的商品或服务。对于类似情况下的类似履约义务，企业应当采用相同的方法确定履约进度。采用产出法确定履约进度时，主要是根据已转移给客户的价值确定履约进度，包括按实际测量的完工进度、评估已实现的结果、已达到的里程、时间进度、已生产或交付的单位等确定履约进度的方法。这种方法是直接计量已完成的产出，一般能比较客观地反映履约进度，但是这种方法的缺点是履约进度往往不易直接观察或者为了获取这些信息可能要花费较高的成本。

采用投入法确定履约进度时,主要是根据企业履行履约义务的投入确定履约进度,包括已消耗的资源、花费的人工工时、机器运转工时、发生的成本和时间进度等投入指标确定履约进度。实务中,企业通常按照累计实际发生的成本占预计总成本的比例(即,成本法)确定履约进度,其中累计发生的成本包括企业向客户转移商品过程中所发生的直接成本和间接成本,如直接材料、直接人工、分包成本以及其他与合同相关的成本。这种方法的缺点是已发生的成本与履约进度可能不成比例,因此,企业在采用这种方法确定履约进度时,可能需要对已发生的成本进行适当的调整。

【例14-4】 20×4年12月5日,立信装修公司与A酒店签订一项装修酒店建筑并安装新电梯(也由立信装修公司销售)的合同,合同总对价为800万元。立信装修公司预计总成本为700万元,其中电梯成本100万元(预计将于20×5年5月安装)。A酒店当日将电梯运至酒店。至20×4年年末,立信装修公司已发生的装修成本为180万元。

该合同履约进度应采用投入法(成本法)进行。

$$不包括电梯的总成本 = 700 - 100 = 600(万元)$$
$$履约进度 = 180 \div 600 \times 100\% = 30\%$$
$$应确认的收入 = 100 + (800 - 100) \times 30\% = 310(万元)$$
$$应确认的成本 = 100 + 180 = 280(万元)$$

对于每一项履约义务,企业只能采用一种方法来确定其履约进度,并加以一贯运用。如果履约进度不能合理确定的,企业已经发生的成本预计能够得到补偿的,应当按照已经发生的成本金额确认收入(但这一金额同时也不应超过预计能够得到补偿的金额,即应该以已经发生的成本金额与预计能够得到补偿金额孰低进行计量),直到履约进度能够合理确定为止。当收到的补偿金额大于已发生的成本时,超出的部分不应确认收入,应计入合同负债。

实务中,当企业从事的工作或发生的投入是在整个履约期间内平均发生时,企业也可以按照直线法确认收入。

6. 涉及代理人的计量

企业在确认计量收入时,还应当根据其在向客户转让商品前是否拥有对该商品的控制权,来判断其从事交易时的身份是主要责任人还是代理人。当企业向客户销售商品只涉及单个企业时,并不涉及两种身份的判断;当企业向客户销售商品涉及其他方参与其中时,企业应当确定其自身在该交易中的身份是主要责任人还是代理人。

当存在第三方参与企业向客户提供商品时,满足以下任何一种情形的,可判断转让商品前获得控制权,从而应当作为主要责任人的:一是企业自第三方取得商品或其他资产控制权后,再转让给客户,如零售百货业、电子商务等;二是企业能够主导第三方代表本企业向客户提供服务,如总包商等;三是企业自第三方取得商品控制权后,通过提供重大的服务将该商品与其他商品整合成某组合产出转让给客户,如系统集成等。企业在向客户转让商品前能够控制该商品的,即承诺自行提供特定商品或服务的,该企业为主要责任人,应当按照已收或应收对价总额确认收入;否则,企业在向客户转让商品前不能够控制该商品的,而是安排他人提供该商品或服务的,则该企业为代理人,应当按照预期有权收取的佣金或手续费的金额确认收入,该金额应当按照已收或应收对价总额扣除应支付给其他相关方的价款后的净额,或者按照既定的佣金金额或比例等确定。

实务中,像物业公司、充电桩公司、旅游公司、购物网站、电子商务和委托代销安排等都存在着按总额法还是按净额法确认计量收入的问题。

在具体判断向客户转让商品前是否拥有对该商品的控制权时,企业不应仅局限于合同的法律形式,而应当综合考虑所有相关事实和情况,体现实质重于形式的原则。这些事实和情况包括:①企业承担向客户转让商品的主要责任。②企业在转让商品之前或之后承担了该商品的存货风险。其中,存货风险是指存货可能发生减值、毁损或灭失等形成的损失。例如,在附有销售退回条款的销售中,企业将商品销售给客户后,客户有权要求向该企业退货,这可能表明企业在转让商品后仍然承担了该商品的存货风险。③企业有权自主决定所交易商品的价格。企业有权决定客户为取得特定商品所需支付的价格,可能表明企业有能力主导有关商品的使用并从中获得几乎全部的经济利益。然而即使有独立定价权,若不能对商品或服务拥有控制权,则依然是代理人。

企业无论是主要责任人还是代理人,均应当在履约义务履行时确认收入。主要责任人与代理人的区别,如表 14-1 所示。

表 14-1 主要责任人与代理人区别

项目	主要责任人	代理人
商品控制权	向客户转让商品之前已取得	未取得或仅暂时取得
收入确认方式	总额法	净额法
主要责任	承担	不承担
主要存货风险	承担	不承担
商品或服务价格	自主决定	没有自主定价权

需要强调的是,企业在判断其是主要责任人还是代理人时,应当以该企业在特定商品转让给客户之前是否能够控制该商品为原则。上述主要责任、存货风险以及商品或服务价格等相关事实和情况仅为支持对控制权的评估,不能取代控制权的评估,也不能凌驾于控制权评估之上,更不是单独或额外的评估;并且这些事实和情况并无权重之分,其中某一项或几项也不能被孤立地用于支持某一结论。企业应当根据相关商品的性质、合同条款的约定以及其他具体情况,综合进行判断。不同的合同可能需要采用上述不同的事实和情况提供支持证据。

总之,企业在客户取得相关商品或服务控制权,采用"五步法"模型确认计量收入时,特别是可变对价引入了很多需要会计估计与职业判断的事项,必将对确认计量收入的金额或时点产生影响。而这些新的会计估计与职业判断在未来期间需要不断更新,可能导致企业在后续报告期间需要因为会计估计的变更而做出更多的关于财务报表的调整。

收入确认计量模型"五步法"内容中的第一、第二和第五步主要与收入的确认有关,第三和第四步主要与收入的计量有关。需要说明的是,一般而言,确认和计量任何一项合同收入应考虑全部的五个步骤,但是履行某些合同义务时不一定都经过五个步骤,如企业发生的某项销售交易或事项的合同仅涉及一个单项履约义务时,就不需要进行分摊交易价格。

三、收入的账务处理

企业取得营业收入是其生产经营活动的最终环节,也是企业生产经营成果能否得到社会承认的重要标志。在这一过程中,任何企业都必须按市场经济规律,一方面提供商品或服务,另一方面按售价取得收入,并以此补偿企业的成本和费用,以保证持续不断的经营过程的正常。

收入的核算主要包括收入的确认计量、销售退回的核算原则、销售折让与现金折扣等可变对价的处理方法,以及由于履约合同而应交纳的各种销售税费的结算、销售成本和销售费用的核算等。

(一) 一般商品销售

企业一般商品销售属于在某一时点履行的履约义务,企业在销售商品履行了合同中的单项履约义务时,对符合收入确认条件的,即可按实际收到或应收合同价款的金额确认收入登记入账,其中:采用现金结算方式的,借记"银行存款"等账户;采用赊销方式的,借记"应收账款""合同资产"等账户;采用商业汇票支付结算的,借记"应收票据"等账户;采用预收款方式的,借记"合同负债"等账户,同时按确认实现的销售收入,贷记"主营业务收入"(或其他业务收入)账户,按增值税专用发票上注明的增值税额,贷记"应交税费——应交增值税(销项税额)"账户。

同时,在月份终了,企业根据本月销售的各种商品的实际成本,计算出应结转的实际成本,借记"主营业务成本"(或其他业务成本)账户,贷记"库存商品"等账户。企业在确定销售商品的实际成本时,可以根据实际情况,采用先进先出法、加权平均法和个别计价法等方法确定。另外,企业还应按规定计算销售商品应交的消费税、城市维护建设税等,按主营业务收入应交的各项税金及附加,借记"税金及附加"账户,贷记"应交税费"等账户。

需要注意的是,企业按合同发出商品,如果合同约定客户只有在商品售出取得价款后才支付货款,则企业向客户转让商品的对价未达到"很可能收回"的收入确认条件。在发出商品时,企业不应该确认收入,将发出商品的成本,借记"发出商品"账户,贷记"库存商品"账户。

【例 14-5】 宏伟公司为增值税一般纳税人,本月销售 A 产品 100 件,单位售价 6 000 元(不含应向购买单位收取的增值税),单位成本 4 200 元。公司已按合同发货转移了对该商品的控制权,并以银行存款代垫运费 5 000 元(假定不考虑增值税),货款尚未收到。该项业务为单项履约义务且属于某一时点履行的履约义务。该产品的增值税税率为 13%,应交城市维护建设税 160 元,应交教育费附加 70 元。有关会计分录如下:

(1) 实现营业收入。

借:应收账款	683 000
贷:主营业务收入	600 000
应交税费——应交增值税(销项税额)	78 000
银行存款	5 000

(2) 结转已销商品的实际成本。

借:主营业务成本	420 000
贷:库存商品	420 000

(3) 结算主营业务应交的税金及附加。

借：税金及附加 230
    贷：应交税费——应交城市维护建设税 160
        ——应交教育费附加 70

【例 14-6】 20×4 年 8 月 1 日,大疆公司与某客户签订商品销售合同,向客户销售 A、B 两种商品,不含增值税的合同总价款为 5 000 万元。假定 A、B 商品分别构成单项履约义务,其控制权在商品交付时转移给客户。其中,A 商品不含增值税的单独售价为 1 500 万元,B 商品不含增值税的单独售价为 6 000 万元。合同约定,A 商品于合同开始日交付,B 商品在 1 个月以后交付,当两项商品全部交付后,大疆公司才有权收取 5 000 万元的合同对价。A、B 商品的实际成本分别为 760 万元和 3 400 万元。20×4 年 9 月 1 日,大疆公司交付 B 商品,并开具了增值税专用发票,发票上注明的售价为 5 000 万元,增值税额为 650 万元。20×4 年 9 月 15 日,大疆公司收到客户支付的货款存入银行。假定税法规定的增值税纳税环节与会计确认收入的时点一致,有关会计分录如下(金额单位:万元):

(1) 8 月 1 日,交付 A 商品。

由于该合同中包含两项履约义务,大疆公司应将交易价格 5 000 万元分摊至 A、B 商品两项履约义务:

分摊至 A 商品的合同价款＝[1 500÷(1 500＋6 000)]×5 000＝1 000(万元)
分摊至 B 商品的合同价款＝[6 000÷(1 500＋6 000)]×5 000＝4 000(万元)

借：合同资产 1 130
    贷：主营业务收入 1 000
        应交税费——应交增值税(销项税额) 130

借：主营业务成本 760
    贷：库存商品 760

(2) 9 月 1 日,交付 B 商品。

借：应收账款 5 650
    贷：合同资产 1 130
        主营业务收入 4 000
        应交税费——应交增值税(销项税额) 520

借：主营业务成本 3 400
    贷：库存商品 3 400

(3) 9 月 15 日,收到客户支付的货款。

借：银行存款 5 650
    贷：应收账款 5 650

合同资产是指企业已向客户转让商品而有权收取对价的权利,且该权利取决于时间流逝之外的其他因素(如履行合同中的其他履约义务)。可见,合同资产并不能无条件向客户收取款项,它属于附条件的收款权。这项附加的条件一般是额外的履约义务。例如,企业向客户销售两项可明确区分的商品,企业因已交付其中一项商品而有权收取款项,但收取该款项还取决于企业交付的另一项商品。又如,商品售出后,客户冻结一部分货款作为质保金,需要满足一定的质保期限后,才能要求客户支付该部分货款。而应收账款是企业拥有的、无条件(即仅取决于时间流逝)向客户收取对价的权利。一般来讲,合同资产和应收账款都是企业拥有的有权收取客户对价的合同权利,在附加条件达成前收取的款项作为合同资产,条件达成后合同资产应转为应收账款。从收款确定性的角度考虑,应收账款只承担信用风险,而合同资产不仅仅需要承担客户的信用风险,还需要承担自身的履约风险,所以,应收账款的确定性要强于合同资产。

(二) 合同中存在重大融资成分的商品销售

在某些情况下,当企业将商品的控制权转移给客户的时间与客户实际付款的时间不一致时,对于企业以赊销的方式销售商品,或者要求客户支付预付款等,如果各方以在合同中明确(或者以隐含的方式)约定的付款时间为客户或企业就转让商品的交易提供了重大融资利益的,则合同中包含重大融资成分。合同中存在重大融资成分的,企业通常应当按照其假定客户在取得商品控制权时即以现金支付的应付金额(即现销价格)确定交易价格。企业在取得该重大融资成分的金额时,应使用将合同对价的名义金额折现为商品的现销价格的折现率。该折现率一经确定,不得因后续市场利率或客户信用风险等情况的变化而变更。其中,企业确定的交易价格与合同承诺的对价金额之间的差额,应当在合同或协议期间内,按照实际利率法进行摊销,并结合企业在确认了合同资产(或应收账款)和合同负债时,分别确认重大融资成分的利息收入和利息支出。

1. 客户为企业提供重大融资利益

【例14-7】 20×4年1月1日,华北公司与立信公司签订合同,向其销售设备一套,合同约定,设备在2年后交付,设备的控制权在交货时转移。同时,合同中还提供了两种可供选择的付款方案:一是2年后支付674.16万元;二是在签订销售合同时支付600万元。假定立信公司选择了第二方案。

华北公司于20×4年1月1日收到立信公司支付的货款。上述价格均不包含增值税,且假定不考虑相关税费影响。

假定按照上述两种付款方案计算的该交易的内含利率为6%。考虑到立信公司付款时间和设备交付时间的间隔已经现行市场利率水平,华北公司认为该合同包含重大融资成分。则华北公司有关会计分录如下:

(1) 20×4年1月1日收到货款。

华北公司应按照已收合同价款,借记"银行存款"账户,按照假定客户在取得商品控制权时即以现金支付的应付金额(即现销价格)确定的交易价格,贷记"合同负债"账户,按其差额,借记"未确认融资费用"账户。

借:银行存款　　　　　　　　　　　　　　　　　　　　　　6 000 000
　　未确认融资费用　　　　　　　　　　　　　　　　　　　　741 600
　　贷:合同负债　　　　　　　　　　　　　　　　　　　　　　6 741 600

(2) 20×4年12月31日确认融资利息支出的影响。

借:财务费用(6 000 000×6%)　　　　　　　　　　　　　　360 000
　　贷:未确认融资费用　　　　　　　　　　　　　　　　　　　360 000

(3) 20×4 年 12 月 31 日确认融资利息支出的影响，并交付设备。

借：财务费用(6 360 000×6%) 381 600
　　贷：未确认融资费用 381 600

借：合同负债 6 741 600
　　贷：主营业务收入 6 741 600

2. 企业为客户提供重大融资利益

【例 14-8】承[例 14-7]，假定 20×4 年 1 月 1 日，华北公司在签订设备销售合同时就向立信公司交付转移了设备的控制权，且立信公司选择了第一种付款方案，则华北公司有关会计分录如下：

(1) 20×4 年 1 月 1 日交付设备。

企业应按照应收合同价款，借记"长期应收款"等账户，按照假定客户在取得商品控制权时即以现金支付而需支付的金额(即现销价格)确定的交易价格，贷记"主营业务收入"账户，按其差额，贷记"未实现融资收益"账户。

借：长期应收款 6 741 600
　　贷：主营业务收入 6 000 000
　　　　未实现融资收益 741 600

(2) 20×4 年 12 月 31 日确认融资利息收益的影响。

借：未实现融资收益[(6 741 600−741 600)×6%] 360 000
　　贷：财务费用 360 000

(3) 20×4 年 12 月 31 日确认融资利息收益的影响，并收取设备价款。

借：未实现的融资收益[(6 741 600−741 600+360 000)×6%] 381 600
　　贷：财务费用 381 600

借：银行存款 6 741 600
　　贷：长期应收款 6 741 600

合同负债是指企业已收或应收客户对价而向客户转让商品的义务。企业在向客户转让商品前，已经收到或已经取得无条件收取合同对价的权利，则企业应当在客户实际支付款项与到期应支付款项孰早时点，将该已收或应收的款项确认并列示为合同负债。也就是说，合同负债的确认不以款项收取为前提条件。另外，合同负债项目核算的金额中不包括增值税税款，企业与客户结算的时点早于增值税纳税义务发生的时点，应贷记"应交税费——待转销项税额"等账户，待增值税纳税义务发生时再转入"应交税费——应交增值税（销项税额）"等账户。

企业履行合同义务与客户付款之间的关系需要在资产负债表中列示合同资产和合同负债。为反映企业履行合同义务于客户付款之间的关系，可以设置"合同结算"账户进行核算，并在此账户下设置"合同结算——收入结转"明细账户，以反映按履约进度结转的收入金额，设置"合同结算——价款结算"明细账户，以反映定期与客户进行结算的金额。确认收入时，借记"合同结算——收入结转"账户，贷记"主营业务收入"或"其他业务收入"账户；与客户结算时，借记"应收账款"或"银行存款"账户，贷记"合同结算——价款结算"账户。期末"合同结算"账户如有借方余额,计入资产负债表中"合同资产"项目列示;如有贷方余额,计入资产负债表中"合同负债"项目列示。

合同资产和合同负债应当在资产负债表中单独列示。同一合同下的合同资产和合同负债应当以净额列示,根据其流动性,在资产负债表中分别列示为"合同资产"或"其他非流动资产"项目,"合同负债"或"其他非流动负债"项目。不同合同下的合同资产和合同负债不能相互抵销。

(三) 销售折让与销售退回

1. 销售折让

销售折让是指企业因售出商品的质量、规格和外观等方面出现瑕疵不符合合同要求,但基本不影响商品的使用,而在价格上给予客户的减让。销售折让也属于可变对价的情形之一。销售折让有的发生在收入确认之前,有的发生在收入确认之后,因此,销售折让的会计处理有所不同:①在收入确认之前的销售折让,其处理相当于商业折扣。在这种情况下无须专门进行会计处理,只要按扣除销售折让后的净额确认销售收入即可。②在收入确认后的销售折让,应在实际发生时冲减当期的销售收入,如按规定允许扣减当期销项税额的,应同时用红字冲减"应交税费——应交增值税"账户的"销项税额"专栏。

【例14-9】 安信公司向某客户销售一批商品,增值税专用发票上注明的售价为500 000元,增值税额65 000元,该项业务属于在某一时点履行的履约义务。商品运抵客户方后经抽样验收控制权发生转移。之后客户发现部分商品的外观有瑕疵,但基本上不影响使用,要求安信公司在价格上给予5 000元(不含增值税)的折让,公司同意了客户价格折让的要求。假定安信公司已确认了该批商品的收入,并按规定开具了增值税专用发票(红字)。安信公司编制的会计分录如下:

(1) 确认收入实现。

借:应收账款　　　　　　　　　　　　　　　　　　　　565 000
　　贷:主营业务收入　　　　　　　　　　　　　　　　　　500 000
　　　　应交税费——应交增值税(销项税额)　　　　　　　 65 000

(2) 发生销售折让。

借:主营业务收入　　　　　　　　　　　　　　　　　　　5 000
　　应交税费——应交增值税(销项税额)　　　　　　　　　 650
　　贷:应收账款　　　　　　　　　　　　　　　　　　　　5 650

(3) 实际收到款项。

借:银行存款　　　　　　　　　　　　　　　　　　　　559 350
　　贷:应收账款　　　　　　　　　　　　　　　　　　　 559 350

2. 销售退回

销售退回是指企业售出的商品,由于在质量、规格和品种等方面的原因不符合销售合同规定条款的要求而发生的退货。企业销售商品发生退回,表明企业履约义务的减少和客户商品控制权及其经济利益的丧失。销售退回应当分别情况进行处理:未确认收入的已发出商品退回,将发出商品转回库存商品即可;已确认收入的销售商品退回,不论是当年销售的,还是以前年度销售的,一般均应直接冲减退回当月的销售收入和销售成本等。如果该项销售已发生现金折扣或销售折让,应在退回当月一并调整。企业发生销售退回时,如按规定允许扣减当期销项税额的,应同时用红字冲减"应交税费——应交增值税"账户的"销项税额"专栏。

【例14-10】 旭飞公司20×2年7月5日销售商品一批,售价390 000元,增值税额50 700元,销售成本为320 000元,价款尚未收取。该项业务属于在某一时点履行的履约义务并确认了销售收入,商品的控制权已经发生转移。20×2年10月20日,该批商品因严重质量问题被客户全部退回,当即办理了退货手续和开具红字增值税专用发票。该公司有关销售退回的会计分录如下:

借:主营业务收入　　　　　　　　　　　　　　　　　　　390 000
　　应交税费——应交增值税(销项税额)　　　　　　　　　 50 700
　　贷:应收账款　　　　　　　　　　　　　　　　　　　　　440 700
借:库存商品　　　　　　　　　　　　　　　　　　　　　320 000
　　贷:主营业务成本　　　　　　　　　　　　　　　　　　　320 000

实务中,为了简化会计核算,对于以前月份实现销售的商品退回,在进行销售退回处理时,如果原收入和成本已经结转,退回的商品本月仍有销售的,可直接在退货当月的同种销售数量中扣除已退回商品的数量,然后根据本月销售的净数量计算并结转本月销售商品的成本,这样,就不必再对退回的商品进行专门的成本冲减账务处理。但如果当月没有该种商品销售,应单独予以反映,冲减全部商品的销售收入和成本。

同样,需要指出的是,对于报告年度资产负债表日至财务报告批准报出日之间发生的报告年度或以前年度的销售退回,应作为资产负债表日后发生的调整事项进行处理,通过"以前年度损益调整"账户进行核算,并同时调整报告年度财务报表的相关项目金额。

(四)委托代销安排

委托代销安排是指委托方和受托方签订代销合同或协议,委托受托方代为向终端客户销售商品的方式。在这种安排下,企业应当评估受托方在企业向其转让商品时是否已获得对该商品的控制权,即企业作为委托方,需要判断受托方的身份是主要责任人还是代理人。受托方获得对商品控制权的,企业应当按销售商品进行会计处理,这种安排不属于委托代销安排。受托方没有获得对商品控制权的,企业通常应当在受托方售出商品后,按合同或协议约定的方法计算确定的手续费确认收入。简单概括就是,企业将商品出售给中间商的时候并不能确认收入,只有当中间商将商品出售给终端用户时,才能进行收入的确认。

表明一项安排是委托代销安排的迹象包括但不限于:一是企业向最终客户出售商品或指定期间到期之前,企业拥有对商品的控制权;二是企业能够要求将委托代销的商品退回或者将其销售给其他方(如其他经销商);三是尽管受托方可能被要求向企业支付一定金额的押金,但是,其并没有承担对这些商品无条件付款的义务。上述三种迹象,实际上说的就是一件事,即受托方在向客户转让商品前不拥有对该商品的控制权,受托方的身份是代理人。

会计处理时,受托方通常应按照委托方规定的价格销售代销商品,不得自行改变售价,然后受托方根据所代销的商品数量向委托方收取手续费。这对受托方来讲,在向客户转让商品前是没有拥有对该商品的控制权,其身份是代理人,实际上是一种服务。委托方在商品发出时,一般商品的控制权并未转移给受托方,委托方不应确认收入,而应在收到代销清单时确认收入;受托方在商品销售后,按照预期有权收取的佣金或手续费的金额确认收入,该金额应当按照已收或应收对价总额扣除应支付给其他相关方的价款后的净额,或者按照既定的佣金金额或比例等确定。

受托方在接受其他单位委托代销商品时,会计上应设置"受托代销商品"账户,用于反映受托代销商品的接受价或售价;设置"受托代销商品款"账户,用于反映企业尚未销售的接受的代销商品的价款。

在编制资产负债表时,受托方对于接受委托方委托,受托代销的商品应列示在"存货"项目下,其金额等于"受托代销商品"账户的余额减去"受托代销商品款"账户余额后的金额,即为零。

【例 14-11】 华为公司与立信公司签订委托代销安排的合同,华为公司委托立信公司代销一批商品,代销价款 20 万元,该批商品的实际成本 15.8 万元,增值税税率 13%。合同规定在上述商品对外销售之前,立信公司没有义务向华为公司支付货款,除非这些商品在立信公司存放期间内,由于立信公司的责任发生毁损或丢失。同时,立信公司不承担包销责任,没有售出的商品须退还给华为公司。假定年度内华为公司收到立信公司开来的代销清单,并开具增值税专用发票,发票上注明的售价为 20 万元,增值税额为 2.6 万元。代销合同规定,立信公司应按 20 万元价格将上述商品出售,华为公司按售价的 5% 支付立信公司手续费,手续费增值税税率 6%。

(1) 华为公司有关会计分录如下:

① 华为公司将商品交付立信公司代销。

借:发出商品　　　　　　　　　　　　　　　　　　　　　　　158 000
　　贷:库存商品　　　　　　　　　　　　　　　　　　　　　　　　158 000

② 华为公司收到立信公司开来的代销清单。

借:应收账款——立信公司　　　　　　　　　　　　　　　　　226 000
　　贷:主营业务收入　　　　　　　　　　　　　　　　　　　　　　200 000
　　　　应交税费——应交增值税(销项税额)　　　　　　　　　　　26 000

借:销售费用——代销手续费　　　　　　　　　　　　　　　　 10 000
　　应交税费——应交增值税(进项税额)　　　　　　　　　　　　 600
　　贷:应收账款——立信公司　　　　　　　　　　　　　　　　　　10 600

借:主营业务成本　　　　　　　　　　　　　　　　　　　　　 158 000
　　贷:发出商品　　　　　　　　　　　　　　　　　　　　　　　　158 000

(2) 立信公司有关会计分录如下:

① 收到华为公司代销商品。

借:受托代销商品　　　　　　　　　　　　　　　　　　　　　200 000
　　贷:受托代销商品款　　　　　　　　　　　　　　　　　　　　　200 000

② 立信公司实际销售商品。

借:银行存款　　　　　　　　　　　　　　　　　　　　　　　226 000

贷：受托代销商品	200 000
应交税费——应交增值税（销项税额）	26 000
借：受托代销商品款	200 000
应交税费——应交增值税（进项税额）	26 000
贷：应付账款——华为公司	226 000

③ 归还华为公司货款并计算代销手续费。

借：应付账款——华为公司	226 000
贷：银行存款	215 400
主营业务收入	10 000
应交税费——应交增值税（销项税额）	600

（五）售后回购

售后回购是指企业销售商品的同时，承诺或有权选择日后再将该批商品购回的销售方式。在这种情况下，无论企业是因存在与客户的远期安排而负有回购义务或企业享有回购权利的，还是企业应客户要求回购商品的，都表明客户在销售时点并未取得相关商品控制权，导致客户主导该商品的使用并从中获取几乎全部经济利益的能力受到限制。企业应当根据售后回购业务的不同情形分别进行相应的会计处理。其中，回购价格不低于原售价的，应当视为融资交易，在收到客户款项时确认金融负债，而不是终止确认该商品，并将该款项和回购价格的差额在回购期间内确认为利息费用等；企业到期未行使回购权利的，应当在该回购权利到期时终止确认金融负债，同时确认收入。如果回购价格低于原售价的，应当视为租赁交易进行会计处理。另外，售后回购是企业应客户要求回购商品的，且客户不具有行使该要求权的重大经济动因的，企业应当将该售后回购作为附有销售退回条款的销售交易进行相应的会计处理。

【例 14-12】 甲公司、乙公司均为增值税一般纳税人，增值税税率均为13%。甲公司于20×4年7月1日将其生产的一批商品销售给乙公司，销售价格为500万元（不含增值税），商品成本为420万元，商品已发出，款项已收到。按照销售协议约定，甲公司应于20×4年12月31日将所售商品购回，回购价为530万元（不含增值税）。根据上述交易，甲公司售后回购有关会计分录如下：

（1）7月1日发出商品。

借：银行存款	5 650 000
贷：应交税费——应交增值税（销项税额）	650 000
其他应付款	5 000 000

同时：

借：发出商品	4 200 000
贷：库存商品	4 200 000

（2）本例中，甲公司的回购价大于原售价，将该交易作为融资交易处理，则回购价与原售价之间的差额，应在回购期间按期计提利息，计入当期财务费用。每月计提的利息费用为5万元（30÷6）。

借：财务费用 50 000
　　贷：其他应付款 50 000

(3) 12月31日回购商品。

借：其他应付款 5 300 000
　　应交税费——应交增值税(进项税额) 689 000
　　贷：银行存款 5 989 000

借：库存商品 4 200 000
　　贷：发出商品 4 200 000

(六) 附有销售退回条款的销售

附有销售退回条款的销售,是指客户根据合同有权退货的销售方式,即合同赋予了客户退货的权利。在这种销售方式下,客户可以在特定条件下退货,如易损食品、音像制品和图书等商品的销售。对于附有销售退回条款的销售,企业应当在客户取得相关商品控制权时,按照因向客户转让商品而预期有权收取的对价金额(即不包含预期因销售退回将退还的金额)确认收入,按照预期因销售退回将退还的金额确认负债(预计负债——应付退货款);同样的,既然收入没有全额确认,表明商品控制权并没有完全转移,则企业的资产也不应该全部终止确认,还需要保留一部分资产,即按照预期将退回商品转让时的账面价值,扣除收回该商品预计发生的成本(包括退回商品的价值减损)后的余额,确认为一项资产(这项资产就是"应收退货成本"),按照所转让商品转让时的账面价值,扣除上述资产成本的净额结转成本。企业如果能够按照以往的经验对退货的可能性作出合理估计的,通常相关商品控制权发生转移,应在发出商品时确认收入,并确认与退货相关的负债;如果企业不能合理地确定退货的可能性,则在售出商品的退货期满时确认收入。显然,企业如果未能充分考虑退货因素,则可能因此而高估现金流量。

【例14-13】 甲公司本年1月1日售出6 000件商品,单价800元,单位成本600元,增值税专用发票已开出,增值税税率为13%。销售协议约定,购货方应于2月1日前付款;7月1日前有权退货。

假定甲公司根据经验,估计退货率为10%。假定销售退回实际发生时可冲减增值税额。

(1) 1月1日销售成立。

借：应收账款 5 424 000
　　贷：主营业务收入 4 320 000
　　　　预计负债——应付退货款 480 000
　　　　应交税费——应交增值税(销项税额) 624 000

借：主营业务成本 3 240 000
　　应收退货成本 360 000
　　贷：库存商品 3 600 000

(2) 2月1日收到货款。

借：银行存款 5 568 000
　　贷：应收账款 5 568 000

343

(3) 假定 6 月 30 日发生销售退回,实际退货数量为 600 件,款项已经支付。

借:库存商品	360 000
应交税费——应交增值税(销项税额)	62 400
预计负债	480 000
贷:银行存款	542 400
应收退货成本	360 000

如果实际退货数量为 800 件,则:

借:库存商品	480 000
应交税费——应交增值税(销项税额)	83 200
预计负债	480 000
主营业务收入	160 000
贷:银行存款	723 200
主营业务成本	120 000
应收退货成本	360 000

如果实际退货数量为 500 件,则:

借:库存商品	300 000
应交税费——应交增值税(销项税额)	52 000
主营业务成本	60 000
预计负债	480 000
贷:主营业务收入	80 000
银行存款	452 000
应收退货成本	360 000

【例 14-14】 承[例 14-13],假定甲公司无法根据经验估计退货率,则相关商品控制权未发生转移,无法确认收入。假定销售退回实际发生时可冲减增值税额。编制的会计分录如下:

(1) 1 月 1 日发出商品。

借:应收账款	624 000
贷:应交税费——应交增值税(销项税额)	624 000

借:应收退货成本	3 600 000
贷:库存商品	3 600 000

(2) 2 月 1 日收到货款。

借:银行存款	5 424 000
贷:应收账款	624 000
合同负债	4 800 000

(3) 6 月 30 日退货期满没有发生退货。

借:合同负债	4 800 000
贷:主营业务收入	4 800 000

借：主营业务成本	3 600 000
贷：应收退货成本	3 600 000

(4) 6月30日退货200件。

借：合同负债	4 800 000
应交税费——应交增值税（销项税额）	20 800
贷：主营业务收入	4 640 000
银行存款	180 800
借：主营业务成本	3 480 000
库存商品	120 000
贷：应收退货成本	3 600 000

每一资产负债表日，企业应当重新估计未来销售退回情况，并对上述资产和负债进行重新计量。如有变化，应当作为会计估计变更进行会计处理。

"应收退货成本"反映企业预期将退回商品转让时的账面价值，扣除收回该商品预计发生的成本后的余额，其本质还是一项资产。期末如有余额，在资产负债表中按其流动性计入"其他流动资产"或"其他非流动资产"项目。

（七）在某一时段内完成的商品销售或服务合同收入

由于企业销售商品或提供服务的合同种类很多，销售商品或提供服务的内容不同，完成履约服务的时间也不等，有的履约义务在某一时点就能完成履行，且一般均为现金交易，如出租车、饮食、理发和照相等；有的履约义务需花较长时间，并且可能跨年，要在某一时段内才能完成履行，如大型设备建造、基础设施建设、安装工程、旅游、培训与咨询服务、远洋运输等。为了准确确定每一会计期间的收入及相关成本费用，企业应根据履约义务完成合同履行时间的不同，分别下列情况确认和计量劳务收入。

其一，对于履约义务在某一时点就能完成履行的，企业应在服务完成时确认收入。

其二，对于履约服务在某一时段才能完成履行的，企业应当在该段时间内按照履约进度确认收入。

  本期确认的收入＝劳务总收入×本期末止劳务的履约进度－以前期间已累计确认的收入
  本期确认的成本＝当期实际发生的成本

对其收入确认时，应按确定的已收或应收的金额，借记"银行存款""应收账款""合同负债"等账户，贷记"主营业务收入"账户；期末，结转服务成本时，借记"主营业务成本"账户，贷记"合同履约成本"账户。

【例14-15】 立信公司于20×2年10月20日签订一项提供咨询服务的合同，咨询服务提供期限为5个月，合同总收入为260 000元。10月末已预收的款项为180 200元（含增值税额10 200元），实际发生工资及各项成本合计为100 000元，其中，工资费用为34 000元，其余为支付的银行存款。估计还将发生60 000元成本。该咨询服务适用的增值税税率为6%，假定该项咨询服务整体构成单项履约义务，并属于在某一时段履行的履约义务，立信公司采用成本法确定履约进度，并且其在确认咨询服务收入时发生增值税纳税义务，同时立信公司有权要求客户支付相应的增值税款。

(1) 确定20×2年劳务的完成程度及应确认的收入、成本。

实际发生的成本占总成本的比例=100 000÷(100 000+60 000)×100%=62.5%

本年应确认的收入=260 000×62.5%-0=162 500(元)

本年应结转销项税额=162 500×6%=9 750(元)

本年应确认的成本=100 000(元)

(2) 账务处理。

预收款项时：

借：银行存款	180 200
贷：合同负债	170 000
应交税金——待转销项税额	10 200

实际发生工资及各项成本时：

借：合同履约成本	100 000
贷：应付职工薪酬	34 000
银行存款	66 000

年末确认收入时：

借：合同负债	162 500
应交税金——待转销项税额	9 750
贷：主营业务收入	162 500
应交税费——应交增值税(销项税额)	9 750

结转成本时：

借：主营业务成本	100 000
贷：合同履约成本	100 000

(八) 合同成本

1. 合同成本的分类

企业为履行合同会发生各种成本，企业在确认收入的同时应当对这些成本进行分析，以期解决在收入确认过程中与成本之间的匹配问题。

合同成本包括合同取得成本和合同履约成本。

企业为取得合同发生的增量成本预期能够收回的，应当作为合同取得成本确认为一项资产。其中，增量成本是指企业不取得合同就不会发生的成本，也就是企业发生的与合同直接相关，但又不是所签订合同的对象或内容本身所直接发生的费用。最典型的增量成本就是销售佣金。企业为取得合同发生的、预期能够收回的增量成本之外的其他支出(如无论是否取得合同均会发生的差旅费、投标费、为准备投标资料发生的相关费用等)，就不属于增量成本，应当在发生时计入当期损益，但是，明确由客户承担的除外。

为简化实务操作，合同取得成本的摊销期限不超过1年的，可以在发生时计入当期损益，也可以确认为"合同取得成本"，在报表中列报为"其他流动资产"；如果摊销期限超过1年的，应确认为"合同取得成本"，在报表中列示为"其他非流动资产"。

企业为履行合同发生的成本，应当作为合同履约成本确认为一项资产。首先，该成本与一份当前或预期取得的合同直接相关，包括直接人工、直接材料、制造费用(或类似费用)、明确由客户承担的成本以及仅因该合同而发生的其他成本。其次,该成本增加了企业未来用于履行履约义务的资源。最后,该成本预期能够收回。需要指出的是,在履行合同的过程中,如果形成存货、固定资产和无形资产等的,仍然沿用存货、固定资产和无形资产等的成本核算方式和规范。合同履约成本实际上更适用于建筑施工和服务型企业。

合同履约成本是指从合同签订开始到合同完成止所发生的、与执行合同有关的直接费用和间接费用。

直接费用是指直接用于履约义务(如工程项目施工)中的材料费用、人工费用、机械使用费和其他直接费用,其中,其他直接费用包括有关的设计和技术援助费用、施工现场材料的二次搬运费、生产工具和用具使用费、检验试验费、工程定位复测费、工程点交费用、场地清理费用等。直接费用应在发生时直接计入合同履约成本。

间接费用是指企业下属的施工单位或生产单位为组织和管理相关施工、生产和服务等活动所发生的间接性费用,包括临时设施摊销费用和施工、生产单位管理人员薪酬、劳动保护费、固定资产折旧及修理费、物料消耗、包装物与低值易耗品摊销、取暖费、水电费、办公费、差旅费、财产保险费、工程保修费、排污费等。间接费用应在资产负债表日按照合理系统的摊配方法,分摊计入合同履约成本。

合同履约成本不包括企业发生的管理费用、销售费用和财务费用。企业为取得合同发生的、预期能够收回的增量成本之外的其他支出(如无论是否取得合同均会发生的差旅费等),应当在发生时计入当期损益,但是,明确由客户承担的除外。

对合同履约成本可以单独设置"合同履约成本"账户进行核算,并采用与该资产相关的收入确认相同的基础进行结转,计入当期损益(营业成本)。"合同履约成本"账户期末如有余额,计入资产负债表中"存货"项目。

【例 14-16】 某公司签订了一项大型设备建造工程的合同,该工程的造价总金额为 8 284 000 元(含增值税 760 000 元),合同为固定造价合同。适用的增值税税率为 9%。假定该大型设备建造工程整体构成单项履约义务,并属于在某一时段内履行的履约义务,合同履约进度按照累计实际发生的合同成本占合同预计总成本的比例确定。工程已于 20×4 年 1 月开工,预计 20×5 年 9 月完工。公司最初预计的工程总成本为 7 200 000 元,到 20×4 年年底,由于材料价格上涨等因素调整了预计总成本,预计工程总成本为 7 800 000 元。该大型设备建造工程的其他有关资料,如表 14-2 所示。

表 14-2　　　　　　该大型设备建造工程的其他有关资料　　　　　　单位:元

项　目	20×4 年	20×5 年	20×6 年	合计
实际发生成本	1 800 000	4 440 000	1 510 000	7 750 000
累计实际发生成本	1 800 000	6 240 000	7 750 000	—
预计完成合同尚需发生成本	5 400 000	1 560 000		
结算合同价款	2 600 000	4 300 000	1 384 000	8 284 000
实际收到价款	2 500 000	4 200 000	1 584 000	8 284 000

为简化起见,会计分录以汇总金额反映,且假定税法规定的纳税环节与会计确认收入的时点一致。该公司对本项大型设备建造工程合同履约过程的有关会计处理如下:

1. 20×4 年的账务处理

(1) 登记实际发生的合同成本。

借：合同履约成本　　　　　　　　　　　　　　　　　　　　　　　1 800 000
　　贷：原材料、应付职工薪酬等　　　　　　　　　　　　　　　　　　　1 800 000

(2) 确认及计量当年的合同收入和合同成本，并登记入账。

20×4 年的完工进度＝1 800 000÷(1 800 000＋5 400 000)×100％＝25％

将含增值税工程价款换算为不含税价款：

8 28 400÷109％＝7 600 000(元)

20×4 年确认的合同收入＝7 600 000×25％＝1 900 000(元)

20×4 年确认的合同成本＝1 800 000(元)

20×7 年确认的毛利＝1 900 000－1 800 000＝100 000(元)

借：主营业务成本　　　　　　　　　　　　　　　　　　　　　　　1 800 000
　　贷：合同履约成本　　　　　　　　　　　　　　　　　　　　　　　　1 800 000

借：合同结算——收入结转　　　　　　　　　　　　　　　　　　　2 071 000
　　贷：主营业务收入　　　　　　　　　　　　　　　　　　　　　　　　1 900 000
　　　　应交税费——应交增值税(销项税额)　　　　　　　　　　　　　　171 000

(3) 登记与客户已结算的合同价款。

借：应收账款　　　　　　　　　　　　　　　　　　　　　　　　　2 600 000
　　贷：合同结算——价款结算　　　　　　　　　　　　　　　　　　　　2 600 000

(4) 登记实际收到的合同价款。

借：银行存款　　　　　　　　　　　　　　　　　　　　　　　　　2 500 000
　　贷：应收账款　　　　　　　　　　　　　　　　　　　　　　　　　　2 500 000

20×4 年 12 月 31 日，"合同结算"账户的余额为贷方，则应计入 20×4 年年末资产负债表中"合同负债"项目的金额为 529 000 元(2 600 000－2 071 000)。需要说明的是，如果在设备工程建造过程的某一会计期末，与客户结算工程价款的金额小于企业按履约进度确认的相关收入，则"合同结算"账户可能出现借方余额，应计入资产负债表中"合同资产"项目列报。

2. 20×5 年的账务处理

(1) 登记实际发生的合同成本。

借：合同履约成本　　　　　　　　　　　　　　　　　　　　　　　4 440 000
　　贷：原材料、应付职工薪酬等　　　　　　　　　　　　　　　　　　　4 440 000

(2) 确认及计量当年的合同收入和成本，并登记入账。

20×5 年的履约进度＝6 240 000÷(6 240 000＋1 560 000)×100％＝80％

20×5 年确认的合同收入＝7 600 000×80％－1 900 000＝4 180 000(元)

20×5 年确认的合同成本＝4 440 000(元)

20×5 年确认的合同预计损失＝(6 240 000＋1 560 000－7 600 000)×(1－80％)

＝40 000(元)

注：在20×5年年底，由于该合同预计总成本7 800 000元大于合同总收入7 600 000元，预计发生损失总额为200 000元，由于实际已确认了160 000元(100 000－260 000)的亏损，故应将剩余的、为完成工程将发生的预计损失40 000元计入当期损益。由于待执行合同变成亏损合同，该亏损合同产生的业务满足相关条件的，则对亏损合同确认为预计负债。

借：主营业务成本　　　　　　　　　　　　　　　　　　　　　　　　4 440 000
　　贷：合同履约成本　　　　　　　　　　　　　　　　　　　　　　　4 440 000

借：合同结算——收入结转　　　　　　　　　　　　　　　　　　　　4 556 200
　　贷：主营业务收入　　　　　　　　　　　　　　　　　　　　　　　4 180 000
　　　　应交税费——应交增值税(销项税额)　　　　　　　　　　　　　376 200

(3) 登记与客户已结算的合同价款。

借：应收账款　　　　　　　　　　　　　　　　　　　　　　　　　　4 300 000
　　贷：合同结算——价款结算　　　　　　　　　　　　　　　　　　　4 300 000

(4) 登记实际收到的合同价款。

借：银行存款　　　　　　　　　　　　　　　　　　　　　　　　　　4 200 000
　　贷：应收账款　　　　　　　　　　　　　　　　　　　　　　　　　4 200 000

根据"合同结算"账户期末余额，应计入20×5年年末资产负债表中"合同负债"项目的金额为272 800元(529 000＋4 300 000－4 556 200)。

借：主营业务成本　　　　　　　　　　　　　　　　　　　　　　　　　　40 000
　　贷：预计负债　　　　　　　　　　　　　　　　　　　　　　　　　　　40 000

3. 20×6年的账务处理

(1) 登记实际发生的合同成本。

借：合同履约成本　　　　　　　　　　　　　　　　　　　　　　　　1 510 000
　　贷：原材料、应付职工薪酬等　　　　　　　　　　　　　　　　　　1 510 000

(2) 确认及计量当年的合同收入和成本，并登记入账。

$$20×6\text{年确认的合同收入} = \text{合同总金额} - \text{至目前止累计已确认的收入}$$
$$= 7\,600\,000 - (1\,900\,000 + 4\,180\,000)$$
$$= 1\,520\,000(元)$$

$$20×6\text{年确认的合同成本} = 1\,510\,000(元)$$

在20×6年年底，由于该合同总成本7 750 000元大于合同总收入7 600 000元，实际发生损失总额为150 000元，由于已确认了150 000元的亏损，故应将此前确认的亏损合同的预计负债予以冲回。

借：主营业务成本　　　　　　　　　　　　　　　　　　　　　　　　1 510 000
　　贷：合同履约成本　　　　　　　　　　　　　　　　　　　　　　　1 510 000

借：合同结算——收入结转　　　　　　　　　　　　　　　　　　　　1 656 800
　　贷：主营业务收入　　　　　　　　　　　　　　　　　　　　　　　1 520 000
　　　　应交税费——应交增值税(销项税额)　　　　　　　　　　　　　136 800

(3) 登记与客户已结算的合同价款。

借：应收账款　　　　　　　　　　　　　　　　　　　　　　1 384 000
　　贷：合同结算——价款结算　　　　　　　　　　　　　　　　　1 384 000

(4) 登记实际收到的合同价款。

借：银行存款　　　　　　　　　　　　　　　　　　　　　　1 584 000
　　贷：应收账款　　　　　　　　　　　　　　　　　　　　　　1 584 000

(5) 20×6年工程全部完工。

借：预计负债　　　　　　　　　　　　　　　　　　　　　　　　40 000
　　贷：主营业务成本　　　　　　　　　　　　　　　　　　　　　　40 000

应计入20×6年年末资产负债表中"合同负债"项目的金额为0元(272 800＋1 384 000－1 656 800)。

2. 合同成本的摊销

对于确认为资产的合同履约成本和合同取得成本，企业应当采用与该资产相关的商品收入确认相同的基础(即在履约义务履行的时点或按照履约义务的履约进度)进行摊销，计入当期损益。

在确定与合同履约成本和合同取得成本有关的资产的摊销期限和方式时，如果该资产与一份预期将要取得的合同(如续约后的合同)相关，则在确定相关摊销期限和方式时，应当考虑该预期将要取得的合同的影响。但是，对于合同取得成本而言，如果合同续约时，企业仍需要支付与取得原合同相当的佣金，这表明取得原合同时支付的佣金与预期将要取得的合同无关，该佣金只能在原合同的期限内进行摊销。

第三节　费用与成本

一、费用概述

(一) 费用的概念

费用是指企业在日常活动中发生的、会导致所有者权益减少的、与向投资者分配利润无关的经济利益的总流出。这种流出表现为发生的现金流出，或其他资产的消耗，或负债的承诺等。

费用有广义和狭义之分。广义的费用泛指企业生产经营中的资产消耗或负债的承诺，不仅包括企业日常活动中发生的各种费用，而且包括损失；狭义的费用仅指与当期营业收入直接相配比的费用。按照狭义的费用观，任何一项支出若构成企业的费用，就必须具备以下特点。

1. 费用应当是企业在日常活动中发生的

这一界定与收入是一致的。其目的是将其与损失相区分，因企业非日常活动形成的经济利益的流出不能确认为费用，应当计入损失。

2. 费用最终会导致企业资源的减少

企业资源的减少,具体表现为企业的现金和现金等价物的流出,或表现为资产的耗费。例如,企业向职工支付薪酬就导致了企业资产的减少;企业生产产品而领用原材料、使用固定资产或无形资产而计提的折旧或摊销就形成了资产的损耗;应计入产品成本的应付而未付的职工薪酬导致了企业负债的增加,而最终这项负债还将以企业的资产(现金)来偿还。从这个意义上说,费用本质上是一种企业资源的流出或消耗,其目的是取得收入,从而获得更多资产。

3. 费用最终会减少企业的净资产

一般而言,企业的净资产会随着收入的增加而增加;相反,费用的增加会减少企业的净资产。根据"资产－负债＝净资产"的等式原理,资产的减少或负债的增加必然导致企业净资产的减少。而资产的减少或负债的增加往往意味着费用的形成。至于向投资者分配利润,虽然也发生了资产的减少或负债的增加,但它是一种与所有者之间因资源转换所导致的权益变动。

但是,需要说明的是,费用是资产的耗费,资产的耗费有的形成费用,有的形成另一种资产。费用有时有支出相伴随,但支出却不一定是当期费用。

(二)费用的分类

一般认为,将费用作恰当分类有助于使用者的决策。

1. 按照费用的经济用途分类

(1)直接材料。直接材料是指直接用于产品生产,构成产品实体的原料、主要材料、外购半成品及有助于产品形成的辅助材料和其他直接材料。

(2)直接人工。直接人工是指直接从事产品生产的工人工资和福利等职工薪酬。

(3)燃料和动力。燃料和动力是指直接用于产品生产的外购和自制的燃料及动力费。

(4)制造费用。制造费用是指企业各生产单位(如生产车间或部门)为组织和管理生产而发生的应由产品生产成本负担的,不能直接计入各产品成本的各项间接费用。它具体包括生产车间管理人员的工资等职工薪酬、机物料消耗、办公费、水电费、折旧费、发生季节性的停工损失等。

按照经济用途进行分类的上述费用,构成产品的制造成本。在实际工作中,生产企业可以根据自身的生产特点和管理要求,对以上费用项目作适当的增减调整。

(5)期间费用。期间费用是指与产品生产不存在因果关系,难以按产品归集,必须从当期收入中得到补偿的费用,一般包括管理费用、销售费用和财务费用。

费用按经济用途分类有利于企业确定产品成本和期间费用,通过对不同用途的费用分析,能更好地实现与收入的配比。另外,费用按经济用途分类还有利于企业成本或费用的控制和分析。

2. 按照费用的经济内容分类

(1)外购材料。外购材料是指企业为生产而耗用的一切从外部购入的原材料、半成品、辅助材料、包装物、修理用备件和低值易耗品等。

(2)外购燃料。外购燃料是指企业为进行生产而耗用的一切从外部购入的各种燃料。

(3)外购动力。外购动力是指企业为进行生产而耗用的从外部购入的各种动力。

(4) 职工薪酬。职工薪酬是指企业应计入生产费用的工资、福利等职工薪酬。
(5) 折旧费。折旧费是指企业所拥有或控制的固定资产按照使用情况计提的折旧费用。
(6) 税费。税费是指企业应计入费用的各种税费,如矿产资源补偿费等。
(7) 其他费用。其他费用是指不属于以上各项目的费用支出。

费用按经济内容或性质分类,有利于了解企业生产耗费中所发生的各种费用要素,便于从经济学角度分析生产过程所耗费的劳动资料、劳动对象和劳动力等经济要素情况,有利于经济资源的优化配置。

二、费用的确认与计量

企业发生费用的目的是取得收入,因而费用的确认与收入的确认相联系。为生产产品或者提供劳务等发生的对象化的费用构成产品或者劳务成本,在确认产品或劳务收入时,计入当期损益。无法对象化的费用或者不符合资产定义和确认条件的费用,应当直接计入发生当期损益。

确认费用应遵循权责发生制,即对于应属于本期的各项费用,不论其是否实际支付款项,均应确认为本期费用;对于不属于本期的费用,即使款项已经在本期付出,也不应确认为本期费用。

具体在确认费用时,还需要考虑配比原则,即首先考虑费用与收入之间是否存在直接的因果关系,称为"直接配比";企业在经营过程所发生的全部费用中,有大量的费用与收入之间不存在直接的因果关系,但凭借某些基础可与当期收入相联系,对这部分费用的确认,就需要"系统且合理地摊配";若某些支出没有确凿证据证明它与某一部分收入相关,却又是不可或缺的,则将这部分支出与其发生的期间相联系,典型的如期间费用,称为"期间配比"。

确认费用的方法主要有以下三种。

1. 按与营业收入的直接联系确认费用

凡是与本期收入有因果关系的耗费,都应确认为本期的费用。例如,营业成本应随同本期的营业收入确认为该期的费用。

2. 按合理、系统的分配方式确认费用

如果一项资产能够在多个会计期间为企业带来经济利益的流入,那么企业就应该采用一定的分配方法将该项资产的成本分摊计入各个会计期间。例如,对于固定资产的价值,就要采用一定的折旧方法,分配确定各期的折旧费用等。具体确认费用时,还需注意以下两种情况:①支出的发生先于费用的确认。这些支出在发生时,其效用尚未发生,但随着时间的推移,它的效用才逐步发挥。例如,支付在先、受益在后的预付保险费、预付报刊订阅费等。因此,确定费用是按其效用发挥的程度分批进行的,未确定的部分递延至以后期间,待其效用发挥时再确认。②支出的发生后于费用的确认。属于这种情况的有预计利息费用、预计产品保修费等。但费用的预计要有依据:一是该项支出一定会发生;二是发生的金额能够可靠地计量。

当然,在实际分摊费用时,要求符合配比原则,即符合谁受益谁负担,受益多,分摊的费用也多的原则。

3. 在支出时直接确认

在企业所发生的支出中,有些是难以明确提供未来经济利益的,而且,这些支出与收入无直接关系,却与会计期间紧密相连,加之对这部分支出采用一定的方法进行分摊也无实际意义,故采用发生时直接作为费用予以确认的方法计入当期损益,如期间费用等。

需要注意的是,企业在生产经营过程中发生的各项费用,应当以实际发生数计量,不能以估计成本和计划成本代替实际成本。

三、生产成本

(一) 成本与费用的联系和区别

成本与费用是两个既有联系,又有区别的概念。首先,成本是对象化的费用,生产成本是相对于一定的成本计算对象所发生的费用,是按照产品品种等成本计算对象对当期发生的费用进行归集和分配所形成的。按照费用的经济用途分类,企业一定期间发生的各项直接费用和制造费用总和,构成了一定期间的生产成本。同时,对于上述费用来说,其发生的过程同时也就是产品成本的形成过程,因此,成本也是费用发生的结果和归宿。其次,费用是某一期间为进行生产而发生的,它与一定的期间相联系;产品成本是企业为生产某一产品或几种产品而消耗的费用,它与一定种类和数量的产品相联系。

成本与费用是相互转化的。某一期间的费用将构成本期完工产品成本的主要部分。但是,本期完工产品成本并不都是由本期所发生的费用形成,它可能还包括部分期初结转的未完工产品的成本——上期所发生的费用;同样,本期的全部费用也不都形成本期的完工产品成本,它可能包括一些应结转至下期的期末完工产品上的支出,还包括一些不归入具体产品成本的期间费用。

对于制造企业,成本与费用的关系,如图14-1所示。

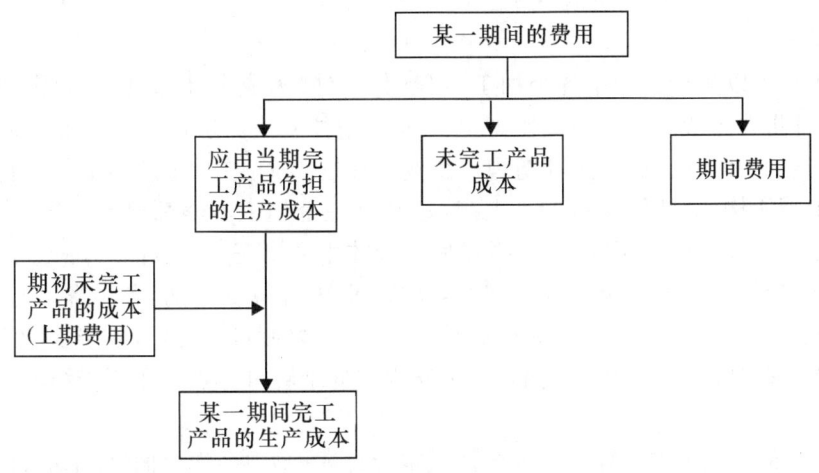

图14-1 成本与费用的关系

(二) 产品成本计算的一般程序

产品成本计算的一般程序如下:

首先,对发生的各项支出进行审核和控制,确定应计入产品成本的费用界限。

其次,将计入本期产品成本的各项费用,在各种产品之间按照成本项目进行归集和分配,计算出各种产品成本。

最后,对既有完工产品又有在产品的产品,将期初在产品费用和本期生产费用之和,在完工产品和期末在产品之间进行归集与分配,计算出该种完工产品成本。

(三) 成本计算方法

企业在进行成本计算时,应根据产品生产工艺特点和生产组织特点,结合企业对成本管理的要求,选择恰当的成本计算方法。成本计算的基本方法有品种法、分批法和分步法三种。

1. 品种法

品种法是指以产品品种作为成本计算对象,归集和分配生产费用,计算产品成本的一种方法。这种方法一般适用于单步骤、大量生产的企业,如发电、供水和采掘等企业,这类企业产品品种单一,生产过程较短,又无在产品,成本计算比较简单,归集的生产费用即为完工产品总成本;这种方法也适用于不要求计算半成品的多步骤、大批量生产的企业,如水泥、造纸等企业,这类企业期末若有在产品,还应将生产费用在完工产品和在产品之间进行分配。

2. 分批法

分批法是指以产品批别或订单作为成本计算对象,归集和分配生产费用,计算产品成本的一种方法。这种方法一般适用于单件、小批生产的企业,如造船、重型机器制造和精密仪器制造等企业。这类企业所发生的生产费用要分别产品的订单或批别归集,成本计算对象是购货方事先订货或企业规定的产品批别。期末未完工的订单就是在产品,成本明细账上归集的生产费用就是期末在产品;订单完工后,成本明细账上归集的生产费用总额就是完工产品成本。因而,这种方法一般只需在各种产品(或订单)之间分配费用,而不存在费用在完工产品和在产品之间的分配问题。可见,在分批法下,成本计算是非定期的,成本计算期与生产周期一致而与会计报告期不一致。

3. 分步法

分步法是指以生产过程中各个加工步骤(分品种)为成本计算对象,归集和分配生产费用,计算各步骤半成品和最后完工产品成本的一种方法。这种方法一般适用于连续加工式生产的企业和车间,如冶金和纺织等企业。在这类企业中,生产的工艺过程由一系列连续加工步骤所构成,从原材料投入生产,每经过一个加工步骤都要形成一种半成品,这些半成品是下一步骤的加工对象,直至最后一步才生产出完工产成品。可见,这种产品生产过程较长,过程中的各个步骤可以间断,所以,期末计算成本时,各步骤均有在产品,均要将生产费用在半成品(最终步骤为产成品)和在产品之间进行分配,各步骤的半成品及其成本是连续不断地向下一步骤移动的,各步骤成本的结转可分别采用逐步结转和平行结转两种方法。

至于具体的产品成本计算方法内容,《成本会计》一书中会作全面、详细的讨论,此处不再赘述。

四、期间费用

期间费用是企业当期发生的费用中的重要组成部分,是指本期发生的、不能直接或间接计入某种产品成本,而是直接计入当期损益的各项费用,包括管理费用、财务费用和销售费用三项内容。期间费用的确认与计量,直接影响企业当期损益。

1. 管理费用

管理费用是指企业行政管理部门为组织和管理生产经营活动而发生的各种费用,具体包括企业在筹建期间内发生的开办费(如人员工资、办公费、培训费、差旅费、印刷费、注册登记费以及不计入固定资产价值的借款费用等)、董事会和行政管理部门在企业的经营管理中发生的或者应由企业统一负担的公司经费(包括行政管理部门职工薪酬、固定资产折旧费、物料消耗、低值易耗品摊销、办公费和差旅费等)、工会经费、董事会费(包括董事会成员津贴、会议费和差旅费等)、聘请中介机构费、咨询费(含顾问费)、诉讼费、业务招待费、技术转让费、矿产资源补偿费、研究费用、排污费等。另外,企业生产车间和行政管理部门发生的不满足固定资产确认条件的日常修理费用和大修理费用等固定资产后续支出、合并方为企业合并发生的直接相关的审计、法律服务和评估咨询等中介费用以及其他相关费用等也应作为管理费用。

为了核算和监督管理费用的发生和结转情况,企业应设置"管理费用"账户,并按费用项目设置专栏进行明细核算。企业发生各项管理费用时,借记"管理费用"账户,贷记"库存现金""银行存款""应付职工薪酬""累计折旧""应交税费"等账户;期末,将本账户的余额转入"本年利润"账户,计入当期损益,结转后本账户应无余额。

2. 销售费用

销售费用是指企业在销售商品和材料、提供劳务服务的过程中发生的各项费用,具体包括运输费、装卸费、包装费、商品维修费、预计产品质量保证损失、保险费、展览费、广告费以及为销售本企业商品而专设的销售机构(含销售网点、售后服务网点等)的职工薪酬、业务费、折旧费和固定资产修理费等经常性费用。

为了核算和监督销售费用的发生和结转情况,企业应设置"销售费用"账户,并按费用项目设置专栏进行明细核算。企业发生各项销售费用时,借记"销售费用"账户,贷记"库存现金""银行存款""应付职工薪酬""累计折旧"等账户。期末,应将本账户的余额转入"本年利润"账户,计入当期损益,结转后本账户应无余额。

3. 财务费用

财务费用是指企业为筹集生产经营所需资金而发生的费用,具体包括利息净支出(减利息收入)、金融机构手续费、汇兑净损失(减汇兑收益)、企业发生的现金折扣或收到的现金折扣等。但为购建或生产满足资本化条件的资产发生的应予以资本化的借款费用,不包括在财务费用的核算范围内。

为了核算和监督财务费用的发生和结转情况,企业应设置"财务费用"账户,并按费用项目设置专栏进行明细核算。企业发生各项财务费用时,借记"财务费用"账户,贷记"应付利息""银行存款""长期借款"等账户。期末,应将本账户的余额转入"本年利润"账户,计入当期损益,结转后本账户应无余额。

 案例分析

重组标的承诺期后业绩"变脸"之猜想

案例介绍:

2021年8月21日,福建省永安林业(集团)股份有限公司(以下简称永安林业)收到中国

证券监督管理委员会福建监管局行政处罚决定书。经查明,永安林业2016、2017年度报告财务数据存在虚假记载,主要包括采取提前确认收入、延迟结转成本等方式虚增利润,具体相关内容详见"中国证券监督管理委员会福建监管局行政处罚决定书〔2021〕3号(福建省永安林业(集团)股份有限公司、苏加旭、陈松柏、陈振宗)"。

永安林业2016—2019年合并财务报告主要财务数据,如表14-3所示。其中2016、2017年度财务数据为永安林业对上述虚假记载进行差错调整前披露的数据。

表14-3　　　　　永安林业2016~2019年合并财务报告主要财务数据　　　　　单位:元

项目	2016年度	2017年度	2018年	2019年度
营业收入	1 553 984 128.24	1 240 034 146.62	754 832 074.55	702 153 143.62
归属于上市公司股东的净利润	122 910 313.51	68 753 085.45	−1 329 508 756.35	−263 107 170.70

案例背景:

永安林业是一家以林业和人造板制造为主的企业,是全国首家林业综合性股份制企业,于1996年12月6日在深圳证券交易所上市。2015年,永安林业耗资近13亿元收购森源家具100%股权,资产交易对价为12.9999亿元,其中以现金支付5 000万元,以发行股份方式支付12.4999亿元,这场收购堪称"蛇吞象"。

一、2015年9月10日,永安林业发布发行股份及支付现金购买资产并募集配套资金暨关联交易报告书(修订稿)。公告部分内容摘要:

(1)永安林业公司通过发行股份及支付现金相结合的方式购买苏加旭、李建强、王清云、王清白及固鑫投资、雄创投资合法持有的森源股份合计100%股权。同时,上市公司拟向瀚叶财富、黄友荣非公开发行股份募集配套资金,募集配套资金总额不超过本次交易拟购买资产交易价格的100%。本次交易完成后,上市公司将直接持有森源股份100%股权。森源股份将成为上市公司的全资子公司,上市公司将成为森源股份的唯一股东,森源股份将变更为一人有限责任公司(森源家具)。

(2)本次交易标的资产评估值。根据中联资产评估集团有限公司出具的中联评报字(2015)第299号评估报告的评估结果,本次拟购买资产的评估基准日为2014年12月31日,中联评估采取收益法和资产基础法对标的资产进行评估,最终采用收益法评估结果作为本次交易拟购买资产的评估结果。经评估,森源股份100%股权的评估值为130 007.42万元,较2014年12月31日经审计的母公司报表净资产账面价值增加108 163.48万元,评估增值495.16%。

(3)业绩承诺与补偿安排。根据上市公司与交易各方签署的《发行股份及支付现金购买资产协议》《利润补偿协议》,交易各方同意,王清云、王清白不承担拟购买资产业绩承诺责任,本次交易补偿责任由苏加旭、固鑫投资、雄创投资、李建强承担。苏加旭、固鑫投资、雄创投资、李建强承诺森源股份2015年度实现净利润不低于11 030万元,2015年度与2016年度实现的累计净利润不低于24 545万元。2015年度、2016年度与2017年度实现的累计净利润不低于40 923万元。

(4)森源股份最近两年及一期的合并财务报告主要财务数据及财务指标,如表14-4

所示。

表 14-4　森源股份 2013 年、2014 年和 2015 年 1～5 月合并财务报告主要财务数据

单位：万元

项目	2015 年 1～5 月	2014 年度	2013 年度
营业收入	37 612.56	82 033.24	68 855.78
营业利润	5 438.85	9 619.78	6 464.43
利润总额	5 349.99	10 895.24	7 813.45
净利润	4 008.95	7 981.03	5 791.92

二、2015 年 9 月 17 日，永安林业发布关于发行股份及支付现金购买资产并募集配套资金之标的资产交割完成公告。2015 年 9 月 15 日，森源家具 100% 的股权已过户至公司名下，完成了标的资产的交割手续。截至 2015 年 12 月 11 日，本次新增股份登记到账后，永安林业大股东福建省永安林业（集团）总公司的股权被稀释为 19.03%，但仍为第一大股东。

三、原股东业绩承诺完成情况。

原股东业绩承诺完成情况，如表 14-5 所示。

表 14-5　　　　森源家具 2015—2017 年度业绩承诺完成情况表　　　单位：万元

承诺期间	当期实际的净利润	实际的累计净利润	业绩承诺的累计净利润	实际累计净利润与承诺累计净利润差额	已完成比例
2015 年度	11 018.50	11 018.50	11 030.00	−11.50	99.90%
2016 年度	16 109.70	27 128.20	24 545.00	2 583.20	110.52%
2017 年度	13 742.48	40 870.68	40 923.00	−52.32	99.87%

四、森源家具 2018 年度和 2019 年度财务报告主要财务数据。

森源家具 2018 年度和 2019 年度财务报告主要财务数据，如表 14-6 所示。

表 14-6　　　森源家具 2018 年度和 2019 年度财务报告主要财务数据　　　单位：元

项目	2018 年度	2019 年度
营业收入	292 106 912.06	347 805 817.90
净利润	−306 134 965.29	−136 310 988.57

资料来源：

1. 中国证券监督管理委员会福建监管局对上市公司福建省永安林业（集团）股份有限公司行政处罚案例（行政处罚决定书〔2021〕3 号）。
2. 永安林业发行股份及支付现金购买资产并募集配套资金暨关联交易报告书（修订稿）（2015 年 9 月 10 日）。
3. 上市公司公告 http://www.szse.cn/certificate/individual/index.html?code=000663。

依据及相关法规：

1. 财政部：《企业会计准则第 14 号——收入》（2017 年 7 月）

案例思考题：

1. 永安林业重组标的承诺期后业绩"变脸"的原因可能有哪些？
2. 仅凭客户的初验单就能确认家具的销售收入了吗？如果你是注册会计师，你认为可以从哪些渠道查验其收入的真实性？
3. 试分析永安林业营业收入、营业成本等财务数据造假的动机。

本章要点概览

1. 收入是指企业在日常活动中所形成的、会导致所有者权益增加的、与所有者投入资本无关的经济利益的总流入。费用是指企业在日常活动中发生的、会导致所有者权益减少的、与向投资者分配利润无关的经济利益的总流出。

2. 确认销售商品服务收入由下列五个方面构成：①识别与客户订立的合同；②识别合同中的单项履约义务；③确定交易价格；④将交易价格分摊至各单项履约义务；⑤履行每一单项义务时确认收入。

3. 企业确认收入的方式应当反映向客户转让商品或服务的模式，按照分摊至各单项履约义务的交易价格计量收入，同时考虑可变对价、合同中存在的重大融资成分、非现金对价和应付客户对价等因素对交易价格的影响。

4. 委托代销安排、售后回购、附有退回条件的商品销售、授予客户奖励积分的销售等，其会计处理是收入确认和计量原则在特殊销售商品业务的具体运用。

5. 确定各单项履约义务可以在某一时点履行，也可以在某一时段内履行。

6. 费用的确认应遵循权责发生制原则。费用与收入之间应根据不同情况分别采用"直接配比""系统且合理的摊配"和"期间配比"。

7. 费用按期间归集，成本则是费用按具体产品对象化所形成的。

主 要 术 语

1. 收入
2. 主要责任人与代理人
3. 交易价格
4. 合同取得成本与合同履约成本
5. 合同资产与合同负债
6. 可变对价
7. 控制权转移
8. 履约义务
9. 费用
10. 期间费用

复 习 题

一、思考题

1. 试述收入的定义和特点。
2. 如何理解收入确认模型的五步法？
3. 如何理解收入确认条件中，商品或服务的控制权转移？
4. 举例说明可变对价对收入确认和计量的影响。

5. 举例说明合同负债与预收账款的区别。
6. 如何判断该履约义务是在一段时间内履行还是在一个时点履行?
7. 费用确认的原则是什么？它包括哪些确认方法?
8. 什么是期间费用？它包括哪些内容?

二、判断题

1. 收入能够导致企业所有者权益增加,但导致所有者权益增加的不一定都是收入。（　）
2. 如果销售商品不符合收入确认条件,在发出商品时不需要进行会计处理。（　）
3. 企业与同一客户同时订立两份合同,如果一份合同的违约将会影响另一份合同的对价,企业应将两份合同合并为一份合同进行会计处理。（　）
4. 企业取得收入能导致企业所有者权益的增加,但扣除相关成本费用后的净额,可能减少所有者权益。（　）
5. 某个期间的支出,要么形成当期的费用,要么形成当期的资产,不会对其他会计要素产生直接的影响。（　）

三、单项选择题

1. 收入是指与所有者投入资本无关、会导致所有者权益增加的（　）。
   A. 日常活动形成的经济利益的总流入
   B. 主要经营活动形成的经济利益的总流入
   C. 日常活动形成的经济利益的净流入
   D. 主要经营活动形成的经济利益的净流入

2. 甲企业与客户签订合同为其建造一栋厂房,约定的价款为 3 600 万元,约定工期为 6 个月,同时合同中约定若提前 1 个月完工,客户将额外奖励甲企业 100 万元,甲企业估计工程提前完工的概率为 95%。则甲企业在合同开始日确定的交易价格为（　）。
   A. 3 500 万元   B. 3 600 万元
   C. 3 700 万元   D. 无法确定

3. 下列关于费用的表述中,不正确的是（　）。
   A. 费用是企业资源的不利变化,最终将导致企业资源的减少或牺牲
   B. 费用是企业为了获得一定收入而发生的,与盈利活动相联系
   C. 费用的发生必定会减少企业的资产
   D. 费用最终会减少企业的净资产

4. 下列有关"收入"特征的描述中,不正确的是（　）。
   A. 它是从企业日常经济活动中产生的
   B. 它可能导致资产的增加或者负债的减少
   C. 它有时也包含为第三方代收的部分款项
   D. 它最终会导致所有者权益增加

5. 应计入产品成本的费用中,不能直接分清应由何种产品负担的费用应（　）。
   A. 作为管理费用处理
   B. 直接计入当期损益
   C. 作为制造费用处理,期末再通过分配计入产品成本
   D. 直接计入产品生产成本

四、多项选择题

1. 企业取得收入时会影响的会计要素有(　　)。
   A. 资产　　　　　　　　　　　　B. 利润
   C. 所有者权益　　　　　　　　　　D. 负债
   E. 费用

2. 收入的特征表现为(　　)。
   A. 收入从日常活动中产生,而不是从偶发的交易或者事项中产生
   B. 收入可能表现为资产的增加
   C. 收入可能表现为负债的减少
   D. 收入导致本企业经济利益的流入
   E. 收入包括为第三方代收的增值税和利息

3. 下列关于履约义务的论述中,正确的有(　　)。
   A. 单项履约义务可以是在某一时段内履行
   B. 企业应以单项履约义务作为收入确认的对象
   C. 履行了各单项履约义务时可以分别确认收入
   D. 一揽子无法明确区分的商品或服务,不能作为履约义务
   E. 企业为履行合同而开展的初始活动也是一项履约义务

4. 期间费用是指本期发生的直接计入损益的费用。一般而言,它(　　)。
   A. 容易确认其所归属的产品　　　　B. 容易确认其发生的期间
   C. 难以判别其所归属的产品　　　　D. 不易确定其发生的期间
   E. 难以提供明确的未来利益

5. 下列有关收入的表述中,不正确的有(　　)。
   A. 凡是资产的增加或负债的减少,或两者兼而有之,同时引起所有者权益的增加,一定表明收入的增加
   B. 在收入确认的条件中,相关商品或服务的控制权转移是核心
   C. 如果企业确认商品销售收入后,发生销售退回的均冲减退回当月的销售收入,并冲减当月销售成本
   D. 委托其他单位代销商品情况下,委托方应在收到受托方提供的增值税专用发票时确认收入
   E. 在对销售收入进行计量时,应不考虑预计可能发生的可变对价的影响,待其实际发生时才能考虑

五、业务题

【业务题一】

目的　练习可变对价的核算。

资料　丙公司为增值税一般纳税人,适用的增值税税率为13%。本月丙公司发生的部分经济业务如下:

(1) 丙公司本月12日向新华商场销售A商品100件,增值税专用发票上注明的售价为10 000元,增值税额1 300元,商品的实际成本为7 500元。商品控制权已转移,货款尚未收到。15日新华商场发现丙公司对该商品开始打折促销,随即要求丙公司在价格上(不含增

值税税额)给予900元的减让。假定丙公司对该项交易已确认了收入,并同意给予价格减让,然后按规定向新华商场开具了增值税专用发票(红字)。18日收到新华商场支付的货款存入银行。

(2) 丙公司本月20日向大地公司销售B商品20台,每台价格为2 000元,增值税专用发票上注明的售价为40 000元,增值税额5 200元,每台B商品的单位成本为1 200元。大地公司收到B商品并验收入库。同时,丙公司向大地公司提供价格保护,承诺如果未来3个月内,同类B商品售价下降,则按照合同价格与最低售价之间的差额向有关的客户支付差价。丙公司根据以往执行类似合同的经验,预计未来3个月内,不降价的概率为80%,每台降价200元的概率为15%,每台降价500元的概率为5%。

要求 根据上述经济业务编制销售商品相关的会计分录。

【业务题二】

目的 练习在某一时段内完成履约的商品销售收入的核算。

资料 甲企业于某年11月1日接受委托,为乙企业开发一项系统软件,该系统软件在乙企业的服务器上开发,乙企业可以控制正在开发的系统软件。合同约定工期2年,合同总收入450 000元(不含增值税),11月末已预收乙企业支付项目合同款项106 000元(含增值税额6 000元),第2年年末预收乙企业支付的项目合同款项265 000元(含增值税额15 000元),项目结束时支付剩余款项及增值税款。甲企业预计项目合同总成本400 000元(均为开发人员薪酬)。假定甲企业按时间进度确定履约进度。甲企业各年发生的合同成本分别为35 000元、200 000元和165 000元。假定适用的增值税税率为6%,假定税法规定的增值税纳税环节与会计确认收入的时点一致。

要求 计算各年应确认的收入及结转的成本,同时编制有关的会计分录。

【业务题三】

目的 练习收入的核算。

资料 某企业为增值税一般纳税人,销售商品适用的增值税税率均为13%,销售单价除了标明为含税价格者,均为不含增值税价格。该企业本年12月份发生下列经济业务:

(1) 1日,向A公司销售甲产品400件,不含增值税单价2 000元,单位销售成本为1 400元。商品控制权已转移,当即收到A公司开出的一张金额为904 000元的银行汇票,并送存银行。该批产品适用的消费税税率为5%。

(2) 5日,向B公司销售乙产品1 000件,单价为300元,单位销售成本为220元,货款尚未收到。企业在销售时已知B公司资金周转发生困难,则合同约定只有在B公司售出乙产品取得价款后才向企业支付货款,企业可以在B公司出售前随时将乙产品召回。假定企业发出该批产品时其增值税纳税义务尚未发生。

(3) 8日,向C公司销售材料一批,不含增值税价款为70 000元,实际成本为50 000元,商品控制权已转移,当日收到金额为79 100元的支票一张。

(4) 12日,上月委托D公司代销的丙产品,不含增值税代销总价款400 000元,现收到D公司交来的代销清单,列明已销售商品的80%,D公司按代销价款的2%收取手续费,适用的增值税税率为6%。该批委托代销商品的总成本为300 000元。

(5) 15日,向E公司销售商品一批,开出的增值税专用发票上注明的售价总额为90 000元,增值税额为15 300元,该批商品的销售成本为75 000元。商品控制权已转移,货款尚未收到。

(6) 17日，F公司要求退回上月购买的丁产品2 000件。该产品不含增值税单价300元，单位销售成本为200元，其销售收入600 000元已确认，款项尚未收取。该批退货原因系发货差错，该企业同意F公司退货，并办理退货手续和开具红字增值税专用发票。

(7) 20日，收到外单位租用该企业投资性房地产下年度的房屋租金500 000元，款项已存入银行。

(8) 25日，与G公司签订一项房屋装修合同，合同工期为6个月，合同总收入为310 000元。31日已收到款项150 000元，已发生劳务成本70 000元，预计还将发生装修成本130 000元。有关款项均已通过银行存款结算。该劳务适用的增值税税率为9%。假定企业按照投入确定履约进度，并在确认劳务收入时发生增值税纳税义务。

(9) 30日，向H公司销售戊商品5 000件，不含增值税单价500元，单位销售成本400元，增值税专用发票已开出。H公司已收到商品并验收入库。协议约定，购货方应于次年2月1日前付款，3月31日前有权退货。假定企业根据经验，估计退货率为20%，并且销售退回实际发生时可冲减增值税额。

(10) 31日，向I公司销售商品1 000件。该批商品的不含增值税单价为80元，单位销售成本62元。为了鼓励多购商品，该企业同意给予I公司10%的商业折扣。商品已经发出，控制权已转移，货款已收存入银行。

(11) 31日，E公司发现15日所购商品出现瑕疵，但不影响正常使用，要求该企业在价格上给予6%的销售折让。该企业经查明后，同意给予折让并取得了索取折让证明单，且开具红字增值税专用发票。

要求 (1) 根据上述经济业务编制12月份有关的会计分录。

(2) 计算该企业12月份利润表中"营业收入"和"营业成本"各项目列报金额。

【业务题四】

目的 练习费用的核算。

资料 甲公司本年12月份发生如下业务：

(1) 以银行存款支付以下款项：本期短期银行借款利息500元；产品广告费1 000元；购买材料的装卸费用560元；缴纳车船税780元、销售商品应交的消费税7 000元、增值税13 250元；某产品研究阶段的科研攻关费用3 200元；业务招待费3 000元；因与乙公司发生经济纠纷而负担的诉讼费900元；车间机器受损负担的修理费用1 000元；聘请高级管理人才而负担的房屋租金8 000元；本月工资1 200 000元（其中，生产工人800 000元，行政管理人员400 000元）；购买指定为以公允价值计量且其变动计入其他综合收益的非交易性权益工具投资发生的手续费等交易费用670元。

(2) 计提本月份固定资产折旧38 000元，其中，生产车间用固定资产折旧额20 000元，行政管理部门用固定资产折旧额18 000元。

(3) 摊销本月份专门用于产品生产的非专利技术的价值500 000元。

(4) 根据公司董事会批准的辞退计划，本年度辞退福利预计负债金额为526 000元。

要求 (1) 根据上述资料编制会计分录。

(2) 计算甲公司12月份利润表中"管理费用"项目的列报金额。

第十五章 利 润

学习目的与要求

本章旨在阐述利润及相关指标的概念、利润的结构与计算、利润的结转和分配、所得税会计的处理方法、每股收益的计算及列报。读者通过本章学习,应该理解利润指标的作用及局限性;认识利润与综合收益的联系和区别;认识利得和损失的特征;掌握利润的计算与结转的方法;掌握基于资产负债观的所得税会计处理方法;掌握利润分配的账务处理;了解利润分配不同形式对有关财务指标的影响;掌握基本每股收益与稀释每股收益的计算方法。

预习思考题

1. 利润指标有何作用?你认为利润指标能否全面反映企业经营成果对所有者权益的影响?为什么?

2. 有人说,利润总额必定大于营业利润,净利润必定小于利润总额。你是否同意这一结论?为什么?请你说出营业利润、利润总额、净利润和综合收益的区别。

3. 有人说,构成利润总额的收益均为企业已经实现的收益。你是否同意这一观点?请说明理由。

4. 某公司适用的所得税税率为25%,本期计提了存货跌价准备3 700万元和固定资产减值准备8 300万元,并确认了递延所得税资产3 000万元。试分析该项会计处理对企业的财务影响,并考虑上述处理应当满足哪些前提条件。

5. 假定某上市公司本年6月份实际发放了股票股利,请分析对于其本年度利润表中的净利润和每股收益有何不同影响?为什么列报了净利润还要列报每股收益?

6. 请查阅一家上市公司年报,试根据其利润结构分析该公司的基本经营情况。

第一节 利润计算

一、利润概述

(一) 利润的定义及作用

利润是一定会计期间的经营成果。利润通常包括收入减去费用后的净额、直接计入当期利润的利得和损失等。从经济利益的流动角度来看,利润是指一定会计期间属于收入、利得的经济利益流入扣除属于费用、损失的经济利益流出的净额。

利润通常作为评价经营业绩的主要指标之一,是预测企业盈利能力和发展前景的重要依据,也是计算如每股收益、投资回报率、净资产收益率和经济增加值等其他财务指标的基础。对于广大投资者来说,利润可能影响着股票价格或股利分配水平的高低,是进行决策的重要参考;对于经营管理者来说,利润是评价其业绩的重要指标,影响其薪酬水平的高低。

(二)影响利润计量的理念

利润的计量模式受到资产负债观和收入费用观两种不同观点的影响。资产负债观基于资产和负债的增减变动来计量利润。按照资产负债观,确定利润的前提是资本保全,利润的实质是净资产价值的增值,即一定时期内经济资源的增量。资本保全的概念提供了计量利润的参照标准,衡量资本保全有财务资本保全和实物资本保全两种标准。对资本保全的衡量标准不同,会影响对利润计量的结果。收入费用观基于收入与费用的配比来计量利润。按照收入费用观,确定利润的核心是收入与费用的直接配比,利润的实质是成果超过努力的差额。无论采纳资产负债观还是采纳收入费用观,利润的计量均受到其他会计要素计量属性的影响。例如,采用公允价值模式计量与采用历史成本模式计量相比,对利润的影响就可能有显著不同。

对于期间收益范畴的界定,有当期营业观和总括收益观(损益满计观)两种不同的观念。当期营业观着眼于企业经营效率的衡量;总括收益观着眼于企业经济活动对净资产增减变动的总括影响和对未来损益的潜在影响。"随着会计准则制定理念转向资产负债观,期间收益范畴的确定必将倾向总括收益观,收益的概念也将随之转为总括收益(或综合收益)。"①

(三)利润的局限性

利润指标有其局限性。例如,某些利得和损失根据企业会计准则的要求直接计入所有者权益,未能包括在某一会计期间的利润中。评价一个会计主体在两个资产负债表日之间的财务状况变动时,需要考虑所有的收入、利得与费用、损失。综合收益指标包括净利润与未在损益中确认的各项利得和损失扣除所得税影响后的净额,可以提供会计主体有关收益的更全面、更相关的信息。

利润的各组成内容与企业获利能力的持续性和稳定性之间的相关程度不同,因此,评价企业的获利能力还必须结合利润结构和现金流量等进行分析。

二、利润的构成

企业收益的内涵不同,可表现为不同的利润指标。

1. 营业利润

营业利润主要反映企业主要经济活动,即经营、投资和筹资活动中形成的损益。营业利润的各组成部分大都已在前面各章介绍。

营业利润=营业收入－营业成本－税金及附加－销售费用－管理费用－研发费用－财务费用
－资产减值损失－信用减值损失＋公允价值变动收益(－公允价值变动损失)
＋投资收益(－投资损失)＋资产处置收益(－处置损失)＋其他收益

公允价值变动收益(损失)包括交易性金融资产或金融负债、其他直接指定为以公允价值计量且其变动计入当期损益的金融资产或负债、采用公允价值模式计量的投资性房地产等因公允价值变动形成的应计入当期损益的利得或损失。

---

① 李勇主编:《资产负债观与收入费用观比较研究——兼论我国会计准则制定理念选择》,中国财政经济出版社 2006 年第 1 版。

资产处置收益(损失)反映企业出售划分为持有待售的非流动资产(金融工具、长期股权投资和投资性房地产除外)或处置组时确认的处置利得或损失,以及处置未划分为持有待售的固定资产、在建工程、生产性生物资产及无形资产而产生的处置利得或损失,以及非货币性资产交换产生的固定资产、无形资产等处置利得或损失。

其他收益反映债务人以非金融资产(如固定资产、日常活动产出的商品或服务等)或者以包括非金融资产在内的多项资产清偿债务的收益、与日常活动相关的采用总额法处理的政府补助等。有关政府补助的会计处理将在本章第三部分详述。

2. 利润总额

利润总额又称税前会计利润,是指在营业利润的基础上加(减)营业利润以外的利得、损失(直接计入所有者权益的利得、损失除外)。

$$利润总额＝营业利润＋营业外收入－营业外支出$$

营业外收入反映企业发生的营业利润以外的收益,包括与企业日常活动无关的政府补助、盘盈利得和捐赠利得(企业接受股东或股东的子公司直接或间接的捐赠,经济实质属于股东对企业的资本性投入的除外)等。

营业外支出反映企业发生的营业利润以外的支出,包括公益性捐赠支出、非常损失、盘亏损失和非流动资产毁损报废损失等。非流动资产毁损报废损失,通常包括因自然灾害发生毁损、已丧失使用功能等原因而报废清理产生的损失。

3. 净利润

净利润又称税后会计利润,为企业所有者或股东享有。利润总额扣减所得税费用后即净利润。

$$净利润＝利润总额－所得税费用$$

4. 综合收益总额

综合收益是指企业在某一期间与所有者以其所有者身份进行的交易之外的其他交易或事项引起的所有者权益变动。综合收益总额反映净利润和其他综合收益扣除所得税影响后的净额相加后的合计金额。

$$综合收益总额＝净利润＋其他综合收益各项目分别扣除所得税影响后的净额$$

三、计入当期利润的利得和损失

(一)利得和损失的性质

利得是由所有者投资引起或收入引起以外的所有者权益的增加。损失是由向所有者分配引起或费用引起以外的所有者权益的减少。利得代表了经济利益的增加,这一点与收入在本质上相同;损失代表了经济利益的减少,这一点与费用在本质上也没什么不同。但利得和损失不是企业日常活动所产生的,利得与收入、损失与费用发生的频率、产生的原因不同,在利润表中分别列示,有助于提高会计信息的可比性及相关性,有助于财务报表使用者进行经济决策。利得和损失,一般情况下计入当期损益,作为利润要素进行界定;某些情况下发生的利得和损失,根据企业会计准则的要求直接计入所有者权益,作为所有者权益要素进行界定。营业外收入和支出均属于计入当期利润的利得和损失,但计入当期利润的利得和损失并非都计入营业外收入、营业外支出项目,如资产减值损失、非流动资产处置利得或损失等。需要指出的是,营业外收入和营业外支出应分别进行会计核算,两者之间不能相互冲减。

(二) 利得的会计处理

1. 债务重组收益

债务重组是指在不改变交易对手方的情况下,经债权人和债务人协定或法院裁定,就清偿债务的时间、金额或方式等重新达成协议的交易。债务重组采用以资产清偿债务方式进行的,债务人应当将所清偿债务账面价值与转让资产账面价值之间的差额计入当期损益。

(1) 债务人以金融资产清偿债务。债务人以单项或多项金融资产清偿债务的,债务的账面价值与偿债金融资产账面价值的差额,记入"投资收益"账户。偿债金融资产已计提减值准备的,应结转已计提的减值准备。对于用分类为以公允价值计量且其变动计入其他综合收益的债权投资清偿债务的,之前计入其他综合收益的累计利得或损失应当从其他综合收益中转出,记入"投资收益"账户。对于用指定为以公允价值计量且其变动计入其他综合收益的非交易性权益工具投资清偿债务的,之前计入其他综合收益的累计利得或损失应当从其他综合收益中转出,记入"盈余公积""利润分配——未分配利润"等账户。

【例15-1】 20×3年1月15日,甲公司向乙公司赊购一批材料,含税价为113万元。同年6月25日,甲公司因发生财务困难,无法按合同约定偿还债务,双方协商进行债务重组。乙公司同意甲公司用其一项分类为以公允价值计量且其变动计入其他综合收益的债权投资抵偿欠款。抵债资产于同年7月1日转让完毕,当时甲公司该金融资产的账面价值和公允价值均为100万元,在"其他债权投资——成本""其他债权投资——公允价值变动"账户的借方余额分别为95万元和5万元。假定不考虑相关税费。

债务人甲公司的会计处理如下:

甲公司的债务重组收益=113-100+5=18(万元)

借:应付账款——乙公司	1 130 000
其他综合收益——公允价值变动	50 000
贷:其他债权投资——成本	950 000
——公允价值变动	50 000
投资收益	180 000

(2) 债务人以非金融资产清偿债务。债务人以单项或多项非金融资产(如固定资产、日常活动产出的商品或服务等)清偿债务,或者以包括金融资产和非金融资产在内的多项资产清偿债务的,不需要区分资产处置损益和债务重组损益,也不需要区分不同资产的处置损益,而应将所清偿债务账面价值与转让资产账面价值及相关税费之间的差额,均记入"其他收益——债务重组收益"账户。偿债资产已计提减值准备的,应结转已计提的减值准备。

【例15-2】 20×3年5月30日,甲公司向丙公司赊购商品一批,含税价为339万元,甲公司将该项应付账款分类为以摊余成本计量的金融负债。20×3年10月20日,甲公司因无法按合同约定偿还债务,与丙公司协商进行债务重组。丙公司同意甲公司用其生产的商品和一项作为固定资产核算的设备抵偿欠款。同日,该债权的公允价值为300万元,甲公司用于抵债商品的不含增值税市价为160万元,抵债设备的不含增值税市价为100万元。抵债资产于20×3年10月30日转让完毕,甲公司发生设备运输费用1万元。甲公司用于抵债的商品成本为150万元；抵债设备的账面原价为175万元，累计折旧为50万元，已计提减值准备20万元。当日，该项债务的账面价值仍为339万元。甲公司为增值税一般纳税人，适用增值税税率为13%。经税务机关核定，该项交易中商品和设备的计税价格分别为160万元和100万元。假定不考虑其他相关税费。

债务人甲公司的会计处理如下：

(1) 固定资产抵偿债务。

① 转入清理：

借：固定资产清理	1 050 000
累计折旧	500 000
固定资产减值准备	200 000
贷：固定资产	1 750 000

② 支付清理费：

借：固定资产清理	10 000
贷：银行存款	10 000

③ 冲减债务：

借：应付账款——丙公司	1 190 000
贷：固定资产清理	1 060 000
应交税费——应交增值税(销项税额)(1 000 000×13%)	130 000

(2) 库存商品抵债。

借：应付账款——丙公司	1 708 000
贷：库存商品	1 500 000
应交税费——应交增值税(销项税额)(1 600 000×13%)	208 000

(3) 确认债务重组收益。

债务人甲公司的债务重组收益=339－(175－50－20＋150)－1－13－20.8＝49.2(万元)

借：应付账款——丙公司	492 000
贷：其他收益——债务重组收益	492 000

注：此处为讲解债务重组债务人的会计处理，将不同资产的会计处理分开编制会计分录，实务中可将上述几个步骤的会计分录合并。

2. 非货币性资产交换收益

非货币性资产交换是指企业主要以固定资产、无形资产、投资性房地产和长期股权投资等非货币性资产进行的交换。该交换不涉及或只涉及少量的货币性资产(即补价)。

非货币性资产交换同时满足"该项交换具有商业实质且换入资产或换出资产的公允价值能够可靠地计量"这两个条件时，应当以公允价值为基础计量。对于换入资产，应当以换出资产的公允价值和应支付的相关税费作为换入资产的成本进行初始计量；对于换出资产，应当在终止确认时，将换出资产的公允价值与其账面价值之间的差额计入当期损益。有确凿证据表明换入资产的公允价值更加可靠的，上述计量则采用换入资产的公允价值替代换出资产的公允价值。非货币性资产交换收益实质上是换出资产公允价值大于其账面价值的差额,此类收益应当根据换出资产的类别进行不同的处理,计入不同的损益类项目。这里所指具有商业实质,应当符合下列条件之一:①换入资产的未来现金流量在风险、时间、金额方面与换出资产显著不同;②换入资产与换出资产对企业的特定价值,即预计未来现金流量现值不同,且其差额与换入资产和换出资产的公允价值相比是重大的。

【例 15-3】 甲企业以一项土地使用权与丁企业一幢产权房屋进行交换。该交易具有商业实质。该项土地使用权的含增值税公允价值为 2 725 万元,账面余额 2 100 万元,累计摊销 300 万元,未计提减值准备。甲企业还收到丁企业支付补价 545 万元。该企业在此项交易中发生增值税进项税额 180 万元、销项税额 225 万元。假定不考虑其他税费。甲企业应编制会计分录如下:

甲企业换入资产入账价值＝2 725－545－180(可抵扣进项税额)＝2 000(万元)

甲企业确认资产交换收益＝(2 725－225)－(2 100－300)＝700(万元)

借:银行存款	5 450 000
固定资产	20 000 000
应交税费——应交增值税(进项税额)	1 800 000
累计摊销	3 000 000
贷:无形资产	21 000 000
应交税费——应交增值税(销项税额)	2 250 000
资产处置损益	7 000 000

需要说明的是,不符合规定条件的非货币性资产交换,即未能同时满足"具有商业实质且公允价值能可靠计量"这两个条件的交易,无论是否收到补价,均不确认交易损益,换入资产的成本＝换出资产账面价值＋应支付相关税费＋支付补价(或－收到补价)。

3. 政府补助

政府补助是指企业从政府无偿取得货币性资产或非货币性资产。政府补助具有下列特征:①来源于政府的经济资源;②无偿性,即企业不需要因此而向政府交付商品或服务等对价。

政府补助的确认须同时满足以下两个条件:①企业能够满足政府补助所附条件;②企业能够收到政府补助。

政府补助的计量须遵循下列原则:①政府补助为货币性资产的,应当按照收到或应收的金额计量。②如果企业已经实际收到补助资金,应当按照实际收到的金额计量;如果资产负债表日企业尚未收到补助资金,但企业在符合了相关政策规定后就相应获得了收款权,且与之相关的经济利益很可能流入企业,企业应当在这项补助成为应收款时按照应收的金额计量。③政府补助为非货币性资产的,应当按照公允价值计量;公允价值不能可靠取得的,按照名义金额计量。

(1) 政府补助的类型。政府补助可以划分为与资产相关的政府补助和与收益相关的政府补助。与资产相关的政府补助,是指企业取得的、用于购建或以其他方式形成长期资产的政府补助。与收益相关的政府补助,是指与资产相关的政府补助之外的政府补助。

政府补助还可划分为与企业日常活动相关的政府补助和与日常活动无关的政府补助。政府补助准则未对"日常活动"进行界定。通常情况下,若政府补助补偿的成本费用是构成营业利润的项目,或该补助与日常销售等经营行为密切相关(如增值税即征即退等),则认为该政府补助与日常活动相关。

（2）政府补助的会计处理方法。政府补助的会计处理方法有总额法和净额法,两者的区别在于政府补助是与其拟补偿的相关支出分开单独确认,还是直接冲减其拟补偿的相关支出。总额法是在确认政府补助时,将其全额一次或分次确认为利得,而不是作为相关资产账面价值或者成本费用、损失的扣减。净额法是将政府补助确认为对相关资产账面价值或者所补偿成本费用、损失的扣减。总额法有利于反映政府补助事项的全貌,净额法的会计处理则相对简化。

不同类型政府补助采用不同方法的会计处理,如表15-1所示。

表15-1　　　　　　　不同类型政府补助采用不同方法的会计处理

方法	总额法		净额法	
类型	与资产相关	与收益相关	与资产相关	与收益相关
与日常活动相关	确认递延收益,在资产使用寿命内分期计入其他收益	计入当期或有关期间其他收益	冲减相关资产账面价值	冲减当期或有关期间相关成本费用
与日常活动无关	确认递延收益,在资产使用寿命内分期计入营业外收入	计入当期或有关期间营业外收入	冲减相关资产账面价值	冲减当期或有关期间营业外支出

企业选择总额法对与日常活动相关的政府补助进行会计处理时,应增设"其他收益""递延收益"账户进行核算。"其他收益"账户核算总额法下与日常活动相关的政府补助以及其他与日常活动相关且应直接记入本账户的项目,借记"银行存款""其他应收款""递延收益"等账户,贷记"其他收益"账户。期末,应将本账户余额转入"本年利润"账户,本账户结转后应无余额。报告期内的其他收益发生额系"营业利润"的构成内容,在利润表中"其他收益"项目单独列报。"递延收益"账户核算企业确认的应在以后期间计入各期损益的政府补助等利得,"递延收益"账户的期末余额,在资产负债表中非流动负债部分的"递延收益"项目单独列报。

对与资产相关的政府补助,如果企业取得与资产相关的政府补助后再购建形成长期资产,可暂先计入递延收益,总额法下应在开始对相关资产计提折旧或摊销时按照合理、系统的方法将递延收益分期计入各期其他收益,相关资产在使用寿命结束前被出售、转让、报废或发生毁损的,应当将尚未分配的相关递延收益余额转入资产处置当期的损益;净额法下应在相关资产达到预定可使用状态或预定用途时将递延收益冲减资产账面价值。如果相关长期资产投入使用后企业再取得与资产相关的政府补助,总额法下应在相关资产的剩余使用寿命内按照合理、系统的方法将递延收益分期计入各期其他收益;净额法下应在取得补助时冲减相关资产的账面价值,并按照冲减后的账面价值和相关资产的剩余使用寿命计提折旧或进行摊销。

对与收益相关的政府补助,若用于补偿企业以后期间的相关成本费用或损失的,先确认为递延收益,然后在确认相关成本费用或损失的期间,总额法下将递延收益分期计入各期其他收益,净额法下冲减有关期间相关成本费用或损失;若用于补偿企业已发生的相关成本费用或损失的,在满足补助所附条件时,总额法下计入当期其他收益,净额法下冲减当期相关成本费用或损失。

对与企业日常活动相关的政府补助,应当按照经济业务实质,计入其他收益或冲减相关成本费用、资产账面价值。

对与企业日常活动无关的政府补助,应当计入营业外收入或冲减营业外支出、资产账面价值。

政府补助的会计处理举例说明如下:

甲公司收到一项政府补助,相关文件规定,是用于补偿甲公司的研发费用。该项补助与收益相关,且与日常活动相关,甲公司将研发费用计入管理费用。根据上述判断,如果甲公司采用净额法,收到的政府补助应当冲减管理费用;如果甲公司采用总额法,则应当将该政府补助计入其他收益。

乙公司收到一项政府补助,相关文件规定,是用于补偿乙公司发生的洪水灾害损失。该项补助与收益相关,但与日常活动无关,乙公司将自然灾害损失计入营业外支出。根据上述判断,如果乙公司采用净额法,收到的政府补助应当冲减营业外支出;如果乙公司采用总额法,则应当将该政府补助计入营业外收入。

丙公司收到一项政府补助,相关文件规定,用于购建生产节能型产品的设备。该项补助与资产相关,且与日常活动相关,丙公司将所购建设备确认为固定资产。根据上述判断,如果丙公司采用净额法,收到的政府补助应当冲减固定资产账面价值(若尚未购建而无相关资产账面价值可冲减则暂先计入递延收益作为过渡);如果丙公司采用总额法,则应当将该政府补助计入递延收益,在相关固定资产开始计提折旧后在其使用寿命内分期计入其他收益。

企业要根据经济业务的实质,判断某一类政府补助事项应当采用总额法还是净额法。对同类或类似政府补助事项通常只能选用一种方法,同时,企业对该类事项应当一贯地运用该方法,不得随意变更。

企业对某些补助只能采用一种方法。例如,一般纳税人对增值税即征即退只能采用总额法按退税金额计入营业外收入。又如,对涉及贴息资金的政府补助,为了较为清晰地反映借款费用及其费用化或资本化的金额,应采用净额法并按以下方法处理:

如果财政将贴息资金直接拨付给企业,企业应当将对应的贴息冲减相关借款费用。

如果财政将贴息资金拨付给贷款银行,由贷款银行以政策性优惠利率向企业提供贷款的,企业可以选择下列方法之一进行会计处理:①以实际收到的借款金额作为借款的入账价值,按照借款本金和该政策性优惠利率计算相关借款费用。②以借款的公允价值作为借款的入账价值并按照实际利率法计算借款费用,实际收到的金额与借款公允价值之间的差额确认为递延收益。递延收益在借款存续期内采用实际利率法摊销,冲减相关借款费用。

【例15-4】 某环保产品生产企业研发一项节能环保产品获得专利。为了支持环保企业发展,当地政府决定向该企业拨款150万元给予补助,其中,120万元用于购置生产设备扩大生产,30万元为补偿前期研发费用。该企业采用总额法列报政府补助。

20×1年12月,该企业收到政府机构拨款150万元。购置并安装生产节能环保产品的设备,经调试后投入生产。该设备总价值125万元,超出补助部分由企业自行解决。该设备有效使用寿命为10年。

该企业从20×2年1月起按年限平均法计提折旧。

20×3年12月,因技术更新、产品升级,将该设备出售,售价90万元。假设不考虑相关税费。

分析:该项政府补助与日常活动有关,其中 120 万元与资产相关,30 万元与收益相关。

(1) 收到政府补助款项时。

借:银行存款 1 500 000
　　贷:其他收益——政府补助 300 000
　　　　递延收益 1 200 000

(2) 各月计提折旧的同时分期平均结转递延收益。

借:递延收益(1 200 000÷10÷12) 10 000
　　贷:其他收益——政府补助 10 000

(3) 出售该项生产设备时,转销递延收益余额计入其他收益。

借:递延收益(1 200 000－累计已结转 10 000×12×2) 960 000
　　贷:其他收益 960 000

政府补助取得的固定资产增加、折旧及处置的账务处理与非政府补助取得的固定资产的有关账务处理相同,此处略。

(三) 损失的会计处理

1. 债务重组损失

(1) 债权人受让金融资产。债权人受让包括现金在内的单项或多项金融资产的,金融资产初始确认时应当以其公允价值计量,金融资产确认金额与债权终止确认日账面价值之间的差额,记入"投资收益"账户,收取的金融资产的公允价值与交易价格(即放弃债权的公允价值)通常一致。

沿用[例 15-1]的资料,说明债权人乙公司受让金融资产的会计处理。乙公司以摊余成本计量该项应收账款。20×3 年 7 月 1 日抵债资产转让完成,乙公司对账面余额为 113 万元的该项应收账款已计提坏账准备 10 万元,受让的债权投资市价为 100 万元。乙公司将受让的金融资产分类为以公允价值计量且其变动计入其他综合益的债权投资核算。假定不考虑相关税费。

债权人乙公司会计处理如下:

乙公司的债务重组损失=(113－10)－100=3(万元)

借:其他债权投资——成本 1 000 000
　　坏账准备 100 000
　　投资收益 30 000
　　贷:应收账款——甲公司 1 130 000

(2) 债权人受让非金融资产。债权人初始确认受让的金融资产以外的资产时,应当按照下列原则以成本计量:

受让的非金融资产的成本包括放弃债权的公允价值,以使该资产达到当前位置和状态所发生的可直接归属于该资产的税金(不包括可以抵扣的增值税)、运输费、装卸费、安装费和保险费等其他成本。放弃债权的公允价值与账面价值之间的差额,记入"投资收益"账户。

债权人受让多项非金融资产,或者包括金融资产、非金融资产在内的多项资产的,应当按照公允价值确认和计量受让的金融资产;按照受让的金融资产以外的各项资产在债务重组合同生效日的公允价值比例,对放弃债权在合同生效日的公允价值扣除受让金融资产当日公允价值后的净额进行分配,并以此为基础分别确定各项资产的成本。放弃债权的公允价值与账面价值之间的差额,记入"投资收益"账户。

沿用[例15-2]的资料,说明债权人丙公司受让非金融资产的会计处理。丙公司以摊余成本计量该项应收账款。债务重组合同生效日,丙公司该债权的公允价值为300万元,甲公司用于抵债的商品不含增值税公允价值为160万元,抵债设备的不含增值税公允价值为100万元。20×3年10月30日抵债资产转让完毕,丙公司对该项应收账款已计提坏账准备10万元,其账面价值为329万元。丙公司将受让的商品和设备分别作为低值易耗品和固定资产核算,支付设备安装费用3.5万元。丙公司为增值税一般纳税人,适用增值税税率为13%。经税务机关核定,该项交易中商品和设备的计税价格分别为160万元和100万元。假定不考虑其他相关税费。

$$低值易耗品可抵扣增值税 = 160 \times 13\% = 20.8(万元)$$
$$设备可抵扣增值税 = 100 \times 13\% = 13(万元)$$

低值易耗品和固定资产的成本应当以其公允价值比例(160:100)对放弃债权公允价值进行分配后的金额为基础确定。

$$低值易耗品的成本 = 160 \div (160+100) \times (300-20.8-13) = 163.82(万元)$$
$$固定资产的成本 = 100 \div (160+100) \times (300-20.8-13) = 102.38(万元)$$

债权人丙公司会计处理如下:

① 结转债务重组相关损益。

$$丙公司债务重组损失 = 放弃债权的账面价值 - 放弃债权的公允价值$$
$$= (339-10) - 300 = 29(万元)$$

借:低值易耗品	1 638 200
在建工程——在安装设备	1 023 800
应交税费——应交增值税(进项税额)	338 000
坏账准备	100 000
投资收益	290 000
贷:应收账款——甲公司	33 900 000

② 支付安装费用。

借:在建工程——在安装设备	35 000
贷:银行存款	35 000

③ 安装完毕达到可使用状态。

借:固定资产——××设备	1 058 800
贷:在建工程——在安装设备	1 058 800

2. 非货币性资产交换损失

非货币性资产交换损失实质上是换出资产公允价值小于其账面价值的差额。

沿用[例15-3]的资料,说明非货币性资产交换损失的会计处理。假定丁企业换出固定资产的含增值税公允价值为2 180万元,账面余额2 200万元,已计提折旧150万元,未计提减值准备。丁企业还支付补价545万元。该企业在此项交易中发生增值税进项税额225万元、销项税额180万元。假定不考虑其他税费。丁企业应编制会计分录如下：

$$丁企业换入资产入账价值=2\,180+545-225=2\,500(万元)$$
$$丁企业确认资产交换损失=(2\,200-150)-(2\,180-180)=50(万元)$$

借：无形资产	25 000 000
资产处置损益	500 000
应交税费——应交增值税(进项税额)	2 250 000
贷：固定资产清理	20 500 000
银行存款	5 450 000
应交税费——应交增值税(销项税额)	1 800 000

（固定资产清理的会计分录略）

四、利润的结转

利润的结算通过"本年利润"账户进行。损益类各账户期末余额结转至"本年利润"账户，以结出本年净利润或净亏损。本年利润结转流程，如图15-1所示。收益类账户若有损失，费用类账户若有利益，则结转方向与图15-1相反。

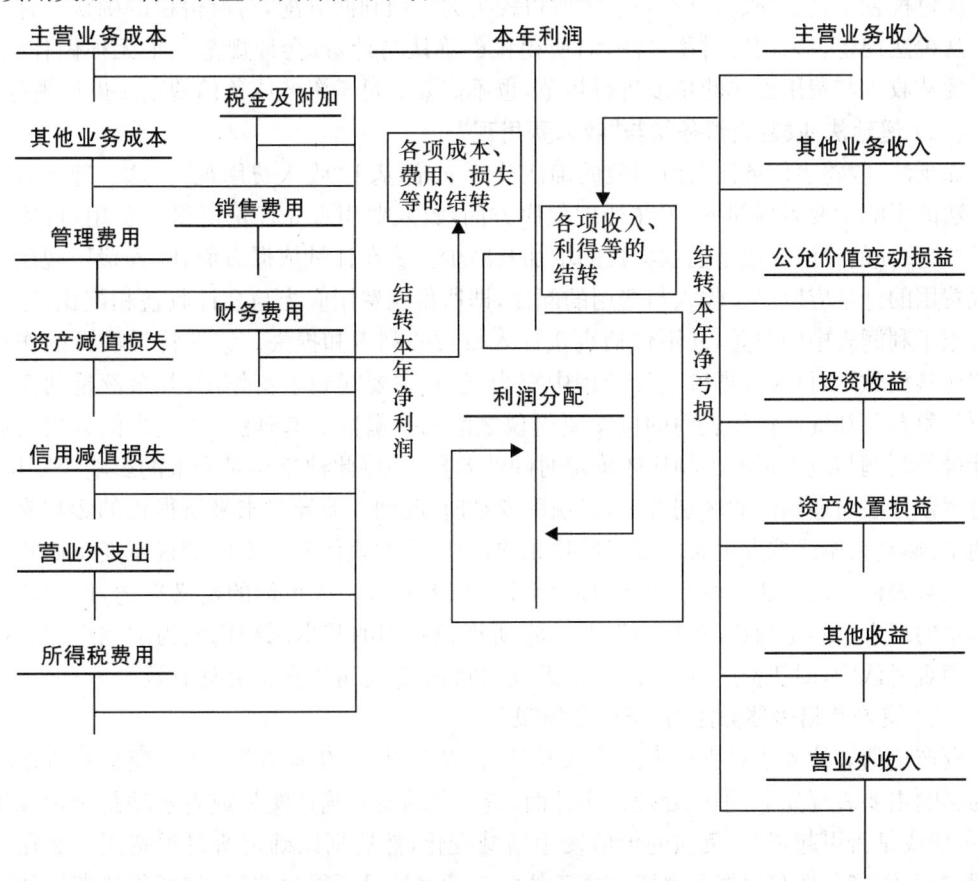

图15-1　流程图——本年利润的结转

第二节 所得税

一、所得税会计方法概述

会计和税收服务于不同的目的,遵循不同的规则。计入当期利润的所得税费用是计算净利润(税后利润)时从利润总额扣减的项目,其金额受到会计上对所得税的认识及处理方法的影响。当期应交所得税属于企业的纳税义务和责任,是根据税法规定所确定的。所得税会计的形成与发展是所得税法规与企业会计准则规定相互分离的必然结果。所得税会计就是所得税法规与企业会计准则规定之间的差异在会计核算中的体现。

不同的会计理念运用于所得税会计实务,产生不同的会计方法。不同的所得税会计处理方法,不会影响根据税收法规确定的应交所得税,但会对各期所得税费用和期末资产或负债的确认及计量带来不同影响。所得税会计处理方法有应付税款法、递延法、收益表债务法和资产负债表债务法。

(一)应付税款法与"收益分配观"

应付税款法基于"收益分配观",将所得税视为一项利润分配,对所得税的确认及计量完全服从税法规定。采用应付税款法,对所得税的确认与计量,会计规范几乎无须做什么,既不需要从收入与费用配比的角度进行规范,也不需要立足于资产或负债的定义进行规范。

(二)递延法、收益表债务法与"收入费用观"

递延法、收益表债务法对所得税的确认及计量,都基于"收入费用观"。这一理念对所得税方法的影响主要表现如下:①在处理程序方面,收入费用观先计量所得税费用,再确定计入资产、负债的价值或递延税款项目的增加及减少。②在计量依据方面,收入费用观认为所得税费用的计量应取决于收入与费用的配比,即所得税费用应当与会计收益相配比,这种收益仅限于利润表中的收益,并不包括直接计入权益的利得和损失。③在特设项目的作用方面,"递延税款"项目在所得税会计处理中充当配角,主要起到平衡作用,其余额是利润表中的所得税费用和资产负债表中的应交所得税之间的平衡数。递延法、收益表债务法均通过会计税前利润与应纳税所得额比较确定时间性差异,并将此种差异对未来的影响跨期摊配。收益表债务法与递延法的区别在于,当税率变动时,时间性差异对未来所得税的影响是否相应调整:递延法始终按发生时的税率反映无须调整;收益表债务法则跟随税率变动而相应调整。收益表债务法虽然在税率变动时的会计处理上向资产或负债的定义靠拢,但构筑其方法体系的理念仍然是"收入费用观",其确定所得税费用的基本原则仍然为配比原则。持收入费用观者认为,即使资产、负债的信息无效,利润信息也可以保证完整有效。

(三)资产负债表债务法与"资产负债观"

资产负债表债务法对所得税的确认及计量,基于"资产负债观"。这一理念对所得税方法的影响主要表现如下:①在处理程序方面,资产负债观先确认交易或者事项是否形成了资产、负债或是否引起资产、负债的价值发生增减变化,然后据以确定所得税费用。②在计量依据方面,资产负债观根据有关资产或负债的变动来计量所得税费用,将所得税费用的计量与企业净资产的增减变动(不包括所有者投资和向所有者分配引起的增减变动)相联系,即与企业的全面收益(包括直接计入权益的利得和损失)相联系。③在特设项目的作用方面,"递延所得税资产"或"递延所得税负债"在所得税会计处理中处于主角地位,其余额客观、完整地反映交易或者事项发生后产生的所得税利益或义务,符合资产或负债的定义。持"资产负债观"者认为,只有对资产或负债进行完整、可靠的计量,才能取得完整、有用的利润信息。

2006年企业会计准则出台以前,我国企业的所得税会计处理普遍采用应付税款法。随着会计理论与实践的发展,会计规范与税收法规的背离度加大。与此同时,我国经济的不断对外开放,向境外筹资的上市公司逐渐增多。国际会计准则委员会于1996年发布的修订后的《国际会计准则第12号——所得税》,要求采用资产负债表债务法。因此,按照国际会计标准处理所得税会计的要求逐渐提到议事日程上来。我国2006年发布的《企业会计准则第18号——所得税》也采用资产负债表债务法,实现与国际趋同。

二、资产负债表债务法的运用

资产负债表债务法的程序较全面地体现了"资产负债观",即通过对有关资产、负债的界定和计量,确定所得税费用。

(一) 资产负债表债务法基本核算要求

1. 递延所得税资产及负债确认时点

递延所得税资产及负债确认的时点一般在资产负债表日;对于特殊交易或者事项确认递延所得税资产及负债的时点是在确认有关资产、负债时。

2. 资产负债表债务法的基本核算程序

(1) 确定资产、负债的账面价值。

(2) 确定资产、负债的计税基础。

(3) 比较资产、负债的账面价值与计税基础,确定暂时性差异。

(4) 确认递延所得税资产或递延所得税负债。

(5) 根据递延所得税资产或递延所得税负债的增减变动确定递延所得税。

(6) 根据税法规定确定本期应交所得税,即当期所得税。

(7) 根据当期所得税与递延所得税之和确定所得税费用。

(二) 暂时性差异的计量及类别

资产负债表债务法揭示暂时性差异。暂时性差异是指一项资产或负债的计税基础与其账面价值之间的差额。

资产负债表债务法以计税基础为标准计量暂时性差异,通过将资产、负债的账面价值与计税基础比较,确定暂时性差异。资产、负债的账面价值是根据企业会计准则进行确认、计量的结果;计税基础则是按照税收法规确定的资产、负债能够或不能够从未来应税经济利益中抵扣的金额。

1. 资产的计税基础

资产的计税基础,是指某项资产在企业持续持有至最终处置的一定期间内按照税法规定未来可在所得税前扣除的金额。对于固定资产、无形资产而言,某一资产负债表日的计税基础=资产取得成本-以前期间已在税前列支的金额(如税前列支的折旧、摊销等)。

资产账面价值是指其会计账面余额减去有关抵扣项目后的净额,其代表某项资产在企业持续持有至最终处置的一定期间内为企业带来的未来经济利益总额。例如,固定资产、无形资产在某一资产负债表日的账面价值,等于初始计量金额减去累计折旧或摊销再减去已计提减值准备后的余额。

如果资产账面价值与计税基础不一致,就会产生暂时性差异,影响所得税费用的计量。资产账面价值与计税基础之间的暂时性差异,实质上是资产未来流入经济利益时增加应税所得的金额或可抵扣应税所得的金额。可能导致资产账面价值与计税基础产生差异的事项主要有:①固定资产折旧;②自行研发无形资产;③无形资产摊销;④以公允价值计量且其变动计入当期损益的金融资产、以公允价值计量且其变动计入其他综合收益的金融资产和以公允价值模式计量的投资性房地产的公允价值变动;⑤预计资产减值损失;⑥长期股权投资采用权益法核算等。

(1)一般情况下资产的计税基础。

【例15-5】 某项固定资产原价为1 100万元,预计使用年限为10年,预计净残值为零。会计处理按年限平均法计提折旧,税收处理允许加速折旧,企业计税时对该项资产按年数总和法计提折旧,计提2年折旧后的会计期末,企业对该项固定资产计提了200万元的减值准备。

$$该项固定资产账面价值=1\,100-110\times 2-200=680(万元)$$
$$该项固定资产计税基础=1\,100-200-180=720(万元)$$
$$暂时性差异=680-720=-40(万元)$$

(2)特殊情况下资产的计税基础。

① 使用寿命不确定的无形资产。

$$账面价值=资产成本-已计提减值准备(注:会计上对该类资产不摊销)$$
$$计税基础=资产成本-已在税前列支的摊销金额$$

【例15-6】 某企业年初取得某项无形资产的成本为200万元。会计上因其使用寿命无法合理估计,认定为使用寿命不确定的无形资产,不予摊销,年末经测试未发生减值;但税法规定按不短于10年的期限摊销,假定按10年平均摊销。取得该项无形资产的当年年末:

$$该项无形资产账面价值=200(万元)$$
$$该项无形资产计税基础=200-20=180(万元)$$

取得资产的当年计征所得税时,已在税前列支20万元,所以,未来可在所得税前列支的金额为180万元。

$$暂时性差异=200-180=20(万元)$$

② 内部研发形成的无形资产。

【例15-7】 某企业当期发生研发支出900万元,其中,研究阶段支出200万元,开发阶段符合资本化条件前发生的支出为400万元,符合资本化条件后至达到预定用途前发生的支出为300万元,开发的该项无形资产在当期末已达到预定用途(为简化假定尚未开始摊销)。该企业当期发生的研究开发支出中,按照企业会计准则规定应予费用化的金额为600万元,应予资本化形成无形资产的成本为300万元。

按税法规定,企业为开发新技术、新产品、新工艺发生的研发费用,未形成无形资产计入当期损益的,在按规定据实扣除的基础上,再按照研发费用的50%加计扣除;形成无形资产的,按其成本的 150% 摊销。该企业当期发生的应予费用化的 600 万元研发支出,按税法规定可在当期税前扣除的金额为 900 万元(600+600×50%);发生的应予资本化形成无形资产的 300 万元开发支出,在未来期间可予税前扣除的金额为 450 万元(300×150%)。

$$该项无形资产账面价值=300(万元)$$
$$该项无形资产计税基础=300×150\%=450(万元)$$
$$暂时性差异=300-450=-150(万元)$$

2. 负债的计税基础

负债的计税基础,是指某项负债的账面价值减去该负债在未来期间按照税法规定可予所得税前扣除金额后的余额。负债的计税基础可以表述为：未来企业清偿负债流出经济利益时不允许在税前扣除的金额。负债的账面价值代表企业预计在未来期间清偿该项负债时流出的经济利益总额。负债的账面价值与计税基础之间的暂时性差异,实质上是未来偿还负债流出经济利益时可予税前扣除的金额或增加应税所得的金额。

(1) 一般情况下负债的计税基础。负债的账面价值与计税基础在大部分情况下是一致的,负债的确认及清偿一般不会导致两者产生差异。

(2) 特殊情况下负债的计税基础。从费用中提取的负债,可能导致负债的账面价值与其计税基础产生差异。从费用中提取形成的负债有以下三种基本情形：

① 在提取当期已允许在税前列支,未来支付时不能再予抵扣。该项负债计税基础等于其账面价值,无暂时性差异。从费用中提取形成的负债大部分属于此种情形。发生第①种情形,与递延所得税资产或负债的确认及计量无关,也无须纳税调整。

② 在提取当期不能在税前列支,在以后期间也不能在税前列支。该项负债计税基础等于其账面价值,无暂时性差异。例如,为关联方贷款提供担保预计损失而形成的预计负债等。发生第②种情形,与递延所得税资产或负债的确认及计量无关,但需要在计算当期应纳税所得额时进行纳税调整。

③ 在提取当期不能在税前列支,在以后实际发生时可以在税前列支。该项负债计税基础等于零,意味着未来经济利益流出企业以清偿负债时不允许在税前列支的金额为零,即均可在税前抵扣,账面价值即暂时性差异(因为计税基础是零)。例如,计提产品保修费用而形成的预计负债。发生第③种情形,既涉及递延所得税资产或负债的确认和计量,又需要在计算当期应纳税所得额时进行纳税调整。

【例 15-8】 企业因销售商品提供售后服务于销售当期确认 75 万元的销售费用(产品保修费),同时确认了 75 万元的预计负债。税收法规规定,有关产品售后服务等与取得经营收入直接相关的费用于实际发生时允许税前列支。假定企业在确认该项预计负债的当期未发生产品保修费用。

$$该项预计负债账面价值=75(万元)$$
$$该项预计负债计税基础=账面价值75万元-未来可税前列支的金额75万元=0(万元)$$

即该项预计负债 75 万元在企业实际发生产品保修费(负债偿付)时,均可在所得税前列支,所以该项负债未来不允许在所得税前列支的金额为 0。

$$暂时性差异=75-0=75(万元)$$

【例 15-9】 假如某企业本期因提供债务担保确认 300 万元的营业外支出（担保损失），同时确认了预计负债 300 万元，该企业并未就该项担保收取与相应责任有关的费用。税收法规规定，纳税人为其他独立纳税人提供与本身应纳税收入无关的贷款担保等，因被担保方无法偿还贷款而由担保企业承担的本息等，不得在担保企业税前扣除。

$$该项预计负债账面价值＝300（万元）$$

$$该项预计负债计税基础＝账面价值300万元－未来可税前列支的金额0＝300（万元）$$

即该项预计负债 300 万元在企业实际承担担保损失（负债偿付）时，均不允许在所得税前列支。

$$暂时性差异＝300－300＝0（万元）$$

3. 暂时性差异的类别

根据对未来纳税的影响，暂时性差异分为应纳税暂时性差异和可抵扣暂时性差异。

(1) 应纳税暂时性差异。应纳税暂时性差异是指在确定未来收回资产或清偿负债期间的应纳税所得额时，将导致产生应税金额的暂时性差异。即该差异在未来期间转回时，会因此而增加转回期间的应纳税所得额和应交所得税金额。在应纳税暂时性差异产生当期，应当确认相关的递延所得税负债。

① 资产的账面价值大于其计税基础。资产产生的暂时性差异＝资产账面价值－资产计税基础＝在企业持续持有资产至最终处置的一定期间内将取得的经济利益－该期间内按照税法规定未来可在所得税前扣除的金额。当资产的账面价值大于其计税基础时，意味着该项资产未来期间产生的经济利益不能全部在税前抵扣，两者之间的差额将增加应税所得额，产生应纳税暂时性差异。例如，一项以公允价值计量且其变动计入当期损益的金融资产，其账面价值因公允价值变动从初始确认价值 70 万元上升至 100 万元，计税基础为 70 万元，意味着未来该项资产预计经济利益流入企业 100 万元时，有 70 万元可以从应税经济利益中抵扣，导致未来应税所得增加 30 万元，即未来纳税义务增加，形成一项应纳税暂时性差异 30 万元。

② 负债的账面价值小于其计税基础。负债产生的暂时性差异＝负债账面价值－负债计税基础＝负债账面价值－（负债账面价值－未来期间可予以税前扣除的金额）。当负债的账面价值小于其计税基础时，则意味着该项负债在未来期间可以税前抵扣的金额为负数，相当于调增未来期间的应纳税所得额和应交所得税金额，产生应纳税暂时性差异。例如，一项以公允价值计量且其变动计入当期损益的金融负债，其账面价值因公允价值变动从初始确认价值 150 万元下降至 125 万元，计税基础为 150 万元，则该项金融负债因公允价值下跌而导致未来清偿时减少经济利益的流出，从而增加未来纳税义务，形成应纳税暂时性差异 25 万元。

(2) 可抵扣暂时性差异。可抵扣暂时性差异是指在确定未来收回资产或清偿负债期间的应纳税所得额时，将导致产生可抵扣金额的暂时性差异。即该差异在未来期间转回时，会因此而减少转回期间的应纳税所得额和应交所得税金额。在可抵扣暂时性差异产生当期，符合确认条件的应当确认相关的递延所得税资产。

① 资产的账面价值小于其计税基础。一项资产的账面价值小于其计税基础，表明该项资产在未来期间产生的经济利益少于按照税法规定允许税前扣除的金额，意味着企业未来

期间可因此而减少应纳税所得额和应交所得税金额,产生可抵扣暂时性差异,符合有关条件时,应当确认相关的递延所得税资产。例如,一项使用寿命不确定的无形资产因会计上确认减值而导致账面价值减少至80万元,计税基础为100万元,意味着未来该项资产预计经济利益80万元流入企业时,有100万元可以从应税经济利益中抵扣,不仅该项经济利益无须纳税,且还可抵扣未来综合应税所得20万元,导致未来纳税义务减少,形成一项可抵扣暂时性差异20万元。

② 负债的账面价值大于其计税基础。当负债的账面价值大于其计税基础时,两者的差异即未来期间可予税前扣除的金额为正数,意味着在未来期间与该项负债相关的全部或部分支出可予税前扣除,可以减少未来期间的应纳税所得额和应交所得税金额,也会产生可抵扣暂时性差异。例如,企业对将发生的产品保修费用在销售当期确认预计负债75万元,按照税法规定有关费用支出只有在实际发生时才能够税前扣除,其计税基础为0,企业确认预计负债的当期相关费用不允许税前扣除,但在以后期间有关费用实际发生时允许税前扣除,从而使未来期间的应纳税所得额和应交所得税减少,产生可抵扣暂时性差异75万元。

暂时性差异的类别,如表15-1所示。

表15-1　　　　　　　　　　　　　暂时性差异的类别

项目	账面价值	计税基础	对未来纳税影响	暂时性差异类别	递延所得税性质
资产	较大	较小	增加	应纳税	递延所得税负债
资产	较小	较大	减少	可抵扣	递延所得税资产
负债	较大	较小	减少	可抵扣	递延所得税资产
负债	较小	较大	增加	应纳税	递延所得税负债

(三) 递延所得税资产和负债的确认及计量

1. 递延所得税资产和负债的确认

(1) 递延所得税资产的确认。递延所得税资产是指根据可抵扣暂时性差异和所得税税率计算的未来期间可抵扣所得税金额。递延所得税资产确认原则是,在估计未来能取得足够的应纳税所得额以利用可抵扣暂时性差异时,应以未来期间很可能取得用以抵扣可抵扣暂时性差异的应纳税所得额为限,确认递延所得税资产。

估计未来期间是否能够产生足够的应纳税所得额时,包括以下两个方面:一是未来期间的正常生产经营所得;二是应纳税暂时性差异转回(会增加转回当期的应纳税所得额)。

【例15-10】 某公司及其子公司适用的所得税税率为25%。年初递延所得税资产账面余额(借方)25万元,系应收账款计提坏账准备100万元所产生,该企业应收账款账面价值900万元,计税基础1 000万元。本年度利润总额为360万元,其中,支付违法经营罚款15万元,收到到期国债利息收入5万元,分得境内子公司现金股利60万元,计提坏账准备20万元。年末应收账款账面价值1 180万元,计税基础1 300万元。该公司所得税会计处理采用资产负债表债务法。预计该企业会持续盈利,能够获得足够的应纳税所得额。

年末递延所得税资产=(1 300-1 180)×25%=30(万元)
年初递延所得税资产=(1 000-900)×25%=25(万元)

本年度递延所得税资产增加额＝30－25＝5(万元)

本年度应交所得税＝(360＋15－5－60＋20)×25％＝82.5(万元)

注：在计算应纳税所得额时，按照税法规定，违法经营罚款不得税前扣除；国债利息收入和居民企业之间的红利免税；计提坏账准备不允许税前扣除，待应收账款发生实质性损失时，将减少未来期间的应纳税所得额和应交所得税。

借：所得税费用　　　　　　　　　　　　　　　　　　　　　　　　775 000
　　递延所得税资产　　　　　　　　　　　　　　　　　　　　　　　 50 000
　　贷：应交税费——应交所得税　　　　　　　　　　　　　　　　　　　　825 000

某些可抵扣项目，如可抵扣亏损、享受税收优惠政策的抵减项目等，允许抵减未来的应纳税所得额或直接抵减未来的应交所得税额，从而形成可抵扣暂时性差异。此类可抵扣暂时性差异的特点是未确认为资产，但有计税基础。实质上，它们是企业获得的所得税利益，即企业整体所产生的经济利益未来流入时可在税前列支或直接抵减应交所得税的金额，是一项隐性资产。此类特殊的可抵扣暂时性差异，其实是资产零账面价值与计税基础比较的结果。

【例15-11】 假定甲公司开业当年经税务机关认定亏损100万元，因为其生产线还处于小批量试生产阶段，根据产能分析、合同签订及市场需求调研数据，表明以后年度有足够的纳税所得可供抵扣，无其他纳税调整事项。假定所得税税率为25％，则可同时确认递延所得税资产和冲减所得税费用25万元。

需要说明的是，发生此类可抵扣暂时性差异，如果预计未来没有足够的应纳税所得额可供抵扣，则不能确认相关的递延所得税资产，因为该项所得税利益很可能无法实现，否则会导致高估资产和虚减亏损，不符合谨慎性原则的要求。

(2) 递延所得税负债的确认。递延所得税负债是指根据应纳税暂时性差异和所得税税率计算的未来期间应交所得税金额。应纳税暂时性差异在转回期间将增加企业的应纳税所得额和应交所得税，导致企业经济利益的流出，构成企业应交付税金的义务，故在其发生当期作为负债确认。递延所得税负债确认原则是，基于谨慎性要求，除特殊情况，对于应纳税暂时性差异均应确认相关的递延所得税负债。

沿用[例15-6]资料，该企业本年度利润总额为100万元，除了因使用寿命不确定的无形资产所发生的应纳税暂时性差异20万元，未发生其他暂时性差异及纳税调整事项。本年年初递延所得税资产及负债均无余额。适用的所得税税率为25％，应作会计处理如下：

借：所得税费用　　　　　　　　　　　　　　　　　　　　　　　　250 000
　　贷：递延所得税负债(应纳税暂时性差异20×25％)　　　　　　　　　　50 000
　　　　应交税费——应交所得税(应纳税所得额80×25％)　　　　　　　　200 000

(3) 不确认递延所得税资产和负债的特殊情况。

① 某些交易或事项产生资产或负债的初始确认。某些交易中，虽然会引起资产、负债的初始确认金额与其计税基础不同，从而产生暂时性差异，但如果发生的该项交易或事项不属于企业合并，并且交易发生时既不影响会计利润又不影响应纳税所得额(或可抵扣亏损)，《企业会计准则第18号——所得税》中规定在此类交易发生时不确认相关的递延所得税资产或递延所得税负债。若确认递延所得税影响，则需调整有关资产、负债的入账价值，有违

会计核算的历史成本原则,影响会计信息的可靠性。

在前述[例15-7]中,某企业进行内部研发形成的无形资产成本为300万元,按税法规定可于未来期间税前扣除的金额为450万元,即计税基础为450万元,其账面价值与计税基础之间产生的150万元可抵扣暂时性差异,系资产初始确认产生的。该项无形资产并非产生于企业合并,同时在初始确认时既不影响会计利润也不影响应纳税所得额,如果确认其账面价值与计税基础之间所产生暂时性差异150万元的所得税影响,则需要调整该项资产的入账价值,与其历史成本不符,按企业会计准则规定不予确认相关的递延所得税资产。

② 采用权益法核算的长期股权投资后续计量。企业持有的长期股权投资如果采用权益法进行核算,长期股权投资的账面价值会与其计税基础(按税法规定认定的投资成本)产生差异。上述差异形成原因包括:一是取得投资时,初始投资成本小于按比例计算应享有被投资单位可辨认净资产公允价值份额的,应调整长期股权投资的账面价值,但计税基础维持原取得成本不变,其账面价值与计税基础会产生应纳税暂时性差异;二是在投资持有过程中,随着被投资单位发生净损益或其他权益的变化,投资账面价值根据应享有被投资单位净资产份额的变化而调整,但其计税基础不会发生变化,两者不同会产生应纳税或可递扣暂时性差异。

对于采用权益法核算的长期股权投资账面价值与其计税基础不同所产生的暂时性差异,是否确认相关的所得税影响,应根据对该项投资的持有意图是否改变区别对待。

其一,投资企业不改变持有意图,拟长期持有该项投资。在长期持有的情况下,可以预计:①因初始投资成本调整产生的差异未来期间不会转回;②因确认投资损益产生的差异,按照税法规定,居民企业之间的股息及红利免税,投资以后逐期分回现金股利或利润不存在对未来期间的所得税影响;③因确认享有被投资单位其他权益的变动而产生的差异,在可预见的未来也不会转回。所以,在拟长期持有的情况下,对于采用权益法核算的长期股权投资账面价值与计税基础之间的差异,一般不确认相关的递延所得税影响。

其二,投资企业改变持有意图拟对外出售。按税法规定,企业在转让或者处置投资时,投资的成本准予扣除。在持有意图由长期持有转变为拟近期出售的情况下,该项股权投资账面价值与计税基础不同而产生的有关暂时性差异,于出售时将会转销,因而在拟对外出售时应确认相关的递延所得税影响。

【例15-12】 甲公司于20×3本年1月3日支付1 000万元取得乙公司40%的有表决权股份,拟长期持有并能够对乙公司施加重大影响,对该项长期股权投资采用权益法核算。假定取得投资时乙公司各项可辨认资产、负债的公允价值与账面价值相同,其可辨认净资产公允价值为800万元。甲、乙公司本年度实现的净利润分别为520万元和300万元,乙公司未发生影响权益变动的其他交易或事项。甲、乙公司采用的会计政策及会计期间相同,双方均为居民企业,适用的所得税税率均为25%。

至当年12月31日,该项长期股权投资的账面价值为1 120万元(1 000+300×40%),其计税基础仍为1 000万元。

该例所涉及的股权投资在长期持有的情况下,其账面价值1 120万元与计税基础1 000万元产生的120万元应纳税暂时性差异,因在未来期间取得股利时免税,不存在对未来期间的所得税影响,可以当作适用的所得税税率为0,因而不需要确认相关的递延所得税负债。

$$本年度应交所得税=(520-300\times40\%)\times25\%=100(万元)$$
$$递延所得税负债=0(万元)$$
$$本年度所得税费用=100(万元)$$

③ 企业合并所涉及商誉的初始确认。会计上和税收上分别按照各自的目标及原则对企业合并类型进行划分及认定。例如,某项企业合并按照会计准则确认为非同一控制下的吸收合并,合并方接受被合并方的可辨认资产及负债按照公允价值入账,且将合并成本大于合并中取得的被合并方可辨认净资产公允价值份额的差额确认为商誉;但如果按照税法规定该项合并符合特殊性税务处理的条件,合并方对于其接受被合并方各项资产和负债的计税基础,可维持原计税基础不变,被合并方原账面上没有该项商誉,则该项合并所形成商誉的计税基础为0。如果合并方接受被合并方可辨认资产、负债的公允价值与其计税基础不一致,就会形成暂时性差异,应确认相关递延所得税负债或递延所得税资产。但对于上述企业合并形成的商誉,因其初始确认的账面价值与计税基础(0)不同而产生的应纳税暂时性差异,不确认相关的递延所得税负债。其理由是如果确认与商誉初始确认相关的递延所得税负债,就会增加商誉的价值,导致继续产生应纳税暂时性差异,使得递延所得税负债和商誉价值量的变化不断循环,并且由于商誉的不断增值而影响会计信息的可靠性。具体会计处理详见[例15-15]。

2. 递延所得税资产和负债的计量

(1) 适用税率的变化。所得税税率变动时,应当调整原已确认的递延所得税资产或负债的金额,反映税率变化带来的影响,使其更加符合资产或负债的定义及计量要求。除了直接计入所有者权益的交易或者事项所产生递延所得税资产或负债的调整金额仍应计入所有者权益,其他情况下所产生递延所得税资产或负债的调整金额,应当确认为变化当期的所得税费用或所得税收益。

(2) 递延所得税资产的减值。在每一资产负债表日,企业应当对递延所得税资产的账面价值进行复核。确认递延所得税资产后若发现未来没有足够的应纳税所得额予以抵扣,应当减计该项递延所得税资产的账面价值,因为其所反映的可抵扣应纳税所得额的全部或部分经济利益无法实现。当很可能获得足够的应纳税所得额时,减计的金额应当转回。

此外,基于实务操作方便的考虑,无论暂时性差异的转回期间长短如何,我国和国际财务报告准则对递延所得税资产和负债均不进行折现。

(四) 所得税费用的计量及列支

1. 所得税费用的计量

按照《企业会计准则第18号——所得税》的规范,企业所得税费用(所得税收益),由当期所得税和递延所得税两部分组成。无论哪一部分所得税的计量,都依赖于有关资产或负债的计量,取决于有关资产或负债的增减变化。

$$所得税费用=当期所得税+递延所得税$$
$$当期所得税=当期应交所得税$$

当期应交所得税应当根据应纳税所得额和适用的所得税税率计算,而应纳税所得额是在利润总额的基础上按照税法规定进行调整的结果。

递延所得税＝当期递延所得税负债的增加(－减少)－当期递延所得税资产的增加(＋减少)

或：递延所得税＝$\left(\dfrac{期末递延}{所得税负债}-\dfrac{期初递延}{所得税负债}\right)-\left(\dfrac{期末递延}{所得税资产}-\dfrac{期初递延}{所得税资产}\right)$

2. 所得税费用的列支

所得税费用的列支渠道：①一般情况下，通过记入"所得税费用"账户而计入当期损益，即调整利润表中的所得税费用；②若由直接计入所有者权益的交易或者事项所发生的，计入相应的"其他综合收益"等所有者权益项目；③若产生与非同一控制企业合并中取得资产、负债相关的，递延所得税影响应调整购买日确认的商誉等项目。

（1）所得税费用计入当期损益。

【例15-13】 A公司20×8年利润总额1 090万元，因确认为其母公司提供贷款担保损失增加预计负债50万元（假定税法不允许在所得税前扣除）。所得税税率为25％，递延所得税资产及负债期初均无余额，预计未来能够产生足够的应纳税所得额。A公司20×8年年末暂时性差异，如表15-2所示。

表15-2　　　　　　　　A公司20×8年年末暂时性差异　　　　　　　　单位：万元

有关项目	账面价值	计税基础	暂时性差异	
			应纳税	可抵扣
在建工程（计提减值准备）	160	200		40
预计负债（预计产品保修费）	20	0		20
交易性金融资产（公允价值变动）	880	680	200	
合计			200	60

分析：　应纳税所得额＝1 090－200＋60＋50＝1 000(万元)
　　　　应交所得税＝1 000×25％＝250(万元)
　　　　递延所得税资产＝60×25％－0＝15(万元)
　　　　递延所得税负债＝200×25％－0＝50(万元)

借：所得税费用　　　　　　　　　　　　　　　　　　　　　　2 500 000
　　贷：应交税费——应交所得税　　　　　　　　　　　　　　　　　　2 500 000

借：所得税费用　　　　　　　　　　　　　　　　　　　　　　　350 000
　　递延所得税资产　　　　　　　　　　　　　　　　　　　　　150 000
　　贷：递延所得税负债　　　　　　　　　　　　　　　　　　　　　　500 000

上述两笔会计分录也可合并编制。

假定A公司20×9年利润总额为990万元。本年追加计提了在建工程减值准备20万元，上年预计的产品保修费本年实际使用10万元，交易性金融资产本年净下跌100万元。无其他纳税调整事项。A公司20×9年年末暂时性差异，如表15-3所示。

表 15-3　　　　　　　　　A 公司 20×9 年年末暂时性差异　　　　　　　单位:万元

有关项目	账面价值	计税基础	暂时性差异	
			应纳税	可抵扣
在建工程(计提减值准备)	190	250		60
预计负债(预计产品保修费)	10	0		10
交易性金融资产(公允价值变动)	850	750	100	
合计			100	70

分析：　　　　　应纳税所得额＝990＋20－10＋100＝1 100(万元)

　　　　　　　　　应交所得税＝1 100×25％＝275(万元)

递延所得税负债本期增减变动计算如下：

期末应纳税暂时性差异 100 万元。

期末递延所得税负债(100 万元×25％)　　　　　　　　　　　　25 万元

期初递延所得税负债　50 万元

递延所得税负债减少 25 万元(借)

递延所得税资产本期增减变动计算如下：

期末可抵扣暂时性差异 70 万元。

期末递延所得税资产(70 万元×25％)　　　　　　　　　　　　17.5 万元

期初递延所得税资产　15 万元

递延所得税资产增加 2.5 万元(借)

借：所得税费用　　　　　　　　　　　　　　　　　　　2 475 000
　　递延所得税资产　　　　　　　　　　　　　　　　　　　 25 000
　　递延所得税负债　　　　　　　　　　　　　　　　　　　250 000
　　贷：应交税费——应交所得税　　　　　　　　　　　　2 750 000

(2) 所得税费用计入所有者权益。

【例 15-14】　某公司 20×2 年 12 月初支付价款 240 万元购入某股票，并指定为划分为以公允价值计量且其变动计入其他综合收益的金融资产。假定所得税税率为 25％。编制会计分录如下：

20×2 年年末，该股票公允价值上升 60 万元时：

借：其他权益工具投资——公允价值变动　　　　　　　　 600 000
　　贷：其他综合收益　　　　　　　　　　　　　　　　　 600 000

确定相关的递延所得税负债：

借：其他综合收益(600 000×25％)　　　　　　　　　　　 150 000
　　贷：递延所得税负债　　　　　　　　　　　　　　　　 150 000

(3) 所得税费用调整商誉价值。

【例 15-15】　合并方 A 企业定向增发公允价值 9 000 万元的 2 000 万股普通股股份，兼并B企业100%的净资产,B企业注销法人资格。假如该项企业合并会计上确认为非同一控制下的吸收合并,税收上认定为符合特殊业务处理的条件,合并方按税法规定选择以被合并方原计税基础确定其接受被合并方资产、负债的计税基础。合并日各项可辨认资产、负债的公允价值及其计税基础如下(单位:万元):

项 目	公允价值	计税基础	暂时性差异
银行存款	450	450	0
库存商品	1 800	1 600	200
固定资产	6 300	4 800	1 500
无形资产	4 600	3 500	1 100
其他应付款	(4 750)	(4 750)	0
不包括递延所得税的可辨认净资产价值	8 400	5 600	2 800

本例中,资产的公允价值(合并方入账价值)大于计税基础,产生应纳税暂时性差异2 800万元,若A企业适用的所得税税率为25%,则该项交易应确认递延所得税负债700万元。可辨认资产、负债的公允价值调整如下(单位:万元):

可辨认资产、负债的公允价值	8 400
减:递延所得税负债(2 800×25%)	700
调整后可辨认资产、负债的公允价值	7 700

相应的递延所得税影响调整商誉的入账价值(单位:万元):

企业合并成本	9 000
减:调整后可辨认资产、负债的公允价值	7 700
商誉	1 300

然而,商誉的确认又导致一项新的暂时性差异产生:商誉的账面价值为1 300万元,其计税基础(商誉未来可在税前抵扣的金额)为0,发生应纳税暂时性差异1 300万元。若再确认由商誉产生的递延所得税负债325万元(1 300×25%),则同时还需调增商誉的账面价值325万元,并由此形成循环,不断加大商誉的价值,增加不确定因素,也导致对商誉计量的歪曲。因此,对于企业合并形成的商誉,不宜再进一步确认与商誉初始确认相关的递延所得税负债。

该项企业合并应作会计分录如下:

借:银行存款　　　　　　　　　　　　　　　　　　　　　4 500 000
　　库存商品　　　　　　　　　　　　　　　　　　　　　18 000 000
　　固定资产　　　　　　　　　　　　　　　　　　　　　63 000 000
　　无形资产　　　　　　　　　　　　　　　　　　　　　46 000 000
　　商誉　　　　　　　　　　　　　　　　　　　　　　　13 000 000
　　贷:其他应付款　　　　　　　　　　　　　　　　　　47 500 000
　　　　递延所得税负债　　　　　　　　　　　　　　　　 7 000 000
　　　　股本　　　　　　　　　　　　　　　　　　　　　20 000 000
　　　　资本公积——股本溢价　　　　　　　　　　　　　70 000 000

(五)所得税的列报

企业对所得税的核算结果,除所得税费用在利润表中列示以外,形成的应交税费(应交所得税)以及递延所得税资产和递延所得税负债应当遵循准则规定在资产负债表中列报。当期所得税资产与当期所得税负债、递延所得税资产与递延所得税负债,在资产负债表中是分别作为流动资产与流动负债、非流动资产与非流动负债列示,还是以抵销后的净额列示,取决于企业是否符合准则规定的以净额列示的条件。一般情况下,在个别财务报表中,当期所得税资产与当期所得税负债、递延所得税资产与递延所得税负债,可以按抵销后的净额分别在流动性项目、非流动性项目列示。

第三节 每股收益

每股收益(EPS)是评价公司业绩的重要指标之一。计算及披露每股收益指标,目的是对在报告期内会计主体业绩中普通股股东每股所占份额提供一种量度,有助于投资者评价单位股份的获利能力;也有利于同一会计期间内不同会计主体之间,以及同一会计主体在不同会计期间的业绩比较。

一、基本每股收益

计算基本每股收益需要考虑的两项基本因素是:归属于普通股股东的当期净利润;当期发行在外普通股的加权平均数。

$$基本每股收益 = \frac{归属于普通股股东的当期净利润}{当期发行在外普通股的加权平均数}$$

基本每股收益计算时分母仅考虑当期实际发行在外的普通股股份,不考虑潜在普通股对收益的稀释影响。报告期内股份数量会变动,所以计算当期发行在外普通股的加权平均数时,应当在期初发行在外普通股股数的基础上,按照当期购回或发行的普通股股数乘以时间权数进行调整。

当期发行在外普通股的加权平均数=期初发行在外普通股股数+当期新发行普通股股数×已发行时间÷报告期时间-当期回购普通股股数×已回购时间÷报告期时间

【例15-16】 A公司本年实现净利润31 920万元,期初发行在外的普通股20 000万股,4月1日新发行6 000万股,11月1日回购3 000万股,以备将来奖励职工。

当期发行在外的普通股加权平均数=20 000×12÷12+6 000×9÷12-3 000×2÷12=24 000(万股)

基本每股收益=31 920÷24 000=1.33(元)

在合并财务报表中,企业应当以合并财务报表为基础计算和列报每股收益。计算基本每股收益时,分子应当是归属于母公司普通股股东的合并净利润,即合并净利润减去少数股东损益后的余额;分母为母公司发行在外普通股的加权平均数。

发生亏损的企业,每股收益以负数列示。

二、稀释每股收益

计算稀释每股收益的目的是在考虑当期所有发行在外稀释性潜在普通股影响的情况下,对可能影响的损益和股数作相应的调整,提供每股普通股在报告期内会计主体业绩中所占份额的一种较为谨慎的量度,以体现公司可能存在的最小每股收益。

计算稀释每股收益基于稀释性潜在普通股于当期期初(或发行日)已经全部转换为普通股的假设。计算稀释性潜在普通股转换为已发行普通股而增加的普通股股数的加权平均数时,以前期间发行的稀释性潜在普通股,应当假设在当期期初转换;当期发行的稀释性潜在普通股,应当假设在发行日转换。每股收益指标的分子(归属于普通股股东的当期净利润)的调整应当考虑:①当期已确认为费用的稀释性潜在普通股的利息;②稀释性潜在普通股转换时将产生的收益或费用;③相关所得税的影响。每股收益指标的分母(当期发行在外普通股的加权平均数)按照假定稀释性潜在普通股转换为已发行普通股而增加的普通股股份数的加权平均数进行调整。

1. 发行可转换公司债券

发行可转换公司债券,计算稀释每股收益时,分子的调整项目为假设可转换公司债券当期转换所节约利息费用的税后影响额;分母的调整项目为假设可转换公司债券当期期初或发行日转换为普通股股份数的加权平均数。

在发行可转换公司债券的情况下,不仅要考虑普通股股份数的增加,还要考虑由于转换为普通股股份,相关的利息费用减少而导致净利润的增加。在计算稀释每股收益时,按理应考虑可转换公司债券在负债和权益成分之间的分拆,只需调整可转换公司债券中属于负债部分的相关利息等。

【例15-17】 D公司20×2年1月2日按面值发行1 000万元的3年期可转换公司债券,票面利率2%,每100元债券可转债为1元面值普通股50股,每年12月31日为付息日。该公司20×2年度净利润6 000万元,债券利息均计入当期损益,本年发行在外普通股5 000万股。不具备转换选择权的类似债券的市场利率为3%,所得税税率为25%。

$$基本每股收益=6\,000\div5\,000=1.20(元)$$

稀释每股收益的计算:

$$每年支付的利息=1\,000\times2\%=20(万元)$$
$$负债成分公允价值=20\div(1+3\%)+20\div(1+3\%)^2+1\,020\div(1+3\%)^3=971.71(万元)$$
$$权益成分公允价值=1\,000-971.71=28.29(万元)$$
$$假设转换所增加的净利润=971.71\times3\%\times(1-25\%)=21.86(万元)$$
$$假设转换所增加的普通股股数=1\,000\div100\times50=500(万股)$$
$$增量股的每股收益=21.86\div500=0.04(元)$$

增量股的每股收益小于基本每股收益,具有稀释作用。

$$稀释每股收益=(6\,000+21.86)\div(5\,000+500)=1.09(元)$$

2. 发行认股权证、股份期权

发行认股权证或股份期权,对于盈利企业,当认股权或股份期权的行权价格低于当期普通股的平均市场价格时,具有稀释效应,需要计算稀释每股收益;对于亏损企业,认股权证或股份期权的假设行权,一般不影响净亏损,但由于普通股股数增加而导致每股亏损金额的减少,实际产生了反稀释作用,不应当计算稀释每股收益。反稀释是指假定对可转换债券进行转换,或者期权和认购权证被行权,或者一旦满足特定条件就发行普通股,所导致每股收益的增加或每股亏损的减少。

因发行认股权证或股份期权而需要计算稀释每股收益时,作为分子的净利润一般不需要调整。对于分母,会计主体应假定其所发行的具稀释性的期权和认股权证持有人会行使相关权利,并将发行收入视为按当期该公司普通股的平均市场价格发行普通股所取得的对价,因行权而发行的普通股股数,与发行收入按当期普通股的平均市场价格折算的普通股股数之间的差额,作为未收对价而发行的普通股股数,结合时间权数进行调整。即行权时发行的普通股包括以下两部分:

(1) 按当期平均市场价格发行的普通股,被认为按公允价格收取对价,从理论上推断发行所获资源可以产生相同水平收益,即流入企业经济资源与普通股股数同比例增加,不具有稀释性,也不产生反稀释作用,计算稀释每股收益时可不必考虑。

(2) 未取得对价而发行的普通股,不会因此而增加企业可利用的经济资源,不会对利润总额有贡献,却因发行在外普通股股数的增加而对每股收益具有稀释性,计算稀释每股收益时应当调整增加对外发行的普通股股数。

$$增加的普通股股数=拟行权时转换的普通股股数-行权价格×拟行权时转换的普通股股数÷当期普通股平均市场价格$$

【例15-18】 E公司20×2年年初对外发行1 000万份认股权证,行权价格4元。20×2年度净利润1 500万元,发行在外普通股加权平均数为2 500万股,普通股平均市场价格5元。

$$基本每股收益=1\,500÷2\,500=0.60(元)$$
$$发行权证按当期普通股的平均市场价格折算的普通股股数=1\,000×4÷5=800(万股)$$
$$调整增加的普通股股数(未取得对价而发行的普通股股数)=1\,000-800=200(万股)$$
$$稀释每股收益=1\,500÷(2\,500+200)=0.56(元)$$

3. 企业承诺将回购其股份的合同

企业承诺将回购其股份的合同,若合同中规定的回购价格高于当期普通股平均市场价格时,也应当考虑其稀释性。计算稀释每股收益时,先假定按平均市场价格发行普通股以募集回购所需的足够资金,然后比较假定发行的股数与假定回购的股数,确定增加的普通股股数。增加的普通股股数按下列公式计算:

$$增加的普通股股数=回购价格×承诺回购的普通股股数÷当期普通股平均市场价格-承诺回购的普通股股数$$

将增加的普通股股数乘以相应的时间权数,据此调整稀释每股收益的分母。

4. 存在多项潜在普通股

为使对基本每股收益的稀释效果达到最大化,考虑潜在普通股是具有稀释性还是具有反稀释性时,潜在普通股的各次发行应当单独考虑,分别判断其稀释性,而不能将它们作为一个总体考虑。存在多项潜在普通股的情况下,考虑潜在普通股时的顺序可能会对稀释每股收益的计算结果产生影响,因此,应当按照其稀释程度从大到小的顺序分步计算稀释每股收益,直至稀释每股收益达到最小值,即对于潜在普通股的各次发行,按照从最具稀释性到最不具稀释性的顺序考虑。稀释程度以增量股的每股收益大小衡量。增量股的每股收益最小者的稀释程度最大。增量股的每股收益为,假定稀释性潜在普通股转换为普通股时,将增加的归属于普通股股东的当净利润除以增加的普通股股数加权平均数所确定的金额。期权和认股权证一般排在最前面,因为其假设行权不会影响净利润。

【**例 15-19**】 某公司本年度归属于普通股股东的净利润 6 900 万元,发行在外普通股加权平均数 30 000 万股。年初已发行在外的潜在普通股包括:①股份期权 12 000 万份,每份股份期权拥有在授权日起 5 年内的可行权日以 6 元的行权价格购买 1 股公司新发行股票的权利。②按面值发行 5 年期可转换公司债券 200 000 万元,票面利率为 3%,每 100 元债券可转换为普通股 9 股。③按面值发行的 3 年期可转换公司债券 100 000 万元,票面利率为 2%,每 100 元债券可转换为普通股 10 股。当期普通股平均市场价格为 12 元,本年度内没有期权被行权,也没有可转换债券被转换或赎回。假设不考虑可转换公司债券在负债成分和权益成分之间的分拆。所得税税率为 25%。

1) 基本每股收益＝6 900÷30 000＝0.23(元)
2) 计算稀释每股收益。确定潜在普通股计入稀释每股收益的顺序:
(1) 期权行权增加股数＝12 000－12 000×6÷12＝6 000(万股)
(2) 期权行权增加净利润＝0(元)
(3) 3%债券转股增加股数＝200 000÷100×9＝18 000(万股)
(4) 3%债券转股增加净利润＝200 000×3%×(1－25%)＝4 500(万元)
(5) 2%债券转股增加股数＝100 000÷100×10＝10 000(万股)
(6) 2%债券转股增加净利润＝100 000×2%×(1－25%)＝1 500(万元)
根据增量股每股收益大小确定稀释程度,如表 15-4 所示。

表 15-4　　　　　　　　　　**根据增量股每股收益大小确定稀释程度**

项　目	净利润增加(万元)	股数增加(万股)	增量股的每股收益(元)	顺　序
期权	—	6 000	—	1
3%债券	4 500	18 000	0.25	3
2%债券	1 500	10 000	0.15	2

分步计算稀释每股收益如表 15-5 所示。

表 15-5　　　　　　　　　　**分步计算稀释每股收益**

项目	净利润(万元)	股数(万股)	每股收益(元)	稀释性
基本每股收益	6 900	30 000	0.23	
股份期权	0	6 000		
	6 900	36 000	0.19	稀释
2%债券	1 500	10 000		
	8 400	46 000	0.18	稀释
3%债券	4 500	18 000		
	12 900	64 000	0.20	反稀释

因此,稀释每股收益为 0.18 元。

需要说明的是,会计上计算的每股收益与证券监管部门要求上市公司披露的每股收益有区别。会计上计算每股收益时,收益范围包括计入当期利润表的全部损益,无论基本每股收益还是稀释每股收益均如此,稀释每股收益是基于股权结构复杂性及潜在普通股稀释性影响,从谨慎性角度对每股收益进行计算列报。证券监管部门要求上市公司披露每股收益的同时披露扣除非经常性损益后的每股收益,其收益的范围仅限于企业日常经营活动的成果,显著提高了收益指标与企业持续盈利能力的相关性,有利于会计信息使用者进行明智的决策。

三、每股收益的列报

(一) 比较报表每股收益的重新计算

1. 派发股票股利及以资本公积、盈余公积转增股本

在计算当期和比较报表所有列报期间发行在外普通股的加权平均数时,对于所发生的不改变企业资源但会引起企业发行在外普通股股数变动的事项。例如,因派发股票股利、公积金转增资本、拆股而增加或并股而减少发行在外普通股股数的,需重新计算所有列报期间的股份数,并按调整后的股数重新计算各列报期间的每股收益,以利于增强会计信息的可比性。

【例 15-20】 B 公司 20×3 年和 20×4 年净利润分别为 180 万元和 203 万元。20×3 年 1 月 1 日发行在外的普通股 100 万股。20×3 年 4 月 1 日按市价新发行普通股 20 万股。20×4 年 7 月 1 日分派股票股利,以 20×3 年 12 月 31 日总股本 120 万股为基数每 10 股送 3 股。

计算 20×4 年度财务报表中的基本每股收益"本期金额"和"上期金额"如下:

20×4 年发行在外普通股加权平均数 = (100 + 20 + 120 × 0.3) × 12 ÷ 12 = 156(万股)
重新计算 20×3 年发行在外普通股加权平均数 = 100 × 1.3 × 12 ÷ 12 + 20 × 1.3 × 9 ÷ 12 = 149.5(万股)
20×4 年度财务报表中的基本每股收益"本期金额" = 203 ÷ 156 = 1.30(元)
20×4 年度财务报表中的基本每股收益"上期金额" = 180 ÷ 149.5 = 1.20(元)

2. 配股中包含的送股因素

配股是向全部现有股东以低于当前股票市价的价格发行普通股,实际上可以理解为按市价发行股票和无对价送股的混合事项。也就是说,按市价发行股票,从理论上说,每股股份能获得等量的收益,不会降低每股收益;而配股中包含的送股因素导致了发行在外普通股股数的增加,但没有相应的经济资源流入,会降低每股收益水平。计算基本每股收益时,应当考虑这部分送股因素,据以调整各列报期间发行在外普通股的加权平均数。其计算公式如下:

$$每股理论除权价格 = \left(\frac{行权前发行在外普通股的公允价值 + 配股收到的款项}{}\right) \div 行权后发行在外的普通股股数$$

$$调整系数 = 行权前每股公允价值 \div 每股理论除权价格$$

$$因配股重新计算的上年度基本每股收益 = 上年度基本每股收益 \div 调整系数$$

$$本年度基本每股收益 = 归属于普通股股东的当期净利润 \div \left(\frac{配股前发行在外普通股股数} \times \frac{调整系数} \times \frac{配股前普通股发行在外的时间权重} + \frac{配股后发行在外普通股加权平均数}\right)$$

【例 15-21】 某企业本年度归属于普通股股东的净利润为 12 540 万元,本年 1 月 1 日发行在外普通股股数为 5 000 万股,本年 6 月 12 日,该企业发布增资配股公告,向截至本年 6 月 30 日(股权登记日)的所有登记在册的老股东配股,配股比例为每 5 股配 1 股,配股价格为每股 6.00 元,除权交易基准日为本年 7 月 1 日。假设行权前一日的市价为每股 10.80 元。上年度基本每股收益为 2.16 元。本年度比较利润表中基本每股收益的计算如下:

每股理论除权价格=(10.80×5 000+6.00×1 000)÷(5 000+1 000)=10(元)
调整系数=10.8÷10=1.08
本年度财务报表中的基本每股收益"上期金额"=2.16÷1.08=2.00(元)
本年度财务报表中的基本每股收益"本期金额"=12 540÷(5 000×1.08×6÷12+6 000×6÷12)
=2.20(元)

上市公司如果向特定对象以低于当前股票市价的价格发行普通股,从表面上看,其与配股具有相似的特征——发行价格低于市价,但对上市公司的实际影响不同,其往往是出于某种战略考虑或其他动机,或者能从特定对象处获得认购股份以外其他形式的补偿,可以视为不存在送股因素,应当视同发行新股进行会计处理。

3. 同一控制下企业合并作为对价发行的普通股

同一控制下的企业合并,视同合并后形成的合并财务报表报告主体在以前期间就一直存在,同一控制下企业合并中作为合并对价发行的普通股,应视同在列报最早期间期初就已发行在外,计入各列报期间发行在外普通股的加权平均数。

(二)每股收益的列报

存在稀释性潜在普通股的企业,应当在利润表中同时列示基本每股收益和稀释每股收益。不存在稀释性潜在普通股的企业,应当在利润表中单独列示基本每股收益。编制比较财务报表时,各列报期间中只要有一个期间列示了稀释每股收益,则所有列报期间均应当列示稀释每股收益,即使其金额与基本每股收益相等。

第四节 利润分配

对企业实现的净利润进行分配,有广义和狭义之分。广义的利润分配包括:①提取盈余公积;②以各种股利形式分派给企业所有者,包括以利润转增资本;③暂不分配股利而留存于企业用于扩大生产经营规模或用作以后年度的股利分配。狭义的利润分配仅指作为投资回报向所有者分派股利或利润。

一、利润分配的制约因素及依据

利润分配政策涉及在企业实现的净利润中分配给所有者的投资回报和留存收益的比例,以及利润分配的具体形式。利润分配政策是企业财务管理的一项重要政策,关系到投资者权益的维护、资本结构的合理性、融资成本的高低、企业能否稳定持续发展等重大问题。影响公司股利分配政策的因素众多,有市场经济的要求也有法律方面的强制性规定;有公司内部的因素也有公司外部的因素。源自公司外部的因素,有与投资者、债权人有关的,也有与其代理人有关的。源自公司内部的因素,有与经营业绩有关的,也有与现金流量、投资机会、筹资能力和资金成本等其他因素有关的。在企业生产经营的过程中，其利润分配政策不是一成不变的，会随着企业初生期、成长期和成熟期等不同发展阶段的更替而作相应的调整。

制定利润分配政策的依据是《公司法》等有关法律、法规及本企业的公司章程、投资合同或协议等约定。

二、利润分配的一般程序

根据我国有关的法律、法规规定，企业本年实现的净利润加上年初未分配利润为本年可供分配的利润。企业一般按如下程序进行利润分配：

(1) 弥补以前年度的亏损。
(2) 提取法定盈余公积(公司法规定按照公司税后利润的10%提取)。
(3) 提取任意盈余公积。
(4) 向企业所有者或公司股东分配利润。

在企业弥补亏损、提取法定盈余公积之前，不得向所有者或股东分配利润。

三、向所有者分配利润的形式

企业向所有者分配利润有现金股利和股票股利两种方式。此外，股票回购是一项非常规的股利政策。采用不同的股利分配政策会对企业的资产总额、所有者权益总额、股本和货币资金等因素产生影响，从而影响企业的财务指标。对上市公司来说，公司股利政策还会对其股票市场价格产生影响。

分派现金股利，是用现金形式将企业创造的一部分税后利润支付给所有者或股东，不会增加或减少股本，因而不会影响每股收益。分派现金股利会减少企业的货币资金和所有者权益，而减少所有者权益会导致净资产收益率上升。

分派股票股利，是以公司额外发行股票的形式将企业创造的一部分税后利润分派给所有者或股东，不会影响所有者权益总额，但会引起所有者权益内部结构的调整，减少企业的"未分配利润"而增加"股本"，从而导致每股净资产、每股收益下降。分派股票股利对企业的资产没有任何影响。

回购本公司股票，会减少公司发行在外的股本，可能使公司的每股收益提高，也可能使公司的股票价格上升。从这个意义上说，股份回购是导致企业资本变动的一种股利形式，即间接支付股利。公司通过股份回购，可以提高资产负债率，发挥财务杠杆效应，但同时也可能加大公司和债权人的财务风险。在有些国家，对现金红利和来自股票回购的资本利得课以不同的税负(如现金股利的税负高于资本利得的税负)。从纳税的角度考虑，以股份回购代替分派现金股利对投资者可产生节税效应。

四、利润分配的账务处理

企业利润的分配由董事会根据有关法规、公司章程、企业的经营业绩和未来的生产经营计划提出利润分配方案并形成决议，上市公司还需经股东大会审议批准后方可执行。

企业应设置"利润分配"账户核算企业利润的分配或亏损的弥补情况。"利润分配"账户应分别"提取法定盈余公积""提取任意盈余公积""应付现金股利或利润""转作股本的股利"

"盈余公积补亏"和"未分配利润"等进行明细核算。

年度终了,企业应将本年实现的净利润,自"本年利润"账户转入"利润分配"账户,借记"本年利润"账户,贷记"利润分配——未分配利润"账户;若发生净亏损编制相反的会计分录。同时,将"利润分配"账户其他明细账户的余额转入"利润分配——未分配利润"明细账户。结转后,"利润分配"账户除了"未分配利润"明细账户,其他明细账户应无余额。"利润分配"账户的年末余额,反映企业的未分配利润(贷方余额)或未弥补亏损(借方余额)。

1. 以利润弥补亏损

用利润弥补亏损的会计处理特点:无论用税前利润弥补亏损还是用税后利润弥补亏损,均无须专门编制以利润弥补亏损的会计分录。因为年终结账的账务处理完成后,本年利润结转至"利润分配——未分配利润"账户,自然而然地与该账户借方的以前年度亏损进行冲抵了。

用税前利润弥补亏损与用税后利润弥补亏损,区别在于所得税纳税申报不同。

以盈余公积弥补亏损,则必须进行账务处理。企业经股东大会或类似机构决议,用盈余公积弥补亏损时,编制如下会计分录:

借:盈余公积——法定盈余公积
　　　　　　——任意盈余公积
　　贷:利润分配——盈余公积补亏

弥补亏损的会计处理比较,如表15-6所示。

表15-6　　　　　　　　　弥补亏损的会计处理比较

项　目	用税前利润补亏	用税后利润补亏	用盈余公积补亏
是否需要专门分录	否	否	是
能否在税前扣除	能(计算应纳税所得额时,可在税法规定的期限内扣除以前年度发生的尚未弥补的亏损)	否	否

2. 提取盈余公积

企业按规定提取盈余公积时,编制会计分录如下:

借:利润分配——提取法定盈余公积
　　　　　　——提取任意盈余公积
　　贷:盈余公积——法定盈余公积
　　　　　　　——任意盈余公积

上述1、2的账务处理,均只影响所有者权益的结构,不会改变所有者权益的总额。

3. 分派现金股利

企业经股东大会或类似机构决议,宣告分配给股东或所有者现金股利或利润时,编制会计分录如下:

借:利润分配——应付现金股利或利润
　　贷:应付股利

4. 分派股票股利

企业经股东大会或类似机构决议分配给股东的股票股利,应在实际发放并办理增资手续时进行账务处理:

借:利润分配——转作股本的股利
　　贷:股本
　　　　资本公积——股本溢价(如有差额)

分派股利的账务处理及其影响比较,如表 15-7 所示。

表 15-7　　　　　　　　　　分派股利的账务处理及其影响比较

利润分配形式	对利润分配进行账务处理的时点	对股本总额的影响	对股东权益总额的影响	对每股净资产的影响	对每股收益的影响
现金股利	通过决议宣告发放时	否	减少	减少	否
股票股利	实际发放并办理增资手续时	增加	否	减少	减少

 案例分析

一、宁沪高速连年分红派现回报股东

案例介绍:

江苏宁沪高速公路股份有限公司(600377)(以下简称宁沪高速)历年分派现金股利有关信息,如表 15-8 所示。

表 15-8　　　　　　　　　历年分派现金股利有关信息表

利润分配年度	分红派现方案	据以分红的股本基数
1998	10 派 0.60(含税)	1998 年末总股本 4 887 747 500 股
1999	10 派 0.80(含税)	1999 年末总股本 4 887 747 500 股
2000	10 派 0.90(含税) 注:新老股东共享	5 037 747 500 股(4 887 747 500＋150 000 000)
2001	10 派 1.25(含税)	2001 年末总股本 5 037 747 500 股
2002	10 派 1.30(含税)	2002 年末总股本 5 037 747 500 股
2003	10 派 1.45(含税)	2003 年末总股本 5 037 747 500 股
2004	10 派 1.45(含税)	2004 年末总股本 5 037 747 500 股
2005	10 派 1.45(含税)	2005 年末总股本 5 037 747 500 股
2006	10 派 1.90(含税)	2006 年末总股本 5 037 747 500 股
2007	10 派 2.70(含税)	2007 年末总股本 5 037 747 500 股
2008	10 派 2.70(含税)	2008 年末总股本 5 037 747 500 股

案例背景：

1. 宁沪高速于1992年8月1日在江苏省注册成立。该公司主要从事收费路桥的投资、建设、经营和管理，并发展这些公路沿线的客运及其他辅助服务业（包括加油、餐饮、购物、汽车维修、广告及住宿等）。截至2008年12月31日，宁沪高速的总股本为5 037 747 500股。江苏交通控股有限公司为该公司第一大股东，持股54.44%。

宁沪高速1997年6月27日发行的12.22亿股H股在香港联合交易所有限公司（香港交易所）上市，发行价每股3.11港元（折合3.33人民币元）；2001年1月16日发行的1.5亿股A股在上海证券交易所（上交所）上市，发行价为每股4.20人民币元。

2. 中国证券监督管理委员会令〔2008〕57号《关于修改上市公司现金分红若干规定的决定》规定，申请再融资的上市公司最近3年以现金方式累计分配的利润不少于最近3年实现的年均可分配利润的30%。

资料来源：

宁沪高速2000—2008各年年度报告。

依据及相关法规：

1. 财政部：《企业会计准则——应用指南》（2006年10月）。
2. 中国证券监督管理委员会：《关于修改上市公司现金分红若干规定的决定》（中国证监会令〔2008〕57号）。

案例思考题：

1. 请计算宁沪高速募集资金总额、分派现金股利总额、A股股东每股投资回报（含税）占原始出资额的比率，并根据计算结果评价该公司的利润分配政策，分析宁沪高速的利润分配政策对股东和公司自身的影响。

2. 请从宁沪高速的经营成果和现金流量的角度分析该公司的分红派现能力。

3. 中国证券会为什么将《上市公司证券发行管理办法》第八条第（五）项"最近三年以现金或股票方式累计分配的利润不少于最近3年实现的年均可分配利润的20%"修改为："最近3年以现金方式累计分配的利润不少于最近3年实现的年均可分配利润的30%"？请结合本案例和其他上市公司利润分配的典型案例分析此项修改的背景和动因。

二、政府补助"雪中送炭" 黑化股份幸免暂停上市

案例介绍：

黑龙江黑化股份有限公司（以下简称黑化股份），是由黑龙江黑化集团有限公司（以下简称黑化集团）作为独家发起人并以募集方式设立的股份有限公司。黑化股份于1998年9月22日向社会公开发行人民币普通股10 000万股，发行后公司总股本为33 000万股。实施股权分置改革方案后，黑化股份总股本变更为39 000万股。其母公司为黑化集团，最终母公司为中国化工集团公司。截止2010年12月31日，黑化集团持有黑化股份19 478.11万股，占总股数的49.94%。黑化股份的经营范围为：生产和销售焦炭及焦化产品、化肥、甲醇等，属于炼焦及煤化工行业。

根据《中华人民共和国证券法》第五十五条规定，上市公司最近3年连续亏损的，由证券交易所决定暂停其股票上市交易。黑化股份2010年实现净利润1 673.7万元，不仅实现了扭亏为盈，而且避免了因3年连亏而暂停上市。黑化股份2010年年报披露：营业外

收入本年度金额为15 866.5万元,较上年度金额28.9万元增加15 837.6万元。由于原料煤价格持续高位运行,水、电、汽价格上涨,造成产品成本与售价倒挂,根据《关于拨付黑龙江黑化股份有限公司化肥补贴的通知》(齐财发〔2010〕76号),齐齐哈尔市财政局向黑化股份拨付化肥生产补贴15 850万元。黑化股份扣除非经常性损益后亏损15 388.7万元。

黑化股份2008—2010年度有关净利润和每股收益的资料见表15-9。

表15-9　　　　　　黑化股份2 008～2010年度净利润和每股收益

项目 \ 年度	2010	2009	2008
净利润(万元)	1 589.4	−23 457.6	−5 422.9
归属于母公司所有者的净利润(万元)	1 673.7	−23 367.9	−5 189.3
扣除非经常性损益后净利润(万元)	−15 388.7	−23 932.1	−5 247.9
基本每股收益(元)	0.04	−0.60	−0.13
扣除非经常性损益后基本每股收益(元)	−0.39	−0.61	−0.13

资料来源:

黑龙江黑化股份有限公司2008—2010年各年年度报告。

依据及相关法规:

1. 全国人民代表大会常务委员会:《中华人民共和国证券法》(2005年中华人民共和国主席令第43号)。

2. 财政部:《企业会计准则第16号——政府补助》(2006年2月)、《企业会计准则——应用指南》(2006年10月)。

3. 中国证券监督管理委员会:《公开发行证券的公司信息披露解释性公告第1号——非经常性损益(2 008)》(中国证监会公告〔2008〕43号)。

案例思考题:

1. 黑化股份2010年度是如何扭亏为盈的?

2. 黑化股份获取的化肥生产补贴是否属于非经常性损益?请结合本案例说明中国证监会为什么要求上市公司在列报利润的同时还要披露扣除非经常性损益后净利润、扣除非经常性损益后基本每股收益等指标?

3. 请结合黑化股份的股权结构和大股东背景,分析当地政府拨付巨额补贴的动因。

4. 请根据黑化股份近几年的利润及其结构等相关资料,分析该公司的持续经营能力。

本章要点概览

1. 利润是会计主体在一定会计期间的经营成果。利润是判断企业经营活动效率和效益的一个重要指标,是对经营者进行业绩考核和对投资者进行利润分配的重要依据,也是评价企业长期偿债能力的一项重要因素。

2. 综合收益由净利润和其他综合收益(未计入损益的利得和损失)构成。综合收益的范围大于净利润。

3. 利得是收入或所有者投资原因以外的所有者权益的增加。损失是费用或向所有者分配原因以外的所有者权益的减少。利得、损失发生的频率和产生的原因不同于收入、费用。

4. 每股收益提供每股普通股在报告期内会计主体实现利润中所占份额的一个量度,有助于投资者评价单位股份的获利能力,也有利于同一会计期间内不同会计主体之间,以及同一会计主体在不同会计期间的业绩比较。

5. 在公司复杂的股权结构下,还需要考虑所有发行在外潜在普通股,如期权、认购权证、可转换公司债券等的稀释性影响,计算稀释每股收益。

6. 不同的所得税会计处理方法,不会影响根据税收法规确定的应交所得税,但会对各期所得税费用和期末资产或负债的确认及计量带来不同影响。

7. 我国企业会计准则对所得税会计处理的规范,体现了"资产负债观"的要求,即通过对有关资产、负债增减变动的确认和计量,确定所得税费用。其会计确认和计量的关键是比较资产或负债的计税基础与账面价值以确定暂时性差异,在满足会计要素确认条件的情况下确认递延所得税资产或负债。

8. 利润分配的形式包括弥补以前年度的亏损;提取法定盈余公积和任意盈余公积;向企业所有者分派现金股利、股票股利等形式。向企业所有者分配利润的不同形式,对会计主体的所有者权益总额及结构、每股收益等财务指标会产生不同的影响。

主要术语

1. 利润   2. 营业利润   3. 利润总额
4. 净利润   5. 利得   6. 损失
7. 政府补助 8. 应付税款法   9. 资产负债表债务法
10. 资产计税基础 11. 负债计税基础 12. 应纳税暂时性差异
13. 可抵扣暂时性差异 14. 基本每股收益 15. 稀释每股收益
16. 利润分配

复习题

一、思考题

1. 请说明你对利润指标的作用和局限性的认识。
2. 利润是否完全代表企业的全面收益或综合收益?为什么?
3. 试比较收入与利得、费用与损失的联系及区别。
4. 对政府补助有哪些不同的会计处理方法?请说明其理由。按照我国企业会计准则,对政府补助应如何进行核算?
5. 对所得税有哪些不同的会计处理方法?请说明其根据。
6. 如何确定暂时性差异?应纳税暂时性差异与可抵扣暂时性差异两者有何区别?

7. 试分析影响企业利润分配的因素有哪些？请说明利润分配的一般程序。
8. 试比较分派现金股利和分派股票股利对企业将产生哪些不同影响？应如何进行会计处理？
9. 用利润弥补亏损与用盈余公积弥补亏损相比较，在会计处理上有何不同？
10. 为什么要计算每股收益？基本每股收益与稀释每股收益有何区别？
11. 请说明存在多项潜在普通股的情况下，如何计算稀释每股收益？

二、判断题

1. 企业某一会计期间发生的利得和损失均影响当期损益。　　　　　　　　　　（　　）
2. 发行可转换公司债券的转换对发行企业的净利润没有影响，但因为股份数可能增加因而对每股收益具有稀释作用。　　　　　　　　　　　　　　　　　　　（　　）
3. 利得代表了企业经济利益的增加，这一点与收入在本质上相同，但两者的发生与企业生产经营活动的相关程度不同，发生的频率也不同。　　　　　　　　　　（　　）
4. 就某一会计年度而言，应付税款法和资产负债表债务法两种方法下的应交所得税是不等的。　　　　　　　　　　　　　　　　　　　　　　　　　　　　　（　　）
5. 无论资产还是负债，如果其账面价值与计税基础一致，则不会因为该项资产或负债的存在而导致暂时性差异发生。　　　　　　　　　　　　　　　　　　　（　　）

三、单项选择题

1. 企业实际发放股票股利时，会（　　）。
   A. 增加股东权益总额　　　　　　　　B. 减少股东权益总额
   C. 增加每股收益　　　　　　　　　　D. 减少每股收益
2. 企业收到与收益相关的用于补偿企业已发生的相关费用或损失的政府补助时，如果该项补助与日常活动无关，该企业采用总额法列报政府补助，应当增加（　　）。
   A. 资本公积　　　　　　　　　　　　B. 营业外收入
   C. 递延收益　　　　　　　　　　　　D. 其他收益
3. 某上市公司本年全年发行在外的普通股为10 000万股，本年年初对外发行200万份认股权证，行权价格3元。该公司本年度普通股平均市场价格4元。计算稀释每股收益时的股份数为（　　）万股。
   A. 10 200　　　　　　　　　　　　　B. 10 150
   C. 10 067　　　　　　　　　　　　　D. 10 050
4. 当企业因计提资产减值准备而使资产账面价值小于其计税基础，且预计未来有足够的应纳税所得额可供抵扣时，应确认（　　）。
   A. 递延所得税负债　　　　　　　　　B. 递延所得税资产
   C. 递延税款借项　　　　　　　　　　D. 递延税款贷项
5. 某上市公司20×2年1月2日按面值发行600万元的3年期可转换公司债券，票面利率3%，每100元债券可转换为1元面值普通股80股。债券利息不符合资本化条件，计入当期损益。该公司20×2年净利润900万元。20×2年发行在外普通股2 500万股。所得税税率25%。假定不具备转股权的类似债券的市场利率为4%。该公司20×2年计算的稀释每股收益为（　　）元。
   A. 0.36　　　　　B. 0.30　　　　　C. 0.31　　　　　D. 0.29

四、多项选择题
1. 下列项目中,影响利润表中利润总额而不影响营业利润的有( )。
   A. 在建工程减值损失　　　　　　　　B. 报废固定资产净损失
   C. 债权人债务重组损失　　　　　　　D. 向灾区捐赠现金
   E. 用无形资产交换运输车辆发生的交易损失
2. 下列事项的发生,可能导致确认递延所得税资产的有( )。
   A. 未来可抵扣亏损
   B. 销售时计提产品保修费
   C. 以公允价值计量且其变动计入当期损益的金融资产公允价值上升
   D. 以公允价值计量且其变动计入其他综合收益的金融资产公允价值下降
   E. 为子公司贷款提供担保已发生的损失
3. 下列关于资产负债表债务法的说法中,正确的有( )。
   A. 递延所得税资产与递延所得税负债的确认应分别进行账务处理
   B. 确认递延所得税资产,应以未来期间很可能取得用以抵扣所发生可抵扣暂时性差异的应纳税所得额为限
   C. 资产账面价值大于其计税基础时会产生应纳税暂时性差异
   D. 负债的计税基础表示未来清偿债务时可在税前列支的金额
   E. 负债的账面价值大于其计税基础会产生可抵扣暂时性差异
4. 企业发生的下列各项错误,既不影响当期营业利润金额又不影响当期利润总额的有( )。
   A. 误将以公允价值计量且其变动计入当期损益的金融资产的公允价值升值计入投资收益
   B. 误将固定资产减值损失计入营业外支出
   C. 总额法下误将与资产相关的并应在以后使用寿命内平均分配的政府补助计入当期损益
   D. 误将接受的现金捐赠计入资本公积
   E. 误将以摊余成本计量的金融资产的利息收益冲减财务费用
5. 下列经济业务的损益,应计入投资收益的有( )。
   A. 债务重组中债务人以债权投资清偿债务
   B. 债务重组中债务人以非金融资产清偿债务
   C. 债务重组中债权人受让金融资产
   D. 债务重组中债权人受让非金融资产
   E. 企业以长期股权投资与其他企业的产权房屋交换,该交易具有商业实质

五、业务题
   【业务题一】
   目的　练习政府补助的会计处理。
   资料　某制造业企业20×2年度发生下列政府补助事项:
   (1) 收到财政部门直接拨付的财政贴息36万元,有关借款的利息费用计入财务费用。
   (2) 收到财政部门拨付的受灾补贴54万元。

(3) 研发一项节能型产品获得专利,当地政府决定给予该企业如下补助:①向该企业拨款60万元用于购置生产设备,扩大生产。②40万元为补偿前期研发费用,该企业研发费用计入管理费用。③销售节能型产品每件补贴成本8元。

20×2年2月份,该企业收到政府关于上述①②项的拨款100万元。以银行存款购置生产节能型产品的设备,经调试后当月投入生产。该设备总价值125万元,超出补助部分由企业自行解决。该设备预计使用寿命为5年。

该企业从20×2年3月份起按年限平均法计提折旧,预计净残值为5万元。

20×2年3~12月期间,每月销售2 000件节能型产品,12月末相关补贴申请已经政府审核通过并确定将下拨相关补贴,但该企业尚未收到相关补贴。

要求 分别按总额法、净额法对上述有关政府补助事项进行会计处理。

【业务题二】

目的 练习应纳税所得额的计算。

资料 甲公司本年度利润总额为1 000万元,营业收入11 000万元,其中有关经济业务如下:

(1) 持有的以公允价值计量且其变动计入当期损益的金融资产本年公允价值上升80万元。

(2) 支付违法经营罚款25万元。

(3) 支付业务招待费100万元,按税法规定,企业发生的与生产经营活动有关的业务招待费支出,按照发生额的60%扣除,但最高不得超过当年销售(营业)收入的5‰。

(4) 拥有其60%表决权股份且能够实施控制的子公司A公司,本期实现净利润200万元,根据A公司利润分配决议应分得该公司现金股利60万元,甲公司与A公司均为居民企业。

(5) 为开发新技术发生研发支出800万元,其中,研究阶段支出250万元,开发阶段符合资本化条件前发生的支出为310万元,符合资本化条件后至达到预定用途前发生的支出为240万元,该企业开发的该项无形资产在当年7月份已达到预定用途并开始摊销。按税法规定,未形成无形资产而计入当期损益的研发费用,在按规定据实扣除的基础上,可再按其50%加计扣除;形成无形资产的研发费用,按其成本的150%摊销。假定会计与税法规定都按10年平均摊销。

(6) 因销售产品承诺提供2年的保修服务,本年提取70万元产品保修费,计入销售费用,同时确认为预计负债,按税法规定,与产品售后服务相关的费用在实际发生时允许税前扣除,本期发生50万元保修支出。

(7) 支付灾区救灾重建捐赠支出150万元,按税法规定,企业发生的公益性捐赠支出,不超过年度利润总额12%的部分,准予扣除。

(8) 本年计提坏账准备130万元。

(9) 收到到期国债利息收入15万元。

要求 根据上述资料进行纳税调整,将甲公司本年利润总额调整成应纳税所得额。

【业务题三】

目的 练习所得税的会计处理。

资料 乙公司20×5年1月购买一项无形资产,支付价款150万元,预计使用寿命5年,采用年限平均法摊销,税收上采用年数总和法摊销。假定20×5~20×9年各年税前会计利润均为300万元,所得税税率为25%。20×6年12月31日,对该项无形资产进行减值测试,确定其可收回金额为30万元,预计使用寿命未发生变更。无其他纳税调整事项和暂时性差异。

要求 (1)根据上述资料填列表15-10。

表15-10　　　　　　　　　**所得税会计处理有关项目表**　　　　　　　　单位:万元

年末	原价	本期摊销	累计摊销	本期计提减值准备	累计减值准备	账面价值	计税基础	暂时性差异	递延所得税资产或负债

(2)编制20×5~20×9年各年所得税会计处理的有关会计分录。

【业务题四】

目的　练习所得税的会计处理。

资料　丙公司本年年末有关暂时性差异资料,如表15-11所示。

表15-11　　　　　　　**年末有关暂时性差异资料表**　　　　　　　　单位:万元

有关项目	年末账面价值	年末计税基础	暂时性差异	
			应纳税	可抵扣
交易性金融资产(公允价值升值)	300	200		
存货(发生跌价损失)	120	150		
预计负债(预计产品保修费)	30	0		
合计				

丙公司本年利润总额1 000万元,所得税税率为25%。预计以后年度有足够的应纳税所得额可供抵扣。无其他纳税调整事项。

要求 (1)假如丙公司年初递延所得税资产、递延所得税负债均无余额,计算丙公司本年度发生的应纳税暂时性差异、可抵扣暂时性差异,编制丙公司本年度有关所得税的会计分录。

(2)假如丙公司年初递延所得税资产有借方余额4万元,系预计产品保修费用发生可抵扣暂时性差异16万元所形成;递延所得税负债有贷方余额21万元,系以公允价值计量且其变动计入当期损益的金融资产公允价值升值发生应纳税暂时性差异84万元所形成。请计算和说明丙公司本年度递延所得税负债、递延所得税资产的发生额,列明借或贷方向,并编制丙公司本年度有关所得税的会计分录。

【业务题五】

目的　练习利润有关指标和综合收益总额的计算。

资料 丁公司及其被投资单位适用的所得税税率均为25%。20×2年度有关损益类账户的发生额如下：

主营业务收入8 000 000元，主营业务成本5 000 000元，其他业务收入190 000元，其他业务成本120 000元，税金及附加30 000元，销售费用870 000元，管理费用1 000 000元，财务费用200 000元，其他收益（财政给予研发补贴）250 000元，营业外支出（提供担保预计损失）70 000元，资产减值损失（固定资产减值损失）90 000元，准备长期持有的联营企业的投资收益（采用权益法确认）—310 000元，公允价值变动收益（以公允价值计量且其变动计入当期损益的金融资产公允价值上升）620 000元。假定后四项损益需纳税调整。预计丁公司未来能够产生足够的应纳税所得额。此外，其他综合收益本年度增加300 000元，系以公允价值计量且其变动计入其他综合收益的金融资产公允价值升值扣除所得税后的净额。

该公司年初递延所得税资产有借方余额50 000元，递延所得税负债有贷方余额100 000元；年末递延所得税资产有借方余额72 500元，递延所得税负债有贷方余额255 000元。无其他所得税纳税调整事项。

要求 计算20×2年丁公司利润表中营业利润、利润总额、所得税费用、净利润和综合收益总额的金额。

【业务题六】

目的 练习利润分配的会计处理。

资料 (1) 大山公司于20×2年7月1日发行面值为1元的普通股股票3 000万股，每股发行价5元，收到承销商永信证券公司付来发行收入款项14 550万元（已扣除承销费）。

(2) 9月1日经股东大会表决批准中期利润分配方案：分派现金股利4 000万元，分派股票股利2 000万元。

(3) 实际发放现金股利4 000万元；办理增资手续，实际发放股票股利2 000万元。

(4) 年末按全年净利润16 000万元的10%提取法定盈余公积。

(5) 结转全年净利润及利润分配金额。

要求 根据上述资料编制大山公司有关会计分录。

【业务题七】

目的 练习每股收益的计算。

资料 黄河公司本年实现净利润19 360万元，上年实现净利润15 400万元，所得税税率25%，其他与每股收益有关的资料如下：

(1) 本年年初发行在外的普通股为40 000万股；5月1日新发行9 000万股；7月1日回购4 000万股，以备将来奖励职工。上年实际发行在外的普通股股份未发生变化。

(2) 上年1月2日发行票面利率为2.4%的3年期可转换债券，面值4 000万元，每100元债券可转换为1元面值普通股50股。该可转换债券至本年末未被转换。债券利息不符合资本化条件，计入当期损益。不具备转换选择权的类似债券的市场利率为3.5%。

要求 计算黄河公司本年利润表中下列指标（精确到0.001元）：基本每股收益"本期金额"、基本每股收益"上期金额"、稀释每股收益"本期金额"、稀释每股收益"上期金额"。

第十六章 财务报表列报

学习目的与要求

本章主要阐述财务报表的基本概念及财务报表的内容、结构及编制方法。读者通过本章的学习,应当了解财务报告体系、明确财务报表的组成;理解财务报表的重要性;熟知财务报表列报的基本要求;掌握资产负债表、利润表、现金流量表、所有者权益变动表的内容、结构及编制方法;认识财务报表之间内在的联系;了解财务报表附注的作用和应披露的内容。

预习思考题

1. 利润表列示的项目与利润的构成项目有何不同?利润表在提供企业利润信息的基础上还扩展提供了哪些信息?扩展提供这些信息有何意义?

2. H公司的利润表显示,公司本年度的利润比上年度有较大幅度的增长,而资产负债表显示,本年年末货币资金的数额却比上年年末减少了许多。为此,经理让会计小董提供一份详细的相关资料。请问小董应该怎么做?

3. 请仔细观察所有者权益变动表的设计,你能指出该表与资产负债表和利润表的内在联系以及项目金额之间的钩稽关系吗?

4. 小黄的父母为是否抛售持有的L公司股票发生争执。从事技术工作的父亲认为,L公司产品在市场上有技术优势,前景看好,其股价会升。母亲则持反对意见,认为据有关消息判断,L公司很可能会走下坡路。小黄为了平息父母间的这场"风波",试图对L公司的财务报表作一番分析。你认为小黄应关注L公司财务报表中的哪些信息?该如何向其父母作出解释呢?

5. 请查阅一家上市公司年报,了解该公司财务报表及其附注的列报情况。

第一节 财务报表概述

财务报告是财务会计信息系统的最终产品,是会计信息的"物质载体",同时又是将会计信息传递给使用者的手段。

财务报告是指企业对外提供的反映企业某一特定日期的财务状况和某一会计期间的经营成果、现金流量和所有者权益变动等会计信息的文件。财务报告包括财务报表及其附注和其他应当在财务报告中披露的相关信息和资料。财务报表是财务报告的核心,是对企业财务状况、经营成果和现金流量的结构性表述。

一、财务报表的作用

作为财务报告核心内容的财务报表,旨在向企业外部利益相关者提供有关决策所需要的会计信息。从这一目标出发,财务报表所提供的信息对于各个层面的使用者都具有重要的作用,主要体现在以下几个方面:

其一,在市场经济环境中,以所有权与经营权分离为特征的企业,其绝大多数的投资人和债权人尽管与企业有着直接的利益关系,但由于不直接参与企业的经营管理,他们对企业相关信息的获取,完全依赖于企业对外提供的财务报表。对企业的投资人(包括潜在的投资人)来说,基于投资的目的,他们最为关心的是投资的回报和风险,而通过财务报表所提供的信息,可以了解企业的经营状况和业已取得的经营成果,从而有助于分析、评价企业经营者受托责任的履行情况和企业的获利能力,为判断投资的价值和风险,作出新的投资决策,包括是否应当维持投资、增加投资或转移投资等提供依据。对企业的债权人来说,他们主要是企业信贷资金的提供者,他们对企业的关心着眼于企业能否按时、足额地偿还贷款的本金和利息,而通过财务报表所提供的信息,可以了解企业的财务状况和资金的使用、周转情况,从而有助于分析、评价企业的短期和长期偿债能力,并结合对企业获利能力的分析,判断企业财务风险程度,为有效地进行债权管理和作出进一步的信贷决策提供依据。

其二,政府作为社会经济活动的组织者和协调者,其有关部门为了履行各自的职责,对会计信息的使用有着特殊的需求。例如,财政、税务、审计部门以及证券交易监管部门等,它们通过企业财务报表所提供的信息,可以了解企业开展各项经济活动的情况,以便于在实施社会经济活动的管理和服务的过程中,加强对企业的指导,监督企业合法经营,完善税收征管,以及维护金融市场的秩序;国民经济综合管理部门,通过对企业提供的会计信息的汇总、分析,可以了解各行业的发展状况,借以评估产业政策,预测经济发展趋势,从而为搞好国民经济的宏观调控,合理地配置社会资源,以保持经济的良性循环提供重要依据。

其三,财务报表提供的信息主要是服务于企业外部使用者,但并不意味着排除企业的管理者,包括企业各个层次的经营管理人员对财务报表所提供信息的使用。企业的管理者通过财务报表所提供的信息,可以了解企业的生产经营情况,考核和衡量经营管理的绩效,为进一步改善企业的经营管理提供依据;同时,通过对企业的财务状况、经营成果及其变动原因作深入分析,有助于评价过去的经营决策,并为适时地作出新的经营决策以应对瞬息万变的市场环境,提供可靠的财务信息支持。

此外,企业的职工,乃至社会公众,也都会基于不同的目的,不同程度地关注企业的会计信息,以助于他们了解企业的经营状况,分析企业经营状况可能对其产生的影响,以及展望企业的发展前景。

二、财务报表的分类

财务报表可以根据需要,按照不同的标准进行分类。

按照财务报表反映内容的不同,可以分为反映企业某一特定日期财务状况的报表,如资产负债表;反映企业一定会计期间经营成果的报表,如利润表;反映企业一定会计期间现金和现金等价物流入和流出情况的报表,如现金流量表,以及反映企业一定会计期间内净资产变动原因的报表,如所有者权益变动表。

按照财务报表编制时间的不同,可以分为中期报表和年度报表。中期报表是指以短于一个完整的会计年度的报告期间为基础编制的报表,通常包括以 1 个月、1 个季度或半年为时间单位编制的报表。年度报表是指以一个完整的会计年度的报告期间为基础编制的报表。中期报表和年度报表于报告期间终了时编制,并应按规定的时间期限对外报送。

按照财务报表编制主体(提供信息的空间范围)的不同,可分为个别报表和合并报表。个别报表是指由某一会计主体编制,反映其自身财务状况、经营成果和现金流动情况的报表。合并报表是指将母公司和其全部子公司形成的企业集团视为一个会计主体,由母公司编制的用来综合反映企业集团整体财务状况、经营成果和现金流量的报表。按照企业会计准则的规定,当拥有被投资企业半数以上权益性资本投资,或虽然不足半数以上,但对被投资企业具有实质控制权的投资企业视为被投资企业的母公司,被投资企业则为投资企业的子公司,母公司应当编制合并财务报表。

此外,由主管部门根据所属单位报送的报表,连同本单位报表简单汇总编制而成的会计报表称为汇总报表。

三、财务报表列报的基本要求

财务报表列报的基本要求,是为提高财务报表所提供信息的使用价值对财务报表列报提出的总体性要求。

1. 财务报表的编制应当以持续经营为基础

持续经营是会计确认、计量和报告的基本前提。企业应当以持续经营为基础,根据实际发生的交易和事项,按照企业会计准则规定的标准进行确认和计量,并在此基础上编制财务报表。

在编制财务报表时,企业的管理层对企业的持续经营能力应进行评估,如果由于某些事项高度不确定性导致对持续经营能力产生重大怀疑时,应当在附注中披露导致产生这种重大怀疑的影响因素以及企业拟采取的改善措施;如果企业实际处于非持续经营状态,则应当编制非持续经营条件下的财务报表,同时在附注中应声明这一事实,并披露其原因及所采用的编制基础。

2. 财务报表列报的项目应当保证完整性

财务报表项目的列报应当保证完整,在这里强调的是不能以附注披露的方式来代替表内的确认和计量。

财务报表列报包括表内确认和表外披露两种形式。财务报表所含各种报表的编制(表述)过程,实质上就是表内确认的过程,也就是将已通过初始确认和计量、记录的各会计要素项目,经再次确认后正式列入相关报表的过程。某一项目在表内确认,其必须符合四个标准,即可定义性、可计量性、相关性和可靠性。附注则属于表外披露。它是为了增进财务报表内容的可理解性,对报表中有关项目的解释或补充,以及对未在报表中列示项目的说明。显然,表内确认与表外披露在提供信息的内容上存在着区别,前者是主体,后者起补充说明作用。表内确认有更为严格的规范要求。因此,如果用附注披露来代替财务报表中的确认和计量,势必会导致财务报表列报项目在反映的内容上不完整,造成会计信息的遗漏,同时也会对信息的可靠性和相关性产生负面影响。

3. 财务报表列报的项目应当保持一致性

财务报表列报的项目应当在各个会计期间保持一致,不得随意变更。除非会计准则要求改变项目的列报或企业经营业务的性质发生重大变化,变更项目的列报能够提供更可靠、更相关的会计信息。

一致性是会计信息质量的一项重要特征,一致性是企业不同期间的会计信息具有相互比较的基础,有利于报表使用者进行分析、比较,作出有效的决策。

4. 财务报表列报的项目应当体现重要性

在财务报表中对于重要的项目应当采取单独列报的方式。具体而言:①对于性质或功能不同的项目,应当在财务报表中单独列报,但不具重要性的项目可以合并列报。②对于性质或功能类似的项目,可以合并列报,但其所属类别具有重要性的,应当按其类别单独列报。比如,存货的种类很多,单看一个项目可能不重要,但存货作为一个类别,其通常占企业资产总额的相当比重,对企业的财务状况具有较大的影响,因此存货这一类别在资产负债表中应当单独列报。

项目的重要性是与成本效益原则直接相关的。某个项目具有重要性,即该项目对财务报表使用者的决策会产生重要的影响。评价项目的重要性在很大程度上取决于会计人员的职业判断。一般而言,某个项目的重要性应当根据企业所处环境,从项目的性质和金额大小两个方面来分析判断。判断项目性质的重要性,应当考虑该项目是否属于企业日常活动等因素;判断项目金额大小的重要性,应当通过单项金额占其直接相关项目总额的比重加以确定。

5. 财务报表列报的项目不能相互抵销

财务报表中的资产项目和负债项目的金额、收入项目和费用项目的金额、直接计入当期利润的利得项目和损失项目的金额不能相互抵销。也就是要求这些项目都应当分别以总额列示,而不应以相互抵销后的净额列示。因为按总额列示,所提供的信息更具完整性,便于报表使用者对信息的理解,以及对企业未来现金流量作出评估。

需要指出的是,以下三种情况不属于抵销:①一组类似交易形成的利得和损失以净额列示的,不属于抵销。例如,汇兑损益、为交易目的而持有的金融工具形成的利得和损失(具有重要性的除外)应当以净额列示。②资产或负债项目按扣除备抵项目后的净额列示,不属于抵销。③非日常活动产生的利得和损失,以同一交易形成的收益扣除相关费用后的净额更能反映交易实质的,不属于抵销。例如,处置非流动资产形成的利得和损失,应当按处置收入扣除该资产的账面价值和相关税费后的净额列示。

6. 财务报表列报的项目应当提供可比数据

企业编制当期财务报表时,至少应当提供所有列报项目上一可比会计期间的比较数据,以及与理解当期财务报表相关的说明。提供对比数据,目的在于反映企业财务状况、经营成果和现金流量的变化趋势,有助于报表使用者的分析与判断。如果发生企业会计准则允许的情况而使财务报表列报的项目发生变更的,应对上期比较数据按照当期的列报要求进行调整,并在附注中披露调整的原因和性质,以及调整的各项目金额;不能对上期比较数据作出调整的,则应当披露不能调整的原因。

第二节 资产负债表

资产负债表是反映企业在某一特定日期的财务状况的财务报表。所谓财务状况,通常是指企业在某一时点上资产、负债和所有者权益的构成及其相互联系。资产负债表就是通过列示企业资产的主要类别和金额、负债和所有者权益的主要类别和金额来描述企业财务状况的。一般来说,企业在一定期间内发生的交易或者事项的结果都会反映在当期末的资产、负债和所有者权益上,从而都能在资产负债表中得到总括的反映。因此,资产负债表是会计信息使用者获取决策所需信息的重要来源,是企业对外提供的主要财务报表之一。

资产负债表揭示了企业在某一时点上资产与权益的全貌,使报表使用者能够了解企业的资产构成状况,了解企业的债务结构与资本结构状况,从而有助于分析、评价、预测企业的偿债能力和财务弹性(财务适应性);通过对资产负债表、利润表、现金流量表相关指标进行综合分析,也有助于解释、评价、预测企业的经营绩效。

一、资产负债表的内容和结构

(一)资产负债表的内容

如前所述,资产负债表的内容由资产、负债和所有者权益三部分构成,各部分的组成项目按照一定的标准加以分类,从而形成各项目在内容上的有机联系,以满足使用者的需要。

1. 资产项目

资产项目反映企业在某一特定日期拥有或控制的经济资源。资产项目按其流动性的大小划分为流动资产和非流动资产两类。符合下列条件之一的资产归类为流动资产:①预计在一个正常营业周期中变现、出售或耗用;②主要为交易目的而持有;③预计在资产负债表日起1年内(含1年,下同)变现;④自资产负债表日起1年内,用于交换其他资产或清偿负债的能力不受限制的现金或现金等价物。流动资产单独列示的项目主要包括货币资金、以公允价值计量且其变动计入当期损益的金融资产、应收账款、应收票据、预付款项、存货、合同资产等。需要指出的是,交易性金融资产一般列作流动资产,但对于自报告期日起超过12个月到期且预期持有超过12个月的衍生工具应当划分为非流动资产。流动资产以外的资产归类为非流动资产。非流动资产单独列示的项目主要包括债权投资、其他债权投资、其他权益工具投资、长期股权投资、投资性房地产、固定资产、使用权资产和无形资产等。

2. 负债项目

负债项目反映企业在某一特定日期所承担的现时义务。负债项目按其偿还期的长短,分为流动负债和非流动负债两类。符合下列条件之一的负债归类为流动负债:①预计在一个正常营业周期中清偿;②主要为交易目的而持有;③自资产负债表日起1年内到期应予以清偿;④企业无权自主地将清偿推迟至资产负债表日后1年以上。需要指出的是,企业正常营业周期中的经营性负债项目,如应付账款、应付职工薪酬等即使在资产负债表日后超过1年才予以清偿的,仍应划分为流动负债。此外,关于可转换工具负债成分的分类应当注意的是,负债在其对手方选择的情况下,可通过发行权益进行清偿的条款与在资产负债表日负债的流动性划分无关。流动负债单独列示的项目主要包括短期借款、交易性金融负债、应付账款、应付票据、预收款项、合同负债、应付职工薪酬、应交税费等。流动负债以外的负债归类为非流动负债。非流动性负债单独列示的项目主要包括长期借款、应付债券、长期应付款、预计负债等。

需要说明的是，在某些情况下，对于某些会计主体（如金融机构），不是将资产、负债划分为流动与非流动类别，而是将资产、负债大体按其流动性顺序排列，这样排列可以提供更加可靠、相关的信息，因为这些主体并非在一个清晰可辨的经营周期内提供商品或劳务。

3. 所有者权益项目

所有者权益项目反映企业在某一特定日期，企业所有者对企业净资产的要求权。所有者权益项目按其形成来源，分为实收资本（或股本）、资本公积、其他综合收益、盈余公积和未分配利润等。

（二）资产负债表的结构

资产负债表是根据资产、负债和所有者权益之间的相互关系，按照一定的分类标准和顺序，把企业在一定日期的资产、负债和所有者权益项目予以适当排列，按照一定的要求编制而成的。资产负债表的结构建立于"资产＝负债＋所有者权益"这一会计等式的基础上，有账户式和报告式两种结构形式。

账户式的资产负债表分为左、右两方，资产项目列于表的左方，负债和所有者权益项目列于表的右方，明显地体现了资产与权益之间的平衡关系。资产项目中流动性越大、变现能力越强的排列在先；反之，排列在后。负债项目中流动性越大、要求偿还期限越短的排列在先；反之，排列在后。所有者权益项目排列在负债项目后，体现了所有者权益为剩余权益的性质。所有者权益项目是按其形成来源和金额的稳定性程度排列的，稳定程度高的排列在先，稳定程度低的排列在后。

报告式的资产负债表是将资产、负债和所有者权益项目自上而下垂直排列。

我国采用的是账户式资产负债表，一般企业的资产负债表的格式，如表 16-1 所示。

表 16-1　　　　　　　　　　　　**资产负债表**

编制单位：HD股份有限公司　　　　　20×2 年 12 月 31 日　　　　　　　　　　　单位：元

资　产	期末余额	年初余额	负债和所有者权益（或股东权益）	期末余额	年初余额
流动资产：			流动负债：		
货币资金	5 175 000	2 320 000	短期借款	900 000	1 200 000
交易性金融资产	180 000		交易性金融负债		
应收票据	70 000	70 000	应付票据	180 000	980 000
应收账款	82 390	160 000	应付账款	620 000	620 000
预付款项			预收款项		
应收款项融资			合同负债	120 000	120 000
其他应收款			应付职工薪酬	214 000	54 000

(续表)

资　产	期末余额	年初余额	负债和所有者权益（或股东权益）	期末余额	年初余额
存货	3 174 000	3 330 000	应交税费	1 884 880	975 130
合同资产	316 410		其他应付款	1 550 000	
持有待售资产			持有待售负债		
一年内到期的非流动资产			一年内到期的非流动负债		
其他流动资产			其他流动负债		
流动资产合计	8 997 800	5 880 000	流动负债合计	5 468 880	3 949 130
非流动资产：			非流动负债：		
债权投资			长期借款	2 540 000	2 540 000
其他债权投资	664 130	104 130	应付债券		
长期应收款			租赁负债		
长期股权投资	500 000	1 000 000	长期应付款		
其他权益工具投资			预计负债	20 000	
其他非流动金融资产			递延收益		
投资性房地产			递延所得税负债		
固定资产	12 040 000	12 000 000	其他非流动负债		
在建工程	520 000	450 000	非流动负债合计	2 560 000	2 540 000
工程物资	50 000	50 000	负债合计	8 048 880	6 489 130
固定资产清理			所有者权益（或股东权益）：		
生产性生物资产			实收资本（或股本）	12 000 000	12 000 000
油气资产			其他权益工具		
使用权资产			其中：优先股		
无形资产	435 000	470 000	永续债		
开发支出			资本公积	250 000	250 000
商誉			减：库存股		
长期待摊费用			其他综合收益		
递延所得税资产	53 550	35 000	盈余公积	973 160	650 000
其他非流动资产			未分配利润	2 008 440	600 000

(续表)

资　产	期末余额	年初余额	负债和所有者权益(或股东权益)	期末余额	年初余额
非流动资产合计	14 262 680	14 109 130	所有者权益(或股东权益)合计	15 231 600	13 500 000
资产总计	23 280 480	19 989 130	负债和所有者权益(或股东权益)总计	23 280 480	19 989 130

二、资产负债表的编制

资产负债表设立"期末余额"和"年初余额"两栏，通过前后两期数据的比较，报表使用者可以依据项目的动态变化，分析企业财务状况的变化趋势。

(一)"年初余额"栏的填列

资产负债表中的"年初余额"栏内各项数字，应根据上年年末资产负债表"期末余额"栏内所列数字填列。如果上年度资产负债表项目的名称、内容与本年度不相一致，则应对上年年末资产负债表项目的名称和数字按照本年度的规定进行调整，按调整后的数字填入"年初余额"栏内。

(二)"期末余额"栏的填列

资产负债表中的"期末余额"栏内各项数字，应根据有关账户的期末余额填列。但这些数据从账簿系统进入报表系统，由账户数据转化为报表的项目信息，有的无须再作加工，而有的还必须经过合并、分析或调整计算。"期末余额"栏数字的填列方法可归纳为如下五种。

1. 根据某一总账账户的余额直接填列

在资产负债表中，可直接根据某一总账账户余额填列的项目较多，除了下述其他几种方法中所涉及的项目，其余项目一般都应采用这种直接填列的方法，这些项目的名称在此不一一罗列，可采用排除法确定。

2. 根据若干总账账户的余额计算填列

这种方法是将若干总账账户的余额加以归并填列于某项目，按类别提供性质相同的会计信息。典型项目如下：

(1)"货币资金"项目，应根据"库存现金""银行存款""其他货币资金"账户的期末余额合计数填列，反映企业期末持有的货币资金总额。

(2)"存货"项目，应根据"在途物资""材料采购""原材料""委托加工物资""包装物""低值易耗品""库存商品""发出商品""受托代销商品""生产成本"等账户的期末借方余额合计数，加上或减去"材料成本差异""商品进销差价"账户的期末余额，再减去"受托代销商品款""存货跌价准备"账户的期末余额后的金额填列，反映企业期末持有的存货的账面价值。

(3)"应收账款"项目，应根据"应收账款"账户所属明细账户的期末借方余额的合计数，减去"坏账准备"账户期末余额中应收账款坏账准备后的金额填列。反映资产负债表日以摊余成本计量的、企业因销售商品、提供服务等经营活动应收取的款项。

(4)"应收利息""应收股利"账户期末余额，并入"其他应收款"项目列报；"应付利息""应付股利"账户期末余额并入"其他应付款"项目列报。

3. 根据有关总账账户和明细账户的余额分析计算填列

为了反映企业资产、负债的流动性发生的变化,某些非流动资产和非流动负债项目,需要根据有关总账账户和明细账户的期末余额分析计算填列。典型项目如下:

(1)"交易性金融资产"项目,应根据"交易性金融资产"账户的相关明细科目的期末余额分析填列。自资产负债表日起超过1年到期且预期持有超过1年的以公允价值计量且其变动计入当期损益的非流动金融资产的期末账面价值,在"其他非流动金融资产"项目反映。

(2)"债权投资"项目,应根据"债权投资"账户的期末余额扣除所属明细账户中将于1年内到期的部分后的金额填列。

如果债权投资已计提减值准备的,在填列"债权投资"项目时,还应减去"债权投资减值准备"账户的期末余额。反映资产负债表日企业以摊余成本计量的长期债权投资的期末账面价值。

(3)"长期应收款"项目,应根据"长期应收款"账户的期末余额扣除所属明细账户中将于1年内到期部分后的金额填列。

如果长期应收款已计提减值准备,以及企业因采用递延方式分期收款销售商品、提供劳务或因融资租出固定资产等形成未实现融资收益的,在填列"长期应收款"项目时,还应减去"坏账准备"账户期末余额中长期应收款坏账准备和相应的"未实现融资收益"账户的期末余额。

(4)"长期待摊费用"项目,应根据"长期待摊费用"账户的期末余额扣除所属明细账户中将于1年内摊销部分后的金额填列。

上述将于1年内到期的以摊余成本计量的金融资产、长期应收款和将于1年内摊销的长期待摊费用,应一并在"一年内到期的非流动资产"项目中填列。

(5)"长期借款""应付债券""租赁负债""长期应付款""预计负债"项目,应根据相应账户的期末余额扣除所属明细账户中将于1年内到期部分后的金额填列。

如果企业因购入有关资产超过正常信用条件延期支付价款、实质上具有融资性质或因融资租入固定资产等产生未确认融资费用的,在填列"长期应付款"项目时,还应减去相应的"未确认融资费用"账户的期末余额。

上述将于1年内到期的长期借款、应付债券、租赁负债、长期应付款和预计负债,应一并在"一年内到期的非流动负债"项目中填列。

4. 根据有关明细账户的余额分析计算填列

根据资产项目和负债项目的金额不能相互抵销的列报要求,企业发生的应付款与预付款,应根据有关明细账户余额的方向分析计算填列。"合同资产"和"合同负债"项目需视是否在同一合同下进行分析填列。

(1)"预付款项"项目,应根据"预付账款"和"应付账款"账户所属明细账户的期末借方余额的合计数,减去"坏账准备"账户期末余额中预付账款坏账准备后的金额填列。

(2)"应付账款"项目,以及"应付账款"和"预付账款"账户所属明细账户中期末贷方余额的合计数填列,反映资产负债表日以摊余成本计量的、企业因购买材料、商品和接受服务等经营活动应支付的款项。

(3)"合同资产"和"合同负债"项目,应分别根据"合同资产""合同负债"账户的相关明细科目的期末余额分析填列,同一合同下的合同资产和合同负债应当以净额列示,其中净额为借方余额的,应当在"合同资产"项目中填列,已计提减值准备的,还应减去"合同资产减值准备"科目中相关的期末余额后的金额填列;其中净额为贷方余额的,应当根据其流动性在"合同负债"项目中填列。期限超过1年的"合同资产"或"合同负债"应分别在"其他非流动资产"或"其他非流动负债"项目中填列。

5. 根据有关账户余额与其备抵账户余额抵减后的净额填列

采用这种方法,即在报表中不揭示有关资产账户与其备抵账户的抵减过程,而直接列示企业期末持有的资产的净额。因此,凡计提减值准备、计提折旧或计提摊销额的资产项目,均应根据相关资产账户的期末余额,减去各自相应的减值准备账户的期末余额和"累计折旧"或"累计摊销""累计折耗"等账户的期末余额后填列净额。按照这一方法填列的,除了前已述及的"应收账款""预付款项""存货""合同资产""债权投资""长期应收款"项目,还有"其他应收款""长期股权投资""投资性房地产""固定资产""在建工程""使用权资产""无形资产""商誉"等项目。

对于各项资产计提的减值准备、累计折旧和累计摊销等,应在财务报表附注中披露。

下面举例说明资产负债表的编制方法。

【例16-1】 HD股份有限公司为增值税一般纳税人企业。该公司发行在外的普通股1 200万股,增值税税率为13%,所得税税率为25%,该公司的所得税均在同一税务局缴纳,无形资产摊销及固定资产折旧等处理与税法规定一致。该公司编制的20×2年12月31日的资产负债表,如表16-1所示。

20×2年,HD公司发生以下经济业务(会计分录略,总分类账户发生额及余额,如表16-2所示):

表16-2 总分类账户本期发生额及余额

20×2年 单位:元

会计账户	期初余额		本期发生额		期末余额	
	借方	贷方	借方	贷方	借方	贷方
库存现金	50 000				50 000	
银行存款	2 270 000		9 212 000	6 357 000	5 125 000	
交易性金融资产			180 000		180 000	
应收票据	70 000				70 000	
应收账款	200 000				200 000	
坏账准备		40 000		77 610		117 610
合同资产	0		318 000	0	318 000	
合同资产减值准备				1 590		1 590
原材料	330 000		2 105 000	530 000	1 905 000	
库存商品	3 100 000		1 324 000	3 000 000	1 424 000	
生产成本			1 324 000	1 324 000		
制造费用			444 000	444 000		

(续表)

会计账户	期初余额		本期发生额		期末余额	
	借方	贷方	借方	贷方	借方	贷方
存货跌价准备		100 000		55 000		155 000
债权投资	104 130		560 000		664 130	
长期股权投资	1 000 000			500 000	500 000	
固定资产	14 000 000		800 000	1 000 000	13 800 000	
累计折旧		2 000 000	800 000	560 000		1 760 000
在建工程	450 000		70 000		520 000	
工程物资	50 000				50 000	
固定资产清理			205 000	205 000		
无形资产	505 000				505 000	
累计摊销		35 000		35 000		70 000
递延所得税资产	35 000		38 550		73 550	
短期借款		1 200 000	300 000			900 000
应付票据		980 000	800 000			180 000
应付账款		620 000				620 000
合同负债		120 000				120 000
应付职工薪酬		54 000	400 000	560 000		214 000
应交税费		975 130	1 270 000	2 179 750		1 884 880
应付利息				50 000		50 000
应付股利				1 500 000		1 500 000
长期借款		2 540 000				2 540 000
预计负债				20 000		20 000
递延所得税负债				20 000		20 000
主营业务收入			7 800 000	7 800 000		
主营业务成本			3 000 000	3 000 000		
税金及附加			70 000	70 000		
销售费用			160 000	160 000		
管理费用			291 000	291 000		
财务费用			65 000	65 000		
其他收益			40 000	40 000		
资产减值损失			56 590	56 590		

(续表)

会计账户	期初余额		本期发生额		期末余额	
	借方	贷方	借方	贷方	借方	贷方
信用减值损失			77 610	77 610		
公允价值变动损益			80 000	80 000		
投资收益			209 000	209 000		
营业外支出			100 000	100 000		
所得税费用			1 077 200	1 077 200		
本年利润			8 089 000	8 089 000		
实收资本（或股本）		12 000 000				12 000 000
资本公积		250 000				250 000
盈余公积		650 000		323 160		973 160
利润分配		600 000	1 823 160	3 231 600		2 008 440
合计	22 164 130	22 164 130	43 672 110	43 672 110	25 384 680	25 384 680

（1）1月1日，用银行存款以53万元的价格购入B企业发行的到期一次还本付息债券，债券面值50万元，票面利率7％。该债券还有5年到期，公司将其列入以摊余成本计量的金融资产。

（2）用银行存款缴纳上年欠交的所得税80万元和增值税额3.6万元。

（3）对外销售产品以及提供相关培训服务，销售产品及提供的培训服务属于两个履约义务。产品价款780万元、增值税额101.4万元，其中849.6万元已收存银行，剩余31.8万元需待培训服务提供完成后支付。该产品已发出且控制权已转移，成本300万元。培训服务价款80万元，培训服务尚未提供。

（4）收到政府支付返还的增值税额3.6万元。

（5）购入股票2万股，每股市价5元，交易费用0.1万元，款项已用银行存款支付。该股票列入公司以公允价值计量且其变动计入当期损益的金融资产。

（6）用银行存款支付购买原材料的价款200万元、增值税额26万元。材料已验收入库（材料按实际成本计价核算）。当期产品生产领用原材料53万元。

（7）购入不需要安装设备一台，用银行存款支付相关款项共计90.4万元（含增值税额10.4万元）。

（8）报废车间使用的设备一台，该设备原价100万元，已提折旧80万元，未计提减值准备，以银行存款支付相关费用0.5万元，设备废弃部件作价10.5万元入原材料库。

（9）偿还短期借款30万元和利息1.5万元（利息于借款到期时一次支付，并计入当期损益）。

（10）用银行存款支付到期商业汇票80万元和广告费等销售费用13.6万元。

（11）转让对子公司的部分投资，所转让投资的账面余额为50万元，未计提减值准备，转让收入68万元已存入银行。

(12) 应付职工工资 40 万元,其中,生产工人 25 万元,车间管理人员 6 万元,公司行政管理人员 4 万元,在建工程建设人员 5 万元。应付职工工资已通过银行支付。

(13) 计提职工医疗保险、养老保险等社会保险费 16 万元,其中,生产工人 10 万元,车间管理人员及公司行政管理人员分别为 2.4 万元和 1.6 万元,在建工程建设人员 2 万元。

(14) 计算确定应由当期主营业务负担的城市维护建设税 4.6 万元、教育费附加 2.4 万元。上述税费已缴纳。

(15) 计提固定资产折旧 56 万元,其中,计入制造费用 36 万元、管理费用 20 万元。管理部门无形资产摊销 3.5 万元。

(16) 计提计入当期损益的分期付息、到期还本长期借款的利息 5 万元(假定合同利率与实际利率差异较小,按合同利率计算利息费用)。

(17) 本期购入的以摊余成本计量的金融资产,按票面利率计算确定的应计利息为 3.5 万元,按债券摊余成本和实际利率计算确定的利息为 3 万元。

(18) 预计产品保修费用 2 万元,计提应收账款坏账准备 7.761 万元、合同资产减值准备 0.159 万元和存货跌价准备 5.5 万元,持有的列入以公允价值计量且其变动计入当期损益的金融资产的股票,期末公允价值高于账面余额的差额为 8 万元。

(19) 结转本期制造费用 44.4 万和完工产品成本 132.4 万元(期初、期末均没有在产品)。

(20) 损益类收支结转"本年利润"账户。

(21) 递延所得税资产期初余额 3.5 万元,递延所得税负债无期初余额。预计以后年度有足够的纳税所得可供抵扣。计算确定本期应交所得税为 109.575 万元,计算确定本期末可抵扣暂时性差异为 29.42 万元,应纳税暂时性差异为 8 万元,列入利润表的所得税费用为 107.72 万元,并结转所得税费用。

提示:
利润总额=4 308 800(元)
应纳税所得额=4 308 800+79 200+55 000+20 000-80 000=4 383 000(元)
应交所得税=4 383 000×25%=1 095 750(元)
递延所得税资产增加=(119 200+155 000+20 000)×25%-35 000=294 200×25%-35 000
=38 550(元)
递延所得税负债增加=80 000×25%-0=20 000(元)
列入利润表的所得税费用=1 095 750-38 550+20 000=1 077 200(元)

上述所得税均在同一税务局缴纳,递延所得税资产及递延所得税负债以抵销后的净额在财务报表中列示。

(22) 提取法定盈余公积 32.316 万元,向投资者分配现金股利 150 万元。现金股利尚未支付。

(23) 结转"本年利润"账户和"利润分配"有关明细账户的余额。

第三节 利 润 表

利润表是反映企业一定会计期间经营成果的财务报表。它通过列示一定期间的收入、费用和直接计入当期损益的利得和损失，以计算出企业一定期间的净利润（或净亏损）。利润是企业作为经营主体所取得的经营业绩的综合体现，有关数据也反映了不同的相关利益者的直接利益，因而利润表所提供的信息备受关注。利润表是会计信息使用者获取决策所需信息的重要来源，是企业对外提供的主要财务报表之一。

利润表所提供的信息，全面反映了企业在一定时期内收益的来源和构成，以及为此而发生的耗费，有助于报表使用者了解企业的经营业绩，分析、评价企业的获利能力和收益质量，衡量企业经营管理的绩效，判断对企业投资的价值和风险；通过对不同时期利润表的各项指标的对比分析，有助于预测企业未来的收益。

一、利润表的内容和结构

（一）利润表的内容

对于在利润表中如何列报收益的内容，在理论上存在着两种不同的收益组成观点——"本期经营观"和"损益满计观"。"本期经营观"着眼于企业经营绩效的衡量，主张利润表只应限于反映由本期营业活动所带来的、可以由企业管理当局控制的经营成果，至于非常项目产生的利得和损失以及前期损益调整则不应包括在本期收益中。"损益满计观"着眼于一定时期内企业所有者权益的总变化（除了所有者投资和分得利润），主张所有本期营业活动所引起的收入、费用以及非常项目产生的损益、前期损益调整等均应无一遗漏地纳入利润表，计入本期收益。

我国企业的利润表反映营业利润、利润总额、净利润和反映企业获利能力的每股收益指标，同时，还提供了全面反映企业财务业绩（包括未在损益中确认的各项利得和损失）的综合收益指标，以作为对净利润指标的扩展，并与所有者权益变动表中提供的相关信息相连接。

1. 营业利润

营业利润反映了企业持续经营活动的净收益，是收入与费用配比的结果。需要特别指出的是，它还包括了当期已确认但尚未实现的收益，如企业交易性金融资产、交易性金融负债等公允价值变动形成的收益（或损失），这在一定程度上增强了收益信息的相关性，有利于报表使用者的决策。

2. 利润总额

利润总额包括当期非常项目产生的利得和损失，并分别在"营业外收入"和"营业外支出"项目列示，这样，与正常经营活动的损益相区分，有利于预测未来正常经营活动的收入、费用和现金流量，因为只有正常经营活动才是持续的、具有可预测性的。

3. 净利润

净利润反映利润总额扣除所得税费用后的税后利润。

4. 每股收益

每股收益指标反映了企业经营成果中投资者可能取得的份额。它是企业投资者用来评价企业获利能力、预测企业经营业绩的尺度，也是影响企业股票市场价格的重要因素。

5. 其他综合收益的税后净额

其他综合收益的税后净额反映企业根据企业会计准则规定未在损益中确认的各项利得和损失扣除所得税影响后的净额。利润表中单独列示各项其他综合收益的税后净额，并且分为"以后会计期间不能重分类进损益的其他综合收益项目"和"以后会计期间在满足规定条件时将重分类进损益的其他综合收益项目"两类予以列报,各类别主要包括的项目,如表 16-3 所示。

6. 综合收益总额

综合收益是指企业在某一期间与所有者以其所有者身份进行的交易之外的其他交易或事项所引起的所有者权益变动。综合收益总额反映企业净利润与其他综合收益扣除所得税影响后的净额的合计金额。

至于前期损益调整事项,在所有者权益变动表中作调整年初未分配利润处理。

(二)利润表的结构

利润表是以一定的分类和列示次序来表述利润构成各项目之间的关系的。利润表的结构一般有多步式和单步式两种。多步式利润表将利润表中的内容作多项分类,分步计算出不同结构层次的利润指标,最后计算得出当期损益。这种分步骤的反映当期损益的形成过程,为报表使用者提供了更为详细的信息,而且有利于不同企业或企业不同时期相应项目的对比分析。

单步式利润表是将本期所有的收入及所有的费用分别汇总,然后两者相减,一次计算得出当期损益。单步式利润表结构简单,但所含信息量较少,不便于进行有关指标的比较分析。

我国企业采用的是多步式利润表,一般企业的利润表的格式,如表 16-3 所示。

表 16-3　　　　　　　　　　　　**利　润　表**

编制单位:HD公司　　　　　　　　20×2年　　　　　　　　　　　　　　　单位:元

项　　目	行次	本年金额	上年金额
一、营业收入		7 800 000	
减:营业成本		3 000 000	
税金及附加		70 000	
销售费用		160 000	
管理费用		291 000	
研发费用			
财务费用		65 000	
加:其他收益		40 000	
投资收益(损失以"－"号填列)		209 000	(略)
其中:对联营企业和合营企业的投资收益		—	
以摊余成本计量的金融资产终止确认收益(损失以"－"号填列)		—	
公允价值变动收益(损失以"－"号填列)		80 000	
资产减值损失		56 590	
信用减值损失		77 610	
资产处置收益(损失以"－"号填列)			

(续表)

项 目	行次	本年金额	上年金额
二、营业利润（亏损以"－"号填列）		4 408 800	
加：营业外收入		—	
减：营业外支出		100 000	
三、利润总额（亏损总额以"－"号填列）		4 308 800	
减：所得税费用		1 077 200	
四、净利润（净亏损以"－"号填列）		3 231 600	
（一）持续经营净利润（净亏损以"－"号填列）			
（二）终止经营净利润（净亏损以"－"号填列）			
五、其他综合收益的税后净额		—	
（一）不能重分类进损益的其他综合收益		—	
1. 重新计量设定受益计划变动额			
2. 权益法下不能转损益的其他综合收益			
3. 其他权益工具投资公允价值变动			
4. 企业自身信用风险公允价值变动			
……			
（二）将重分类进损益的其他综合收益			
1. 权益法下可转损益的其他综合收益			
2. 其他债权投资公允价值变动			
3. 金融资产重分类计入其他综合收益的金额			
4. 其他债权投资信用减值准备			
5. 现金流量套期储备			
6. 外币财务报表折算差额			
……			
六、综合收益总额		3 231 600	
七、每股收益：			
（一）基本每股收益		0.27	
（二）稀释每股收益		—	

此外，在利润表中对费用是按照其功能分类列示的（金融机构可以根据其业务的特殊性列示），即将费用按照企业的活动分为从事经营业务发生的成本、管理费用、销售费用和财务费用等，这种分类有助于报表使用者了解费用发生的活动领域。同时，企业应当在财务报表附注中披露费用按照性质分类的利润表补充资料，如将费用分为耗用的原材料、职工薪酬费用、折旧费用和摊销费用等，从而有助于报表使用者全面了解企业的经营成果。

二、利润表的编制

利润表通常设有两栏,编制中期报表(月报表、季报表、半年报表)时为"本期金额"栏和"上期金额"栏,分别填列各项目的本期实际发生数和上期实际发生数;编制年度报表时为"本年金额"栏和"上年金额"栏,相应填列各项目的本年实际发生数和上年实际发生数。利润表向报表使用者提供对比数据,增加了分析企业盈利能力发展趋势方面的信息。

利润表反映的是企业在一定会计期间的经营成果,是一张动态报表,因而其数据主要来源于损益类账户的本期发生额。利润表中各项目的填列方法可归纳如下:

(1)收入、费用和计入损益的利得、损失项目,应根据损益类账户的发生额分析填列。该部分项目的数据较易获取,因为项目的名称及反映的内容(除"营业收入"和"营业成本")与损益类账户是一一对应的。

(2)不同层次的利润项目,可根据表中有关项目计算填列。有关计算方法如下:

营业利润=营业收入-营业成本-税金及附加-销售费用-管理费用-研发费用-财务费用
-资产减值损失-信用减值损失+公允价值变动收益(或:减损失)
+投资收益(或:减损失)+资产处置收益(或:减损失)+其他收益

利润总额=营业利润+营业外收入-营业外支出

净利润=利润总额-所得税费用

需要说明的是,研发费用项目应根据"管理费用"账户下的"研发费用"明细账户发生额分析填列,为满足纳税调整等需求而单独列报。

(3)"净利润"项目下划分"(一)持续经营净利润"和"(二)终止经营净利润"两项目,分别反映净利润中与持续经营相关的净利润和与终止经营相关的净利润;如为净亏损,以"-"号填列。该两个项目应按照《企业会计准则第42号——持有待售的非流动资产、处置和终止经营》的相关规定分别列报。

(4)其他综合收益的税后净额项目,应反映按会计准则规定未在损益中确认的各项利得和损失扣除所得税影响后的净额,根据"其他综合收益"等账户的发生额分析填列。

(5)综合收益总额项目,应根据表中净利润项目与其他综合收益的税后净额项目的合计金额填列。

(6)"基本每股收益"项目和"稀释每股收益"项目,应反映根据每股收益准则的规定计算的金额。

【例16-2】 承[例16-1],根据 HD 股份有限公司的有关资料,编制 20×2 年度的利润表(表16-3)。HD 公司不存在潜在普通股,本年度也未增发新股,发行在外的普通股为1 200万股。

第四节 现金流量表

现金流量表是反映企业一定会计期间现金流入与流出情况的财务报表。它是从现金的流入和流出两个方面,揭示企业一定期间经营活动、投资活动和筹资活动对企业现金的影响，说明企业现金的来源与去向。

现金流量表所提供的信息是对资产负债表和利润表所提供信息的必要补充。它可以帮助解释财务状况变动的原因，帮助说明净利润与现金流量净额存在差异的原因，并帮助分析净利润的质量等。现金流量表是会计信息使用者获取决策所需信息的重要来源，是企业对外提供的主要财务报表之一。

通过现金流量表提供的信息，报表使用者可以分析、评价企业获取现金的能力和企业的支付能力、偿债能力以及企业的财务适应性，并借以预测企业未来现金流量的趋势。特别是现金流量表提供的信息是建立在业已实现的实实在在的现金流动基础之上的，因而在评价企业收益质量方面具有不可替代的重要作用。

一、现金流量表的编制基础

现金流量表是按照收付实现制，以现金及现金等价物为基础编制的。现金流量表中的"现金"包括现金和现金等价物两部分。

（一）现金

现金是指企业的库存现金以及可以随时用于支付的存款。在这里，现金是个广义的概念，它包括如下内容。

1. 库存现金

库存现金是指企业存放在财会部门，可随时用于支付的现金。它与"库存现金"账户核算的内容一致。

2. 银行存款

银行存款是指企业存在银行或其他金融企业的随时可以用于支付的存款。它与"银行存款"账户所核算的内容不完全一致，区别在于，"银行存款"账户核算内容中不能随时用于支付的存款，如不能随时支取的定期存款，不应作为现金流量表中的现金，但提前通知金融企业便可支取的定期存款等，则应包括在现金流量表中的现金范围内。

3. 其他货币资金

其他货币资金是指企业存在银行具有特定用途的资金，包括外埠存款、银行汇票存款、银行本票存款、信用卡存款、信用证保证金存款和存出投资款等。

（二）现金等价物

现金等价物是指企业持有的期限短、流动性强、易于转换为已知金额现金、价值变动风险很小的投资。一项投资要确认为现金等价物，必须具备以上特征。现金等价物通常包括可在证券市场上流通的自购买日起3个月内到期的债券投资。例如，企业于2011年12月1日购入2009年1月1日发行的期限为3年的国债，购买时该国债还有1个月到期，这项投资应确认为现金等价物。对于权益性投资，其变现的金额通常不确定，因而不属于现金等价物。实务中不同企业现金等价物的范围也可能不同，企业应当根据具体情况确定现金等价物的范围，一经确定不得随意变更。

如无特殊说明，以下所称现金包括现金等价物，除非同时提及现金等价物。

（三）现金流量

现金流量是指现金和现金等价物的流入和流出的数量。现金流入与流出之差，称为现金净流量。在现金流量表中，除了会计准则特别指定的项目列示现金流量净额，均分别以现金流入和现金流出的总额反映。

在编制现金流量表时,一笔交易或者事项是否构成现金流量,应视其是否引起现金总量的变动。因此,企业发生的现金形式转换的经济业务(如库存现金交存银行或从银行提取现金等),以及现金与现金等价物之间转换的业务(购买或收回属于现金等价物范围的投资所涉及的现金收支等),不构成现金流量,不纳入现金流量表列报的对象。

二、现金流量表的内容和结构

(一)现金流量表的内容

按照企业经营业务的性质,通常将企业一定期间内产生的现金流量分为经营活动产生的现金流量、投资活动产生的现金流量和筹资活动产生的现金流量三类,并按此分类在现金流量表中予以列报。

1. 经营活动产生的现金流量

经营活动是指企业投资活动和筹资活动以外的所有交易和事项。不同行业的企业对经营活动的认定存在一定差异,现金流量的归类上也会有所不同。就一般工商企业而言,经营活动的现金流入主要包括销售商品、提供劳务等收到的现金;经营活动的现金流出主要包括购买商品、接受劳务和支付职工薪酬、缴纳税费等所支出的现金。

一般来说,经营活动是企业最主要的业务活动,也是影响企业现金流量的最重要因素。企业经营活动产生的现金流量是评价企业获取现金流量能力的一个重要指标,它可以说明企业经营活动对现金流量净额的影响程度,本质上体现了企业自我创造现金的能力,是分析、评价企业偿债能力、支付能力,以及对外部资金依赖性程度的重要依据。

2. 投资活动产生的现金流量

投资活动是指企业长期资产的购建和不包括在现金等价物范围的投资及其处置活动。在这里,投资活动与通常所讲的投资的范围不同,后者仅指与企业对外投资及处置相关的部分,而现金流量表中的投资活动,还包括企业长期资产的购建与处置。投资活动的现金流入主要包括收回、处置对外投资、取得投资收益收到的现金,以及处置固定资产、无形资产和其他长期资产收到的现金;投资活动的现金流出主要包括购建固定资产、无形资产和其他长期资产,以及交易性、权益性和债权性投资支出的现金等。

投资活动是企业重要的业务活动之一。企业对内、对外投资力度的强弱在一定程度上体现了企业获取未来收益和现金流量的能力。通过投资活动产生的现金流量信息,可以了解企业投资的规模和政策,了解企业为获得未来收益和现金流量而导致资源转出的程度,分析、评价企业通过投资活动获取现金流量的能力,以及投资活动的现金流量对企业现金流量净额的影响程度。

3. 筹资活动产生的现金流量

筹资活动是指导致企业资本及债务规模和构成发生变化的活动。筹资活动的现金流入主要包括吸收权益性投资、发行债券或借款等收到的现金;筹资活动的现金流出主要包括偿还债务支出的现金,分配股利、利润和偿付利息支出的现金等。

筹资活动的现金流量对支持企业持续经营活动的正常进行有着重要的影响。通过筹资活动产生的现金流量信息,可以了解企业筹资的规模和来源,分析、评价企业财务结构发生的变化和吸收、消化外部注入资金的能力,以及筹资活动的现金流量对企业现金流量净额的影响程度。

对于企业日常活动之外的、不经常发生的特殊项目,如自然灾害损失、保险索赔等所产生的现金流量,应根据其性质分别归并到相关类别中单独列报。

需要指出的是,现金流量表在报告企业一定期间经营活动、投资活动和筹资活动现金流量的同时,还在现金流量表附注中披露不涉及当期现金收支的重大的投资和筹资活动,如债务转为资本、1年内到期的可转换公司债券,以及融资租入固定资产等,其目的在于更全面地揭示影响企业财务状况的重要事项。从现金流量的角度看,这些事项虽然不形成企业当期的现金收支,但会对企业以后期间的现金流量产生重大影响,因此,它对于报表使用者预测企业未来现金流量具有重要价值。

(二)现金流量表的结构

现金流量表由主表和附注两部分组成。

现金流量表的主表是按照现金流量的分类,分别经营、投资、筹资活动,从现金流入和流出两个方面列报现金收支项目和各类活动产生的现金流量净额。对于汇率变动对现金及现金等价物的影响,作为调节项目单独列示。各类活动产生的现金流量净额加上或减去汇率变动对现金及现金等价物的影响额,即得出当期现金及现金等价物净增加额。

现金流量表附注披露的信息包括以下三部分:

(1)以补充资料的形式披露"将净利润调节为经营活动的现金流量""不涉及现金收支的重大投资和筹资活动""现金及现金等价物净变动情况"。

(2)当期取得或处置子公司及其他营业单位的情况。

(3)现金及现金等价物的构成情况。

一般企业的现金流量表的格式,如表16-4所示。

表16-4 **现金流量表**

编制单位:HD公司 20×2年度 单位:元

项 目	行次	本期金额	上期金额
一、经营活动产生的现金流量:			(略)
销售商品、提供劳务收到的现金		8 496 000	
收到的税费返还		36 000	
收到其他与经营活动有关的现金			
经营活动现金流入小计		8 532 000	
购买商品、接受劳务支付的现金		3 060 000	
支付给职工以及为职工支付的现金		350 000	
支付的各项税费		906 000	
支付其他与经营活动有关的现金		136 000	
经营活动现金流出小计		4 452 000	
经营活动产生的现金流量净额		4 080 000	

(续表)

项 目	行次	本期金额	上期金额
二、投资活动产生的现金流量：			
收回投资收到的现金		680 000	
取得投资收益收到的现金			
处置固定资产、无形资产和其他长期资产收回的现金净额		-5 000	
处置子公司及其他营业单位收到的现金净额			
收到其他与投资活动有关的现金			
投资活动现金流入小计		675 000	
购建固定资产、无形资产和其他长期资产支付的现金		954 000	
投资支付的现金		631 000	
取得子公司及其他营业单位支付的现金净额			
支付其他与投资活动有关的现金			
投资活动现金流出小计		1 585 000	
投资活动产生的现金流量净额		-910 000	
三、筹资活动产生的现金流量：			
吸收投资收到的现金			
取得借款收到的现金			
收到其他与筹资活动有关的现金			
筹资活动现金流入小计			
偿还债务支付的现金		300 000	
分配股利、利润或偿付利息支付的现金		15 000	
支付其他与筹资活动有关的现金			
筹资活动现金流出小计		315 000	
筹资活动产生的现金流量净额		-315 000	(略)
四、汇率变动对现金及现金等价物的影响			
五、现金及现金等价物净增加额		2 855 000	
加：期初现金及现金等价物余额		2 320 000	
六、期末现金及现金等价物余额		5 175 000	
附注：			
补　充　资　料	行次	本期金额	上期金额
1.将净利润调节为经营活动现金流量：			(略)
净利润		3 231 600	
加：信用减值损失		77 610	

(续表)

项　　目	行次	本期金额	上期金额
资产减值准备		56 590	
固定资产折旧、油气资产折耗、生产性生物资产折旧		560 000	
使用权资产折旧			
无形资产摊销		35 000	
长期待摊费用摊销			
处置固定资产、无形资产和其他长期资产的损失(收益以"－"号填列)			
固定资产报废损失(收益以"－"号填列)		100 000	
公允价值变动损失(收益以"－"号填列)		－80 000	
财务费用(收益以"－"号填列)		65 000	
投资损失(收益以"－"号填列)		－209 000	
递延所得税资产减少(增加以"－"号填列)		－38 550	
递延所得税负债增加(减少以"－"号填列)		20 000	
存货的减少(增加以"－"号填列)		206 000	
经营性应收项目的减少(增加以"－"号填列)		－318 000	
经营性应付项目的增加(减少以"－"号填列)		373 750	
其他			
经营活动产生的现金流量净额		4 080 000	
2. 不涉及现金收支的重大投资和筹资活动：			
债务转为资本			
一年内到期的可转换公司债券			
融资租入固定资产			
3. 现金及现金等价物净变动情况：			
现金的期末余额		5 175 000	
减：现金的期初余额		2 320 000	
加：现金等价物的期末余额			
减：现金等价物的期初余额			
现金及现金等价物净增加额		2 855 000	

三、现金流量表的编制

现金流量表的编制，可以根据企业业务量的大小及复杂程度，采用分析填列法、工作底稿法、"T"形账户法、台账法和多栏式日记账法等。其中较为常用的是分析填列法。分析填列法直接根据有关账户的记录,或根据资产负债表和利润表并结合有关账户的记录等资料分析计算填列现金流量表的各项目数据。

（一）经营活动现金流量项目的内容及填列

经营活动现金流量的列报有直接法和间接法两种。

直接法是指通过现金收入和支出的主要类别列示经营活动的现金流量的一种方法。采用直接法,详细列示现金流入的来源和现金流出的用途,其表达直观、易于理解,有利于满足报表使用者评价企业偿债能力、支付能力和获取未来现金流量信息的需要。按照《企业会计准则第 31 号——现金流量表》的规定,现金流量表采用直接法列报经营活动的现金流量,在现金流量表附注中采用间接法披露将净利润调节为经营活动现金流量的信息。有关间接法的详细内容见后续部分。

1."销售商品、提供劳务收到的现金"项目

本项目反映企业销售商品、提供劳务收到的现金(包括收到的增值税销项税额),一般包括本期或前期销售商品、提供劳务于本期收到的现金以及本期预收的款项。本期或前期销售的商品于本期退回而支付的现金在本项目扣除。企业销售材料和代购代销业务收到的现金,也在本项目反映。本项目的数据可根据"库存现金""银行存款""应收账款""应收票据""合同资产""合同负债""主营业务收入""其他业务收入"等账户的记录分析取得。

填列"销售商品、提供劳务收到的现金"可以按如下方法计算：

其一,直接根据有关账户现金收入的发生额分析计算。

销售商品、提供劳务收到的现金＝本期销售商品、提供劳务收到的现金(包括收到的增值税销项税额)
　　　　　　　　　　　　　＋本期收回前期销售商品提供劳务的应收账款、应收票据和合同资产
　　　　　　　　　　　　　＋本期合同负债－销售退回本期支付的现金＋本期收回前期核销的坏账
　　　　　　　　　　　　　＋本期收回前期转销的合同资产减值准备

其二,根据营业收入和有关账户的余额等资料分析计算。

销售商品、提供劳务收到的现金＝本期销售商品、提供劳务的收入和增值税销项税额＋应收账款$\left(\dfrac{期初}{余额}-\dfrac{期末}{余额}\right)$＋应收票据$\left(\dfrac{期初}{余额}-\dfrac{期末}{余额}\right)$＋合同资产$\left(\dfrac{期初}{余额}-\dfrac{期末}{余额}\right)$＋合同负债$\left(\dfrac{期末}{余额}-\dfrac{期初}{余额}\right)$＋本期收回前期核销的坏账＋本期收回前期转销的合同资产减值准备－本期核销的坏账－本期转销的合同资产减值准备

如果本期收到用以清偿债务的非现金资产,或因其他原因实际未增加现金流入而减少的应收账款、应收票据(如票据贴现息等)应在上式(即"其二")中作减项处理。上式(即"其二")中应收账款、合同资产及合同负债的期初、期末余额,若是取之于资产负债表,则末尾两项计算应改为"－本期计提的坏账准备及合同资产减值准备"。

【例 16-3】　某企业本期商品销售收入 250 万元,增值税销项税额 32.5 万元,其中,已收到现金 200.5 万元;应收账款账户期初余额 60 万元,本期赊销 70 万元,本期收回前期应收账款 30 万元,本期核销坏账损失 5 万元,期末余额 95 万元;合同负债账户期初余额 15 万元,本期预收 10 万元,转销 12 万元,期末余额 13 万元(无需要调整的因素)。

该企业销售商品、提供劳务收到的现金按照上述两种方法计算的结果如下：

(1) 2 005 000＋300 000＋100 000＝2 405 000(元)

(2) 2 500 000＋325 000＋(600 000－950 000)＋(130 000－150 000)－50 000＝2 405 000(元)

2."收到的税费返还"项目

本项目反映企业收到返还的各种税费,包括所得税、增值税、消费税、关税和教育费附加等。

3."收到其他与经营活动有关的现金"项目

本项目反映企业上述各项现金流入以外,收到的其他与经营活动有关的现金,如经营租赁收到的租金、罚款收入等,若某项金额较大,应当单独列示。

4."购买商品、接受劳务支付的现金"项目

本项目反映企业购买商品、接受劳务支付的现金(包括支付的增值税进项税额),包括本期、前期购买商品、接受劳务于本期支付的现金以及本期预付的款项。本期发生购货退回收到的现金在本项目扣除。企业购买生产经营用材料支付的现金,也在本项目反映。本项目的数据可根据有关存货账户和"库存现金""银行存款""应付账款""应付票据""预付账款"等账户的记录分析取得。

填列"购买商品、接受劳务支付的现金"可以按如下方法计算:

其一,直接根据有关账户现金支出发生额分析计算。

购买商品、接受劳务支付的现金＝本期购买商品、接受劳务支付的现金(包括支付的增值税进项税额)＋本期以现金支付的前期购买商品、接受劳务的应付账款和应付票据

＋本期预付账款－因购货退回本期收到的现金

其二,根据营业成本及有关账户的余额等资料分析计算。

$$\text{购买商品、接受劳务支付的现金} = \text{本期营业成本} + \text{本期购买商品、接受劳务的增值税进项税额} + \text{存货}\left(\frac{\text{期末}}{\text{余额}} - \frac{\text{期初}}{\text{余额}}\right) +$$

$$\text{预付账款}\left(\frac{\text{期末}}{\text{余额}} - \frac{\text{期初}}{\text{余额}}\right) + \text{应付账款}\left(\frac{\text{期初}}{\text{余额}} - \frac{\text{期末}}{\text{余额}}\right) + \text{应付票据}\left(\frac{\text{期初}}{\text{余额}} - \frac{\text{期末}}{\text{余额}}\right)$$

如果本期以非现金资产清偿债务而减少的应付账款、应付票据,以及本期计入存货成本的非现金支出(如折旧费等)和职工薪酬等应在上式(即"其二")中作减项处理。

【例16-4】 某企业本期商品销售成本150万元;存货账户期初余额80万元,本期购入100万元,本期发出150万元;本期购入存货增值税进项税额13万元;应付账款账户期初余额30万元,本期赊购42.8万元,本期偿还70万元;预付账款账户期初余额10万元,本期预付25万元(无需要调整的因素)。

该企业购买商品、接受劳务支付的现金按照上述两种方法计算的结果如下:

(1) (1 000 000＋130 000－428 000)＋700 000＋250 000＝1 652 000(元)

(2) 1 500 000＋130 000＋(300 000－800 000)＋(350 000－100 000)＋(300 000－28 000)＝1 652 000(元)

5."支付给职工以及为职工支付的现金"项目

本项目反映企业本期支付给职工,以及为职工支付的现金,包括企业为获得职工提供的服务,本期实际给予各种形式的报酬以及其他相关支出,如本期支付的工资、奖金、各种津贴和补贴等,以及为职工支付的其他费用(包括代扣代缴的职工个人所得税)。企业支付给离退休人员的各项费用,在"支付其他与经营活动有关的现金"项目中反映。用现金支付的应

由在建工程和无形资产负担的职工薪酬,属于投资活动的现金流量,在"购建固定资产、无形资产和其他长期资产支付的现金"项目中反映。本项目的数据可根据"库存现金""银行存款""应付职工薪酬"等账户的记录分析取得。

【例16-5】 某企业本期发生应付职工薪酬56万元(包括按规定标准计算的医疗保险等社会保险费用),应付职工薪酬账户期初余额8万元,期末余额16万元。假定该企业应付职工薪酬中无应由在建工程和无形资产负担的部分。

该企业支付给职工以及为职工支付的现金:

$$80\,000 - 160\,000 + 560\,000 = 480\,000(元)$$

6. "支付的各项税费"项目

本项目反映企业本期缴纳的各项税费,包括本期发生并缴纳、以前各期发生本期缴纳以及本期预交的各项税费,如缴纳的所得税、增值税、消费税、印花税、房产税、土地增值税、车船税、教育费附加、矿产资源补偿费等。本项目的数据可根据"应交税费""管理费用""库存现金""银行存款"等账户的记录分析取得。

7. "支付其他与经营活动有关的现金"项目

本项目反映企业除上述各项现金流出外,支付的其他与经营活动有关的现金,如经营租赁支付的租金、支付的差旅费、业务招待费、保险费、广告费、罚款支出等,金额较大的应当单独列示。本项目的数据可根据"管理费用""销售费用""营业外支出""库存现金""银行存款"等账户的记录分析取得。

(二) 投资活动现金流量项目的内容及填列

1. "收回投资收到的现金"项目

本项目反映企业出售、转让或到期收回除现金等价物以外的以公允价值计量且其变动计入当期损益的金融资产、以摊余成本计量的金融资产、以公允价值计量且其变动计入其他综合收益的金融资产、长期股权投资等所收到的现金,但不包括债权投资收到的利息,以及处置子公司及其他营业单位收到的现金净额。收到债权投资的利息在"取得投资收益收到的现金"项目反映。对于处置子公司及其他营业单位收到的现金净额单独设置项目反映。本项目的数据可根据"交易性金融资产""债权投资""其他债权投资""其他权益工具投资""银行存款"等账户的记录分析取得。

2. "取得投资收益收到的现金"项目

本项目反映企业因股权性投资分得的现金股利或利润和因债权性投资取得的利息而收到的现金。本项目的数据可根据"应收股利""应收利息""投资收益""银行存款"等账户的记录分析取得。

3. "处置固定资产、无形资产和其他长期资产收回的现金净额"项目

本项目反映企业处置固定资产、无形资产和其他长期资产所取得的现金,减去为处置这些资产而支付的有关费用后的净额。因自然灾害等原因所造成的固定资产等长期资产损失而收到的保险赔偿款也在本项目反映。本项目的数据可根据"固定资产清理""无形资产""库存现金""银行存款"等账户的记录分析取得。如果该项处置收回的现金净额为负数,则应在"支付其他与投资活动有关的现金"项目反映。

【例16-6】 某企业一台生产设备由于性能不佳等原因作提前报废处理,该设备原值

500 000元,已提折旧450 000元,未计提减值准备。报废清理中废弃设备残料变卖收入20 000元,发生拆卸等费用3 500元,有关收支均已通过银行办理结算。

该企业处置固定资产收回的现金净额:

$$20\ 000 - 3\ 500 = 16\ 500(元)$$

4. "处置子公司及其他营业单位收到的现金净额"项目

本项目反映企业处置子公司及其他营业单位所取得的现金减去相关处置费用,以及子公司及其他营业单位持有的现金和现金等价物后的净额。本项目的数据可根据"长期股权投资""银行存款"等账户的记录及相关资料分析取得。

5. "购建固定资产、无形资产和其他长期资产支付的现金"项目

本项目反映企业购买、建造固定资产、取得无形资产和其他长期资产所支付的现金,包括以现金支付的增值税进项税额、由在建工程和无形资产负担的职工薪酬,不包括计入固定资产成本的借款利息支出。支付借款利息属于筹资活动的现金流量,在"分配股利、利润或偿付利息支付的现金"项目反映。本项目的数据可根据"固定资产""在建工程""无形资产""库存现金""银行存款"等账户的记录分析取得。

6. "投资支付的现金"项目

本项目反映企业取得除现金等价物以外的以公允价值计量且其变动计入当期损益的金融资产、以摊余成本计量的金融资产、以公允价值计量且其变动计入其他综合收益的金融资产、长期股权投资所支付的现金,以及支付的佣金、手续费等交易费用。对于取得子公司及其他营业单位支付的现金净额不包括在本项目内,应单独设置项目反映。本项目的数据可根据"交易性金融资产""债权投资""其他债权投资""其他权益工具投资""长期股权投资""银行存款"等账户的记录分析取得。

企业购买股票和债券时,实际支付的价款中包含的已宣告但尚未领取的现金股利或已到付息期但尚未领取的债券利息,应在"支付其他与投资活动有关的现金"项目中反映;收到上述已包含在购买股票和债券价款中的现金股利和利息,应在"收到的其他与投资活动有关的现金"项目中反映。

7. "取得子公司及其他营业单位支付的现金净额"项目

本项目反映企业购买子公司及其他营业单位购买出价中以现金支付的部分,减去子公司及其他营业单位持有的现金和现金等价物后的净额。本项目的数据可根据"长期股权投资""银行存款"等账户的记录及相关资料分析取得。

企业的投资活动除了上述各项现金流量,发生的其他与投资活动有关的现金流入和流出分别在"收到其他与投资活动有关的现金""支付其他与投资活动有关的现金"项目反映,金额较大的应当单独列示。

(三) 筹资活动现金流量项目的内容及填列

1. "吸收投资收到的现金"项目

本项目反映企业收到的投资者投入的现金,包括以发行股票等方式筹集资金实际收到的款项,即发行收入扣除佣金等发行费用后的净额。以发行股票、债券等方式筹集资金而由企业直接支付的审计、咨询等费用,则应在"支付其他与筹资活动有关的现金"项目中反映。本项目的数据可根据"实收资本(或股本)""资本公积""银行存款"等账户的记录分析取得。

2. "取得借款收到的现金"项目

本项目反映企业举借各种短期、长期借款所收到的现金以及发行债券实际收到的款项净额(发行收入扣除佣金等发行费用后的净额)。本项目的数据可根据"短期借款""长期借款""应付债券""银行存款"等账户的记录分析取得。

3. "偿还债务支付的现金"项目

本项目反映企业偿还债务本金支付的现金,包括偿还金融企业的借款本金和偿还的债券本金等。本项目的数据可根据"短期借款""长期借款""应付债券""银行存款"等账户的记录分析取得。

4. "分配股利、利润或偿付利息支付的现金"项目

本项目反映企业实际支付的现金股利、支付给其他投资单位的利润以及支付的借款利息、债券利息。本项目的数据可根据"应付股利""应付利息""长期借款""应付债券""银行存款"等账户的记录分析取得。

企业的筹资活动除了上述各项现金流量,发生的其他与筹资活动有关的现金流入和流出分别在"收到其他与筹资活动有关的现金""支付其他与筹资活动有关的现金"项目反映,金额较大的应当单独列示。

"汇率变动对现金及现金等价物的影响"项目,反映企业外币现金流量及境外子公司的现金流量折算为记账本位币时,按现金流量发生日的即期汇率或按照系统合理的方法确定的、与现金流量发生日即期汇率近似的汇率折算的记账本位币金额与"现金及现金等价物净增加额"中外币现金净增加额按期末汇率折算的记账本位币金额之间的差额。

(四) 现金流量表附注(补充资料部分)披露的内容及填列

第一部分,将净利润调节为经营活动的现金流量。

将净利润调节为经营活动的现金流量,即采用间接法披露经营活动现金流量信息,它是以本期净利润为起点,通过调整相关项目的增减变动额,计算得出经营活动产生的现金流量净额。采用间接法的主要目的在于揭示企业的净利润与经营活动现金流量存在差异的原因,分析净利润的质量。

1. 间接法的基本原理

净利润是以权责发生制为基础计算确定的,而且其构成内容不仅包括经营活动的损益,也包括投资活动和筹资活动的损益。间接法的基本原理,是将在权责发生制基础上计算确定的净利润转换为以现金制(收付实现制)为基础,并剔除投资、筹资活动的影响,由此得出经营活动产生的现金流量净额。采用间接法时,需要调整的项目可以归纳为以下几类:

第一类,未发生现金流入、流出的经营活动的收入、费用。

经营活动的收入与其相关费用的配比是计算净利润的主要内容,但计入净利润的收入,有的并没有收到现金,计算净利润时所减去的费用,有的并没有支出现金,这些未形成现金流量的项目应当予以调整,前者从净利润中扣除,后者则加回。该类项目如计提的资产减值准备、计提的固定资产折旧和无形资产、长期待摊费用摊销等。

第二类,属于投资、筹资活动的损益。

净利润包括了投资活动和筹资活动的损益,这些项目不论是否收到或支出现金都与计算经营活动现金流量无关,应当予以调整。投资、筹资活动的收益应从净利润中扣除;费用或损失则加回。该类项目如处置固定资产、无形资产和其他长期资产的收益或损失、投资收

益或损失、计入当期损益的金融资产、金融负债等的公允价值变动收益或损失、财务费用中属于投资或筹资活动的部分等。

第三类,与经营活动有关的非现金流动项目的增减变动。

(1) 存货项目。存货增加时会引起现金减少,但并不影响净利润,而存货减少时会引起费用(销售成本)增加,导致净利润减少。因此,在净利润基础上调节计算经营活动现金流量时,应从净利润中减去引起现金流出的存货本期增加额,加回已被扣除但并未流出现金的存货本期减少额。根据借贷记账原理,上述处理可简化为根据存货项目的账面期初余额与期末余额的差额进行调整,即从净利润中减去存货项目账面期末余额大于期初余额的增加额或加上账面期末余额小于期初余额的减少额。本期增加的存货涉及应付项目的部分,也在本项目调整,因此多调减的金额将会通过"经营性应付项目的增加"项目予以调回。

(2) 经营性应收应付项目。经营性应收项目包括应收票据、应收账款、合同资产、预付账款和其他应收款等中与经营活动有关的部分。经营性应付项目包括应付票据、应付账款、合同负债、应付职工薪酬、应交税费和其他应付款等中与经营活动有关的部分。

经营性应收项目和经营性应付项目在增加时会引起收入和费用的增加,从而影响净利润,但没有现金的流入和流出,而它们在减少时会引起现金的流入和流出,却不影响净利润(预付款项、合同负债与上述相反)。因此,在净利润基础上调节计算经营活动现金流量时,应从净利润中减去经营性应收项目的增加额和经营性应付项目的减少额,或加上经营性应收项目的减少额和经营性应付项目的增加额。与存货项目同理,上述处理可简化为根据经营性应收项目和经营性应付项目的账面期初余额与期末余额的差额进行调整,即从净利润中减去经营性应收项目账面期末余额大于期初余额的增加额或加上账面期末余额小于期初余额的减少额;相反,从净利润中减去经营性应付项目账面期末余额小于期初余额的减少额或加上账面期末余额大于期初余额的增加额。

在作本类项目调整时,应当注意以下两个的问题:

其一,本类别所调整的只是影响经营活动现金流量的部分,对非经营性因素应予剔除。

其二,对在表中已单独设置调整项目反映调整数而又与经营性应收、应付项目有联系的事项,不得重复计列。

2. 间接法调整项目的填列

(1) "信用减值损失""资产减值准备"项目,分别反映企业本期计提的金融资产及其他各项资产的减值准备。本项目根据"信用减值损失""资产减值损失"账户的记录分析填列。

(2) "固定资产折旧、油气资产折耗、生产性生物资产折旧"项目,反映企业本期计提的固定资产折旧、油气资产折耗、生产性生物资产折旧。本项目根据"累计折旧""累计折耗""生产性生物资产累计折旧"账户的记录分析填列。

(3) "无形资产摊销""长期待摊费用摊销"项目,分别反映企业本期计提的无形资产摊销、长期待摊费用摊销。本项目根据"累计摊销""长期待摊费用"账户的记录分析填列。

(4) "处置固定资产、无形资产和其他长期资产的损失"项目,反映企业本期处置固定资产、无形资产和其他长期资产发生的净损失。本项目根据"资产处置收益"账户的记录分析填列。

(5) "固定资产报废损失"项目,反映企业本期固定资产盘亏发生的净损失。本项目根据"营业外支出"账户的记录分析填列。

(6)"公允价值变动损失"项目,反映企业持有的采用公允价值计量、且其变动计入当期损益的金融资产、金融负债等的公允价值变动损益。本项目根据"公允价值变动损益"账户的记录分析填列。

(7)"财务费用"项目,反映企业本期发生的属于投资活动或筹资活动的财务费用。本项目根据"财务费用"账户的记录分析填列。

(8)"投资损失"项目,反映企业本期投资所发生的净损失。本项目根据"投资收益"账户的记录分析填列。

(9)"递延所得税资产减少"项目,反映企业本期递延所得税资产的净减少额。本项目可根据资产负债表中的"递延所得税资产"项目的期初余额与期末余额的差额分析填列,应剔除未影响所得税费用部分。

(10)"递延所得税负债增加"项目,反映企业本期递延所得税负债的净增加额。本项目可根据资产负债表"递延所得税负债"项目的期初余额与期末余额的差额分析填列,应剔除未影响所得税费用部分。

(11)"存货的减少"项目,反映企业本期存货的净减少额。本项目可根据"存货"账户期初余额与期末余额的差额分析填列;应剔除非经营活动而增加或减少的存货,如接受投资、捐赠转入的存货,投资转出和用于在建工程的存货,以及计入当期损益的存货非常损失等。

(12)"经营性应收项目的减少"项目,反映企业本期经营性应收项目的净减少额。本项目可根据有关经营性应收项目账户的期初余额与期末余额的差额分析填列。

(13)"经营性应付项目的增加"项目,反映企业本期经营性应付项目的净增加额。本项目可根据有关经营性应付项目账户的期初余额与期末余额的差额分析填列。

净利润经调节后计算得出的经营活动产生的现金流量净额,应当与现金流量表中"经营活动产生的现金流量净额"项目的数额相等。

第二部分,不涉及现金收支的重大投资和筹资活动。

(1)"债务转为资本"项目,应根据有关负债账户的记录,分析填列本期转为资本的债务金额。

(2)"一年内到期的可转换公司债券"项目,应根据"应付债券"账户的记录,分析填列1年内到期的可转换公司债券的本息。

(3)"融资租入固定资产"项目,应根据"租赁负债"账户的记录,分析填列本期融资租入固定资产的最低租赁付款额扣除应分期计入利息费用的未确认融资费用的净额。

第三部分,现金及现金等价物净变动情况。

这部分根据资产负债表有关项目分析填列,计算得出的现金及现金等价物净增加额,应当与现金流量表中的"现金及现金等价物净增加额"项目的数额相等。

下面举例说明现金流量表及其附注的编制方法。

【例16-7】 承[例16-1],根据HD股份有限公司的有关资料和该公司的资产负债表(表16-1)、利润表(表16-3),编制20×2年度的现金流量表(表16-4)。

四、我国企业现金流量表的编制特点

根据我国《企业会计准则第31号——现金流量表》的规定所编制的现金流量表,在几乎

所有重大方面与国际财务报告准则的相关规定保持了一致,但在某些具体问题上还存在区别。这些区别主要体现在以下几个方面。

1. 关于经营活动现金流量的列报方法

我国企业会计准则要求,企业应采用直接法报告经营活动的现金流量,并在现金流量表附注中采用间接法披露将净利润调节为经营活动现金流量的信息。这样做,兼顾了直接法和间接法各自的优点。国际财务报告准则,则允许企业选用直接法或间接法,并鼓励企业采用直接法。

2. 关于支付所得税所产生的现金流量的归属问题

按照我国企业会计准则的规定,企业支付所得税所支付的现金,应在经营活动"支付的各项税费"项目中反映。国际财务报告准则,要求单独反映有关所得税的现金流量,并明确指出,如能判明引起应纳所得税的交易属于投资活动或筹资活动,则应将纳税现金流量划归为投资活动或筹资活动的现金流量。

3. 关于收付股利和利息所产生的现金流量的归属问题

我国企业会计准则明确规定,企业收到的股利和利息作为投资活动产生的现金流量,支付的股利和利息作为筹资活动的现金流量。这主要是按收付股利和利息所产生现金流量的性质加以划分的。而国际财务报告准则对收付股利和利息的规定是,已支付的利息和已收取的利息与股利,可以划归为经营活动的现金流量。因为,它们涉及企业净损益的确定。另外,也可以将它们分别作为筹资成本和投资回报划归为筹资活动和投资活动的现金流量;对于已支付的股利,可以划归筹资活动或经营活动的现金流量,划归经营活动的现金流量,则有利于评价企业以经营活动现金流量支付股利的能力。当然,收付股利和利息所产生的现金流量的归属类别,应当前后各期保持一致。

不同企业由于行业特点不同,对投资活动的认定也存在差异。例如,购买和出售交易性金融资产所形成的现金流量,对于工商企业而言,属于投资活动现金流量,而对于证券公司而言,则属于经营活动现金流量。

第五节 所有者权益变动表

所有者权益(股东权益)变动表是反映企业所有者权益各组成项目在一定会计期间内增减变动情况的财务报表。编制该表的意义在于揭示了引起企业所有者权益各组成内容增减变动的各种原因,并连接资产负债表和利润表,为报表使用者更为全面地了解企业所有者权益的变动,更为准确地对企业作出评价提供了重要的依据。

一、所有者权益变动表的内容和结构

所有者权益变动表反映的内容主要包括四个方面:

一是综合收益引起的所有者权益的变动。综合收益是指企业在某一会计期间除了与所有者以其所有者身份进行的交易的其他交易或事项所引起的所有者权益变动。综合收益的构成包括归属于所有者权益的当期净利润和其他综合收益的税后净额,即囊括了企业当期确认的收入、费用和确认的全部利得和损失,反映了企业当期全部财务业绩对所有者权益的

影响。

二是企业与所有者的资本交易引起的所有者权益的变动,即当期所有者向企业投入或减少资本,以及企业向所有者分配利润对所有者权益的影响。

三是所有者权益内部项目之间发生的增减变动,如提取盈余公积、资本公积和盈余公积转增资本(或股本)、盈余公积弥补亏损等。

四是前期会计政策变更和差错更正对所有者权益的影响。

所有者权益变动表揭示了引起所有者权益变动的全部交易或事项,详细地说明了所有者权益各项目增减变动的原因。同时,使所有者权益变动表、利润表、资产负债表三张报表的有关项目相互衔接、相互补充,增强了会计信息的明晰性。

一定期间引起所有者权益总额增减变动的全部内容,如图16-1所示。

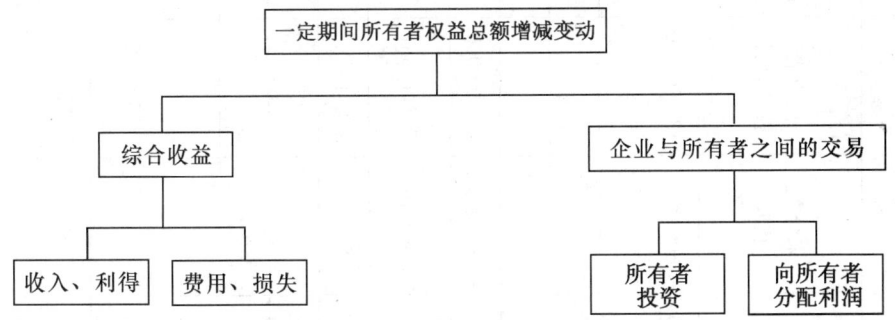

图16-1 一定期间引起所有者权益总额增减变动的内容

所有者权益变动表采用报告式结构,以所有者权益各构成项目的年初余额为起始,继而反映各项目的本年增减变动金额,最后计算得出各项目的本年年末余额。该表各项目列示"本年金额"和"上年金额"两栏对比数据,格式如表16-5所示。

所有者权益变动表所列项目的"上年金额"栏数额,应根据上年所有者权益变动表的"本年金额"栏数额填列。

二、所有者权益变动表的编制

所有者权益变动表所列项目的"本年金额"栏数额,可根据所有者权益类账户、利润分配账户的明细账户等的记录分析填列。其中,"综合收益总额"项目的数额应与利润表中"综合收益总额"项目的本年金额一致;"上年年末余额""本年年末余额"项目的各栏数额,应当与资产负债表中所有者权益类项目的年初余额、期末余额分别相符。

第六节 财务报表附注

一、财务报表附注的作用

财务报告的核心是财务报表,但随着经济环境的复杂化以及人们对相关信息要求的不断提高,表外信息在整个财务报告系统中的地位日益突出,已成为使用者正确理解报表数据

表16-5

所有者权益(股东权益)变动表

编制单位: 20×2年度   单位:元

项 目	本年金额							上年金额(略)
	实收资本(或股本)	资本公积	减:库存股	其他综合收益	盈余公积	未分配利润	所有者权益合计	
一、上年年末余额	12 000 000	250 000			650 000	600 000	13 500 000	
加:会计政策变更								
前期差错更正								
其他								
二、本年年初余额	12 000 000	250 000			650 000	600 000	13 500 000	
三、本年增减变动金额(减少以"-"号填列)					323 160	1 408 400	1 731 600	
(一)综合收益总额						3 231 160	3 231 600	
(二)所有者投入和减少资本								
1. 所有者投入资本								
2. 股份支付计入所有者权益的金额								
3. 其他								
(三)利润分配					323 160	-1 823 160	-1 500 000	
1. 提取盈余公积					323 160	-323 160		
2. 对所有者(或股东)的分配						-1 500 000	-1 500 000	

（续表）

项目	本年金额							上年金额（略）
	实收资本（或股本）	资本公积	减：库存股	其他综合收益	盈余公积	未分配利润	所有者权益合计	
3. 其他								
（四）所有者权益内部结转								
1. 资本公积转增资本（或股本）								
2. 盈余公积转增资本（或股本）								
3. 盈余公积弥补亏损								
4. 其他综合收益结转留存收益								
5. 其他								
四、本年年末余额	12 000 000	250 000			973 160	2 008 440	15 231 600	

和判断报表信息质量不可或缺的部分。财务报表附注是表外信息的一种主要的揭示方式。编制和披露财务报表附注是提高财务报告整体水平和层次的一种重要手段,是充分披露原则的体现。

财务报表附注是财务报表的重要组成部分,是对在资产负债表、利润表、现金流量表和所有者权益变动表等报表中列示项目的文字描述或明细资料以及对未能在这些报表中列示项目的说明等。它旨在帮助报表使用者能透彻地理解财务报表的内容,了解企业的基本情况和对企业具有重要影响的财务事项等重要信息。它是对报表内容的补充说明和合理延伸,可以弥补表内揭示信息固有的局限性,并丰富报表的信息含量,对增进会计信息的可理解性、提高会计信息的相关性、可比性,从而保障会计信息的质量具有重要的作用。

必须指出,报表附注不能用来取代报表内容所确认的事实,也不能用来修正表内文字说明或数字描述上的任何错误。

二、财务报表附注披露的主要内容

按照《企业会计准则第30号——财务报表列报》,一般企业报表附注披露的内容主要包括如下各项。

1. 企业的基本情况

(1) 企业注册地、组织形式和总部地址。

(2) 企业的业务性质和主要经营活动。

(3) 母公司以及集团最终母公司的名称。

(4) 财务报告的批准报出者和财务报告批准报出日。

2. 财务报表的编制基础

财务报表的编制应当以持续经营为基础。在编制财务报表时,企业的管理层应对企业的持续经营能力进行评估,若因某些事项的高度不确定性对持续经营能力产生重大怀疑时,应当在附注中披露导致对持续经营能力产生重大怀疑的影响因素;处于非持续经营状态下的企业,财务报表的编制则应当采用其他基础,在附注中应当对未以持续经营为基础作出声明,并披露原因及所采用的编制基础。

3. 遵循企业会计准则的声明

企业在附注中应当声明编制的财务报表符合企业会计准则的要求,真实、完整地反映了企业的财务状况、经营成果和现金流量等有关信息。

4. 重要会计政策和会计估计的说明

会计政策是指企业在会计核算时所遵循的具体原则以及企业所采纳的具体会计处理方法。企业在附注中应当披露重要的会计政策及其确定的依据等。重要的会计政策包括收入确认的具体原则、资产期末计价的方法、长期股权投资的核算方法、所得税的核算方法和借款费用的处理方法等。

会计估计是指企业对结果不确定的交易或者事项以最近可利用的信息为基础所作的判断。企业在附注中应当披露重要的会计估计,以及会计估计中所采用的关键假设和不确定的因素。重要的会计估计包括坏账准备的计提比例和固定资产预计可收回金额等。

5. 会计政策和会计估计变更以及差错更正的说明

企业应当按照相关会计准则的规定,披露会计政策和会计估计变更以及差错更正的有关情况,主要包括重要会计政策变更的内容、理由及变更的影响数等;会计估计变更的内容、理由及变更的影响数等;重大会计差错的内容及更正金额。

6. 报表重要项目的说明

这部分内容是对在财务报表中被高度概括、浓缩的项目作具体的分解、解释或补充。企业对报表重要项目的说明,应当按照资产负债表、利润表、现金流量表、所有者权益变动表及其项目列示的顺序,采用文字和数字描述相结合的方式进行披露。

7. 或有事项的说明

或有事项是指过去的交易或者事项形成的,其结果须由某些未来事项的发生或不发生才能决定的不确定事项。企业应当按照相关会计准则的规定,披露与或有事项有关的预计负债和或有负债的情况。

8. 资产负债表日后事项的说明

资产负债表日后事项是指资产负债表日至财务报告批准报出日之间发生的有利或不利事项,包括调整事项和非调整事项。调整事项是指对资产负债表日已经存在的情况提供了新的或进一步证据的事项。企业对发生的资产负债表日后调整事项,应当依据新的证据调整资产负债表日的财务报表。非调整事项是指资产负债表日后才发生情况的事项。为了提供更多有用的会计信息,企业在附注中应当披露重要的资产负债表日后非调整事项,包括性质、内容,及其对企业财务状况和经营成果的影响;应当披露资产负债表日后,企业利润分配方案中拟分配的以及经审议批准宣告发放的股利或利润。

9. 关联方关系及其交易的说明

企业应当披露有关其母公司、子公司、合营企业和联营企业基本情况的信息。企业与关联方发生交易的,应分别说明各关联方关系的性质、交易类型及交易要素,如交易的金额、未结算项目的金额、定价政策等。

10. 需要说明的其他事项

需要说明的其他事项,如企业用于担保或其他原因造成所有权受到限制的资产及其账面价值;被投资单位向投资企业转移资金的能力受到限制的具体情况;对于期末逾期借款,应披露贷款单位、借款金额、逾期时间、年利率、逾期未偿还的原因和预期还款期;债务重组方式、确认的债务重组利得或损失总额;股份支付交易对当期财务状况和经营成果的影响等。

案例分析

银广夏打造的"金"利润

案例介绍:

广夏(银川)实业股份有限公司(以下简称"银广夏")是一家以中药材的种植加工和葡萄种植酿酒为主的企业。20 世纪 90 年代末,银广夏开发了利用超临界二氧化碳萃取技术对农副产品进行精深加工业务,使经营业绩迅速得到了提升,一时间公司被掩映在炫目的"高科技生物技术"的光环下。该公司在 2000 年再创"奇迹",年度财务报告披露,全年实现净利润 4.18 亿元,比上年增加 2.9 亿元,增长 226.56%。在总股本扩张 1 倍的情况下,每股收益达到 0.827 元,比上年增长超过 60%。银广夏这一令人咋舌的飞跃,即刻在证券市场上引起了极大的震动和广泛的高度关注。以下是从该公司年度财务报告和相关信息中撷取的有关资料。

1. "骄人"的业绩

银广夏2000年度利润表部分数据和相关财务指标,如表16-6所示。

表16-6　　　　银广夏2000年度利润表的部分数据及相关财务指标

项目	2000年	1999年	2000年比1999年增加或减少	
主营业务收入(亿元)	9.09	3.84	5.25	136.72%
主营业务利润(亿元)	5.78	1.79	3.99	223%
净利润(亿元)	4.18	1.28	2.9	226.56%
每股收益(元)	0.827	0.51	0.317	62.12%
净资产收益率	34.56%	13.56%		154.87%

2. "有趣"的同步增长

(1) 公司2000年年末,应收账款的金额占当年主营业务收入的59.85%,且应收账款与主营业务收入保持了大体一致的快速增长幅度(表16-6和表16-7)。

表16-7　　　　银广夏2000年年末资产负债表部分数据

项目	2000年年末	1999年年末	比1999年同期增加或减少	
应收账款(亿元)	5.44	2.65	2.79	105.28%
货币资金(亿元)	5.55	3.28	2.27	69.39%
短期借款(亿元)	9.32	3.46	5.86	169.36%

(2) 公司2000年年末,应收账款和货币资金的合计比上年同期增加5.06亿元,而短期借款也比上年增加了5.86亿元(见表16-7)。

3. 难圆其说的解释

公司在财务报表附注中对公司2000年年末货币资金比上年同期增加2.27亿元,增加69.39%的原因,解释为"公司本年度的销售增加,且回笼现金较多所致"。而公司的现金流量表中显示2000年现金流量净增加额2.27亿元,其构成为:来自经营活动的现金净流量额1.24亿元(经营活动产生的现金净流量与营业利润的比值为0.277),来自筹资活动的现金净流量额3.45亿元,投资活动现金净流量额—2.56亿元,因汇率变动对现金影响的增加额0.14亿元。特别引人注目的是,现金流入中借款高达7.85亿元。

4. 令人生疑的税金

公司2000年年末应交增值税余额为负数,而在公司的现金流量表中可以看到2000年度实际缴纳的增值税额仅为52 602.31元,与公司当年高达8.27亿元的工业企业性销售收入极不匹配。如果是因产品外销退税,实际退税情况也应得到重点的特别披露,但在年报中未见有令人信服的详细的披露。

案例背景:

银广夏于1993年8月成立,1994年6月17日在深圳证券交易所上市,曾一度被誉为蓝筹股的代表。2001年8月,该公司财务造假被揭露,该事件被称为2001年中国证券市场最大的报表欺诈案。2002年4月22日,中国证监会对银广夏公司作出了行政处罚决定。同年

5月29日,银广夏被暂停上市,在暂停上市近4个月后,于2002年9月14日复牌。

资料来源:
1. 银广夏公司2000年年度财务报告。
2. 京证、杨凡:"从会计报表看银广夏造假问题",《证券日报》2001年8月10日。

依据及相关法规:
财政部:《企业会计准则第31号——现金流量表》(2006年2月)。

案例思考题:
1. 你认为该公司两个大体同比例增长的现象,可能隐含的事实是什么?
2. 对于该公司收入的可信度,你认为审计人员应加强哪些方面的审查验证工作?对有出口业务的企业应加强哪些方面的查证工作?
3. 该公司2000年度大幅增长的货币资金主要来自哪个方面?该公司2000年度的现金流量状况对以后期间的现金流量会产生什么影响?

本章要点概览

1. 财务报表是对企业财务状况、经营成果、现金流量的结构性表述。一套完整的财务报表至少应该包括资产负债表、利润表、所有者权益变动表、现金流量表和财务报表附注。

2. 资产负债表是反映企业某一特定日期财务状况的财务报表。它列示企业在特定日期的资产、负债、所有者权益及其构成,描述企业的资源结构和财务结构状况。资产负债表项目的金额应根据有关账户余额直接或经过汇总、调整和分析计算后填列。

3. 利润表是反映企业一定会计期间经营成果的财务报表。它在列示企业一定会计期间实现的利润及其构成的基础上,还扩展提供了企业该会计期间的综合收益总额等信息。利润表项目的金额应根据有关账户一定会计期间的发生额分析填列。

4. 现金流量表是反映企业一定会计期间现金流入、流出情况的财务报表。我国企业采用直接法分类列报经营活动、投资活动和筹资活动产生的现金流量,同时,在该表补充资料中,采用间接法披露将净利润调节为经营活动现金净流量的信息。

5. 所有者权益(或股东权益)变动表是反映企业一定会计期间所有者权益各组成项目增减变动情况的财务报表。它全面列示了引起企业所有者权益各组成项目发生变化的具体原因。所有者权益变动表项目的金额应根据所有者权益各账户及利润分配明细账户等的记录分析填列。

6. 财务报表附注是对财务报表中所列示项目的文字描述或明细资料,以及对未能在财务报表中列示项目的说明等。它旨在增强会计信息的可理解性和相关性,是财务报表不可或缺的组成部分。

主 要 术 语

1. 财务报告
2. 财务报表
3. 资产负债表
4. 利润表
5. 现金流量表
6. 现金及现金等价物

7. 现金流量
9. 财务报表附注
8. 所有者权益(股东权益)变动表

复 习 题

一、思考题

1. 简述财务报表的主要作用。
2. 简述财务报表列报的基本要求。
3. 简述资产负债表和利润表列报的内容,说明编制方法。
4. 你对在利润表中列报企业的综合收益有何认识?
5. 说明现金流量表中现金的范围及现金流量的分类。
6. 试分析采用直接法和间接法列报经营活动的现金流量在所起作用上有何不同。
7. 简述所有者权益变动表是从哪几方面揭示一定期间内所有者权益各组成项目的增减变动情况。说明所有者权益变动表与资产负债表、利润表之间的联系。
8. 何谓财务报表附注?简述财务报表附注的主要作用及披露的主要内容。

二、判断题

1. 会计期末对已发出销售,但尚不符合确认收入条件的商品的成本,应在资产负债表"存货"项目反映。 (   )
2. 利润表中所列示的收益均为企业当期已实现的收益。 (   )
3. 按某一潜在股计算的增量股每股收益越大,表明稀释程度越大;反之,越小。 (   )
4. 企业偿付利息所支付的现金,在现金流量表中应根据利息费用的列支渠道,分别反映为经营活动、投资活动、筹资活动所产生的现金流量。 (   )
5. 所有者权益变动表反映所有者权益各组成项目在一定期间的增减变动,并与资产负债表和利润表的相关项目相衔接。 (   )

三、单项选择题

1. 下列项目与利润表中"营业利润"项目无关的是(   )。
   A. 存货跌价损失   B. 其他收益
   C. 固定资产盘亏   D. 无形资产摊销
2. 某企业年末"应收账款"总账借方余额1 000 000元。年末计提坏账准备前,与应收账款对应的"坏账准备"账户为借方余额2 000元,若按应收账款余额的5%计提坏账准备,则年末资产负债中"应收账款"项目期末余额为(   )元。
   A. 758 000   B. 760 000   C. 948 000   D. 950 000
3. 下列各项中,不应列入现金流量表中"投资活动产生的现金流量"的是(   )。
   A. 转让无形资产收到的现金   B. 支付有关购建固定资产的税款
   C. 支付现金股利   D. 收到现金股利
4. 下列各项中,不应列入现金流量表中"经营活动产生的现金流量"的是(   )。
   A. 支付所得税款   B. 支付购买经营用固定资产款
   C. 支付广告费   D. 支付经营性租赁费用
5. 某公司本年度净利润为100 000元,本年度的其他资料如下:①存货增加60 000元;②计提资产减值准备 100 000 元；③出售以公允价值计量且其变动计入当期损益的金融资产净收益 20 000 元；④财务费用中利息支出 30 000 元。则该公司本年度现金流量表中的"经营活动的现金流量净额"为(　　)元。

　　A. 120 000　　　　B. 150 000　　　　C. 160 000　　　　D. 190 000

四、多项选择题

1. 下列账户的期末余额，应计入资产负债表中"存货"项目的有(　　)。
   A. "发出商品"　　　　　　　　　　B. "材料成本差异"
   C. "生产成本"　　　　　　　　　　D. "工程物资"
   E. "材料采购"

2. 下列交易或者事项中，可能会影响利润表"营业利润"项目金额的有(　　)。
   A. 存货盘盈　　　　　　　　　　　B. 固定资产盘盈
   C. 计提固定资产减值准备　　　　　D. 应收票据贴现
   E. 处置无形资产

3. 将净利润调节为经营活动现金流量净额时，下列各项中，作为调整增加项目的有(　　)。
   A. 计提的固定资产折旧　　　　　　B. 存货净增加额
   C. 财务费用中利息支出　　　　　　D. 经营性应收款项净减少额
   E. 应付股利净增加额

4. 某企业出售不需用的设备一台，设备原价 100 000 元，已提折旧 20 000 元(未计提减值准备)，收到所得价款 95 000 元，用银行存款支付清理费用 1 200 元。该项业务在现金流量表中完整、正确的反映包括(　　)。
   A. "处置固定资产等收到的现金净额"项目 93 800 元
   B. "处置固定资产等收到的现金净额"项目 95 000 元
   C. 附注中"处置固定资产等的损失"项目—13 800 元
   D. 附注中"处置固定资产等的损失"项目 13 800 元
   E. 不在现金流量表附注中填列

5. 下列各项在所有者权益变动表中，影响"所有者权益合计"项目年末余额的有(　　)。
   A. 净利润或净亏损　　　　　　　　B. 直接计入所有者权益的利得或损失
   C. 所有者投入资本　　　　　　　　D. 提取盈余公积
   E. 宣告分配现金股利

6. 资产负债表中"应收账款"项目的列报金额，需根据以下哪些账户的期末余额分析填列(　　)。
   A. 应收账款　　　　　　　　　　　B. 合同资产
   C. 坏账准备　　　　　　　　　　　D. 合同负债
   E. 预收账款

五、业务题

【业务题一】

　　目的　练习资产负债表有关项目的填列。

　　资料　某企业某年末在计提资产减值准备前有关账户余额如表 16-8 所示。

表16-8　　　　某企业年末在计提资产减值准备前有关账户余额　　　　　　　　单位:元

账　　户	年末余额	账　　户	年末余额
应收账款——Q公司	1 120 000	工程物资	80 000
预付账款	−150 000	短期借款	150 000
原材料	300 000	应付账款	10 000
材料成本差异	−6 000	应付职工薪酬	80 000
生产成本	100 000	应交税费	100 000
库存商品	200 000	长期借款	2 000 000
存货跌价准备——原材料	40 000		
——库存商品	10 000		

该企业年末应收账款账龄均在1年以内,根据公司会计政策按3‰计提坏账准备;存货按单项比较法计提跌价准备,年末库存商品、原材料、在产品的可变现净值分别为180 000元、274 000元和100 000元。上述长期借款中有800 000元将于次年5月份到期。

要求　根据上述资料计算填列资产负债表应收账款、存货、流动负债合计、长期借款项目的期末余额。

【业务题二】

目的　练习每股收益的计算。

资料　(1) OK公司本年发行在外普通股为4 000 000股。本年7月1日按面值发行5年期可转换债券2 000 000元,票面年利率为6%,根据协议每100元债券可转换面值为1元的普通股25股。本年归属普通股净利润1 000 000元,所得税税率为25%。为简化,假定不考虑可转换公司债券在负债成分和权益成分之间的分拆。

(2) OK公司本年发行在外普通股为4 000 000股。本年1月1日发行股份期权1 000 000份,期权的行权价格为4元。本年归属普通股净利润1 000 000元,本年度内没有期权被行权,所得税税率为25%,当期普通股平均市场价格为10元。

(3) 假定OK公司本年同时存在上述两种潜在普通股,有关资料同上。

要求　(1) 根据"资料(1)"计算本年度稀释每股收益。

(2) 根据"资料(2)"计算本年度稀释每股收益。

(3) 根据"资料(3)"计算本年度稀释每股收益。

【业务题三】

目的　练习利润表和所有者权益变动表的有关项目的填列。

资料　某公司所有者权益各项目年初余额为实收资本200万元,资本公积20万元,盈余公积4万元,未分配利润8万元。

本年有关资料:①营业收入100万元,营业成本40万元,税金及附加3万元,管理费用10万元,销售费用4万元,财务费用2万元,投资收益15万元,营业外支出3万元。②年末以公允价值计量且其变动计入当期损益的金融资产公允价值7万元,调整前账面余额8万元;年末以公允价值计量且其变动计入其他综合收益的金融资产公允价值6.5万元,调整前账面余额5万元。③按净利润的10%提取法定盈余公积,向投资者分配利润15万元,资本公积转增资本 10 万元。公司所得税税率 25%。公司无形资产摊销及固定资产折旧等处理与税法规定一致。

要求 根据上述资料(不考虑其他因素)计算填列下列项目的金额。

(1) 本年营业利润、所得税费用和净利润项目的金额。

(2) 所有者权益变动表中所有者权益各项目的本年年末余额。

【业务题四】

目的 练习现金流量表的有关项目的填列。

资料 某企业为增值税一般纳税人企业,本年度发生的有关经济业务如下:

(1) 销售库存商品一批,销售收入 800 000 元,增值税额 104 000 元,款项已收存银行,产品已发出。

(2) 转让对子公司 D 企业的全部股权,该项投资账面余额 400 000 元,已提减值准备 240 000 元,转让收入 200 000 元,发生相关处置费用 15 000 元,有关款项均已通过银行收付。

(3) 收到本企业投资的联营企业以银行存款支付的现金股利 120 000 元。

(4) 以银行存款偿还短期借款 600 000 元,利息 20 000 元。

(5) 在证券二级市场转让列入以公允价值计量且其变动计入当期损益的金融资产的股票,价款 350 000 已收存银行。

(6) 购进原材料,增值税专用发票上注明价款 200 000 元,增值税额 26 000 元;购进生产所需设备,增值税专用发票上注明价款 500 000 元,增值税额 65 000 元,材料和设备均已验收入库。上述全部款项均用银行存款支付。

要求 根据上述资料填列现金流量表销售商品、提供劳务收到的现金,购买商品、接受劳务支付的现金,收回投资收到的现金,取得投资收益收到的现金,处置子公司等收到的现金净额,购建固定资产等支付的现金,偿还债务支付的现金,分配股利、利润或偿付利息支付的现金等项目的金额。

【业务题五】

目的 练习现金流量表的有关项目的填列。

资料 某企业为增值税一般纳税人企业,本年 12 月 31 日资产负债表有关项目期末余额和年初余额,如表 16-9 所示。

表 16-9　　　　　　　　**资产负债表有关项目资料表**　　　　　　　　　单位:元

资产	期末余额	年初余额	负债和所有者权益	期末余额	年初余额
应收票据	30 000	40 000	应付账款	27 000	42 000
应收账款	570 000	380 000	应付职工薪酬	30 600	5 100
预付款项	15 000	10 000	应交税费	4 700	3 800
存货	65 000	95 000			

该企业本年其他有关资料如下:

(1) 本年主营业务收入 800 000 元,主营业务成本(产品销售成本) 450 000 元。

(2) 坏账准备年初余额 20 000 元,本年未发生信用减值损失,年末计提应收账款坏账准备 10 000 元。存货跌价准备年初、年末无余额。

(3) 本年发生增值税销项税额 104 000 元,进项税额 71 400 元。

(4) 本年因洪涝灾害造成存货损失 2 000 元,已全部计入当期损益。

(5) 本年发生职工工资 85 000 元已全部支付,其中,企业行政管理人员 35 000 元,车间管理人员及生产工人 50 000 元。本年计提职工养老保险等社会保险费用 25 500 元,其中,企业行政管理人员 10 500 元,车间管理人员及生产工人 15 000 元。

本年未发生属于投资、筹资活动的经济业务。

要求 根据上述资料(不考虑其他因素)计算填列本年现金流量表销售商品、提供劳务收到的现金,购买商品、接受劳务支付的现金,支付给职工及为职工支付的现金,支付的各项税费等项目的金额。

【业务题六】

目的 练习采用间接法计算经营活动产生的现金流量净额。

资料 某企业资产负债表及利润表的有关资料如表 16-10、表 16-11 所示(单位:元)。

表 16-10　　　　　　　　**本年度利润表的有关资料**

净利润	400 000	处置固定资产收益	80 000
折旧费用	120 000	出售交易性股票损失	35 000
无形资产摊销	40 000	财务费用(利息)	5 000
计提坏账准备	−2 340		

表 16-11　　　　　　　　**资产负债表的有关资料**

	本年 1 月 1 日	本年 12 月 31 日
应收账款	458 640	343 980
存货	610 000	520 000
应付账款	117 000	351 000
应交税费	180 000	260 000

注:坏账准备本年年初余额 9 360 元,年末余额 7 020 元。未发生非经营性应收、应付款项。

要求 根据上述资料采用间接法计算确定本年经营活动产生的现金流量净额。

【业务题七】

目的 练习资产负债表、利润表、现金流量表和所有者权益变动表的编制。

资料 1. M 股份有限公司 20×1 年 12 月 31 日的资产负债表,如表 16-12 所示。

表 16-12　　　　　　　　**资产负债表**

编制单位:M 公司　　20×1 年 12 月 31 日　　　　　　　　　　　　　　　单位:元

资　产	期末余额	年初余额	负债和所有者权益(或股东权益)	期末余额	年初余额
流动资产:		(略)	流动负债:		(略)
货币资金	2 378 000		短期借款	1 650 000	
交易性金融资产			交易性金融负债		

(续表)

资　产	期末余额	年初余额	负债和所有者权益（或股东权益）	期末余额	年初余额
应收票据	677 500		应付票据	520 000	
应收账款	1 018 500		应付账款	1 100 000	
预付款项			预收款项		
其他应收款			合同负债		
存货	3 278 000		应付职工薪酬	84 000	
合同资产			应交税费	120 000	
持有待售资产			其他应付款	66 000	
一年内到期的非流动资产			持有待售负债		
其他流动资产			一年内到期的非流动负债		
流动资产合计	7 352 000		其他流动负债		
非流动资产：		（略）	流动负债合计	3 540 000	
债权投资			非流动负债：		（略）
其他债权投资			长期借款	350 000	
长期应收款			应付债券		
长期股权投资	1 000 000		长期应付款		
其他权益工具投资			预计负债		
其他非流动金融资产			递延收益		
投资性房地产			递延所得税负债		
固定资产	3 840 125		其他非流动负债		
在建工程			非流动负债合计	350 000	
生产性生物资产			负债合计	3 890 000	
无形资产			所有者权益（或股东权益）：		
开发支出			股本	7 000 000	
商誉			其他权益工具		
长期待摊费用			资本公积	100 000	
递延所得税资产	7 875		减：库存股		
其他非流动资产			其他综合收益		
非流动资产合计	4 848 000		盈余公积	360 000	
			未分配利润	850 000	

(续表)

资　产	期末余额	年初余额	负债和所有者权益（或股东权益）	期末余额	年初余额
			所有者权益（或股东权益）合计	8 310 000	
资产总计	12 200 000		负债和所有者权益（或股东权益）总计	12 200 000	

2. M股份有限公司为增值税一般纳税人企业，增值税税率13%，所得税税率25%。该公司的所得税均在同一税务局缴纳，无形资产摊销及固定资产折旧等处理与税法规定一致。该公司20×2年发生的经济业务如下：

(1) 用银行存款支付购入原材料的价款800 000元及增值税额104 000元，材料已验收入库（材料按实际成本计价核算）。

(2) 购入不需要安装设备一台，价款515 000元及增值税额66 950元，运输费5 000元及增值税450元。全部款项已用银行存款支付。设备已交付使用。

(3) 从二级市场购入A公司股票，交易价款共计400 000元，相关交易费用8 000元。另购入B公司股票，交易价款共计100 000元，相关交易费用2 000元。M公司将A公司股票指定为以公允价值计量且其变动计入当期损益的金融资产，B公司股票指定为以公允价值计量且其变动计入其他综合收益的金融资产，购买股票的款项已用银行存款支付。

(4) 销售产品一批，价款5 000 000元，增值税额650 000元，产品控制权已转移，实际成本3 000 000元；已收款项4 630 000元存入银行。

(5) 收回应收票据200 000元存入银行。

(6) 销售产品一批，价款4 000 000元，预收货款400 000元存入银行，产品尚未发货，控制权未转移。

(7) 用银行存款偿还短期借款650 000元和利息32 500元（利息于借款到期时一次支付，并计入当期损益）。

(8) 用银行存款支付产品广告费等销售费用250 000元和公司日常办公经费50 000元。

(9) 出售所持有A公司股票的50%（公允价值变动余额为零），实收金额300 000元存入银行。

(10) 基本生产领用原材料480 000元。

(11) 用银行存款支付到期商业承兑汇票520 000元。

(12) 本期应付职工工资600 000元，其中，生产工人300 000元，车间管理人员100 000元，企业行政管理人员200 000元，工资已通过银行支付。计提职工医疗保险等社会保险费用240 000元，其中，生产工人120 000元，车间管理人员40 000元，企业行政管理人员80 000元。

(13) 本期计提固定资产折旧300 000元，其中，计入制造费用220 000元、管理费用80 000元。

(14) 计算并缴纳本期主营业务负担的城市维护建设税56 000元、教育费附加20 400元。另缴纳增值税额350 000元。

(15) 计算并结转本期制造费用和完工产品生产成本(期初、期末均无在产品)。

(16) 计提计入当期损益的分期付息、到期还本长期借款的利息 18 000 元(假定实际利率与合同利率的差异较小,按合同利率计算利息费用)。

(17) 期末所持 A 公司股票和 B 公司股票的公允价值分别为 150 000 元和 142 000 元。

(18) 假定 M 公司预计本期应确认的应收账款信用减值损失为 23 100 元(期初坏账准备余额为 31 500 元)。

(19) 假定按照国家相关规定,M 公司生产的某产品适用增值税先征后返政策,根据公司本期实际缴纳的增值税额 350 000 元,公司收到返还的增值税款 140 000 元。

(20) 损益类收支结转"本年利润"账户。

(21) 递延所得税资产期初余额 7 875 元,递延所得税负债无期初余额,预计以后年度有足够的纳税所得可供抵扣。计算确定本期应交所得税、本期发生的可抵扣暂时性差异、应纳税暂时性差异和列入利润表的所得税费用,并结转所得税费用。

(22) 按本期净利润的 10% 计提提取法定盈余公积;向投资者分配现金股利 400 000 元。

(23) 结转"本年利润"账户和"利润分配"有关明细账户的余额。

要求 根据上述资料编制 M 公司 20×2 年 12 月 31 日资产负债表和 20×2 年度利润表、现金流量表和所有者权益变动表。

第十七章　会 计 调 整

学习目的与要求

本章旨在阐述会计调整的含义和内容,以及各种会计调整的处理方法。读者通过本章的学习,应该理解会计调整含义和内容;了解各种会计调整处理方法的异同和适用范围;掌握会计政策变更、会计估计变更和会计主体变更的含义及处理方法的差异;重点掌握会计政策变更与会计估计变更的差异,以及追溯调整法与未来适用法在处理会计政策变更和会计估计变更过程中的应用;理解前期差错的含义,掌握根据前期差错的重要性程度进行会计处理的方法。

预习思考题

1. 请对会计政策变更、会计估计变更和会计主体变更各举一例说明。
2. 对于前期差错,为什么要区分重要的与不重要的分别进行会计处理?这主要体现了会计信息质量的哪一项要求?
3. 追溯调整法与未来适用法对企业的财务报表有何不同影响?
4. 请查阅一家上市公司年报,观察其是如何披露会计调整事项的?你认为其有关信息的披露是否符合清晰性要求?

第一节　会计调整概述

一、会计调整

企业对外提供的会计信息不是一经呈报就永远不变的,在特定情况下,需要对已经报出的会计信息进行调整。面对不断变化的经济环境和丰富多样的经济活动,随着会计规范的修订、经验的积累,企业需要变更会计政策、会计估计,重新处理有关交易或事项,以便提供更具相关性和可靠性的会计信息。企业还可能发生并购或拆分,据以编制财务报表的会计主体必须进行相应调整。另外,一旦发现前期会计信息中存在差错,必须重新处理前期相关的交易或事项,更正前期差错。以上这些过程就是会计调整。

概括来说,会计调整是指由于环境的变化、法规的修订或者发现前期差错等原因,企业变更会计政策、会计估计或者更正前期差错,调整以前期间的会计处理,重新提供有关期间财务状况和经营成果的会计信息。会计调整包括会计变更和前期差错更正。

二、会计变更

虽然会计信息的可比性质量特征要求同一企业在不同时期应依据一致的标准处理相同

或相似的交易或者事项,但是遵循可比性并不意味着标准永远不变。若按原会计政策提供的会计信息的相关性和可靠性存在问题,则需要进行会计变更。会计变更包含会计政策变更、会计估计变更和会计主体变更。

会计政策变更是指企业依据不同于原先的会计政策处理相同或相似的交易或事项。例如,2003 年,东方航空根据有关规定,将融资租赁和自购飞机的大修费由原先的预提修理准备方式改为发生修理费时直接计入当期损益,此会计政策变更增加该年度利润总额 4.43 亿元。

会计估计变更是指企业依据新的估计基础、新的信息或新的经验修正原先会计估计的行为。例如,原先企业根据当时掌握的情况预计某笔应收账款的 10% 无法收回,后来得知该债务人已经宣告破产清算,根据新情况判断,该笔应收账款的 80% 无法收回,那么就要依据新的估计比例对该事项进行调整。

会计主体变更是指财务报表所反映的报告主体的范围发生变化。例如,发生企业合并后,需要将参与合并的企业视作新的报告主体,编制合并报表取代前期的个别报表。又如,构成合并主体的下属企业或部门发生变化,导致合并范围发生变化。有关会计主体变更的会计处理主要在高级财务会计中介绍,本章不涉及。

三、前期差错更正

会计在确认、计量和报告的过程中存在发生差错的可能。发生当期即被发现并更正的差错并不影响对外提供的财务报表。发生当期未被发现的差错,反映在对外提供的财务报表中,造成对外呈报错误的会计信息。所以,一旦发现前期差错,必须予以更正。对于重要的前期差错,需要调整前期差错对列报前期财务报表相关项目的影响。例如,某企业于 20×6 年发现 20×5 年 9 月购入的一台生产用机器设备在 20×5 年没有按照规定计提折旧,由于生产用固定资产的会计处理对企业的财务状况和经营成果有着重要的影响,该会计差错属于重要的前期差错。需要调整 20×6 年财务报表的相关期初项目以及用于比较的 20×5 年财务报表的相关数据。

四、会计调整的处理方法

会计调整会对各期企业财务报表反映的信息产生巨大的影响,影响会计信息的可比性,甚至被有关方面利用进行利润操纵。因此,必须对会计调整进行规范,方法之一就是规范会计调整的处理方法。会计调整的处理方法,是指当发生会计调整事项时,如何反映会计调整对不同期间资产、负债、损益以及所有者权益的影响。处理会计调整的基本方法主要有三种,不同的方法代表对会计调整的不同观点。

(一) 追溯调整法

追溯调整法认为,各期的会计信息应该建立在统一的基础之上,如果发生了会计调整,那么前期提供的财务报表也要进行相应的调整,视同企业经营过程中一直采用调整后的标准,相当于根据会计调整的要求把前期的财务报表重新表述,以此反映会计调整的累积影响。采用追溯调整法,提供用于比较的前期财务报表时,需要调整的内容包括比较财务报表期间内各期资产、负债、所有者权益和损益的相关项目金额,其中,比较财务报表最早期间期初留存收益调整后的余额和原来余额之差反映了会计调整对比较财务报表期间之前的累积影响。一般来说,处理会计政策变更、会计主体变更和前期差错更正时采用这种方法。

支持追溯调整法的观点认为,以前年度财务报表按照调整后的标准追溯重编,使会计调整前后各期的财务报表具有可比性,便于信息使用者进行比较分析。反对追溯调整法的观点认为,重新编制财务报表的做法会使信息使用者对会计的工作产生怀疑,对会计信息的可靠性和相关性产生怀疑。另外,将会计调整的累积影响数列作留存收益的调整项目,使这种本应该在前期列入利润表的项目不经过利润表直接进入资产负债表,不符合损益满计观,有可能被管理者利用进行各期利润调节。而且在有些情况下,财务报表中的某些项目不可能进行追溯重编,或者重编的成本过高。

(二) 当期调整法

当期调整法,不需要追溯调整比较财务报表的相关项目,但是需要根据调整后的标准提供模拟会计信息,披露会计调整对以前期间的影响,计算会计调整的累积影响数。对于累积影响数有两种披露途径:一种是作为会计调整当期净利润的一个项目;另一种是调整当期期初留存收益的余额。

支持当期调整法的观点认为,以前期间依据的会计估计、会计政策等符合会计准则,现在由于环境等因素变化而进行调整,那么会计变更的累积影响应该仅涉及本期,与前期无关。反对当期调整法的观点认为,虽然提供模拟会计信息,但是由于不需要重新编制前期财务报表,会计调整前后各期的财务报表不再具有可比性。另外,在当期调整法下,对于累积影响数的不同处理会产生不同的效果。把累积影响数纳入调整当期的利润总额会对信息使用者产生误导;把累积影响数纳入当期期初留存收益,则可能使管理者把前期的亏损通过会计调整转移至后期的留存收益而不影响任何期间的利润,这意味着该方法下存在利润操纵的可能。

(三) 未来适用法

未来适用法,不考虑会计调整对以前期间的影响,只把会计调整应用于当期和未来期间相关的交易或者事项,不需要计算会计调整的累积影响数,不需要重新表述以前期间的财务报表。会计估计变更是随着时间的推移取得了新的估计基础、积累了新的经验、获得了新的信息所导致,同以前期间无关,因此,对会计估计变更通常采用未来适用法。

五、会计调整的权限和程序

按照有关规章制度,会计调整是企业的有关权力机构,依据相关规定和充分、合理的证据,在审慎判断的基础上,遵照相应程序进行的调整。

企业应当根据有关规定,结合本企业的实际情况,确定会计政策和会计估计,并经股东大会或董事会、经理(厂长)会议或类似机构批准,按照法律、行政法规等的规定报送有关各方备案。如需变更会计政策或会计估计,须经股东大会或董事会、经理(厂长)会议或类似机构批准,按照法律、行政法规等的规定报送有关各方备案。上市公司的会计政策目录以及变更会计政策后重新制定的会计政策目录,除按要求对外公布,还应报公司上市地交易所备案。

第二节 会计政策变更

一、会计政策概述

(一) 会计政策的层次

会计政策是指企业在会计确认、计量和报告中所采用的原则、基础和会计处理方法。会计政策包含不同层次,涉及具体的会计原则、基础和会计处理方法。

具体会计原则是指企业按照国家统一会计规范制定的企业内部会计制度中所采用的会计原则。具体会计原则不同于统一的、不可选择的一般会计原则。具体会计处理方法是指企业在国家统一会计规范允许的诸多会计处理方法中所选择的、适合于企业具体情况的会计处理方法。具体会计基础是指企业在国家统一会计规范允许范围内采用的具体会计确认和计量基础。

例如,涉及存货的会计政策包括:①取得存货过程中发生的借款费用是费用化还是资本化属于具体原则;②发出存货采用先进先出法还是个别计价法属于具体的会计处理方法;③资产负债表日存货计量按照历史成本还是可变现净值,则属于具体会计基础应予规范的范畴。属于会计政策的例子还有投资性房地产的计量模式、长期股权投资的后续计量、收入确认的原则及方法、外币业务处理方法和外币报表折算办法等。

(二) 会计政策的选择性及其限制

在法规允许范围内,企业可根据自身和经济环境的特点选择会计政策。由相关法律、行政法规和国家统一会计制度构成的会计法规体系是企业进行会计处理的根本依据。但是面对企业经济业务的多样性和复杂性,会计法规中的规定具有概括性和广泛的适用性,需要企业根据自身特点和具体经济环境,选择最恰当的会计政策来反映其财务状况和经营成果。不同企业或同一企业在不同情况下,对相同或者相似的交易或者事项可以采取不同的会计政策,但必须是在会计法规体系允许范围内的选择,只有这样才能确保会计信息口径一致、相互可比。

当一个具体会计准则适用于某一类交易或者事项,那么企业应运用该准则和相应的应用指南制定具体的会计政策,用以指导该类交易或者事项的会计处理。如果企业面对的是没有具体会计准则规范的特殊交易或者事项,那么应该依据《企业会计准则——基本准则》规定的原则、基础和方法,在合理分析和判断的基础上,进行恰当的会计处理;待发布新的具体规定时,从其规定。

(三) 会计政策是企业会计确认、计量和报告的依据

国家统一会计规范的规定,是所有企业会计核算过程中适用的或可供选择的原则、基础和方法,但不能作为企业进行会计处理的直接依据。只有根据企业自身状况和经济环境的特点制定的具体会计政策,才是企业进行会计确认、计量和报告的直接依据,并要在日常的会计处理中严格执行,在财务报表附注中进行披露。

(四) 会计政策的披露

会计政策是企业进行会计处理的直接依据,对会计信息有着直接的影响,而不同企业或者同一企业不同时期的具体会计政策不尽相同,因此,必须在财务报表附注中披露会计政策,使会计信息使用者在阅读财务报表时可以根据具体的会计政策,分析和比较不同企业或

者同一企业不同时期的会计信息。

二、会计政策变更的确认

为了保证会计信息的可比性,会计政策应保持相对稳定,同一企业在不同的会计期间应当对相同或者相似的交易或者事项采用相同的会计政策进行处理,不得随意变更。但是,在一定条件下,固守原来的会计政策可能导致会计信息不再具有可靠性和相关性,则必须适当变更会计政策。

(一)确认会计政策变更的条件

为了防止企业任意变更会计政策,企业会计准则对会计政策变更的条件进行了规定,当满足下列条件之一,才可以变更会计政策。

(1) 法律、行政法规或者国家统一会计制度等要求变更。随着国内和国际经济环境的变化,国家有关管理部门为了宏观经济管理的需要,颁布实施新的会计规范,或者修订原有的会计规范,要求变更会计政策。例如,2006年2月15日,财政部印发了38项具体会计准则,其中既包括新制定的会计准则,也包括对原准则的修订,并要求2007年1月1日起在上市公司范围内施行,上市公司就要依据新的会计准则变更会计政策。

(2) 会计政策变更能够提供更可靠、更相关的会计信息。如果随着经济环境或者企业经营活动的变化,依据变更后的会计政策进行会计处理,可以提供有关企业财务状况、经营成果和现金流量等更为可靠和相关的信息,那么就应该变更会计政策。是否满足此条件,需要企业管理者和会计人员进行恰当的执业判断,必须有充分、合理的证据表明其变更的合理性。例如,当企业所处经济环境中的房地产市场发展足够完善,能够从房地产交易市场取得同类或类似房地产的市场价格及其他相关信息,从而得到有关投资性房地产的可靠的公允价值,那么就可以将投资性房地产计价由成本模式转为公允价值模式。

如果没有充分、合理的证据表明会计政策变更的合理性,或者没有经相关机构批准擅自进行会计政策变更,或者连续、反复地自行变更会计政策,则视为滥用会计政策变更,应按照前期差错更正的方法进行处理。

(二)不属于会计政策变更的情况

在会计实务中,并不是所有采用新的会计政策的事项都属于会计政策变更。如果本期和前期的交易或者事项在形式上类似,但是本质上有区别,那么本期发生的交易或者事项实质上是一种新的交易或者事项,由此采用不同于原先的会计政策,并不属于会计政策变更。例如,企业以前对持有的某被投资单位的股权投资不具有控制、共同控制或重大影响,按照金融工具确认和计量准则进行会计处理,当期因追加投资使得持股比例上升,能够对被投资单位施加重大影响,转为按照权益法进行核算;这种情况属于发生新的交易而改按长期股权投资准则进行会计处理,不属于会计政策变更。

另外,对初次发生的交易或者事项采用适当的会计政策进行处理不属于会计政策变更。例如,企业本期首次通过受让方式取得了一项土地使用权,准备增值后转让。对于这一初次发生的业务,企业依据投资性房地产准则制定新的会计政策进行处理,则不属于会计政策变更。

至于不重要的交易或者事项,采用不同的会计政策处理对企业财务状况、经营成果以及现金流量的影响比较小,不会对会计信息使用者的决策产生实质性的影响,也不视为会计政策变更。例如,某公司成立之初对办公用文具采用一次转销法,后来由于该类低值易耗品的数量增多、价值增加,而改为五五摊销法。由于低值易耗品占资产总额的比重以及每期摊销额占费用总额的比重都比较小,对企业财务状况和经营成果的影响也较小,属于不重要事项,因而在这种情况下改变会计处理方法不视为会计政策变更。

会计政策变更并不意味着以前期间的会计政策是错误的。如果由于以前期间错误地运用会计政策,导致现在变更会计政策,那么这种情况下的变更属于前期差错更正,应按前期差错更正的方法进行处理。

三、会计政策变更的会计处理及披露

(一)会计政策变更处理方法的选择

会计政策变更的会计处理的核心问题包括:①是否计算会计政策变更的累积影响数;②累积影响数是计入期初留存收益还是计入变更当期的净利润;③提供的前期比较财务报表是否需要按照新的会计政策重新表述。对这些核心问题的不同回答产生了不同的会计政策变更处理方法。本章第一节中介绍的三种会计调整处理方法是主要的方法,在各国的会计实务中都有所采用。我国企业会计准则规定一般采用追溯调整法,特殊情况下可以采用未来适用法。具体存在以下几种情况。

(1)法律、行政法规或者国家统一会计制度要求变更会计政策,应当按照国家相关会计规定处理。例如,2006年年初,我国颁布新出台和修订后的 38 项具体会计准则,其中第 38 号准则为首次执行企业会计准则,特别规定了企业采用新的企业会计准则变更会计政策的衔接处理办法。

(2)由于外部客观经济环境或企业自身经营活动发生变化,为使会计信息更具可靠性和相关性,而变更会计政策,则应采用追溯调整法进行会计处理。

(3)确定会计政策变更对列报前期影响数不切实可行的,应当从可追溯调整的最早期间期初开始应用变更后的会计政策。

(4)如果在会计政策变更当期期初,确定变更对以前各期累积影响数不切实可行的,应当采用未来适用法。

(二)会计政策变更的披露

变更会计政策会影响会计信息的可比性,所以,应充分披露会计政策变更的相关情况,尽量降低对会计信息质量的影响。企业应当在附注中披露与会计政策变更有关的下列信息:

(1)会计政策变更的性质、内容和原因。说明会计政策变更的日期,变更前后分别采用的会计政策以及会计政策变更的原因。如果按照国家法律、行政法规或国家统一会计制度规定进行的会计政策变更,应说明依据何种规定以及变更采用的会计处理方法。如果是企业自行变更会计政策,应说明会计政策变更的原因,解释为何新的会计政策有利于提供更具相关性和可靠性的会计信息。

(2)当期和各个列报前期财务报表中受影响的项目名称和调整金额。即说明会计政策变更对列示的企业财务状况、经营成果有何影响。

(3)无法进行追溯调整的,说明无法调整的事实和原因。

(三)追溯调整法在会计政策变更中的应用

采用追溯调整法处理会计政策变更,是指对某项交易或者事项变更会计政策,视同该项交易或事项初次发生时即采用变更后的会计政策,并以此对财务报表相关项目进行调整。

首先,需要计算会计政策变更的累积影响数。会计政策变更的累积影响数,是指按照变更后的会计政策对以前各期追溯计算的列报前期最早期初留存收益应有金额与现有金额之间的差额。留存收益包含未分配利润和按照规定提取的盈余公积。会计政策变更的累积影响数实质上是变更会计政策对净损益的累积影响,以及由此导致的对盈余公积及未分配利润的累积影响金额。会计政策变更并不影响前期的利润或股利分派,因此,会计政策变更的累积影响数不包括分配给投资者的利润或股利。会计政策变更的累积影响数可以通过以下几个步骤获得:

第一,根据新的会计政策重新计算受影响的前期交易或者事项。

第二,计算两种会计政策下以前各期利润总额的差异。

第三,计算差异对所得税的影响金额。

第四,计算剔除所得税影响后的以前各期差异。

第五,计算确定会计政策变更的累积影响数。

然后,根据会计政策变更累积影响数进行相关会计处理,反映会计政策变更对变更当期期初留存收益以及其他相关项目的影响。

如果比较财务报表期间受会计政策变更的影响,接下来还需要调整比较期间受影响的净损益各项目和财务报表其他相关项目,视同变更后的会计政策在比较财务报表期间一直采用。对于比较财务报表可比期间以前的会计政策变更的累积影响数,应调整比较财务报表最早期间的期初留存收益和其他相关项目。经过调整,提供的用于比较的各期财务报表统一建立在新的会计政策之上。

【例17-1】 北方公司在中心商业区持有一幢高档写字楼用于出租,该投资性房地产自20×7年开始计提折旧,入账价值为成本10亿元(假定和当时该项投资性房地产的公允价值一致),采用成本模式计量,按照年限平均法,分40年计提折旧(假定折旧计提方法符合税法规定)。20×9年年初,根据房地产交易市场的活跃度和成熟度,该公司决定对该项投资性房地产改为公允价值模式进行计量。假设无其他暂时性差异和纳税调整事项,盈余公积的提取比例为10%,所得税税率为25%。20×7～20×9年,该投资性房地产分别按两种计量模式处理的相关信息,如表17-1所示。会计政策调整前20×8～20×9年有关会计资料,如表17-2所示。

表17-1　　　　20×7～20×9年该投资性房地产的相关信息　　　　单位:万元

年份	成本计量模式		公允价值计量模式	
	年折旧额	年末账面价值	年末公允价值	公允价值变动损益
20×7	2 500	97 500	101 000	1 000
20×8	2 500	95 000	103 000	2 000
20×9	2 500	92 500	103 500	500

表17-2　　　　北方公司20×8～20×9年有关会计资料　　　　单位:万元

项目	年份	
	20×8	20×9
年初盈余公积	3 483.5	3 596
年初未分配利润	7 691.5	8 704

(续表)

项目 \ 年份	20×8	20×9
年度营业成本	6 500.0	5 500
年度公允价值变动损益	0	0
年度利润总额	1 500.0	2 000

根据以上资料,北方公司按追溯调整法处理如下:
(1) 计算会计政策变更累积影响数,如表 17-3 所示。

表 17-3　　　　**投资性房地产计量模式变更的累积影响数计算表**　　　　单位:万元

项目 \ 年份	年折旧额	年末账面价值	年末公允价值	公允价值变动损益	所得税前差异	所得税影响	净利润影响数
20×7	2 500	97 500	101 000	1 000	3 500	875	2 625
20×8	2 500	95 000	103 000	2 000	4 500	1 125	3 375
合计	5 000	—	—	3 000	8 000	2 000	6 000
20×9	2 500	92 500	103 500	500	3 000	750	2 250

(2) 北方公司 20×9 年年初变更会计政策时,应编制调整分录。

借:投资性房地产——成本　　　　　　　　　　　　　　1 000 000 000
　　贷:投资性房地产　　　　　　　　　　　　　　　　　　　　1 000 000 000

借:投资性房地产——公允价值变动　　　　　　　　　　30 000 000
　　投资性房地产累计折旧　　　　　　　　　　　　　　50 000 000
　　贷:利润分配——未分配利润　　　　　　　　　　　　　　60 000 000
　　　　递延所得税负债　　　　　　　　　　　　　　　　　　20 000 000

借:利润分配——未分配利润　　　　　　　　　　　　　6 000 000
　　贷:盈余公积　　　　　　　　　　　　　　　　　　　　　　6 000 000

(3) 北方公司编制 20×9 年度财务报表时,应调整用于比较的资产负债表的年初数(表 17-4),以及利润表、所有者权益变动表上年数(表 17-5 和表 17-6)。20×9 年 12 月 31 日资产负债表的年末数以及所有者权益变动表的本年数栏应以调整后的数字为基础编制。

表 17-4　　　　　　**资产负债表局部项目调整**
编制单位:北方公司　　　20×9 年 12 月 31 日　　　　　　　　　　单位:万元

资产	年初余额 调整前	年初余额 调整后	年末余额	负债和所有者权益	年初余额 调整前	年初余额 调整后	年末余额
……				……			
投资性房地产	95 000	103 000	103 500				

(续表)

资　产	年初余额		年末余额	负债和所有者权益	年初余额		年末余额
	调整前	调整后			调整前	调整后	
				递延所得税负债	0	2 000	2 750
……				……			
				盈余公积	3 596	4 196	4 571
				未分配利润	8 704	14 104	17 479

表 17-5　　　　　　　　　利润表局部项目调整

编制单位：北方公司 20×9 年度　　　　　　　　　　　　　　　　单位：万元

项　目	本年金额	上年金额	
		调整前	调整后
……			
减：营业成本	3 000	6 500	4 000
……			
加：公允价值变动损益	500	0	2 000
……			
利润总额	5 000	1 500	6 000
减：所得税费用	1 250	375	1 500
净利润	3 750	1 125	4 500

表 17-6　　　　　　　　　所有者权益变动表（局部）

编制单位：北方公司　　　　　　　20×9 年度　　　　　　　　　单位：万元

项　目	本年金额				上年金额			
	……	盈余公积	未分配利润	……	……	盈余公积	未分配利润	……
一、上年年末余额（追溯调整前）		3 596	8 704			3 483.5	7 691.5	
加：会计政策变更		600	5 400			262.5	2 362.5	
前期差错更正								
二、本年年初余额（追溯调整后）		4 196	14 104			3 746	10 054.0	
……								

(4) 对于该项会计政策变更，财务报表附注的说明。具体如下：

20×9年,北方公司根据市场状况,决定将投资性房地产改为公允价值模式计量。此项会计政策变更采用追溯调整法处理,20×9年的比较财务报表已经重新表述。20×9年该项会计政策变更对前期净利润的累积影响数为6 000万元。该项会计政策变更对20×7年和20×8年净利润的影响分别为调增2 625万元和3 375万元,调增20×9年期初留存收益6 000万元,其中,调增未分配利润5 400万元,调增盈余公积600万元,该项会计政策变更导致20×9年当年净利润增加2 250万元。

【例17-2】 南方公司为上市公司,一直采用应付税款法进行所得税会计处理。20×6年2月发布所得税会计准则,为了提供更具相关性和可靠性的会计信息,该上市公司自20×7年开始采用资产负债表债务法进行所得税会计处理,并对这一会计政策变更进行追溯调整。假定南方公司仅在计提存货跌价准备这一事项上存在暂时性差异,该公司从20×5年开始计提存货跌价准备,所得税税率为25%,盈余公积的提取比例为10%。20×5~20×7年年末存货资料和利润情况,如表17-7所示。

表17-7　　　　　南方公司20×5~20×7年有关会计资料　　　　　单位:元

年份 项目	20×5	20×6	20×7
年末存货成本的余额	5 000 000	6 000 000	7 500 000
年末存货跌价准备的余额	200 000	500 000	1 000 000
年末存货的账面价值	4 800 000	5 500 000	6 500 000
年度利润总额	7 800 000	7 700 000	7 500 000
当年应纳税所得额	8 000 000	8 000 000	8 000 000
年初盈余公积	—	900 000	1 470 000
年初未分配利润	—	3 000 000	8 130 000

根据以上资料,南方公司追溯调整如下:

(1) 计算会计政策变更累积影响数。按照资产负债表债务法得出南方公司20×5~20×7年年末递延所得税资产的余额、年末应交所得税、年度所得税费用,如表17-8所示。

表17-8　　　新会计政策下南方公司20×5~20×7年所得税相关资料表　　　单位:元

年份 项目	20×5	20×6	20×7
年末存货的账面价值	4 800 000	5 500 000	6 500 000
年末存货的计税基础	5 000 000	6 000 000	7 500 000
年末递延所得税资产的余额	50 000	125 000	250 000
年末应交所得税	2 000 000	2 000 000	2 000 000
年度所得税费用	1 950 000	1 925 000	1 875 000
会计政策变更使该年所得税费用减少	50 000	75 000	125 000

会计政策变更累积影响数计算,如表17-9所示。

表 17-9　　　　　　　　　会计政策变更累积影响计算表　　　　　　　　　单位:元

事项 \ 期间	20×5年年度影响额	累积至20×6年年初的影响额	20×6年年度影响额	累积至20×7年年初的影响额
递延所得税资产	+50 000	+50 000	+75 000	+125 000
所得税费用	−50 000		−75 000	
净利润	+50 000		+75 000	
留存收益	+50 000	+50 000	+75 000	+125 000
其中:盈余公积	+5 000	+5 000	+7 500	+12 500
未分配利润	+45 000	+45 000	+67 500	+112 500

(2) 20×7年年初,编制会计政策变更的调整分录。

借:递延所得税资产　　　　　　　　　　　　　　　　　　　　　　　　125 000
　　贷:利润分配——未分配利润　　　　　　　　　　　　　　　　　　　　　　125 000

借:利润分配——未分配利润　　　　　　　　　　　　　　　　　　　　　12 500
　　贷:盈余公积　　　　　　　　　　　　　　　　　　　　　　　　　　　　　12 500

(3) 南方公司编制20×7年年度财务报表时,应调整资产负债表的年初数(表17-10);还应调整20×7年利润表、所有者权益变动表的上年数(表17-11和表17-12)。

表 17-10　　　　　　　　　　资产负债表局部项目调整
编制单位:南方公司　　　　　20×7年12月31日　　　　　　　　　　　单位:元

| 资产 | 年初余额 | | 负债和所有者权益 | 年初余额 | |
	调整前	调整后		调整前	调整后
……			……		
递延所得税资产	0	125 000			
……					
			盈余公积	1 470 000	1 482 500
			未分配利润	8 130 000	8 242 500

表 17-11　　　　　　　　　　利润表局部项目调整
编制单位:南方公司　　　　　20×7年度　　　　　　　　　　　　　　单位:元

| 项目 | 上年金额 | |
	调整前	调整后
……		
利润总额	7 700 000	7 700 000
减:所得税费用	2 000 000	1 925 000
净利润	5 700 000	5 775 000

表17-12　　　　　　　　　　　　**所有者权益变动表(局部)**
编制单位:南方公司　　　　　　　　　　20×7年度　　　　　　　　　　　　　单位:元

项　目	本年金额			上年金额		
	……	盈余公积	未分配利润	……	盈余公积	未分配利润	……
一、上年年末余额(追溯调整前)		1 470 000	8 130 000		900 000	3 000 000	
加:会计政策变更		12 500	112 500		5 000	45 000	
前期差错更正							
二、本年年初余额(追溯调整后)		1 482 500	8 242 500		905 000	3 045 000	
……							

(4)在财务报表附注中对上述会计政策变更的披露。具体如下:

根据20×6年颁布的所得税会计准则,从20×7年年初将所得税的会计处理方法由应付税款法改为资产负债表债务法。采用追溯调整法处理该会计政策变更,20×7年的比较财务报表已经重新表述。该项会计政策变更使20×5年和20×6年净利润分别调增50 000元和75 000元,调增20×6年年初盈余公积和未分配利润5 000元和45 000元,调增20×7年年初留存收益125 000元,其中,分别调增未分配利润112 500元、调增盈余公积12 500元。该会计政策变更使20×7年当年净利润增加125 000元。

(四)未来适用法在会计政策变更中的应用

采用未来适用法处理会计政策变更,是指将变更后的会计政策应用于变更日及以后发生的交易或者事项。这种情况下,不需要计算会计变更累积影响数,不涉及对前期财务报表的调整,只需要在今后的会计核算中运用新的会计政策。

【例17-3】 某发电设备制造企业专业生产大型发电设备,在20×7年前,制造发电设备发生的一般借款利息费用直接计入当期损益。20×7年起,根据发布的借款费用会计准则的规定,开始将可直接归属于发电设备生产的利息费用予以资本化。经过计算,20×7年应该资本化计入设备生产成本的利息费用为500万元①。该企业根据企业会计准则的规定,采用未来适用法处理这一会计政策变更事项。利息费用资本化时,应编制会计分录如下:

借:制造费用或生产成本　　　　　　　　　　　　　　　　　　　　5 000 000
　　贷:应付利息　　　　　　　　　　　　　　　　　　　　　　　　　　5 000 000

在财务报表附注中对上述会计政策变更披露如下:

根据企业会计准则的规定,从本期开始将可直接归属于发电设备制造的借款费用由费用化处理改为资本化处理,计入设备的生产成本。根据企业会计准则衔接办法,对于这一会计政策变更采用未来适用法。该会计政策变更导致本期财务费用减少500万元,设备的生产成本增加500万元。

---

① 假定按实际利率计算的利息费用与按合同约定的应付利息相等。

第三节 会计估计变更

一、会计估计概述

由于经济活动的内在不确定性,当企业在会计分期基础上按照权责发生制进行会计核算、定期提供财务报表时,一些项目不能精确计量,只能以最近可利用的信息进行判断估计。例如,固定资产可以在较长的期间内为企业带来经济利益,那么,企业就应该根据经济环境和具体固定资产的使用特点合理预计资产未来各期的经济利益流入,以此确定固定资产的折旧方法和期限,进而计算固定资产的期末价值和每期应计提的折旧额。

(一)会计估计的特点

概括来说,会计估计是指企业鉴于经济活动受到不确定因素的影响,对资产和负债当前状况及与其相关的预期未来经济利益和义务所作的评估,即以最近可利用的相关信息为基础,对资产或负债的账面价值或者资产的期间消耗金额所作的判断。会计估计具有下列特点。

1. 会计估计源于经济活动的内在不确定性

会计分期和权责发生制要求定期、及时地提供会计信息,反映企业应该享有的权利或者应该承担的义务。经济活动的内在不确定性决定资产或负债内含的经济利益或义务会发生变化,站在当前的时点只能预计未来可能发生的情况,并以此估计资产或负债未来可能带来的经济利益流入或者流出,判断资产和负债当前的状况。因此,对于跨越多个会计期间、在资产负债表日尚不能确定结果的交易或者事项,必须予以估计入账。例如,企业计提坏账准备时,就需要会计人员根据债务企业的财务状况、经营成果和现金流量等情况,运用职业判断与职业经验估计该债权未来可收回的金额。

2. 会计估计应当以最近可利用的信息为基础

会计估计是以在当期时点掌握的信息为基础对未来进行判断,随着时间的推移和环境的变化,所掌握的信息也在不断地发生变化。最新的信息是最接近目标的信息,以其为基础所作的估计也应最接近实际,所以,会计估计只能以最近可利用的信息为基础。例如,担保责任义务视未来被担保方是否偿还债务和偿还数额而定,被担保方的还款能力随着经济活动的发展而发生变化,企业应根据其最近的财务状况和经营成果等信息进行判断估计。

3. 进行会计估计并不影响会计信息的可靠性

合理的会计估计是进行会计核算、编制财务报表必不可少的组成部分,它不会削弱会计信息的可靠性。会计估计是企业面对当前经济环境,利用现有资料对未来所作的合理判断。虽然随着时间的推移,需要依据新的信息和新的经验修订以前的估计,并且经济业务或事项的最终结果同原先的估计也不尽相同。但是,前期的会计估计是在原有信息基础上的恰当判断,具有合理性和可靠性。例如,企业估计无形资产的使用寿命和摊销方法应充分考虑当时的市场状况、技术发展水平、法律规定以及无形资产本身的状况,在此基础上作出合理估计,可见以当时的情况来看,合理的会计估计不会影响会计信息的可靠性。

(二)会计估计的项目及披露

会计估计是企业进行某些会计计量的直接依据,对会计信息有着重要的影响。不同企业以及同一企业在不同时期的会计估计不尽相同。企业应将涉及的会计估计项目和具体的会计估计方法在财务报表附注中披露,使会计信息使用者在阅读财务报表时可以根据具体的会计估计,分析和比较不同企业或者同一企业不同时期的会计信息,进行相关的决策,忽视会计估计对企业会计信息的影响可能导致错误的会计决策。

根据与会计估计有关项目的性质和金额,企业应当披露重要的会计估计,如存货可变现净值的确定、固定资产的预计净残值、使用年限和折旧方法,使用寿命有限的无形资产的预计使用寿命与净残值、权益工具、金融资产公允价值的确定、预计负债初始计量的最佳估计数的确定等。

二、会计估计变更的确认

会计估计变更是指由于资产和负债的当前状况及预期经济利益和义务发生了变化,从而对资产或负债的账面价值或资产的定期消耗金额进行调整。例如,企业某项专利技术,开始时预计可以使用10年,计划在10年的时间内平均摊销;后期企业了解到一种新型替代技术即将出现,根据这种情况,企业把该项无形资产的摊销期限缩短为3年,即该资产每期的消耗金额增加。会计估计变更主要是由于当前环境的变化和取得的新信息表明原来的估计不再适用,当期若沿用原来的会计估计,提供的信息将不再具有相关性和可靠性,会计估计变更与前期无关,不属于前期会计差错更正。

当然,会计估计的依据应当真实、可靠,企业不得从调节利润等不正当的角度出发任意变更会计估计。比如,航空公司飞机及发动机的折旧费在其成本费用支出排名中仅次于航空油料消耗列第二位,折旧年限会计估计的少许变动就会对各期利润产生举足轻重的影响,因此,变更折旧年限应该有理有据、谨慎实施。

三、会计政策变更和会计估计变更的划分

企业应该正确区分会计政策变更和会计估计变更,并采用不同的方法进行会计处理,以反映不同性质变更对企业各期财务状况和经营成果的影响。但是,有些会计变更同时具有会计政策变更和会计估计变更的性质,难以进行区分,在这种情况下应当将其作为会计估计变更处理。例如,2003年,山东航空和东方航空由于执行《民航企业会计核算办法》,将高价周转件修理费由分5年摊销改为在发生当期直接计入损益。这一会计变更从修理费由分期摊销改为全部列入当期损益来看,属于会计政策变更;如果从费用分摊期限由5年改为1年来看,属于会计估计变更。对于这类事项,应将其视为会计估计变更,按照相应的方法进行会计处理。

四、会计估计变更的会计处理及披露

(一) 会计估计变更的会计处理

企业对会计估计变更的处理应该采用未来适用法。因为,会计估计变更是依据最近掌握的信息对当期资产、负债的账面价值和资产未来的定期消耗金额所作的判断,仅影响变更当期或变更当期及以后各期,不影响前期根据当时情况所作的判断。采用未来适用法,仅对变更当期和未来期间发生的交易或者事项采用新的会计估计进行处理,不需要计算变更产生的累积影响数,不需要重编以前年度财务报表。会计估计变更仅影响变更当期的,其影响

数应当在变更当期予以确认;既影响变更当期又影响未来期间的,其影响数应当在变更当期和未来期间确认。

(二) 会计估计变更的披露

企业应当在财务报表附注中披露与会计估计变更相关的下列信息。

(1) 会计估计变更的内容和原因,包括会计估计变更的内容、原因和会计估计变更的日期。

(2) 会计估计变更对当期和未来期间的影响数,包括会计估计变更对损益和其他相关项目的影响金额。

(3) 会计估计变更的影响数不能确定的情况和原因。

【例 17-4】 北方公司的一台管理用设备,从 20×4 年 1 月 1 日开始计提折旧,原值为 440 000 元,预计净残值 40 000 元,预计使用年限为 8 年,采用年限平均法计提折旧。20×6 年年初,由于市场竞争加剧、技术进步等原因,公司预计该项固定资产未来经济利益的流入将发生减少,于是调整原来对固定资产使用年限以及预计净残值的估计。调整后,预计该设备尚可使用 4 年,净残值为 0。假定税法允许按变更后的折旧额进行税前扣除,所得税税率为 25%。

按原估计每年计提折旧 50 000 元,已提折旧 2 年,共计 100 000 元。20×6 年年初,该项固定资产的净值为 340 000 元(440 000－100 000)。会计估计变更采用未来适用法,不需要对以前计提的折旧进行调整,只需要将此时固定资产账面净值扣除重新估计净残值后的余额,在重新预计的剩余使用年限内按照年限平均摊销。因此,会计估计变更后每年计提折旧 85 000 元[340 000÷(6－2)]。编制会计分录如下:

借:管理费用 85 000
　　贷:累计折旧 85 000

在财务报表附注中对上述会计估计进行如下说明:

本公司一台自 20×4 年 1 月 1 日开始计提折旧的管理用设备,原值 440 000 元,原预计使用年限为 8 年,预计净残值为 40 000 元,按年限平均法计提折旧。由于市场竞争加剧、技术进步的因素,预计该设备未来经济利益的流入将发生变化。根据有关情况,本公司于 20×6 年年初将该设备的预计尚可使用年限调整为 4 年,预计净残值调整为 0。该项会计估计变更使本年度及以后使用年限内每年净利润减少 26 250 元[(85 000－50 000)×(1－25%)]。

第四节　前期差错更正

一、前期差错概述

日常会计核算中可能由于种种原因导致会计差错的产生。属于本期的会计差错在发现时就应按照相关规定处理,不需要调整已经对外呈报的会计信息,需要进行会计调整的是本期发现的属于前期的会计差错。

(一) 前期差错的内容

前期差错是指由于没有运用或错误运用下列两种信息,而对前期财务报表造成的省略或错报。

（1）编报前期财务报表时预期能够取得并加以考虑的可靠信息。

（2）前期财务报告批准报出时能够取得的可靠信息。

前期差错通常包括计算错误、应用会计政策错误、疏忽或曲解事实、舞弊产生的影响，以及存货、固定资产盘盈等。例如，核电站在确定核设施等特殊固定资产的成本时，没有考虑未来可能发生的弃置费用，属于疏忽产生的错误；或者虽然考虑但未将多年后的大额弃置费用折现而是直接计入固定资产的成本，属于错误应用会计政策造成的差错。又如，房地产开发企业为了调节利润，将房地产开发过程中应该予以资本化的借款费用直接计入当期损益，则会造成会计信息失真。

（二）前期差错的分类

根据前期差错的性质和金额的大小，将其区分为重要的前期差错和不重要的前期差错。前期会计差错会影响前期财务报表的相关性和可靠性，此影响达到一定程度就可能使信息使用者作出错误的判断。辨别前期差错重要程度的根本标准，是判断其是否对信息使用者的判断和决策产生实质性影响。可能导致信息使用者错误决策的前期差错属于重要的差错，对信息使用者的判断基本不会产生影响的差错属于不重要的前期差错。可以运用定性或定量分析两种方法判断会计差错的重要程度。若前期财务报表差错的金额达到一定额度，或者性质严重，即属于重要的前期差错，它严重影响前期提供会计信息的可靠性和相关性，可能导致使用者的错误决策。例如，有些企业出于满足融资条件、避免退市风险等目的，可能在前期计提巨额减值准备而在后期转回，或者随意变更固定资产的折旧方法或费用的摊销期限，以此增加或减少某些期间的利润。以上这些做法属于滥用会计政策、会计估计及其变更，应作为重大会计差错处理。

二、前期差错更正的会计处理及披露

（一）前期差错更正的会计处理

对于重要的前期差错，企业应当采用追溯重述法更正。这一类会计差错会对企业对外提供的会计信息产生重大影响，进而可能实质性地影响信息使用者的判断和决策。追溯重述法是指在发现前期差错时，视同该项差错从未发生过，从而对财务报表相关项目进行重新列示和披露的方法。企业应当在重要的前期差错发现当期的财务报表中，调整前期比较数据。对于不重要的前期差错，可以视为当期发生的差错进行更正，不需要追溯调整。

追溯重述法的会计处理与追溯调整法相同，需要计算累积影响数。如果无法确定前期差错的影响数，可以从可追溯重述的最早期间开始调整留存收益的期初余额，财务报表其他相关项目的期初余额也应当一并调整。例如，20×7年A公司发现，20×5年购入的至今尚在企业存放的一批存货未按规定计提存货跌价准备。该存货20×5年年末的可变现净值的资料无法取得，因此，无法确定20×6年年初受影响的金额，追溯重述只能从20×6年年末开始。需要追溯调整20×6年年末（即20×7年年初）资产负债表相关项目的金额，以及20×6年利润表的相关项目。

（二）前期差错更正的披露

企业应当在财务报表附注中披露与前期差错更正有关的下列信息。

（1）前期差错的性质。

(2) 各个列报前期财务报表中受影响的项目名称和更正金额。

(3) 无法进行追溯重述的情况和原因,以及对前期差错开始进行更正的时点和具体更正情况。

【例17-5】 20×6年5月,东方公司发现20×5年销售的一批成本为240 000元的产品在做账时误将销售成本结转了两次。该公司的存货发出计价采用个别计价法。假设该公司的利润总额仅包含营业利润,所得税税率为25%,盈余公积的提取比例为10%。

20×5年的会计差错造成该年度营业成本虚增,期末存货项目虚减,由此导致该年度营业利润、所得税以及期末留存收益虚减。在进行调整时,不但要调整20×5年的相应项目,还应该调整20×6年相关项目的期初余额。编制调整分录如下:

借:存货   240 000
    贷:以前年度损益调整   240 000

借:以前年度损益调整   60 000
    贷:应交税费——应交所得税   60 000

借:以前年度损益调整   180 000
    贷:利润分配——未分配利润   180 000

借:利润分配——未分配利润   18 000
    贷:盈余公积   18 000

东方公司编制20×6年年度财务报表时,应调整资产负债表的年初数(表17-13),以及利润表、所有者权益变动表的上年数(表17-14和表17-15)。

表17-13　　　　　　　　　**资产负债表局部项目调整**

编制单位:东方公司　　　　20×6年12月31日　　　　　　　　　　　单位:元

资　产	年初余额		负债和所有者权益	年初余额	
	调整前	调整后		调整前	调整后
……			……		
存货	400 000	640 000	应交税费——应交所得税	142 000	202 000
			……		
			盈余公积	400 000	418 000
			未分配利润	800 000	962 000

表17-14　　　　　　　　　**利润表局部项目调整**

编制单位:东方公司 20×6年度　　　　　　　　　　　　　　　　　单位:元

项　目	上年金额	
	调整前	调整后
一、营业收入	700 000	700 000
减:营业成本	600 000	360 000
……		

(续表)

项 目	上年金额	
	调整前	调整后
二、营业利润	100 000	340 000
三、利润总额	100 000	340 000
减：所得税费用	25 000	85 000
净利润	75 000	255 000

表17-15　　　　　　　　所有者权益变动表（局部）

编制单位：东方公司 20×6年度　　　　　　　　　　　　　　　　　　　　单位：元

项 目	……	本年金额		……
		盈余公积	未分配利润	
一、上年年末余额		400 000	800 000	
加：会计政策变更				
前期差错更正		18 000	162 000	
二、本年年初余额		418 000	962 000	
……				

财务报表附注应该做如下说明：

本年度发现20×5年误将销售的240 000元产品的销售成本结转了两次，采用追溯重述法处理。在编制20×5年与20×6年可比财务报表时，已对该差错进行了更正。由于此差错的影响，20×5年多计营业成本240 000元，净利润及留存收益虚减180 000元，少计所得税费用和应交所得税60 000元，期末存货虚减240 000元。

【例17-6】　20×8年年初，东方公司盘盈机器设备一台，按照新旧程度确定重置成本为200 000元。假定所得税税率为25%，盈余公积的提取比例为10%。盘盈固定资产应作为前期差错更正会计处理如下：

借：固定资产　　　　　　　　　　　　　　　　　　　　　　　　　　200 000
　　贷：以前年度损益调整　　　　　　　　　　　　　　　　　　　　　　　　200 000

调整盘盈固定资产应缴纳的所得税：

借：以前年度损益调整　　　　　　　　　　　　　　　　　　　　　　 50 000
　　贷：应交税费——应交所得税　　　　　　　　　　　　　　　　　　　　　50 000

调整20×8年年初留存收益：

借：以前年度损益调整　　　　　　　　　　　　　　　　　　　　　　150 000
　　贷：利润分配——未分配利润　　　　　　　　　　　　　　　　　　　　　150 000

借：利润分配——未分配利润　　　　　　　　　　　　　　　　　　　　 15 000
　　贷：盈余公积　　　　　　　　　　　　　　　　　　　　　　　　　　　　 15 000

20×8年,财务报表附注中应对此项前期差错更正说明如下:

本年年初盘盈机器设备一台,重置成本为200 000元,作为前期会计差错更正处理。无法判断该项固定资产的实际启用日期,因此,无法判断这项会计差错对以前各期资产、负债和利润的影响,无法对前期财务报表的所有相关项目进行追溯调整。发现盘盈时,所作的处理使年初资产、应交税费、留存收益分别增加200 000元、50 000元、150 000元,其中年初未分配利润和盈余公积分别增加135 000元、15 000元。

> **会计调整在财务报表中的列示及披露**
>
> 采用追溯调整法处理会计调整事项产生的累积影响数,体现在当期财务报表的期初留存收益以及其他相关项目中。提供的前期比较财务报表的相关项目也要进行相应调整。在所有者权益变动表中,通过列示会计政策变更或前期差错更正产生的累积影响数,将留存收益项目的上年年末余额调整为会计政策变更或前期差错更正后的本年年初余额。
>
> 企业应当在财务报表附注中披露采用的重要会计政策和会计估计,不重要的会计政策和会计估计可以不披露。在披露重要会计政策和会计估计时,应当披露重要会计政策的确定依据和财务报表项目的计量基础,以及会计估计中所采用的关键假设和不确定因素。如果发生会计调整事项,企业应当在财务报表附注中披露会计政策和会计估计变更以及前期差错更正的有关情况。

案例分析

这是会计估计变更吗

案例介绍:

中国远洋(601919)2009年度年报中关于会计估计变更的披露如下:

公司于2009年8月27日召开第二届董事会第十三次会议,会议审议并批准了公司干散货船舶折旧政策的变更,同意公司根据船舶使用情况、参考同行业公司的做法,将公司从事远洋运输的干散货船舶折旧年限由15年变更为20年,并采用未来适用法从2009年7月1日起执行。上述内容详见公司8月28日发布第二届董事会第十三次会议决议公告。根据公司经审计2009年度财务报告显示,上述变更减少公司2009年折旧费用289 590 092.74元,相应增加公司2009年利润总额。

新华传媒(600825)2009年年报中关于会计估计变更的披露如下:

公司于2009年10月30日召开的第五届董事会第十四次会议审议通过关于变更会计估计的议案。鉴于2009年公司与出版社的交易模式改由以受托代销方式为主,公司原来对库存商品跌价准备的估计仅按全部库存商品的版(库)龄进行减值测试的方法已不适应公司的实际情况。为了更加客观、公正地反映公司的财务状况和经营成果,防范经营风险,根据公司实际经营情况,公司将在原来库存商品类别的基础上区分可退与不可退。对于可退货商品,由于其可从供应商处获得退货的保障,因此将不再对其进行减值测试,但可退货商品的保管损失由保管方承担;对于不可退货的商品仍按公司库存商品跌价准备的减值测试比例计提减值准备(原计提方法不变)。适用期从2009年1月1日始。

按原会计估计,2009年度应计提资产减值损失24 100 861.65元,2009年年末"存货跌价准备"账户的余额为52 057 797.98元。按变更后的会计估计,2009年度应冲回资产减值损失763 862.92元,2009年年末"存货跌价准备"账户的余额为27 193 073.41元。2009年度按原会计估计应计提资产减值损失24 864 724.57元,影响当年利润减少24 864 724.57元。

资料来源:

中国远洋(601919)和新华传媒(600825)2009年度报告。

依据及相关法规:

财政部:《企业会计准则第28号——会计政策、会计估计变更和差错更正》(2006年2月)。

案例思考题:

1. 比较中国远洋与新华传媒2009年年报中关于会计估计变更对2009年经营成果影响的披露,分析哪家公司的披露更明晰。

2. 根据中国远洋与新华传媒2009年年报中关于会计估计变更原因的披露,请你判断这两家公司对于会计估计变更的认定是否符合会计准则的规定。为什么?如果你的结论是不符合,请说明你认为该公司披露的会计估计变更应当属于哪一种类型的会计调整。

本章要点概览

1. 由于环境的变化、法规的修订或者发现前期差错等原因,企业需要进行会计调整,可能调整以前期间的会计处理,重新提供有关前期的财务状况和经营成果等会计信息。

2. 会计调整包括会计变更和前期差错更正。会计变更包含会计政策变更、会计估计变更和会计主体变更。

3. 会计政策是指企业在确认、计量和报告中采用的原则、基础和会计处理方法。企业应当根据法规的规定、所处的环境和自身的情况,对相同或相似的交易或事项采用恰当且相同的会计政策进行处理。

4. 在一定条件下,为了提供更具相关性和可靠性的会计信息,根据会计规范的要求或企业有关权力机构的批准,可以变更会计政策。

5. 一般应采用追溯调整法处理会计政策变更,同时确认会计政策变更累积影响数。确定变更对以前期间的累积影响数不切实可行的,应采用未来适用法。

6. 会计估计是指企业鉴于经济活动受到不确定因素的影响,对资产和负债当前状况及与其相关的预期未来经济利益和义务所作的评估,即以最近可利用的相关信息和资料为基础,对资产或负债的账面价值或者资产的期间消耗金额所作的判断。

7. 会计估计变更是指企业依据新的估计基础,新的信息、新的经验修正原先会计估计的行为。企业对会计估计变更应当采用未来适用法进行处理。

8. 前期差错是指由于没有运用或者错误运用在编报或批准报出前期财务报表时能够取得并加以考虑的可靠信息,而对前期财务报表造成漏报或错报。根据差错的性质和金额可以将前期差错分为重要和不重要两类。

9. 企业应采用追溯重述法更正重要的前期差错。对于无法确定前期差错累积影响数的重要的前期差错或者不重要的前期差错,可以采用未来适用法更正。

主 要 术 语

1. 会计调整　　　　2. 会计变更　　　　3. 会计政策变更
4. 会计估计变更　　5. 前期差错更正　　6. 追溯调整法
7. 未来适用法　　　8. 当期调整法　　　9. 追溯重述法
10. 会计政策

复 习 题

一、思考题

1. 试分析会计调整是否影响会计信息的可靠性和相关性。
2. 试述追溯调整法和当期调整法的联系和区别,并分析两种方法提供的会计信息对使用者决策的有利因素和不利因素。
3. 会计政策变更的含义是什么？在什么条件下可以变更会计政策,以及不同条件下会计政策变更的处理方法是什么？
4. 简要说明会计政策变更累积影响数的计算方法和披露途径。
5. 试分析会计估计变更的条件及含义,并举例说明。
6. 请举例说明应用会计政策错误、疏忽或曲解事实以及舞弊产生会计差错的情况。

二、判断题

1. 为了保证不同企业之间会计信息的可比性,对于相同或者相似的交易或事项,不同企业必须按照完全一致的会计政策进行处理。　　　　　　　　　　　　　　　（　）
2. 企业具体执行的会计政策是政府有关部门制定的,企业无权进行选择。　　（　）
3. 谨慎性原则不属于会计政策,而依据谨慎性原则,规定期末存货按照成本与可变现净值孰低法计价则属于会计政策。　　　　　　　　　　　　　　　　　　　（　）
4. 会计政策变更的累积影响数是指对以前各期利润总额影响数的合计。　　（　）
5. 会计估计需要进行主观判断,所以通过估计产生的信息不具有可靠性。　　（　）

三、单项选择题

1. 如果难以确定某项会计变更是会计政策变更还是会计估计变更,则应当采用(　　)进行处理。
   A. 未来适用法　　　　　　　　　　B. 追溯调整法
   C. 追溯重述法　　　　　　　　　　D. 当期调整法
2. 下列各项说法中,正确的是(　　)。
   A. 企业变更原先错误的会计政策改用会计准则中允许的会计政策属于会计政策变更
   B. 会计调整中涉及的前期差错只包括重要的会计差错
   C. 对于无法明确区分为会计政策变更或是会计估计变更的事项均应作为会计估计变更处理
   D. 我国企业会计准则中只允许采用追溯调整法处理会计政策变更

3. 下列各项中,不属于会计政策变更的是( )。
   A. 经公司董事会批准,某投资性房地产由成本模式改为公允价值模式计价
   B. 经公司董事会批准,变更某项无形资产的摊销年限
   C. 将一项以摊余成本计量的金融资产重分类为以公允价值计量且其变动计入当期损益的金融资产进行核算
   D. 按照企业会计准则的规定,企业对所得税的处理由应付税款法改为资产负债表债务法

4. 下列各项中,不作为会计估计变更处理的是( )。
   A. 某项机器设备的使用年限由5年改为8年
   B. 由于被担保人财务状况发生变化,将与该担保债务有关的预计负债由40万元改为20万元
   C. 坏账准备的计提比例由应收账款余额的5%改为3%
   D. 根据会计准则的规定,企业作为承租人对原有经营性租赁改为确认相关的使用权资产和租赁负债

5. 对投资性房地产由成本模式改为公允价值模式计量,采用追溯调整法进行会计处理时,不需要调整的项目是( )。
   A. 投资性房地产   B. 有关的递延所得税资产或负债
   C. 盈余公积   D. 应交税费

四、多项选择题

1. 下列各项中,属于企业会计政策变更的有( )。
   A. 经公司股东会或董事会批准,存货发出计价方法由加权平均法改为先进先出法
   B. 由于业务拓展,企业本期开始承接房屋建造业务,与此有关的收入按照修订后的收入准则确认
   C. 企业本期将某投资性房地产改为自用,该资产的计价由公允价值模式改为成本模式
   D. 以公允价值计量且其变动计入当期损益的金融资产由于重分类改为以摊余成本计量
   E. 根据修订后的金融工具确认和计量准则,企业对金融资产减值改用预期损失法进行会计处理

2. 会计估计变更应予披露的内容有( )。
   A. 会计估计变更的内容和原因
   B. 会计估计变更对当期和未来期间的影响数
   C. 会计估计变更的影响数不能确定的情况和原因
   D. 会计估计变更的处理方法
   E. 会计估计变更对以前期间损益的影响

3. 下列各项中,属于会计估计变更的有( )。
   A. 某项专有技术已经陈旧,将其账面价值一次核销
   B. 检查发现上年年末低值易耗品未按规定摊销
   C. 由于技术进步预计某项固定资产的弃置费用会大幅度降低
   D. 将某设备的折旧方法由直线法改为双倍余额递减法

E. 由于环境的变化预计某项无形资产的使用寿命由原先的不确定变为使用寿命有限

4. 下列各项中,应当采用追溯重述法进行处理的事项有(   )。
   A. 某企业本年发现上年将应该计入工程成本的1 000万元利息费用直接计入当期损益
   B. 某企业本年发现上年管理用设备的折旧少提2万元,假设金额没有达到重要性要求
   C. 某企业本年发现上年一笔具有融资性质、总价款5 000万元,分5年期收款的销售,直接按应收价款总额确认销售收入
   D. 某企业本年发现前年将一笔金额为50万元的预收账款计入当期收入,假设金额未达到重要性要求
   E. 注册会计师在审计过程中发现某企业上年为了偷逃税款将一项尚在使用的固定资产全额计提减值准备

5. 下列关于会计调整的表述中,正确的有(   )。
   A. 在变更当期期初,无法确定累积影响数的会计政策变更,可按未来适用法处理
   B. 处理会计估计变更既可采用未来适用法又可采用追溯调整法
   C. 企业根据会计规范要求变更会计政策的应该采用追溯调整法处理
   D. 确定存货可变现净值的过程中要对未来的售价、成本、销售费用等进行估计,因此会影响会计信息的可靠性
   E. 企业进行会计变更必须提供充分合理的证据

五、业务题

【业务题一】

目的　练习会计估计变更的处理。

资料　西北公司20×4年12月购入生产设备一台,价值500 000元,预计净残值为0,使用年限为8年,按直线法计提折旧。至20×6年1月,由于新技术的出现导致生产同类型产品的成本大大降低,企业预计该设备带来未来经济利益的能力将大幅度降低,决定将该设备的使用年限调整为5年。

要求　对这一会计估计变更进行相应的会计处理,并在财务报表附注进行说明。

【业务题二】

目的　练习会计政策变更的处理。

资料　由于企业会计准则的发布,北方公司从20×7年1月1日开始将交易性金融资产由按成本与市价孰低法改为以公允价值计量且其变动计入当期损益的金融资产。该公司保存的会计资料比较齐备,可以进行追溯计算。假设无其他暂时性差异和纳税调整事项,所得税税率为25%,盈余公积的计提比例为10%,该公司短期投资的有关资料,如表17-16所示。

表17-16　　　　　　　　　　短期投资有关资料表　　　　　　　　　　单位:万元

事项 \ 年份	20×5	20×6	20×7
年末交易性金融资产的成本	500	800	600
年末交易性金融资产的市价	600	1 200	900

假设上年年末持有的交易性金融资产会在第二年全部出售。

要求 (1) 计算会计政策变更累积影响数,填写累积影响数计算表,如表 17-17 所示。

表 17-17　　　　　　　　　　　　　累计影响数计算表　　　　　　　　　　　　　单位:万元

年份 \ 项目	年度中出售时产生的差异	年末产生的差异	所得税前差异	所得税影响	税后差异
20×5	—				
20×6					
20×5、20×6 合计	—	—			
20×7					

(2) 编制 20×7 年 1 月 1 日处理会计政策变更的会计分录。

(3) 填写 20×7 年比较资产负债表中有关项目年初数栏调整前后的金额(表 17-18),以及 20×7 年比较利润表和所有者权益变动表中有关项目(表 17-19 和表 17-20),并进行附注说明。

表 17-18　　　　　　　　　　　　比较资产负债表(局部)

编制单位:北方公司　　　　　　　20×7 年 12 月 31 日　　　　　　　　　　　单位:万元

资　产	年　初　数		负债和所有者权益	年　初　数	
	调整前	调整后		调整前	调整后
……			……		
交易性金融资产			递延所得税负债		
			盈余公积		
			未分配利润		

表 17-19　　　　　　　　　　　　比较利润表(局部)

编制单位:北方公司　　　　　　　20×7 年度　　　　　　　　　　　　　　　单位:万元

项　目	上年金额	
	调　整　前	调　整　后
……		
加:公允价值变动损益		
投资收益		
……		
三、利润总额		
减:所得税费用		
净利润		

表 17-20　　　　　　　　　　　　所有者权益变动表(局部)
编制单位：北方公司　　　　　　　　　　20×7年度　　　　　　　　　　　　　　单位：万元

项 目	本年金额				上年金额			
	……	盈余公积	未分配利润	……	……	盈余公积	未分配利润	……
一、上年年末余额(追溯调整前)								
加：会计政策变更								
二、本年年初余额(追溯调整后)								
……								

【业务题三】

目的　综合练习会计调整的处理。

资料　南方公司 20×8 年、20×9 年的有关资料如下：

(1) 20×7 年 12 月 25 日，甲公司与乙公司签订合同，向其销售一批成本为 400 万元的产品。合同约定，该批产品将于 20×8 年 1 月 1 日交货，该批产品的控制权在交货时转移。合同中包含两种可供选择的付款方式：①乙公司在产品交付时支付 500 万元(不含增值税)；②乙公司可在 2 年后支付 561.80 万元(不含增值税)。按照上述两种付款方式计算的内含利率为 6%。乙公司选择在 2 年后付款，并在 20×9 年 12 月 31 日如数付讫。甲公司在 20×8 年 1 月 1 日转移产品控制权时，确认应收账款和主营业务收入各 561.8 万元，并结转销售成本；20×9 年 12 月 31 日收到货款时，转销该项应收账款。担任甲公司 20×9 年年报审计的注册会计师，考虑到乙公司付款时间与产品交付时间的间隔以及现行市场利率水平，认为该合同包含重大融资成分。假定不考虑增值税。

(2) 20×8 年 1 月 1 日，购入一套管理软件的使用权，购入成本为 20 万元，合同约定使用年限为 4 年。20×9 年 1 月 1 日，由于技术进步，该软件已经接近淘汰，将该管理软件的使用年限由 4 年改为 2 年。

(3) 20×9 年 1 月 1 日，由于企业改变管理金融资产的业务模式，将一笔以摊余成本计量的金融资产重分类为以公允价值计量且变动计入当期损益的金融资产。该笔金融资产原先计为"债券投资"，相应的余额为"债权投资——面值"账户借方 100 000 元，"债权投资——利息调整"账户贷方 2 000 元。在重分类日的公允价值为 106 000 元。

(4) 20×9 年 1 月 1 日，发现 20×8 年 6 月 30 日已达预定可使用状态的管理用办公楼仍挂在"在建工程"账户，未转入固定资产，也未计提折旧。至 20×8 年 6 月 30 日，该办公楼的实际成本为 2 000 万元，预计使用年限 20 年，预计净残值为 0，采用年限平均法计提折旧，未发生减值。20×8 年 7 月 1 日至 12 月 31 日，发生的为构建该办公楼的专门借款利息 200 万元计入在建工程成本。假定 20×8 年的所得税汇算清缴于 20×9 年 3 月 1 日完成。

(5) 以前年度公司通常按年销售额的 1‰ 预提产品质量保证负债，20×9 年由于采用新的质量控制体系，20×9 年 1 月 1 日将产品质量保证负债的计提比例降为 5‱。本年的销售额为8 000万元,假设年末计提前预计负债余额为0。

假设该公司适用的所得税税率为25%,盈余公积的计提比例为10%。

要求 (1)分析以上事项,判断其属于何种会计调整事项,以及应采用何种方法处理,并说明理由。

(2)进行会计处理,需要进行追溯调整的请说明会计调整对20×9年年初留存收益的影响数。

(3)说明会计变更事项对变更当年净利润的影响额。

附录一　现值计算与应用

一、货币的时间价值

通俗地讲货币时间价值的含义是今天的 1 元钱比明天的 1 元钱更值钱。人们今天拥有的 1 元钱是当期真实拥有的资源,可以立刻用于满足任何消费需要。如果将今天的需要推迟到明天满足,那么理性的人们势必要求获得合理报酬,即要求在明天获得更多的资源,由此产生货币的时间价值。例如,某年 1 月 1 日,甲将 100 元借给乙,两人约定乙在 1 年后归还 100 元,同时再支付 10 元作为报酬。甲、乙交易的实质是,甲放弃今天的 100 元消费机会换取 1 年后更多的消费机会;乙放弃未来较多的消费机会换来今天的消费。

上例表明,货币具有时间价值,因此今天的 100 元相当于 1 年后的 110 元。如果站在今天的时点衡量 1 年后的 110 元,只等于今天的 100 元,可用等式 $100=110\div(1+10\%)$ 表示。如果站在 1 年后的时点衡量今天的 100 元,则等于 1 年后的 110 元,用等式 $110=100\times(1+10\%)$ 表示。等式中的 10% 代表甲放弃今天的消费所要求的报酬率,以该报酬率为标准,我们不但可以将今天的 1 元钱与 1 年后的 1 元钱进行比较,而且可以以任意时点为基准衡量其他时点的货币相对于该时点的价值。

以 1 年后的时点为基准计算今天 1 元钱的价值,称为今天的 1 元钱在 1 年后的终值。其计算过程如下:

$$1\times(1+10\%)=1.1(元)$$

1 元 10% 报酬率 1 年期的终值可用图(1)表示,其中时点 0 代表今天的时点,时点 1 代表 1 年后的时点。

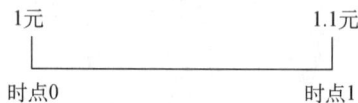

图(1)　1 元 10% 报酬率 1 年期的终值

以今天的时点为基准衡量 1 年后的 1 元钱,被称为 1 年后 1 元钱的现值。其计算过程如下:

$$1\div(1+10\%)\approx0.909(元)$$

1 元 10% 报酬率 1 年期的现值,用图(2)表示。

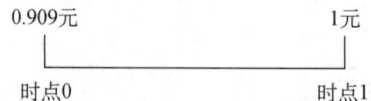

图(2)　1 元 10% 报酬率 1 年期的现值

二、终值

如果你现在拥有 100 元,用来购买 1 年期国债,利率为 5%,1 年后你将连本带利收回 105 元。相当于以 5% 的报酬率衡量今天 100 元的终值为 105 元。其具体计算过程如下:

$$FV = 100 \times (1 + 5\%) = 105(元)$$

其中:FV 表示终值;100 表示本金;5% 表示利率(或称报酬率,也可以用小数的形式表示)。

1 年后,如果你决定将收回的本利和 105 元继续投资相同利率的国债,相当于投资期限延长 1 年。105 元 1 年期投资的终值如下:

$$105 \times (1 + 5\%) = 110.25(元)$$

即:

$$FV = 100 \times (1 + 5\%) \times (1 + 5\%) = 100 \times (1 + 5\%)^2 = 110.25(元)$$

上式相当于以 2 年后的时点为基准,以 5% 的报酬率衡量今天 100 元的终值,即 100 元投资于 2 年期国债的复利①终值,可用图(3)表示。

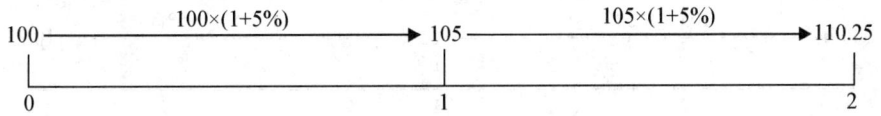

图(3) 100 元 5% 报酬率 2 年期的终值

假如国债的计息期由 1 年改为半年,终值计算的结果将发生变化。因为在复利的情况下,计息次数的增加意味着可以有更多的利息投入后续期间参与生息。年利率 5% 的国债,每半年计息一次,半年利率为 2.5%,100 元本金 1 年后的终值如下:

$$100 \times (1 + 2.5\%)^2 = 100 \times 1.050\,625 = 105.062\,5(元)$$

半年计息使实际的年利率增至 5.062 5%。可见,计息次数增加可以提高年度报酬率。

我们将期限延长至 n 期,并用 r 代表计息期间的报酬率,可以得到 n 期一般复利终值的计算公式:

$$FV = PV \cdot (1 + r)^n \tag{1}$$

其中:FV 表示终值;PV 表示现值或者本金;r 表示利率或报酬率;n 表示期限。

式(1)中的 $(1+r)^n$ 被称为复利终值系数。通过查询复利终值系数表,用本金乘以相应的复利终值系数,即得到特定利率下本金到期时的本利和。

n 期复利终值可用图(4)表示。

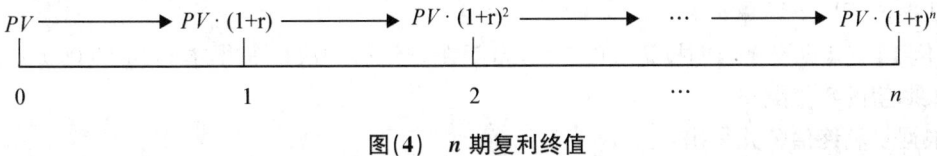

图(4) n 期复利终值

---

① 复利是指根据前期的利息和本金一起计算的利息。

三、现值

如果你想在1年后获得105元,现在需要购买多少年利率为5%的1年期国债?这一问题等同于,以5%的报酬率为标准计算1年后105元的现值。其计算过程如下:

$$PV = 105 \div (1+5\%) = 100(元)$$

若你把投资期限延长为2年,期望2年后获得110.25元,现在需要购买多少国债呢?即以5%的报酬率为标准计算2年后110.25元的现值。我们可以将计算分为两步,先以1年后的时点为基准计算2年后110.25元的价值:

$$110.25 \div (1+5\%) = 105(元)$$

再以现在的时点为基准计算1年后105元的现值:

$$105 \div (1+5\%) = 100(元)$$

将上述两式合并,得 $PV = 110.25 \div (1+5\%)^2 = 100$,可用图(5)表示。

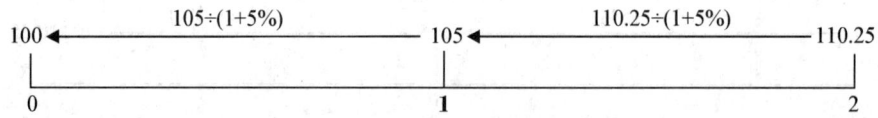

图(5) 110.25元5%报酬率2年期的现值

我们再次将期限延长至 n 期,并用 r 代表计息期间的报酬率,可以得到 n 期一般复利现值的计算公式:

$$PV = FV \div (1+r)^n = FV \times (1+r)^{-n} \tag{2}$$

式(2)中的 $(1+r)^{-n}$ 称为复利现值系数。通过查询复利现值系数表,将到期时的本利和乘以复利现值系数,即可得到特定利率下的现值。

图(6)表示 n 期复利现值。

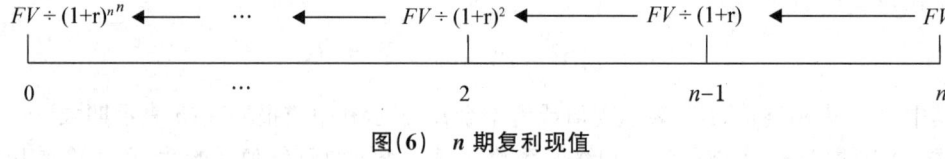

图(6) n 期复利现值

式(1)和式(2)由 PV、FV、r 和 n 四个要素组成,知道其中的三个要素就可以计算得到第四个要素的值。例如,现在存入银行一笔钱,利率应为多少,才能在期满后得到预计的金额?即根据 PV、FV 和 n 求 r。

【例1】 某投资人当期投资5 000元,希望在5年后一次性获得本利和10 000元,计算投资人期望的年报酬率。

根据复利终值公式得出:

$$10\,000 = 5\,000 \times (1+r)^5$$

由上式可得:

$$(1+r)^5 = 2$$

根据复利终值系数表查出 5 年期 14% 利率的终值系数为 1.925,5 年期 15% 利率的终值系数为 2.011,运用插入法求出 5 年期终值系数为 2 的利率。其计算过程如下:

利率 复利终值系数

$1\%\begin{cases}15\%\\r\\14\%\end{cases}r-14\%$ $2.011-1.925=0.086\begin{cases}2.011\\2\\1.925\end{cases}2-1.925=0.075$

根据以上关系建立下式:

$$\frac{r-14\%}{1\%}=\frac{0.075}{0.086}$$

计算得出:$r\approx 14.872\%$

只有年报酬率达到 14.872%,5 年后初始投资 5 000 元才能增加 1 倍。

四、年金终值

经过以上的分析,我们已经知道如何站在当前时点,衡量未来任意时点货币的现值,或者站在未来任意时点衡量当前货币的终值。那么,我们是否能够衡量分布在多个时点的系列货币的终值或者现值呢?假如,你现在购买 100 元 2 年期国债,1 年后再购买 100 元 1 年期国债,年利率都为 5%,两笔国债在 2 年后同时到期,到期时收回的本利和共计多少?这个问题的实质是,站在 2 年后的时点衡量初始时点的 100 元以及第一年年末 100 元的价值总和,即计算两笔一次性货币支付的终值之和。其计算过程如下:

$$100\times(1+5\%)^2+100\times(1+5\%)=110.25+105=215.25(元)$$

上式可用图(7)表示。分析图(7)发现,这一问题相当于以时点 2 为基准分别衡量时点 0 和时点 1 的货币价值,或称为以 5% 的报酬率计算 100 元 2 年期年金的终值。年金是指在一定时期内,每隔相等的时间,连续支付或收取的等额货币。

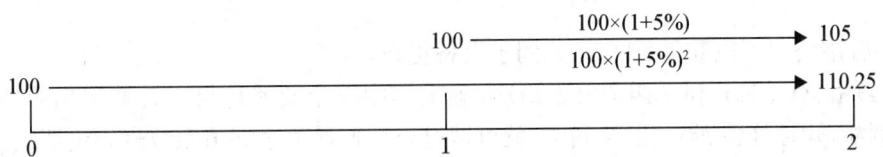

图(7) 5%报酬率 100 元预付年金 2 年期终值

我们将期限延长至 n 期,并用 r 代表一般的报酬率,用 A 表示年金,可以得到以 r 为报酬率的 n 期年金终值公式:

$$\begin{aligned}FV&=A\cdot(1+r)^n+A\cdot(1+r)^{n-1}+A\cdot(1+r)^{n-2}+\cdots+A\cdot(1+r)\\&=A\cdot(1+r)\cdot[(1+r)^n-1]/r\end{aligned}\tag{3}$$

式(3)中的年金在每期期初支付,被称作预付年金。式(3)可用图(8)表示。

如果把年金的支付放在每期期末,则被称作普通年金。普通年金终值计算公式如下:

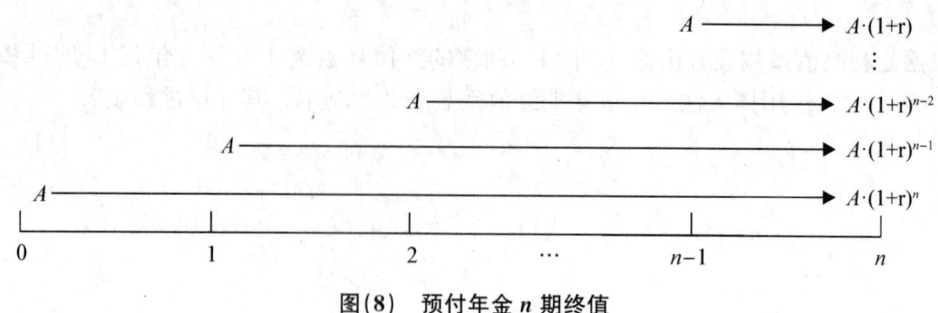

图(8) 预付年金 n 期终值

$$FV = A \cdot (1+r)^{n-1} + A \cdot (1+r)^{n-2} + \cdots + A \cdot (1+r) + A \\ = A \cdot [(1+r)^n - 1]/r \tag{4}$$

式(4)中的 $[(1+r)^n-1]/r$ 被称为普通年金终值系数。通过查询普通年金终值系数表,将年金乘以相应的普通年金终值系数,即可得到普通年金终值。

图(9)表示普通年金 n 期终值。

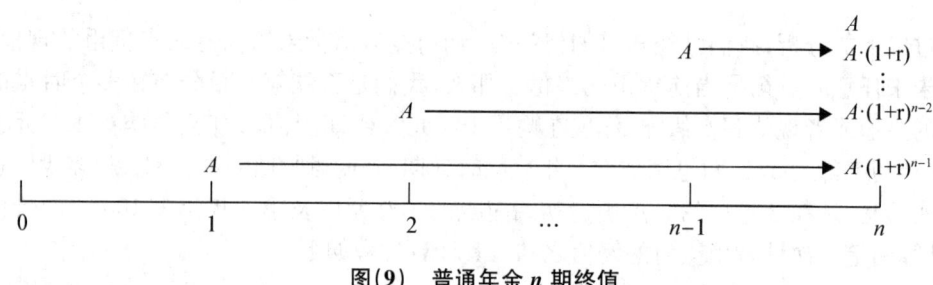

图(9) 普通年金 n 期终值

【例2】 某公司为了在5年后进行设备更新,决定从现在起每年年末存入银行10 000元,年利率为10%,请问5年后该公司可用于设备更新的资金是多少?

该问题的实质是以10%的报酬率计算5年期10 000元普通年金的终值,计算过程如下:

$$10\,000 \times [(1+10\%)^5 - 1] \div 10\% = 61\,051(元)$$

5年后该公司可以获得61 051元用于设备更新。

式(4)由 FV、A、r 和 n 四个要素组成,确定其中三个要素即可以计算得出第四个要素的值。例如,知道终值、年金以及利率,就可通过查询普通年金终值系数表确定期限。

【例3】 假设某人计划从当年年末起,每年年末存入银行5 000元,银行存款年利率为5%,请问多少年后其可连本带利共获得100 000元?

根据式(4)得:

$$100\,000 = 5\,000 \times [(1+5\%)^n - 1] \div 5\%$$

移项,得:

$$[(1+5\%)^n - 1] \div 5\% = 20$$

查询普通年金终值系数表,运用插入法得到 $n \approx 14.203$。

五、年金现值

如果考虑以当前时点为基准,衡量未来多个期间系列货币的价值,应先计算未来2年每年年末100元的现值。假设年报酬率为5%,计算过程如下:

$$100 \div (1+5\%)^2 + 100 \div (1+5\%) = 90.7029 + 95.2381 = 185.941$$

上式可用图(10)表示,即以5%的报酬率计算100元普通年金2年期现值。

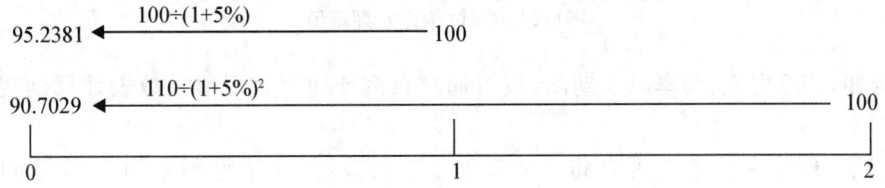

图(10) 5%报酬率100元普通年金2年期现值

然后考虑普通年金n年期现值,利用上述公式中的符号,得式(5)。

$$PV = A/(1+r)^n + A/(1+r)^{n-1} + \cdots + A/(1+r)^2 + A/(1+r) \tag{5}$$
$$= A \cdot [1-(1+r)^{-n}]/r$$

式(5)中的$[1-(1+r)^{-n}]/r$称为普通年金现值系数。通过查询普通年金现值系数表,将年金乘以相应的普通年金现值系数,即可得到特定期限与特定报酬率下的普通年金现值。

图(11)表示普通年金n期现值。同理可以得出预付年金n期现值如式(6)所示。图(12)表示预付年金n期现值。

$$PV = A/(1+r)^{n-1} + A/(1+r)^{n-2} + \cdots + A/(1+r) + A \tag{6}$$
$$= A \cdot (1+r) \cdot [1-(1+r)^{-n}]/r$$

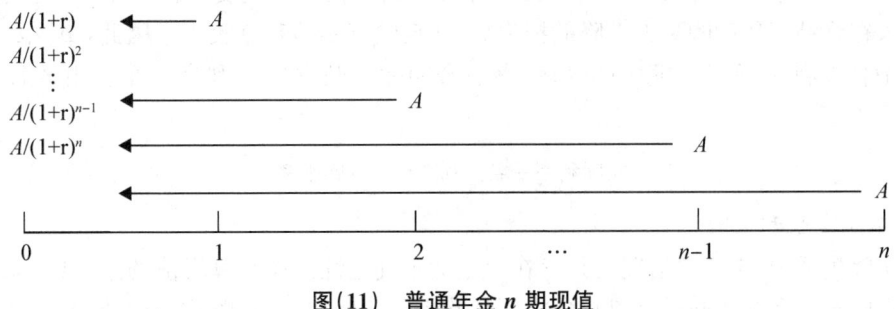

图(11) 普通年金n期现值

【例4】 假设一位老人想在未来5年每年年末从银行领取10 000元的养老金,银行年利率为10%,那么他现在需要存入银行多少钱?

该问题实质是以10%的报酬率计算10 000元普通年金5年期现值,相当于以当前时点为基准,计算未来5年每年年末10 000元的价值总和。根据式(5)得:

$$PV = 10\,000 \times [1-(1+10\%)^{-5}] \div 10\% \approx 37\,908(元)$$

式(5)由PV、A、r和n四个要素组成,确定其中三个要素即可以计算得出第四个要素

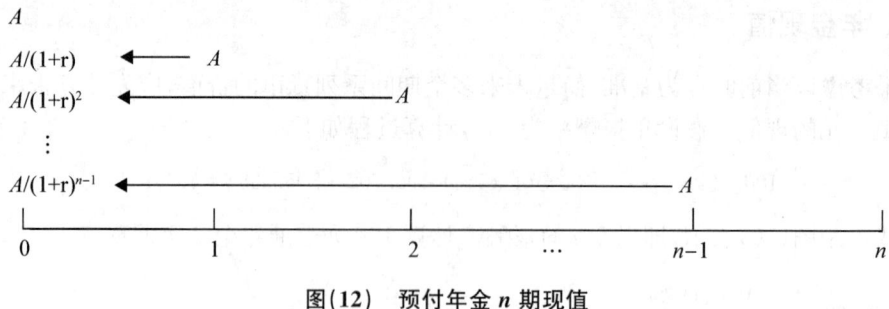

图(12) 预付年金 n 期现值

的值。例如,知道现值、利率以及期限,就可通过查询普通年金现值系数表计算确定年金的数额。

【例5】 假设一位老人现在将 100 000 元存入银行,存款年利率为 5%,请问在未来 10 年,其每年年末可从银行提取多少养老金?

查表得 5% 利率 10 年期普通年金现值系数为 7.722,根据普通年金现值公式得:

$$100\,000 = A \times 7.722$$

解:$A \approx 12\,950$(元)

由此可知,这位老人未来 10 年每年年末可获得 12 950 元。

六、现金流量和折现率的确定

(一) 通货膨胀与风险

1. 通货膨胀

在现代经济学中,通货膨胀是指整体物价水平上升,货币购买力下降。由于通货膨胀的影响,相同金额的货币明天的购买力小于今天的购买力。在这种情况下,放弃今天消费的人们会要求额外的报酬以补偿货币购买力下降带来的损失。受通货膨胀的影响,购买国债的利息收入在弥补了货币购买力下降的损失后,才反映真实的利息收入。因此,事先约定的利率实质是名义利率,只有扣除通货膨胀率的余额才反映真实的利率水平。由此得出以下公式:

$$实际利率 = 名义利率 - 通货膨胀率$$

2. 不确定性和风险

在实际生活中,未来的情况总是存在一定的不确定性。在计算现值的过程中,未来现金流量发生的时点和金额同样难以百分之百精确判断。例如,投资购买企业债券,虽然事先约定付息期和利息率,但是存在债务企业到期无力还本付息的可能性,即存在债务企业违约风险。即使将款项存入银行,按期收取利息,也存在利率变动以及银行破产的可能。正如利率存在上涨和下降两种可能,不确定性也包含有利和不利两方面。风险是指不利结果的可能性。产生不利结果的可能性越大,意味着风险越高。承受较高风险的投资者势必要求较高的报酬率。

(二) 期望的报酬率

从本质上来讲,货币的时间价值源于人们放弃今天的消费所要求的基本报酬。但是由于客观存在的通货膨胀以及违约等多种风险,使得放弃当期消费的人们会要求额外的报酬,以补偿通货膨胀和其他风险可能带来的损失。考虑以上因素,人们要求的报酬率通常还包含通货膨胀率和其他风险报酬率。期望报酬率用公式表示如下:

$$期望报酬率 = 无风险报酬率 + 通货膨胀率 + 其他风险报酬率$$

或:

$$= 无风险报酬率 + 风险报酬率①$$

其中,无风险报酬率又称实际利率。

(三) 现金流量与折现率的确定

在计算现值的过程中,现金流量和折现率是两个关键因素,折现率即期望报酬率。未来现金流量包含的风险程度决定了期望报酬率的大小,因此,现金流量和折现率应该保持内在的一致性。如果现金流量蕴含风险,那么折现率也应包含风险报酬率。如果现金流量中剔除风险因素,那么折现率就应是无风险报酬率。

【例6】 假定某企业目前有 A、B 两种投资选择。投资 A 没有风险,1 年后确定产生 100 元的现金流入。投资 B 的结果存在不确定性,1 年后有 50% 的可能产生 200 元的现金流入,有 50% 的可能不产生任何现金流入。年无风险报酬率为 6%,针对投资 B 的风险,投资者要求 4% 的风险报酬。

风险投资 B 的年现金流入由于存在两种可能性,需要计算期望现金流量:

$$200 \times 50\% + 0 \times 50\% = 100(元)$$

投资 B 的期望现金流量为 100 元,该 100 元包含风险,不同于投资 A 产生的确定现金流量 100 元。因此,计算投资 B 的现值时,需要考虑风险报酬率,其期望报酬率为 10%(6%+4%)。

$$风险投资 B 的现值 = 100 \div (1+10\%) \approx 90.91(元)$$

投资 A 1 年后的 100 元现金流入是确定的,不包含风险,因此,应用无风险报酬率折现。

$$无风险投资 A 的现值 = 100 \div (1+6\%) \approx 94.34(元)$$

在计算现值的过程中,未来现金流量应视具体情况确定,如计算债券投资现值时可以根据合同约定的利息金额确定;计算某项生产用固定资产的现值时,可以根据对未来市场情况的预测以及生产的预算数据确定。

折现率即期望报酬率,等于无风险报酬率与风险报酬率之和。通常将国债利率视为无风险报酬率。风险报酬率需要根据现金流量包含的风险情况确定。一般来说,现金流量的风险程度越高,风险报酬率越高。对于风险报酬率,可以根据具体情况参照市场上相同风险的资产的收益率,或者采用资本资产定价模型(简称 CAPM)等方法计算确定。CAPM 公式如下:

$$期望报酬率 = R_f + \beta \times (R_m - R_f)$$

其中:R_f 表示无风险报酬率,R_m 表示市场平均报酬率;$R_m - R_f$ 表示市场平均风险报酬率;β 表示系统风险系数,反映特定的风险报酬同市场平均风险报酬的关系。

---

① 把通货膨胀视为风险的一种,就可把通货膨胀率和其他风险报酬率合并作为风险报酬率。

七、现值在会计计量中的应用

美国著名会计学家 E·S·亨得里克森指出,会计计量以及投资者和债权人制定决策的最基本依据是企业流入和流出的现金流量。大多数的会计计量都是以过去、现在或预期的现金流量为根据。美国财务会计准则委员会颁布的第七号财务会计概念公告(简称 SFAC7)中明确指出,在会计计量中使用现值的目的是尽可能捕捉一组未来现金流量之间的经济差异。通过现值计量可以使经济实质不同的现金流量按照不同的金额计量。例如,根据货币的时间价值,我们知道 1 年后可以确定获得的 10 000 元与 10 年后可以确定获得的 10 000 元的现值是不同的,而两者的经济意义也不相同;用不同的现值计量,就可以反映两者的经济差异。可见,现值在会计计量中有着重要的应用。

现值计量和资产、负债的定义具有内在的一致性。在计量资产和负债的过程中,都可能使用现值计量。例如,资产是指企业过去的交易或者事项形成的、由企业拥有或者控制的、预期会给企业带来经济利益的资源。从资产的定义可以看出,作为资源的资产的价值,在于其能带来未来经济利益的流入,未来的经济利益主要表现为净现金流入①。衡量资产的价值,本质上就是在资产取得时点或者资产负债表日衡量资产在未来可能带来的一系列净现金流入的现值。因此,资产按现值计量是指资产按照预计从其持续使用和最终处置中所产生的未来净现金流入的折现金额计量。

【例 7】 某企业对一台专用设备进行减值测试,该设备的公允价值减去处置费用后的净额难以确定,因此,企业需要通过计算其未来现金流量的现值以确定其可收回金额。预计该设备还可以使用 5 年,使用过程中每年预计产生 100 000 元净现金流入,第五年年末处置该设备预计产生 10 000 元现金流出。考虑与该设备有关货币时间价值以及风险因素后,确定折现率为 8%。请按照现值计算该设备的可收回金额。

查表得 8%折现率 5 年期年金现值系数为 3.993,8%折现率 5 年期复利现值系数为 0.681,现值计算过程如下:

$$100\ 000 \times 3.993 - 10\ 000 \times 0.681 = 399\ 300 - 6\ 810 = 392\ 490(元)$$

根据未来现金流量的现值确定该设备的可收回金额为 392 490 元。

现值在会计计量中的应用不但体现在为资产的减值测试决定可收回金额,还可用于估计资产和负债的公允价值,估计付出或收到对价的公允价值以决定资产的初始成本、负债的初始账面金额,计量资产或负债的摊余成本,决定折旧和摊销,以及计量收入等。

【例 8】 20×5 年 1 月 1 日,某公司经批准发行 5 年期一次还本、分次付息的可转换公司债券 10 000 000 元,款项已收存银行,利息于每年年末支付,票面利率为年利率 4%。债券发行 2 年后可转换为普通股股票。假定债券发行时,二级市场上与之类似的没有转换权的债券市场利率为 8%。

根据类似的没有转换权的债券市场利率可以计算可转换公司债券负债成分的公允价值,其实质是按照没有转换权的债券市场利率,计算可转换公司债券在没有行使转换权的情况下,未来可收回的利息以及本金的现值。计算过程如下:

---

① 净现金流入是指与资产相关的现金流入减去现金流出的余额。

$$10\,000\,000\times 4\% \times 3.992\,71+10\,000\,000\times 0.680\,58=8\,402\,884(元)$$

该公允价值和应付债券面值的差额即利息调整的金额。

20×5年1月1日发行可转换公司债券,编制分录如下:

借:银行存款 10 000 000
　　应付债券——可转换公司债券(利息调整) 1 597 116
　贷:应付债券——可转换公司债券(面值) 10 000 000
　　资本公积——其他资本公积 1 597 116

20×5年12月31日,实际负担的利息费用按照可转换公司债券负债成分的公允价值计算如下:

$$8\,402\,884\times 8\% =672\,230.72(元)$$

20×5年12月31日,确认利息费用,编制分录如下:

借:财务费用等 672 230.72
　贷:应付债券——可转换公司债券(利息调整) 272 230.72
　　　　——可转换公司债券(应付利息) 400 000.00

利息调整后应付债券的摊余成本如下:

$$10\,000\,000-(1\,597\,116-272\,230.72)=8\,675\,114.72(元)$$

或:

$$8\,402\,884+272\,230.72=8\,675\,114.72(元)$$

假定可转换公司债券没有转换,20×5年12月31日至20×9年12月31日,根据实际利率法和摊余成本确定的利息费用,如表(1)所示。

表(1) 利息费用一栏表　　　　　　　　　　　　　　　　单位:元

日　期	支付利息	利息费用	摊销的利息调整	摊余成本
20×5年1月1日				8 402 884
20×5年12月31日	400 000	672 230.720 0	272 230.720 0	8 675 114.720 0
20×6年12月31日	400 000	694 009.177 6	294 009.177 6	8 969 123.897 6
20×7年12月31日	400 000	717 529.911 8	317 529.911 8	9 286 653.809 4
20×8年12月31日	400 000	742 932.304 8	342 932.304 8	9 629 586.114 2
20×9年12月31日	400 000	770 413.885 8*	370 413.885 8	10 000 000

＊尾数调整。

【例9】 20×6年1月1日,某公司销售一批产品价值600万元,合同约定分3年收款,每年年末收取200万元,该批产品成本为300万元。假定不考虑增值税,在20×6年1月1日,该批产品应收合同价款的公允价值为500万元。

应收合同价款的公允价值应等于未来分期收款产生现金流入的现值,根据式(5)得:

$$500=200\times [1-(1+r)^{-3}]\div r$$

查表运用插入法得$r=9.704\,5\%$,即实际利率为$9.704\,5\%$。

未实现融资收益每期摊销转入财务费用的金额见表(2),其中应收合同价款的公允价值为初始本金。每年年末收回的本金(d),一部分偿还本金(c),另一部分当年利息收入(b)。利息收入即未实现融资收益每期摊销转入财务费用的金额,根据当年未收本金和实际利率计算得出。

20×6 年 1 月,确定销售时应编制会计分录如下:

借:长期应收款	6 000 000
贷:主营业务收入	5 000 000
未实现融资收益	1 000 000

| 借:主营业务成本 | 3 000 000 |
| 贷:库存商品 | 3 000 000 |

表(2) 财务费用和已收本金计算表　　　　　　单位:万元

日　　期	未收本金(a)＝ (a)－上期(c)	财务费用(b)＝ (a)×9.704 5%	已收本金(c)＝ 200－(b)	收现总计(d)
20×6 年 1 月 1 日	500.000 0			
20×6 年 12 月 31 日	500.000 0	48.522 5	151.477 5	200
20×7 年 12 月 31 日	348.522 5	33.822 4	166.177 6	200
20×8 年 12 月 31 日	182.344 9	17.655 1*	182.344 9	200
总　　计		100	500	600

*尾数调整。

根据表(2),每年年末确定未实现融资收益时编制会计分录如下:

20×6 年年末:

| 借:未实现融资收益 | 485 225 |
| 贷:财务费用 | 485 225 |

| 借:银行存款 | 2 000 000 |
| 贷:长期应收款 | 2 000 000 |

20×7 年年末:

| 借:未实现融资收益 | 338 224 |
| 贷:财务费用 | 338 224 |

| 借:银行存款 | 2 000 000 |
| 贷:长期应收款 | 2 000 000 |

20×8 年年末:

| 借:未实现融资收益 | 176 551 |
| 贷:财务费用 | 176 551 |

| 借:银行存款 | 2 000 000 |
| 贷:长期应收款 | 2 000 000 |

附录二 部分复习题参考答案

第一章 财务会计基本理论

二、判断题
1. × 2. × 3. × 4. × 5. √ 6. × 7. × 8. √ 9. √ 10. √

三、单项选择题
1. C 2. B 3. D 4. B 5. A

四、多项选择题
1. ABC 2. BCDE 3. ABCDE 4. AD 5. BDE

第二章 财务会计规范

二、判断题
1. × 2. √ 3. × 4. × 5. √

三、单项选择题
1. D 2. B 3. C 4. D 5. A

四、多项选择题
1. ABCD 2. ABCDE 3. ABCE 4. ACE 5. ABCD

第三章 货币资金和应收款项

二、判断题
1. √ 2. × 3. × 4. √ 5. √

三、单项选择题
1. A 2. C 3. B 4. A 5. A

四、多项选择题
1. CD 2. ADE 3. ABC 4. ABCDE 5. ABCDE

五、业务题

【业务题一】
对于乙企业暂欠的余额6 000元记入"其他应收款"账户借方;甲企业资产负债表中"货币资金"项目期末金额为547 800元。

【业务题二】
将票据向银行贴现时,票据到期值为4 719 000元,贴现利息为18 876元,贴现实得额为4 700 124元。

【业务题三】
(1) 确认应收账款3 390 000元。
(2) 确认应收账款3 197 900元,估计交易价格为每台2 830元(3 000×40%+2 900×30%+2 700×20%+2 200×10%)。

【业务题四】

(1) 确认合同资产 4 520 000 元。

(2) 确认应收账款 11 300 000 元。

第四章 存 货

二、判断题

1. × 2. √ 3. × 4. √ 5. √

三、单项选择题

1. C 2. A 3. C 4. B 5. A

四、多项选择题

1. ABCD 2. ABCDE 3. BD 4. ABCE 5. BDE

五、业务题

【业务题一】

8月份发出A材料的实际成本：先进先出法下150 000元；移动加权平均法下150 500元；全月一次加权平均法下151 800元。

【业务题二】

入库甲材料的实际成本为520 553.60元。

【业务题三】

3月份材料成本差异率为1‰；应计入3月末资产负债表中"存货"项目的金额为33 977元。

【业务题四】

委托加工收回的包装物的实际成本为12 120元；包装物的成本差异率为1‰。

【业务题五】

2月份低值易耗品计入管理费用2 000元，计入制造费用680元。

第五章 固定资产和投资性房地产

二、判断题

1. × 2. × 3. × 4. × 5. ×

三、单项选择题

1. B 2. C 3. C 4. C 5. A

四、多项选择题

1. ABDE 2. BCE 3. BC 4. ABCDE 5. ADE

五、业务题

【业务题一】

本年新增固定资产账面价值总额为4 221 500元（注：安装生产设备领用原材料、建造生产用房屋领用原材料均属于将原材料用于应税项目，无需将进项税额转出）。

【业务题二】

(1) 本年各项资产应提折旧额分别为14 800元、7 200元、20 600元、26 400元。

(2) 本年年末资产负债表中"固定资产"项目的金额为110 200元。

【业务题三】

厂房改造后入账价值为375 000元。

【业务题四】

处置报废机床损失2 200元；处置仓库利得77 000元；处置报废车辆损失11 600元，盘亏设备损失

7 000 元。

【业务题五】

固定资产入账价值 517 000 元；20×2 年和 20×3 年分别计提折旧 51 500 元、25 750 元；处置损失 9 750 元。

【业务题六】

(2) 投资性房地产采用成本模式计量下，处置时计入其他业务成本的金额为 545 000 元。

(3) 投资性房地产采用公允价值模式计量下，处置时计入其他业务成本的金额为 905 000 元。

(4) 固定资产转换为成本模式计量的投资性房地产时，投资性房地产入账后的账面价值为 905 000 元；换为公允价值模式计量的投资性房地产时，资产公允价值大于其账面价值的差额为 15 000 元。

第六章　无形资产和商誉

二、判断题

1．×　2．√　3．√　4．√　5．×

三、单项选择题

1．D　2．C　3．C　4．D　5．C

四、多项选择题

1．ABCE　2．AC　3．ABC　4．ABCD　5．BCDE

五、业务题

【业务题一】答案：

其中：商誉为 2 000 000 元。

【业务题二】答案：

(1) 土地使用权月摊销额为 2 000 元[(1 200 000÷50)÷12]。

(2) 出售非专利技术收益 172 000 元。

(3) 转销专利权损失 78 000 元，计提无形资产减值准备 700 000 元。

(4) 土地使用权、专利权 K 和商标权合计计入 20×2 年年末资产负债表中"无形资产"项目的金额为 9 798 000 元。

第七章　金融资产

二、判断题

1．√　2．×　3．√　4．√　5．×

三、单项选择题

1．C　2．D　3．B　4．A　5．A

四、多项选择题

1．CDE　2．ABD　3．BCDE　4．BCD　5．BDE

五、业务题

【业务题一】

20×2 年 12 月 31 日，确认公允价值变动收益 100 000 元；处置债券时确认投资收益 80 000 元。

【业务题二】

(1) 20×5 年 1 月 3 日，购入债券时确认利息调整贷方金额 272 300 元。20×5 年 12 月 31 日，确认投资收益 486 385 元，利息调整借方金额 86 385 元。20×7 年 12 月 31 日，确认投资收益 495 211 元，利息调整借方金额 95 211 元。

(2) 在 20×6 年年末资产负债表中"债权投资"项目列示，金额为 9 904 789 元。

【业务题三】

20×5 年 1 月 3 日,购入债券时确认利息调整贷方金额 183 700 元。20×5 年 12 月 31 日,确认投资收益 490 815 元,利息调整借方金额 90 815 元。20×7 年 12 月 31 日,确认投资收益 247 529 元,利息调整借方金额 47 529 元。

【业务题四】

(1) 20×5 年 4 月 3 日,购入股票时确认以公允价值计量且其变动计入其他综合收益的金融资产的成本为 13 580 000 元。

20×5 年 6 月 30 日,确认公允价值变动收益计入其他综合收益 220 000 元。

20×5 年 9 月 30 日,确认公允价值变动收益计入其他综合收益 300 000 元。

20×5 年 12 月 31 日,确认公允价值变动损失冲减其他综合收益 150 000 元。

20×6 年 1 月 3 日,从其他综合收益转入留存收益 246 667 元。提示:应当按照出售比例从其他综合收益转出。

(2) 该股票计入 20×5 年年末资产负债表中"其他权益工具投资"项目的金额为 13 950 000 元。

【业务题五】

20×5 年 1 月 3 日,购入债券时确认的利息调整贷方金额为 693 000 元。

20×5 年 12 月 31 日,应确认的投资收益为 1 158 420 元,利息调整借方金额为 158 420 元。

20×6 年 12 月 31 日,确认投资收益 1 167 925 元,利息调整借方金额为 167 925 元。

20×7 年 1 月 2 日,该资产重分类为以公允价值计量且其变动计入其他综合收益的金融资产时摊余成本为 19 633 345 元,计入其他综合收益 166 655 元。

20×7 年 12 月 31 日,确认投资收益 1 178 001 元,利息调整借方金额为 178 001 元。

20×7 年 12 月 31 日,确认公允价值变动损失冲减其他综合收益为 68 001 元。

20×8 年 1 月 12 日,出售债券确认的投资收益为 138 654 元(含其他综合收益转入)。

第八章 长期股权投资

二、判断题

1. ×　2. ×　3. ×　4. ×　5. √

三、单项选择题

1. A　2. C　3. D　4. A　5. A

四、多项选择题

1. CE　2. ABCDE　3. ABCDE　4. BCD　5. ABC

五、业务题

【业务题一】

S_2 公司对 S_1 公司的初始投资成本为 6 000 万元,甲公司对 S_1 公司的初始投资成本为 2 899 万元。

【业务题二】

分得股利时,应确认 30 万元投资收益。

【业务题三】

成本法下初始投资成本为 3 600 万元,20×1 年 5 月 10 日分得的现金股利应确认投资收益 120 万元,20×2 年 3 月 6 日分得现金股利时确认 240 万元投资收益。

权益法下初始投资成本调整为 3 900 万元;该项投资计入 20×2 年年末资产负债表中"长期股权投资"项目的金额为 3 864 万元。

第九章 资产减值

二、判断题
1. × 2. × 3. √ 4. × 5. ×

三、单项选择题
1. B 2. C 3. A 4. D 5. D

四、多项选择题
1. AE 2. ABCDE 3. ABE 4. ACE 5. ABCE

五、业务题

【业务题一】
甲公司本年年末"坏账准备"账户余额为 1 269 800 元;本年应确认的信用减值损失为 480 800 元。计入资产负债表中"应收账款"项目的金额为 52 830 200 元。

【业务题二】
C 材料应转回跌价准备 100 万元;A 产品应计提跌价准备 800 万元;B 材料应计提跌价准备 600 万元。A 产品上年末计提的存货跌价准备 100 万元已随本年度出售结转销售成本时一并结转。A 产品订有合同的部分:成本为 1 000 万元,可变现净值为 1 100 万元(1 000×1.1),未发生减值;未签订合同的部分:成本为 4 000 万元,可变现净值为 3 200 万元(4 000×0.8),发生减值 800 万元;A 产品本年末计提的存货跌价准备为 800 万元。C 材料上年末计提存货跌价准备 200 万元未转出,本年度可变现净值上升,C 材料计提的存货跌价准备为 —100 万元(8 100 — 8 000 — 200),即需转回存货跌价准备 100 万元。

计入资产负债表中"存货"项目 13 400 万元,其中:A 产品 4 200 万元,B 材料 1 200 万元,C 材料 8 000 万元。

【业务题三】
(1) 20×4 年该资产组应确认减值损失 180 万元。
(2) 20×5 年度生产线的折旧额为 120 万元;20×5 年度专利权的摊销额为 68 万元。
(3) 计入资产负债表中"固定资产"项目 560 万元、"无形资产"项目 272 万元。

【业务题四】
该债券 20×7 年、20×8 年、20×9 年各年年末账面余额分别为 383.694 万元、387.540 6 万元、391.546 万元;摊余成本的金额分别为 378.694 万元、325 万元、356 万元;计入 20×7 年、20×8 年、20×9 年各年信用减值损失的金额分别为 5 万元、57.540 6 万元、—26.994 6 万元。

第十章 应付和应交款项

二、判断题
1. × 2. √ 3. × 4. √ 5. ×

三、单项选择题
1. C 2. C 3. A 4. B 5. D

四、多项选择题
1. BE 2. CDE 3. ABCDE 4. ABCDE 5. BCE

五、业务题

【业务题一】
因第一年的租金于年初支付,在计算租赁付款额现值时,这部分对应的现值等于租金额,需要折现的是后 3 年的租金。

20×3 年末"租赁负债"账户余额 = 12 000 000 — 年初付租金 3 000 000 — (981 000 — 当年摊销融资费用 481 140) = 8 500 140(元)

20×3年末列入资产负债表"租赁负债"项目金额＝12 000 000－20×3年初付租金3 000 000－(981 000－当年摊销融资费用481 140)－一年内到期的租金3 000 000＝5 500 140(元)

【业务题二】

(2)(3)：

"应交税费——应交增值税"账户借方余额为28.86万元，为未抵扣增值税，列入资产负债表"其他流动资产"项目；

"应交税费——未交增值税"账户余额为0；

"应交税费——应交消费税"账户贷方余额为16.2万元，为应交未交消费税；列入资产负债表"应交税费"项目。

【业务题四】

20×6年年末股份支付金额为52 000元；20×7年年末累计股份支付金额为84 000元。

20×8年年末行使增值权金额为64 000元，计入公允价值变动损失金额为16 000元。

20×9年年末行使增值权金额为44 000元，计入公允价值变动损失金额为8 000元。

第十一章 银行借款和应付债券

二、判断题

1. × 2. × 3. √ 4. × 5. ×

三、单项选择题

1. D 2. B 3. A 4. B 5. A

四、多项选择题

1. ACDE 2. ABCE 3. CD 4. ABC 5. ACE

五、业务题

【业务题一】

(1) 专门借款利息资本化金额为370万元；一般借款利息资本化金额为60万元。

(2) 生产线入账价值为4 430万元。

(4) 生产线计入20×7年12月31日资产负债表"在建工程"项目和20×8年12月31日资产负债表"固定资产"项目的金额分别为2 160万元和4 430万元。

【业务题二】

(2) 各年摊销溢价分别为26 670元、27 737元、28 846元。

【业务题三】

(2) 各年摊销溢价分别为840元、890元、943元。

(4) 该债券计入20×7年12月31日资产负债表"应付债券"项目的金额为98 167元。

【业务题四】

(1) 负债部分的初始入账金额为91 096 355元；权益部分的初始入账金额为8 903 645元。

(3) 20×9年年初转股时增加资本公积——股本溢价98 353 463元。

【业务题五】

发行该短期融资券时的初始确认金额为98 890 000元，在资产负债表中的"其他流动负债"项目列示。

第十二章 预计负债

二、判断题

1. √ 2. × 3. × 4. √ 5. √

三、单项选择题

1. D 2. D 3. A 4. A 5. B

四、多项选择题

1. ACE 2. ABCDE 3. ACD 4. ACDE 5. BCE

五、业务题

【业务题一】

(1) 20×1年年末资产负债表中"预计负债"项目的金额为30 000元。

(2) 20×2年年末应冲回预计负债为10 000元。

【业务题二】

(4) 满足或有事项确认为负债的三个条件,应确认预计负债310万元,同时应在附注披露。

(5) 符合或有事项确认为负债的三个条例,应确认预计负债9万元。

第十三章 所有者权益

二、判断题

1. × 2. × 3. × 4. √ 5. ×

三、单项选择题

1. A 2. B 3. D 4. D 5. D

四、多项选择题

1. ABC 2. BC 3. ABE 4. BE 5. ACD

五、业务题

【业务题三】

可转换公司债券负债成分的公允价值为:

2 000 000×0.649 9＋2 000 000×6％×3.889 7＝1 766 564(元)

可转换公司债券权益成分的公允价值为:

2 000 000－1 766 564＝233 436(元)

【业务题四】

乙公司期末资产负债表中"实收资本""盈余公积""未分配利润"项目的金额分别为50 800 000元、5 000 000元、17 000 000元。

第十四章 收入和费用

二、判断题

1. √ 2. × 3. √ 4. √ 5. ×

三、单项选择题

1. A 2. C 3. C 4. C 5. C

四、多项选择题

1. ABCD 2. ABCD 3. ABC 4. BCE 5. ACDE

五、业务题

【业务题二】

第一年度提供项目服务的履约进度＝2÷24×100％＝8.33％

确认合同收入＝450 000×8.33％－0＝37 485(元)

第二年度提供项目服务的履约进度＝14÷24×100％＝58.33％

确认合同收入＝450 000×58.33％－37 485＝225 000(元)

第三年度确认合同收入=450 000－37 485－225 000=187 515(元)

【业务题三】

12月份利润表中"营业收入"和"营业成本"项目分别为2 855 100元和2 257 000元。

【业务题四】

12月份利润表中"管理费用"项目为956 200元。

第十五章 利　　润

二、判断题

1. ×　2. ×　3. √　4. ×　5. √

三、单项选择题

1. D　2. D　3. D　4. B　5. C

四、多项选择题

1. BD　2. ABD　3. ABCE　4. AE　5. ACDE

五、业务题

【业务题一】

财政将贴息资金直接拨付给企业只能采用净额法,2月份收到财政贴息冲减财务费用360 000元。总额法:2月份收到受灾补助计入营业外收入540 000元,收到节能产品补助时确认递延收益600 000元,其他收益400 000元;3～12月份各月计提折旧时按折旧年限结转递延收益并确认其他收益10 000元;年末对销售节能型产品应收政府成本补贴确认其他收益160 000元。净额法:2月份收到受灾补助冲减营业外支出540 000元,收到节能产品补助冲减固定资产600 000元和冲减管理费用400 000元;年末对销售节能型产品应收政府成本补贴冲减产品销售成本160 000元。

【业务题二】

应纳税所得额为809万元。

【业务题三】

(1) 所得税会计处理有关项目表,如下表所示。

所得税会计处理有关项目表　　　　　　　　　　　　单位:万元

年份	原价	本期摊销	累计摊销	本期计提减值准备	累计减值准备	账面价值	计税基础	暂时性差异	递延所得税资产或负债
20×5	150	30	30	0	0	120	100	应纳税20	递延所得税负债5
20×6	150	30	60	60	60	30	60	可抵扣30	递延所得税资产7.5
20×7	150	10	70	0	60	20	30	可抵扣10	递延所得税资产2.5
20×8	150	10	80	0	60	10	10	0	0
20×9	150	10	90	0	60	0	0	0	0

(2) 20×5年确认递延所得税负债50 000元;20×6年转销递延所得税负债50 000元,并确认递延所得税资产75 000元;20×7年转销递延所得税资产50 000元;20×8年转销递延所得税资产25 000元;20×9年无递延所得税资产或负债发生或转销。各年所得税费用均为750 000元。

【业务题四】

(1) 应纳税暂时性差异为100万元,可抵扣暂时性差异为60万元。

(2) 本期递延所得税资产发生额=60×25%－4=11(万元)(借方)

本期递延所得税负债发生额=100×25%－21=4(万元)(贷方)

本期应纳税所得额=本期利润总额－本期确认交易性金融资产公允价值变动收益＋本期确认存货跌价损失＋本期追加预计产品保修费用=10 000 000－(1 000 000－840 000)＋(300 000－0)＋(300 000－160 000)=10 280 000(元)

【业务题五】

20×2年利润表中营业利润为1 440 000元;利润总额为1 370 000元;所得税费用为437 500元;净利润为932 500元;综合收益总额为1 232 500元。

【业务题七】

(1) 本年利润表中基本每股收益"本期金额"=0.440元。

(2) 本年利润表中基本每股收益"上期金额"=0.385元。

(3) 本年利润表中稀释每股收益"本期金额"=0.423元。

(4) 本年利润表中稀释每股收益"上期金额"=0.369元。

第十六章　财务报表列报

二、判断题

1. √　2. ×　3. ×　4. ×　5. √

三、单项选择题

1. C　2. D　3. C　4. B　5. B

四、多项选择题

1. ABCE　2. ACDE　3. ACD　4. AC　5. ABCE　6. AC

五、业务题

【业务题一】

应收账款1 086 400元;存货554 000元;流动负债合计1 290 000元;长期借款1 200 000元。

【业务题二】

(1) 稀释每股收益0.245 9元。

(2) 稀释每股收益0.217 4元。

(3) 稀释每股收益0.215 5元。

【业务题三】

(1) 营业利润550 000元;所得税费用130 000元;净利润390 000元。

(2) 所有者权益各项目的本年年末余额:实收资本2 100 000元;资本公积100 000元;其他综合收益11 250元;盈余公积79 000元;未分配利润281 000元。

【业务题四】

(1) 销售商品、提供劳务收到的现金904 000元。

(2) 购买商品、接受劳务支付的现金226 000元。

(3) 收回投资收到的现金350 000元。

(4) 取得投资收益收到的现金120 000元。

(5) 处置子公司等收到的现金净额185 000元。

(6) 购建固定资产等支付的现金565 000元。

(7) 偿还债务支付的现金600 000元。

(8) 分配股利、利润或偿付利息支付的现金20 000元。

【业务题五】

(1) 销售商品、提供劳务收到的现金714 000元。

(2) 购买商品、接受劳务支付的现金 448 400 元。

(3) 支付给职工及为职工支付的现金 85 000 元。

(4) 支付的各项税费 31 700 元。

【业务题六】

经营活动产生的现金流量净额 1 038 660 元。

【业务题七】

(1) 资产负债表:期末递延所得税资产 16 150 元;资产总计 13 236 875 元。

(2) 利润表:所得税费用 343 000 元;净利润 1 029 000 元;综合收益总额 1 059 000 元。

(3) 现金流量表:经营活动产生的现金流量净额 2 619 600;投资活动产生的现金流量净额—797 400 元;筹资活动产生的现金流量净额—682 500 元。

现金流量表附注:财务费用 50 500 元;递延所得税资产减少—18 275 元;存货的减少 1 420 000 元;经营性应收项目的减少—820 000 元;经营性应付项目的增加 3 677 275 元。

(4) 所有者权益变动表:其他综合收益本期增加 30 000 元;所有者权益本期增加 1 059 000 元,本期减少 400 000 元,期末所有者权益合计 8 969 000 元。

第十七章 会 计 调 整

二、判断题

1. × 2. × 3. √ 4. × 5. ×

三、单项选择题

1. A 2. C 3. B 4. D 5. D

四、多项选择题

1. AE 2. ABC 3. ACDE 4. ACE 5. AE

五、业务题

【业务题一】

变更后每年应该计提折旧 109 375 元,该项会计估计变更使本年度及以后使用年限内每年净利润减少 35 156.25 元。

【业务题二】

该项会计政策变更使 20×5 年、20×6 年的净利润分别增加 75 万元、225 万元,累积影响数共计 300 万元,调增 20×7 年年初盈余公积 30 万元、调增未分配利润 270 万元。该项会计政策变更使 20×7 年度净利润减少 75 万元。

【业务题三】

事项(1) 该项会计调整属于前期会计差错更正,应采用追溯重述法调整。会计差错更正使 20×9 年年初留存收益减少 238 500 元,使 20×9 年度净利润增加 238 500 元。

事项(2) 该事项属于会计估计变更,采用未来适用法处理,该项会计估计变更使本年净利润减少 7.5 万元。

事项(3) 属于业务变更造成的会计政策调整,实质相当于本期的交易或事项不同于前期的交易或事项,此时根据变化后的交易或事项采用不同于以往的会计政策进行处理,不属于会计政策变更。

事项(4) 该事项属于前期会计差错,采用追溯重述法处理。该项前期差错更正使 20×9 年年初留存收益减少 187.5 万元。

事项(5) 该事项属于会计估计变更,采用未来适用法,该项会计估计变更使该公司 20×9 年利润总额增加 40 万元,净利润增加 30 万元。

参考文献

[1] 财政部会计司.企业会计准则汇编2021[M].北京:经济科学出版社,2021.
[2] 财政部.企业会计准则——应用指南[M].北京:经济科学出版社,2006.
[3] 财政部会计司.财政部关于修订印发2019年度一般企业财务报表格式的通知[S].财会〔2019〕6号,2019.
[4] 财政部会计司.增值税会计处理规定[S].财会〔2016〕22号,2016.
[5] 国务院.中华人民共和国增值税暂行条例[S].中华人民共和国国务院令第691号,2017.
[6] 财政部,税务总局,海关总署.关于深化增值税改革有关政策的公告[S].财税〔2019〕39号,2019.
[7] 财政部会计司.企业会计准则第7号——非货币性资产交换应用指南[M].北京:中国财政经济出版社,2020.
[8] 财政部会计司.企业会计准则第12号——债务重组应用指南[M].北京:中国财政经济出版社,2020.
[9] 财政部会计司.企业会计准则第21号——租赁应用指南[M].北京:中国财政经济出版社,2019.
[10] 财政部会计司.企业会计准则第14号——收入应用指南[M].北京:中国财政经济出版社,2018.
[11] 财政部会计司.企业会计准则第16号——政府补助应用指南[M].北京:中国财政经济出版社,2018.
[12] 财政部会计司.企业会计准则第22号——金融工具确认和计量应用指南[M].北京:中国财政经济出版社,2018.
[13] 财政部会计司.企业会计准则第23号——金融资产转移应用指南[M].北京:中国财政经济出版社,2018.
[14] 财政部会计司.企业会计准则第2号——长期股权投资应用指南[M].北京:经济科学出版社,2014.
[15] 财政部会计司.企业会计准则第9号——职工薪酬应用指南[M].北京:经济科学出版社,2014.
[16] 财政部会计司.企业会计准则第30号——财务报表列报应用指南[M].北京:经济科学出版社,2014.
[17] 财政部会计司.企业会计准则讲解2010[M].北京:人民出版社,2010.
[18] 财政部会计司.国际财务报告准则(2008)[M].北京:中国财政经济出版社,2008.
[19] 财政部,证监会,审计署,等五部委.企业内部控制基本规范[M].北京:中国财政经济出版社,2008.
[20] 财政部,证监会,审计署,等五部委.企业内部控制应用指引[M].北京:中国财政经济出版社,2008.
[21] 财政部会计准则委员会(课题主持人:孙铮,杨世忠).会计准则文库——会计信息质量特征[M].大连:大连出版社,2005.
[22] 财政部会计准则委员会(课题主持人:葛家澍,汤云为,张蕊).会计准则文库——会计要素与财务报告[M].大连:大连出版社,2005.
[23] 财政部会计准则委员会(课题主持人刘玉廷、戴德明、夏大慰).会计准则研究文库:资产减值会计[M].大连:大连出版社,2005.
[24] 财政部会计准则委员会(课题主持人:许善达、盖地).会计准则研究文库:所得税会计[M].大连:大连出版社,2005.
[25] 汤云为,钱逢胜.会计理论[M].上海:上海财经大学出版社,1997.
[26] 葛家澍,刘峰.会计理论——关于财务概念结构的研究[M].北京:中国财政经济出版社,2003.
[27] 王志坚.财务管理学[M].上海:立信会计出版社,2003.
[28] 葛家澍.关于会计基本理论与方法问题(增订版)[M].北京:经济科学出版社,2004.

[29] 谢诗芬.公允价值:国际会计前沿问题研究[M].长沙:湖南人民出版社,2004.
[30] RICH A,STANLEY G.财务会计[M].柴金平,译.北京:清华大学出版社,2004.
[31] 毛洪涛,万云.会计最新制度、准则——深度阐释与案例分析[M].2版.上海:立信会计出版社,2005.
[32] LOREN A N, JOHN D B. Intermediate Accounting [M].赖红宁,改编.北京:高等教育出版社,2005.
[33] 张维宾.财务会计(新编)——理论·实务·案例[M].3版.上海:立信会计出版社,2006.
[34] 张学谦.国际会计准则研究——会计计量理论与规则[M].北京:人民出版社,2006.
[35] 许家林.中国会计准则体系建设:发展、比较、协调[M].上海:立信会计出版社,2006.
[36] 夏冬林.会计学[M].2版.北京:清华大学出版社,2006.
[37] 李勇.资产负债观与收入费用观比较研究——兼论我国会计准则制定理念选择[M].北京:中国财政经济出版社,2006.
[38] 葛家澍,杜兴强.中级财务会计学[M].3版.北京:中国人民大学出版社,2007.
[39] 杜兴强.中级财务会计[M].北京:高等教育出版社,2008.
[40] 王化成.企业财务学[M].2版.北京:中国人民大学出版社,2008.
[41] 陈信元.财务会计[M].3版.北京:高等教育出版社,2008.
[42] 刘永泽,陈立军.中级财务会计[M].大连:东北财经大学出版社,2009.
[43] 杨有红,欧阳爱平.中级财务会计[M].北京:北京大学出版社,2009.
[44] 朱国泓.中级财务会计学[M].北京:中国人民大学出版社,2009.
[45] 宗先臻.西方中级财务会计[M].3版.天津:南开大学出版社,2009.
[46] 陈毓圭.中国会计准则国际协调[M].北京:中国财政经济出版社,2009.
[47] 刘玉廷.中国企业会计准则建设与发展[M].北京:人民出版社,2010.
[48] 夏大慰.会计准则国际趋同的经济后果与博弈[M].北京:经济科学出版社,2010.
[49] 张天西,薛许军.中级财务会计[M].3版.上海:复旦大学出版社,2010.
[50] 李维安.CEO公司治理[M].北京:北京大学出版社,2011.
[51] 孙苏勇.新金融工具准则预期损失模型与精细化信用风险管理浅析[N].中国会计报,2017年10月20日第004版.
[52] 陈燕华,王洁.透视新金融工具准则(下)[N].中国会计报,2017年6月16日第007版.
[53] 陈燕华,王洁.透视新金融工具准则(上)[N].中国会计报,2017年5月12日第007版.
[54] 林勇峰.商誉与商誉减值:基于上市公司现状的深层分析[N].上海证券报,2017年4月15日第004版.
[55] 盖地.全面推开"营改增"及其对会计与税务筹划影响探析[J].会计之友,2016(14).
[56] 周萍,孙光国.上市公司综合收益列报研究与启示[J].财务通讯,2016年第13期.
[57] 吴心驰.IASB与FASB关于财务报表列报方式改革的建议及其影响分析[J].财会学习,2014(1).
[58] 唐纳德·E·基索,杰里·J·韦安特,特里·D·沃菲尔德.Intermediate Accounting[M].2版.北京:机械工业出版社,2007.
[59] 谢诗芬.会计计量中的现值研究概览[J].上海立信会计学院学报,2007(2).
[60] 颜敏,王平心.强制性会计变更与自发性会计变更的相关性[J].财会月刊,2005(20).
[61] 傅宏宇.将折旧方法变更为会计估计变更的影响[J].财会研究,2005(4).
[62] 张鸣.会计政策变更研究[J].财经问题研究,2001(8).